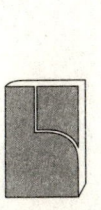

Michael Hesemann

GEHEIMSACHE FATIMA

Vom Vatikan verschwiegen:
Was offenbarte die Gottesmutter
über die Zukunft der Menschheit?

bettendorf

Die Deutsche Bibliothek – CIP Einheitsaufnahme
Hesemann, Michael:
Geheimsache Fatima – vom Vatikan verschwiegen / Michael Hesemann. –
München; Essen; Ebene Reichenau: Bettendorf, 1997
Einheitssacht.: Geheimsache Fatima ‹dt.›
ISBN 3-88498-117-x

1. Auflage September 1997
2. Auflage Dezember 1997

ISBN 3-88498-117-x
© 1997 by bettendorf'sche verlagsanstalt GmbH
München · Essen · Ebene Reichenau
Titelbild: Vito Vitulli
Gesetzt aus der Adobe Garamond 11/13 Punkt
Satz: dtp Team Mayer & Ryll, München
Druck und Bindung: Wiener Verlag, Himberg
Printed in Austria 1997

Meinem Vater,
der im Fatima-Jahr 1917 geboren wurde,
zum 80. Geburtstag gewidmet.

INHALT

Einführung *Reise nach Fatima* 11

Kapitel 1
Der Engel von Portugal 17

Kapitel 2
Eine Frau, mit der Sonne bekleidet 30

Kapitel 3
Die drei Geheimnisse 41

Kapitel 4
Das Sonnenwunder 54

Kapitel 5
Das Siegel des Schweigens 72

Kapitel 6
Das Wunder von Fatima 86

Kapitel 7
Das große Strafgericht 104

Kapitel 8
Das Dritte Geheimnis 126

Kapitel 9
Der Fatima-Papst 162

Kapitel 10
Die Apokalypse nach Maria 189

Kapitel 11
Ein Jahrhundert der Erscheinungen 222

Kapitel 12
Die Zeichen Christi 281

Kapitel 13
Der Stigmatisierte von Fatima 323

Kapitel 14
Tränen aus Blut 365

Kapitel 15
Menetekel zum Millenium 384

Bibliographie 407

Index 411

Dank

Ich danke allen, die mich bei der Arbeit an diesem Buch unterstützt und inspiriert haben, darunter Msgr. Corrado Balducci, Giorgio Bongiovanni, Henner und Renate Hesemann, Pfr. Johannes Kaulmann, Jaime Maussan, Ursula Müller, Daniel Munoz, Dr. Roberto Pinotti, Agnes Schejok, Ingrid Schlotterbeck, Javier Sierra, Eugenio Siragusa, Mara Testasecca, Eva Tothova, Karl und Anny Veit, Maria Vitulli, ganz besonders aber meinen Verlegern Johannes von Buttlar, Heinrich Grütering und Gert Schemmann sowie, allen voran, Natalia Zahradnikova, die mich bei so vielen meiner Recherchen begleitete.

Michael Hesemann

que Nosso disse com bondade e tristeza. Vistes
o inferno; para onde vão as almas dos pobres
pecadores; para as salvar Deus quer estabelecer
no mundo a devoção a Meu Imaculado
Coração, se fizerem o que eu vos disser salvar-
se-ão muitas almas e terão paz: a guerra
vai acabar: Mas se não deixarem de ofender a
Deus, no reinado de Pio XI começará outra
pior. Quando virdes uma noite alumiada por
uma luz desconhecida, sabei que é o grande
sinal que Deus vos dá de que vai a punir o
mundo de seus crimes, por meio da guerra, da
fome e de preseguições à Igreja e ao Santo Padre.

Para a impedir, virei pedir a consagração da Russia a Meu Imaculado Coração, e a comunhão repa-
radora nos primeiros sabados. Se atenderem a Meus
pedidos a Russia se converterá e terão paz: se não,
espalhará seus erros pelo mundo, promovendo guer-
ras e preseguições à Igreja, os bons serão martiri-
zados, o Santo Padre terá muito que sofrer, varias
nações serão aniquiladas: por fim o Meu
Imaculado Coração triumfará. O Santo Padre
consagrar-me á a Russia que se converterá e
será concedido ao Mundo algum tempo de
paz. Em Portugal se conservará sempre o Dogma da fé etc. Isto não o digais a ninguem.
A Francisco sim, podeis dize-lo.

Lucias Niederschrift des ersten und zweiten Geheimnisses von Fatima.
Sie gibt uns eine Vorstellung von der Form und Länge des Dritten
Geheimnisses von Fatima

Einführung
Reise nach Fatima

Lufthansa Flug 46⁶⁰ landete sanft auf dem Lissaboner Flughafen. Eine warme Luft begrüßte mich, als ich aus der Maschine trat, die Gangway hinunterstieg, in den Bus, der mich zum Terminal brachte. Ich passierte die Passkontrolle, holte mein Gepäck vom Laufband und bestieg das nächste Taxi. »Fatima, fez favor, Senhor.« »Fatima?« fragte der Fahrer, ein junger Portugiese mit kurzen, schwarzen Haaren, von der Sonne gebräunt. »Sim, Fatima. Sie sind Pilger, nicht wahr?«. Eine Sekunde lang dachte ich nach, was ich antworten sollte. Weshalb war ich wirklich gekommen, was suchte ich in Fatima? »Eigentlich nicht«, erwiderte ich schließlich wahrheitsgemäß, »ich bin Journalist.«

Fatima – was konnte es mir geben, was sollte ich in diesem Wallfahrtsort finden? Kitsch, Kommerz, das Geschäft mit dem Glauben? Gewiß, wie in jedem Wallfahrtsort. Scharen hilfesuchender Pilger, die auf Knien darum beteten, daß ihnen die Heilige Jungfrau etwas von der Last ihres Lebens nehme? Machtdemonstrationen der Kirche, Prunk und Pomp und Gloria? All das, auch. Und vielleicht ein Verständnis davon, was sich wirklich vor 80 Jahren in dem portugiesischen Bergdorf, 130 km nördlich von Lissabon, zugetragen hat, daß es noch heute Hunderttausende in seinen Bann zieht.

Hat sich tatsächlich etwas Übernatürliches, ja Göttliches in Fatima manifestiert? Waren die Seherkinder, die von der Marienerscheinung berichteten, keine religiösen Hysteriker? Sind die Botschaften, die sie empfingen, echte Offenbarungen einer höheren Macht gewesen, Botschaften der Warnung für das krisen- und kriegsgeschüttelte 20. Jahrhundert? Ich wollte mich einlassen auf das Erlebnis Fatima, um Antworten zu finden.

Eine Stunde lang fuhr ich durch die malerische Landschaft Portugals, auf der Autobahn nach Norden, vorbei an weißen Dörfern, verfallenen Burgruinen, prunkvollen Klosterfassaden, sattgrünen Weiden, Kiefernwäldern, Olivenbäumen, Steineichen. Die Landschaft wurde karger, bergiger, ärmer, je näher wir Fatima kamen. Dann lag es vor uns – nach wie vor ein kleiner Ort, überragt einzig durch den eleganten, spitzen Turm der Basilika.

Die Straßen von Fatima ließen keinen Zweifel daran, woraus der Ort sein Einkommen bezieht. Pilgerbusse und Pilgerherbergen an jeder Ecke, vom einfachen Hospiz bis zum 4-Sterne-Hotel, dazwischen Dutzende von Läden, in denen immer dieselben »artigos religiosos« angeboten wurden – Marienstatuen aus Plastik, Keramik, Porzellan und, ganz selten, Holz, Kerzen in allen Größen, Rosenkränze und Medaillen – und die allesamt dieselben, phantasielosen Namen trugen: »Die drei Hirtenkinder«, »Jacintas (Franciscos, Lucias) Garten«, »Die Steineiche« usw. Mein Fahrer brachte mich zum Hotel, und nachdem ich eingecheckt hatte, machte auch ich mich auf den Weg in das »Santuario«, das Heiligtum von Fatima. Es war der Nachmittag vor dem 79. Jahrestag der fünften Erscheinung, der 12. September 1996, und natürlich strömten hunderte, ja tausende Pilger in dieselbe Richtung. Einige hatten Kerzen in den Händen, andere beteten den Rosenkranz, so daß ein andächtiges Gemurmel in der Luft lag:

»Gegrüßet seist Du, Maria, voll der Gnade...«.

Der große Platz vor der Basilika, dessen Rund an den Petersplatz erinnert und gewiß fast ebensogroß ist, ist umgeben von Grün, von Bäumen und Büschen und Wegen von parkartigem Charakter. Ich ging weiter, passierte den Eingang zum Heiligtum, an dem Schilder zur Andacht mahnen. Nach wenigen Metern konnte ich die Vorderfront der Basilika erkennen, die Christussäule im Zentrum des Platzes. Ich ging weiter, bis ich die Mitte erreicht hatte, den Überblick hatte. Von der schmalen, schlanken Basilika, die auf einer Anhöhe errichtet wurde, führen Treppen in alle Richtungen herunter, während der Platz von einem Halbrund arkadenhafter Gänge umfaßt war. Zu ihrer Linken befand sich, unter einem modernen Pavillon, eine kleine Kapelle – die »Capelinha«, die auf Bitten der Erscheinung errichtet wurde – und dazwischen, nur von einer Mauer eingefaßt, eine mächtige Steineiche – jene Eiche, über der einst die »weiße Frau« erschien.

Zu dem Pavillon über der Capelinha führt ein mit Marmorsteinen gepflasterter Weg, darauf Pilger, die auf den Knien zum Heiligtum rutschten, in tiefster Inbrunst den Rosenkranz zitierend:

»...der Herr sei mit Dir. Du bist gebenedeit unter den Frauen...«

Der Bußweg trifft auf eine Pforte in der niedrigen Mauer, die normalerweise die Marienkapelle von den Gläubigen trennt, die jetzt aber von den Gläubigen, nach wie vor auf den Knien, umrundet wurde. Alte Bäuerinnen mit wettergegerbten Gesichtern, mit schwarzen Kleidern und Kopftüchern, die Knie durch jede erdenkliche Art selbstfabrizierter Knieschoner geschützt, nahmen das Opfer ebenso auf sich wie gutgekleidete Stadtmenschen jeden Alters, elegante Damen aus den besten Familien Italiens, Grandseigneurs in marineblauen Blazern, Teenager in Blue Jeans oder Trachtenkleidern...

»und gebenedeit ist die Frucht Deines Leibes, Jesus. Heilige Maria...«

Die Andacht, der tiefe Glaube dieser einfachen Menschen an das Übernatürliche, mit dem sie ihre Gebete an die Statue »unserer lieben Frau von Fatima« verrichteten, die, von einem Glaskasten geschützt, vor der Kapelle auf einem Podest steht, berührt.

Links von der Capelinha brannten in einer Wand von metallenen Haltern hunderte von Opferkerzen, brachten sich gegenseitig zum Schmelzen in der Hitze des lodernden Feuers, von dem schwarze Rauchschwaden zum Himmel stiegen und manchen Pilger an das ewige Feuer erinnerten, dem er zu entkommen entschlossen war.

»Mutter Gottes, bitte für uns Sünder, jetzt und in der Stunde unseres Todes.«

Es ist müßig, zu spekulieren, wieviele Rosenkränze Tag für Tag in diesem Heiligtum der Mutter Gottes gebetet werden, doch fest steht, daß Fatima das Weltzentrum des Rosenkranzgebetes ist. Hat »sie« es nicht damals den Seherkindern anempfohlen, als sie ihnen in der Cova de Ira erschien? Aber: Hat wirklich die Jungfrau Maria damals, vor nunmehr fast 80 Jahren, zu den drei Hirtenkindern Lucia, Jacinta und Francisco gesprochen? Wie echt sind die Texte und Beschreibungen, die heute in unzähligen Büchern und Traktaken in den ebenso zahllosen Devotionalienhandlungen des Wallfahrtsortes feilgeboten werden? Und was ist mit dem geheimnisumwitterten »Dritten Geheimnis von Fatima«, das noch immer in den Geheimarchiven des Vatikans liegen soll und aus welchen Gründen auch immer den Anweisungen Mariens zum Trotz noch heute den Gläubigen vorenthalten wird? All diese Gedanken gingen mir durch den Kopf an diesem Nachmittag, am Abend bei der feierlichen Lichterprozession, am nächsten Mittag bei der Prozession zum 79. Jahrestag der vorletzten Erscheinung, deren »Ave Maria«-Gesang in mir noch lange nachhallte. Ich las alle diese Bücher, alle Spekulationen, die um Fatima kursierten, ich reiste mehrfach nach Rom, sprach mit Insidern aus dem Vatikan. Mit ihrer Hilfe fand ich eine Antwort auf die Frage nach dem Inhalt des »Dritten Geheimnisses«. Ich begegnete Menschen, denen die Gottesmutter erschienen war, und solchen, die die mystischen »Wundmale Christi« tragen, ein Phänomen, für das Wissenschaftler noch immer keine Erklärung haben. Ich besuchte Erscheinungsorte in Mexiko, den USA, Italien, Österreich, Ungarn, Spanien, Bosnien und Deutschland. Mir wurde klar, daß, so einzigartig Fatima zu sein scheint, es nur Teil einer geradezu apokalyptischen Offenbarung zur Zeitenwende ist. Und daß es eine höhere Intelligenz zu geben scheint, die hier, in dieser entscheidenden Phase unserer Evolution, in die Geschichte eingreift.

Dieses Buch ist das Ergebnis einer Suche. Es versucht, aufgrund zahlreicher Augenzeugenberichte, die Ereignisse von Fatima so genau wie möglich zu rekonstruieren, und es zeigt auf, wie die Botschaft von Fatima die Geschichte des 20. Jahrhunderts, im Zweiten Weltkrieg ebenso wie beim Zusammenbruch der Sowjetunion, maßgeblich beeinflußte. Es gibt nur wenige singuläre Ereignisse in diesem Jahrhundert, die eine so tiefe Wirkung gehabt haben wie die Botschaft von Fatima. Sie prägte die Geheimpolitik des Vatikans, des kleinsten Staates aber der einflußreichsten Großmacht der Welt, von Papst Pius XII. bis hin zu Johannes Paul II., der es als seine Mission erkannte, die Prophezeihung von Fatima zu erfüllen. Doch auch Fatima kann nicht isoliert betrachtet werden. Es ist Teil eines Gesamtphänomens, der »marianischen Offenbarung«, das seinen Anfang Mitte des 19. Jahrhunderts nahm und seitdem in einer nahezu exponentiellen Kurve zunimmt: Noch nie gab es so viele Marienwunder wie in unserer Zeit, an der Schwelle zum Dritten Jahrtausend. Das alles wird gipfeln in der Verkündigung eines neuen marianischen Dogmas durch Papst Johannes Paul II., vielleicht schon im neuen Jahr, dessen Botschaft eindeutig ist: Das katholische Christentum des 3. Jahrtausends wird von den Offenbarungen der Erscheinungen maßgeblich geprägt. Wenn denn nicht zuvor die schrecklichen Katastrophen eintreffen, vor denen wir durch die Marienwunder gewarnt wurden...

Mir ist bewußt, daß dieses Buch in einer Zeit erscheint, in der die meisten Menschen mystische Phänomene für Humbug halten. So glauben, nach einer im Juni 1992 vom »Spiegel« veröffentlichten Umfrage, nur noch 56% der Deutschen in den alten Bundesländern an die Existenz Gottes – in den neuen Ländern sind es sogar nur 27%. Gar nur 22% sind überzeugt, daß Jesus von der Jungfrau Maria geboren wurde. 1967 waren es noch 68% (»Ich glaube, daß es Gott gibt«) bzw. 36% (»Jesus ist der jungfräulich empfangene Sohn Gottes«). Deutschland ist zum »heidnischen Land mit christlicher Vergangenheit und christlichen Restbeständen geworden«, wie es der Theologe Karl Rahner schon 1984 formulierte. Über 250.000 Kirchenaustritte pro Jahr sprechen jedenfalls eine deutliche Sprache.

Doch in diesem Buch geht es nicht um den persönlichen Glauben des Autors oder des Lesers, es geht um ein Phänomen, das es zu dokumentieren versucht, und zwar mit größtmöglicher Objektivität. Viele der zitierten Marienbotschaften und Visionen mögen auf den Leser kindlich und hoffnungslos antiquiert wirken, aber heißt das, daß man sie deshalb ignorieren muß? Ich entschied mich dagegen und lade den Leser ein, sie zu interpretieren – wörtlich oder symbolisch. Ich persönlich denke, daß sie voller Symbolik sind, die es zu entschlüsseln gilt, daß sie mit Bildern arbeiten und oft die Krise in unserem Denken, Handeln und Bewußtsein meinen, wenn sie von äußeren Katastrophen sprechen. Schließlich geht es in diesem Buch nicht um den Inhalt dieser Botschaften, sondern darum, was sie bewirkten und inwieweit sie die Geschichte beeinflußt haben.

Auch das hat die »weiße Frau« von Fatima prophezeit: Eine Krise der Kirche und eine massenhafte Abwendung vom Glauben. Infolge dieser Abkehr von Kirche und Christentum vergessen viele, daß es tatsächlich eine »Welt des Unbekannten«, des Numinosen, ja des Göttlichen gibt, daß das Universum nicht bloß materiell, sondern zugleich spirituell ist. Einbrüche dieser »anderen Welt«, und dazu gehören Marienerscheinungen ebenso wie UFO-Phänomene, machen uns diese Tatsache bewußt. Sie sind erforschbar, dokumentierbar mit den Methoden der Wissenschaft, und sie zurückzuweisen, bloß weil sie nicht in das gehegte Weltbild passen, zeugt einzig von Ignoranz. Wer sie nicht wahrhaben will, verhält sich ganz so wie die zurecht heute verhöhnten Kirchenmänner, die nicht bereit waren, durch das Teleskop des Galileo Galilei zu schauen, um mit eigenen Augen zu erkennen, daß sie falsch lagen. Schon deshalb ist dieses Buch eine Notwendigkeit – weil es belegt, daß wir, wer immer auch noch »dort draußen« ist, tatsächlich nicht allein sind.

I.

Der Engel von Portugal

Lucia war ein Kind wie jedes andere in dieser dörflichen Einöde im Bergland von Portugal, ein derbes Bauernmädchen, das gerne tanzte, spielte, Unfug trieb. Sie war eitel, liebte es, sich aufzuputzen, mit vergoldeten Ketten aus der Schmuckschatulle ihrer Mutter, großen Ohrringen und bunten Schals. Sie prahlte damit, daß sie auf Volksfesten die farbenprächtigste Erscheinung war, immer im Mittelpunkt, immer im Zentrum des Klatsches, zu dem sie, von Natur her mit einem nicht zu stoppenden Mundwerk ausgestattet, den ihren und nicht unbeträchtlichen Teil dazutat. Dabei war sie kein hübsches Kind, im Gegenteil. Ihr Körperbau war robust und stämmig und ging schon früh in die Breite, ihre Züge waren derb, die Nase flach, die Lippen wülstig und der Mund zu groß, alles umrahmt von schweren, dicken schwarzen Haaren, die, in der Mitte gescheitelt, ihre dichten Augenbrauen und großen, tiefschwarzen Augen umrahmten.

Lucia wurde am 22. März 1907 geboren, als letztes von sieben Kindern von Antonio und Maria Rosa dos Santos aus Aljustrel, einem Weiler aus vielleicht 18 Häusern, der wie eine grüne Oase inmitten des kargen Felslandes der Serra de Aire liegt.

Ihre Eltern, einfache Bauern, waren ehrbare und tiefgläubige Leute. Sie lehrten ihre Tochter, den Rosenkranz und das Tischgebet zu beten, und als der Ortspfarrer in einer Predigt das Tanzen zum »teuflischen Vergnügen« erklärte, durfte Lucia von heute auf morgen keine Tanzveranstaltungen und Feste mehr besuchen.

Ihr Cousin Francesco, das sechste Kind von Manuel Pedro Ti Marto und seiner Frau Olimpia, war ein kräftiger Junge mit einem runden, plumpen Bauerngesicht, gelblicher Haut und schmalen Lippen. Er war ein eher ruhiges, gutmütiges, ja duldsames Kind mit einem ausgeprägten Gerechtigkeitssinn und stets einem Lächeln auf den Lippen. War er alleine, entwickelte er ein überraschendes Temperament und spielte gerne Streiche, doch in Gegenwart seiner abgöttisch geliebten Cousine Lucia erschien er still und willensschwach. »Er ist ein Träumer, wie sein Vater«, pflegte man im Dorf zu sagen. Auch Francisco, der am 11. Juni 1908 geboren wurde, genoß eine intensive religiöse Erziehung, die er sehr ernst nahm, und die er sich tief verinnerlichte. Stundenlang konnte er in den Nachthimmel starren und die Schönheit des Mondes und der Sterne bestaunen, die für ihn »die Lampe unserer lieben Frau« und »die Engel« waren. Und wenn es Tag wurde und sich die Sonne in abertausenden Tautropfen widerspiegelte, pflegte er entzückt zu sagen: »Kein Lämpchen ist so schön wie die Lampe unseres Herrn«, wie er unser Zentralgestirn nannte.

Seine Schwester Jacinta wurde exakt einundzwanzig Monate später, am 11. März 1910, geboren. Die Leute im Dorf nannten sie »den kleinen Engel«, für ihren Vater war sie »von Natur aus gut und das süßeste unter unseren Kindern«. Sie hatte ein feines, kleines, rundes Gesicht, war schmal und zierlich und hochsensibel. Sie war immer ordentlich frisiert, trug meist eine kleine Jacke und einen Baumwollrock. Sie liebte und pflückte oft Blumen, steckte sie in ihr Haar oder wand Girlanden für ihre Cousine Lucia. Als Naturkind bestaunte sie die Pflanzen und Berge und verbrachte Nächte damit, mit ihrem Bruder gemeinsam den Sternenhimmel zu studieren. Wenn die Schafe ihrer Eltern Lämmer bekamen, pflegte Jacinta sie stundenlang zu liebkosen und gab ihnen spezielle Namen wie »Taube«, »Stern«, »Schönheit«, »Schnee« – die schönsten Worte ihres Vokabulars. Wenn sie, im Religionsunterricht oder durch die Erzählungen ihrer Eltern, vom Leiden Christi hörte, mußte sie vor Mitleid weinen. »Unser armer Heiland«, meinte sie, »ich werde nie mehr eine Sünde begehen, denn ich möchte nicht, daß unser Heiland leidet.« Trotzdem war sie keine kleine Frömmlerin. Sie liebte Spiele und das Tanzen, sie war selbstsüchtig und schnell beleidigt. Als sie alt genug war, schickten ihre Eltern sie und ihren Bruder Francisco oft genug zu ihrer Cousine Lucia, die die Schafe ihrer Eltern hütete. Lucia sollte auf die Kinder aufpassen, mit ihnen spielen und sie in ihre zukünftigen Aufgaben im Landleben einweisen. Als sie etwas reifer waren, übertrugen ihre Eltern den Kindern auch die Verantwortung für ihre Herde, und gemeinsam ließen die drei Kinder die beiden Herden grasen, meist auf den Grundstücken der Familie bei Fatima und Moita.

Es ist oft darüber spekuliert worden, was diese drei Hirtenkinder auszeichnete, weshalb sie dazu auserwählt waren, Zeugen des

Übernatürlichen, eines Wunders zu werden. Die Antwort mag enttäuschen: Es war rein garnichts besonderes an diesen Dreien. Und sie waren ganz bestimmt nicht mehr und nicht weniger religiös als andere portugiesische Bauernkinder ihrer Zeit in ihrem Alter. Sie folgten zwar den Anweisungen ihrer Eltern, täglich den Rosenkranz zu beten, aber sie leierten ihn eher herunter, ließen die Perlen durch die Finger gleiten und beließen es bei den Worten »Ave Maria« und »Vater Unser«, ohne zuende zu beten, so daß sie schneller wieder mit dem Spielen beginnen konnten. »Kinder in diesem Alter ermüden schnell beim Beten«, pflegte ihre Mutter diese Nachlässigkeit zu entschuldigen.

Der Tag von Francisco und Jacinta begann frühmorgens, noch vor Sonnenaufgang, als sie von ihrer Mutter Olimpia geweckt wurden und das Morgengebet murmelten. Zum Frühstück gab es Gemüse oder Reissuppe mit etwas Olivenöl und hausgemachtem Brot. Ihre Mutter band dann die Schafe los, versorgte die Kinder mit Vesperpaketen – meist Brot, Oliven, Sardinen oder getrockneter Fisch –, die dann die Herde aus dem Stall trieben, auf die Weide, wo sie sich mit Lucia oder anderen Hirtenkindern trafen, die ihre Herden weideten. Während die Schafe grasten, tanzten und spielten sie und waren fröhlich, unterbrochen nur durch das Mittagessen und den Rosenkranz, bis die Sonne hinter den Bergen versank. Dann trieb jeder seine Herde zusammen und machte sich auf den Heimweg, wo das Abendessen wartete. Nach einem letzten, gemurmelten Rosenkranz legten sie sich müde aber glücklich schlafen, auf Matratzen aus Maisstroh, in dem festen Glauben, daß ihr Schutzengel über sie wacht.

In dieser heilen Welt ahnten sie nicht, was um sie herum geschah, daß in Europa einer der längsten und blutigsten Kriege der Geschichte tobte und daß ihr eigenes Land, Portugal, politische Wirren und Chaos erlebte.

Als das 20. Jahrhundert seinen Anfang nahm, war die jahrhundertealte portugiesische Monarchie bereits durch ein Jahrhundert politischer Wirren und republikanischer Ambitionen geschwächt. Die katholischen Monarchisten zersplitterten sich in verschiedene Interessengruppen, während die Republikaner sich zu einer geballten Kraft formierten, unterstützt durch die Humanisten, Freidenker und Freimaurer, die nur darauf warteten, ein neues Portugal zu begründen und der Übermacht der Aristokratie und des mit ihr verbündeten Klerus ein Ende zu machen. 1907 errichtete Ministerpräsident Joao Fernando Pinto Franco zur Stützung der Krone eine Diktatur, was die Spannungen nur verstärkte und die Opposition in die Enge – und Radikalität – drängte. Es kam zur Katastrophe: Am 1. Februar 1908 ermordeten zwei Terroristen aus dem radikaldemokratischen Lager, Buica und Costa, König Karl I. und seinen Sohn und Thronfolger Ludwig Philipp auf dem Lissaboner Marktplatz durch Karabinerschüsse. Sein Nachfolger wurde der 18jährige Emanuel, der sich um eine Verständigung mit den Republikanern bemühte und schließlich Joao Franco und seine Regierung entmachtete. Die Nachgiebigkeit des jungen Königs führte zum Ende der Monarchie. In der Nacht des 3. Oktobers 1910 stürmten zwanzig Mitglieder der republikanischen »Carbonari« die Baracken des 16. Infanterieregimentes, ein Überraschungsangriff, in dessen Verlauf das gesamte Waffenlager der Elitetruppe in die Hände der Revolutionäre fiel. Nach einer blutigen Nacht wurde am 5. Oktober im Rathaus von Lissabon die Republik ausgerufen. Eine provisorische Regierung, bestehend aus kirchenfeindlichen Freimaurern, übernahm die Macht, während die königliche Familie nach Gibraltar floh. Das erste Ziel der Republikaner war die völlige Entmachtung des Klerus.

Schon nach drei Tagen, am 8. Oktober, erließ die Revolutionsregierung die »Gesetze von Pombal«, deren Ziel die Unterdrückung der religiösen Orden und die Ausweisung der Jesuiten war. Am 18. Oktober wurde der religiöse Eid vor Gerichten abgeschafft, am 25. Oktober der traditionelle Eid für Professoren und Studenten, der sie verpflichtete, das Dogma der unbefleckten Empfängnis zu verteidigen. Drei Tage später wurden sämtliche kirchlichen Feiertage aufgehoben. Zu Weihnachten wurde die Heirat zu einem rein zivilen Vertrag erklärt, und am letzten Tag des Jahres wurde den Priestern, unter Androhung von Gefängnisstrafe, untersagt, Religionsunterricht zu erteilen oder in der Öffentlichkeit Priesterkleidung zu tragen. Mit dem »Gesetz zur Trennung von Kirche und Staat« vom 20. April 1911 hatte die antiklerikale Revolution ihr Endziel erreicht: Der Kirche wurden Unsummen Geldes abgefordert, und Kirchen und Klöster in Kasernen und Ställe, Regierungsgebäude und Parteiinstitutionen umgewandelt. Die Tage des portugiesischen Katholizismus waren gezählt, frohlockte man in Kreisen der Revolutionsregierung und ihren Verbündeten, den Freimaurern und Humanistenverbänden. »In einigen wenigen Jahren wird es in Portugal keinen einzigen Menschen mehr geben, der den Wunsch hat, Priester zu werden«, erklärte triumphierend der Großmeister der portugiesischen Logen, Magalhaes Lima, und Justizminister Alfonso Costa glaubte sogar, daß »die katholische Religion, die Hauptursache für die miserable Lage des Volkes, innerhalb von zwei Generationen in Portugal ausgemerzt sein wird.«

Der Heilige Stuhl protestierte, Papst Pius x. verdammte öffentlich und ausgerechnet am 24. Mai 1911, dem Festtag Mariens, der Patronin Portugals, »das unmenschliche Gesetz« und »seine monströse Absurdität« und erklärte es »für null und nichtig, da es im Widerspruch zu dem unverletzlichen Recht der Kirche« stünde. Die Reaktion der portugiesischen Revolutionsregierung war die Ausweisung der meisten katholischen Bischöfe und die Inhaftierung aller Priester, die sich öffentlich dem vatikanischen Protest anschlossen.

Doch die Geschehnisse in Portugal waren nur die Ouvertüre zu einem Jahrzehnt, das ganz Europa in den Krieg stürzen und das Ende für drei der größten europäischen Monarchien bringen würde.

Als am 28. Juni 1914 der österreichisch-ungarische Thronfolger Erzherzog Franz Ferdinand in Sarajevo von einem neunzehnjährigen Gymnasiasten erschossen wurde, ahnte noch niemand, daß diese Bluttat, als »Racheakt für die Unterdrückung der Serben« gedacht, das Angesicht der alten Welt so völlig verändern sollte. Sie war der Funke, der das Pulverfaß Europa zur Explosion brachte. Imperialismus und Nationalismus bestimmten den Zeitgeist, Jahrzehnte des Wettrüstens hatten die Staatsfinanzen der großen europäischen Mächte ruiniert, mißtrauisch vor den Nachbarn wurden Bündnisse und Achsen gebildet, die jetzt eine Kettenreaktion auslösten. Als Österreich, gedrängt durch den deutschen Kaiser Wilhelm ii., den Serben am 28. Juli den Krieg erklärte, konnte Rußland, Serbiens Verbündeter, nicht schweigend zusehen. Der Zar befahl die Mobilmachung, ein Schritt, auf den das Deutsche Reich nur wartete, das argwöhnisch die Aufrüstung der Zarenmacht beobachtet und längst einen Präventivschlag erwogen hatte. Rußland wiederum war mit Frankreich und Großbritannien verbündet, und zu den politischen Zielen Frankreichs gehörte die Rückgewinnung von Elsaß-Lothringen, das die Deutschen seit 1870 besetzt hielten. Am 31. Juli 1914 informierte der bayrische

Gesandte Hugo Graf von Lerchenfeld die Regierung in München: »Es laufen zur Zeit zwei Ultimata: Petersburg 12 Stunden; Paris 18 Stunden. Petersburg: Anfrage nach Grund der Mobilmachung; Paris: Anfrage, ob neutral bleibt. Beide werden selbstverständlich ablehnend beantwortet werden. Also Mobilmachung spätestens Sonntag, den 1. August, um Mitternacht. Preußischer Generalstab sieht Krieg mit Frankreich mit großer Zuversicht entgegen, rechnet damit, Frankreich in vier Wochen niederzuwerfen.« Noch am selben Tag verkündeten die Abendzeitungen im Reich den »allgemeinen Kriegszustand«.

Als deutsche Truppen durch das neutrale Belgien gegen Frankreich zogen, erklärte England dem Reich den Krieg. Den alliierten Truppen Frankreichs und Englands gelang es, den deutschen Vormarsch nach vier Wochen zu stoppen, während die riesige russische Narew-Armee von Generaloberst Paul von Hindenburg bei Tannenberg vernichtend geschlagen wurde. Erst 1916 gelang den Russen, nach einer Reihe von Niederlagen, ein erster Sieg gegen die ebenfalls geschwächte österreichische Armee. Die Verdun-Offensive und eine monatelange Materialschlacht an der Somme schwächten die deutsche Westfront entscheidend, 335.000 Soldaten verloren auf deutscher Seite ihr Leben, 360.000 auf Seiten der Franzosen. Nach dem Tod des österreichischen Kaisers am 21. November 1916 erwog Österreich-Ungarn eine Sonderfriedenspolitik, am 12. Dezember erklärte das Deutsche Reich, daß es zu Friedensverhandlungen bereit sei. Die Kriegsgegner lehnten ab. Ihr Ziel war jetzt die Ausmerzung des Preußischen Militarismus, der so viel Unheil über Europa gebracht hatte. Den Briten gelang es, die USA zum Kriegseintritt zu bewegen, die am 6. April 1917 dem Deutschen Reich offiziell den Krieg erklärten. Nur einen Monat zuvor, am 8. März 1917, war Rußland durch innere Unruhen in seinen Grundfesten erschüttert worden.

Auch das kam keineswegs überraschend. Seit der Niederschlagung einer friedlichen Demonstration vor dem Winterpalais in St. Petersburg an jenem 22. Januar 1905, der als »blutiger Sonntag« in die Geschichte eingehen sollte, brodelte es in Rußland. In dem ganzen Riesenreich, das von Polen bis zum Pazifik reichte, war es immer wieder zu Streiks, Kundgebungen und Attentaten der verschiedensten revolutionären Gruppen gekommen, unter denen sich eine immer deutlicher als die radikalste herauskristallisierte, die Bolkschewiki, deren Anführer der im Schweizer Exil lebende Vladimir Iljitsch Lenin war, und die eine »Diktatur des Proletariats« auf ihre roten Fahnen geschrieben hatten. Der Eintritt Rußlands in den Ersten Weltkrieg hatte das Schicksal des Zarenreiches besiegelt. Eine Reihe militärischer Niederlagen, die schlechte Versorgung der Truppen, die zunehmende Lebensmittelknappheit im Lande selbst erschütterten das Vertrauen in den Zaren und führten den lautstarken Parolen der Bolschewisten immer breitere Bevölkerungsgruppen zu. Als Zar Nikolaus II. schließlich den Befehl erteilte, auf sich erhebende Truppenteile zu schießen, unterschrieb er, ohne es zu wissen, sein eigenes Todesurteil. Am 8. März 1917 kam es zu Streiks und Unruhen in St. Petersburg. Statt dem Befehl des Zaren zu folgen, verbündete sich die St.Petersburger Garnison mit den Arbeitern zur »Februarrevolution«, die am 12. März eine »provisorische Regierung« an die Macht brachte und den Zaren am 15. März zur Abdankung zwang. Zusammen mit seiner Familie wurde Nikolaus II. gefangengenommen. Am 16. April kehrte Lenin aus dem Exil zurück – unter tatkräftiger Hilfe der Deutschen, ganz nach dem Motto »der Feind meines Feindes ist mein Freund« –, und durch flammende Reden gelang es ihm, genügend Unterstützung für den entscheidenden Schritt zur Macht zu gewinnen. Am 6./7. November 1917 putschten die Bolschewisten, mit dem Militär auf ihrer Seite, in St. Petersburg, ihre Arbeiter- und Soldatenräte (Sowjets) übernahmen die Macht. Ihr erster Schritt: Abschluß des Waffenstillstandes zwischen dem Deutschen Reich und Rußland. An der Westfront tobte zwischenzeitlich nach wie vor ein zermürbender Stellungskrieg, den keine Seite gewinnen konnte. Während die deutsche Reichsregierung versuchte, einen Waffenstillstand mit US-Präsident Wilson auszuhandeln, kam es am 28. Oktober 1918 zu einer Meuterei der deutschen Hochseeflotte, gefolgt von einem Matrosenaufstand in Kiel, der bald auch auf andere Städte übergriff. Eine Woche später tobte die Revolution in München und Berlin: Kaiser Wilhelm II. war gezwungen, abzudanken, der Sozialdemokrat Philipp Scheidemann rief die Republik aus. Am 11. November 1918 wurde der Waffenstillstand von der neuen deutschen Regierung unterzeichnet. Der Krieg, der acht Millionen Todesopfer gefordert hatte, war zu Ende.

In Portugal herrschte währenddessen auch weiterhin politisches Chaos. Zwischen 1911 und 1926 erlebte es acht Präsidenten, 44

Regierungen sowie 20 Revolutionen und Staatsstreiche. 1916 trat das Land, das zuerst neutral bleiben wollte, auf Drängen seines Verbündeten Großbritanniens – dessen Unterstützung die republikanischen Freimaurer erst an die Macht gebracht hatte – in den Ersten Weltkrieg ein. Nach einem Militäraufstand übernahm Sidonio Pais 1917 die Regierung, um ein Jahr später ermordet zu werden. Von all dem bekamen die einfachen Menschen in den Serras de Aire nur wenig mit. Sie wußten, daß in Europa ein grausamer Krieg wütete, sie fürchteten um das Leben ihrer Söhne, die in die Armee einberufen wurden, und sie erhofften sich nichts sehnlicher als den Frieden. Die Kinder spürten zwar die Sorgen und Ängste ihrer Eltern, doch für sie war die Bedrohung des Krieges zu fern, zu abstrakt, um ihren Alltag zu trüben. Ihr Leben bestand aus den Freuden des Spielens und den Pflichten, die ihre Familien ihnen auferlegt hatten, den kleinen Arbeiten, die sie übernehmen mußten, dem Hüten der Schafe und den regelmäßigen Gebeten und Kirchgängen, ein Leben in Harmonie mit der Natur, das vom Wechsel der Jahreszeiten geprägt war und von den religiösen Festen, die ihre einzigen Fixpunkte in einem sonst fließenden Dasein waren.

Es war ein heißer Sommertag des Jahres 1915, die Sonne stand hoch am Himmel, als Lucia und drei kleine Mädchen in ihrem Alter, Maria und Teresa Matias und Maria Justino, ihren mittäglichen Rosenkranz an den Hängen des Cabeco-Berges beteten. Es war das erste Jahr, in dem ihre Eltern Lucia die Schafe anvertrauten, eine Aufgabe, der das Mädchen stolz und gewissenhaft nachging, und die ihr die Gelegenheit gab, sich täglich mit Gleichaltrigen und ihren Herden zu treffen.

Während des Gebetes streifte Lucias Blick über die Landschaft und erfüllte sie mit einem Gefühl der Ehrfurcht vor der Schöpfung Gottes, der Natur. Vor ihr lag das Tal mit seinen blassgrünen Bäumen, darüber eine weiße Wolke, die – Lucia stockte – weißer als Schnee und durchsichtig – die Gestalt eines Menschen anzunehmen schien, bevor sie sich buchstäblich wieder in Luft auflöste. »Habt ihr das auch gesehen?«, fragte sie ihre Gefährtinnen. Sie hatten. »Was war das?«, wollte sie wissen. Niemand wußte eine Antwort. Als die Mädchen abends ihren Eltern davon erzählten, nahm niemand sie ernst. »Vielleicht ist irgendwo Rauch aufgestiegen« –

oder die Mädchen hatten sich alles nur eingebildet. Doch das Phänomen wiederholte sich noch zweimal an den folgenden Tagen, jedes Mal beim Mittagsgebet. »Seltsam«, dachten die Kinder, »warum hat die Wolke jedesmal Menschenform?« Doch sie erzählten niemandem mehr davon – der Spott der Verwandten und Dorfbewohner hatte sie zu tief verletzt.

Mit Sicherheit hätte Lucia das Phänomen vergessen, wenn es nicht der Auftakt zu einer Reihe von Erscheinungen gewesen wäre, die ihr ganzes Leben verändern und letztendlich Weltgeschichte machen sollten. Ein gutes dreiviertel Jahr später, irgendwann im Frühling des Jahres 1916, zog Lucia – nicht zum ersten Mal, aber nur kurze Zeit, nachdem ihre Eltern ihnen die Schafe anvertraut hatten – mit Francisco und Jacinta auf das Grundstück »Chousa Velha« ihrer Eltern am Osthang der Loca do Cabeso. Es war ein kühler, feuchter Morgen, es nieselte, und so stiegen die Kinder den Berghang herauf, auf der Suche nach einem Felsen, der ihnen und den Schafen Schutz bieten konnte. Sie wußten von einer Höhle, die sich inmitten eines Olivenhaines befand, der Lucias Paten Anastacui gehörte. Von dort aus hatte man einen guten Blick auf Aljustrel, den Weiler, in dem die Geburtshäuser der Kinder standen, irgendwie gefiel es ihnen in der Höhle, und so entschieden sie, dortzubleiben, auch als der Nieselregen längst aufgehört hatte. Es kam sogar die Sonne durch, die hell und kräftig wie eh und je leuchtete, als die Kinder ihr Mittagessen einnahmen, schnell den Rosenkranz herunterbeteten und sich wieder ihrer eigentlichen Leidenschaft, dem Spiel mit Steinen, widmeten. Was dann geschah, schilderte Lucia später wie folgt:
»Wir hatten schon ein Weilchen gespielt, als plötzlich, obwohl es sonst ein ruhiger Tag war, ein starker Wind die Bäume schüttelte. Wir blickten nach oben und sahen dann jene Gestalt: (...) Ein Jüngling von 14 bis 15 Jahren, weißer als der Schnee. Die Sonne machte ihn durchsichtig, als wäre er aus Kristall. Er war von großer Schönheit. (...) Je näher er kam, umso besser konnten wir seine Gesichtszüge erkennen. Wir waren sehr überrascht und ganz hingerissen. Wir sagten kein Wort. Als er bei uns anlangte, sagte er: ›Habt keine Angst, ich bin der Engel des Friedens! Betet mit mir.‹
Er kniete sich auf die Erde und beugte seine Stirn bis zum Boden. Durch einen übernatürlichen Zwang mitgerissen, taten wir das gleiche und wiederholten die Worte, die wir ihn sprechen hörten:

›Mein Gott, ich glaube an Dich, ich bete Dich an, ich hoffe auf Dich und ich liebe Dich. Ich bitte Dich um Verzeihung für jene, die an Dich nicht glauben, Dich nicht anbeten, auf Dich nicht hoffen und Dich nicht lieben.‹ Nachdem wir das dreimal wiederholt hatten, erhob er sich und sagte: ›So sollt ihr beten. Die Herzen Jesu und Mariens erwarten Eure flehentlichen Bitten.‹ Und er verschwand.«

Etwas Übernatürliches, Numinoses lag in der Luft, lange nachdem die leuchtende Gestalt verschwunden war. Minutenlang verharrten die Kinder in andächtigem Staunen, als seien sie selbst in eine andere Welt entrückt worden, in eine Welt, in der weder Zeit noch Raum existieren. Erst langsam wurden sie wieder ihrer Existenz in dieser materiellen Daseinsform bewußt, während ihre Gedanken noch immer um die Worte des Engels kreisten, die sie unaufhörlich wiederholten, um sicherzugehen, ja kein Wort zu vergessen. »Wir fühlten die Gegenwart Gottes so gewaltig und innerlich, daß wir nicht einmal miteinander zu sprechen wagten«, sollte Lucia später schreiben. Auch als sie am nächsten Tag an die Stelle zurückkehrten, lag immer noch ein Zauber über ihr, als hätte die Erscheinung ein Tor geöffnet zu einer anderen Dimension, zur Welt des Göttlichen. Und noch etwas wußten die Kinder, tief in ihrem Innersten: Was sie erlebt hatten, mußte ihr süßes Geheimnis bleiben, durfte nicht profanisiert werden durch Klatsch und Tratsch und Mißtrauen, jene üblen Gewohnheiten, die auch einige ihrer Spielkameraden bereits aus der Welt der Erwachsenen übernommen hatten. Doch alles, jede noch so schöne Erinnerung, verliert einmal ihren Zauber, und bald kehrte der Alltag in das Leben der vom Himmel berührten Kinder zurück. Wieder spielten und lärmten sie, tanzten und lachten, unbekümmert, als sei nichts geschehen. Der Sommer kam, immer heißer und trockener wurde es in der Serra, man stand noch früher auf, damit die Schafe das vom Tau benetzte Gras fressen konnten, um in der Mittagssonne Schutz zu finden unter dem dichen Schatten der Feigenbäume oder der lichteren Oliven- und Mandelbäume. Wieder suchten Lucia, Jacinta und Francisco den Olivenhain ihres Onkels auf, weil er kühlenden Schatten bot, und weil er sie doch an ihre so geheimnisvolle Begegnung erinnerte.

Es war zur Zeit der Siesta, die sengende Sonne stand hoch am Himmel, als er ihnen wieder erschien. »*Plötzlich sahen wir densel-*

ben Engel vor uns«, erinnert sich Lucia, *»Er sagte:* ›*Was tut ihr? Betet! Betet viel! Die Herzen Jesu und Mariens haben mit Euch Pläne der Barmherzigkeit vor. Bringt dem Allerhöchsten unaufhörlich Gebete und Opfer dar.*‹
›*Wie sollen wir Opfer bringen?*‹*, fragte ich (Lucia).*
›*Macht aus allem, was Ihr könnt, ein Opfer zur Sühne für die Sünden, durch die Er beleidigt wird und als Bitte für die Bekehrung der Sünder. So werdet ihr den Frieden für Euer Vaterland herabziehen. Ich bin sein Schutzengel, der Schutzengel Portugals. Vor allem nehmt die Leiden, die euch der Herr schicken wird, in Ergebung an und tragt sie geduldig.*‹*«*

Nur Lucia und Jacinta hörten diese Worte, nicht aber Francisco, der bloß die Erscheinung sah. Doch die Kinder waren so gebannt, daß er es erst am nächsten Tag wagte, Lucia zu fragen. Sie konnte nicht darüber sprechen, schickte ihn zu Jacinta, die ebensowenig in der Lage war, etwas zu sagen. Erst am übernächsten Tag schilderte Lucia dem Jungen die Botschaft, die er aber nicht verstand. »Wer ist der Allerhöchste?«, fragte er, »Und was soll das heißen: Die Herzen Jesu und Mariä werden auf eure Bitten hören?« Lucia fiel es schwer, Francisco diese und viele andere Fragen zu beantworten, und irgendwann wies sie ihn zurecht: »Hör zu! Von diesen Dingen spricht man nur wenig.«

Stattdessen prägten sich die Worte des Engels tief in den Herzen und Köpfen der Kinder ein. »Gott liebt uns und will von uns wiedergeliebt werden«, das war für sie der Kern der Botschaft. Ihre Realisierung war hart. Sie versuchten es mit Abtötungen und Bußübungen, verzichteten auf Dinge, die Ihnen zuvor Freude gemacht haben und beteten stattdessen stundenlang, auf die Erde niedergeworfen, das »Gebet des Engels«. Es wurde Herbst, die Weinlese in der Serra war bereits beendet, als sich der Engel zum dritten (beziehungsweise sechsten, rechnet man die »Wolkenmanifestationen« mit) Mal zeigte. Die Kinder gingen vom Preguiera zur Lapa de Cabeco, den Berghang entlang auf der Seite von Aljustrel und Casa Velha, wo sie, weil es Mittag war, wieder einmal den Rosenkranz – mittlerweile andächtig – und das Gebet des Engels beteten. *»Während wir dort beteten, erschien der Engel zum dritten Mal«*, schreibt Lucia, *»er hielt einen Kelch in der Hand, darüber eine Hostie, aus der Blutstropfen in den Kelch fielen. Er ließ den Kelch und die Hostie in der Luft schweben, kniete sich auf die Erde nieder und wiederholte dreimal das Gebet:*

>*Heiligste Dreifaltigkeit, Vater, Sohn und Heiliger Geist, in tiefer Ehrfurcht bete ich Dich an, und opfere Dir den kostbaren Leib und das Blut, die Seele und die Gottheit Jesu Christi, gegenwärtig in allen Tabernakeln der Erde zur Wiedergutmachung für alle Schmähungen, Sakrilegien und Gleichgültigkeiten, durch die Er selbst beleidigt wird. Durch die unendlichen Verdienste Seines Heiligen Herzens und des Unbefleckten Herzens Mariens bitte ich Dich um die Bekehrung der armen Sünder.‹*

Dann erhob er sich und ergriff wieder Kelch und Hostie. Die Hostie reichte er mir, den Inhalt des Kelches gab er Jacinta und Francisco zu trinken mit den Worten: ›Empfangt den Leib und trinkt das Blut Jesu Christi, der durch die undankbaren Menschen so furchtbar beleidigt wird. Sühnt ihre Sünden, tröstet euren Gott. Dann kniete er sich erneut auf den Boden und sprach mit uns dreimal dasselbe Gebet: Allerheiligste Dreifaltigkeit usw. und verschwand.«

Auch diesmal dauerte es einige Zeit, bis sich die Kinder ihrer physischen Sinne langsam wieder bewußt wurden. Eine starke Müdigkeit und Erschöpfung breitete sich in ihnen aus, verbunden mit einem tiefen Gefühl der inneren Erfüllung, ja Glückseligkeit. Es war, als seien Lucia, Jacinta und Francisco aus einer mystischen Ekstase, einem Zustand geistiger Entrücktheit und Gottesnähe, zurückgekehrt. Auch wenn die Erscheinung des Engels ihren Anfang ganz in der Realität ihres Wachbewußtseins nahm, so führte sie doch die drei Hirtenkinder in ganz andere Bereiche des Bewußtseins, in die Welt der Mystik, der Visionen und Offenbarungen.

Es ist viel spekuliert worden, was »wirklich« hinter den Erscheinungen von Fatima stehen könnte. War es Hysterie, waren es schizoide Schübe? Dagegen sprechen die tiefe innere Erfülltheit der Kinder nach der Erscheinung, die Übereinstimmung ihrer Beschreibungen, die tiefe Aussagekraft ihrer Symbolik. War es religiös motiviertes Wunschdenken? Was man so gerne mystisch veranlagten Mönchen und Nonnen nachsagt, trifft ganz gewiß nicht auf unsere drei bodenständigen Hirtenkinder zu, die viel lieber spielten, als den Rosenkranz zu rezitieren, und die auch die erste Erscheinung eigentlich eher vergessen wollten. Waren es, wie besonders phantasiebegabte Autoren mutmaßen, holographische Bilder, projiziert von einer außerirdischen Intelligenz? Auch das ist auszuschließen, denn diese Hypothese erklärt weder die Bewußtseinsveränderung noch die tiefe geistige Erfüllung der Visionäre noch die Unterschiede in der Wahrnehmung der Erscheinung (Francisco sah sie nur reden, hörte aber ihre Stimme nicht). Es gibt nur eine plausible Erklärung für das, was die Kinder erlebt haben: Sie hatten eine genuine Vision, »etwas« manifestierte sich in ihrem Bewußtsein, »etwas«, dessen Heimat eine andere Welt jenseits des Irdischen ist.

Bald zog der Winter über das Land, und wieder kehrte der Alltag im Leben der Kinder von Aljustrel ein. Immer verschwommener wurde das Bild des Engels und seine Empfehlungen in ihrer Erinnerung, immer weniger dachten sie darüber nach, was er ihnen gesagt hatte, mehr und mehr verhallten seine Empfehlungen in der Weite eines einfachen, sorgenfreien und erlebnisreichen Kinderlebens. Dann kam der Frühling. Die kalten Winterstürme wichen dem warmen Aprilregen, der unzählige junge Pflanzen aus der regenerierten Erde sprießen lies, sattgrüne Gräser und farbenprächtige Blumen und Blüten und frischgrüne Blätter an den knorrigen Ästen der grauen, winterkahlen Bäume. Die felsigen Hänge der Serra erfüllten sich mit Leben, und wieder war es an der Zeit, die Schafe in die Natur zu treiben, wo sie Lämmer zur Welt brachten, die vorsichtig und neugierig zugleich auf ihren stakeligen, dünnen Hufen die frische, feuchte Weide erkundeten. Wie neugeboren fühlten sich auch Lucia, Francisco und Jacinta. Endlich, der Winter war vorbei, sie konnten wieder in die geliebte Natur, sich wieder ihren Spielen und Kinderfreuden widmen. Sie sollten nicht ahnen, daß dieses Jahr, das Jahr 1917, zu ihrem Schicksalsjahr werden sollte – und durch sie zum Schicksalsjahr der Menschheit in diesem von Wirren und Irrungen gekennzeichneten Jahrhundert. Denn während im fernen Rußland Vladimir Iljitsch Lenin die Machtergreifung der Proletarier und eine atheistisch-materialistisch orientierte Sowjetherrschaft vorbereitete, manifestierte sich im ländlichen Hochland Portugals eine ganz andere, ganz und garnicht materielle Macht, die zur Gegenrevolution aufrief. Es war die Macht des Glaubens, der Hoffnung und der Liebe.

2.

Eine Frau, mit der Sonne bekleidet

Der Weiler Aljustrel, in dem Lucia, Jacinta und Francisco lebten, gehört zu der Gemeinde des Dorfes Fatima, das seinen Namen einer Legende verdankt. Im 8. Jahrhundert eroberten die Araber die iberische Halbinsel, um in den folgenden sechs Jahrhunderten schrittweise von den christlichen Heeren zurückgedrängt zu werden. Im 11. Jahrhundert war der Norden Portugals bereits in christlicher Hand, während das Land südlich des Flusses Tagus zum Kalifat gehörte. Das Grenzland war unsicher, immer wieder attackierten christliche Untergrundkämpfer in bester Guerillataktik die verhaßten Moslems. Einer der Widerständler war Goncalo Hermingues, der »Schrecken der Mauren«, der eine Horde christlicher Ritter anführte.

Am 24. Juni 1158, dem Fest des Heiligen Johannes, zog eine Gruppe von arabischen Rittern aus der Provinzhauptstadt Al-Kasar (heute: Alcacer do Sal) mit ihren Damen zu einer kleinen, privaten Feier an die Ufer des Flusses Sado. Sie vergnügten sich gerade, genossen ihr Picknick, als sie vom der Horde des Hermingues überfallen wurden. Die meisten Araber wurden bei dem Überraschungsangriff getötet, die Überlebenden und die Frauen von dem »Maurenschrecken« nach Santarem gebracht, die Stadt, in der Afonso Henriques, der erste portugiesische König, residierte. Der König beglückwünschte Don Goncalo zu der »kühnen Tat« und fragte ihn, welche Belohnung er dafür wünsche. Hermingues zögerte nicht lange. Er erbat sich die Hand von Fatima, der schönsten der gefangengenommenen Maurinnen und Tochter des Fürsten von Al-Kasar, die nach der Lieblingstochter des Propheten Mohammed benannt war. Sie hatte sich, so will es die Legende, bereits in den mutigen und gutaussehenden Ritter verliebt und war auch bereit, sich christlich taufen zu lassen und den Namen Oureana anzunehmen. Als Hochzeitsgeschenk erhielt das junge Paar das Dorf Abdegas, das Don Goncalo in »Oureana« umbenannte.

Unglücklicherweise starb die schöne Maurentochter jung. Ihr Ehemann suchte Trost im Kloster St. Bernard in Alcobaca, 30 km westlich von Oureana, und der Abt erlaubte ihm, seine Frau in einer nahegelegenen kleinen Kirche beizusetzen. Fortan erhielt das Dorf, in dem die Kirche stand, den Namen Fatima. Es war ein unbedeutendes Dorf, jahrhundertelang zu klein, um überhaupt auf einer Landkarte zu erscheinen, und nur einmal, ein einziges Mal, sollte es für einen kurzen Augenblick, ein Gebet lang, zum Schauplatz der Geschichte werden. Im 14. Jahrhundert befand sich Portugal unter zunehmender Bedrohung durch Kastilien, dessen Übermacht das kleine Land zu erdrücken drohte – nur durch einen Militär- und Freundschaftspakt mit England konnte seine Unabhängigkeit gewahrt werden. Nach dem Tod König Ferdinands wurde 1383 sein unehelicher Halbbruder Don Johann, der Großmeister des Avis-Ordens, zum neuen König und »Verteidiger des Reiches« gekrönt. Johann 1. wurde unterstützt durch Dom Nuno Alvares Pereira, einen Ritter und Mystiker, dessen Rolle später mit der von Jean d'Arc bei der Befreiung Frankreichs verglichen wurde: Dom Nuno war überzeugt, in »göttlichem Auftrag« zu handeln, und war ein glühender Verehrer der Gottesmutter, die schon 1142 von König Alfonso zur »Beschützerin und Mutter aller Portugiesen« ernannt wurde, eine Landesweihe, die 1646 von König Johann IV. nach der Wiederherstellung der nationalen Unabhängigkeit feierlich wiederholt wurde. Portugal stand unter dem besonderen Schutz der heiligen Jungfrau, davon war Dom Nuno überzeugt, als er sein Heer gegen die zahlenmäßig weit überlegene kastilische Armee führte. Der König zögerte noch. Erst in letzter Minute, als Dom Nunos Männer bereits auf dem Plateau von Fatima Stellung bezogen, mit dem Bild der Gottesmutter auf ihren Standarten und dem Schlachtruf »Im Namen Gottes und der Jungfrau Maria«, schloß sich Johann 1. ihm an. Feierlich riefen die vereinten portugiesischen Truppen, die sich vor ihrem Bild versammelt hatten, die Heilige Jungfrau um ihren Schutz und Segen an. Der König gelobte feierlich, ein Kloster zu ihren Ehren zu bauen und zu ihrem Heiligtum in Oliveira zu pilgern, sollte sie ihm den Sieg gewähren. Es war der 13. August 1385. In den frühen Morgenstunden des 14. August führten Johann 1. und Don Nuno ihr Heer von Fatima aus in die Schlacht von Aljubarrota und errangen einen der glorreichsten Siege in der portugiesischen Geschichte, einen Sieg, der für die nächsten zwei Jahrhunderte die Unabhängigkeit des Landes sicherte, und den Papst Bonifaz IX. in seiner Bulle vom Februar 1391 als »ein Wunder« bezeichnete, angesichts der gewaltigen Übermacht der Spanier. Doch trotzdem geriet Fatima fünf Jahrhunderte lang in Vergessenheit und konnte erst zu Ende des 19. Jahrhunderts einen allmählichen Bevölkerungszuwachs verzeichnen. Anfang des 20. Jahrhunderts hatte das Bergdorf, alle umliegenden Weiler mitgerechnet, etwa 2000 Einwohner.

Ist es Zufall, daß ein Ort, der den Namen der Lieblingstochter des Propheten Mohammed trägt, zur Schicksalsstätte Portugals und der christlichen Welt werden sollte? »Nichts kommt vom Himmel, das nicht einen Sinn hätte«, meint der Theologe Monsignore Fulton Sheen dazu. »Dem Rationalismus gegenüber ist Fatima einer der Altäre der Welt, auf dem die Gottesmutter die beiden religiösen Gemeinschaften zusammenruft: Christentum und Islam«, glaubt der Franzose Charles Barzel. Tatsächlich verehrt der Islam Maria und erkennt ihre Unbeflecktheit an. Es heißt in der 21. Sure des Koran, Vers 91–92: »*Erinnere Dich auch derjenigen, welche ihre Jungfräulichkeit bewahrt hatte, die wir mit unserem Geist angeweht hatten und sie ihren Sohn als ein Wunderzeichen für alle Welt machte.*«

Etwa drei Kilometer außerhalb von Fatima befindet sich ein Landstück, die Cova da Iria, das Lucias Eltern gehörte. Sein Name bedeutet »Mulde der Irene«, benannt nach der portugiesischen Heiligen Irene oder Iria. Es war ein natürliches Amphitheater von vielleicht 500 Metern im Durchmesser, eine Mulde, von Hängen umgeben. Hierher trieb Lucia ihre Herde, zusammen mit der Herde von Jacinta und Francisco, an jenem 13. Mai 1917, dem Sonntag vor Christi Himmelfahrt, nachdem die Kinder, wie jeden Sonntag, die Heilige Messe in der Dorfkirche besucht hatten. Sie hatten keine Eile, schlenderten über die steinigen Feldpfade, ließen die Schafe schon am Wegrand grasen, und so stand die Sonne bereits hoch am Himmel, als sie ihr Ziel erreichten. Als die Mittagsglocken im Dorf leuteten, packten sie, ohne Zeit zu verlieren, ihre Vesperpakete aus, die am Sonntag immer einen ganz besonderen Leckerbissen enthielten, machten das Kreuzzeichen, beteten das »Vaterunser« und begannen zu essen. Als sie damit fertig waren, trieben sie die Schafe den Hang höher hinauf zu einem frischen Futterplatz, um »Häuserbauen« zu spielen: Francisco war der Architekt und Maurer, die Mädchen seine Gehilfinnen.

*Traditionelle Darstellung der Erscheinung von Fatima –
Gemälde von H. Medina*

Zwei Fotos der Seherkinder aus dem Jahre 1917. oben: (2a) v.l.n.r.:
Jacinta, Lucia, Francisco; unten: (2b): Lucia, Francisco, Jacinta

Die Seherkinder am 13. Juli 1917 nach der Höllenvision und dem Empfang der drei »Geheimnisse«. Ihre Gesichter spiegeln die Schrecken wieder, die sie geschaut haben.

Am 13. Oktober 1917: Die Kinder werden zur Erscheinungsstätte gebracht, Jacinta auf den Armen eines Chauffeurs.

13. Oktober 1917: Blick auf die an der Erscheinungsstätte versammelte Menschenmasse bei strömendem Regen

13.10.1917: Der Regen hört auf, die Erscheinung beginnt. Andächtig fallen die Menschen auf die Knie

Am 18. November 1951 veröffentlichte die Vatikanzeitung »L'Osservatore Romano« dieses angebliche Foto des Sonnenwunders von Fatima. Der Zeitung zufolge zeigt es »den schwarzen Punkt, verursacht durch die schnelle Rotation der Sonne, die so tief steht, wie sie zum fraglichen Zeitpunkt, um 12.30 Uhr, nie gestanden haben könnte«. Obwohl andere Medien die Aufnahme als Fälschung bezeichneten, bestätigte der »Osservatore« am 14. 3. 1952 noch einmal ihre Echtheit. Der Jesuitenpater A. Veloso dagegen glaubt, daß das Foto ein Sonnenwunder zeigt, daß sich am 13. Juni 1925, an einem Fatima-Jahrestag, ereignete

Zehntausende beobachten das Sonnenwunder vom 13. Oktober 1917

Schwester Lucia im Dorotheenkloster von Tuy

Die Kapelle an der Erscheinungsstätte vor ihrer Zerstörung am 6. März 1922, davor die Steineiche, über der die Madonna erschien

Der päpstliche Legat Benedetto Kardinal Aloisi Masella krönt das Gnadenbild von Fatima vor 800.000 Pilgern

Papst Pius XII. bei der Radioansprache an die Portugiesische Nation am 31. Oktober 1942

Vom 29. August bis 1. September 1953 weinte dieses Madonnenbild in Syrakus/Sizilien menschliche Tränen

Diese Detailaufnahme belegt das kirchlich anerkannte »Wunder«

Grigorij Rasputin, der Wundermann am Zarenhofe

Papst Johannes XXIII. entschied gegen eine Veröffentlichung des Dritten Geheimnisses von Fatima

Jose Alves Correia da Silva, der Bischof von Leiria, mit dem Umschlag, der das Dritte Geheimnis von Fatima enthält

*Papst Johannes Paul II. am 12. Mai 1984
vor dem Gnadenbild von Fatima*

Lichterprozession am Tage des Papstbesuches

*Papst Johannes Paul II.
am 13. Mai 1982 in
Fatima: Bei der Verlesung
seiner Ansprache...*

*...und bei der Begegnung
mit Schwester Lucia*

*Papst Johannes
Paul II. im Gespräch
mit Schwester Lucia*

Fatima heute: Die Basilika und die Esplanade.
Links die Gnadenkapelle (Capelinha)

Die Basilika und die eingezäunte Steineiche, über der 1917
die Madonna erschien

Fatima heute: Pilger umkreisen die Gnadenkapelle auf den Knien

Das Gnadenbild bei der Prozession, die regelmäßig an den Jahrestagen
der Erscheinungen stattfinden

Nach den Angaben der Seher-kinder angefertigt: Die Gnaden-statue von Heroldsbach

Die Seherkinder von Heroldsbach

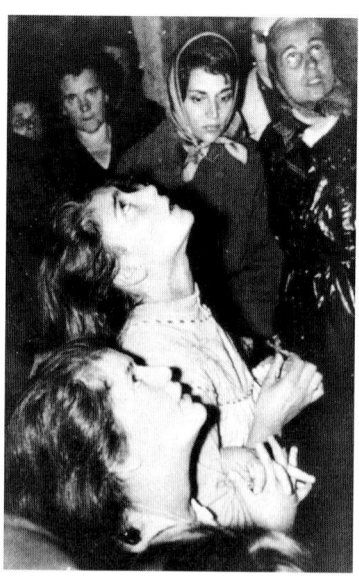

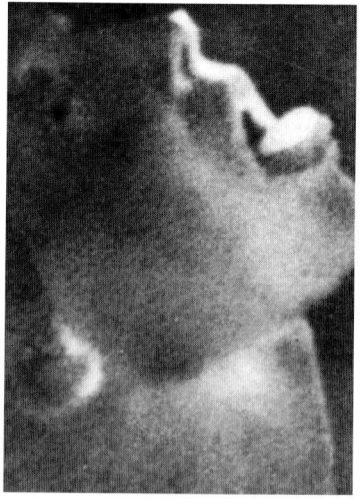

Die Seherkinder von Garabandal in Ekstase, hier Jacinta und Conchita

Das »Hostienwunder« von Gara-bandal, gefilmt von Alejandro Damians: Auf Conchitas Zunge erschien ein Licht, aus dem sich das Sakrament formte

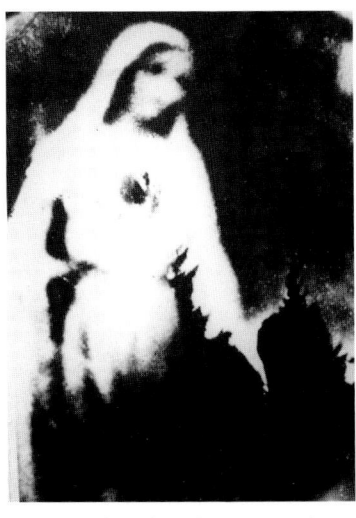

Turzovka, Slowakei, November 1966: Eine Pilgergruppe aus Bojanovic beobachtete eine riesige, nebelhafte Madonnengestalt über den Wäldern – einem der Augenzeugen gelang ein Foto

San Damiano, 25. März 1971: Zwei »Sonnen« erschienen am Himmel und konnten fotografiert werden

Pater Pio, der stigmatisierte Kapuziner, im Jahre 1919

Die Erscheinung über der Marienkirche von Zeitoun, einem Vorort von Kairo, am 13. April 1968

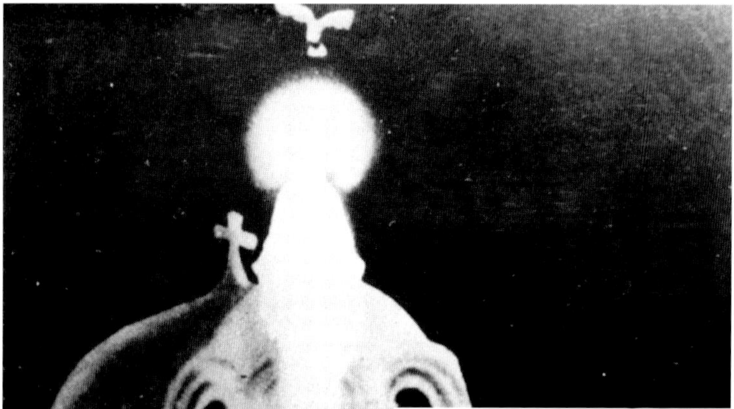

Eine weitere Aufnahme der Marien-
erscheinung von Zeitoun 
Die Madonna erschien mit Kind
auf der Kuppel der Marienkirche

Foto der Erscheinung von Zeitoun vom 13. April 1968.
In dem Moment, in dem der Zeuge Wagih Rizk Matta diese Aufnahme
machte, wurde er von den Folgen eines Autounfalls geheilt

Ein grell aufleuchtendes Licht, einem Blitz ähnlich, unterbrach ganz plötzlich ihr Spiel. Zog ein Gewitter auf, mußten sie sich unverzüglich auf den Heimweg machen. Doch am stahlblauen Himmel war kein Wölkchen zu sehen. Kein Lüftchen bewegte sich, strahlendes Sonnenlicht flimmerte in der klaren, sauberen Luft. Lucia traute dem Frieden nicht. »Gehen wir lieber nach Hause. Es hat geblitzt, es könnte ein Gewitter geben.« Wie immer waren die anderen bereit, ihr zu folgen. Doch kaum wollten sie aufbrechen, blitzte ein zweiter Lichtstrahl auf. Instinktiv machten die Kinder ein paar Schritte nach vorn, dann blickten sie alle, wie automatisch, nach rechts. Was sie dann sahen, verschlug ihnen den Atem.

»*Über einer Steineiche schwebte eine Dame, ganz in weiß gekleidet, strahlender als die Sonne*«, erklärte Lucia später, »*Sie verbreitete ein noch helleres Licht als die hellsten Sonnenstrahlen, die durch ein mit Wasser gefülltes Kristallglas scheinen. Überrascht durch diese Erscheinung blieben wir stehen. Wir standen so nahe, daß wir innerhalb des Lichtes blieben, welches sie umgab oder das sie ausstrahlte. Der Abstand betrug etwa anderthalb Meter.*« Die wundersame Frau schien 15 bis 18 Jahre alt zu sein. Sie war nur 1,20 Meter groß und hatte schwarze Augen. Ihr Kleid war weiß wie Schnee, am Hals mit einer goldenen Schnur geschlossen und bis zu den Füßen reichend, die die Blätter der Steineiche kaum berührten. Ein weißer, goldumsäumter Mantel umhüllte den Kopf und die ganze Gestalt. Von den Händen, die sie vor der Brust gefaltet hielt, hing ein Rosenkranz aus weißleuchtenden Perlen mit einem kleinen, silbernen Kreuz herab. Um den Hals trug sie eine Kette, an der, in Höhe ihrer Taille, eine strahlende Kugel hing. Ein heller Lichtschein umstrahlte ihr Antlitz, doch ihre reinen, unendlich zarten Züge schienen von Traurigkeit überschattet.

»*Habt keine Angst, ich tue euch nichts zuleide*«, sprach sie mit einer sanften Stimme, die Lucia tief in ihrem Innersten vernahm.

»*Woher kommst Du?*« fragte das Hirtenmädchen.

»*Ich komme vom Himmel.*«

»*Und was willst Du hier in der Welt?*«

»*Ich bin gekommen, euch zu bitten, daß ihr in den folgenden sechs Monaten, jeweils am Dreizehnten, zur selben Stunde hierherkommt. Dann werde ich euch sagen, wer ich bin und was ich will. Ich werde danach noch ein siebtes Mal hierher zurückkehren.*«

»*Komme ich auch in den Himmel?*«

»*Jawohl!*«

»*Und Jacinta?*«

»*Auch!*«

»*Und Francisco?*«

»*Auch, aber er muß noch viele Rosenkränze beten.*«

Lucia fragte in gleicher kindlicher Einfalt noch nach dem Schicksal zweier verstorbener Mädchen aus dem Dorf; »*Ist Maria das Neves schon im Himmel?*«

»*Jawohl.*«

»*Und Amelia?*«

»*Sie bleibt bis zum Ende der Welt im Fegefeuer.*«

Lucias Augen füllten sich mit Tränen, die langsam ihre Wangen herunterrollten.

»*Kannst Du mir sagen, ob der Krieg noch lange dauern oder bald zu Ende sein wird?*«

»*Das kann ich dir noch nicht sagen, ebensowenig wie ich dir jetzt schon sagen kann, was ich wünsche.*« Lucia schluckte betroffen.

»*Wollt Ihr euch Gott anbieten, um alle Leiden zu ertragen, die Er euch schicken wird, zur Sühne für alle Sünden, durch die Er beleidigt wird und als Bitte um die Bekehrung der Sünder?*«, fragte die strahlend leuchtende Frau.

»*Ja, wir wollen das!*« antwortete Lucia stellvertretend für die beiden anderen Kinder.

»*Ihr werdet also viel leiden müssen, aber die Gnade Gottes wird eure Stärke sein.*«

Mit diesen Worten öffnete sie zum ersten Mal die Hände. Ein starkes Licht, noch heller als das, das sie umgab, ging von ihnen aus, drang in die Brust und ins tiefste Innerste der Kinder ein – »*und wir erkannten uns selber in Gott, der dieses Licht war, viel klarer, als wir uns im besten Spiegel sehen konnten*«, schrieb Lucia später. Instinktiv fielen die drei Kinder auf die Knie, begannen inbrünstig zu beten: »*Oh heiligste Dreifaltigkeit, ich bete Dich an. Mein Gott, mein Gott, ich liebe Dich im heiligsten Sakrament.*«

»*Betet täglich den Rosenkranz, um den Frieden der Welt und das Ende des Krieges zu erlangen*«, forderte die Lichtgestalt sie noch auf, um sich anschließend langsam zu erheben und in östlicher Richtung aufzusteigen, bis sie in der Unendlichkeit der Ferne verschwand.

»*Das Licht, das sie umgab, schien einen Weg durch die Himmelswölbung zu öffnen*«, meinte Lucia.

Noch minutenlang starrten die Kinder wie gebannt in die Richtung, in der sie verschwunden war. Erst langsam kehrte ihr

Bewußtsein wieder in die Wirklichkeit zurück. Alles war ruhig, die Sonne brannte vom Himmel, kein Wind wehte. »Und die Schafe?« schoß es allen Dreien zugleich durch den Kopf. Lucia lief schnell zum Nachbarfeld, in das die Herde eingedrungen war, um beruhigt festzustellen, daß der Besitzer des Grundstückes sie schon gesammelt und wieder zurückgetrieben hatte, ohne daß sie einen Schaden anrichten konnten.

Noch eine Zeitlang schwiegen die Kinder, dann begannen sie langsam, das Geschaute zu reflektieren. »Was für eine schöne, schöne Dame«, mußte Jacinta immer wieder ausrufen. Als jeder sein Erlebnis aus seiner Perspektive schilderte, stellte sich heraus, daß tatsächlich nur Lucia mit der Dame gesprochen hatte, während Jacinta gebannt das Zwiegespräch verfolgte und Francisco nur Lucias Fragen und die Lippenbewegungen der Erscheinung gesehen, aber nichts gehört hatte. Alles hatte vielleicht zehn Minuten lang gedauert, »fast so lange Zeit, wie man für einen Rosenkranz braucht«, wie Jacinta anmerkte. In Lucias Herz dagegen blieb eine leichte Bitterkeit zurück. Hatte die Dame nicht angekündigt, daß sie viel zu leiden hatten? Und mußte nicht ihre Freundin Amelia bis ans Ende aller Tage im Fegefeuer leiden?

Die Kinder beschlossen, niemandem etwas von der Erscheinung zu erzählen. Zu deutlich war Lucia noch der Spott ihrer Familie in Erinnerung, als sie von ihrer ersten Vision des Engels gesprochen hatte. »Oh wie schön war doch die Dame, wie schön!« schwärmte Jacinta. »Ich wette, daß du es bald ausplauderst«, befürchtete Lucia. »Nein, nein, du brauchst keine Angst zu haben, ich sage nichts.« Francisco dagegen sagte am wenigsten. Es bohrte in ihm, daß die Dame nicht zu ihm gesprochen, daß er sie nicht einmal gehört hatte. Und ihr leicht tadelnder Blick in seine Richtung (als sie verlangte, daß er noch viele Rosenkränze beten müsse) war ihm durch Mark und Bein gegangen.

Die Sonne stand schon tief am Himmel, als sich die Kinder aufrafften, nach Hause zu gehen. Hastig trieben sie die Herde zusammen, dann kehrten sie nach Aljustrel zurück. Bevor sich Lucia von ihren Gefährten trennte, schärfte sie ihnen noch einmal ein, ja nichts zu sagen. »Nein, nein, wir werden schweigen«, versprachen beide.

Doch kaum war Jacinta zu Hause angekommen, war das Versprechen vergessen. Hatte sie nicht sonst immer alles ihrer Mutter erzählt? Sie saß wie auf glühenden Kohlen, dann konnte sie sich nicht mehr halten. Sie lief zu ihrer Mutter, umfaßte ihre Knie und rief ganz aufgeregt:»Mama, ich sah heute Unsere Liebe Frau in der Cova da Iria.« Senhora Marto hatte nur ein Lachen für ihre Tochter übrig. »Ganz bestimmt hast Du das«, meinte sie ironisch, »ich glaube, Du bist jetzt eine Heilige, daß Du die Muttergottes siehst«. Jacinta war wie niedergeschmettert. Ihre Mutter glaubte ihr nicht! Beschämt senkte sie den Kopf, bereute zutiefst, daß sie ihr Versprechen gebrochen hatte, den Mund nicht halten konnte. »Aber ich habe sie wirklich gesehen, Mama«, meinte sie kleinlaut. Und nach einer Weile: »Mama, ich bete jetzt mit Francisco den Rosenkranz. Die Muttergottes hat uns das aufgetragen. Wir müssen alle Tage den Rosenkranz beten. Das will die Madonna.«

Später, beim Abendessen in Gegenwart der ganzen Familie, wollte Senhora Marto ihre Tochter zur Rede stellen. »Jacinta, erzähle uns doch mal Deine Geschichte von Unserer Lieben Frau in der Cova da Iria!« Da sprudelte es aus dem Mädchen heraus. Sie erzählte von dem Blitz, von ihrer Angst, von dem Licht, das so blendend war, daß es in den Augen schmerzte, von der wunderschönen Frau, ganz in Weiß gekleidet, weißer als Milch, und der goldenen Kordel, die von ihrem Hals bis zur Taille herunterhing, mit der strahlenden Kugel an ihrem Ende. Als sie erwähnte, daß die Hände der »wunderschönen Frau« gefaltet waren, stand Jacinta vom Stuhl auf und faltete ihre Hände in Höhe der Brust, in Nachahmung der Erscheinung.

Francisco bestätigte ihre Erzählung. Ihre Geschwister begannen, Jacinta zu necken, doch schließlich erhob Ti Marto, der Denker in der Familie, seine Stimme: »Seit Bestehen der Welt ist die Gottesmutter zu verschiedenen Zeiten und auf verschiedene Weise erschienen. Das waren wichtige Ereignisse. Hätten diese Ereignisse nicht stattgefunden, wäre die Welt noch schlechter, als sie schon ist. Gottes Macht ist groß. Wir verstehen nicht alles, aber laßt Gottes Wille geschehen.« Betroffen schweigend löffelte die restliche Familie ihre Kartoffelsuppe.

Am nächsten Morgen sorgte die geschwätzige Olimpia Marto dafür, daß das gesamte Dorf von der Sache erfuhr. Bald war das Gerücht auch zu Lucias Mutter vorgedrungen, die ihre Tochter zur Rede stellte. Zögernd und traurig, weil Jacinta ihren Mund nicht halten konnte, bestätigte Lucia, daß auch sie die Gottesmutter gesehen hatte. Maria Rosa konnte ihr nicht glauben. Für sie war ihre jüngste Tochter zur Lügnerin geworden.

Beklommenheit machte sich im Herzen der Kinder breit, wann immer sie an den folgenden Tagen über die Erscheinung sprachen. Ihre kindliche Unbekümmertheit, die Freude am Spiel, war wie verflogen. Für Lucia begann buchstäblich ein Martyrium. Für ihren Vater war die ganze Sache nur »Weiberunsinn«, ihre Mutter versuchte, sie auf jede nur erdenkliche Weise zu bewegen, alles zurückzunehmen und ihr endlich zu gestehen, daß sie sich das alles nur ausgedacht hätte. Immer wieder machte sie Lucia schwere Vorhaltungen, bis das kleine Mädchen sie auf den Knien und mit gefalteten Händen weinend um Vergebung bat. Als Maria Rosa weder mit Prügel noch mit Engelszungen ein Geständnis aus ihrer Tochter herausbekam, zerrte sie Lucia zum Ortspfarrer. »Wenn wir dort angekommen sind, knie nieder, sage, daß Du gelogen hast und bitte um Verzeihung – oder ich werde Dich Zeit Deines Lebens in ein dunkles Loch sperren, in das kein Sonnenstrahl kommt.« Doch auch Pfarrer Ferreira konnte nichts bewirken. Lucia blieb dabei: Was sie gesehen hatte, hatte sie gesehen.

Als der 13. Juni immer näher heranrückte, hatte sich die Geschichte der Kinder längst in der ganzen Gegend herumgesprochen. Über 50 Personen warteten dort bereits seit den Morgenstunden, als Lucia, Jacinta und Francisco gegen 11.00 Uhr an der Steineiche eintrafen, zu der die Himmelskönigin sie bestellt hatte. Ihre Eltern hatten sich geweigert, mitzukommen. Sie fürchteten die Schande, die über sie käme, sollte sich die Sache doch als Betrug erweisen. Der 13. Juni 1917 war der Festtag des Heiligen Antonius, der in der Pfarrei von Fatima groß gefeiert wurde, mit einer prächtigen Prozession, Glockengeläut und der kostenlosen Bewirtung von 500 Menschen. Familienväter kamen mit ihren Ochsenkarren, die mit Zweigen und Blumen, Fahnen und Tüchern reich geschmückt waren und auf denen ihre ganze Familie Platz genommen hatten. Sie verteilten Almosen und Nahrungsmittel, während die Wagen einige Male die Kirche umrundeten und vor der Veranda hielten, von der aus der Priester ihnen den Segen erteilte. Lucia liebte diese Festa, und insgeheim hatte ihre Mutter gehofft, daß sie darüber die ganze Sache mit der Cova da Iria vergessen würde. Doch ganz wie Jacinta und Francisco hatte auch Lucia beschlossen, die Festa des Heiligen Antonius der schönen Dame zu opfern.

»*Zur festgesetzten Stunde kamen die Kinder bei der Cova da Iria an*«, beschrieb eine Zeugin später die Ereignisse an diesem Tag, »*Unter*

37

der großen Steineiche (die etwa 50 Schritte vom Ort der Erscheinung entfernt ist) knieten sie nieder und beteten den glorreichen Rosenkranz. Als sie ihn beendet hatten, erhob sich Lucia, richtete Umhang und Kopftuch zurecht, als ob sie in die Kirche gehen wollte, und wendete den Blick nach Osten, von wo sie die Erscheinung erwartete. Die Umstehenden fragten, ob man wohl lange warten müßte. ›Oh nein‹, antwortete das Mädchen. Die beiden anderen Kinder meinten, es wäre noch Zeit, einen zweiten Rosenkranz zu beten. Doch Lucia sagte: ›Es hat doch schon geblitzt. Jetzt kommt die Dame.‹ Und eilends lief sie zu der kleinen Steineiche; die Gefährten folgten ihr.«

Eine weitere Zeugin war Senhora Maria dos Santos Carreira aus Fatima, die vielleicht zehn Minuten von der Cova da Iria entfernt wohnt, und mit ihrem 17jährigen behinderten Sohn gekommen war. Sie war an diesem Tag schon früh aufgestanden und hatte als Erste die Cova da Iria erreicht.

»Bald kamen noch mehr Menschen, und etwa um 11.00 Uhr trafen auch die Kinder ein, denen Unsere Liebe Frau erschienen war. Sie kamen zusammen mit kleinen Freunden und Menschen von weit her, wie Torres Novas oder Outeiro... wir gingen alle zu der Steineiche. Lucia blieb etwa drei Meter vor dem Baum stehen und schaute in östlicher Richtung. Es war alles ruhig, und ich fragte sie: »Welches ist der Baum, an dem Unsere Liebe Frau erschien?« – »Dieser hier«, sagte sie und legte ihre Hand darauf. Er war etwa einen Meter hoch, ein hübscher, junger Baum, schön gewachsen mit regelmäßigen Ästen. Lucia entfernte sich ein Stückchen und schaute wieder in Richtung Fatima, um sich dann im Schatten eines Feigenbaumes niederzulassen. Es war sehr ruhig und still. Lucia setzte sich in der Nähe des Stammes nieder, und Jacinta und Frncisco nahmen rechts und links von ihr Platz.«

Was dann geschah, schilderte Lucia wie folgt: »Nachdem ich mit Jacinta und Francisco und noch einigen Anwesenden den Rosenkranz gebetet hatte, sahen wir von neuem den Lichtschein, der sich näherte (den wir Blitz nannten), und dann Unsere Liebe Frau über der Steineiche, genau wie im Mai.

›Was wünschen Sie von mir‹, fragte ich.

›Ich möchte, daß ihr alle Tage den Rosenkranz betet und lesen lernt. Später sage ich euch, was ich möchte.‹

Ich bat um die Heilung eines Kranken.

›Wenn er sich bekehrt, wird er innerhalb eines Jahres gesund werden.‹

›Ich möchte Sie bitten, uns in den Himmel mitzunehmen.‹

›Ja! Jacinta und Francisco werde ich bald holen. Du aber bleibst noch einige Zeit hier. Jesus möchte sich deiner bedienen, damit die Menschen mich erkennen und lieben. Er möchte auf Erden die Verehrung meines Unbefleckten Herzens begründen. Wer sie annimmt, dem verspreche ich das Heil, und diese Seelen werden von Gott geliebt wie Blumen, die von mir hingestellt sind, um Seinen Thron zu schmücken.‹«

Lucia konnte sich nur schwer auf dieses poetische Versprechen konzentrieren, zu schockiert war sie von der Ankündigung des baldigen Todes ihrer geliebten Gefährten.

»Bleibe ich allein hier?«, fragte sie traurig.

»Nein, mein Kind! Leidest du sehr? Laß dich nicht entmutigen. Niemals werde ich dich verlassen, mein Unbeflecktes Herz wird deine Zuflucht sein und der Weg, der dich zu Gott führen wird.«

Lucia weiter: *»In dem Augenblick, als sie diese letzten Worte sagte, öffnete sie die Hände und übermittelte uns zum zweiten Male den Widerschein dieses unermeßlichen Lichtes. Darin sahen wir uns in Gott versenkt. Jacinta und Francisco schienen in dem Teil des Lichtes zu stehen, der sich zum Himmel erhob, und ich in dem Teil, der sich über die Erde ergoß. Vor der rechten Handfläche Unserer Lieben Frau befand sich ein Herz, umgeben von Dornen, die es zu durchbohren schienen. Wir verstanden, daß dies das Unbefleckte Herz Mariens war, verletzt durch die Sünden der Menschheit, das Sühne wünscht.«*

Eine ganze Reihe von Zeugen beschrieb später, wie sie nicht nur Lucias Stimme, sondern auch, dazwischen, ein geheimnisvolles »Murmeln« hörten. Maria dos Santos Carreira beschrieb es als *»wie der Ton einer weitentfernten Stimme. Wir konnten nicht verstehen, was sie sagte; es war wie das Summen einer Biene.«*

Als sich die Erscheinung zu entfernen begann, hörten die Anwesenden einen dumpfen Knall, den einige »als ob in der Ferne eine Rakete platzte« und andere als »einen unterirdischen Donner, der von der Steineiche herkam«, beschrieben. In diesem Augenblick raffte sich Lucia schnell auf und zeigte, mit ausgestreckten Armen nach Osten. »Schaut, da geht sie. Da geht sie dahin!«

Maria Carreira: *»Wir sahen nichts als eine kleine Wolke etwas oberhalb des Baumes, die sich langsam erhob und sich in östlicher Richtung bewegte, bis wir sie nicht mehr sehen konnten. Einige Leute sagten: ›Ich kann sie noch sehen, sie ist noch dort…‹«*, bis zuletzt niemand *mehr etwas sehen konnte, Die Kinder standen schweigend, die Augen in jene Richtung gewandt, bis Lucia sagte: ›Jetzt können wir sie nicht mehr sehen. Sie ist zurück in den Himmel gegangen, die Tore haben sich geschlossen.‹*

Wir wandten uns wieder dem wunderbaren Baum zu, und zu unserer größten Überraschung sahen wir, daß sich die Triebe an der Spitze, die vorher aufrecht standen, alle in östlicher Richtung geneigt hatten, so als hätte jemand darauf gestanden.«

Die oben zitierte Zeugin bestätigte das Phänomen: »*Die Steineiche war mit langen, jungen Blättern bedeckt. Die zarten Äste des Baumes bogen sich während der Erscheinung, als ob das Gewicht der Dame wirklich auf ihnen gelastet hätte. Nach der Vision erklärte Lucia, die Dame sei gegen Osten verschwunden. Und alle Äste und Blätter der Steineiche waren nach Osten gerichtet, als ob sie vom Mantelsaum der Dame gestreift worden wären.«*

Maria dos Santos weiter: »*Wir begannen, Zweige abzubrechen, aber Lucia sagte, wir sollten sie von unten nehmen, solche, die Unsere Liebe Frau nicht berührt hatte. Ich bemerkte einen schönen blühenden Rosmarinzweig in der Nähe und pflückte mir zum Andenken etwas davon ab. Jemand schlug vor, den Rosenkranz zu beten ehe wir den Heimweg antraten, andere jedoch, die von weither gekommen waren, meinten, wir sollten jetzt die (lauretanische) Litanei und auf dem Heimweg nach Fatima den Rosenkranz beten...*

Nachdem wir die Litanei gebetet hatten, gingen wir mit den Kindern alle zurück nach Fatima, auf dem Weg den Rosenkranz betend. Wir kamen an, als sich die Prozession gerade formierte. Die Leute sahen uns ankommen und wollten wissen, woher wir kämen. Wir antworteten: Von der Cova da Iria, und wir erzählten, daß wir sehr glücklich seien, dort gewesen zu sein. Manche waren traurig, daß sie etwas versäumt hatten, aber es war zu spät.«

Die Erscheinung der Kinder hatte ihre erste Bewährungsprobe bestanden, und die Kunde von den mysteriösen Phänomenen, die die Anwesenden gesehen haben, ging wie ein Lauffeuer in der ganzen Serra de Aire umher.

3.
Die drei Geheimnisse

Aus den 40 Neugierigen wurden 2–3000 Pilger, die sich am 13. Juli 1917 in der Cova da Iria versammelten. Einige waren von weither gekommen, hatten sich, teils zu Fuß, teils auf Eselskarren, am Vorabend auf den Weg gemacht und, in Wolldecken gehüllt, unter dem klaren Sternenhimmel übernachtet. Einige der Zeugen der zweiten Erscheinung aus dem Ort, die zu Gläubigen geworden waren, hatten einen Holzbogen mit einem Kreuz auf der Spitze errichtet, um den Erscheinungsort zu kennzeichnen. Den Rosenkranz betend oder die jüngsten Gerüchte über die Seherkinder austauschend, fieberten sie der Mittagsstunde entgegen, wenn, wie sie es versprochen hatte, die Gottesmutter wieder erscheinen würde. Sie ahnten nicht, unter welchen Anfeindungen und Schwierigkeiten die Seherkinder zuvor gelitten hatten und daß Lucia beinahe nicht zur Steineiche gekommen wäre.

Gleich am Tag nach der Erscheinung vom 13. Juni hatte Lucias Mutter ihre Tochter zu Pfarrer Ferreira ins Pfarrhaus von Fatima gebracht, denn der Geistliche wollte persönlich mit dem Mädchen sprechen, und Jacinta und Francisco gingen mit. Skeptisch hörte sich der alte Pfarrer die Geschichte der Kinder an, argwöhnisch nahm er zur Kenntnis, daß es Dinge gab, die sie ihm nicht sagen konnten oder wollten, um schließlich, nach eindringlichem Verhör, zu dem Schluß zu kommen: »Es könnte ein Trick des Teufels sein, wir werden sehen.«

Seine Worte erschütterten Lucia tief in ihrem Innersten, schienen alles, woran sie geglaubt und worauf sie vertraut hatte, wie ein Kartenhaus zusammenfallen zu lassen, erfüllten sie mit tiefen, nagenden Zweifeln. Der Herr Pfarrer war für die Leute im Dorf die höchste Autorität, eine Art Statthalter Gottes, und sein Wort war Gebot. Er mußte Recht haben, dachte sich Lucia, während ihr Herz ihr sagte, daß es doch die Gottesmutter war. »Das war ganz bestimmt nicht der Teufel«, meinten ihre Gefährten, »der Teufel ist häßlich und lebt unter der Erde. Die Frau war wunderschön und ist zum Himmel aufgefahren«. Doch Lucia nahm ihre Worte kaum mehr zur Kenntnis. Sie verfiel in eine tiefe Lethargie, in Selbstzweifel, in Seelennöte. Sie hatte Alpträume, ihr gingen alle nur denkbaren Szenarien durch den Kopf, sie war dicht daran, einfach zu sagen, sie habe gelogen, um der Geschichte ein Ende zu machen. »Tu das nicht«, meinte Jacinta, »Du weißt, das wäre gelogen. Und Lügen ist eine Sünde«. Lucias Mutter dagegen tat alles, um sie in ihren Zweifeln zu bestärken, und je näher der 13. Juli rückte, je öfter prophezeite sie, daß »der Teufel mit Sicherheit dort sein« werde. Es kam, wie es kommen mußte: Am Abend des 12. Juli ging Lucia zu Jacinta und Francisco, um ihnen mitzuteilen, daß sie nicht mehr in die Cova da Iria gehen würde. »Wir gehen! Die Dame befahl uns, hinzugehen«, erwiderten die beiden Kinder trotzig.

Doch je näher die verabredete Stunde rückte, so unmöglicher war es für Lucia, zu Hause zu bleiben. Irgendetwas, eine unsichtbare Macht, trieb sie geradezu auf die Straße, auf den Weg zu Jacinta und Francisco. Als sie das Haus ihrer kleinen Freunde betrat, sah sie, wie beide vor ihren Betten knieten und weinten. »Geht Ihr nicht hin?« fragte sie. »Ohne dich haben wir nicht den Mut, zu gehen. Komm, geh mit!«

»Ja, ich gehe«, quoll es aus Lucia hervor. In diesem Augenblick war ihr, als sei ihr ein Stein vom Herzen gefallen.

Kurz darauf bemerkten Olimpia und Maria Rosa, daß ihre Kinder das Haus verlassen hatten. Sie wußten, wo sie nach ihnen suchen müßten, und zusammen mit Ti Marto machten auch sie sich auf in die Cova da Iria, wo sie Lucia, Jacinta und Francisco von hunderten Schaulustigen belagert fanden. »*Es herrschte solch ein Gedränge*«, erinnerte sich Ti Marto später, »*doch dann bauten zwei Männer, einer aus Ramila und der andere von hier, eine Barriere um die Kinder, um sie zu schützen. Als die Männer mich erblickten, zogen sie mich am Arm und riefen: ›Hier ist der Vater! Laßt ihn durch!‹ Und so konnte ich zu meiner Jacinta vordringen.*
Lucia kniete ein wenig entfernter auf der Erde. Sie betete den Rosenkranz vor, und das Volk antwortete. Als er beendet war, sprang sie so schnell auf, als würde sie emporgerissen. Sie schaute gen Osten und rief: ›Schließt Eure Schirme‹ – sie waren zum Schutz gegen die Sonne geöffnet – ›Unsere Liebe Frau kommt!‹ Ich schaute angestrengt, konnte

aber im Augenblick nichts sehen. Und dann sah ich etwas, das aussah wie eine kleine, graue Wolke über der Steineiche. Die Hitze hatte nachgelassen, und es wehte eine angenehme, erfrischende Brise – gar nicht hochsommerlich. *Die Menschen waren so ruhig, daß man eine Stecknadel hätte fallen hören. Dann hörte ich ein kleines, summendes Geräusch. Ich konnte jedoch nichts verstehen. Ich glaube, am Telefon muß sich das so anhören, obgleich ich in meinem Leben noch nie telefoniert habe. Was ist es?, fragte ich mich. Ist es nahe oder ganz weit weg? Alles dies war für mich ein Beweis des ›Wunders.‹«*

Als Lucia die leuchtende Gestalt sah, die wieder über der kleinen Steineiche vom Himmel herabstieg, waren alle Zweifel der letzten Wochen verflogen. Gebannt, ihre Schönheit bestaunend, starrte sie sie an, minutenlang, ohne auch nur ein Wort sagen zu können. Jacinta wurde ungeduldig. »*Lucia, nun sag doch was*«, flüsterte sie ihrer Cousine zu, »*siehst du nicht, daß die Dame schon hier ist und mit dir sprechen will?*«

Endlich raffte sich Lucia auf: »*Was wünschen Sie von mir?*«

»*Ich möchte, daß Ihr am 13. des kommenden Monats wieder hierherkommt, daß ihr weiterhin jeden Tag den Rosenkranz zu Ehren Unserer Lieben Frau vom Rosenkranz betet, um den Frieden für die Welt und das Ende des Krieges zu erlangen, denn nur sie allein kann es erreichen.*«

»*Ich möchte Sie bitten, uns zu sagen, wer Sie sind, und ein Wunder zu tun, damit alle glauben, daß Sie uns erscheinen*«, meinte Lucia.

»*Kommt weiterhin jeden Monat hierher! Im Oktober werde ich euch sagen, wer ich bin und was ich wünsche und werde ein Wunder tun, damit alle glauben*«, erwiderte die Dame.

Jetzt erinnerte sich Lucia, daß ihr von einigen Pilgern aufgetragen wurde, die Gottesmutter um Hilfe oder Heilung zu bitten. »*Betet den Rosenkranz, um diese Gnaden im Laufe des Jahres zu erlangen*«, antwortete sie, »*opfert euch auf für die Sünder und sagt oft, besonders wenn ihr ein Opfer bringt: O Jesus, das tue ich aus Liebe zu Dir, für die Bekehrung der Sünder und zur Sühne für die Sünder gegen das Unbefleckte Herz Mariens.*« Und dann gewährte sie den Kindern eine Vision, die später als »*Das erste Geheimnis von Fatima*« bezeichnet würde.

»*Bei diesen letzten Worten*«, so erinnerte sich Lucia, »*öffnete sie aufs neue die Hände wie in den zwei vorhergegangenen Monaten. Der Strahl schien die Erde zu durchdringen, und wir sahen gleichsam ein*

Feuermeer und eingetaucht in dieses Feuer die Teufel und die Seelen, als ob sie durchscheinend, schwarz und bronzefarbig glühende Kohlen in menschlicher Gestalt waren, die in diesem Feuer schwammen, emporgeschleudert von den Flammen, die mit Rauchwolken aus ihnen selbst hervorschlugen. Sie fielen nach allen Seiten wie Funken bei gewaltigen Bränden, ohne Schwere und Gleichgewicht, unter Schreien und Heulen vor Schmerz und Verzweiflung, was uns erbeben und erstarren ließ.«

In diesem Augenblick, in der ihr der innere Zustand der von Gott getrennten Seelen mit so eindrucksvoller Symbolik offenbart wurde, schrie Lucia laut auf, als würde sie selbst die Schmerzen der Seelen ertragen.

»Die Teufel unterschieden sich durch die schreckliche und scheußliche Gestalt widerlicher, unbekannter Tiere. Sie waren aber durchscheinend wie schwarze, glühende Kohle.

Erschrocken und wie um Hilfe bittend, erhoben wir den Blick zu Unserer Lieben Frau, die voll Güte und Traurigkeit zu uns sprach: ›Ihr habt die Hölle gesehen, wohin die Seelen der armen Sünder kommen. Um sie zu retten, will Gott die Andacht zu meinem Unbefleckten Herzen in der Welt begründen. Wenn man tut, was ich euch sage, werden viele Seelen gerettet werden und es wird Friede sein. Der Krieg geht seinem Ende entgegen. Wenn man aber nicht aufhört, Gott zu beleidigen, wird unter Pius XI. ein anderer, schlimmerer Krieg beginnen. Wenn ihr eine Nacht erhellt seht durch ein unbekanntes Licht, dann wisset, daß dies das große Zeichen ist, das Gott euch gibt, um das Strafgericht anzukündigen, das über die Welt kommen wird wegen ihrer Sünden: Krieg, Hungersnot, Verfolgung der Kirche und des Heiligen Vaters.‹«

Dann folgte das »Zweite Geheimnis«: *»Um das zu verhüten werde ich kommen und um die Weihe Rußlands an mein Unbeflecktes Herz und die Sühnekommunion an den ersten Samstagen bitten. Wenn man auf meine Wünsche hört, wird Rußland sich bekehren und es wird Friede sein; wenn nicht, dann wird es seine Irrlehren über die ganze Welt verbreiten, wird Kriege und Verfolgungen der Kirche heraufbeschwören. Die Guten werden gemartert werden, und der Heilige Vater wird viel zu leiden haben, verschiedene Nationen werden ausgelöscht. Am Ende aber wird mein Unbeflecktes Herz triumphieren. Der Heilige Vater wird mir Rußland weihen, das sich bekehren wird, und eine Zeit des Friedens wird der Welt geschenkt werden.«*

Was die Himmelskönigin danach Lucia und Jacinta offenbarte, wissen wir nicht. Das »*Dritte Geheimnis von Fatima*« ist nach wie vor unter Verschluß und vielleicht das bestgehütete Geheimnis der Kirche. Lucia hat es nie veröffentlicht (wir werden in einem späteren Kapitel untersuchen, wovon es gehandelt haben könnte), mit Ausnahme eines Satzes: »*In Portugal wird sich immer das Dogma des Glaubens erhalten...*«. Sie folgte damit dem Wunsch der Madonna: »*Davon sagt niemandem etwas; Francisco könnt Ihr es mitteilen. Wenn ihr den Rosenkranz betet, dann sagt nach jedem Gesetz: O mein Jesus, verzeihe uns unsere Sünden, bewahre uns vor dem Feuer der Hölle, führe alle Seelen in den Himmel, besonders jene, die Deiner Barmherzigkeit am meisten bedürfen.*«

Es folgten Minuten beklommenen, überwältigten Schweigens, in denen sich die Kinder wie ein Gefäß fühlten, das zu klein, zu zerbrechlich, zu zart für das war, was es fassen sollte. Schließlich fragte Lucia, eher schüchtern, mit schwacher, hoher Stimme: »*Wünschen Sie sonst nichts mehr von mir?*«

»*Nein, heute will ich nichts mehr von dir*«, antwortete die Dame, bevor sie sich langsam wieder in Richtung Osten erhob, bis sie in der unendlichen Ferne des stahlblauen Horizontes verschwand.

Ti Marto beschrieb später, was in diesem Augenblick alle Anwesenden erlebten: »*Wir hörten einen heftigen Donnerschlag, und der kleine Bogen, an dem zwei Laternen hingen, erzitterte wie bei einem Erdbeben. Lucia, die noch kniete, sprang so schnell auf, daß sich ihre Röcke um sie aufbauschten. Sie zeigte zum Himmel und rief: ›Dort geht sie, dort geht sie!‹ Und nach ein oder zwei Augenblicken sagte sie: ›Jetzt kann man sie nicht mehr sehen.‹ Das alles war für mich ein sicherer Beweis.*«

Als nach einigen Minuten respektvollen Schweigens, sich die Menge um die Kinder drängte und mit Fragen überhäufte, wirkten diese wie abwesend, ja verstört, zutiefst erschüttert. Sie wußten jetzt, welches Unheil über der Menschheit herandämmerte, aber sie mußten es für sich behalten. »Es ist ein Geheimnis«, beantwortete Lucia alle Fragen nach dem Inhalt der Botschaft. »Ein schönes Geheimnis?«, wollten die Leute wissen. »Für einige Menschen ist es gut, für andere schlecht« – mehr wollte, konnte, durfte sie nicht sagen. Ein Foto, das Mario Godinho unmittelbar nach der Erscheinung aufnahm, zeigt die tiefe innere Aufgewühltheit und Verstörtheit der Kinder, die gerade die Hölle gesehen hatten – die symbolische Hölle, den Zustand der sündigen Menschen nach dem Tod, und die physische, ganz reale Hölle der Schrecken des 20. Jahrhunderts, der Hölle der Oktoberrevolution und des spanischen Bürgerkrieges, des Nazi-Terrors und des Archipel Gulag, des 2. Weltkriegs und des kalten Krieges, des Wettrüstens und der atomaren Bedrohung, der Schüsse auf den Endzeit-Papst und des zunehmenden Atheismus.

Diese Vision der Hölle beendete schlagartig die Kindheit von Lucia, Jacinta und Francisco. Endgültig vorbei war die Zeit ihrer unbekümmerten Spiele, ihrer unschuldigen Freuden, ihres Lachens und Singens und Tanzens. Eine tiefe Ernsthaftigkeit, ja Traurigkeit ersetzte die Sorglosigkeit ihres Daseins, und ihre Gedanken kreisten nur noch um das eine Thema: Die Botschaft der Dame, deren Schönheit jetzt durch einen Anflug von Bitterkeit getrübt war. Immer wieder kamen ihnen die Bilder der Hölle in Erinnerung, mußten sie, vor Angst und Schrecken zitternd, niederknien, ihre kleinen Hände falten und beten: »Oh mein Jesus, verzeih uns unsere Sünden, bewahre uns vor dem Feuer der Hölle; führe alle Seelen in den Himmel, besonders jene, die Deiner Barmherzigkeit am meisten bedürfen.« Immer wieder versuchten sie, durch Abtötungen Buße zu tun, ob sie ihr Proviant an Bedürftige verschenkten und den ganzen langen Tag lang hungerten oder ob sie, trotz der drückenden Sommerhitze, auf ihr Wasser verzichteten, bis ihre ausgetrockneten Lippen aufsprangen, um »ein Opfer für die Sünder zu bringen«. Und einmal, als sie am Brunnen saß, hatte Jacinta eine Vision. Sie sah einen zukünftigen Papst. »In einem sehr großen Haus kniete er vor einem Tisch, verbarg das Gesicht in den Händen und weinte. Draußen standen viele Leute, und einige warfen Steine nach ihm, andere beschimpften ihn und riefen häßliche Worte. Armer heiliger Vater, wir müssen sehr viel für ihn beten.« Ein anderes Mal hatte Jacinta eine Vision von der prophezeiten Hungersnot: »Siehst du nicht die vielen Straßen, die Wege und Felder voller Menschen, die vor Hunger weinen, weil sie nichts zu essen haben, und den Heiligen Vater in einer Kirche vor dem Unbefleckten Herzen Mariens im Gebet? Und so viele Leute, die mit ihm beten?«

Später fragte sie Lucia: »Darf ich sagen, daß ich den Heiligen Vater und die vielen Leute gesehen habe?« – »Nein!«, antwortete die Cousine. »Merkst Du nicht, daß dies zum Geheimnis gehört, daß dadurch alles gleich enthüllt wird?«

»Ist gut, dann sage ich nichts.«

Ein anderes Mal saß Jacinta nachdenklich auf ihrem Bett, als Lucia sie besuchte. »Woran denkst Du?«

»An den Krieg, der kommen wird. Es werden so viele Menschen sterben, und fast alle kommen in die Hölle. Es werden viele Häuser dem Boden gleichgemacht und viele Priester getötet werden. Schau, ich komme in den Himmel, und wenn du dann in der Nacht das Licht siehst, von dem die Dame sprach, verschwinde lieber, fliehe auch dorthin.«

»Merkst du nicht, daß man nicht zum Himmel fliehen kann.«

»Es ist wahr, das kann man nicht. Aber habe keine Angst, ich werde im Himmel sehr viel für dich bitten, für den Heiligen Vater, für Portugal, damit der Krieg nicht ausbricht, und für den Heiligen Vater.«

Und noch etwas machte den Kindern zu schaffen. Immer mehr Schaulustige kamen ins Dorf, um sie zu sehen, zu berühren, ihnen Fragen zu stellen. Die kleinen Felder, die die einfachen Bauern von Aljustrel hatten, wurden von den Besuchern und ihren Eseln niedergetrampelt, die Ernten vernichtet. Hinzu kam, daß es ihnen bald nicht mehr möglich war, die Schafe ihrer Familien zu hüten, weil sie ständig von den Neugierigen heimgesucht wurden. Lucias Familie mußte ihre Herde zu einem viel zu niedrigen Preis verkaufen, weshalb ihr ihre Mutter noch heftigere Vorhaltungen machte, sie fast täglich prügelte, beschimpfte, verspottete und bestrafte. Hinzu kamen die Anfeindungen der Nachbarn, speziell der Frauen im Dorf. Die Situation für sie wurde fast unerträglich. Und schließlich schien es, als sei ganz Portugal gegen Lucia und ihre Gefährten.

Die Zeitungen hatten über die Ereignisse in der Cova da Iria berichtet, und die liberale Presse, Stimme der Revolutionsregierung, behauptete, das alles sei ein großer Betrug, inszeniert von den Priestern und insbesondere den verhaßten Jesuiten, die die unwissende Masse um ihr Geld bringen und dem »katholischen Aberglauben« neuen Anhang verschaffen wollten. Zum erbittertsten Gegner der Erscheinungen aber sollte Artur Santos werden, der Administrator der Provinz Vila Nova de Ourem, zu der Fatima gehört. Santos, gerade mal 30 Jahre alt, hatte eigentlich den Beruf des Kesselflickers erlernt, aber sein abgrundtiefer Haß auf Monarchie und Kirche führte ihn in die Redaktion des lokalen republikanischen Propagandablättchens »Ouriense« und in die örtliche Freimaurerloge. Als die »neue Republik« nach zuverlässigen Vertretern der neuen, revolutionären Staatsgewalt suchte, war Santos »ihr Mann« für Ourem, der Mann mit »der richtigen Gesinnung«. Bald wurde er zum Präsidenten der Kreisverwaltung, zum Bürgermeister und Laienrichter von Comarca, zur prominentesten Persönlichkeit und zum einflußreichsten und am meisten gefürchteten Mann der Provinz. Für Santos war Fatima ein Angriff gegen das materialistische Weltbild, gegen die Republik und gegen alles, was er repräsentierte. Er nahm die Sache sehr persönlich. In seiner Provinz hatte er für Ordnung zu sorgen, dafür, daß sich die Werte der Revolution durchsetzen und der »katholische Aberglauben« ausgemerzt wird. Das letzte, was er gebrauchen konnte, war ein Wunder, das die Cova da Iria zum Brennpunkt einer reaktionären Bewegung gegen die neue Republik, gegen die Werte der Humanisten und Freidenker werden lassen könnte. Er mußte den Aberglauben von Fatima im Keim ersticken, allein schon, um der Regierung in Lissabon und den Brüdern in der Loge zu beweisen, wer in seiner Provinz das Sagen hat.

Drei Tage vor der angekündigten vierten Erscheinung der Gottesmutter, am 10. August 1917, traf die gerichtliche Vorladung ein: Die Väter von Lucia, Jacinta und Francisco hatten am nächsten Tag um 11.00 Uhr im Rathaus von Ourem vorstellig zu werden. Lucia und ihr Vater machten sich auf den Weg, Ti Marto entschied sich, seine Kinder zu Hause zu lassen und alleine in die Provinzhauptstadt zu gehen. »Wo ist das Kind?« brüllte Santos den Vater von Jacinta und Francisco an, offenbar nicht wissend, daß es sich um drei Seherkinder handelt. Dann wandte er sich Lucia zu. »Und Du, Du sollst doch dieses Geheimnis kennen. Na, was ist es? Los, verrate es mir.« Doch weder mit wüsten Drohungen noch mit Versprechungen konnte er etwas bewirken. Auch das Versprechen, nie mehr in die Cova da Iria zurückzukehren, konnte er ihr nicht abringen. Entnervt schickte er das Mädchen und die beiden Väter nach Hause, wo Jacinta und Francisco längst glaubten, Lucia sei umgebracht worden. Sie waren überglücklich, als sie ihre Cousine wohlbehalten zurückkehren sahen.

In den frühen Morgenstunden des 13. August wurde Fatima geradezu überflutet von Menschenmassen. Mindestens 15.000, vielleicht 20.000 Pilger waren gekommen, auf Eseln oder in Ochsenkarren, auf Fahrrädern oder in Automobilen, wie man sie in dieser Menge noch nie zuvor in der ländlichen Serra de Aire gesehen hatte. In Aljustrel wurden die Häuser der Seherkinder regelrecht belagert. Hunderte wollten ihnen Petitionen übergeben, mit der Bitte, ihr Anliegen der Gottesmutter vorzutragen, wollten ihnen Fragen stellen, ohne daß ihnen auch nur die Chance gegeben wurde, zu antworten, oder sie nur berühren. Wie ein Spielball der Massen wurden Lucia, Jacinta und Francisco weitergereicht durch das Gedränge, in dem sie erdrückt zu werden drohten, zerrten Unbekannte an ihnen, gierig danach, etwas von der ihnen gewährten Gnade zu erheischen.

Plötzlich wurden die Kinder von ihren Eltern gerufen. Als es Lucia gelang, durch die Reihen der Schaulustigen ins Haus zurückzukehren, saßen dort bereits Jacinta und Francisco – und Artur Santos. Wieder bedrängte er die Kinder, ihm das Geheimnis zu verraten oder zumindest zu versprechen, nicht mehr zur Cova de Iria zu gehen, und wieder war er erfolglos. »Nun gut, dann zeigt mir Euer Wunder«, sagte er plötzlich, in einem sehr viel freundlicheren Ton, »ich muß es sehen, um zu glauben, ganz wie der Heilige Thomas. Also, gehen wir. Nehmen wir meinen Wagen, dann sind wir schneller da und niemand wird uns belästigen.« Die Kinder trauten dem plötzlichen Frieden nicht, wollten lieber zu Fuß gehen. »Ich muß sie noch schnell beim Pfarrer in Fatima vorbeibringen«, erklärte er den Eltern, die schließlich die drei Seher aufforderten, mit dem Administrator zu fahren – der Pfarrer und der Provinzvorsteher, vor so viel geballter Autorität mußten sie sich beugen.

Sie fuhren tatsächlich zum Pfarrhaus. Santos schickte Lucia vor, wartete draußen mit Jacinta, Francisco und den beiden Vätern.

»Wer lehrte dich, die Dinge zu sagen, von denen du sprichst«, fragte Pfarrer Ferreira.

»Die Dame, die ich in der Cova da Iria sah.«

»Jene, die derartige Lügen verbreiten, wie Du es tust, werden gerichtet werden und in die Hölle kommen. Mehr und mehr Menschen werden von Euch getäuscht.«

»Wenn Menschen, die lügen, in die Hölle kommen, werde ich nicht in die Hälle kommen, denn ich lüge nicht. Ich sage nur das, was ich sah und das, was die Dame mir gesagt hat. Und wenn die Leute hingehen, gehen sie hin, weil sie es so wollen, wir bitten sie nicht, hinzugehen.«

»Stimmt es, daß die Dame Euch ein Geheimnis anvertraut hat?« »Ja, aber ich kann es Ihnen nicht sagen. Wenn Sie das Geheimnis wissen wollen, werde ich die Dame fragen, ob ich es Ihnen sagen kann, und wenn sie mir die Erlaubnis gibt, werde ich es Ihnen sagen.«

Als Jacinta und Francisco gerufen werden sollten, schritt Santos ein. »Es ist nicht mehr notwendig, sie können gehen, oder besser: Wir gehen zusammen, sonst wird es zu spät.« Die Kinder stiegen in seinen Wagen, die Väter fuhren hinterher.

»Das Pferd zog an und verfiel in Trott in Richtung Cova da Iria«, erinnerte sich Ti Marto, »Ich fühlte schon eine gewisse Erleichterung, aber an der Hauptsraße angekommen, machte der Wagen eine plötzliche Wendung, dem Pferd wurde die Peitsche gegeben und es sauste davon wie der Blitz. Es war sehr raffiniert organisiert!«

Santos hatte die Kinder entführt!

»Das ist nicht der Weg in die Cova da Iria«, meinte Lucia im Wagen. »Nein, wir fahren zuerst nach Ourem, um den dortigen Priester zu besuchen«, beruhigte sie der Administrator, »wenn wir schnell machen, sind wir pünktlich um 12.00 Uhr wieder zurück.«

Nach anderthalbstündiger Fahrt erreichte der triumphierende Ex-Kesselflicker sein Haus, führte die drei Delinquenten in einen kleinen Raum, in dem sie warten sollten. Darin schloß er sie ein. Er werde sie erst wieder freilassen, drohte er, wenn sie ihm das Geheimnis enthüllt hätten.

»Wenn Sie uns töten, macht das nichts«, meinte Jacinta trotzig, »wir werden dann geradewegs in den Himmel kommen.« Verzweifelt bereiteten sich die drei Kinder darauf vor, ihr letztes Opfer zu bringen – das Opfer ihres Lebens.

»Der Administrator hat die Kinder entführt«, verkündete ein Zeuge der Ereignisse der schon ungeduldig wartenden Masse in der Cova da Iria. Ein Raunen ging um, das immer lauter, immer erregter wurde. »Dann laßt uns nach Ourem gehen und protestieren«, rief einer. »Wir werden alle verprügeln!« brüllte ein anderer. »Wir müssen mit dem Pfarrer anfangen, er ist auch schuld«, schrie ein dritter, »mit dem Kreisvorsteher rechnen wir danach ab!«

In diesem Augenblick unterbrach ein dumpfer Donnerschlag den aufkommenden Tumult. Erschreckt zuckten die Menschen zusammen, einige schrien vor Schreck. »Alles drängte vom Baum zurück«, schrieb Maria Carreira später, »auf den Donnerschlag folgte der Blitzstrahl, dann sahen wir eine kleine Wolke, sehr zart, sehr weiß, die einige Augenblicke über dem Baum stehen blieb, sich dann erhob und verschwand. Als wir um uns blickten, hatten wir das gleiche, eigenartige Erlebnis, das wir schon einmal (bei der Erscheinung) am 13. Juli hatten und das sich in den folgenden Monaten wiederholen sollte.

Unsere Gesichter reflektierten die Farben des Regenbogens, rosa, rot, blau... die Bäume schienen keine Blätter, sondern Blüten zu haben. Sie waren wie mit Blüten übersät. Jedes Blatt schien eine Blume zu sein. Die Erde leuchtete in allen Farben und ebenso unsere Kleider. Die Laternen an dem Bogen sahen aus wie pures Gold. Unsere Liebe Frau war gekommen, das stand fest, auch wenn sie die Kinder nicht vorgefunden hatte.

Sobald die Zeichen verschwunden waren, machten sich alle Leute auf nach Fatrima. Sie tobten gegen den Bürgermeister und den Pfarrer, gegen jeden, von dem sie glaubten, daß er irgendetwas mit der Entführung zu tun haben könne.«

Der Volkszorn ging so weit, daß Pfarrer Manuel Marques Ferreira am nächsten Tag eine Erklärung aushängte, in der er sich gegen den Vorwurf verwehrte, an der Entführung beteiligt gewesen zu sein: *»Ich bestreite diese infame, heimtückische Verleumdung. Ich erkläre vor der ganzen Welt, daß ich mit dieser respektlosen und frevlerischen Tat weder direkt noch indirekt etwas zu tun habe. Der Kreisvorsteher unterrichtete mich nicht von seinen Absichten... Daß der Teufel hier nicht den Sieg davontrug, haben wir der Seligen Jungfrau zu verdanken... Tausende von Anwesenden können bezeugen, daß die Gegenwart der Kinder für die Königin des Himmels nicht notwendig war, um ihre Macht zu offenbaren. Die Augenzeugen selbst können das außerordentliche Phänomen bestätigen, das sich ereignete, um ihren Glauben zu stärken. Nunmehr sind es nicht nur 3 Kinder, sondern tausende von Menschen jeden Alters, aller Klassen und aus allen Schichten, die mit eigenen Augen dies alles sahen... Die selige Jungfrau braucht nicht den Pfarrer, um ihre Güte zu offenbaren, und die Feinde der Religion brauchen nicht so zu tun, als sei der Glaube des Volkes abhängig von der Gegenwart des Pfarrers oder von wer weiß was.«*

War es wetterwendischer, scheinheiliger Opportunismus oder war aus dem Saulus ein Paulus geworden, angesichts dieser unbestreitbaren Manifestation des Übernatürlichen? Vielleicht war es eine Mischung aus beidem, die aus Pfarrer Ferreira einen Verteidiger der Erscheinungen machte.

Die Kinder starben währenddessen tausend Tode. Erst versuchte der Kreisversteher, sie mit glänzenden Münzen oder einer schönen Goldkette zu bestechen, ihm das Geheimnis zu offenbaren, dann drohte er ihnen, er würde einen Kessel heißen Öles vorbereiten, in dem er sie lebendigen Leibes sieden wolle. Zwei Stunden mußten sie in einer Zelle des Ortsgefängnisses in Todesangst warten, dann ließ er Jacinta vom Gefängniswärter abholen. »So, Du unverschämtes, stures Bauernkind, jetzte hast Du Deine letzte Chance, mir dein Geheimnis zu verraten. Das Öl kocht schon.« Tapfer war das kleine Mädchen bereit, sein Martyrium anzunehmen. »Gut, nehmt sie und werft sie in den Kessel!« befahl der Kreisvorsteher. Ein grimmig dreinblickender Wärter griff die Kleine unsanft an ihrem Arm, führte sie in ein anderes Zimmer. »Jesus... Unsere Liebe Frau... helft mir!« betete Jacinta verzweifelt.

Dann war Francisco an der Reihe. Als der Wärter ihn abholte, betete der Junge für seine Schwester. »Sie ist bereits gut gebraten. Jetzt kommst Du dran. Los, raus mit dem Geheimnis!« – »Ich kann nicht, mein Herr, ich kann es nicht sagen.« – »Du kannst nicht? Wärter, bringe ihn dahin, wo seine Schwester ist.« Erlöst und überglücklich, noch zu leben, umarmte er die kleine Jacinta. Dasselbe geschah mit Lucia. Endlich sah Santos ein, daß weder seine stundenlangen Verhöre, noch Versprechungen oder Drohungen und nicht einmal Folter den Kindern das Geheimnis entlocken konnten. Er gab sich geschlagen. Am 15. August lud er die drei Kinder in seinen Wagen und brachte sie in das Pfarrhaus von Fatima zu Pfarrer Ferreira.

Ein paar Tage später, irgendwann zwischen dem 15. und dem 19. August, erschien die Madonna den Kindern dann doch noch – wieder über einer Steineiche, aber diesmal bei dem Grundstück von Valinhos in der Nähe von Aljustrel.
»Ich will, daß Ihr am Dreizehnten zur Cova da Iria kommt und daß ihr weiterhin täglich den Rosenkranz betet. Im letzten Monat werde ich ein Wunder wirken, damit alle glauben«, erklärte sie den Kindern. »*Wenn Ihr nicht in die Stadt* (nach Ourem) *fortgeholt worden wäret, würde das Wunder sogar noch größer werden. Der Heilige Joseph wird mit dem Jesusknaben kommen, um der Welt den Frieden zu bringen. Unser Herr wird kommen, um die Menschen zu segnen. Unsere Liebe Frau vom Rosenkranz und Unsere Liebe Frau von den Sorgen wird ebenfalls kommen«.* Lucia fragte sie, was sie mit den vielen Geldspenden machen sollte, die die Pilger am 13. August auf einen mitgebrachten Tisch an der Erscheinungsstätte gelegt haben, und die Maria Carreira treuhänderisch an sich genommen hatte.
»Man soll zwei Traggestelle anfertigen lassen. Du wirst mit Jacinta und zwei weißgekleideten Mädchen das eine tragen, Francisco mit drei

Jungen das andere. Das Geld auf den Gestellen ist für das Fest Unserer Lieben Frau vom Rosenkranz bestimmt, der Rest für die Kapelle, die man errichten wird.«

Wieder bat Lucia um die Heilung einiger Kranker.

»Ja, ich werde im Laufe der Jahre einige gesund machen... Betet, betet viel und bringt Opfer für die Sünder, denn viele Seelen kommen in die Hölle, weil sich niemand für sie opfert und für sie betet.« Und wieder erhob sie sich und verschwand in östlicher Richtung.

4.

Das Sonnenwunder

Während Lucia, Jacinta und Francisco die Erscheinung bei Valinhos hatten, beobachteten einige Bewohner von Aljustrel merkwürdige atmosphärische Phänomene, wie sie schon von den Besuchern der Cova da Iria beschrieben wurden: Die Luft kühlte sich merklich ab, die Sonne sah gelblich aus und nahm verschiedene Farben an. Lucias Schwester Teresa und ihr Mann gehörten zu den Zeugen. *»›Was ist das?‹ sagte ich zu meinem Mann, als ich mit einem Mal die Farben auf seinem weißen Hemd sah«,* erinnerte sie sich später, *»›Ich glaube, wir machen uns alle verrückt, was meinst Du?‹ fragte er mich. ›Siehst Du nicht, daß die Situation die gleiche ist wie am 13.?‹ Als wir bei der Kirche ankamen, waren die Farben verschwunden. Später erfuhren wir, daß sich diese Phänomene genau zu der Zeit zeigten, da Unsere Liebe Frau den Kindern in Valinhos erschien.«*

Als die Madonna verschwunden war, brachen die Kinder den Zweig von der Steineiche ab, den der Mantel der »schönen Frau« gestreift hatte. Lucias Schwester Maria dos Anjos erinnerte sich: *»Jacinta stürzte aufgeregt auf meine Mutter zu und sagte: ›Tante, wir sahen Unsere Liebe Frau wieder... in Valinhos!‹ – ›Jacinta, wann werden diese Lügen aufhören? Nun seht Ihr Unsere Liebe Frau schon überall, wo ihr hingeht.‹ – ›Aber wir sahen sie!‹ Und, auf den Zweig zeigend: ›Schau, Tante, Unsere Liebe Frau stand auf diesem Zweig.‹ – ›Laß mich sehen, laß mich sehen‹, sagte Mutter. Als Jacinta ihr den Zweig gab, roch sie daran und meinte: ›Was ist das für ein Geruch?‹ – ›Es ist kein würziger Geruch, auch nicht der Duft von Rosen... nichts, garnichts, das ich kenne. Aber es ist ein feiner Duft!‹«*

Von diesem Augenblick an änderte sich Maria Rosas negative Einstellung zu den von ihr zuvor so vehemt bezweifelten Erscheinungen schlagartig. Plötzlich ahnte sie, daß ihre Tochter sie doch nicht belogen hatte. Lucias Leidenszeit hatte ein Ende. Und wenn sie von anderen verspottet wurde, war es jetzt ihre Mutter, die sie verteidigte, denn, so sagte sie, »es könne letzten Endes doch wahr sein.«

Als Jacintas Vater, Ti Marto, an diesem Abend nach Hause kam, war das ganze Haus von dem Wohlgeruch erfüllt, den der Zweig, den seine Tochter mitgebracht hatte, ausstrahlte. »Es ist der Zweig, auf dem Unsere Liebe Frau gestanden hat«, erklärte sie. Die Zeit der Wunder hatte begonnen, jener Wunder, die den Inhalt der Botschaften bestätigen sollten.

Die Aufforderung »der Dame«, noch weiter Buße zu tun, nahmen die Kinder währenddessen sehr ernst. Noch intensiver wurden ihre Gebete, noch leidenschaftlicher ihr Verlangen, Opfer zu bringen. Sie tranken oft tagelang nichts, trotz der Augusthitze, sie verzichteten darauf, das Obst zu essen, das wohlgesinnte Pilger ihnen gebracht hatten, und sie banden sich einen Strick um den Körper, so eng, daß es schmerzte.

Am Abend des 12. Septembers setzte ein Pilgerstrom ein, der die ganze Nacht hindurch andauerte, bis in die Morgenstunden des 13., des Tages, für den die Heilige Jungfrau ihre nächste Erscheinung angekündigt hatte. Unzählige Fahrzeuge blockierten die Wege und Straßen, und die Cova da Iria glich dem Zwischenlager einer Völkerwanderung, denn, obwohl die Nächte schon kühler wurden, zogen es die meisten Pilger vor, im Freien zu campieren, weil es einfach in Fatima nicht genügend Quartiere gab. Zwischen 25.000 und 30.000 Menschen warteten, meist in tiefe Gebete versunken, auf die Ankunft der Kinder, die in den Morgenstunden versuchten, durch das Gedränge zur Erscheinungsstätte zu kommen. »*Die Wege waren voll von Leuten. Alle wollten uns sehen und mit uns sprechen*«, erinnerte sich Lucia später. »*Es gab dort keine Menschenfurcht. Zahlreiche Leute, sogar vornehme Damen und Herren, drängten sich durch die Menge hindurch, die uns umgab. Sie warfen sich vor uns auf die Knie und baten uns, Unserer Lieben Frau ihre Anliegen vorzutragen.*« Andere, die sich nicht so weit vordrängen konnten, riefen zu den Kindern herüber: »Um der Liebe Gottes willen bittet Unsere Liebe Frau, sie möge meinen verkrüppelten Sohn heilen!« »Sie möge mein blindes Kind heilen!« »Sie möge meinen Mann und meinen Sohn aus dem Krieg heimbringen!« »Sie möge mich von der Tuberkulose heilen!«

Alles Leid und Elend der Menschheit schien sich in Aljustrel versammelt zu haben, und Lucia fühlte sich an biblische Szenen erinnert, an das Gedränge der Heilsuchenden um Jesus. Einige waren auf Mauern und Bäume geklettert, nur um die Drei zu sehen, andere nahmen ihre Frauen oder Kinder auf die Schultern. Glücklicherweise versuchten einige Männer, die Menge zurückzuhalten und den kleinen Sehern einen Weg durch die Menschenmassen zu bahnen, damit sie überhaupt noch zur festgesetzten Zeit die Cova da Iria erreichten. Was sie dort erwartete, war ein bewegendes Bild, »*eine Demonstration des Glaubens, wie ich sie in meinem ganzen Leben noch nie gesehen habe*«, wie ein Zeuge später berichtete. »*Am Erscheinungsort nahmen alle Männer die Kopfbedeckungen ab und fast alle knieten nieder und beteten mit offensichtlicher Andacht den Rosenkranz*«

Lucia: »*Wir kamen schließlich in der Cova da Iria bei der Steineiche an und begannen, mit dem Volk den Rosenkranz zu beten. Kurz darauf sahen wir den Lichtschein und danach Unsere Liebe Frau über der Steineiche.*

›Betet weiterhin den Rosenkranz, um das Ende des Krieges zu erlangen. Im Oktober wird auch Unser Herr kommen, Unsere Liebe Frau von den Schmerzen und vom Karmel, der Heilige Josef mit dem Jesuskind, um die Welt zu segnen. Gott ist mit euren Opfern zufrieden, aber Er will nicht, daß ihr mit dem Strick schlaft, tragt ihn nur tagsüber.‹

›Man hat mich gebeten, vieles von ihnen zu erflehen: die Heilung einiger Kranker und die eines Taubstummen.‹

›Ja, einige werde ich heilen, andere nicht. Im Oktober werde ich ein Wunder wirken, damit alle glauben.‹

Und sie begann sich zu erheben und verschwand wie gewöhnlich.«

Unter den Pilgern, Schaulustigen und Neugierigen war auch ein hoher Kirchenmann, Monsignore Joao Wuaresma, Generalvikar des Bistums Leiria, zu dem Fatima gehört, der sich, zusammen mit einem befreundeten Priester, persönlich ein Bild von den Ereignissen in der Cova da Iria machen wollte. Was er dabei erlebte, beschrieb er später wie folgt:

»*Wir verließen an einem schönen Septembermorgen Leiria und fuhren in einem wackligen, von einem alten Pferd gezogenen Wagen zu dem Ort, an dem die so vieldiskutierten Erscheinungen stattfinden sollten. Pfarrer Gois fand einen erhöhten Platz in dem weiten Amphitheater (der Cova da Iria), von wo aus wir die Ereignisse verfolgen konnten, ohne zu nahe an den Platz zu kommen, an dem die Kinder die Erscheinung erwarteten.*

Zur Mittagszeit herrschte vollkommenes Schweigen. Man hörte nur das Murmeln der Gebete. Plötzlich ertönten Freudenrufe und Stimmen, welche die Selige Jungfrau priesen. Arme erhoben sich und zeig-

ten zum Himmel. ›Schau, siehst Du nicht!‹ – ›Ja, ha, ich sehe‹... Zufriedenheit auf seiten derer, die etwas sahen. An dem tiefblauen Himmel war keine Wolke zu sehen. Auch ich erhob meine Augen und prüfte den Himmel, im Fall, daß es mir gelingen könnte, etwas zu unterscheiden, was die Anderen, die mehr vom Glück begünstigt waren als ich, bereits glaubten, gesehen zu haben.

Mit großem Erstaunen sah ich klar und deutlich eine leuchtende Kugel von Osten nach Westen langsam und majestätisch durch das All gleiten. Auch mein Freund hatte das Glück, diese unerwartete und wunderschöne Erscheinung zu sehen. Plötzlich verschwand diese Kugel in einem außergewöhnlichen Licht.

In unserer Nähe stand ein kleines Mädchen, gekleidet wie Lucia und etwa im gleichen Alter. Es rief unentwegt und glücklich: ›Ich sehe es noch, ich sehe es noch, jetzt kommt es herunter!‹

Nach wenigen Minuten, etwa der Dauer der Erscheinungen, begann ein Kind erneut zu rufen und nach dem Himmel zu zeigen. ›Nun geht es wieder‹, und es folgte der Kugel mit seinen Augen, bis sie in Richtung der Sonne verschwand. ›Was hältst Du von der Kugel?‹ fragte ich meinen Begleiter, der über das, was er gesehen hatte, sehr begeistert war. ›Das war Unsere Liebe Frau‹, sagte er, ohne zu zögern.

Es war auch meine zweifelsfreie Überzeugung. Die Kinder hatten die Gottesmutter selbst gesehen, während wir das ›Transportmittel‹ – wenn man so sagen darf – sehen durften, das sie vom Himmel in die Unwirtlichkeit der Serra de Aire gebracht hatte. Ich hatte den Eindruck, daß alle rings um uns das Gleiche gesehen hatten, denn man hörte Freudensausbrüche, und viele priesen Unsere Liebe Frau. Doch einige sagten nichts. In unserer Nähe befand sich eine einfache, demütige Person, die bitterlich weinte, weil sie nichts gesehen hatte.

Wir fühlten uns sehr glücklich. Mein Begleiter ging von Gruppe zu Gruppe sowohl in der Cova da Iria wie auch auf der Straße, um Informationen zu sammeln. Die Befragten kamen aus allen Schichten, aber alle bestätigten die Realität des Phänomens, von dem auch wir Zeugen geworden waren.«

Andere Zeugen, die näher an der Steineiche gestanden hatten, sahen eine »schön aussehende Wolke, die sich um den Holzbogen formte... sie stieg vom Boden auf, wurde größer und stieg bis auf fünf oder sechs Meter auf; dann verschwand sie wie Rauch im Wind. Ein paar Augenblicke später formten sich ähnliche Rauchwolken, um auf dieselbe Weise wieder zu verschwinden, ebenso ein drittes Mal. Es war *so, als würden unsichtbare Meßdiener die Vision liturgisch beweihräuchern. Die drei ›Beweihräucherungen‹ dauerten ebensolange wie die Erscheinung, also zehn bis fünfzehn Minuten.«*

Wieder andere Zeugen wollen einen mysteriösen Regen weißer Rosenblätter beobachtet haben, der über der Cova da Iria niederging, die sich, als sie die Menschenmasse erreicht hatten, in Luft auflöste. All diese Zeichen wurden nur von einem Teil der Pilger beobachtet, interessanterweise aber gerade nicht von den Gläubigen, sondern von Zweiflern, Skeptikern und Spöttern, die jetzt verstummten. Doch all dies war nur der Auftakt zu dem großen Wunder vom 13. Oktober, das die Gottesmutter angekündigt hatte.

In Aljustrel schien zwischenzeitlich alles auf das große Finale zuzusteuern. Immer öfter besuchten ganze Gruppen von Pilgern den Weiler, spürten die drei Seher auf und stellten ihnen stets dieselben Fragen, eine Prozedur, die von den Kindern als eine der ihnen auferlegten Prüfungen erduldet wurde. Doch einem der Besucher gelang es, ihr Vertrauen zu gewinnen. Es war ein Priester, Dr. Manuel Formigao, Kanonikus beim Erzbischöflichen Stuhl und Professor am Seminar und Lyzeum von Lissabon. Auch er war bei der Erscheinung vom 13. September dabei gewesen, hatte aber außer der Verdunkelung der Sonne nichts weiter beobachtet – aufgrund des Menschenandranges kam er nur bis auf 200 Meter an die Erscheinungsstätte heran – und war, zumindest anfangs, eher skeptisch. Erst seine persönliche Begegnung mit den Kindern überzeugte ihn, daß mehr hinter den»Wundern« steckt, und da er gut mit jungen Menschen umzugehen wußte, gewann er bald auch ihr Vertrauen. Am 27. September schließlich gelang es ihm, alle drei Seher, unabhängig voneinander, ausführlich zu befragen. Dank seiner Protokolle haben wir ein authentisches Bild der Geschehnisse, ohne jede spätere Verzerrung oder Idealisierung.
Als ersten befragte er Francisco:
– *Was hast Du während dieser Monate in der Cova da Iria gesehen?*
»*Ich habe Unsere Liebe Frau gesehen.*«
– *Wo erscheint sie?*
»*Auf einer Steineiche.*«
– *Erscheint sie plötzlich, oder siehst Du sie von irgendwoher kommen?*
»*Ich sehe sie aus der Richtung kommen, in der die Sonne aufgeht, und dann bleibt sie bei der Steineiche.*«
– *Kommt sie langsam oder schnell?*

»*Sie kommt immer schnell.*«
– *Hörst Du, was sie sagt?*
»*Nein.*«
– *Hast Du jemals mit der Dame gesprochen? Hat sie jemals mit Dir gesprochen?*
»*Nein, ich habe sie niemals etwas gefragt, sie spricht nur mit Lucia.*«
– *Wen schaut sie an? Dich und Jacinta, oder nur Lucia?*
»*Sie schaut uns alle an, Lucia sieht sie länger an.*«
– *Hat sie einmal geweint oder gelächelt?*
»*Weder noch, sie ist immer sehr ernst.*«
– *Wie ist sie gekleidet?*
»*Sie trägt ein langes Kleid und darüber einen Mantel, der ihren Kopf bedeckt und bis zum Rand ihres Kleides fällt.*«
– *Von welcher Farbe sind Kleid und Mantel?*
»*Weiß, das Kleid ist golddurchwirkt.*«
– *Wie ist ihre Haltung?*
»*Wie von jemandem, der betet. Sie hält die Hände in Höhe der Brust gefaltet.*«
– *Hält sie etwas in der Hand?*
»*Um die Handfläche und den Rücken der rechten Hand trägt sie einen Rosenkranz.*«
– *Was trägt sie an den Ohren?*
»*Man kann ihre Ohren nicht sehen, da sie vom Mantel bedeckt sind.*«
– *Ist die Dame schön?*
»*Ja, sie ist schön.*«
– *Ist sie schöner als das Mädchen dort drüben?* (Er zeigt auf ein hübsches Mädchen aus dem Dorf.)
»*Ja.*«
– *Aber es gibt Damen, die viel schöner sind als das Mädchen.*
»*Sie ist schöner als irgendjemand, den ich je gesehen habe.*«
Als nächstes rief er Jacinta zu sich, fragte:
– *Hast Du Unsere Liebe Frau seit Mai an jedem 13. des Monats gesehen?*
»*Ja.*«
– *Wo kommt sie her?*
»*Sie kommt vom Himmel, von der Seite der Sonne.*«
– *Wie ist sie gekleidet?*
»*Sie trägt ein weißes Kleid, das mit Gold verziert ist, und ihr Kopf ist bedeckt von einem ebenfalls weißen Mantel.*«
– *Von welcher Farbe ist ihr Haar?*

»Man kann ihr Haar nicht sehen, da es von dem Mantel bedeckt ist.«
– Trägt sie Ohrringe?
»Ich weiß nicht, denn man kann ihre Ohren nicht sehen.«
– Wie hält sie die Hände?
»Ihre Hände sind in Höhe der Brust gefaltet, und die Finger zeigen nach oben.«

Eine halbe Stunde später trat Lucia ein, die gerade ihrer Familie bei der Weinernte geholfen hatte.
– Ist es wahr, daß unsere Liebe Frau an dem Ort, der Cova da Iria genannt wird, erschienen ist?
»Ja, es ist wahr.«
– Wie oft ist sie Euch erschienen?
»Fünf Mal, jeden Monat einmal.«
– An welchem Tag des Monats?
»Immer am 13., mit Ausnahme im Monat August, da ich von dem Bürgermeister nach Ourem gebracht worden war. In diesem Monat sah ich sie einige Tage später, am 19., in Valinhos.«
– Die Leute erzählen, Unsere Liebe Frau sei Dir auch letztes Jahr erschienen. Ist daran etwas wahr?
»Sie erschien mir letztes Jahr nicht, auch nicht vor Mai dieses Jahres. Ich sagte solches zu niemanden, denn es ist nicht wahr.« (Lucia verschwieg bewußt die Engelserscheinungen 1915/16.)
– Aus welcher Richtung kommt sie? Von Osten?
»Ich weiß es nicht, ich sehe sie nicht von irgendwoher kommen, sie erscheint über der Steineiche, und wenn sie geht, bewegt sie sich in der Richtung, in der die Sonne aufgeht.«
– Wie lange bleibt sie? Länger oder nur kurze Zeit?
»Kurze Zeit.«
»Lange genug, um ein Vaterunser oder Ave Maria zu beten?«
»Sie bleibt länger, aber die Zeit ist nicht immer die gleiche, wahrscheinlich würde sie nicht ausreichen, um einen Rosenkranz zu beten.«
– Hattest Du Angst, als Du sie zum ersten Mal sahst?
»Ich hatte solche Angst, daß ich mit Jacinta und Francisco fortspringen wollte, aber sie sagte uns, wir sollten keine Angst haben, sie würde uns nichts tun.«
– Wie war sie gekleidet?
»Sie trug ein weißes Kleid, das bis auf die Füße reichte, und ihr Kopf war mit einem Mantel bedeckt, in der gleichen Farbe und der gleichen Länge.« (...)

– *Hast Du sie jemals gefragt, wer sie ist?*
»*Ich fragte sie, aber sie sagte, sie würde uns dies am 13. Oktober sagen.*«
– *Hast Du gefragt, woher sie käme?*
»*Ja, sie sagte, sie käme vom Himmel.*«
– *Wann hast Du ihr diese Frage gestellt?*
»*Das zweite Mal, am 13. Juni.*«
– *Hat sie manchmal gelächelt, oder war sie traurig?*
»*Weder lächelte sie noch war sie traurig, sie war immer ernst.*«
– *Sagte Sie Euch, Ihr sollt bestimmte Gebete verrichten?*
»*Sie sagte, wir sollen den Rosenkranz zu Ehren Unserer Lieben Frau vom Rosenkranz beten, damit in der Welt Friede werde.*«
– *Sagte sie, am 13. Oktober sollen viele Menschen in die Cova da Iria kommen?*
»*Sie sagte nichts dergleichen.*«
– *Stimmt es, daß sie Euch ein Geheimnis mitgeteilt hat, das Ihr niemandem sagen dürft?*«
»*Ja.*«
– *Betrifft es nur Dich, oder auch Jacinta und Francisco?*
»*Es betrifft uns alle drei.*« *(...)*
– *Hat Unsere Liebe Frau noch mehr offenbart?*
»*Sie sagte, am 13. Oktober werde sie ein Wunder wirken, auf daß die Menschen an die Erscheinung glauben.*«

Keine Frage also, daß alles dem 13. Oktober zufieberte, in Erwartung des »Wunders«, das die Gottesmutter so deutlich angekündigt hatte. Doch auch die Opposition schlief nicht. Pünktlich zum 13. Oktober veröffentlichte der »Seculo«, eine im ganzen Land gelesene Zeitung, einen spöttischen Artikel über Fatima, der mit der Prophezeihung schloß, daß rein garnichts Erstaunliches geschehen würde. Der Zynismus der Außenwelt verfehlte seine Wirkung nicht und machte nicht einmal vor Aljustrel halt. Spitze Zungen schlossen sich der Voraussage des Blattes an, und gaben Anlaß zu den schlimmsten Befürchtungen auf Seiten der Familien von Lucia, Jacinta und Francisco. Was, wenn das versprochene Wunder ausbliebe? Bestünde dann nicht die Gefahr, daß die aufgebrachten Menschenmassen vor Enttäuschung die Kinder kurzerhand lynchten oder ihnen zumindest eine kräftige Abreibung verpaßten? Hinzu kam, daß Gerüchte umgingen, jemand wolle eine Bombe an der Erscheinungsstätte zünden, um »dem Spuk ein Ende zu machen«. Die Lage wurde immer kritischer. »Willst Du nicht endlich zugeben, daß in der Cova da Iria nichts geschehen ist?«, drängte ihre Mutter. Lucia, die unter dem Druck der kritischen Außenwelt wieder zur Zweiflerin geworden war. Lucia legte ihre Stirn in Falten. Doch bevor sie etwas sagen konnte, ergriff Jacinta, die der Diskussion beiwohnte, das Wort: »Sag es, wenn Du willst, aber wir haben sie gesehen«, gab sie ebenso trotzig wie überzeugt zur Antwort. »Ich habe keine Angst, getötet zu werden«, versicherte Lucia später, »ich bin absolut sicher, daß die Dame alles, was sie gesagt hat, tun wird.«

Je näher der angekündigte Zeitpunkt der Erscheinung heranrückte, je unendlicher schienen die Menschenmassen, die in die Cova da Iria strömten. Ganz Fatima, ja die ganze Serra de Aire schien entvölkert, denn zu Tausenden hatten sich die Bewohner der Weiler, Dörfer und Städte auf den Weg zur Erscheinungsstätte gemacht. Sogar aus Lissabon und allen Teilen des Landes kamen die Menschen angereist. Fischer verließen ihre Netze, Handwerker ihre Werkstätten, Bauern ihre Höfe, Kaufleute ihre Geschäfte. Sie alle eilten herbei, um das angekündigte Wunder zu erleben, zu Pferde, in Wagen, zu Fuß, mit jedem nur erdenklichen Verkehrsmittel. Sie drängten sich auf den schmalen Landstraßen rund um Fatima, sie übernachteten in Zelten oder unter Planen, weder die aufkommende Herbstkälte noch Wind und Regen scheuend.

Der Herbst hatte das Laub längst rotgefärbt, ein kalter Nordwestwind kündete den nahenden Winter an, und die ganze Nacht vom 12. auf den 13. Oktober über fiel ein unangenehmer Nieselregen. Die feuchte Kälte durchdrang die Kleider der Menschen, die auf dem Weg nach Fatima waren oder bereits in der Cova da Iria lagerten. Es regnete, regnete, regnete ohne Unterlaß. Die Baumwollröcke der Frauen tropften und hingen wie Blei um ihre Knöchel. Wasser rann von neuen Mützen und Hüten, die extra für diesen Tag gekauft worden waren, durchweichte Stiefel und Schuhe, die durch den Schlamm stapften. Andere liefen barfuß, hatten ihre Schuhe ausgezogen und über dem Kopf zusammengebunden. An den Menschenströmen vorbei zogen schwerbeladene Ochsenkarren und luxuriöse Automobile, geschlossene Kutschen und Karren mit improvisierten Sitzen, alle zum Bersten voll. Viele hatten ihre Tiere mitgebracht, damit diese während ihrer Reise versorgt werden, andere trugen Proviant für zwei oder drei Tage mit sich. Esel schrien am Straßenrand, und die zahllosen Radfahrer unternahmen alles, um nicht mit den Karren und Tieren und Wagen zu kollidieren. Wer klug war und es sich leisten konnte, hatte einen Regenschirm mitgebracht. Von oben gesehen, erschien die Cova da Iria wie ein riesiger dunkler Fleck – tausende und abertausende von Gottes Geschöpfen, die auf ein Wunder warteten, auf Segen und die Linderung ihrer Nöte. Je näher man der Erscheinungsstätte kam, desto lauter wurde das Gemurmel aus zigtausend Stimmen der Gläubigen, die den Rosenkranz beteten, und deren Lärmen bis nach Aljustrel drang und die Kinder auf die Schicksalsstunde ihres Lebens vorbereitete.

Bei Sonnenaufgang am 13. Oktober sah das Wetter geradezu bedrohlich aus. Schwere, schwarze Wolken ballten sich genau über Fatima zusammen. Gegen zehn Uhr setzte der Regen ein. Ein starker Wind peitschte den Menschen die Wassermassen ins Gesicht, die den Boden aufweichten und die Kleidung der Pilger vollends durchnässten. Niemand konnte die Menschenmassen zählen, die dort in der Cova da Iria auf ein Wunder warteten. Schätzungen gehen von 50.000 bis 70.000 Personen aus, ein Zeuge, der Universitätsprofessor Dr. Almeida Garrett aus Coimbra, sprach sogar von 100.000 Anwesenden.

»Die Menschen füllten das Haus, so daß man sich nicht mehr bewegen konnte«, erinnerte sich Ti Marto, Jacintas und Franciscos Vater, *»draußen ging ein wolkenbruchartiger Regen nieder, man konnte kaum etwas sehen, und der Boden war ein einziger Schlamm. Meine arme Frau war ganz außer sich, denn die Leute stiegen auf Kisten, Kasten und Betten und beschmutzten alles. Ich beruhigte sie: ›Jetzt ist das Haus so voll, daß niemand mehr herein kann!‹*

Als es an der Zeit war, zu gehen und ich mit den Kindern gerade aufbrechen wollte, kam ein Nachbar und flüsterte mir zu: ›Gehe besser nicht, Ti Marto. Es kann sein, daß du angegriffen wirst; den Kindern werden sie nichts tun, da sie noch klein sind, aber bei Dir ist es anders!‹ – ›Ich gehe aber, weil ich Vertrauen habe‹, antwortete ich ihm, ›ich habe nicht die geringste Angst, und ich bin zuversichtlich, daß alles gutgehen wird.‹

Bei meiner armen Olimpia sah die Sache ganz anders aus. Sie war furchtbar aufgeregt. Obgleich sie Vertrauen zu Unserer Lieben Frau hatte, war sie doch nicht überzeugt, daß alles gut gehen werde, denn die Priester und so viele andere Leute waren nicht meiner Meinung. Die Kinder waren ganz ruhig. Weder Francisco noch Jacinta zeigten die leiseste Angst.

›Sollten sie uns etwas tun‹, sagte Jacinta zu mir, ›so werden wir in den Himmel kommen. Aber die armen Leute, die uns töten, werden in die Hölle kommen.‹

Eine Dame aus Pompalinho brachte Kleider für die Mädchen und zog sie persönlich an. Lucias Kleid war blau und Jacintas weiß. Die Dame setzte ihnen weiße Kränze ins Haar, so daß sie aussahen wie kleine Engel bei den Prozessionen.

Wir verließen das Haus. Es goß in Strömen, die Straße war voller Schlamm, was die Frauen nicht hinderte, vor den Kindern niederzuknien.

›Laßt sie in Ruhe, liebe Leute‹, rief ich, denn sie schienen zu glauben, die Kinder besäßen die Kraft der Heiligen. Nach einer Menge Schwierigkeiten und Aufenthalten erreichten wir endlich die Cova da Iria. Die Menge war so dicht gedrängt, daß es unmöglich schien, durchzukommen. Ein Chauffeur hob meine Jacinta auf und bahnte sich einen Weg zu dem Laternenbogen, indem er rief: ›Macht Platz für die Kinder, die Unsere Liebe Frau sahen!‹ Ich lief hinterdrein, und Jacinta, die Angst bekam, als sie mich unter der Menschenmenge sah, rief aus: ›Stoßen Sie meinen Vater nicht! Tun Sie ihm nichts.‹

Der Chauffeur setzte Jacinta schließlich nieder, aber auch dort war das Gedränge so groß, daß sie zu weinen begann. Dann bahnten sich Lucia und Francisco ihren Weg durch die Massen. Meine Olimpia war irgendwo, und ich weiß nicht wo, aber Maria Rosa befand sich in der Nähe.

Mit einem Male bemerkte ich einen Mann, der mit dem Stock auf mich einschlug, und ich fürchtete schon, jetzt gäbe es Unannehmlichkeiten, aber die Leute bildeten vor und hinter mir Ketten, und als ›der Augenblick‹ kam, war alles wieder ruhig.«

»In der Nähe des Erscheinungsortes betete ein Priester sein Brevier«, erzählte Maria dos Santos Carreira, die wieder zur Erscheinungsstätte gekommen war, »er hatte die ganze Nacht hier verbracht. Um die Mittagszeit kamen die Kinder. Der Priester fragte sie, wann Unsere Liebe Frau erscheinen werde.

›Um 12 Uhr‹, sagte Lucia.

Der Priester schaute auf seine Uhr und sagte: ›Sieh her, es ist schon 12 Uhr. Unsere Liebe Frau lügt nicht.‹

Nach einigen Minuten kam er wieder: ›Es ist 12 Uhr vorbei. Siehst Du, es ist alles Täuschung! Macht, daß Ihr hier wegkommt, Ihr alle!‹

Lucia aber weigerte sich zu gehen, und der Priester begann, die Kinder handgreiflich zurückzudrängen. Lucia, den Tränen nahe, sagte zu *ihm:* ‹*Wer gehen will, möge gehen, ich bleibe, wo ich bin. Unsere liebe Frau sagte, sie werde kommen. Sie kam noch jedes Mal, und sie wird auch jetzt wieder kommen.*‹

Im gleichen Augenblick richtete sie den Blick nach Osten und rief Jacinta zu: ›*Jacinta, knie nieder. Unsere Liebe Frau kommt. Ich sah den Blitzstrahl.*‹

Der Priester sagte kein Wort mehr. Ich sah ihn nie wieder.«

»Seid ruhig, seid ruhig! Unsere Liebe Frau kommt!«, rief Lucia den Massen zu. Die Gesichter der Seher veränderten sich. Ihre Züge wurden feiner, ihre Gesichtfarbe vertiefte sich, ihr Ausdruck wurde ernst. Zum letzten Mal sahen sie die wunderschöne, weiße Frau, von einem Lichtglanz umgeben, die über der kleinen Steineiche schwebte.

»*Was wünschen Sie von mir?*«, fragte Lucia.

»*Ich möchte dir sagen, daß hier eine Kapelle zu meiner Ehre gebaut werden soll. Ich bin Unsere Liebe Frau vom Rosenkranz. Man soll weiterhin täglich den Rosenkranz beten. Der Krieg geht zu Ende, und die Soldaten werden in Kürze nach Hause zurückkehren.*«

»*Ich wollte Sie um vieles bitten: ob Sie einige Kranke heilen und einige Sünder bekehren möchten und vieles mehr.*«

»*Einige ja, andere nicht. Sie müssen sich bessern und um Vergebung ihrer Sünden bitten*«, erwiderte die Gottesmutter, um traurig hinzuzufügen: »*Man soll Gott unseren Herrn nicht mehr beleidigen, der schon so sehr beleidigt worden ist.*«

»*Haben Sie noch einen Wunsch?*«

»*Keinen mehr.*«

»*Dann will ich Sie auch um nichts mehr bitten.*«

Noch einmal, zum letzten Mal, nahm die »schöne Dame« Abschied von den Kindern. Sie öffnete ihre Hände und ließ sie in einem gleißenden Lichtschein erstrahlen. Während sie sich erhob und auf die Sonne zuglitt, strahlte ihr eigenes Licht am Himmel und schien sich mit der Helligkeit des Zentralgestirns, das jetzt zwischen den Wolken hervorgekommen war, zu vereinigen. »Dort geht sie, dort geht sie, schaut zur Sonne!« rief Lucia, die Augen auf die wunderbare Erscheinung gerichtet. In diesem Augenblick wurden tausende Schirme zusammengeklappt, schauten die Massen zum Himmel hinauf. Und was sie dort sahen, raubte ihnen den Atem. Sie wurden tatsächlich Zeugen des Zeichens, das die Gottesmutter ihnen versprochen hatte. Die Zeitung »Dia« vom 17. Oktober 1917 beschrieb das Wunder wie folgt:

»Um 1 Uhr nachmittags – 12 Uhr Sonnenzeit – hörte der Regen auf. Der Himmel, perlgrau, tauchte die dürre Landschaft in ein eigenartiges Licht. Die Sonne schien von einem Schleier überzogen, so daß man sie mit dem bloßen Auge ansehen konnte. Der Perlmutt-Ton verwandelte sich in einen Schild aus Silber, der auseinanderbrach, als die Wolken sich teilten und die silbrige Sonne, eingehüllt in das gleiche, graue, verschwommene Licht, sich im Kreis der auseinandergetrifteten Wolken zu drehen begann. Ein Aufschrei ertönte aus aller Munde, das Volk fiel auf dem schlammigen Boden auf die Knie nieder. Das Licht verwandelte sich in ein schönes Blau, so wie es durch die bemalten Fenster einer Kathedrale dringt und hüllte die Menschen ein, die mit ausgestreckten Händen auf den Knien lagen. Langsam verblaßte das Blau, das Licht schien nun durch gelbes Glas zu leuchten. Gelbe Flecken fielen auf weiße Taschentücher und die schwarzen Röcke der Frauen: es lag auf den Bäumen, auf Steinen und auf der Serra. Die Menschen weinten und beteten entblößten Hauptes während des Wunders, auf das sie gewartet hatten. Sekunden schienen wie Stunden, so intensiv war das Erlebnis.«

Auch die Zeitung »Seculo«, die am selben Tag noch so zynisch über Fatima berichtet hatte, mußte einräumen:

»Vor den erstaunten Augen der Menge, die, barhäuptig den Blick zum Himmel gewandt, einen biblischen Anblick bot, begann die Sonne zu zittern und führte plötzlich unglaubliche, außerhalb jeglichen kosmischen Gesetzes liegende Bewegungen aus. Die Sonne ›tanzte‹, das war der typische Ausdruck, wie er von den Leuten gebraucht wurde. (...) Die große Mehrheit bestätigte, daß sie die Sonne ›zittern‹ und ›tanzen‹ sah, während andere glaubten, das Antlitz der Seligen Jungfrau gesehen zu haben. Wieder andere schworen, daß sich die Sonne um sich selbst gedreht habe wie ein gigantisches Feuerrad und daß sie sich der Erde näherte, als wollten ihre Strahlen sie verbrennen. Einige hatten festgestellt, daß sich die Farben laufend änderten.«

Und so schilderten Augenzeugen das Ereignis, das als »Sonnenwunder von Fatima« in die Geschichte eingehen sollte.
Ti Marto:

»Wir konnten, ohne geblendet zu werden, in die Sonne schauen. Sie schien auf und ab zu flackern, sie schoß Strahlen in verschiedene Richtungen und tauchte alles in verschiedene Farben... die Bäume, die Menschen, die Luft und die Erde. Was das Erstaunlichste war, die Sonne tat den Augen nicht weh. Stille ruhte über der ganzen Szene.

Alle schauten in die Höhe. Mit einem Male schien die Sonne still zu stehen, dann begann sie zu tanzen, daß es schien, als löse sie sich vom Himmel und stürze auf uns. Es war ein schrecklicher Augenblick.«

Maria dos Santos Carreira:
»Die Sonne tauchte alles in verschiedene Farben: gelb, blau, weiß... sie schien zu zittern und zu beben, sie wurde zu einem Feuerrad, das drohte, auf die Menge zu stürzen. Die Menschen schrien: ›Wir werden alle getötet werden!‹ Andere riefen Unsere Liebe Frau um Hilfe an und erweckten Akte der Reue. Eine Frau begann, laut ihre Sünden zu bekennen. Endlich hielt die Sonne in ihrer Bewegung inne. Wir alle atmeten erleichtert auf, wir lebten noch. Das Wunder, das die Kinder angekündigt hatten, war geschehen.«

Dr. Domingo Pinto Coelho von der Zeitschrift »Ordem«:
»Die Sonne, in einem Moment von roter Flamme umloht, im anderen von Gelb und tiefem Purpur umgeben, schien sich mit unglaublicher Geschwindigkeit zu drehen, sich zeitweise vom Himmel zu lösen und sich unter heftiger Hitzeeinwirkung der Erde zu nähern.«

Pfarrer Manuel Pereira da Solva schrieb noch am selben Abend an den Domvikar Pereira de Almeida:
»Die Sonne schien ganz klare Umrisse zu haben. Sie stürzte herunter bis zur Höhe der Wolken und begann sich schwindelerregend, wie ein Feuerball, um sich selbst zu drehen. Mit einigen Unterbrechungen dauerte dies etwa 8 Minuten. Die Atmosphäre verdunkelte sich, die Menschen hatten alle eine gelbe Farbe angenommen. Sie warfen sich auf die Knie nieder, selbst in den Schlamm...«

Dona Maria do Carmo da Cruz Menezes:
»Plötzlich hörte der Regen auf, die Sonne brach durch. Sie schien auf die riesige Menge Volkes zu stürzen, sie drehte sich wie ein Feuerrad in allen Farben des Regenbogens. Wir selbst, unsere Kleider und sogar die Erde waren in diese Farben getaucht. Man hörte Schreie, und viele Menschen weinten. Tief beeindruckt sagte ich zu mir selbst: ›Mein Gott, wie groß ist Deine Macht!‹«

Alfredo da Silva Santos:
»Die Sonne begann sich zu bewegen, plötzlich schien sie sich vom Himmel zu lösen und wie ein flammendes Rad auf uns niederzusau-

sen. Meine Frau – wir hatten erst kürzlich geheiratet – wurde ohnmächtig. Ich war so benommen, daß ich ihr gar nicht zu Hilfe eilen konnte, so daß mein Schwager, Joao Vassalo, sich ihrer annahm und sie stützte. Ich fiel auf meine Knie nieder, alles vergessend.«

Der vielleicht interessanteste und präziseste Augenzeugenbericht stammt von einem Naturwissenschaftler, Prof. Dr. Almeida Garret von der Universität von Coimbra. Er beschreibt außer dem Sonnenwunder auch andere übernatürliche Phänomene, die er während der Erscheinung selbst beobachten konnte:

»Es muß etwa 1.30 Uhr gesetzlicher Zeit und 12.00 Uhr nach dem Sonnenstand gewesen sein, als sich an der Stelle, an der sich die Kinder befanden, eine feine, schlanke, bläuliche Rauchsäule in etwa 1,80 Metern über ihren Köpfen erhob und auf ihrer Höhe endete. Dieses Phänomen, das mit bloßem Auge klar erkennbar war, dauerte ein paar Sekunden lang an. Da ich nicht auf die Uhr schaute, kann ich nicht mit Sicherheit sagen, ob es länger oder kürzer als eine Minute dauerte. Der Rauch verschwand plötzlich, um ein paar Augenblicke später zum zweiten und dritten Mal zu erscheinen. Alle drei Male, speziell beim letzten Mal, strahlte das Licht gerade nach oben und verschwand deutlich erkennbar in der grauen Atmosphäre...«

»Plötzlich hörte ich Schreie aus tausenden von Kehlen, und ich sah, wie sich die Menge von dem Punkt, dem bis jetzt ihre Aufmerksamkeit gegolten hatte, abwandte und in entgegengesetzter Richtung zum Himmel aufschaute... Wenige Augenblicke vorher hatte die Sonne die dichte Wolkendecke, hinter der sie sich bisher verborgen hatte, durchbrochen und schien klar und intensiv. Ich folgte mit meinem Blick allen jenen Augenpaaren und sah die Sonne als Scheibe, klar umrissen, strahlend, leuchtend, ohne dem Auge weh zu tun.
Ich stimmte mit dem Vergleich, den ich in Fatima hörte, wonach die Sonne wie eine matte Scheibe aus Silber aussah, nicht überein. Die Farbe war klarer, intensiver, leuchtender, sie hatte etwas vom Glanz einer Perle. Sie glich auch durchaus nicht dem Mond in einer klaren Nacht. Man spürte, daß sie ein lebender Körper war. Sie war weder sphärisch wie der Mond noch hatte sie die gleiche Farbe, den gleichen Ton oder die gleiche Schattierung. Sie sah aus wie ein glänzendes Rad aus Perlmutt. Man kann auch nicht sagen, daß man die Sonne durch Nebel sah (denn es gab keinen Nebel zu dieser Zeit).
Bezeichnungen wie undurchsichtig, diffus oder verschleiert treffen auch nicht zu. Sie spendete Fatima Licht und Hitze und erschien in

klaren Konturen mit deutlich sichtbarem Rand. Der Himmel war übersäht von hellen Zirruswölkchen, die hie und da die Himmelsbläue freigaben, und manchmal stand die Sonne ganz auf blauem Hintergrund. Die Wolken zogen von West nach Ost, aber sie verdunkelten das Licht der Sonne nicht. Man gewann den Eindruck, als wanderten sie hinter der Sonne vorbei, obgleich sie sich manchmal rosa getönt oder durchsichtig blau zeigten, als sie an der Sonne vorbeizogen. Es ist bemerkenswert, daß man seine Augen auf diesen Glutofen und sein Licht richten konnte, ohne Schmerz zu empfinden, mit Ausnahme von zwei Unterbrechungen, als die Sonne leuchtende Hitzestrahlen aussandte, die uns zwangen, den Blick abzuwenden. Das Phänomen dauerte zirka 10 Minuten.

Die Sonnenscheibe blieb aber nicht ruhig am Himmel stehen, sie sandte nicht das Licht eines Himmelskörpers aus, sondern drehte sich in irrem Wirbel um sich selbst. Plötzlich ertönten Angstschreie aus der Menge. Die Sonne schien sich, wild drehend, vom Firmament zu lösen und auf die Erde zu stürzen, als wollte sie uns mit ihrer gigantischen Glut vernichten. Das Gefühl während dieser Augenblicke war entsetzlich.

Während des Sonnenphänomens, das ich jetzt in allen Einzelheiten beschrieben habe, wechselten die Farben in der Atmosphäre. Während ich zur Sonne schaute, stellte ich fest, daß sich rings um mich alles verdunkelt hatte. Ich richtete meine Augen zuerst auf die nächstgelegenen Objekte und dann weiter bis zum Horizont. Alle Gegenstände rings um mich hatten die Farbe von Amethysten angenommen. Eine Eiche neben mir warf einen Schatten in dieser Farbe auf die Erde.

Ich fürchtete, meine Netzhaut habe Schaden genommen, allerdings eine unwahrscheinliche Erklärung, denn in diesem Falle sähe man ja nicht alles purpurn gefärbt. Ich schloß die Augen und bedeckte sie mit den Händen, um den Lichteinfall zu unterbrechen. Nun stellte ich mich mit dem Rücken zur Sonne und öffnete die Augen. Die Landschaft hatte jedoch die purpurne Farbe wie zuvor – eine Sonnenfinsternis war das aber auch nicht! Während ich noch zur Sonne schaute, stellte ich fest, daß die Atmosphäre wieder klar geworden war. Kurz darauf hörte ich einen Bauern in meiner Nähe erstaunt ausrufen: ›Seht, diese Frau ist ganz gelb!‹ Und wirklich, alles rings um mich, nah und fern, sah aus wie alter, gelber Damast. Die Leute sahen aus, als hätten sie die Gelbsucht, und ich erinnere mich noch, daß es mich etwas amüsierte, sie so wenig attraktiv zu sehen. Meine Hand hatte die gleiche Farbe.

Dieses von mir hier beschriebene Phänomen habe ich in gesunder geistiger Verfassung und ohne emotionale Störungen erlebt. Ich überlasse es Anderen, dies alles zu erklären.«

Interessanterweise wurde das Sonnenwunder nicht nur in Fatima selbst, sondern auch in 40 km Entfernung beobachtet. Ein Zeuge, der Dichter Afonso Lopes Vieira, beschrieb es wie folgt:

»An jenem 13. Oktober 1917 war ich wie verzaubert von einem bemerkenswerten Schauspiel am Himmel, das ich von meiner Veranda aus verfolgte. Nie zuvor hatte ich Ähnliches erlebt. Die Voraussagen der Kinder waren mir in diesem Augenblick nicht gegenwärtig.«

In 18 km Entfernung wurde eine ganze Schule von der Erscheinung überrascht. Pater Inacio Lourenco Pereira, damals ein 9-jähriger Schüler, erinnerte sich: *»Etwa um die Mittagszeit waren wir überrascht, Rufe und Schreie von der Straße her, die an der Schule vorbeiführt, zu hören. Die Lehrerin, eine gute, fromme Frau, obgleich nervös und leicht beeindruckbar, rannte als Erste hinaus auf die Straße. Wir Kinder rannten hinterdrein. Draußen schrien und weinten die Kinder und zeigten zur Sonne… es war das große Wunder, das man ganz deutlich vom Gipfel des Hügels sehen konnte, auf dem mein Dorf lag…*

Ich schaute gebannt in die Sonne, die blaß erschien und den Augen nicht wehtat. Sie sah aus wie ein Ball aus Schnee, der sich um sich selbst drehte, und plötzlich schien es, als stürze sie bedrohlich im Zickzack zur Erde. Entsetzt rannte ich weg und versteckte mich unter den weinenden Menschen, die jeden Augenblick das Ende der Welt erwarteten… Die Menschen weinten und baten Gott um Verzeihung ihrer Sünden. Wir alle stürmten zu den beiden Kapellen des Dorfes, die bereits überfüllt waren. Während dieser langen Minuten des Wunders nahmen alle Gegenstände rings um uns sämtliche Regenbogenfarben an. Wir selbst sahen uns in Blau, Gelb, Rot usw. Alle diese eigenartigen Phänomene verschlimmerten die Panik. Nach etwa 10 Minuten kehrte die Sonne, jetzt glanzlos und blaß, an ihren Platz zurück. Als die Leute erkannten, daß die Gefahr vorüber war, brachen sie in Jubel aus und dankten und priesen Unsere Liebe Frau.«

Als die Menschenmassen in der Cova da Iria sich von ihrem Schrecken erholt hatten, bemerkten sie ein weiteres Phänomen: Ihre Kleidung, die zuvor von den schweren Regenschauern durchnäßt worden war, war auf einmal knochentrocken. Die Wärme, die von der »tanzenden Sonnenscheibe« ausgegangen war, hatte sie urplötzlich getrocknet.

Auch die Seherkinder verfolgten das Sonnenwunder, doch neben der rotierenden Sonnenscheibe hatten sie noch eine ganz andere Erscheinung. Sie sahen die Heilige Familie: rechts die Heilige Jungfrau mit einem weißen Gewand und himmelblauem Mantel bekleidet, links daneben den heiligen Joseph mit dem Jesuskind. Die Heilige Familie segnete die Welt mit dem Kreuzzeichen. Kurz darauf erschien Jesus Christus, ganz in rot gekleidet, der das Volk segnete, dann noch einmal die Madonna in zwei Erscheinungsformen, als Schmerzensmutter und als Maria vom Berge Karmel.

Als das Wunder beendet war und die Kinder wieder zu sich kamen, strömten die Massen auf sie zu. Jeder war begeistert, jeder wollte sie berühren, etwas von dem auf sie gefallenen Segen erhaschen. Lucia wurde das Kopftuch vom Kopf gerissen, während andere ihr Haare vom Kopf abschnitten, wahrscheinlich um sie daheim als Reliquien zu verehren.

Die kleine Jacinta brach in Tränen aus. »Was hat die Heilige Jungfrau Euch gesagt?« war die häufigste Frage. »Der Krieg geht heute zu Ende, Ihr könnt die Soldaten in Kürze erwarten«, antworteten Lucia und Jacinta, in einer etwas naiven Interpretation der Worte der Erscheinung. Der Krieg ging nicht zu Ende, er tobte ein weiteres Jahr, und viele begannen gleich wieder an Fatima zu zweifeln, weil sich die Aussage der Kinder so nicht bewahrheitet hatte.

An den folgenden Tagen erschienen Berichte über das Sonnenwunder von Fatima in allen Zeitungen des Landes. Es hatte den umstrittenen Erscheinungen das Siegel der Authentizität aufgedrückt. 50–100.000 Augenzeugen, darunter auch Kritiker, Atheisten und Vertreter der bürgerlichen Presse, konnten nicht alle Opfer einer Massensuggestion oder kollektiver Hysterie geworden sein. Kein astronomisches Observatorium, weder in Portugal noch in einem anderen Teil der Welt, hatte an diesem 13. Oktober 1917 irgendwelche Anomalien auf der Sonnenoberfläche beobachtet, eine natürliche Erklärung war also ausgeschlossen. Was immer die Zeugen von Fatima gesehen hatten, es stammte aus der Welt des Übernatürlichen.

5.
Das Siegel des Schweigens

Nach dem Tanz der Sonne sollte nie mehr der Alltag in das Dorf von Fatima zurückkehren. Kaum hatten sich die Ereignisse des 13. Oktobers in ganz Portugal herumgesprochen, trafen zu Hunderten und Tausenden all jene ein, die jetzt bereuten, nicht dabeigewesen zu sein, und hofften, noch etwas von den über die Cova da Iria ausgeschütteten Gnaden zu erhaschen. Besonders an Sonntagen und am 13. jedes Monats formierten sich ganze Prozessionen von Büßern, die, den Rosenkranz betend, die Stätte der Erscheinungen aufsuchten, um den ganzen Ballast ihres irdischen Leidens der Gottesmutter zu Füßen zu legen.

Daran änderte auch der feige Anschlag nichts, den die Freimaurerloge von Santarem im Dunkel der Nacht des 23. Oktobers, nur zehn Tage nach dem Sonnenwunder, an der heiligen Stätte ausübten. »*Mit einer Axt fällten sie den Baum, unter dem die drei Hirtenkinder standen, als sich das berühmte Phänomen vom 13. Oktober ereignete, worüber die Presse sehr ausführlich berichtete*«, schrieb die Zeitung »Diario de Noticias«. »*Diese Individuen entfernten den Baum zusammen mit einem Tisch, auf dem ein bescheidener Altar errichtet war, auf dem ein religiöses Bild (Unsere Liebe Frau) aufgestellt war. Sie entfernten ebenfalls einen Bogen aus Holz, zwei Laternen und zwei Kreuze, eines aus Holz, das andere aus Bambusrohr in Seidenpapier eingewickelt.*«

Doch es blieb nicht bei dem Frevel, es folgte mehr. Das Diebesgut wurde erst, gegen Eintritt, in einem Haus in Santarem ausgestellt, dann in einer Spottprozession durch die Stadt getragen. Der »Seculo« berichtete: »*Voraus gingen zwei Trommler, dahinter trug man den berühmten Baum, über welchem Unsere Liebe Frau erschienen war. Darauf folgte der hölzerne Bogen mit den brennenden Laternen, der Tisch und andere Gegenstände, welche die Gläubigen auf dem improvisierten Altar niedergelegt hatten. Zum Klang gotteslästerlicher Litaneien bewegte sich der Zug durch die Hauptstraßen der*

Stadt...« Selbst der Reporter des republikanischen Blattes empörte sich: *»Die Affäre war eine Schande! Wie ist es nur möglich, daß die Behörden dergleichen tolerieren, während sie gleichzeitig Prozessionen der Kirche, der fast die gesamte Bevölkerung angehört, verbieten, wobei doch niemand in seiner Überzeugung beleidigt wird.«*

Glücklicherweise hatten die nächtlichen Eindringlinge den falschen Baum gefällt, wie gläubige Besucher der Erscheinungsstätte am nächsten Morgen erleichtert feststellten. Doch die Aktionen der Freidenker gegen Fatima waren damit noch nicht beendet. Man organisierte eine regelrechte Demonstration an der Erscheinungsstätte. Mit dem Ziel, die Pilger in ihrer Andacht zu stören, hatte man eine ganze Herde Esel mitgebracht, die aus ganzem Halse brüllten, dann hielten drei Männer Spottreden gegen die Religion, was von den Gläubigen nur mit einem »Gesegnet seien Jesus und Maria!« erwidert wurde.

Doch keine dieser Aktionen und auch nicht die zu tausenden verteilten Flugblätter, die vor der *»fatalen Propaganda von Reaktionären«* und dem *»miserablen Versuch, das portugiesische Volk wieder in tiefste Dunkelheit vergangener Zeiten zu stürzen«*, warnten, erfüllten ihren Zweck. Immer zahlreicher kamen die Pilger und mit ihnen die Spenden für die von der Gottesmutter gewünschte Kapelle. Maria Carreira verpflichtete sich, treuhänderisch die Gelder zu verwalten, was ihr bald den Namen »Maria da Capela« (Maria von der Kapelle) einbrachte. Bald war, nach über einem Monat Bauzeit, eine kleine Kapelle errichtet. Da Fatima noch nicht kirchlich anerkannt war, war es schwierig, einen Priester zu finden, der sie weihte, doch auch dieses Hindernis war bald überwunden. Zum 3. Jahrestag der Erscheinungen, am 13. Mai 1920, traf dann auch die Statue »Unserer lieben Frau von Fatima« ein, die nach den Angaben der Kinder angefertigt wurde, und die kurz darauf der Ortspfarrer weihte. Als Lucia das Standbild sah, konnte sie sich nicht mehr halten. Sie beugte sich über die Statue, Tränen liefen ihre Wangen herunter, heftige Erinnerungen wurden wach – sie mußte an ihre beiden Gefährten denken, die sie mittlerweile, wie es die Erscheinung versprochen hatte, im Himmel wähnte.

Die Zeit nach den Erscheinungen, die der Zenith ihres kurzen Lebens waren, war für Jacinta und Francisco von Leiden gekennzeichnet, selbstauferlegtem und solchen, die, so waren sie überzeugt, der Himmel den kleinen Büßern gesandt hatte. Aus den einst so heiteren, unbekümmerten Kindern waren ernste, nachdenkliche und scheue Geschöpfe geworden, für die es nur noch eines gab, die Erfüllung ihrer religiösen Pflichten und das Warten auf den versprochenen Einzug in den Himmel. »Ich möchte überhaupt nichts werden, ich möchte sterben und in den Himmel kommen«, antwortete Francisco während dieser Zeit einmal einer Dame, die ihn fragte, ob er nicht Priester werden wollte. Seine Mahlzeiten wurden immer seltener und karger, und nur ein Gedanke kreiste in seinem kleinen Kopf: »Jesus ist traurig, und ich möchte ihn mit Gebet und Buße trösten.«

Jacinta hatte in diesem Zeitraum noch mindestens drei Erscheinungen der Heiligen Jungfrau, über die sie jedoch nur mit Lucia und ihren engsten Verwandten sprach. Einmal, als sie tief in Gedanken versunken schien, vertraute sie ihrer Mutter den Inhalt einer Vision an:

»Ich denke an den Heiland und die Muttergottes, an die Sünder und an den Krieg, der kommen soll: wie viele Menschen werden da sterben! Und so viele davon kommen in die Hölle! Es werden so viele Häuser zerstört werden, so viele Priester sterben... wie schrecklich ist das doch! Wenn sie aufhörten, den Herrn zu beleidigen, käme dieser Krieg nicht, sie kämen nicht in die Hölle...« Da der erste Weltkrieg gerade zu Ende gegangen war, konnte sich ihre Vision nur auf den 2. Weltkrieg bezogen haben.

Ein Jahr nach den Erscheinungen, im Oktober (obwohl andere Berichte erst den 23. Dezember nennen) 1918, erkrankten Jacinta, Francisco und ihre Mutter an der »Spanischen Grippe«, die damals in ganz Europa kursierte. Kurz darauf hatte Jacinta eine weitere Erscheinung, von der sie, überglücklich, Lucia erzählte: »*Unsere Liebe Frau kam uns besuchen und sagte, daß sie Francisco sehr bald in den Himmel holen werde; und mich fragte sie, ob ich noch mehr Sünder bekehren möchte. Ich sagte ja. Sie kündigte mir an, ich würde in ein Krankenhaus kommen und dort viel leiden. Ich würde für die Bekehrung der Sünder, als Sühne für die Sünden gegen das Unbefleckte Herz Mariens und aus Liebe zu Jesus leiden. Ich fragte, ob du mitgehen würdest. Sie verneinte. Das kostet mich am meisten. Sie sagte, daß meine Mutter mich hinbringen und daß ich dann allein dort bleiben würde.*«

Am 4. April 1919 erfüllte sich der erste Teil ihrer Prophezeihung. Francisco starb nach einer heftigen Lungenentzündung, ein Lächeln auf den Lippen, nicht ohne zuvor sein Leiden »*dem Hei-*

*land und der Madonna aufzuopfern, für die Bekehrung der Sünder
und für den Heiligen Vater.«*
Kurz darauf verschlechterte sich auch Jacintas Zustand allmählich.
Eine zweimonatige Berhandlung im lokalen Krankenhaus blieb
erfolglos, und der Arzt Dr. Formigao, der Jacinta kurz darauf
besuchte, mußte erschreckt feststellen: »(Sie) *glich einem Skelett,
ihre Arme sind erschreckend mager. Seit sie das örtliche Krankenhaus
verlassen hat... war sie nie frei von Fieber. Es ist ergreifend, sie zu
sehen. Tuberkulose, nach einer Attacke von Lungenentzündung und
eitriger Rippenfellentzündung, zehrt ihren geschwächten Körper aus.«*
*»Die Madonna hat mir gesagt, daß man mich nach Lissabon in ein
Krankenhaus bringen wird und daß ich weder dich noch meine Eltern
wiedersehen werde«*, vertraute sie Lucia im Herbst 1919 an, *»nach
vielen Leiden werde ich ganz allein sterben. Doch ich solle keine Angst
haben, denn sie selbst wird kommen, um mich in den Himmel zu
holen.«*
Auch diese Vorhersage wurde bald darauf wahr. Als im Januar 1920
der bekannte Lissaboner Arzt Dr. Enrico Lisboa als Pilger nach
Fatima kam und Jacinta in ihrem traurigen Zustand sah, drängte
er darauf, daß sie nach Lissabon ins Krankenhaus gebracht wird.
So schwer ihr der Abschied von Fatima fiel, Jacinta beugte sich
ihrem Schicksal. *» Verrate keinem je das Geheimnis, selbst dann nicht,
wenn sie dich töten wollen«*, waren ihre Abschiedsworte zu Lucia,
*»Liebe Jesus und das Unbefleckte Herz Mariens sehr und bringe viele
Opfer für die Sünder.«* In Lissabon brachte man sie im Waisenhaus
»Unserer Lieben Frau von den Wundern« unter, dessen Oberin,
Maria Godinho, bald zu ihrer »Patin« und engen Vertrauten
wurde, bevor Jacinta am 2. Februar 1920 in das D. Estefania-Kran-
kenhaus eingeliefert werden konnte, um von Dr. Castro Freire,
dem prominentesten Kinderarzt von Lissabon, behandelt zu werden.

*»Mir wurde schon bald klar, daß ein kleiner Engel in unser Haus
gekommen war«*, beschrieb Mutter Godinho die kurze Zeit mit
Jacinta später. *» Während ihres Aufenthaltes in unserem Haus muß sie
mehr als einmal den Besuch Unserer Lieben Frau gehabt haben. Ich
erinnere mich, als sie einmal sagte: ›Bitte, liebe Mutter, gehen Sie
etwas von hier weg, ich warte auf Unsere Liebe Frau.‹ Dabei nahm
ihr Gesicht einen strahlenden Ausdruck an. Es hat den Anschein, daß
es nicht immer U.L.F. personlich war, sondern eine Kugel aus Licht,*

wie sie in Fatima gesehen wurde, denn einmal hörten wir sie sagen:
›Diesmal war es nicht so wie in Fatima, aber ich weiß, SIE war es.‹«
Peinlich genau führte Maria Godinho dann Buch über die Aussagen, die Jacinta ihr nach den Erscheinungen machte:
»Zeiterscheinungen werden Unseren Herrn sehr beleidigen. Menschen, die Gott folgen, sollen diese Moden nicht mitmachen. Bei der Kirche gibt es keine Mode. Unser Herr ist immer derselbe.«
»Wenn die Menschen wüßten, was Ewigkeit ist, würden sie alles tun, um ihr Leben zu ändern.«
»Die Ärzte empfangen kein Licht, um die Kranken zu heilen, weil sie keine Gottesliebe haben.«
»Kriege sind Strafen für die Sünden der Menschen.«
»Unsere Liebe Frau kann im Augenblick den Arm der Gerechtigkeit unseres Sohnes nicht zurückhalten.«
»Buße ist notwendig; wenn sich die Menschen bessern, wird Unser Herr auch jetzt noch die Welt retten, andernfalls wird das Strafgericht über sie hereinbrechen.«
»Wenn sich die Menschen nicht bessern, wird Unsere Liebe Frau der Welt eine Strafe schicken, wie man bisher noch keine gesehen hat, und vor anderen Ländern wird es Spanien treffen.« – Womit Jacinta den Spanischen Bürgerkrieg ankündigte, der tatsächlich dem Zweiten Weltkrieg vorausging (ab 1936).
Einmal erwähnte Jacinta die *»großen Weltereignisse, die um 1940 geschehen sollten«* – den zweiten Weltkrieg!
Ein anderes Mal sagte sie: *»Unsere Liebe Frau möchte, daß meine Schwestern ins Kloster eintreten, aber da meine Mutter das nicht will, wird sie die beiden in Kürze in den Himmel holen«* – auch diese Prophezeihung erfüllte sich. Kurz nach Jacintas Tod starben auch ihre Schwestern Florinda und Teresa im Alter von 17 und 16 Jahren.

Die Zitate, die Mutter Godinho festhielt, übergab sie bereits Ende Februar 1920, also kurz nach Jacintas Tod, dem Canon Dr. Manuel Formigao, der sie 1927 in seinem Buch »Die großen Wunder von Fatima« veröffentlichte. Ihre Authentizität ist also unbestreitbar. Das Eintreffen ihrer politischen wie persönlichen Vorhersagen beweist zumindest, daß das Sehermädchen tatsächlich prophetische Gaben besessen hat. Da die Niederschrift der Marienbotschaften und Geheimnisse von 1917 erst sehr viel später – und teilweise erst nach Eintreffen der angekündigten Ereignisse – durch Lucia erfolgte, sind Jacintas Aussagen die frühesten und ungetrübtesten

Zeugnisse echter Zukunftsschau in Verbindung mit ihren Erscheinungen. Allerdings – eine Voraussage des Mädchens, die Mutter Godinho (mit ihren Worten) aufzeichnete, traf nicht ein: »*Unser Herr Jesus Christus ist zutiefst entrüstet über die Sünden und Verbrechen, die in Portugal begangen werden. Deshalb droht unserem Land und vor allem der Stadt Lissabon eine schreckliche Katastrophe gesellschaftlicher Art. Es scheint, daß ein Bürgerkrieg anarchistischer oder kommunistischer Prägung ausbrechen wird, begleitet von Plünderungen, Morden, Bränden und Verwüstungen jeder Art. Die Hauptstadt wird ein wahres Bild der Hölle sein. Wenn die verletzte Göttliche Gerechtigkeit diese entsetzliche Strafe verhängt, sollen alle, die irgendwie können, aus der Stadt fliehen. Diese hier angekündigte Strafe sollte erst nach und nach mit der gebührenden Diskretion verkündet werden.*« In Spanien brach der Bürgerkrieg aus, nicht aber in Portugal. Nehmen wir die Möglichkeit prophetischer Warnungen ernst, dann spricht das Nichteintreffen dieser Zukunftsvision keineswegs gegen Jacintas seherische Fähigkeiten, denn sie betonte auch, daß solche »Züchtigungen« durchaus zu verhindern sind: »*Es ist notwendig, Buße zu tun. Wenn wir uns bessern, kommt Unser Herr Jesus Christus der Welt noch zu Hilfe; sollten wir uns aber nicht bessern, kommt die Strafe.*« Danach könnte die positive Resonanz, die Fatima in der portugiesischen Bevölkerung fand, das Wiedererwachen des religiösen Lebens, das die republikanische Regierung so gerne im Keim erstickt hätte, eben diese Katastrophe verhindert haben. Wir werden es nie wissen.

Kurz vor ihrem Tod, am 25. April 1954, schrieb Mutter Godinho einen längeren Brief an Papst Pius XII., in dem sie darum bat, daß ihre Institution als Ordenshaus anerkannt wird. Darin enthüllte sie weitere Details aus ihren Konversationen mit Jacinta, in denen es u. a. hieß: »*Bereitet Euch vor auf das Jahr 1972, denn die Sünden der Unreinheit, Eitelkeit und des exzessiven Luxus würden dann dem Heiligen Vater großes Leid bringen. ›Armer Heiliger Vater!‹ würde sie sagen.*« Diese Aussage wurde oft als Ankündigung von Katastrophen für 1972 gewertet, die natürlich nicht eintrafen, was, so denke ich, ohnehin eine falsche Lesart war – schließlich sollte ja einzig der Heilige Vater leiden müssen. Tatsächliche erklärte Papst Paul VI. am 29. Juni 1972: »*Es scheint so, als sei der Rauch Satans durch eine Öffnung in den Tempel Gottes eingedrungen... wir glauben, daß etwas Widernatürliches in der Welt geschehen ist, mit dem Ziel Unfrieden zu stiften, die Früchte des Ökumenischen Konzils zu unter-*

drücken.« Wir wissen nicht, ob und inwiefern der Montini-Papst über Jacintas angebliche Aussage unterrichtet war, oder ob ein völlig anderer Vorfall, ein Vatikan-Internum, ihn zu diesem deutlichen Statement veranlaßte. Tatsache ist, ob es nun eine »self-fulfilling prophecy« war oder nicht, daß dieser Ausdruck der Sorge des Papstes über den massenhaften Abfall vom Glauben und das Ausbleiben der Früchte des 2. Vatikanischen Konzils Jacintas Voraussage bestätigte.

Weiter erinnerte sich Mutter Godinho an eine Aussage Jacintas: *»...und sie sagte, daß der Triumph unseres Herrn noch kommen wird, aber daß vorher viele Tränen vergossen werden, weil in der Welt Sein Heiliger Wille nicht erfüllt wird. Und sie sagte mir, daß sie verzweifelt sei, daß sie es nicht besser ausdrücken könnte, aber sie wolle es trotzdem versuchen: ›Es gibt ein Geheimnis des Himmels und eines der Erde, und letzteres ist furchterregend. Es erscheint schon wie das Ende der Welt, und in dieser Katastrophe wird alles vom Himmel getrennt werden, der so weiß wie Schnee wird.‹«*

Am 10. Februar wurde Jacinta von Dr. Castro Freire operiert, kurz darauf hatte sie eine letzte Erscheinung. *»Jetzt geht es mir besser«*, erklärte sie Mutter Godinho, als diese sie im Krankenhaus besuchte – *»Unsere Liebe Frau sagte, daß sie mich bald holen werde und daß sie die Schmerzen von mir nähme.«* Am 20. Februar 1920 verstarb Jacinta. Ihr Leichnam wurde von Mutter Godinho persönlich nach Vila Nova de Ourem gebracht, in einem weißen Kommunionskleid und einer blauen Schärpe wurde sie in einem versiegelten Bleisarg in der Gruft einer adligen Familie beigesetzt, die sie als ihren kleinen Schutzengel betrachtete.

Am 12. September 1935 wurden die sterblichen Überreste von Jacinta und Francisco umgebettet, um in einem eigens für sie hergerichteten Grab auf dem Dorffriedhof von Fatima bestattet zu werden. Als man Jacintas Sarg öffnete, war ihr von so viel Krankheit und Leid gezeichneter Körper noch völlig unverwest. Nach Errichtung der prächtigen Basilika am Erscheinungsort wurden Jacinta und Francisco 1951/52 in die Basilika überbracht und dort, in unmittelbarer Nähe des Altars, beigesetzt.

Mit Lucia hatte die Vorsehung andere Pläne. Sie sollte Nonne werden. Am 17. Juni 1921 trat sie einem Kollegium des Ordens der Heiligen Dorothea in Asilo de Vilar bei, am 24. Oktober 1925 wurde sie in den Orden aufgenommen und fand ihre neue Heimat in dem Kloster von Tuy in Spanien, nahe der portugiesischen Grenze. Am 2. Oktober 1926 wurde sie Novizin, am 3. Oktober 1928 legte sie die zeitlichen Gelübde ab, am 3. Oktober 1934 die ewigen.

Dieser Schritt entsprach gewiß ihren durch die Erscheinungen erweckten religiösen Neigungen, doch der Weg ins Kloster wurde ihr von den Kirchenoberen gewiesen, die in dieser Zeit die Vorfälle von Fatima untersuchten. Um es auf den Punkt zu bringen: Man hatte sie damit unter Kontrolle, und mit ihr auch den Kult um Fatima selbst. Während zuvor, neben der Erscheinungsstätte selbst, Lucias Haus in Aljustrel Hauptziel hunderttausender Pilger wurde, beschränkte sich die Verehrung nach ihrem Fortgang auf die Kapelle, neben der später die große Basilika errichtet wurde. Und dort unterstand die Verkündigung von Glaubenswahrheiten einzig den von der Kirche dazu eingesetzten Priestern. Personenkult, auch wenn er noch so tiefer Ausdruck der Frömmigkeit ist, ist im christlichen Glauben unerwünscht: Im Zentrum der Offenbarung muß immer Christus, das offenbarte Wort Gottes, stehen, und selbst die Gottesmutter wird nur als »Fürsprecherin« und »Vermittlerin« verehrt, die Heiligen als »Vorbilder im Glauben«, deren Leben aber erst posthum, nach ausführlicher Überprüfung, gewürdigt werden darf. Zu diesem Zweck ist ein kompliziertes Verfahren, der sog. »Heiligsprechungsprozeß« entwickelt worden. Zum Heiligen qualifiziert sich nur, wem zwei (seit Papst Johannes Paul II. nur eines) Wunder nachgewiesen werden können, also eine Tat, die eine Überwindung der Naturgesetze voraussetzt. Der Glauben an die Möglichkeit von Wundern und Erscheinungen ist fester Bestandteil des katholischen Weltbildes, und über 3700 »Diener Gottes« wurden bisher »in den Stand der Heiligkeit versetzt«. Ein Kriterium, dem bei allen Heiligsprechungsprozessen große Beachtung geschenkt wird, ist der Gehorsam der Kirche gegenüber, der Verwalterin und unfehlbaren Richterin des Glaubens. Und die reagierte schnell. Ein Jahr nach den Erscheinungen, 1918, wurde die Diözese von Leiria, dem einstigen Bischofssitz bei Fatima, wieder eingesetzt, Dom Jose Alves Correira da Silva, der in den Gefängnissen der Republikaner zum Krüppel gefoltert worden war, zum Bischof ernannt. Dom Joses erste Amtshandlung war sein Bemühen, Lucia aus Aljustrel zu entfernen und eine gründliche Prüfung der Ereignisse einzuleiten. Am besten wäre es für alle

Beteiligten, meinte der Bischof, das Mädchen als Internatsschülerin in einem College unterzubringen, weit weg von zu Hause, wo sie niemand kennt und niemand auf die Idee kommt, mit ihr über Fatima zu sprechen. Maria Rosa, Lucias Mutter, stimmte dem Vorschlag da Silvas zu und brachte ihre Tochter persönlich ins Bischöfliche Palais nach Leiria. »Du darfst niemandem erzählen, wo du hingehen wirst«, erklärte der Bischof ihr mit aller Eindringlichkeit.

»Nein, mein Herr«, erwiderte sie scheu.

»Im College darfst Du niemandem erzählen, wer Du bist!«

»Nein, mein Herr.«

»Über die Erscheinungen in Fatima darfst Du nicht mehr reden.«

»Nein, mein Herr«, antwortete ein mittlerweile sehr leises, verschüchtertes Stimmchen.

Unter Tränen mußte Lucia von Fatima Abschied nehmen, den Weg gehen in eine ungewisse Zukunft, zu weiteren Leiden und einem unerschütterlichen Glauben an die Heilige Jungfrau. Jetzt lag es in der Hand anderer, die Botschaft von Fatima zu hüten.

Das Sonnenwunder von Fatima, das von 50–100.000 Menschen beobachtet wurde, war unbestreitbar. Doch das vielleicht größere Wunder von Fatima war, zumindest für die Vertreter der Kirche, der Fatima-Effekt, die Erneuerung des Glaubens in Portugal, dem Land, in dem in den Jahren zuvor ein so erbitterter Kampf gegen den Katholizismus geführt wurde. Wie oft heißt es in den Annalen der Christenheit, daß ein Wunder der bedrängten Kirche rettend zur Hilfe kam, und vielleicht war Fatima ein solches in schwerer Zeit. Zumindest kam es gerade zum richtigen Zeitpunkt, und auch die Opposition, die Freidenker und Freimaurer, wußten um die Gefahr für die Republik, die von der Erscheinung ausging.

Und so erklärten sie der Erscheinungsstätte den Krieg. Für das Himmelfahrtsfest im Jahre 3 nach den Erscheinungen (1920) hatten die Christen von Torres Novas eine große Wallfahrt angesetzt, um feierlich die Statue der Gottesmutter zu begleiten, die von einem Bildhauer nach Angaben der Seherkinder angefertigt worden war und am 13. Mai, dem Jahrestag der ersten Erscheinung, aufgestellt werden sollte. Das alarmierte die Staatsregierung, und so forderte Innenminister Julio Bento Ferreira, in einem Schreiben den Kreisvorsteher von Vila Nova de Ourem auf, geeignete Vorkehrungen zu treffen, »*um diesen schamlosen jesuitischen Tricks beizukommen.*«

Das führte sogleich zu einer Krisensitzung im Rathaus, und der Administrator Artur Santos beschloß, in Santarem Militär anzufordern. Als der Morgen des 13. Mai dämmerte, war Vila Nova de Ourem für den Durchgangsverkehr gesperrt, eine Schwadron des republikanischen Militärs galoppierte auf Fatima zu, Infanterie und Kavallerie sperrten die Straße in die Cova da Iria. Nur wer schon am Vorabend oder früh genug gekommen war, durfte an der Erscheinungsstätte bleiben, während den anderen Pilgern nichts anderes übrigblieb, als die – nicht gesperrte – Dorfkirche von Fatima zu besuchen. Die Prozession fand nicht statt, die Statue wurde trotzdem aufgestellt. In einem Schreiben an den Ortsvorsteher von Fatima ordnete Kreisvorsteher Santos an, daß künftig religiöse Prozessionen nur noch mit seiner ausdrücklichen Genehmigung stattfinden dürften. »*Informieren Sie mich persönlich von jedem Zwischenfall abergläubischer Art, der sich in Verbindung mit dem sogenannten Wunder von Fatima ereignen sollte.*«

Als die Drohungen gegen den »Fatima-Kult« heftiger wurden, brachte Maria da Capela die Statue zur Sicherheit in ihr Haus, um sie nur zu Festtagen in die Kapelle zu bringen. Ihre schlimmsten Ängste und Vorahnungen sollten sich bewahrheiten, ja von der Wirklichkeit noch übertroffen werden: Am 6. März 1922 zündeten Mitglieder der lokalen Freimaurerloge vier an der Kapelle angebrachte Sprengladungen. Eine fünfte Bombe, die an der Steineiche angebracht war, über der die Gottesmutter zu erscheinen pflegte, explodierte nicht, was von den Fatima-Gläubigen als Wunder angesehen wurde. Das Dach der Kapelle war völlig zerstört, und es dauerte einige Zeit, bevor der Bischof die Erlaubnis erteilte, es wieder instandzusetzen.

Was die Statue betraf, so kommentierte Lucia später: »*Ich war enttäuscht, als ich sie sah. Zuerst einmal ist sie zu heiter, zu unbekümmert. Als ich Unsere Liebe Frau sah, wirkte sie traurig und voller Mitgefühl. Aber es ist ohnehin unmöglich, eine Statue anzufertigen, die auch nur annähernd so schön wie Sie selbst ist.*«

Am frühen Morgen des 17. Juni 1921 klopfte Lucia, in Begleitung von Dona Filomena Miranda, einer Ordensfrau, die der Bischof von Leiria mit der Aufgabe betraute, sich um das Seherkind zu kümmern, an die Pforte des Collegiums von Asilo de Vilar. Es war ein kühler Morgen, es dämmerte gerade, und die Glocken der Kapelle des Klosters läuteten zur Frühmesse. Eine schwere, knorrige Eichentüre öffnete sich, eine Schwester bat die beiden Frauen hastig herein, geleitete sie in das kleine Gotteshaus. Als die Messe vorüber war, wurde Lucia in die Sakristei gebracht, wo sie dem Priester und der Oberin des Institutes, Mutter Maria das Dores Magalhaes, vorgestellt wurde. Die resolute Dame fixierte minutenlang die leicht zusammengekniffenen, intelligenten Augen des jetzt 14-jährigen Landmädchens, ihre breiten Brauen, ihre vollen Lippen und ihren großen Mund. »Sie ist ja ein wildes Tier«, entfuhr es ihr, »aber wir werden sie zu bändigen wissen.«

Dann wiederholte sie, was auch der Bischof ihr so eindringlich eingepaukt hatte – sie solle ihre wahre Identität vor jedem verborgen halten:

»Wenn die Leute Dich nach Deinem Namen fragen, wirst Du antworten: Mein Name ist Maria das Dores.«

»Ja, Mutter Direktorin.«

»Wenn sie Dich fragen, woher Du kommst, wirst Du antworten: Aus der Gegend um Lissabon.«

»Ja, Mutter Direktorin.«

»Du wirst nie und zu niemanden etwas über die Ereignisse von Fatima sagen. Du wirst niemanden etwas fragen. Du wirst nichts antworten.«

»Ja, Mutter Direktorin.«

»Du wirst keine Spaziergänge mit den anderen Mädchen unternehmen, und Du wirst nicht sagen, warum Du nicht mit ihnen gehst. Verstehst Du das?«

»Ja, Mutter Direktorin.«

Es war die härteste Zeit ihres Lebens für Lucia. Sie war, zum ersten Mal, völlig getrennt von ihrer Familie, ihrer Heimat, ja ihrer eigenen Vergangenheit. Ihr Leben bestand fortan nur noch aus dem Gebet und dem Lernen. Nur gelegentlich durfte sie ihrer Mutter einen Brief schreiben, der von der gestrengen Direktorin gelesen und weitergeleitet wurde. Bewußt wurden alle Informationen über Fatima von ihr ferngehalten. Lucia war eine Internatsschülerin wie viele andere, und jeder vermied bewußt, ihr irgendeine Sonderrolle einzuräumen. Wie sehr litt das Mädchen unter der augenscheinlichen Kühle ihrer neuen Erzieherinnen! Doch sie lernte viel: Lesen und Schreiben, sogar mit der Schreibmaschine, Nähen und Sticken, was bald zu ihrer Leidenschaft wurde. Schon nach einem Jahr war sie in der Lage, einen kurzen Aufsatz über »die Ereignisse von 1917« zu schreiben, um den sie Pater Pereira Lopes, ein Professor am Priesterseminar von Porto, mit ausdrücklicher Genehmigung des Bischofs und der Mutter Oberin, gebeten hatte. Hier kam zum ersten Mal ihr erzählerisches Talent zum Ausdruck, das sie später entwickeln sollte, wenngleich sie sich noch entschuldigte, daß sie »*so schlecht schreibe, aber ich kann es nicht besser: Ich bin noch eine Schülerin.*«

Als Lucia im Jahre 1935 das Foto der unverwesten Jacinta übersandt wurde, schilderte sie in einem Brief an Bischof da Silva ihre Erinnerungen an ihre Cousine so detailreich und farbig, daß der Bischof sie aufforderte, alles, was sie noch von ihr wußte, zu Papier zu bringen. Das Ergebnis war so beeindruckend, daß er sie immer wieder bat, weitere Memoiren an Fatima niederzuschreiben. Die ersten vier Bände, die bis 1941 entstanden, enthalten bis in alle Details die Vorgänge der Erscheinungen und wortgetreu die Botschaften der Gottesmutter, die sich beim Schreiben vor ihrem geistigen Auge wiederholten. »*Diese übernatürlichen Dinge prägen sich, wie wir sie sehen und hören, so tief in unsere Seele, daß es nicht leicht ist, sie zu vergessen*«, erklärte sie diese Gabe, »*wenn nicht Gott selbst bewirkt, daß man sie vergißt, wird man den Inhalt dieser Ereignisse nie vergessen*«.

Unter der Obhut der Nonnen kam auch Lucia der Wunsch, einem Orden beizutreten. Die am 29. April 1923 erfolgte Seligsprechung und die bereits zwei Jahre später, am 17. Mai 1925, folgende Heiligsprechung der Theresia vom Kinde Jesu, einer Karmeliterin des Klosters Lisieux, war auch am Kolleg ein Thema: Die nur 25-jährig verstorbene Mystikerin, deren »Geschichte einer Seele« zu einem der populärsten religiösen Bücher des 20. Jahrhunderts wurde, galt vielen christlichen Mädchen als Vorbild. Und war Lucia nicht auch am 13. Oktober 1917 »Unsere liebe Frau vom Karmel« erschienen, war das nicht ein deutlicher Hinweis? »Du wirst nie die Strenge dieses Ordens durchstehen können«, entmutigte sie die Direktorin, »wähle eine einfachere Regel!« So wählte sie den Orden der Dorotheenschwestern, der sie als Postulantin nach Tuy in Spanien, nahe der portugiesischen Grenze, schickte. Am 24. Oktober 1925 verließ Lucia das Kolleg, reiste, begleitet von der Ehrwürdigen Mutter Provinzial, Mutter Monfalim, nach Galizien, wo sie herzlich in dem Ordenshaus in Pontevedra aufgenommen wurde. Dort war es, wo sie erfuhr, daß die Offenbarung von Fatima noch lange nicht abgeschlossen war.

Am Abend des 10. Dezembers 1925 zog sich Lucia, wie jeden Tag, nach dem Abendessen in ihre karge Zelle zurück, um zu beten. Sie kniete nieder, griff nach ihrem Rosenkranz, murmelte andächtig das Vaterunser, die ersten Ave Marias, während sie fast zärtlich die Perlen durch ihre Finger gleiten ließ. Inmitten ihres Gebetes mußte sie unwillkürlich aufschauen – und sah sie wieder vor sich: Auf einer leuchtenden Wolke stand schräg vor ihr die Gottesmutter, den Jesusknaben an ihrer Seite. Lucia stockte der Atem und gleichzeitig wurde sie von einer tiefen Freude erfüllt. Ihr Herz klopfte schneller, als die »allerseligste Jungfrau« ihre Hand auf ihre Schulter legte, um ihr ein Herz, umgeben von Dornen, zu zeigen, das sie in der anderen Hand hielt. Dann sprach das göttliche Kind zu ihr: »*Hab Mitleid mit dem Herzen Deiner Heiligsten Mutter, das bedeckt ist mit den Dornen, die die undankbaren Menschen jeden Moment in dasselbe hereindrücken, und es gibt niemanden, der Sühne tut, um sie herauszuziehen.*«

Dem fügte die Gottesmutter hinzu: »*Schau, meine Tochter, auf mein Herz, umgeben von Dornen, die mir die undankbaren Menschen mit ihren Lästerungen und ihrer Undankbarkeit jeden Moment in dasselbe drücken. Versuche du wenigstens, mich zu trösten, und sage, daß ich allen, die fünf Monate lang am ersten Samstag beichten, die Heilige Kommunion empfangen, den Rosenkranz beten und mir während einer Viertelstunde Gesellschaft leisten, indem sie die fünfzehn Geheimnisse als Wiedergutmachung mir gegenüber betrachten, in der Todesstunde mit allen zur Rettung dieser Seelen notwendigen Gnaden beistehen werde.*« Kaum hatte sie dies gesagt, war die Erscheinung auch schon wieder verschwunden.

Lucia informierte ihre Oberin, Mutter Magalhaes, und ihren Beichtvater, Don Lino Garcia, über die Erscheinung. Letzterer forderte sie auf, alles niederzuschreiben, während die Oberin Bischof da Silva unterrichtete. Weiter schrieb Lucia ihrem Beichtvater aus Asilo de Vilar, Msgr. Pereira Lopes, der sie um einen ausführlichen Bericht bat, der glücklicherweise erhalten ist. Am 15. Februar 1926 hatte Lucia eine erneute Vision. Sie war gerade in den Garten des Ordenshauses gegangen, um ihren Mülleimer zu leeren, als sie einen kleinen Jungen bemerkte, den sie ansprach und fragte, ob er gekommen sei, um zu beten. »*Und Du, hast Du der Welt enthüllt, worum Dich die Himmlische Mutter gebeten hatte?*« erwiderte das Kind und verwandelte sich in den Jesusknaben ihrer Vision. Jetzt berichtete sie ihm, wie schwierig es gewesen sei, ihre engsten Vertrauten von ihrer erneuten Erscheinung zu erzählen und ihnen das Anliegen Mariens nahezubringen. »*Es ist wahr, daß die Mutter Oberin allein nichts vermag, aber mit meiner Gnade vermag sie alles. Es reicht aus, wenn Dein Beichtvater Dir die Erlaubnis erteilt, und Deine Oberin dies verkündet, damit die Menschen es glauben, selbst wenn sie nicht erfahren, wem es offenbart wurde*«, erwiderte die himmlische Gestalt.

6.

Das Wunder von Fatima

Währenddessen mehrte sich bei der Amtskirche die Gewißheit, daß Fatima echt ist. Am 3. Mai 1922 verfaßte Dom Jose Alves Correira da Silva, der Bischof von Leiria, einen Hirtenbrief, in dem er bereits erklärte: »*Wir haben die letzte Seherin (Lucia) verschiedentlich befragt. Ihr Bericht sowie ihre Antworten sind einfach und echt. Wir können darin nichts finden, was gegen Glaube oder Moral gerichtet ist. Wir fragen: Könnte dieses jetzt 14-jährige Mädchen einen Einfluß ausüben, aus dem sich ein derartiger Menschenstrom erklären läßt? Könnte allein sein persönliches Ansehen eine solche Menschenmenge anziehen? (...) Es ist höchst unwahrscheinlich, daß dies der Fall ist, denn wir haben es mit einem Kind von höchst rudimentärer Erziehung zu tun, daß keinerlei Ausbildung genoß.*«

Acht Jahre später, im Oktober 1930, gab der Bischof von Leiria das Ergebnis der von ihm eingeleiteten Untersuchung in einem neuen Hirtenbrief bekannt: »*Im Hinblick auf bereits bekannte Betrachtungen — andere werden der Länge wegen nicht aufgeführt — riefen wir demütig den Beistand des Heiligen Geistes an, und stellten uns unter den Schutz der allerseligsten Jungfrau, und nachdem wir die Meinungen unserer geistlichen Berater in dieser Diözese gehört haben, geben wir hiermit folgendes bekannt:*

1. — Wir erklären die Visionen der Hirtenkinder in der Cova da Iria, Pfarrei von Fatima, vom 13. Mai bis 13. Oktober 1917, für glaubwürdig.

2. — Wir erlauben offiziell die Verehrung Unserer Lieben Frau von Fatima.«

Von diesem Augenblick an war Fatima nicht mehr das Dorf in der Serra de Aire, es war der Leuchtturm der Christenheit in einer sturmgepeitschten Zeit. Zu Hunderttausenden kamen die Pilger, nicht nur aus Portugal, sondern aus allen Ländern der Erde. Inmitten der vielleicht schwersten Zeit der Menschheitsgeschichte, als in Deutschland und Italien der Faschismus regierte und im benachbarten Spanien der Bürgerkrieg tobte, war das mittlerweile bekehrte »Land der Jungfrau Maria« wie eine friedvolle Insel, umgeben von Chaos, Zerstörung und Vernichtung. Für die Fatima-Gläubigen war das Schicksal der portugiesischen Nation das eigentliche »Wunder von Fatima« – und ein leuchtendes Beispiel dafür, wie die Welt gerettet werden könnte, wenn sie sich bloß zur Gottesmutter bekennen würde.

Für sie sind die Ereignisse von Fatima der entscheidende Wendepunkt in der Geschichte. Sie ereigneten sich genau 400 Jahre nach Beginn der Reformation Martin Luthers (im Herbst 1517 versandte er seine »95 lateinischen Thesen«) und 200 Jahre nach Gründung der ersten Großloge der Freimaurer. Beide hatten die Befreiung des Menschen von seiner »Unterjochung« durch die Römische Kirche zum Ziel. Die Freimaurerei verstand sich als den Werten des Humanismus und der Brüderlichkeit verpflichtet, sie trieb die Aufklärung im 18. Jahrhundert voran und unterstützte die beiden großen Revolutionen von 1776 und 1789, aus denen die amerikanische und französische Republik geboren wurden. Für die Logenbrüder war die katholische Hierarchie ein Instrument zur Unterdrückung und Entmündigung des Menschen und eine Kampfansage gegen die Vernunft, ihr höchstes Ideal. Den Menschen sahen sie nicht als gehorsamen Diener Gottes und der Kirche, sondern als einen unbehauenen Stein, der durch Verfeinerungen und Wissen zum »Eckstein des Tempels« werden kann. Ihr Gottesbild war abstrakt, die Annäherung an diese durch das allsehende Auge symbolisierte Intelligenz des Universums ein Prozess von Initiationen und der allmählichen Gewinnung von Erkenntnis oder »Gnosis«. Das widersprach natürlich der christlichen Doktrin, derzufolge der Mensch ein Sünder ist, mit der Erbschuld geboren, der nur durch die Sakramente der Barmherzigkeit und Vergebung eines allmächtigen Gottes würdig werden kann. Diese Gnade zu vermitteln sandte der Schöpfer des Alls seinen eingeborenen Sohn Jesus Christus auf die Erde, der, als Sühneopfer für die Sünden der Menschheit, am Kreuze starb, um, als Symbol der Hoffnung für alle Gläubigen, am dritten Tage von den Toten aufzuerstehen und in den Himmel aufzufahren. Es ist nicht Sinn und Aufgabe dieses Buches, über Wahrheit und Wert beider Doktrinen zu entscheiden, es soll vielmehr untersuchen, was damals in Fatima tatsächlich geschah, »sine ira et studio« (ohne Zorn und Eifer) und ohne Wertung. Doch die Ereignisse von Fatima lassen sich nur in diesem Kontext verstehen, als Gegenbewegung zu einer Entwicklung, die mit der Reformation von 1517 begann und mit der Gründung der Loge 1717 in ihre politisch aktive Phase eintrat, und die mit den Revolutionen von 1917/18, dem Fall der großen europäischen Kaiserhäuser und der Ausrufung einer sozialistischen Räterepublik in Rußland ihren Höhepunkt erreichte. Das anti-christliche Portugal der Jahre 1910–17 war das Ergebnis einer von den Freimaurern und Humanisten initiierten Revolution, und Fatima repräsentierte den Gegenpol, der das Land schließlich, nach einer Phase der politischen Wirren, in eine vom Militär gestützte Diktatur führte.

Schon vor Fatima gab es eine kirchliche Opposition gegen die republikanische Regierung, die sich 1915/16 zum »Rosenkranz-Kreuzzug« formierte. War die Erscheinung der Gottesmutter in der Cova da Iria eine Erhörung der Gebete von zigtausenden Gläubigen, die dieser Demonstration des Glaubens beiwohnten? Für sie zumindest bestand kein Zweifel daran. »*Unsere Liebe Frau von Fatima*«, betete der Lissaboner Kardinal Cerejeira am 13. Mai 1931, dem ersten Fatima-Jahrestag nach der kirchlichen Anerkennung der Erscheinungen, vor über 300.000 Pilgern, die sich in der Cova da Iria versammelt hatten, »*Du hast Dich erbarmt, herabzusteigen in unser Land wie der Morgenstern, ein Zeichen des Segens, das die Dämmerung des Lichtes und der Hoffnung nach der Finsternis der Nacht ankündigt.*« Diese »Finsternis der Nacht« war schon zwei Monate nach dem Sonnenwunder zumindest kurzfristig besiegt. Um den klerikalen Autoren einer der ausführlichsten und fundiertesten Fatima-Studien, den Ordensbruder Frere Michel de la Sainte Trinite, zu zitieren: »*Nach sieben Jahren der gewalttätigen und fanatischen Verfolgung, nach einem Jahrhundert der Verbannung aus dem öffentlichen Leben, gewann die Kirche, wie durch ein Wunder, plötzlich alle ihre Freiheiten zurück, die ihr zustehen und die sie benötigte, um ihre Aufgabe, Seelen zu retten, zu erfüllen.*« Das »Werkzeug der Vorsehung« war ein Unionist mit besten Kontakten zur Freimaurerei, der Innenminister und Armeekommandant Sidonio Pais, der am 5. Dezember 1917 »gegen die Demagogie der Demokraten« putschte und drei Tage später, ausgerechnet am »Fest der Unbefleckten Empfängnis«, das Parlament auflöste und sich von der revolutionären Junta zum Präsidenten der Republik mit diktatorischen Vollmachten ausrufen ließ. Einen Tag später hob er, wahrscheinlich nach politischer Unterstützung suchend, alle Sanktionen gegen die Bischöfe auf, die in ihre Diozesen zurückkehren konnten, bis zum 22. Februar 1918 waren alle Dispositionen des »Gesetzes zur Trennung von Staat und Kirche« für ungültig erklärt worden. Im Juni nahm Pais offiziell diplomatische Beziehungen zum Vatikan auf, was dazu führte, daß der Papst ihm am 4. Juli in einer Note zu den Erfolgen seiner Regierung gratulierte. Die Republikaner und Freimaurer erklärten dem »Reaktionär« offen den Krieg: Am 14. Dezember 1918 wurde Sidonio Pais, der gerade eine Heilige Messe besucht hatte, auf dem Bahnhof von Lissabon erschossen. Es folgte ein erfolgloser Versuch, die Republik zu restaurieren, der am 28. Mai 1926 durch einen Militäraufstand unter Führung des Generals Gomes da Costa beendet wurde. Unterstützt vom Klerus, den Großgrundbesitzern und der Armee löste die Militärjunta das Parlament auf und suspendierte die Verfassung.

Zwischenzeitlich wurde Fatima immer wieder durch Wunder bestätigt. Am 13. Mai 1924 waren über 200.000 Pilger in die Cova da Iria gekommen, um den siebten Jahrestag der Erscheinungen zu feiern, als – wie zuvor am 13. Mai 1918 – ein mysteriöser »Regen von Blütenblättern« über den Massen niederging. Das Wunder konnte sogar fotografiert werden. »*Höher oben waren sie groß, doch als sie näher kamen, wurden sie klein und verschwanden*«, beschrieb sie eine Zeugin, »*Männer hielten ihre Hüte auf, um sie zu sammeln, doch fanden sie nichts mehr, sobald sie sie auffangen wollten.*« Der prominenteste Zeuge des Phänomens war Bischof da Silva, der, wenngleich nicht in offizieller Funktion, an den Feierlichkeiten teilgenommen hatte.

Bald kam es auch zu ersten Heilungen. Maria da Capela berichtete: »*Von überall strömten die Gläubigen herbei mit ihren Leiden und ihrem Elend. Während der Grippe-Epidemie, noch bevor die Kapelle gebaut war, hielt Pater David von Santa Catarina hier seine erste Predigt. Die Leute kamen von drei Pfarreien zusammen, von Fatima, Santa Catarina und S. Mamede... (und sie) baten weinend um die Erlösung von dieser Epidemie. Sie wurden erhört. Von diesem Tag an gab es in unserem Distrikt keine neue Erkrankung. Von diesem Zeitpunkt an verbreitete sich die Verehrung noch mehr, und nachdem die Kapelle gebaut war, kamen Tausende von Menschen hierher.*« Für diese wurde 1926 ein Brunnen gebohrt, und bald stieß man auf Wasser, das zuerst zögernd, dann heftig aus dem Fels sprudelte. Sofort glaubten die Pilger, daß das Wasser Heilkraft haben könnte.

Sie füllten Flaschen und Krüge, wuschen vereiterte Wunden und tranken die lehmige Brühe, darauf vertrauend, daß die Wunderkraft des Ortes stärker als die Gesetze der Hygiene wäre. »*Niemals geschahen so viele Wunder wie in dieser Zeit*«, berichtete Jose Alves später, »*ich sah Menschen mit schlimmen Beinen, von denen der Eiter rann, sie wuschen die Wunden und ließen die Verbände zurück, denn Unsere Liebe Frau hatte sie geheilt. Andere knieten nieder und tranken (...) und genasen von inneren Krankheiten.*« Das erregte nur noch mehr den Unwillen der Erscheinungsgegner. Am 15. Juli 1927 beschloß der Kreisvorsteher von Ourem, aufgrund dieser »akuten Gefahr für die öffentliche Gesundheit«, einzugreifen. Gemeinsam mit einem Beauftragten des Gesundheitsamtes, Dr. Joaquim Francisco Alves, begab er sich in die Cova da Iria, um festzustellen: »Der Ort ist ekelerregend. Er muß sofort zugeschüttet werden.« Doch seine Anweisung wurde ignoriert – der Brunnen besteht noch heute.

Der Staatsstreich vom 28. Mai 1926 ging ausgerechnet von Braga aus, dem »portugiesischen Rom«, der katholischen Bastion des Landes, in der zu diesem Zeitpunkt gerade ein marianischer Kongress mit 200.000 Teilnehmern stattfand. Selbst der apostolische Nuntius, der auf der Veranstaltung sprach, zögerte nicht, die »nationale Wiedererweckung des Glaubens« den Erscheinungen von Fatima zuzuschreiben. Gerade als dann die Statue der Gottesmutter in einer feierlichen Prozession von der »Kirche des Volkes« in das »Sameiro«, das der »Unbefleckten Empfängnis« geweihte portugiesische Nationalheiligtum, getragen werden sollte, verließ das Achte Infanterieregiment seine Kaserne, um in die Schlacht um Portugal zu ziehen. Der Kommandant der Putschisten, General Gomes da Costa, nahm zur gleichen Zeit an der Prozession teil, bevor er sich auf den Weg in die Hauptstadt machte, um zu verkünden: »Unser Land ist krank. Es muß gerettet werden.« Kurz darauf, am 9. Juli, übernahm General Antonio Carmona die Macht. Er ernannte am 28. April 1928 Antonio de Oliveira Salazar zum Finanzminister, dem, mit fast unumschränkten Vollmachten ausgestattet, die Sanierung des maroden Staatshaushaltes gelang. Zwei Jahre später gründete Salazar als einzige zugelassene Partei die rechte »Nationale Union«, die einen »Neuen Staat« propagierte. Damit war Salazars Griff nach der Macht perfekt: Am 5. Juli 1932 wurde er zum Ministerpräsidenten ernannt, 36 Jahre lang (bis

1968) sollte er an der Regierung bleiben. Eine neue Verfassung gab ihm diktatorische Vollmachten und machte Portugal zum korporativistischen Ständestaat mit einem Parlament, in dem nur die »Nationale Union« vertreten war und daneben einer Ständekammer. Während im Nachbarland Spanien der Bürgerkrieg tobte, unterstützte Salazar den ganz wie er konservativ-katholisch und militaristisch orientierten »Generalissimo« Francisco Franco, der das Land zumindest vor dem Kommunismus rettete.

Wägt man die Alternative ab, die es für beide Länder gegeben hätte – Kommunismus oder Militärdiktatur –, so waren gewiß Franco und Salazar das »kleinere Übel«. Ohne ihren Totalitarismus auch nur im entferntesten entschuldigen zu wollen, muß ihnen zugute gehalten werden, daß beiden Ländern nach dem Tod der Diktatoren mühelos der Übergang in die Demokratie gelang, und daß ihnen trotz – oder vielleicht gerade wegen – ihres quasi-faschistischen Regimes die Schrecken des Zweiten Weltkrieges und der Nazi-Greueltaten, die fast ganz Europas heimsuchten, erspart geblieben sind. Salazars Portugal hatte ausdrücklich im zweiten Weltkrieg seine Neutralität erklärt, und seinem Beispiel folgte Franco, obwohl ihn deutsche Truppen im Bürgerkrieg unterstützt und furchtbare Verheerungen angerichtet hatten. Beide Dikatoren, Salazar wie Franco, verstanden sich als Verteidiger des katholischen Glaubens und standen unter dem Schutz der Kirche, die unter ihrer Herrschaft die Wiedergutmachung des ihr zuvor zugefügten Unrechts erlebte. Das jedoch führte auch dazu, daß die Bischöfe den Regimes allzu unkritisch gegenüberstanden und sich mehr als einmal als Instrument zur Machterhaltung der Diktatoren mißbrauchen ließen.

Für die Gläubigen war die Rettung Portugals ein Wunder, das »Wunder von Fatima«. Es war zum Symbol des geistigen Krieges gegen den Kommunismus und zum Brennpunkt des neuen Kreuzzuges – und damit zum Politikum geworden. Am 13. Mai 1937 lud die Kirche zur ersten nationalen Wallfahrt Portugals ein, und über eine halbe Million Menschen folgte dem Aufruf. Das portugiesische Episkopat hatte zuvor der Gottesmutter und »Beschützerin Portugals« das feierliche Versprechen abgegeben, eine solche Großdemonstration des Glaubens abzuhalten, sollte sie das Land von der kommunistischen Bedrohung befreien, die jenseits der Grenze den schrecklichen Bürgerkrieg verursacht hatte. Die Wallfahrt wurde am 13. Oktober 1939 wiederholt, nach Ausbruch des Zweiten Weltkriegs, verursacht durch den Hitler-Stalin-Pakt zwischen Deutschland und Rußland, den Mächten des Bösen, und war verbunden mit dem Gebet um die Erhaltung des Friedens für die iberische Halbinsel. Und schließlich formierten sich die Mächte der Welt zur großen Schlacht, zum Endkampf zwischen Gut und Böse, zwischen der Macht des Geistes und dem menschenverachtenden Materialismus, dem wahren »Sündenfall«.

Um die Entwicklungen zu Anfang dieses Jahrhunderts besser verstehen zu können, müssen wir noch einmal zurückblicken auf jene Ereignisse, die dem Schicksalsjahr 1917 vorausgingen, und die nicht minder geheimnisumwittert sind.

Im Frühjahr 1903 traf ein Mann in St. Petersburg, der Hauptstadt des russischen Zarenreiches, ein, dem als Junge während der Feldarbeit die Jungfrau Maria erschienen war, die ihn aufgefordert hatte, sich auf Pilgerschaft zu begeben. So wurde Grigorij Rasputin zum Wandermönch, der zu Fuß von seinem Heimatdorf Pokrowskoje in Sibirien nach Griechenland zum Berge Athos und dann weiter nach Jerusalem pilgerte. Auf diesem mehrere tausend Kilometer langen Fußmarsch, auf dem er größtenteils fastete und fast unaufhörlich betete, entwickelte der junge Russe beachtliche Kräfte, und bald war er in der Lage, selbst Schwerkranke durch Handauflegen und ein Gebet von ihrem Leiden zu befreien und die Zukunft vorauszusagen. Als er wieder in seine Heimat zurückkehrte, eilte ihm der Ruf voraus, ein »Starez«, ein Gottesmann zu sein. Er wurde zum Vertrauten des Bischofs von Kasan, des bedeutendsten Marienheiligtums im Zarenreich, der ihm schließlich nahelegte, ein Priesterseminar zu besuchen. Rasputin zog es, einem inneren Ruf folgend, in die Hauptstadt.

Johann von Kronstadt, der Beichtvater des Zaren, hielt gerade eine Messe, als der zerlumpte, langhaarige Mann aus Sibirien die Kirche betrat. Als der alte Priester ihn bemerkte, hielt er inne, näherte sich dem Fremden und sprach zu ihm: »Ich bitte Dich um Deinen Segen.« Damit waren dem heilige Bauerssohn Türen und Tore geöffnet – bis hin zum Herrscherhaus. Er wurde zum Hoffnungsträger für die orthodoxe Kirche – und zum Guru der wundersüchtigen Society, die den bärtigen Gottesmann mit den tiefliegenden, allesdurchdringenden Augen geradezu enthusiastisch folgte.

Am 12. August 1904 wurde der Zarenfamilie endlich der langersehnte Thronfolger geboren, Zarewitsch Alexei. Doch der schmächtige, kleine Prinz war Bluter – Träger einer oft tödlich verlaufenden Erbkrankheit. Als Zarin Alexandra, eine gebürtige Deutsche aus dem Hause Sachsen-Coburg-Gotha mit starken religiösen Neigungen, von dem geheimnisumwitterten Starez aus Sibirien hörte, wurde er zu ihrer einzigen Hoffnung, ihr krankes Kind zu retten. Im Alter von drei Jahren stürzte der Zarewitsch so unglücklich, daß dies eine innere Blutung am Bein verursachte, die sich nicht stoppen ließ. Die Ärzte, darunter ein Spezialist für die Bluterkrankheit, wußten keinen Rat. Rasputin, der Wundermann, wurde an den Hof geholt – denn nur ein Wunder konnte dem kleinen Alexei noch helfen. Der Gottesmann trat in das Krankenzimmer, umarmte den Zaren und die Zarin und küßte sie dreimal, dann kniete er am Bett des Zarewitsch nieder, betete. Nach zehn Minuten, die in atemloser Stille verbracht wurden, erhob er sich, lächelte freundlich. »Mach Deine Augen auf«, sprach er zu dem Jungen. Das Kind gehorchte – und war wieder gesund.

Fortan hatte »Vater Grigorij« unbeschränkten Zugang zum Zarenhaus, auch wenn sein Ruf mittlerweile mehr als zweifelhaft war. Er benahm sich wie ein ungehobelter Bauer, prahlte mit seiner Nähe zur Zarin und seiner unbegrenzten sexuellen Kraft. Er liebte die Ausschweifungen, ob beim Essen, beim Trinken oder bei regelrechten Orgien mit seinen zahllosen Geliebten, von denen nicht wenige aus den besten Petersburger Familien stammten. Er betrank sich regelmäßig, entblößte sich in der Öffentlichkeit und schwängerte dutzende von Adelstöchtern, wobei er seinem Namen alle Ehre machte: »Rasputin« heißt »Wüstling«.

Schließlich fühlte sich Zar Nikolaus gezwungen, den zum Skandal gewordenen Gottesmann auf Pilgerreise zu schicken und ihm schließlich nahezulegen, in seine sibirische Heimat zurückzukehren. Doch als im Oktober 1912 der Zarewitsch erneut schwer erkrankte und zu sterben drohte – man hatte ihm bereits die letzte Ölung erteilt – schickte die verzweifelte Zarin doch noch ein Telegramm nach Pokrowskoje. Unmittelbar nach Erhalt der Nachricht kniete Rasputin vor einer Ikone der Gottesmutter nieder und betete voller Hingabe, bis er, schweißgebadet, wieder zu sich kam und der Zarin telegraphierte: »*Hab keine Angst. Gott hat Deine Tränen gesehen und Deine Gebete erhört. Trauere nicht, Dein Sohn wird leben.*« Als das Telegramm eintraf, war Alexej bereits wieder gesund, Rasputin durfte nach St. Petersburg zurückkehren.

Doch bevor er sich auf den Weg in die Hauptstadt machte, gab es böse Vorzeichen. Tagelang schien Rasputins Marienikone zu weinen, und wann immer jemand sie abwischte, füllten sich ihre Augen erneut mit Tränen. Eine verwirrte Frau, die Rasputin für den »Antichristen« hielt, stach ihn nieder, doch der Gottesmann überlebte, um, noch vom Krankenhaus aus, dem Zaren am Vorabend des Ersten Weltkriegs zu telegraphieren: »*Laß Dich nicht zum Krieg hinreißen! Er ist das Ende Rußlands und des Zaren und wird Rußland den letzten Mann kosten*«. Als Nikolaus II. das Telegramm erhielt, war er empört. Wie konnte sich dieser sibirische Bauer in seine Politik einmischen?! Doch Rasputin wiederholte seine Warnung. »*Lieber Freund! Ich werde es wieder sagen: eine bedrohliche Wolke hängt über Rußland, Unglück und viel Leid, es ist dunkel, und kein Licht dringt durch. Ein unendliches Meer von Tränen und Blut.*

Was soll ich sagen? Es gibt keine Worte, der Schrecken ist unbeschreiblich. Ich weiß, alle wollen den Krieg von Dir, auch die Treuen, denn sie wissen nicht, daß er den Untergang bedeutet. Schwer ist die Strafe Gottes, denn wenn dieser Weg gegangen wird, ist er der Anfang vom Ende.

Du bist Zar, Vater des Volkes, erlaube nicht den Wahnsinnigen, zu triumphieren und sich und das Volk in den Untergang zu stürzen. Selbst wenn sie Deutschland besiegen – was ist mit Rußland? Man muß bedenken, daß alles anders sein kann, als man es sich vorstellt. Seit Menschengedenken gab es kein bittereres Leid, alles wird in viel Blut ertrinken, unendlich wird das Sterben sein und der Kummer. Grigorij.«

Die Stimme des Rufers aus der Tundra wurde ignoriert, mehr noch, seine geradezu prophetische Ablehnung des Krieges wurde Grigorij Rasputin zum Verhängnis. Als er wieder in St. Petersburg war, das jetzt Petrograd hieß, sprach man immer öfter von »dunklen Kräften«, welche die russischen Kriegsbemühungen hintertrieben, und bald wurden die »Schuldigen« identifiziert: Die »deutsche« Zarin und ihr »diabolischer« Hintermann, der skandalumwitterte Rasputin, dem man die Schuld für alles gab, das faul im Kaiserreiche war. Während die Wohnung des Starez zum Wallfahrtsort für hunderte Heilsuchender wurde, schmiedete eine Handvoll selbsternannter »Patrioten« und Kriegstreiber einen Plan, um den unliebsamen Heiligen zu beseitigen.

Rasputin ahnte sein bevorstehendes Ende und den darauffolgenden Untergang Rußlands. Schon anläßlich des Ostergottesdienstes 1916 in der Fjodorowkirche hatte er nach einer Vision einer Freundin anvertraut: »*Man wird mich umbringen. Ich werde auf grausame Weise umkommen... und dann sehe ich eine Menschenmenge vor mir – weit weg, in der Ferne, Volk, Grafen, Großfürsten – und alle ertrinken im Blut.*« – »*Wenn mir etwas zustößt, wirst Du Deine Krone verlieren und furchtbares Unglück wird über Euch kommen*«, prophezeite er wiederholt dem Zaren, und einmal führte er, in einem längeren Brief, aus: »*Ich spüre, daß ich vor Januar das Leben verlassen werde. Werde ich das Opfer gewöhnlicher Attentäter – besonders wenn diese meine Brüder, die russischen Bauern sind, dann hast Du, russischer Zar, nichts zu befürchten. Bleib auf Deinem Thron und walte, und Du, Zar Rußlands, wirst keine Angst um Deine Kinder zu haben brauchen, sie werden über Rußland jahrhundertelang herrschen. Doch sollten es Bojaren, Adlige sein, die mich umbringen, sollten ja diese mein Blut vergießen, so werden ihre Hände mit meinem Blut besudelt sein. Kommen meines Todes Schmiede aus Deiner Verwandtschaft, so werden innerhalb von zwei Jahren von Deiner Familie, das heißt von Deinen Kindern und Verwandten, keine mehr am Leben sein. Sie werden vom russischen Volk ermordet sein.*«

Im Herbst erzählte er nach einem ausgedehnten Spaziergang seiner Tochter Maria, er hätte gesehen, wie sich der Fluß Newa rot färbte vom Blut der Großherzöge. Als er im November seinen Sohn Dimitri, der ihn in Petrograd besucht hatte, zum Bahnhof brachte, verabschiedete er sich mit den Worten: »*Lebewohl Mitja. Wir sehen uns nie wieder*«, um innezuhalten und hinzuzufügen: »*Wenn ich Weihnachten überlebt habe, dann werde ich noch lange leben.*« Und schließlich schrieb er noch einen Abschiedsbrief an seine Familie, den seine Tochter Maria erst nach seinem Tod öffnen sollte: »*Meine Stunde wird bald schlagen. Ich habe keine Angst. Ich weiß aber, es wird eine bittere Stunde sein... Ich trauere um Euer Leben und um meins. Unzählige Menschen werden sterben.*«

Am 16. Dezember 1917 (nach dem in Rußland gültigen julianischen Kalender) war Grigorij Rasputin noch um Mitternacht mit dem Fürsten Jussupow verabredet, einem schillernden Paradiesvogel aus der Petrograder Gesellschaft. Was er nicht ahnte: Felix Felixowitsch Jussupow, der sich mit der Bitte um Hilfe das Vertrauen des Starez erschlichen hatte, war Teil eines Komplottes, mit dem Ziel, den unbequemen Heiligen zu ermorden. Seine Mitverschwörer stammten ebenfalls aus den höchsten Kreisen der Gesellschaft: Großherzog Dimitri Romanow, ein Verwandter des Zaren, Vladimir Purischkjewitsch, ein Parlamentarier in der Duma, der Kavallerieoffizier Iwan Suchotin und der polnische Arzt Dr. Stanislaw Lasowert.

Es war tiefste Nacht in Petrograd, eine lange, schwarze, subarktische Nacht, in der alles in Schnee und Eis erstarrte. Mit der Kutsche holte Fürst Jussopow den Gottesmann ab, der ihn mit einem dreifachen Kuß begrüßte, sich schnell seinen Pelzmantel überstreifte und mit dem jungen Adligen im eisigen Dunkel der Nacht verschwand. Als sie das verschneite Jussopow-Palais erreichten, herrschte dort Totenstille. Der Fürst führte Rasputin in einen eigens zu diesem Zweck als Wohnraum hergerichteten Kellerraum. Von oben klang Musik hinunter, von einem kleinen Fest seiner Gattin, wie Jussopow versicherte, die, wenn die Gäste gegangen seien, noch zu ihm herunterkommen würde, doch erst einmal wolle man doch gemeinsam etwas essen. Dann tischte er dem Starez eine Auswahl erlesener Leckereien auf, die Dr. Lasowert mit so viel Zyankali präpariert hatte, daß eine kleine Armee daran zugrundegegangen wäre. »Danke, ich habe keinen Hunger«, winkte Rasputin ab. Erst als ihm der Fürst einen Tee servierte, griff er zu, aß erst ein Stück Gebäck, dann ein zweites. Doch statt tot umzufallen, redete der Gottesmann munter weiter, verlangte nach einem Glas Madeira, das Jusopow hastig ebenfalls mit Zyankali mischte, dann nach einem zweiten. Der Wein machte ihn munter, das Gift konnte ihm offenbar nichts anhaben, und während Jussopow fast hysterisch wurde und sich immer mehr in die Vorstellung hineinsteigerte, er sei in einen Endkampf mit dem Bösen verstrickt, bat Rasputin den musikalischen Fürsten, ihm ein Zigeunerlied zu singen. »Wo bleibt Deine Frau«, schimpfte er schließlich, es war bereits 2.00 Uhr früh. Der entnervte Jussopow verschwand die Treppe hinauf, beriet sich mit seinen Mitverschwörern, dann holte er seinen Revolver. »Komm, gehen wir zum Zigeunerrestaurant!«, begrüßte ihn sein unheimlicher Gast, als er die Treppe herunterkam. »Grigorij Jefimowitsch«, schrie ihn der Fürst an, den Revolver im Anschlag, »sprich ein Gebet.« Rasputin lächelte ihn an, als er abdrückte – dann fiel der mächtige Körper des Gottesmannes wie ein gefällter Baum mit einem dunklen Schlag rückwärts auf ein Eisbärenfell. Als sie den Schuß hörten, eilten die Mitverschwörer herbei. Dr. Lasowert stellte den Tod fest, die Kugel hatte das

Herz durchbohrt, und schließlich rafften sie Rasputins Habseligkeiten zusammen. Doch als der Fürst die Leiche wegzerren wollte, gefrohr ihm das Blut in den Adern. Das linke Augenlied des Starez zuckte, begann sich zu öffnen, gefolgt von dem rechten – Rasputin lebte noch und starrte ihn an, bevor er aufsprang und Felix an die Gurgel griff. Jussopow schrie, kämpfte sich verzweifelt frei und rannte die Treppe hinauf. Der »auferstandene« Rasputin dagegen taumelte durch das Kellerzimmer, bis er den Ausgang in den vereisten Hof gefunden hatte. Er stolperte durch den Schnee, der sich blutrot färbte, zum Haupttor eilend, und brüllte:»Felix! Felix! Ich werde alles der Zarin erzählen!« Plötzlich stand Purischkjewitsch hinter ihm, zielte, schoß zweimal. Der Starez taumelte, stürzte in den Schnee. Dann kam Jussopow angerannt, schlug hysterisch auf den Toten ein, schüttelte ihn, bis er ohnmächtig wurde. Die Verschwörer zerrten den Leichnam an den Fluß, versenkten ihn unter den Eisschollen der Newa. Als, zwei Tage später, die Leiche des Gottesmannes gefunden und obduziert wurde, stellte der Gerichtsmediziner mit: Er hatte auch die zweiten Schüsse überlebt, seine Todesursache war Ertrinken.

Als die Zarin vom Tod ihres Freundes und Lehrers erfuhr, brach sie vor Trauer zusammen. Sie ahnte, daß sich die Prophezeihung Rasputins erfüllen würde, daß auch ihr Schicksal und das Rußlands an diesem Tage besiegelt war.
Am 25. Oktober 1917 (7.11. nach dem gregorianischen Kalender) besetzten Bewaffnete der »Roten Garde« unter dem Befehl der Bolschewisten die Bahnhöfe, Brücken, Telegrafenstationen und Telefonzentralen der Hauptstadt. Der Staatsstreich, den der aus dem Exil zurückgekehrte Vladimir Iljitsch Lenin vorbereitet hatte, war gelungen, die Soldaten der Übergangsregierung kapitulierten ohne Widerstrand. Am Abend griffen die »Roten« das Winterpalais, den Sitz der Regierung, an. Als die Verteidiger auf ein Ultimatum nicht reagierten, erteilte der Bolschewist Trotzki den Befehl zum Sturm, ließ die Minister verhaften. Am nächsten Mittag fand eine Dringlichkeitssitzung des Petrograder Sowjets statt, auf dem der Kommunist Trotzki die provisorische Regierung für aufgelöst erklärte. Lenin konnte den allrussischen Sowjetkongreß eröffnen, der die Gründung des Sowjetstaates unter der Führung des »Rates der Volkskommissare« und Lenin als dessen Vorsitzenden proklamierte. Die Folge war ein blutiger dreijähriger Bürgerkrieg, bei

dem über 13 Millionen Menschen starben. Die »Weiße Armee« der Demokraten, des Adels und der Grundbesitzer versuchte, den Vormarsch der »Roten Armee« der Bolschewisten zu stoppen – und stand dabei ihrem Gegner an Brutalität in keinster Weise nach. Rote wie Weiße raubten ganze Orte aus, metzelten zu tausenden Unschuldige nieder und verbrannten ihre Häuser, Dörfer und Felder. Der Zar, Lenins Erzfeind, und seine Familie, wurden nach Jekaterinenburg gebracht, wo man sie am 17. Juli 1918 vor ein Erschießungskommando stellte. Nikolaus II. fiel der ersten Kugel zum Opfer, als die Waffen auf die Zarin, die Kinder und vier Bedienstete gerichtet wurden. Die Zarin und eine der Töchter fielen wie tot zu Boden, der Zarewitsch und seine drei überlebenden Schwestern wurden durch Bajonettstiche und Gewehrschläge niedergemetzelt. Als sich die Zarin und die erste Tochter noch bewegten, wurde auch auf sie wie im Wahn eingestochen. Schließlich entdeckten die Revolutionäre den Grund dafür, daß die Schüsse ihren Opfern so wenig anhaben konnten: Die Frauen und Alexei hatten Goldmünzen und Edelsteine in ihre Kleidung eingenäht, in der Hoffnung wohl, daß sie ins Ausland abgeschoben würden. Die düstere Prophezeihung des Grigorij Rasputin, daß »*innerhalb von zwei Jahren*« von der Zarenfamilie keiner mehr am Leben sei, war wahrgeworden.

Doch der Tod des Zaren beendete nicht den Blutrausch der neuen Herrscher. »*Der Weg des Terrors ist der einzige, der uns offensteht, und wir können ihn nicht vermeiden*«, erklärte Lenin. »*Können Sie sich vorstellen, daß wir ohne den brutalen, ungehemmten revolutionären Terror die Oberhand gewinnen könnten?*« Eines seiner ersten Opfer wurde die Orthodoxe Kirche. Am 20. Januar 1918 erklärte der Oberste Sowjet »*die Trennung von Staat und Kirche, die Konfiszierung der Besitztümer der Kirche und die Aufhebung ihrer Rechte*«. Die »Konfiszierung der Besitztümer der Kirche« beinhaltete die Beschlagnahmung von Sakralgegenständen, zu deren Herausgabe natürlich kein Gottesmann bereit war, was zu einem massenhaften Martyrium führte. Im November 1919 richtete der Moskauer Patriarch Tikhon einen verzweifelten Hilferuf nach Europa: »*Bischöfe, Priester, Mönche und Nonnen wurden en masse hingerichtet, unter dem vagen Vorwurf der ›Konterrevolution‹. Selbst der Empfang der letzten Sakramente wird ihnen verweigert, und ihren Verwandten wird untersagt, ihnen ein christliches Begräbnis zu geben.*« Allein im Jahre 1922 kam es zu 1414 blutigen Zusammenstößen zwischen den Gläubigen und den roten Truppen, 28 Bischöfe und über 8100 Priester wurden erschossen. »*Das ist die beste Zeit, um der ganzen Brut eine Lektion zu erteilen, damit sie in den nächsten Jahren nicht einmal daran denkt, Widerstand zu leisten*«, meinte Lenin zynisch, »*wir müssen so viele Vertreter der reaktionären Bourgeoisie und des reaktionären Klerus wie möglich verhaften*«. Allein in den ersten fünf Jahren nach der Revolution waren über 1,3 Millionen Menschen dem roten Terror zum Opfer gefallen.

Auf den Tod Lenins 1924 folgte der unaufhaltsame Aufstieg Joseph Stalins, des »Stählernen«, der in fünf Jahren seine Rivalen ausspielte und 1929 vom Fünften Sowjetkongreß zum Alleinherrscher ernannt wurde. Tausende Stalin-kritischer Funktionäre fielen der »großen Reinigung der Partei« zum Opfer und wurden hingerichtet. 1925 wurde die »Union der Militanten Gottlosen« gegründet, deren einziges Ziel die Verbreitung des Atheismus und der Kampf gegen die Religion war. Durch Stalins Machtübernahme gestützt, verwüstete die »Union« 1929 hunderte von Kirchen, zerstörte alte Ikonen und Reliquien und machte sich mit unvorstellbarer Brutalität über den ohnehin schon reduzierten und eingeschüchterten Klerus her. Für jene, die seinen Plänen im Wege standen, ließ Stalin riesige Arbeitslager in Sibirien errichten, das »Archipel Gulag«, wie es Solschenizyn später nannte, in dem die Verurteilten zu zigtausenden an Erfrierungen, Unterernährung oder grassierenden Seuchen starben. Am 15. Mai 1932 schließlich verabschiedete Stalin einen »Fünfjahresplan gegen die Religion«. Bis zum 1. Mai 1937 sollte »die Vorstellung, daß es einen Gott gäbe« vollständig aus dem öffentlichen Leben verbannt worden sein.

In der Nacht des 13. Juni 1929 ging Lucia, die Seherin von Fatima, wie jeden Donnerstag, um 23.00 Uhr in die Kapelle des Dorotheen-Hauses, um vor dem Tabernakel zu beten, als sie eine weitere Erscheinung hatte. »*Ich hatte meine Oberinnen und meinen Beichtvater darum gebeten und auch die Erlaubnis dazu erhalten, von Donnerstag auf Freitag die Heilige Stunde von elf bis Mitternacht zu übernehmen*«, schilderte Lucia später die Umstände der Vision, »*Als ich eines nachts allein war, kniete ich mich zwischen dem Geländer mitten in der Kapelle nieder, um niedergeworfen die Gebete des Engels zu beten. Da ich mich müde fühlte, stand ich auf und betete weiter mit kreuzförmig ausgestreckten Armen. Das einzige Licht kam von der Lampe. Plötzlich wurde die ganze Kapelle von einem überirdischen Licht erhellt und über dem Altar erschien ein Lichtkreuz, das bis zur Decke reichte. In einem helleren Licht war am oberen Teil des Kreuzes das Gesicht eines Mannes mit dem Körper bis zur Hüfte zu sehen, auf der Brust eine Taube aus Licht und, ans Kreuz geheftet, der Körper eines weiteren Mannes. Etwas unterhalb der Hüfte waren in der Luft schwebend ein Kelch und eine große Hostie zu sehen, auf die einige Tropfen Blut fielen, die über das Gesicht des Gekreuzigten und aus einer Wunde in der Brust rannen. Die Tropfen liefen über die Hostie und fielen in den Kelch. Unter dem rechten Kreuzesarm stand Unsere Liebe Frau... unter dem linken Arm (des Kreuzes) bildeten große Buchstaben wie aus kristallklarem Wasser, das auf den Altar lief, folgende Worte: ›Gnade und Erbarmen‹.*

Ich erkannte, daß mir das Mysterium der Heiligen Dreifaltigkeit gezeigt wurde, und ich erhielt Einsichten in dieses Mysterium, das ich nicht offenbaren darf.

Darauf sagte mir Unsere Liebe Frau: ›Der Augenblick ist gekommen, wo Gott den Heiligen Vater darum bittet, zusammen mit allen Bischöfen der Welt, Rußland meinem Unbefleckten Herzen zu weihen und es so zu erretten. So viele Seelen werden von der Gerechtigkeit Gottes wegen der Sünden, die sie gegen mich begehen, verurteilt, daß ich um Sühne bitte: Opfere dich in dieser Intention und bete.«

Über ihre Beichtväter und den Bischof von Leiria ließ die Seherin die Bitte der Madonna noch im gleichen Jahr Papst Pius XI. übermitteln. Tatsächlich zelebrierte der Heilige Vater am 19. März 1930 eine *»Messe der Sühne, Versöhnung und Wiedergutmachung für die vielen verbrecherischen Vergehen gegen das Göttliche Herz Jesu ... und für die Befreiung des russischen Volkes, damit seine lange Heimsuchung endlich ein Ende finde«*, bei der es ausdrücklich unter den Schutz der Gottesmutter und der Heiligen gestellt wurde. Aber dabei blieb es dann auch. *» Wenn ich mich nicht irre, verspricht der liebe Gott, der Verfolgung in Rußland ein Ende zu machen, wenn der Heilige Vater sich geruht, einen feierlichen, öffentlichen Akt der Sühne und der Weihe Rußlands an die Heiligen Herzen Jesu und Maria zu veranstalten und auch die Bischöfe der ganzen Welt dasselbe tun heißt«*, schrieb Lucia am 29. Mai 1930 an ihren Beichtvater Jose Bernardo Goncalves.

Zu diesem Zeitpunkt zeichnete sich bereits die Erfüllung des Zweiten Geheimnisses von Fatima ab, daß *»Rußland... seine Irrlehren*

über die Welt verbreiten, Kriege und Verfolgungen der Kirche herauf-
beschwören (würde). Die Guten werden gemartert werden«. In Spanien wurde nach dem Zusammenbruch der Diktatur von General
Berengner am 14. April 1931 und der Flucht von König Alfonso
XIII. in einer friedlichen Revolution von Republikanern und Sozialisten die Republik ausgerufen. Obwohl die spanischen Katholiken
das neue Regime begrüßten, kam es weniger als einen Monat später zu breiten antiklerikalen Ausschreitungen: Kirchen und Klöster
brannten, Altäre wurden zerschlagen oder geplündert, Heiligenbilder verbrannt. Als Kardinal Segura, der Primat Spaniens, die
Gläubigen angesichts dieser Vorzeichen warnte, wurde er verhaftet
und gezwungen, das Land zu verlassen. Das neue Gesetz zur Trennung von Staat und Kirche wurde am 13. Oktober von Premier-
minister Azana mit den Worten: »Heute hört Spanien auf, katholisch zu sein« verkündet. Der Jesuitenorden wurde aufgelöst, sein
Besitz beschlagnahmt.

Als es bei den Parlamentswahlen von 1933 zu einem Wahlsieg der
rechtsextremen Falangisten kam, antworteten die Linken mit
einem Generalstreik und dem Bergarbeiteraufstand von Asturien,
der unter der roten Flagge der Sowjetunion stattfand. Unter dem
innenpolitischen Druck mußten im Februar 1936 das Parlament
aufgelöst und Neuwahlen durchgeführt werden, aus denen die
linke »Volksfront« als knapper Sieger hervorging. Das Land war in
zwei Teile gespalten, es kam zu Unruhen, Kämpfen, Aufständen
und Übergriffen. Wieder war die Kirche das erste Ziel. 160 Kirchen und Klöster brannten, Priester und Ordensleute wurden wie
Tiere auf den Straßen gejagt, in Madrid lynchte der Mob fünf
Nonnen, während Demonstranten mit roten Hemden und roten
Fahnen »Viva Rußland!« brüllten. Die Komintern, die Kommunistische Internationale in Moskau, beschloß, die Linke in Spanien
mit Waffen und immensen Geldbeträgen zu unterstützen. Strate-
gische und politische Berater wurden nach Madrid gesandt – die
spanische Revolution sollte nach dem Vorbild der Oktoberrevolution durchgeführt werden – blutig und effektiv. In den folgenden
Monaten sollten zehn spanische Bischöfe, 5000 Priester und
unzählige Ordensleute dahingemordet werden – doch wie durch
ein Wunder blieb Pontevedra, wo Lucia sich aufhielt, weitgehend
verschont. In ganz Spanien wurden in diesem Zeitraum über
300.000 Menschen aufgrund ihrer politischen oder religiösen
Überzeugung hingerichtet.

»*In meinem Innersten habe ich mit unserem Herrn darüber gesprochen, und noch vor kurzem habe ich ihn gefragt, warum Er Rußland nicht auch ohne die Durchführung der Weihe durch Seine Heiligkeit bekehre.* ›*Weil ich will, daß Meine ganze Kirche diese Weihe als einen Triumph des Unbefleckten Herzens Maria anerkenne, um dann seine Verehrung auszubreiten und neben die Andacht zu Meinem Göttlichen Herzen die Verehrung dieses Unbefleckten Herzens zu stellen‹. Aber, lieber Gott, der Heilige Vater wird mir nicht glauben, wenn Ihr selbst ihn nicht durch eine besondere Erleuchtung dazu bewegt.* ›*Der Heilige Vater! Bete viel für den Heiligen Vater. Später wird er die Weihe vornehmen. Das Unbefleckte Herz Maria wird Rußland dennoch retten. Es ist ihm anvertraut*«, schrieb Lucia am 18. Mai 1936 an Pater Goncalves.

Doch noch war die Zeit dafür nicht gekommen. Und immer wieder erinnerte sich Lucia an eine Prophezeihung, die ihr Jesus im August 1931 bei einer Erscheinung gemacht hatte: »*Sie wollen meine Bitte nicht erfüllen. Wie der König von Frankreich werden sie dies bereuen; sie werden es zwar tun, aber dann wird es zu spät sein. Rußland wird seine Irrtümer über die Welt verbreitet und Kriege sowie Kirchenverfolgungen hervorgerufen haben: Der Heilige Vater wird viel leiden müssen.*«

»Wie der König von Frankreich« war eine Anspielung auf Louis XIV., dem 1689 das (später heiliggesprochene) Sehermädchen Margarethe Marie Alacoque eine Botschaft des ihr erschienenen Christus übermittelte: »*Er werde Gnade und ewigen Ruhm erlangen durch die Weihe an mein verehrenswertes Herz, das über das Seinige zu triumphieren wünscht, und dadurch über die Großen der Erde triumphiert... und sein göttliches Herz wünscht, zum Beschützer und Verteidiger (des Königs) zu werden.*« Der König solle sich dem Heilige Herz Jesu weihen und Es auf sein Wappen und seine Standarten prägen lassen. Doch Louis XIV. kam der Bitte der Erscheinung nicht nach – und erlebte eine Reihe glückloser Jahre. Genau hundert Jahre später, 1789, tobte in Paris die Revolution, wurde sein Nachfolger Louis XVI. gefangengenommen. 1792, im Gefängnis, erinnert sich dieser an die Botschaft der Heiligen und weihte feierlich sich selbst, seine Familie, sein Reich, und, sollte er die Freiheit je wiedererlangen, die Krone Frankreichs dem Herzen Jesu. Doch es war schon zu spät – der König verließ das Gefängnis nur, um das Schafott zu besteigen.

Es ist müßig, zu spekulieren, ob das, was jetzt über Europa herein-
brach, hätte verhindert werden können. Aber die Tatsache bleibt,
daß das schreckliche Geschehen der Jahre 1938-1945 fast wortgetreu
das Zweite Geheimnis von Fatima erfüllte.

7.
Das große Strafgericht

Am Abend des 25. Januars 1938 färbte sich der Himmel über Europa blutrot. In den großen Metropolen des alten Kontinentes heulten die Sirenen, weil Bürger glaubten, ein Feuer sei ausgebrochen. In der gesamten Alpenregion schien es, als sei die Morgendämmerung vorverlegt worden, so tiefrot glühte der Horizont. Bis hinunter nach Italien, Spanien und Portugal, ja sogar in Gibraltar, auf Sizilien, und in Nordafrika wurde das Phänomen beobachtet, das später von der Wissenschaft als gigantische Aurora borealis erklärt wurde, als Nordlicht von historischer Dimension.

»Ein fahles, wunderschönes, grünlich-blaues Licht umhüllte den Himmel von Nordost nach Nordwest«, beschrieb das »Bulletin der Astronomischen Gesellschaft Frankreichs/Monatsrevue der Astronomie, Meteorologie und Atmosphärenphysik« das Phänomen, *»graduell, oben beginnend, färbte sich der Himmel in ein feuriges rot und ein unregelmäßiger roter Bogen erschien. Eine Art purpurrote Wolke kondensierte im Nordosten und bewegte sich dann in nordwestliche Richtung, wie von einem unsichtbaren Atem getrieben. Sie kehrte sich um, wurde verzerrt, verschwand und tauchte wieder auf, während immense Strahlen, deren Farbspektrum von blutrot bis orangerot und gelb reichte, am Zenit emporloderten, dem Himmel entgegen, die Sterne umhüllend. Das Spektakel war verzaubernd und variierte, animiert durch leuchtendes Pulsieren, verlosch und loderte erneut auf... in den Straßen verursachte es eine Panik. »Paris brennt!« In zahlreichen Dörfern in der Provinz wurde die Feuerwehr alarmiert... Ein immenses blutrotes Glühen breitete sich über den Himmel aus.«*

Zeitgenössische Berichte beschrieben das unheimliche, unheilverheißende Zeichen am Himmel mit nicht weniger drastischen Begriffen als »einem blutgetränkten Leichentuch ähnlich«, »Widerspiegelung eines gewaltigen Infernos«, »himmlisches Höllenfeuer«, »einem nahenden Großbrand gleichend«, »nahezu der ganze Himmel stand in Flammen«, »als würde der Himmel brennen, der mythischen Götterdämmerung gleich«, »es schien so, als sei das Ende der Welt gekommen.«

In dieser kalten Winternacht, in der der Himmel brannte, stand eine Gruppe von Ordensschwestern auf der Terrasse des Klosters von Tuy/Spanien und beobachtete voller Besorgnis das Phänomen. Eine von ihnen war Lucia, die Seherin von Fatima. Sie wußte, was dies zu bedeuten hatte. So frisch, als sei es gestern gewesen, klangen ihr die Worte der Gottesmutter in den Ohren: »*Wenn Ihr eine Nacht erhellt seht durch ein unbekanntes Licht, dann wisset, daß dies das große Zeichen ist, das Gott euch gibt, um das Strafgericht anzukündigen, das über die Welt kommen wird wegen ihrer Sünden: Krieg, Hungersnot, Verfolgungen der Kirche und des Heiligen Vaters.*« Ihr Herz wurde schwer, und als sie für einen Augenblick die Augen schloß, sah sie vor sich die schrecklichen Bilder der Hölle, die ihr die Erscheinung gezeigt hatte, bevor sie dieses, das zweite Geheimnis, offenbarte. Ihre Mission, so wurde ihr schlagartig klar, war fürs erste gescheitert, denn die Menschen haben nicht hören wollen auf die göttliche Warnung, haben es versäumt, Rußland und die Welt dem Unbefleckten Herzen der Gottesmutter zu weihen und abzulassen von ihrem gottlosen Tun. Jetzt war die Zeit der Sühne gekommen, war es selbst der Himmelskönigin nicht mehr möglich, den strafenden Arm ihres Sohnes zu halten, jetzt stand das große Strafgericht bevor. Gleich am nächsten Tag setzte sich Lucia hin und schrieb einen längeren Brief an ihren Bischof, den Canon Galamba, die Provinzoberin und ihren Beichtvater, in dem Sie erklärte, Gott habe dieses Zeichen benutzt, »*um der Menschheit anzukündigen, daß Seine Gerechtigkeit bald die schuldigen Nationen treffen sollte.*« Nur eines, so war sie sich sicher, konnte die bevorstehende Katastrophe noch aufhalten: »*die Sühnekommunion an den ersten Samstagen und die Weihe Rußlands*«. Damit ließen sich »*Gnade und Vergebung erlangen, nicht nur für die ganze Welt, sondern insbesondere auch für Europa*«.

Ihr Anliegen blieb unerhört. Noch im Juni 1938 entschlossen sich die portugiesischen Bischöfe bei ihrem Jahrestreffen in Fatima, in einer erneuten Petition an den Heiligen Vater die Weihe nicht nur Rußlands, sondern der Welt an das Unbefleckte Herz Mariens zu erbitten. Sie erhielten nie eine Antwort aus Rom. »*Der Krieg, den Unsere Liebe Frau vorausgesagt hat, steht unmittelbar bevor*«, schrieb Lucia am 6. Februar 1939, aber Portugal bliebe verschont, »*Dank der Weihe an Ihr Unbeflecktes Herz durch die portugiesischen*

Bischöfe«. Im März 1939 hatte sie eine erneute Christuserscheinung. *»Bitte wieder und wieder um die Durchführung der Sühnekommunion als Ehrung des Unbefleckten Herzens Mariens an den ersten Samstagen. Die Zeit kommt, wenn meine Gerechtigkeit die Verbrechen verschiedener Nationen bestrafen wird. Einige von ihnen werden ausgelöscht. Schließlich wird die ganze Schwere meiner Gerechtigkeit jene hart treffen, die meine Herrschaft der Seelen zerstören wollen.«* *»Davon hängt ab, ob es einen Weltfrieden oder einen Weltkrieg geben wird«,* schrieb sie am 19. März 1939 an Pater Aparicio, ihren alten Beichtvater. In einem erneuten Brief, am 20. Juni 1939, ergänzte sie: *» Unsere Liebe Frau versprach, die Geißel des Krieges aufzuhalten, wenn ihre Verehrung verbreitet und praktiziert wird. Aber ich fürchte, daß wir nichts mehr tun können und daß Gott in seinem Zorn den Arm seiner Gerechtigkeit erheben und die Welt durch seine Züchtigung heimsuchen würde. Es wird eine Züchtigung wie nie zuvor, schrecklich, schrecklich.«*

Tatsächlich hatte der Krieg, der mehr als 55 Millionen Todesopfer fordern sollte, zu diesem Zeitpunkt zumindest indirekt längst begonnen. Etwa zeitgleich mit dem Zeichen des blutigen Himmels über Europa, im Januar 1938, hatte Adolf Hitler in der Reichskanzlei in Berlin beschlossen, alles für den Einmarsch in Österreich vorzubereiten. Am 12. März 1938 überschritten deutsche Truppen erstmals seit Ende des 1. Weltkriegs wieder die Grenzen zu einem Nachbarland, um es »heim ins Reich« zu holen. Zwei Monate später, am 28. Mai 1938, marschierten Nazi-Truppen in Tschechien ein, besetzten Böhmen und Mähren. Damit, und nicht erst mit dem Angriff gegen Polen am 1. September 1939, begann der Zweite Weltkrieg – *»unter (dem Pontifikat von) Pius XI.«,* ganz wie es die Gottesmutter in Fatima angekündigt hatte. Am 10. Februar 1939 verstarb Papst Pius XI., der große Zauderer, der viel zu spät in seiner Enzyklika »In brennender Sorge« vor den Nazis warnte, dessen »Ostpolitik« eher noch zur Etablierung der Sowjetunion beitrug und der auf so bedauerliche Weise die Warnung aus Fatima ignoriert hatte.

Auf den Thron Petri folgte ihm ein Mann, der sich tief in seinem Herzen mit Fatima verbunden fühlte. Pius XII. nannte sich der Pacelli-Papst, der am 13. Mai 1917 *»zur selben Stunde, als auf dem Berg von Fatima die erste Erscheinung der weißgekleideten Königin des Allerheiligsten Rosenkranzes erschien«* (wie er es später formulierte), zum Bischof geweiht worden war. Er war als »Pastor Angelicus«, als »Engelgleicher Hirte« in der Päpsteweissagung des Malachias angekündigt worden, und tatsächlich war er ein Mann der Mystik und ein glühender Marienverehrer. Noch 1938 hatte er, damals als Vatikanischer Außenminister, in Rom ein Mosaik von der Krönung der Gottesmutter gesegnet, das für die Basilika von Fatima vorgesehen war. Die ersten Nachrichten und Eindrücke aus Rom, die Schwester Lucia erreichten, stimmten sie hoffnungsvoll, jetzt auf offenere Ohren zu stoßen.

Am 18. August 1940 schrieb sie ihrem Beichtvater Pater Goncalves, daß sie vorhabe, sich direkt an den Papst zu wenden. »*Jetzt ist die Stunde von Gottes Gerechtigkeit über der Welt, wir müssen weiterbeten*«, erklärte sie darin, »*er bevorzugt Opfer, und in dem Zustand, in dem die Welt heute ist, wünscht er Seelen, die, mit ihm vereint, beten und sich aufopfern.*« Von Vater Goncalves und Don Manuel Ferreira, dem Bischof von Gurza, ermutigt, schrieb Lucia am 24. Oktober 1940 an Pius XII., zwei Tage, nachdem ihr erneut Christus erschienen war: »*Bete für den Heiligen Vater, opfere Dich, so daß er nicht den Mut verliert unter der Bitterkeit, die ihn bedrückt. Die Heimsuchung wird andauern. Ich werde die Nationen mit Krieg, Dürre und Verfolgungen meiner Kirche für ihre Verbrechen bestrafen, und das lastet insbesondere auf meinem Stellvertreter auf Erden. Seine Heiligkeit wird eine Verkürzung dieser Tage der Heimsuchung erreichen, wenn er Meinem Wunsch nachkommt, und den Akt der Weihe der ganzen Welt an das Unbefleckte Herz Mariens vollzieht, mit besonderer Erwähnung Rußlands.*«
Nachdem der erste Brief Lucias an den Papst der Zensur des Bischofs von Leiria zum Opfer fiel, dem die wörtliche Wiedergabe des zweiten Geheimnisses von Fatima als zu umfangreich erschien, schickte Lucia schließlich, am 2. Dezember 1940, die endgültige Version ab. Es dauerte fast zwei Jahre, bis, pünktlich zum 25. Jahrestag der Erscheinungen, ihre Gebete erhört wurden.

Zwischenzeitlich tobte in ganz Europa der Krieg, und unaufhaltsam marschierten die Mächte der Finsternis in einem Land nach dem anderen ein. Am 23. August 1939 unterzeichneten die Außenminister des Deutschen Reiches und der Sowjetunion, von Ribbentrop und Molotow, in Moskau einen Nichtangriffsvertrag, den »Hitler-Stalin-Pakt«, der ihre Machtsphäre in Polen und Osteuropa aufteilte. Hitler »überließ« den Russen Finnland, das Baltikum und Bessarabien sowie den Osten Polens, behielt sich aber die Besitznahme des polnischen Westens vor. Damit war für Hitler der Weg frei. Für den 26. August erteilte er Befehl für den Einmarsch in Polen, ein Termin, der um sechs Tage verschoben werden mußte, als aus London die überraschende Nachricht von einem britisch-polnischen Beistandspakt kam. Am 28. August sperrte Frankreich, ein weiterer Verbündeter Polens, seine Westgrenze, Holland, Belgien und die Schweiz mobilisierten ihre Armeen, um ihre Neutralität zu schützen. Am 29. August wiederholte »der Führer« in ultimativer Form seine Forderung auf Rückgabe der deutschen Ostgebiete durch Polen, woraufhin die Regierung in Warschau die allgemeine Mobilmachung anordnete. Die Rote Armee der Sowjetunion ließ Truppen an der polnischen Ostgrenze aufziehen. Am 31. August 1939 erteilte Hitler der Wehrmacht für den nächsten Morgen den Befehl zum Einmarsch in Polen. Um den Angriff propagandistisch zu rechtfertigen, hatte er zuvor in polnische Uniformen gekleidete SS-Männer den deutschen Sender Gleiwitz in Oberschlesien überfallen lassen.

Am 2. September machten Großbritannien und Frankreich mobil, dann stellten sie Hitler ein Ultimatum: Einstellung der Kampfhandlungen bis zum 3. September, 11.00 Uhr. Als die Forderung unerfüllt blieb, erklärten beide Großmächte Deutschland den Krieg. Damit hatte der Zweite Weltkrieg offiziell begonnen.

Vier Wochen später war Polen überrollt, britische Bomber griffen die ersten deutschen Städte an. In den folgenden Monaten eroberte die Sowjetunion Finnland, marschierten die Deutschen erst in Dänemark und Norwegen, dann in den Beneluxstaaten und schließlich in Frankreich, später in Jugoslawien und Griechenland ein. Selbst auf den Norden Afrikas wurden die Kämpfe ausgeweitet. Im Juni 1941 trat der Krieg in seine entscheidende Phase ein. Ohne Kriegserklärung griff Hitler seinen einstigen Verbündeten, die Sowjetunion, an, deutsche Truppen des »Unternehmens Barbarossa«, des »Kreuzzuges gegen den Kommunismus«, marschierten in breiter Front in der Sowjetnion ein – »bis nach Indien« sollte das »Großdeutsche Reich« reichen. Ein Jahr später verlief die Frontlinie von Leningrad bis Stalingrad am Don, standen deutsche Truppen nur wenige Kilometer vor Moskau...

Die 25-Jahr-Feier der Ereignisse von Fatima sollte zu einem Triumph für die »Königin des Rosenkranzes« werden. Im Februar wurde das Jubeljahr eröffnet, im April fand ein großer Marianischer Kongreß in Lissabon statt, zu dem das Gnadenbild von Fatima in einer feierlichen Prozession in die Hauptstadt gebracht wurde, gefolgt von 500.000 Menschen. Ebensoviele Pilger versammelten sich am 13. Mai zu den Feierlichkeiten in der Cova da Iria, zu der Tausende von Priestern und sämtliche portugiesischen Bischöfe gekommen waren. Dort erklärte der Patriarch von Lissabon, Kardinal Cerejeira: »(Fatima) *eröffnet leuchtende Horizonte der Hoffnung in dem blutgetränkten Nebel der Gegenwart, und wir können darauf vertrauen, daß Gott, durch den Eingriff des Unbefleckten Herzens jener, die wir Mutter der Gnade nennen, große Dinge für die Welt vorbereitet...*

Fatima hat noch nicht sein ganzes Geheimnis enthüllt, doch es scheint uns angemessen zu sagen, daß das, was sie bereits an Portugal vollbracht hat, ein Zeichen und Versprechen für das ist, was sie für die Welt bereithält...

Für das, was hier in den letzten 25 Jahren geschah, gibt es im Portugiesischen nur ein Wort: Wunder. Ja, wir sind fest davon überzeugt, daß wir Portugals wunderbare Transformation der Allerheiligsten Jungfrau verdanken.«

Zum Abschluß der Gedenkfeiern fand am 13. Oktober 1942 in einer feierlichen Messe eine Erneuerung der Weihe Portugals an das Unbefleckte Herz Mariens durch den Kardinal von Lissabon und die portugiesischen Bischöfe statt. Zudem wurde erstmals der vollständige Text des Ersten und Zweiten Geheimnisses von Fatima veröffentlicht, den Lucia in ihren Memoiren niedergeschrieben hatte. »*Wir glauben, daß die Erscheinungen von Fatima der Anfang eines neuen Zeitalters, jenes des Unbefleckten Herzens Mariens, waren«*, schloß Kardinal Cerejeira seine Rede. Sah man das in Rom ähnlich?

Zum Jubiläumsjahr hatten die portugiesischen Bischöfe erneut eine Petition nach Rom geschickt, um abermals vom Heiligen Vater die Weihe der Welt an das Unbefleckte Herz Mariens zu erbitten. Mit Enttäuschung nahmen sie zur Kenntnis, daß der Heilige Stuhl bis zum 13. Oktober schwieg, als, plötzlich und unerwartet, für den 31. Oktober, das offizielle Ende der Jubiläumsfeiern, eine Botschaft des Papstes angekündigt wurde.

Um 17.00 Uhr übertrug das portugiesische Radio die Glocken von St. Peter und die Rede Pius XII.. Die ganze Nation lauschte, und für jene, die kein Radio besaßen, hatte die Kirche auf öffentlichen Plätzen Lautsprecher angebracht, vor denen sich die Massen versammelten. In klarstem Portugiesisch erklärte der Heilige Vater, der zu diesem Anlaß sechshundert in Rom lebende Portugiesen eingeladen hatte, der Nation:

»In jener tragischen Stunde der Finsternis und Verwirrung, als das Schiff des Staates Portugal die Führung seiner glorreichsten Traditionen verloren hatte und durch anti-christliche und anti-nationale Kräfte vom Kurs abgekommen war und zu havarieren drohte, sich der gegenwärtigen und zukünftigen Gefahren, deren Schwere sich kein Mensch vorstellen konnte, nicht bewußt; in dieser Stunde griff der Himmel, der diese Gefahren vorhersah, ein und in der Finsternis erstrahlte ein Licht; aus dem Chaos erstand die Ordnung; der Sturm legte sich und Portugal, das Gläubige, knüpfte an seinen Ruhm als kreuzfahrende und missionierende Nation an... dank der Heiligen Jungfrau, der Königin und Mutter dieses Landes (...) deren Schutz sich so deutlich manifestierte, daß 1933 unser Vorgänger, Pius XI. (in ewigem Andenken) in einem apostolischen Schreiben Ex officiosis Litteris auf die außerordentlichen Segnungen verwies, die die Gottesmutter Portugal erwies (...)

Zu diesem Zeitpunkt konnte noch niemand die Schrecken von 1936 erahnen, als die kommunistische Bedrohung so nahe war und auf so unerwartete Weise das Land heimzusuchen drohte. Und zu dieser Zeit konnte noch niemand die Tatsache des wunderbaren Friedens von Portugal erahnen, dessen es sich, trotz allem und jedem, nach wie vor erfreut und der, trotz der dafür notwendigen Opfer, gewiß unendlich weniger ruinös ist als der Vernichtungskrieg, der jetzt die Welt zerstört. (...)

Heute befinden wir uns bereits im vierten Jahr des Krieges. Je mehr sich der Konflikt ausbreitet, umso bedrohlicher wird er – heute mehr denn je. Mehr als je zuvor liegt unser Vertrauen in Gott allein und, als Vermittlerin am Throne Gottes, bei Ihr, Jener, die einer unserer Vorgänger im Ersten Weltkrieg als Königin des Friedens anrief.

Laßt uns sie erneut anrufen, denn nur sie kann uns helfen. Sie, deren mütterliches Herz bewegt war durch die Ruine, die euer Land war, und die ihm so wunderbar zur Hilfe kam. Sie, die, betrübt von ihrem Vorwissen von dieser schrecklichen Tragödie, mit der Gottes Gerechtigkeit die Welt straft, bereits Gebet und Buße als Weg zur Erlösung nannte. Sie wird uns auch heute nicht ihre mütterliche Zärtlichkeit und ihren Schutz verwehren. (...)

Dir, Deinem Unbefleckten Herzen, weihen wir, als Vater der großen christlichen Familie, als Stellvertreter dessen, dem alle Macht im Himmel und auf Erden gegeben wurde, und der uns so viele Seelen anvertraute, die Er durch sein kostbarstes Blut erlöst hat und die die ganze Erde bevölkern; Dir, Deinem Unbefleckten Herzen weihen wir in dieser tragischen Stunde der Geschichte, Dir übergeben wir, Dir vertrauen wir an, nicht nur die Heilige Kirche, den mystischen Leib Deines Sohnes Jesus, der aus vielen Wunden blutet und so tief leidet, sondern auch die ganze Welt, durch tödlichen Zwietracht zerrissen, im Feuer des Hasses brennend, Opfer ihrer eigenen Uneinigkeit ...

Weite Deinen Schutz aus auf die Ungläubigen und jene, die noch immer im Schatten des Todes leben. Schenke ihnen Frieden und lasse das Licht über ihnen leuchten, so daß sie vor dem Retter der Welt ausrufen: Ehre sei Gott in der Höhe und Frieden den Menschen auf Erden, die guten Willens sind.

Und jenen, die durch Irrtum und Zwietracht getrennt sind, insbesondere jenen, die Dir so einzigartige Verehrung entgegenbrachten und unter denen keiner war, der nicht in seinem Haus Deine heilige Ikone bewahrte, heute vielleicht verborgen und auf bessere Tage wartend, schenke ihnen Frieden und führe sie wieder zu der einzigen Herde Christi unter dem wahren und einzigen Hirten.«

Die Weihe wurde am 8. Dezember, dem »Fest der Unbefleckten Empfängnis«, im Beisein von 40 Kardinälen, zahlreichen Bischöfen, dem diplomatischen Corps, den römischen Priestern und tausenden Gläubigen feierlich wiederholt und den Bischöfen und Gläubigen in aller Welt anempfohlen.

Damit kam Papst Pius XII. dem Wunsch Mariens zumindest im Ansatz nach, einschließlich einer diskreten Erwähnung Rußlands (*»jene, die durch Irrtum und Zwietracht getrennt sind... und unter denen keiner war, der nicht in seinem Haus Deine heilige Ikone bewahrte, heute vielleicht verborgen und auf bessere Tage wartend«*) im letzten Absatz der Weiheformel. Doch trotz der anwesenden Bischöpfe war es keinesfalls die in Tuy geforderte Weihe *»in einem feierlichen Akt, gemeinsam mit den Bischöfen der gesamten Christenheit«*, ein Detail, auf das Lucia kurz darauf ihre Vertrauten hinwies. Während das versprochene Endergebnis – die Bekehrung Rußlands – vorerst ausblieb, zeigte das päpstliche Ritual trotzdem eine Wirkung. Ende 1942 nahm der Zweite Weltkrieg eine plötzliche, unerwartete Wende. Der Vormarsch der Mächte des Bösen konnte gestoppt werden.

Am 3. November 1942, nach zehntägigen, blutigen Kämpfen in Ägypten, wurden die Deutschen bei El Alamein vernichtend geschlagen. Am 8. November landeten britische und amerikanische Truppen in Nordafrika. Am 31. Januar bzw. 2. Februar 1943, nach monatelanger Belagerung und zehntausenden Todesopfern, kapitulierte die Sechste Armee unter General Paulus bei Stalingrad. Diese Niederlage, mehr als jede andere, signalisierte das Ende des deutschen Vorstoßes und den Anfang vom Ende des Zweiten Weltkrieges. Mehr noch, der Tunesienfeldzug endete am 13. Mai 1943 gegen Mittag, am 26. Jahrestag der Erscheinung. Ein Jahr später, am 13. Mai 1944, besiegelte der Sieg von Garigliano über die 14. Armee unter General von Mackensen die Befreiung Roms vom Faschismus drei Wochen später. Der Akt der Weihe der Welt hatte zwar nicht zur Bekehrung Rußlands geführt – dazu war er zu halbherzig durchgeführt worden – aber er »*hat die Tage des Strafgerichtes verkürzt*«, war Lucia überzeugt, ganz wie es Jesus bereits zu Lebzeiten angekündigt hatte: »*Und würden jene Tage nicht abgekürzt, würde kein Mensch gerettet werden; doch um der Auserwählten willen werden jene Tage abgekürzt werden.*« (Mt. 24, 22; Mk. 13.20) Interessanterweise fallen einige wichtige Daten des zweiten Weltkrieges, die allesamt für die Wende im Kriegsgeschehen stehen, mit marianischen Feiertagen zusammen:

8. Dezember 1941, Kriegseintritt der USA nach der Bombardierung von Pearl Harbour durch die Japaner: Fest Maria Unbefleckte Empfängnis

31. Oktober 1942, Beginn der Entscheidungsschlacht bei El Alamein: Weltweihe an das Unbefleckte Herz Mariens durch Papst Pius XII.

8. November 1942, Landung der Amerikaner in Nordafrika: Fest Maria Schutz

8. Dezember 1942, Beginn der Tragödie von Stalingrad, Fest Maria, Unbefleckte Empfängnis

2. Februar 1942, Kapitulation von General Paulus bei Stalingrad: Fest Maria Lichtmeß

13. Mai 1943, der deutsche Heeresbericht meldet, daß der Krieg in Afrika zuende sei: Fatimatag

15. August 1943, Fall von Sizilien: Fest Maria Himmelfahrt

8. September 1943, Kapitulation Italiens: Fest Mariä Geburt

13. Mai 1944, Ende des Krieges um die Krim-Halbinsel: Fatima-Tag

15. August 1944, Invasion der Amerikaner bei Toulon: Fest Maria Himmelfahrt

12. September 1944, die Amerikaner überschreiten die Grenze des Deutschen Reiches: Fest Mariä Namen

8. Mai 1945: Kapitulation Deutschlands: Fest der Erscheinung des Erzengels Michael, des Schutzpatrons Deutschlands

15. August 1945, Kapitulation Japans, Kriegsende: Fest Maria Himmelfahrt.

Zweimal am 13. Mai, dem Fatima-Tag, meldete der deutsche Heeresbericht, daß der Krieg an einem entscheidenden Schauplatz zuende sei. Dreimal kam es an Maria Himmelfahrt zu entscheidenden Rückschlägen für die »Achse Berlin-Rom-Tokio«.

Und die beiden wichtigsten Ereignisse, die die Wende im Zweiten Weltkrieg kennzeichneten, der Kriegseintritt der Amerikaner und der Beginn der Schlacht um Stalingrad, fielen auf den 8. Dezember, das Fest der Unbefleckten Empfängnis Mariens. Zufall?

Obwohl zumindest zeitlich tatsächlich die Weltweihe durch Pius XII. mit der Wende im 2. Weltkrieg zusammenfällt, ist es natürlich für den Nicht-Gläubigen schwer, eine Kausalität einzugestehen. Ist Gott wirklich in seinem Handeln darauf angewiesen, daß Menschen ein bestimmtes Ritual formgetreu durchführen? Auf den ersten Blick erscheint ein solcher »himmlischer Formalismus« als absurd. Auf der anderen Seite wissen wir durch die Parapsychologie, daß tatsächlich, im Gegensatz zur Marx'schen Doktrin, Bewußtsein das Sein bestimmt. Ein magischer Akt, der mit der ausreichenden »Gedankenenergie« durchgeführt wird, kann selbst Naturgesetze außer Kraft treten lassen. Liegt vielleicht darin das Geheimnis, weshalb die Weltweihe »zusammen mit den Bischöfen« durchgeführt werden sollte, und, von diesen eingeladen oder zumindest repräsentiert, von allen über 800 Millionen Katholiken? Blieb die erwartete »große Wirkung« 1942 einfach aus, weil zuwenig Menschen an dem Akt beteiligt waren, nämlich bloß der Heilige Vater und die portugiesischen Gläubigen? Bestand die Rolle des Papstes in diesem Akt weniger in der ihm durch sein Amt verliehenen geistlichen Kraft, sondern darin, daß er der einzige ist, der alle (katholischen) Christen mobilisieren kann? Vielleicht sollten wir das ganze Konzept der Weltweihe eher als Experiment kanalisierter Gedankenenergie, als kollektiver Aufbau eines Bewußtseinsfeldes, verstehen, statt uns zu fragen, ob Gott tatsächlich protokollarischer Zeremonien bedarf, um in das Schicksal seiner Schöpfung einzugreifen. Mußte nicht die Heilung der Welt von den Menschen ausgehen, die auch ihr Unheil verursacht hatten? Erwiderte nicht Jesus selbst einer Geheilten, die ihm für das Wunder dankte: »*Sei getrost, Tochter! Dein Glaube hat Dir geholfen!*« (Mt. 9, 22)

»*Der Gute Herr zeigte mir bereits seine Genugtuung über die durch den Heiligen Vater und einige Bischöfe vollzogene Handlung, obwohl sie unvollständig war nach seinem Verlangen*«, schrieb Lucia am 28. Februar 1943 an den Bischof von Gurza, »*im Gegenzug verspricht er, den Krieg bald zu beenden. Die Bekehrung Rußlands aber ist nicht für jetzt bestimmt.*« Ganz so geschah es, und man ist schon erstaunt über die prophetische Gabe der Seherin, die jetzt offenbar ihr offenes Ohr im Vatikan gefunden hat. Als sie den Papst um »*einen Festtag zu Ehren des Unbefleckten Herzens Mariens*« bat, der »*in der ganzen Welt als eines der Hauptfeste der Heiligen Kirche*« gefeiert werden sollte, gewährte Pius XII. auch diesen. Am 4. Mai 1944 rief der Heilige Vater das »Fest des Unbefleckten Herzens Mariens« ins Leben, »*um das Angedenken an die Weihe der menschlichen Rasse*« an dieses am 8. Dezember 1942 lebendig zu halten, und das fortan an jedem 22. August gefeiert werden sollte. Ein Jahr später war der Zweite Weltkrieg beendet, doch der Welt noch lange kein Frieden geschenkt. Auf der Konferenz von Jalta vom 4.-11. Februar 1945 wurde die Teilung Europas beschlossen, der gesamte Osten des Kontinentes wurde zum Machtbereich der Sowjetunion, einstmals freie »Nationen wurden ausgelöscht« oder zu ihren Vasallenstaaten gemacht, mit moskautreuen Marionettenregierungen. Stalin ging als eigentlicher Sieger aus dem Zweiten Weltkrieg hervor, und es sollte noch ein halbes Jahrhundert dauern, bis die Mauern, die fortan die alte Welt teilten und die Völker so vieler Staaten zu Gefangenen eines menschenverachtenden und gottlosen Regimes machten, endlich fielen.

Aber auch damit hatte sich die Prophezeihung von Fatima erfüllt. Es wurde oft gefragt, weshalb das Zweite Geheimnis ausdrücklich Rußland als die von Gott bestimmte »Geißel der Völker« nennt, und Nazideutschland, die unbeschreiblichen Greuel des Hitlerfaschismus, unerwähnt blieben. Der Grund mag vielleicht darin liegen, daß die zwölf Jahre des »Tausendjährigen Reiches«, historisch gesehen, nur ein schreckliches Intermezzo waren. Hitler war, so gesehen, nur ein Erfüllungsgehilfe Stalins. Der Hitler-Stalin-Pakt machte den Zweiten Weltkrieg und den Einmarsch in Polen erst möglich, Hitlers Angriff gegen Rußland machte aus dem roten Diktator einen ehrbaren Alliierten des Westens und schließlich, nach den unendlichen Leiden des russischen Volkes, war die Sowjetunion zur Weltmacht geworden, deren Herrschaftsbereich sich bis nach Mitteleuropa, bis an die deutsch-deutsche Grenze ersteckte, und das ein halbes Jahrhundert lang. Der Zweite Weltkrieg, obgleich von Hitler begonnen, war Stalins Krieg. Er war es, der als Sieger aus ihm hervortrat, zum gleichwertigen Gegenpol des Westens aufgestiegen, in der Lage, die halbe Welt unter das Joch des Kommunismus zu zwingen.

»Rußland... wird seine Irrlehren über die ganze Welt verbreiten, wird Kriege und Verfolgungen der Kirche heraufbeschwören. Die Guten werden gemartert werden und der Heilige Vater wird viel zu leiden haben, verschiedene Nationen werden ausgelöscht«: In Polen töteten die Nazis vier Bischöfe, 2700 Priester und 200 Ordensleute. Als die Rote Armee am 17. September 1939 den Osten des Landes besetzte, begann dort eine vergleichbare Christenverfolgung. Am 1. und 2. November wurden die Ukraine und Weißrußland annektiert, woraufhin Klöster besetzt, religiöse Gemeinschaften aufgelöst, Priesterseminare unterdrückt wurden. Über 500.000 Ukrainer, darunter zahlreiche Priester, wurden nach Sibirien verbannt. Ähnliches wiederholte sich in Bessarabien und Nord-Bukovnien im Juni 1940, und schließlich, einen Monat später, im Baltikum, in Lettland, Estland und Litauen. Die Juden mußten am meisten leiden. Zu hunderttausenden wurden sie aus ihren Wohnungen vertrieben, in überfüllte Ghettos gepfercht, um schließlich in Viehwaggons in die Vernichtungslager gebracht zu werden. Sechs Millionen Menschen starben in den Tötungsfabriken des Unmenschenregimes. Auch als die Deutschen in Rußland einmarschierten, traten sie keineswegs als Befreier auf, sondern als gnadenlose Unterdrücker. So schrieb der Bischof der Ukrainischen Katholiken, der Metropolit Sheptytski, an Papst Pius XII.: *»Nachdem wir von der deutschen Armee vom bolschewistischen Joch befreit wurden, verspürten wir eine gewisse Erleichterung, die allerdings nicht mehr als ein oder zwei Monate lang anhielt. Schritt für Schritt errichtete die Regierung ein wirklich unglaubliches Regime des Terrors und der Korruption, das mit jedem Tag härter und untragbarer wurde. Heute ist sich das ganze Land einig, daß das deutsche Regime, vielleicht noch mehr*

als das bolschewistische Regime, böse ist, ja geradezu diabolisch. Zumindest seit dem letzten Jahr gab es nicht einen Tag, an dem nicht die schrecklichsten Verbrechen begangen wurden, Hinrichtungen, Raub, Vergewaltigungen... die Juden waren die ersten Opfer«, aber nicht die einzigen: *»Gruppen junger Menschen werden ohne einen plausiblen Grund erschossen, die Landbevölkerung versklavt... es ist, als sei eine Horde von Wahnsinnigen oder blutrünstiger Wölfe über die armen Menschen hergefallen.«*

Doch den Deutschen wurde der Terror mit gleicher Münze heimgezahlt. Nur drei Tage nach der Konferenz von Jalta, in der Stalin sich als gleichberechtigter Partner und »Freund« der westlichen Demokratien etablierte, erfüllten die Alliierten seinen Wunsch nach einem neuen Blutbad. In der Nacht vom 13. auf den 14. Februar 1945 wurden über 500.000 Flüchtlinge, die in und um Dresden kampierten, durch das schrille Heulen der Sirenen aus dem Schlag gerissen, bevor der Himmel erbrummte, als würde ein Hornissenschwarm über die Stadt herfallen. Sekunden später öffneten sich die mächtigen Bäuche der stählernen Hornissen, und hunderte Bomben regneten hernieder über der Stadt, die als »Elbflorenz« und Perle des Rokoko gefeiert worden war. Keine hier beheimatete Industrie, keine Stationierung deutscher Truppen rechtfertigte das Massaker an den Unschuldigen, die an die Elbe gekommen waren, weil sie glaubten (oder gehört hatten), daß die Stadt aufgrund ihrer kulturhistorischen Bedeutung von einer Bombardierung verschont bleiben würde. Doch jetzt tobte ein Inferno, ein Feuersturm, in dem 135.000 Menschen ums Leben kamen, der die Stadt in ein Trümmerfeld verwandelte und ihre prachtvollen Kirchen ausbrannte. Stalin feierte die Zerstörung Dresdens im Kreml mit Sekt von der Krim. Für ihn symbolisierte die zerstörte Stadt das gesamte Deutsche Reich, das jetzt geschlagen ihm zu Füßen lag. Er war, trotz immenser Verluste, aus dem grausamsten Krieg der Geschichte als Sieger hervorgegangen. Fortan, so war er überzeugt, konnte der Vormarsch des Kommunismus, konnte die Weltrevolution des Proletariats, nicht mehr aufgehalten werden. Doch er hatte die Rechnung ohne seine himmlische Widersacherin gemacht.

1946 wurde das »befreite« Polen von seinen Bischöfen dem Unbefleckten Herzen Mariens geweiht und in dieser bedrängten Zeit unter ihren besonderen Schutz gestellt. Die Portugiesen, deren

Land so unbeschadet die Greuel des Zweiten Weltkriegs überstanden hatte, dankten ihrer Beschützerin auf ganz besondere Weise. Am 13. Mai 1946 fand in Fatima die feierliche Krönung des Gnadenbildes der Madonna statt. Die Krone bestand aus dem Gold geopferten und zusammenschmolzenen Schmuckes portugiesischer Frauen und war mit Perlen und Edelsteinen geschmückt. Als die Sonne an diesem Frühlingstag am höchsten stand, wurde die Statue der Fatimamadonna in einer feierlichen Prozession von der Capelinha auf den Vorplatz der Basilika gebracht, wo ihr vom päpstlichen Legaten, Benedetto Kardinal Aloisi Masella, im Beisein des Innenministers von Portugal, die Krone aufgesetzt wurde. Kurz darauf verkündete Papst Pius XII. in einer erneuten Radiobotschaft an das portugiesische Volk: »*Als wir uns, inmitten des verheerendsten Krieges der Geschichte, vor vier Jahren in Eurer Mitte fanden, um im Geiste selbst auf diesen heiligen Berg zu steigen, dankten wir, mit Euch zusammen, Unserer Lieben Frau von Fatima für ihre Segnungen, die sie Euch kürzlich erwiesen hat, als sich alle Herzen zum Magnificat vereinten. Zu dieser Zeit fügten wir dem einen Aufruf in dem Vertrauen eines Sohnes hinzu, daß die Unbefleckte Königin und Patronin von Portugal ihr Werk vollende, das sie so wunderbar begonnen hatte. (...)*
Maria ist Königin durch Gnade, durch göttliche Verbindung, durch Erringung, durch einzigartige Erwählung. Und ihr Königreich ist so groß wie das ihres Sohnes, welcher Gott ist, da es nichts außerhalb seines Reiches gibt.
Daher grüßt die Kirche sie als Herrscherin und Königin der Engel und Heiligen, der Patriarchen und Propheten, der Apostel und Martyrer, der Bekennenden und der Jungfrauen. Daher verehrt sie sie als ›Königin des Himmels und der Erde‹, als ›glorreiche und verehrenswerte Königin des Universums‹, Regina coelorum, gloriosa Regina mundi, Regina mundi dignissima . (...)
Ja, wir krönen sie zur Königin des Friedens und Königin der Welt, auf daß sie der Welt helfe, wieder Frieden zu finden und aus den Ruinen aufzuerstehen...«

Am 22. November verließ die neugekrönte Königin, die Statue Unserer Lieben Frau von Fatima, ihre Capelinha und machte sich auf zu einer Pilgerreise durch Portugal. Ihre erste Station war Lissabon, wohin sie in feierlicher Prozession, gefolgt von zehntausenden Pilgern, getragen wurde, um zum 300. Jahrestag der Weihe des

Landes an die Gottesmutter durch König Johannes IV. Zeugin ihrer Erneuerung zu werden. Auf diesem Weg ereignete sich erstmals, was später als »Taubenwunder« in die Annalen der Erscheinung eingehen sollte. Als junge Frauen als Zeichen des Friedens sechs weiße Tauben freiließen, flogen fünf von ihnen zum Gnadenbild, um sich zu Füßen der Statue niederzulassen, wo sie, selbst bei schlechtem Wetter, fast die ganze Prozession über blieben. Wann immer sie aufgescheucht wurden, kehrten sie zurück. Erst nach der Weihezeremonie, am 9. Dezember 1946, flogen sie davon und wurden nie mehr wieder gesehen. Als die Statue danach ihren Zug durch Portugal fortsetzte, wurden wieder Tauben freigelassen – und diesmal war es ein Vogel, der zum Gnadenbild zurückkehrte und eine ganze Woche lang bei ihm blieb. Das »Taubenwunder« wiederholte sich, als ein Bauernjunge am 21. Dezember vier Tauben fliegen ließ – drei von ihnen ließen sich zu Füßen des Gnadenbildes nieder. Es sollte sich mehrfach wiederholen, als im darauffolgenden Jahr, 1947, eine Fatima-»Pilgermadonna« ihre Reise durch andere europäische Staaten fortsetzte, darunter durch Spanien, Frankreich, die Beneluxstaaten und Italien, eine »Pilgerreise der Wunder«, wie Papst Pius XII. sie später beschrieb, um danach ein Flugzeug in die Vereinigten Staaten und nach Kanada zu besteigen. Ein Ereignis von dieser Pilgerreise sei hervorzuheben. Als in Frankreich die Freimaurer und Republikaner unter dem Motto »mit Marianne in den Kampf gegen die Jungfrau Maria« gegen die von dem Gnadenbild angeführten Prozession protestierten und sie als »Vorbotin des Faschismus« bezeichneten, griff der Himmel selber ein. In l'Ile-Boucharf, einem Vorort von Touraine, erschien die Gottesmutter vom 8.-14. Dezember täglich vier Mädchen in ihrer Pfarrkirche. »*Sagt den kleinen Kindern, daß sie für Frankreich beten, denn es bedarf ihrer*«, erklärte die Erscheinung, »*betet für Frankreich, denn es ist in diesen Tagen in großer Gefahr. Ich bin nicht hierhergekommen, um Wunder zu wirken, sondern um Euch zu sagen, daß Ihr für Frankreich beten sollt.*« Trotzdem verweigerten sogar einige französische Bischöfe der Madonna die »Einreise« in ihre Diözese, während die Presse die Pilgerreise totschwieg. Die deutschen Bischöfe schlossen sich den Fatima-Skeptikern an, so daß Deutschland garnicht erst auf ihrer Reiseroute erschien.

Die Weltreise der Gottesmutter wurde 1948 in Angola, Mosambique und anderen afrikanischen Staaten fortgesetzt, um 1949 auf Indien, Pakistan, Ceylon und Vietnam ausgedehnt zu werden.

Australien, Indonesien und Ozeanien folgten 1951. Im Januar 1950 gelang es sogar dem Kaplan des Amerikanischen Diplomatischen Corps in Moskau, eine eingeführte Fatima-Madonna in unmittelbarer Nähe des Kremls aufzustellen.

Nur eine Woche nach der feierlichen Krönung der Gottesmutter von Fatima kehrte Lucia, zum ersten Mal seit 25 Jahren, in die Cova da Iria zurück. Als sie das neuerrichtete Karmeliterinnenkloster unweit der Erscheinungsstätte sah, wurde ihr alter Wunsch wiedererweckt, erfaßte sie ein unstillbares Verlangen: Sie wollte selbst in den Karmel eintreten. Immer wieder mußte sie in den folgenden Wochen und Monaten daran denken, während sie einer Reihe von Personen die Notwendigkeit einer Weihe »*nicht der Welt! Rußlands, Rußlands!*« erklärte, dann faßte sie den Mut, erneut an den Heiligen Vater zu schreiben und um seine Genehmigung für den Eintritt in den Karmel zu bitten. Die Bitte wurde ihr gewährt. Am 13. Mai 1948 trat Lucia als »Schwester Maria Lucia vom Unbefleckten Herzen« in den Karmeliterinnenorden ein. Der Karmel (das Kloster) von Coimbra im Norden Portugals wurde zu ihrer neuen Heimat. Für die Welt war sie damit gestorben.

Lucias Eintritt in den strengen und von der Welt zurückgezogenen Karmel nutzten die Gegner von Fatima, um zum Schlag gegen die Botschaft der Erscheinungen auszuholen. Jenen Kreisen im Vatikan, die eine Aufnahme diplomatischer Beziehungen mit Moskau befürworteten, war Lucias Begehren suspekt. Eine ausdrückliche Weihe Rußlands könnte als Provokation, als Einmischung in die inneren Angelegenheiten des Sowjetreiches gegen den Willen seiner Bevölkerung, verstanden werden. Soll sich der Heilige Vater auf ein solches diplomatisches Abenteuer einlassen, auf eine Privatoffenbarung hin, die, nach theologischer Definition, ganz gewiß nicht glaubensrelevant ist? Wäre nicht den Christen jenseits des Eisernen Vorhangs durch eine Entspannung viel mehr gedient? Waren nicht Verhandlungen mit Moskau der einzige Weg, um die Lage der Christen zu verbessern, die Religionsfreiheit in Rußland wiederherzustellen? Sollte die Möglichkeit dazu durch eine naive und sentimentale »Weihe Rußlands an das Unbefleckte Herz Mariens« zerstört werden? Einer der Haupt-Wortführer gegen die Rußlandweihe war Pater Dhanis, ein Jesuit, der die Vorfälle von Fatima gründlich und kritisch untersucht hatte. Er erklärte: »*Man braucht nicht lange darüber zu reflektieren, um einzusehen, daß es praktisch unmöglich für den Papst ist, eine solche Weihe vorzunehmen. Als Oberhaupt der Kirche kann der Papst sie dem Unbefleckten Herzen Mariens weihen; als Stellvertreter unseres Herrn Jesus Christus, der die Verantwortung hat, die gesamte Menschheit zur Erlösung zu führen, kann er die Welt ihrem Unbefleckten Herzen weihen; absolut gesagt, er kann Ihr sogar ein Land wie Rußland weihen, das Teil der Welt ist. Doch im Konkreten erscheinen die Dinge sehr viel schwieriger. Schismatisch als religiöse Einheit, marxistisch als politische Einheit, kann Rußland vom Papst nicht geweiht werden, ohne daß diese Handlung als eine Provokation verstanden werden muß, ob nun von der getrennten Hierarchie (der Orthodoxen Kirche, die das Primat Roms nicht anerkennt, MH) oder von der Union der Sozialistischen Sowjetrepubliken. Das würde eine solche Weihe praktisch unrealisierbar machen. Es ist klar, daß wir hier nur über die moralische Unmöglichkeit der Weihe sprechen, aufgrund der Reaktionen, die sie provozieren würde... aber kann die Allerheiligste Jungfrau tatsächlich eine solche Weihe verlangt haben, die, aufgrund ihrer rigorosen Bedingungen, praktisch unrealisierbar ist?... Diese Frage verlangt geradezu nach einer negativen Antwort.«*

Auch der italienische Pater Joao de Marchi stimmte dem zu und führte zur Verdeutlichung ein Beispiel an: »*Wir können und sollten Unsere Liebe Frau um die Konversion der Protestanten bitten, aber wir können sie nicht ihrem Unbefleckten Herzen weihen, denn ihre Grundeinstellung würde eine solche Weihe null und nichtig machen. Das Gleiche gilt für Nicht-Christen. Kein Papst hat jemals eine Nation geweiht, in welcher Nicht-Christen oder Protestanten dominieren. Das Gleiche kann für Rußland gesagt werden, eine schismatische und von der Kirche getrennten Nation, in der selbst vor der bolschewistischen Revolution die Katholiken eine unbedeutende Minderheit darstellten.*« Wir können davon ausgehen, daß diese Standpunkte auch von Mitgliedern der Kurie vertreten wurden. Aber es blieb nicht nur bei Diskussionen, es wurde auch offen gegen Fatima intrigiert.

»*Roms Einstellung zu Fatima, heißt es, hat sich grundlegend geändert*«, lautete eine Pressemeldung, die in Deutschland und Belgien kursierte, »*eine kurze Periode der Beachtung und Begeisterung war gefolgt von Kühle, Desinteresse, Desillusion. Jemand bestätigte sogar, daß Seine Heiligkeit einem hochrangigen Mitglied der Hierarchie gegenüber Fatima als ›die größte Enttäuschung seines Pontifikats‹ bezeichnete, und daß er deshalb nichts mehr darüber hören wollte.‹*«

Die Meldung zeigte ihre Wirkung. Als es von 1949 bis 1952 zu einer Reihe von Marienerscheinungen in Heroldsbach/Unterfranken in Deutschland kam, stießen sie auf den erbitterten Widerstand des zuständigen Bischofs. Noch ein Fatima, das mußte um jeden Preis vermieden werden.

»Das sind Dinge, die sich die Leute ausgedacht haben«, erklärte Papst Pius XII. entrüstet, als ihm die Meldung im Vatikan vorgelesen wurde, und er ordnete ein kategorisches Dementi an. Kurz darauf erklärte er dem Ordensgeneral der Dominikaner, Pater Suarez: »*Sagen Sie ihnen, daß sich das Denken des Papstes vollständig in der Botschaft von Fatima wiederfindet. Sagen Sie Ihren Ordensleuten, daß sie auch weiterhin mit großer Begeisterung die Verehrung Unserer Lieben Frau vom Rosenkranz von Fatima verbreiten sollen.*« Als 1951, bei einer päpstlichen Audienz, einer der Pilger ausrief: »*Lang lebe der Papst von Fatima!*«, erwiderte der Heilige Vater fast stolz, mit einem Lächeln: »*Das bin ich!*«

Trotzdem gelang es dem »Papst von Fatima« nicht, sich gegen den Widerstand in den eigenen Reihen durchzusetzen und dem Wunsch der Gottesmutter nach einer Weihe Rußlands formgetreu nachzukommen. Pius XII. war kein Kämpfer, sondern ein Mann der Kompromisse, einer, der es allen recht machen, der um jeden Preis eine Konfrontation vermeiden wollte. Und das, obwohl der Himmel alles tat, um ihn an seine Pflicht zu erinnern.

Am 29. Oktober 1950, zum Heiligen Jahr, traf die Pilgermadonna von Fatima, die zuvor Asien besucht hatte, in Rom ein. Am nächsten Morgen traf sich der Papst mit 35 Kardinälen und über 450 Bischöfen, um anzukündigen, daß er demnächst das Dogma der »leiblichen Aufnahme Mariens in den Himmel« verkünden wolle. Noch am selben Tag, während die Fatima-Madonna in der Kirche von Casaletto, direkt hinter den Vatikanischen Gärten, residierte, am achten Jahrestag seiner Weltweihe, wurde Pius XII. selbst Zeuge einer Erscheinung. Das Sonnenwunder von Fatima wiederholte sich – mitten in den Gärten des Vatikans.

»*Es war am 30. Oktober 1950*«, schrieb der Papst selbst, »*gegen 4.00 Uhr nachmittags, ich machte meinen üblichen Spaziergang durch die vatikanischen Gärten, las und studierte diverse offizielle Papiere wie üblich. Ich stieg die Esplanade Unserer Lieben Frau von Lourdes hinauf auf den Hügel, in der Passage auf der rechten Seite, nahe der Mauern.*

In einem gewissen Augenblick, als ich von den Papieren, die ich in meiner Hand hielt, aufschaute, bemerkte ich ein Phänomen, wie ich es noch nie zuvor gesehen habe. Die Sonne, die ziemlich hoch am Himmel stand, erschien wie eine gelbmatte Kugel, die vollständig von einem leuchtenden Kranz umgeben war, was mich nicht davon abhielt, aufmerksam die Sonne zu betrachten, ohne daß ich auch nur die geringste Unannehmlichkeit dabei verspürte. Eine sehr helle Wolke befand sich vor ihr.

Die matte Kugel begann sich zu bewegen, drehte sich langsam und ging von links nach rechts und umgekehrt. In ihr selbst konnten deutlich sehr starke Bewegungen ohne Unterbrechung gesehen werden. Dasselbe Phänomen wiederholte sich am folgenden Tag, dem 31. Oktober, und am 1. November, dem Tag der Definition, und dann wieder am 8. November, dem Oktavtag der selben Feierlichkeit. Seitdem nichts mehr.« Eine Anfrage des Heiligen Vaters beim Vatikanischen Observatorium ergab, daß dort nichts Ungewöhnliches beobachtet wurde.

»*Laß den Heiligen Vater wissen, daß ich noch immer die Weihe Rußlands an mein Unbeflecktes Herz erwarte*«, erklärte die Madonna Schwester Lucia bei einer erneuten Erscheinung im Mai 1952, »*Ohne die Weihe Rußlands kann es nicht bekehrt werden, noch kann die Welt Frieden finden.*« Als Lucia dem Papst persönlich von dieser jüngsten Marienbotschaft schrieb, entschied sich Pius XII. zu einem letzten Kompromiß. Zu schwer plagte ihn sein Gewissen, die Furcht, der von ihm so inbrünstig verehrten Gottesmutter einen Wunsch abzuschlagen. Am 7. Juli 1952 verfaßte er einen »Hirtenbrief an die Völker Rußlands«, in dem er die »Irrtümer des gottlosen Kommunismus« verurteilte und zur Verehrung der Jungfrau Maria aufrief. Er schloß mit den Worten: »*Wir aber wollen, damit Unsere und eure Gebete und Bitten leichter erhört werden und damit Wir einen einzigartigen Beweis des Wohlwollens gegen euch liefern, wie Wir vor wenigen Jahren das gesamte Menschengeschlecht dem Unbefleckten Herzen der jungfräulichen Gottesmutter weihten, so nun alle Völker Rußlands demselben Unbefleckten Herzen in ganz besonderer Weise übergeben und weihen...*«

Das war gut gemeint, aber für Lucia nicht genug. Und während sich der gesundheitliche Zustand des Papstes, der bis dahin gut war, ab Ende August 1952 zunehmend verschlechterte, während sein Pontifikat in seine letzte Phase eintrat, blieb das erhoffte Wunder scheinbar aus. Zumindest aber führte der Tod Stalins am 5. März 1953 deutlich zu einer Verbesserung der Lage in Rußland. Auf dem XX. Parteitag der KPDSU im Februar 1956 brach sein Nachfolger Nikita Chruschtschow ausdrücklich mit dem Stalinismus. Stattdessen wurde eine »friedliche Koexistenz« der Ideologien angestrebt, während man sich in Moskau bemühte, die »Säuberungen«, den Stalin-Terror, aufzudecken.

Am 29. August 1953 ging die Nachricht von einem neuen Marienwunder um die Welt. In Syrakus im Südosten Siziliens, im Vorort Santa Lucia, weinte ein Gipsbild der Jungfrau Maria, die auf ihr Unbeflecktes Herz zeigte. Das Bild gehörte den Giustolannusos, einer einfachen aber tiefgläubigen Arbeiterfamilie, und war ein Hochzeitsgeschenk ihrer Eltern. Interessanterweise war das Herz Mariens in der Darstellung von Dornen umgeben und von einer Flamme gekrönt, ganz wie es Lucia in ihrer Vision am 13. Juni 1917 in Fatima sowie 1925 und 1929 in Pontevedra und Tuy gesehen hatte.

Am 29. August bemerkte Antonina Giustolannuso, die mit einer problematischen Schwangerschaft bettlägrig war, die Tränen der Madonna, die unaufhörlich aus den Augen des Bildes flossen. Sofort rief sie die Nachbarn herbei, dann fiel sie auf die Knie und betete. Sechs oder sieben Mal hatte die Madonna geweint, als abends Antoninas Ehemann Angelo von der Arbeit kam. Auch er erkannte, daß es sich um ein Wunder handelte – und informierte den Pfarrer. An den nächsten beiden Tagen hatte sich das Mirakel so weit herumgesprochen, daß tausende in die kleine Wohnung der Giustolannusos drängten, die sich bald gezwungen sahen, das wundertätige Bild auf dem Hof aufzustellen. Die Gipsmadonna weinte nicht ständig, sondern in unregelmäßigen Abständen, mal ein paar Minuten, mal mehrere Stunden lang. Sogar das italienische Fernsehen war in der Lage, das »Tränenmirakel« zu filmen.

Am 1. September traf eine Expertenkommission in Santa Lucia ein, die im Auftrag der Erzdiozese das Phänomen untersuchen sollten. Sie bestand aus Ärzten, einem Ingenieur, einem Chemiker und Pater Bruno, dem Gemeindepriester. In ihrer Gegenwart wiederholte sich das Wunder, und so gelang es ihnen, mit der Pipette ein paar Tränen zur Untersuchung im Labor zu entnehmen. Das Ergebnis: Die Flüssigkeit entsprach in jeder Beziehung der Konsistenz menschlicher Tränen. Als der Tränenfluß beendet war, nahmen sie das Marienbild von der Wand und kritisch unter die Lupe.

Es war aus ein bis zwei Zentimeter dickem Gips geformt, innen hohl und unpoliert – und völlig trocken. Als ein Mitglied der Kommission, der Chemiker Dr. Bertin, die »Madonnina« näher untersuchte, wiederholte sich das Mirakel. »*Ich konnte aus nächster Nähe das ganze Phänomen des Vergießens der Tränen bis ins Detail beobachten, von einem völlig trockenen Auge bis zur Bildung der Tränen*«, erklärte er später an Eides statt, »*das alles geschah, als ich das Madonnenbild in meinen Händen hielt*«. Eine Manipulation war also ausgeschlossen – die Tränen kamen nachweisbar nicht aus dem hohlen Inneren der Gipsfigur, sondern bildeten sich auf ihrer Oberfläche, und zwar nur im Bereich der Augen.

Der Bericht seiner Experten faszinierte den Erzbischof von Syrakus so sehr, daß er am nächsten Tag persönlich die Wunderstätte besuchte und Augenzeugen interviewte. »*Finsternis bedeckt nach wie vor die Welt, aufgrund der Rebellion der Sünde und Abtrünnigkeit, die sich weiterhin ausbreiten, und darum schickt der Herr Maria, um eine Gesellschaft zu retten, die im Irrtum ist, und unsere Seelen, die verloren sind*«, erklärte er eine Woche später bei einem zweiten, offiziellen Besuch im Hause der Giustolannusos, »*Marias Tränen sind keine Tränen der Freude, es sind Tränen des Leides, der Sorge. Sie sind eine Warnung für mich, meine Priester, für alle Gläubigen, daß wir besser werden...*«

Das Wunder wurde von der Kirche anerkannt, der Madonnina ein prächtiger Schrein errichtet, zu dem heute noch Hunderttausende pilgern. Eine Woche nach dem Tränenmirakel, am 8. September 1953, veröffentlichte Pius XII. in Rom die Enzyklika »Fulgens Corona«, in der er 1954 zum »Marianischen Jahr« erklärte, zur Erinnerung an die Verkündung des Dogmas der Unbefleckten Empfängnis hundert Jahre zuvor, im Jahre 1854.

Das Marianische Jahr zeigte auf, wie weit die Verschwörung gegen Fatima in den Vatikan vorgedrungen war. Außer einer Erwähnung seiner Weltweihe in der Enzyklika »Ad Coeli Reginam« blieben die Erscheinungen und Botschaften der Gottesmutter in ihrem Jahr unerwähnt. Stattdessen mußte der kränkelnde Heilige Vater erleben, wie einer seiner engsten Vertrauten ihn verriet. Der Vize-Außenminister des Vatikans, Msgr. Montini, hatte, ohne den Papst zu informieren, geheime Verhandlungen mit Moskau geführt – und mußte von seinem Amt zurücktreten. Er wurde zum Bischof von Mailand ernannt, und erst nach dem Konklave von 1963 sollte er in den Vatikan zurückkehren – als Papst Paul VI. »Die Welt geht durch eine dunkle Stunde«, erklärte Pius XII. in seiner Grußbotschaft, als Uruguay und Spanien eine Weihe ihres Landes an das Unbefleckte Herz Mariens beschlossen hatten. Schließlich befahl der Papst, daß Lucia nur noch Personen treffen dürfe, mit denen sie ohnehin schon Kontakt habe und daß jeder andere der ausdrücklichen Genehmigung des Heiligen Stuhls bedürfe. »*Lucia hat alles gesagt, was sie über Fatima sagen wollte und zu sagen hatte*«, ließ das Kloster Coimbra verlautbaren, in dem sie jetzt als Karmeliterin lebte. Dabei war das letzte Wort über Fatima noch lange nicht gesprochen: Das »dritte Geheimnis«, das die Gottesmutter dem Seherkind offenbart hatte, war zu diesem Zeitpunkt die geheimste Verschlußsache des Vatikans.

8.
Das Dritte Geheimnis

17. August 1959, Castelgandolfo, die Sommerresidenz des Papstes. »Da sind Sie ja!«, begrüßte der füllige Mann in der weißen Soutane den Boten aus Rom. »Haben Sie ihn dabei?« – »Ja, Eure Heiligkeit«, antwortete der hagere Ordensmann, bis auf seinen weißen Priesterkragen ganz in schwarz gekleidet, »Das hier ist der Umschlag.« – »Danke, Pater«. Ein Lächeln ging über die gütigen Züge des Roncalli-Papstes, der ein Jahr zuvor als Johannes XXIII. den Stuhl Petri bestiegen hatte. »Ich werde noch ein wenig warten, bevor ich ihn öffne. Ich möchte ihn zusammen mit meinem Beichtvater lesen.« Pater Paul Philippe vom Heiligen Offizium verneigte sich ehrfürchtig. Er hatte seine Aufgabe erfüllt, das vielleicht brisanteste Dokument der Christenheit von Rom nach Castelgandolfo gebracht, zum Heiligen Vater, der entscheiden sollte, ob man es, wie vorgesehen, im nächsten Jahr veröffentlichen dürfe. »Gelobt sei Jesus Christus«, verabschiedete er sich mit dem alten Gruß der Kirche, »in Ewigkeit Amen«, murmelte der Papst.

Er wartete die vier Tage bis zum Freitag, dem 21. August, bevor er das Siegel des Bischofs von Leiria brach, das den Brief verschloß. Er hatte, um den Brief in ihrem Beisein zu lesen, einen Dolmetscher des Vatikanischen Außenministeriums angefordert, Msgr. Paulo Jose Tavares, den späteren Bischof von Macao, für den Fall, daß man Schwierigkeiten habe, den portugiesischen Text vollständig zu verstehen. Gemeinsam mit Msgr. Tavares und seinem Beichtvater, Msgr. Alfredo Cavangna, schloß sich der Heilige Vater in einen Raum ein, um zu lesen, was Schwester Lucia 15 Jahre zuvor niedergeschrieben hatte.

Im Sommer 1941 hatte Schwester Lucia im dritten Band ihrer Memoiren erstmals erwähnt, daß das Geheimnis, das ihr die Gottesmutter am 13. Juli 1917 offenbarte, in drei Teile aufgeteilt war, »*deren erste beide ich jetzt enthüllen möchte.*« Damals schrieb sie zum ersten Mal den Text des ersten und zweiten Geheimnisses auf, jene Prophezeihungen, die sich auf das Ende des 1. Weltkriegs, den Aufstieg Rußlands und den Ausbruch des 2. Weltkriegs bezogen. Sie war, wie sie schrieb, damals »*innerlich völlig überzeugt, daß dies tatsächlich die Stunde war, die Gott für ihre Offenlegung erwählt hatte*«. Das dritte Geheimnis aber, so glaubte sie, dürfe noch nicht veröffentlicht werden. Nur die ersten neun Worte enthüllte sie: »*Em Portugal se conservara sempre o doguema da fe' etc.*« – »*In Portugal wird das Dogma des Glaubens immer erhalten bleiben, etc.*«

Dann, im Sommer 1943, erkrankte Lucia. Aus einer Bronchitis wurde eine schwere Brustfellentzündung, die lebensbedrohlich war. Glücklicherweise erholte sie sich bald wieder. Als Bischof da Silva sie, zusammen mit Canon Galamba, im Kloster besuchte, kam es zu einem längeren Gespräch. Man war besorgt, daß Lucia erneut erkranken, sterben und das Geheimnis mit ins Grab nehmen würde, andererseits scheute der Bischof die schwere Verantwortung, die das Wissen um eine so schwerwiegende Prophezeihung für ihn bedeutete. Wenn schon das Zweite Geheimnis eine so schreckliche Katastrophe wie den Zweiten Weltkrieg und die Ausbreitung des Kommunismus, die Vernichtung ganzer Staaten und die Verfolgung der Gläubigen voraussagte, was mochte dann im Dritten Geheimnis stehen?

»Warum enthüllen Sie nicht den dritten Teil des Geheimnisses Unserer Lieben Frau?« fragte Canon Galamba. »Könnten Sie es uns vielleicht jetzt offenbaren?« – »Nun, wenn Euer Gnaden es wünschen, kann ich es ihm sagen«, erwiderte Lucia, sich an den Bischof wendend. »Ich will damit nichts zu tun haben«, meinte Bischof da Silva fast erschreckt, »ich möchte mich da nicht einmischen.« – »Wie schade«, entfuhr es Canon Galamba mit einem leichten Seufzen, »zumindest aber sollte sie es auf einem Blatt Papier niederschreiben und es Euch in einem versiegelten Umschlag übergeben.« Zunächst blieb es bei dieser Empfehlung.

Dann, im September 1943, erkrankte Lucia erneut, diesmal infolge einer Impfung. Mit einer schweren Infektion mußte sie in ein Krankenhaus eingeliefert, operiert werden. Als sie, drei Wochen später, wieder bei ihren Ordensschwestern im Kloster war, wurde sie von allen Seiten gedrängt, das Geheimnis endlich niederzuschreiben. Doch Lucia wartete noch auf eine Anweisung des Himmels. Erst Anfang Januar 1944 konnte sie den Bischof von Leiria wissen lassen: »*Ich habe niedergeschrieben, worum Ihr mich gebeten habt; Gott wollte mich ein wenig versuchen, doch letztendlich war dies tatsächlich Sein Wille. Es steckt versiegelt in einem Umschlag und befindet sich in meinen Notizbüchern.*« Später enthüllte sie, daß eine erneute Marienerscheinung am 2. Januar sie dazu ermutigt hatte. Zuvor war sie, trotz mehrfacher Versuche, nicht in der Lage gewesen, sich an den Wortlaut des Geheimnisses zu erinnern. Jetzt, nach der Begegnung mit der Gottesmutter, floß es ihr buchstäblich aus der Feder. 25 Zeilen schrieb sie mit sauberer Schrift nieder, einen Text, etwa so lang wie das erste und zweite Geheimnis zusammen, einen Text, der bequem auf ein Blatt Papier paßte.

Natürlich wollte Lucia dieses kostbare Geheimnis nicht der Post anvertrauen, stattdessen wartete sie auf eine passende Gelegenheit. Erst am 17. Juni 1944 übergab sie dem Erzbischof von Gurza ihr viertes Tagebuch, in das sie den Umschlag mit dem Dritten Geheimnis gesteckt hatte. Noch am selben Tag brachte der Erzbischof den Brief zu Bischof da Silva, der ihn fortan im bischöflichen Palais von Leiria aufbewahrte. In einem Begleitbrief schlug Lucia vor, daß er das Geheimnis bis zu seinem Tode in Leiria verwahren solle, wonach es an den Kardinal und Patriarchen von Lissabon gehen könne. Bischof da Silva dagegen wollte es lieber nach Rom schicken, doch der Vatikan wies ihn an, das Schriftstück erst einmal in Leiria zu behalten. Schließlich steckte er den von Schwester Lucia versiegelten Umschlag in ein größeres Couvert, das er wiederum mit Wachs versiegelte und beschriftete: »*Dieser Umschlag mit seinem Inhalt soll nach meinem Tod Seiner Eminenz Don Manuel, Patriarch von Lissabon, übergeben werden. Leiria, 8. Dezember 1945. José, Bischof von Leiria.*« – »*Ich wollte es nicht lesen*«, erklärte er später, »*Fatima ist voll und ganz Gottes Werk, und darin wollte ich nicht eingreifen... Ich hätte (den Brief) öffnen können, wenn ich es gewollt hätte, aber ich zog es vor, dies nicht zu tun. Es ist nicht meine Aufgabe, in diese Angelegenheit einzugreifen. Die Geheimnisse des Himmels sind nicht für mich bestimmt, noch will ich mir die Last dieser Verantwortung aufladen.*« Canon Galamba, ein Berater und langjähriger Freund des Bischofs, bestätigte, daß das Geheimnis »*sofort bekanntgegeben werden könne, wenn der Bischof es so wolle. Aber (Lucia) sagte nicht, daß es sofort geöffnet werden müsse. Der Termin, um es bekanntzugeben, wurde in einem Dialog zwischen dem Bischof und Lucia bestimmt.*«

Um gleich mit zwei der am weitesten verbreiteten Mythen in der Fatima-Literatur aufzuräumen, muß definitiv festgestellt werden: 1. Das Dritte Geheimnis war nie an den Papst gerichtet (was nicht heißt, daß es nicht vom Papst handeln könnte). 2. Es hätte von der Kirchenhierarchie bereits 1944 veröffentlicht werden können.

Tatsächlich versuchte Schwester Lucia 1946 mehrfach, eine Audienz bei Papst Pius XII. zu bekommen, um ihm persönlich den Inhalt des Dritten Geheimnisses mitzuteilen. Als es dazu nicht kam, einigten sich die Seherin und Bischof da Silva, daß es spätestens im Jahre 1960 veröffentlicht werden sollte. Um Canon Galamba zu zitieren: »*Als der Bischof sich weigerte, den Brief zu öffnen, mußte er Lucia versprechen, daß er definitiv bei ihrem Tode oder im Jahre 1960 geöffnet und der Welt vorgelesen werden müsse, welches von beiden eher käme.*«

In den folgenden Jahren wurde dieser Kompromiß durch Lucia immer wieder bestätigt. So erklärte sie:

Am 3.Februar 1946 im Gespräch mit Pater Jongen: »*Ich habe den dritten Teil in einem Brief dem Bischof von Leiria mitgeteilt. Aber er kann nicht vor 1960 bekanntgegeben werden.*«

Am 12. August 1946 im Gespräch mit John Haffert: »*Der Bischof kann das Geheimnis öffnen. Er braucht nicht bis 1960 zu warten.*«

Am 17. Oktober 1946, im Gespräch mit Canon Barthas: »Wann wird der dritte Teil des Geheimnisses uns offenbart?« – »*In 1960.*« »Warum ist es notwendig, so lange zu warten?« – »*Weil die Gesegnete Jungfrau es so wünscht.*«

Am 17. Mai 1955, im Gespräch mit Kardinal Ottaviani: »*Die Botschaft soll nicht vor 1960 geöffnet werden... weil sie dann sehr viel klarer erscheint.*«

Noch im Februar 1960 bestätigte der Patriarch von Lissabon: »*Bischof da Silva steckte den Umschlag in einen weiteren Umschlag und wies an, daß dieser Brief nicht vor 1960 geöffnet werden solle, entweder durch ihn, Bischof Jose Correia da Silva, falls er noch am Leben sein sollte, oder, wenn nicht, durch den Kardinal-Patriarchen von Lissabon.*«

Doch da hatte längst Rom interveniert. Anfang 1957 forderte die Kongregation für die Glaubenslehre, das frühere Heilige Offizium, vom Bischof von Leiria »Fotokopien aller Schriften Schwester Lucias« an. Bischof da Silva fragte nach, ob dies auch das Dritte

Geheimnis beinhalte, das noch immer versiegelt in seinem Umschlag steckte, also nicht fotokopiert werden konnte. »Natürlich auch das Geheimnis«, lautete die Antwort aus Rom, »insbesondere das Geheimnis!« Der 85-jährige, so schrieb Bischof Venancio, der die Kopien für Rom anfertigte, »*war sehr schwach, geplagt vom Rheumatismus und fast blind. Sein Sekretär sagte ihm: ›Hören Sie, Euer Gnaden, Sie haben das Geheimnis hier; Sie können es lesen; Lucia sagte Ihnen, daß Sie es öffnen können. Öffnen Sie es! Wir werden eine Fotokopie machen. Das ist die letzte Gelegenheit, die wir haben.‹ Er lehnte ab. ›Nein, das interessiert mich nicht. Es ist ein Geheimnis, ich möchte es nicht lesen.‹*« Als Bischof Venancio den Umschlag überreicht bekam, hielt er ihn gegen das Licht und notierte, was er erkennen konnte. In dem großen Umschlag steckte ein kleinerer, zweifellos der von Lucia, und darin ein gewöhnliches, gefaltetes Blatt Papier mit 25 Zeilen und einem Rand von 0,75 cm an jeder Seite.

Mitte März 1957 fuhr Bischof Venancio zur Apostolischen Nuntiatur in Lissabon, um ihm die Papiere zu übergeben. Er machte keinen Hehl daraus, wie schwer ihm das fiel. »Es wird in Rom sehr viel sicherer sein als bei Ihnen«, meinte Nuntius Msgr. Cento kühl. Am 16. April 1957 trafen die Dokumente im Vatikan ein. Warum wollte die Kongregation für die Glaubenslehre das Geheimnis unter ihrer Kontrolle haben? Kardinal Ottaviano, der Präfekt des Heiligen Offiziums, sagte es 1967 in aller Deutlichkeit: »*Um zu vermeiden, daß etwas von so delikater Natur, das nicht zur Veröffentlichung bestimmt ist, aus welchen Gründen auch immer, selbst versehentlich, in falsche Hände fällt.*« Man lese diese Antwort zweimal, denn sie macht klar, daß »der Wunsch der allerseligsten Jungfrau«, wie es Lucia formulierte, ignoriert werden sollte. Das Dritte Geheimnis wurde nach Rom gebracht, um seine Veröffentlichung zu kontrollieren – und, sollte sich sein Inhalt als »delikat« erweisen, zu verhindern!

Tatsächlich wurde der Umschlag in den sichersten Räumen des Vatikans aufbewahrt, nämlich in den Privaträumen Papst Pius XII. Als der französische Journalist Robert Serrou vom »Paris-Match« am 14. Mai 1957 für die Zeitung das Appartement des Heiligen Vaters besuchen und fotografieren durfte, bemerkte er einen kleinen, hölzernen Safe, der auf einem Tisch stand und die Aufschrift »Secretum Sancti Officii« (Geheimnis des Heiligen Offiziums) trug. »Was befindet sich in dem kleinen Safe?« fragte er Mutter

Pasqualina, die Haushälterin des Papstes. »Das Dritte Geheimnis von Fatima«, war die knappe Antwort. Natürlich wurde das Foto des Safes zum Aufmacher des Artikels. Hat Pius XII. den Brief gelesen? Wahrscheinlich nicht. Es ist anzunehmen, daß er selbst das Jahr 1960 abwartete, jenes magische Datum, an dem der versiegelte Umschlag geöffnet werden durfte. Er sollte es nicht mehr erleben. Am 9. Oktober 1958 wurde der Pacelli-Papst in die Ewigkeit abberufen, ein Jahr nach dem Tod da Silvas, des Bischofs von Leiria. Als Johannes XXIII. das Dritte Geheimnis aus Rom überbracht wurde, waren die Siegel jedenfalls noch ungebrochen.

Doch vierzehn Monate nach der Ankunft des Dritten Geheimnisses in Rom war es zu einer Indiskretion gekommen. Am 26. Dezember 1957 wurde Schwester Lucia von Pater Augustine Fuentes aufgesucht, einem mexikanischen Priester, der als Postulator für den Seligsprechungsprozeß von Jacinta und Francisco eingesetzt worden war. Stundenlang sprachen die beiden, und die Rede kam auch auf die Lage der Welt und den Inhalt des Dritten Geheimnisses, den die Seherin zumindest andeutete.

Am 22. Mai 1958, nach seiner Rückkehr nach Mexiko, hielt Pater Fuentes einen Vortrag im Mutterhaus der Missionarsschwestern vom Heiligen Herzen und Unserer Lieben Frau von Guadalupe, bei der er, quasi als »Botschaft von Schwester Lucia«, die wichtigsten Passagen seines Gespräches wiedergab. Zudem veröffentlichte er den Text seines Vortrages »*mit jeder Garantie der Authentizität und entsprechender bischöflicher Druckerlaubnis, einschließlich der des Bischofs von Leiria.*«

»*Ich traf sie in ihrem Kloster*«, begann er seinen Bericht, »*sie war sehr traurig, sehr blaß und ausgezehrt. Das erste, was sie mir sagte, war: Pater, die Allerheiligste Jungfrau ist sehr traurig, weil niemand Ihrer Botschaft Beachtung schenkt, weder die Guten noch die Schlechten. Die Guten gehen ihren tugendhaften Weg weiter, ohne Ihrer Botschaft Wichtigkeit zu geben. Die Sünder folgen weiterhin dem Weg des Bösen, weil sie die schreckliche Züchtigung nicht kommen sehen, die über sie kommen wird. Aber glauben Sie mir, Pater, Gott wird die Welt strafen, und das sehr bald. Die Züchtigung durch den Himmel steht unmittelbar bevor.*

Vater, wieviel Zeit ist es noch bis 1960? Es wird sehr traurig für alle sein, nicht eine Person wird darüber erfreut sein, bevor die Welt nicht betet und Buße tut. Ich bin nicht in der Lage, Ihnen weitere Details zu enthüllen, denn es ist noch immer ein Geheimnis. Nach dem Willen der Allerheiligsten Jungfrau dürfen nur der Heilige Vater und der Bischof von Leiria es wissen, aber sie haben sich entschieden, es nicht wissen zu wollen, um nicht beeinflußt zu sein. Das ist der dritte Teil der Botschaft Unserer Lieben Frau, der bis 1960 geheim sein wird.

Sage ihnen, Vater, daß die Allerheiligste Jungfrau meinen Cousins Francisco und Jacinta und mir sagte, daß viele Nationen vom Angesicht der Erde verschwinden werden. Sie sagte, daß Rußland das Instrument der Züchtigung sein werde, daß der Himmel erwählt hätte, um die ganze Welt zu bestrafen, wenn wir nicht vorher die Bekehrung dieser armen Nation bewirken. (...)

...Was das Unbefleckte Herz Mariens und das Herz Jesu am meisten betrübt, ist der Fall der Seelen von Priestern und Ordensleuten. Der Teufel weiß, daß Seelen von Priestern und Ordensleuten, die von ihrem wundervollen Ruf abfallen, unzählige Seelen mit sich in die Hölle ziehen... Der Teufel will Besitz nehmen von geweihten Seelen. Er versucht, sie zu korrumpieren, um die Seelen von Laien in den Schlaf zu lullen, und sie so zur letztendlichen Unbußfertigkeit zu führen. Er bedient sich dabei aller Tricks... (...)

Pater, wir sollten nicht auf einen Appell an die Welt aus Rom und vom Heiligen Vater warten, um Buße zu tun. Wir sollten auch nicht auf einen Aufruf zur Buße von den Bischöfen unserer Diozöse oder von den Orden warten. Nein! (...) Jetzt ist es notwendig, daß jeder von uns beginnt, sich selbst spirituell zu reformieren. (...)

Pater, die Allerheiligste Jungfrau sagte mir nicht, daß wir uns in der Endzeit der Welt befinden, aber Sie ließ mich das aus drei Gründen verstehen.

Der erste Grund ist der, daß sie mir sagte, daß der Teufel vorhabe, eine Entscheidungsschlacht gegen die Jungfrau zu führen. Und eine Entscheidungsschlacht ist eine Schlacht, bei der eine Seite siegt und die andere eine Niederlage erleidet. Darum müssen wir uns jetzt für eine Seite entscheiden. Entweder sind wir für Gott oder für den Teufel. Es gibt keine andere Möglichkeit.

Der zweite Grund ist, daß sie meinen Cousins und mir sagte, daß Gott uns zwei letzte Hilfsmittel für die Welt gäbe. Diese sind der Heilige Rosenkranz und die Verehrung des Unbefleckten Herzens Mariens. Dies sind die beiden letzten Hilfsmittel, was anzeigt, daß es keine anderen mehr geben würde.

Der dritte Grund ist, daß in den Plänen der göttlichen Vorsehung Gott immer, bevor er die Welt züchtigt, alle anderen Hilfsmittel aufbraucht.

Jetzt, wo er sieht, daß die Welt ihnen keine Beachtung schenkt, da, um es auf unsere unvollkommene Weise zu sagen, bietet er mit einer gewissen Bestürzung als letztes Mittel zur Erlösung Seine Allerheiligste Mutter an.«

Die Veröffentlichung der Rede von Pater Fuentes löste einen Skandal aus. Die Kanzlei des Klosters Coimbra warf ihm vor, seinen Zugang zu Schwester Lucia für »*sensationalistische Verkündungen apokalyptischer, eschatologischer und prophetischer Art*« mißbraucht zu haben. Vom Vatikan wurde Pater Fuentes aufgrund seiner »Indiskretion« seines Amtes enthoben, der ungarische Pater Luis Kondor mit seiner Aufgabe betraut. Als Anfang 1959 ein hoher Kirchenmann Papst Johannes XXIII. vorschlug, Schwester Lucia in einer Radioansprache zur Menschheit sprechen zu lassen, winkte der Heilige Vater ab. »*Es schien so, als würde er persönlich ihr Schweigen bevorzugen*«, schrieb sein Privatsekretär Msgr. Loris Capovilla. Rom bereitete sich auf das Zweite Vatikanische Konzil vor, eine Aufbruchstimmung, ein Optimismus lag in der Luft, da wollte man »Weltuntergangspropheten«, wie sie Johannes XXIII. einmal nannte, nicht hören. Doch enthielt das »Dritte Geheimnis« düstere Prophezeihungen? Oder etwas, das der Heilige Vater so kurz vor dem Konzil wissen mußte? Der Roncalli-Papst »*ließ den November kommen und gehen, ebenso den Dezember*«, erinnerte sich Capovilla, »*und dann fragte ihn die Person, die den Umschlag in einem sicheren Ort im Heiligen Offizium verwahrte, ›Heiliger Vater, wollen sie ihn sehen?‹. Er antwortete: ›Ich werde Sie es wissen lassen, wann Sie mir den Umschlag bringen sollen...‹ Er nannte es nicht etwa ein ›Geheimnis‹, er sprach nur von ›dem Umschlag‹. Einige Zeit verging. Er hatte sich um vieles zu kümmern, das Konzil anzukündigen. Als er nach Castelgandolfo fuhr, um dort seinen Sommerurlaub zu verbringen, meinte er: ›Vielleicht ist jetzt die Zeit gekommen, ich bin von Frieden und Ruhe umgeben‹, und so brachten sie ihn im August.*« Der Roncalli-Papst beschloß, das zu tun, was sein Vorgänger, aus Respekt vor einem falschverstandenen Datum, nicht gewagt hatte: Er öffnete den Umschlag mit der Fatima-Botschaft.

Mit leicht zitternden Händen las Johannes XXIII. langsam den Text des Dritten Geheimnisses. Der Text war schwierig, und da er kein Portugiesisch sprach, mußte er mehrfach den Dolmetscher zu Rate ziehen. Als er begriff, worum es ging, wurde er kreidebleich. Bis in die Nacht hinein saßen und grübelten die drei Männer über der Handschrift Lucias, dann traf der Papst eine Entscheidung. »*Ich kann es nicht veröffentlichen, ich werde es nicht veröffentlichen. Das überlasse ich anderen. Es bezieht sich mit Sicherheit nicht auf die Jahre meines Pontifikates*« Seine Gründe legte er in einer persönlichen Notiz dar, die er dem Umschlag mit dem Geheimnis beilegte.

Zurück in Rom, rief er seine engsten Berater zusammen, um sie über den Inhalt des Geheimnisses zu informieren und ihnen seine Entscheidung mitzuteilen: Kardinal Ottaviani, den Präfekten der Kongregation für die Glaubenslehre, Kardinal Agaganian, die Kardinäle Bea, Cardini, Parente, Philippe, Samore, sowie Bischof Raimundo Verardo, die sich alle zuvor verpflichten mußten, absolutes Stillschweigen zu wahren. Der französische Schriftsteller Jacques Vallee zitiert einen Vatikan-Insider zu den Begleitumständen dieses Geheimtreffens: »*Das Ereignis fand unter strengster Vertraulichkeit im Arbeitszimmer des Papstes statt, aber ein Sekretär hatte die Möglichkeit, die Kardinäle zu beobachten, als sie den Heiligen Vater verließen: Auf ihren Gesichtern lag Entsetzen. Der Sekretär, der aufgestanden und an einen Prälaten herangetreten war, den er gut kannte, wurde sanft, aber doch entschieden, von jenem Kardinal zurückgeschoben, der an ihm vorbeiging, als habe er gerade ein Gespenst gesehen.*« Der Sekretär Kardinal Beas, Dr. Malachi Martin, erinnerte sich im November 1996 auf der Konferenz »Fatima 2000« in Rom an die Reaktion seines Vorgesetzten. Er sei sichtbar erschüttert aus der Geheimkonferenz gekommen und war verärgert darüber, daß der Papst das Dritte Geheimnis nicht enthüllen wollte.

Während seiner gesamten Amtszeit, bis zu seinem Tod am 3. Juni 1963, bewahrte Johannes XXIII. den Umschlag mit der Fatima-Botschaft auf seinem Schreibtisch auf.

Kann aus dem Verhalten des Papstes geschlossen werden, daß er dem Dritten Geheimnis keine Bedeutung beimaß? »*Ganz im Gegenteil!*« erklärte Pater Dr. Jose Geraldes Freire, ein Professor an der Universität von Coimbra und intimer Fatima-Kenner, »*Ich habe Gründe dafür, daß Johannes XXIII. der Botschaft sogar ganz besonders Bedeutung beimaß und gewisse spektakuläre Entscheidungen, die manchem unverständlich erschienen, von der Fatima-Botschaft beeinflußt wurden.*«

Je näher das Jahr 1960 rückte, je intensiver fieberte die katholische Welt der angekündigten Veröffentlichung des Dritten Geheimnisses von Fatima entgegen. Kaum eine Zeitung, die nicht spekulierte, was in der Offenbarung stehen könnte und wann der Heilige Vater sie verkünden würde, wobei der 13. Mai, der 43. Jahrestag der ersten Erscheinung, am höchsten im Kurs stand. Inmitten dieses Klima, irgendwo zwischen hoffnungsfroher Erwartung und banger Furcht vor einer negativen Prophezeihung, platzte am 8. Februar eine Meldung des römischen Büros der portugiesischen Nachrichtenagentur A.N.I., die alle Hoffnungen auf eine baldige Veröffentlichung zunichte machte:

»Vatikanischen Quellen zufolge soll das Geheimnis von Fatima niemals veröffentlicht werden.

Es wurde der United Press International von sehr zuverlässigen vatikanischen Kreisen mitgeteilt, daß es sehr wahrscheinlich ist, daß der Brief nie geöffnet würde, in dem Schwester Lucia die Worte niederschrieb, die Unsere Liebe Frau den drei kleinen Hirten in der Cova da Iria anvertraute.

Wie Schwester Lucia andeutete, kann der Brief nur während des Jahres 1960 geöffnet werden.

Angesichts des Drucks, der auf den Vatikan von jenen ausgeübt wird, die wollen, daß der Brief geöffnet und der Welt bekanntgegeben wird, und der Befürchtung anderer, daß er alarmierende Prophezeihungen beinhalte und die seine Publikation verhindern wollen, hat sich, denselben Vatikan-Kreisen zufolge, der Vatikan entschieden, Schwester Lucias Brief nicht zu öffnen und auch weiterhin versiegelt zu halten.

Die Entscheidung des Vatikans basiert auf verschiedenen Beweggründen: 1. Schwester Lucia lebt noch; 2. Der Vatikan kennt bereits den Inhalt des Briefes; 3. Obwohl die Kirche die Erscheinungen von Fatima anerkennt, kann sie nicht für den Wahrheitsgehalt der Worte garantieren, die die drei kleinen Schäfer von Unserer Lieben Frau gehört haben wollen.

Unter diesen Umständen ist es wahrscheinlich, daß das Geheimnis von Fatima für immer versiegelt gehalten wird.«

Und dabei blieb es. Die A.N.I.-Meldung war die einzige Antwort der Kirche auf das Warten und Hoffen der Gläubigen und den ausdrücklichen Wunsch der Gottesmutter: Eine in keinerlei Weise offizielle Pressemeldung voller inhaltlicher Fehler, die jeden Fatima-Kenner nur den Kopf schütteln läßt. Um nur drei herauszuheben:

1. Das Siegel des Briefes war zu diesem Zeitpunkt längst geöffnet worden, und zwar von Papst Johannes XXIII. persönlich.

2. Schwester Lucia hat nie gesagt, daß der Brief »nur« während des Jahres 1960 geöffnet werden dürfe. 1960 wurde lediglich als spätester Termin empfohlen.

3. Sollte Lucia vor 1960 versterben, so hatte sie angeordnet, hätte das Geheimnis bereits früher enthüllt werden können – ansonsten war nie eine Kausalität hergestellt worden: schließlich hatte sie die ersten beiden Geheimnisse auch zu ihren Lebzeiten veröffentlicht.

»*Ich wurde in dieser Frage nicht konsultiert. Was ich über die Nichtveröffentlichung im Jahre 1960 weiß, habe ich aus der Zeitung erfahren*«, erklärte am 24. Februar 1960 der Patriarch von Lissabon, Kardinal Cerejeira. Erst Jahre später erwähnte Papst Johannes XXIII. ihm gegenüber das Geheimnis »*in vagen Begriffen, sehr allgemein gehalten. Ich begriff, das es dabei um äußerst schwerwiegende Angelegenheiten ging...*«, denn »*wenn es froher Natur wäre, hätte man es uns gesagt. Da uns nichts gesagt wurde, bedeutet es, daß es sehr traurig ist.*« Die Gläubigen in aller Welt reagierten mehr als enttäuscht, und fast schien es so, als hätte die Entscheidung der Kirche der Begeisterung für Fatima und der weltweiten Verehrung des »Unbefleckten Herzens Unserer Lieben Frau« ernsthaften Schaden zugefügt.

Drei Jahre später, am 1. Oktober 1963, wurde Abhilfe geschaffen. Die deutsche Zeitung »Neues Europa« veröffentlichte, sich auf vatikanische Insiderquellen berufend, eine »diplomatische Version« der Dritten Botschaft von Fatima, die angeblich der Nachfolger von Johannes XXIII., Papst Paul VI., auf dem Höhepunkt der Kubakrise den Regierungen in Washington, London und Moskau zukommen ließ. Danach war der Atombombentest-Stop, den die Außenminister der UDSSR, Gromyko, Großbritanniens, Home, und US-Staatssekretär Rusk am 6. August 1963 im Kreml unterschrieben »*nicht nur das Ergebnis weltweiter Diplomatie, sondern auch vatikanischer Diplomatie. Tatsächlich war es das erste Mal in der jüngeren Menschheitsgeschichte, daß bei einem Abschluß eines politischen Abkommens von weltweiter Bedeutung die Beteiligten essentielle Faktoren aus religiösen Daten unter Betracht zogen. Papst Paul VI. erlaubte nicht nur Kennedy, sondern auch Chruschtschow, einen Blick in gewisse Teile der dritten Botschaft von Fatima zu werfen, die die Gottesmutter am 13. Oktober 1917 der kleinen portugiesischen Seherin Lucia enthüllte. Diese Botschaft ist von solcher Dringlichkeit, daß sie selbst die am Abschluß des Moskauer Abkommens beteiligten Parteien tief beeindruckte.*«

Tatsächlich befand sich die Welt nur wenige Monate zuvor, im Oktober 1962, am Rande des Abgrunds. Ausgelöst worden war die Krise, als US-Präsident John F. Kennedy der Weltöffentlichkeit am 22. Oktober bekanntgab, daß amerikanische Luftaufklärer die Aufstellung von sowjetischen Mittelstreckenraketen und den Ausbau von Abschußrampen auf Kuba beobachtet und fotografiert hätten. Die Situation spitzte sich zu, als Kennedy ein Embargo über alle zu der Insel fahrenden Schiffe verhängte und dieses unmißverständlich durch die Entsendung von US-Kriegsschiffen unterstrich. Die Sowjetunion und Kuba reagierten mit Anträgen auf Einberufung des UN-Sicherheitsrates und Erhöhung der Kampfbereitschaft der Roten Armee sowie die Mobilmachung der kubanischen Streitkräfte. Weltweit befürchtete man den unmittelbaren Ausbruch eines Dritten Weltkrieges, der, so war man sich sicher, ein allesvernichtender Atomkrieg werden würde. Doch zunächst hatten die Diplomaten das Wort: UNO-Generalsekretär U Thant übermittelte auf Wunsch von 45 blockfreien Staaten den drei Regierungschefs in Washington, Havanna und Moskau einen Vermittlungsvorschlag. Papst Johannes XXIII. richtete am 25. Oktober einen verzweifelten Friedensappell an die Menschheit. Die Lage entspannte sich, als der sowjetische Generalsekretär Nikita Chruschtschow den Vermittlungsvorschlag U Thants annahm und den sowjetischen Schiffen auf dem Weg nach Kuba den Befehl zur Kursänderung erteilte. Doch die USA bestanden weiterhin auf dem Abbau der Raketenbasen. Schließlich lenkte Chruschtschow am 28. Oktober auch hier ein, nicht ohne den Amerikanern die Garantie abzuringen, keine Invasion gegen Kuba zu unternehmen. Es kam wieder zu Gesprächen zwischen den Großmächten, die jedoch immer wieder durch neues Säbelrasseln von beiden Seiten erschwert wurden, bis endlich am 5. August 1963 in Moskau der Atomtest-Stop-Vertrag, ein bedeutender Schritt in Richtung Weltfrieden, unterzeichnet werden konnte. Spielte dabei tatsächlich die Fatima-Botschaft eine Rolle? Hatte vielleicht schon Johannes XXIII. sie auf dem Höhepunkt der Kuba-Krise den Weltführern zugänglich gemacht? Wir wissen es nicht.

Jedenfalls versicherte »Neues Europa«-Chefredakteur Louis Emrich: *»Ich habe alles nur mögliche versucht, selbst an den Originaltext der Dritten Botschaft von Fatima zu kommen, doch all meine Bemühungen blieben vergebens. Der Vatikan hat alle Vorkehrungen getroffen, damit das Dokument ein päpstliches Geheimnis bleibt...*

Trotzdem bin ich heute in der Lage, den Lesern von NEUES EUROPA *in allen Ländern einen Auszug aus dem Text des Dritten Geheimnisses zu präsentieren, in der Form, in der er Eingeweihten in diplomatischen Kreisen in Washington, London und Moskau zugänglich gemacht wurde ... Obwohl das Dokument nicht der Originaltext der Botschaft von Fatima ist, wie sie am 13. Oktober 1917 von der Gottesmutter der kleinen Seherin Lucia enthüllt wurde, sind hier trotzdem essentielle Punkte des Originals zu finden. Darin heißt es:*

›Es war am dreizehnten Oktober 1917. An diesem Tag erschien die Heilige Jungfrau zum letzten Mal den kleinen Visionären Jacinta, Francisco und Lucia, am Ende einer Reihe von insgesamt sechs Erscheinungen. Nach der Manifestation des Sonnenwunders von Fatima enthüllte die Gottesmutter eine besonders geheime Botschaft an Lucia, in der sie ausdrücklich erklärte:

»Habe keine Angst mein Kleines, denn ich bin die Muttergottes, die zu dir spricht und ich bitte dich, diese Botschaft der ganzen Welt zu verkünden. Wenn du dies tust, wirst du auf starken Widerstand stoßen. So höre gut zu und passe auf, was ich dir erzähle. Die Menschen sollten sich bessern. Demütig müssen sie um Vergebung der Sünden bitten, die sie begangen haben und die sie begehen mögen.

Über die ganze Menschheit wird eine große Züchtigung kommen, noch nicht heute und noch nicht morgen, aber in der zweiten Hälfte des zwanzigsten Jahrhunderts. Was ich in La Salette bereits durch die Kinder Melanie und Maximin zum Ausdruck brachte, wiederhole ich heute Dir gegenüber. Die Menschheit hat sich nicht so entwickelt, wie Gott es erwartete. Die Menschheit hat gefrevelt und das Geschenk, das ihr gegeben wurde, mit Füßen getreten. Nirgends mehr herrscht Ordnung. Selbst in den höchsten Stellen regiert Satan und bestimmt den Lauf der Dinge. Er wird es verstehen, sogar in die höchsten Spitzen der Kirche einzudringen. Es wird ihm gelingen, die Köpfe großer Wissenschaftler zu verwirren, die Waffen erfinden, mit denen man die Hälfte der ganzen Menschheit in wenigen Minuten vernichten kann. Er wird die Mächtigen der Völker in seinen Bann schlagen und sie veranlassen, daß diese Waffen in Massen erzeugt werden. Sollte sich die Menschheit dem nicht entgegenstellen, werde ich gezwungen sein, den Arm meines Sohnes Jesus Christus fallen zu lassen. Siehe, Gott wird dann die Menschen strafen, noch härter und noch schwerer als er sie durch die Sintflut gestraft hat.

Und die Großen und Mächtigen werden dabei genauso zugrunde gehen wie die Kleinen und Schwachen. Aber auch für die Kirche kommt eine Zeit schwerster Prüfungen. Kardinäle werden gegen Kardinäle und Bischöfe gegen Bischöfe sein! Satan tritt mitten in ihre Reihen. Auch in Rom wird es große Veränderungen geben. Was faul ist, fällt und was fällt, soll nicht gehalten werden.

Die Kirche wird sich verfinstern, und die Welt gerät in große Bestürzung. Der große Krieg fällt in die zweite Hälfte des zwanzigsten Jahrhunderts, Feuer und Rauch werden dann vom Himmel fallen, und die Wasser der Ozeane werden verdampfen, und die Gischt wird gen Himmel zischen und alles wird umstürzen, was aufrecht steht. Und Millionen und Abermillionen von Menschen werden von einer zur anderen Stunde ums Leben kommen, und die, welche dann noch leben, werden diejenigen beneiden, welche tot sind. Drangsal wird sein, wohin man schaut, und Elend auf der ganzen Erde und Untergang in allen Ländern.

Siehe, die Zeit kommt immer näher und der Abgrund wird immer größer, und es gibt keine Rettung, und die Guten werden mit den Schlechten sterben und die Großen mit den Kleinen und die Kirchenfürsten mit ihren Gläubigen und die Herrscher der Welt mit ihren Völkern, und überall wird der Tod regieren, von irrenden Menschen zu seinem Triumph erhoben und von Knechten Satans, der dann der einzige Herrscher auf Erden ist. Es wird eine Zeit sein, die kein König und Kaiser und kein Kardinal und Bischof erwartet. Und sie wird dennoch kommen nach dem Sinn meines Vaters, um zu strafen jene, die bestraft werden müssen.

Später aber, wenn die, die alles überstehen, noch am Leben sind, wird man erneut nach Gott und seiner Herrlichkeit rufen und Gott wieder dienen, wie einst, als die Welt noch nicht verdorben war. Ich rufe auf alle wahren Nachfolger meines Sohnes Jesus Christus, alle wahren Christen und die Apostel der letzten Zeit.

Die Zeit der Zeiten kommt und das Ende aller Enden, wenn die Menschheit sich nicht bekehrt und diese Bekehrung nicht von oben kommt, von den Regierenden der Welt und den Regierenden der Kirche. Doch wehe, wehe, wenn diese Bekehrung nicht kommt und alles bleibt, wie es ist, ja alles noch viel schlimmer wird! Gehe hin, mein Kind, und verkünde das! Ich werde dir dabei helfend zur Seite stehen.‹«

Zum Abschluß des »Geheimnisses« erklärte Emrich: »Ich möchte noch einmal hinzufügen, daß dies nicht der Text der Original-Botschaft ist… sondern ein Auszug aus der dritten Botschaft von Fatima, wie er in diesem Moment in diplomatischen Kreisen zirkuliert. Mir wurde versichert, daß der authentische Text der Botschaft noch harscher und überwältigender ist als der oben wiedergegebene Auszug.«

Sicher ist, daß der Emrich-Text keineswegs authentisch ist. Bestenfalls enthält er einen wahren Kern, der inmitten eines Wustes von apokalyptischen Phantastereien irgendwo in dieser Version verborgen liegt. Aus vier Gründen kann die »diplomatische Version« in dieser Form einfach nicht echt sein:

1. Das »Dritte Geheimnis« ist tatsächlich nur der dritte, unveröffentlichte Teil der Marienbotschaft vom 13. Juli 1917, die aus drei Teilen bestand, von denen Lucia den ersten und den zweiten bereits 1942 veröffentlichte. Es hat nie eine Offenbarung nach dem Sonnenwunder gegeben, denn als Lucia »Schaut zur Sonne!« rief, beobachtete sie gerade, wie die Gottesmutter in Richtung der Sonne verschwand. Der gesamte Wortlaut der Botschaft vom 13. Oktober 1917 ist gleich verkündet worden und war nie ein Geheimnis. Die Datierung des Emrich-Geheimnisses ist also schlichtweg falsch.

2. Die »diplomatische Version«, die sogar ausdrücklich nur ein Auszug aus der Marienbotschaft sein soll, ist viel zu lang. Das echte Geheimnis umfaßt gerade mal 25 Zeilen, ist also nur unwesentlich länger als das erste und zweite Geheimnis zusammen, die Lucia auf 23 Zeilen niederschrieb. Es paßte auf ein Blatt Papier im A 5-Format.
Der Emrich-«Auszug« ist fast dreimal so lang!

3. Sie ist kein Geheimnis. »Gehe hin mein Kind und verkünde das!« forderte die Gottesmutter angeblich Lucia auf. Das echte Geheimnis durfte Lucia aber selbst unter der Androhung von Folter (im Büro des Kreisvorstehers) nicht preisgeben.

4. Das echte »Dritte Geheimnis« muß mit den Worten »*In Portugal wird das Dogma des Glaubens immer erhalten bleiben*« beginnen, enden oder von diesem Satz her abgeleitet sein. Die Emrich-Version jedoch ist eine völlig neue Botschaft, ohne jede Verbindung zum bekannten Text der ersten beiden Geheimnisse.

Trotzdem erklärte Louis Emrich in der nächsten Ausgabe von »Neues Europa« am 1. November 1963: »*Der Text, den wir von der Dritten Botschaft von Fatima veröffentlichten, stellt nur einen Auszug dar, der in diplomatischen Kreisen bekannt wurde. Der wichtigste Teil, die Quintessenz der Offenbarung der Gottesmutter, war uns nicht zugänglich. In diesem Fall sagten die besorgten Worte der Heiligen Jungfrau Ereignisse voraus, die in Rom stattfinden werden, und die den Vatikan und das Papsttum betreffen, an der Dämmerung des Tages J, wenn die Menschheit der göttlichen Züchtigung übergeben wird. Die sich darauf beziehende Passage, die die Grundlage und Schlußfolgerung der dritten Voraussage von Fatima darstellt, wurde vollständig aus dem Text entfernt und bleibt ein Staatsgeheimnis des Vatikans, bis eine neue Anweisung erteilt wird. Wir wissen jedoch, was in der fraglichen Passage ausgesagt wird. Sie bezieht sich auf die Zukunft des Heiligen Stuhls und aller mit ihm verbundenen Institutionen...«*

Hatte Emrich sich das alles nur ausgedacht? Oder war er tatsächlich auf echte Gerüchte aus dem Vatikan gestoßen, Wortfetzen aus dem echten Dritten Geheimnis, die er, zweifellos inspiriert durch die »Große Botschaft von La Salette«, eine frühere Marienoffenbarung, zu dem uns bekannten Text zusammenfaßte? Dieser Frage ging der bekannte deutsche Parapsychologe Prof. Hans Bender vom »Institut für Grenzgebiete der Psychologie« der Universität Freiburg 1981, sieben Jahre nach Emrichs Tod, auf den Grund. Dabei befragte er Emrichs Witwe, Frau Hella Emrich, nach den Umständen der Veröffentlichung der »diplomatischen Version« des Fatima-Geheimnisses. »*Nachdem ihr Mann sich längere Zeit vor der Veröffentlichung am 15. Oktober 1963 mit Fatima befaßt hatte und schon Informationen über den wahrscheinlichen Inhalt des vom Vatikan gehüteten ›Staatsgeheimnisses‹ erhalten hatte*«, faßte Bender später ihre Aussagen zusammen, »*besuchte ihn ein Pater aus dem Vatikan, der aber ausdrücklich betonte, daß er nicht im Auftrage des Vatikans komme. Das Gespräch zwischen ihrem Mann und dem Pater fand unter vier Augen statt und dauerte den ganzen Vormittag. Ihr Mann habe sich danach geäußert, er könne verstehen, warum das geheimgehalten werde. Man wolle die Menschen nicht beunruhigen. Es sei ganz schrecklich, was da auf uns zukomme, die Apokalypse. Jetzt müsse und könne er darüber schreiben, um zu warnen, denn er habe jetzt übereinstimmende Informationen. Nach seinen Notizen habe ihr Mann dann die ›diplomatische Version des dritten Geheimnisses von Fatima‹ zusammengestellt ... Auf die Frage nach dem Motiv des Paters sagte Frau Emrich: ›Er war ein Leser von ›Neues Europa‹ und hat Nummern aufgehoben, in denen mein Mann den Zweiten Weltkrieg voraussagte. Er hat das Gefühl gehabt, daß es höchste Zeit ist, den Menschen die Augen zu öffnen und zu sagen, was uns noch alles bevorsteht. So fand er es dringend notwendig, meinen Mann zu sehen und mit ihm zu sprechen‹.*«

Glauben wir Frau Emrich, so stammten die grundlegenden Informationen, die ihr Mann erhielt, also aus dem Vatikan. Auch sie betont, daß die »Neues Europa«-Version von ihrem Mann verfaßt wurde, auf der Grundlage von Notizen, die er sich im Verlauf eines längeren Gespräches gemacht hatte. Inwieweit dabei die Phantasie mit dem Journalisten durchgegangen ist, mag dahingestellt bleiben, wobei seine Intention möglicherweise sogar aufrichtig war. Das würde auch die verbalen Ausschweifungen erklären, die Überlänge, die falsche zeitliche Zuordnung und die Textverwandtschaft mit der La Salette-Botschaft, die uns an ihrer Authentizität zweifeln ließen. Es ist also durchaus möglich, daß Emrichs »diplomatische Version« zumindest Passagen des echten Fatima-Geheimnisses beinhaltet. Es gilt hier nur, Dichtung von Wahrheit zu unterscheiden.

Dabei bleibt die Frage, ob es sich bei der »Indiskretion« des Paters aus dem Vatikan tatsächlich um die Handlung eines einzelnen Idealisten handelt, oder um den Teil eines Planes, den man durchaus als »gezielte Desinformation« bezeichnen kann. »Desinformation« ist ein Begriff aus der Geheimdienstsprache, der sich am leichtesten mit dem Churchill-Zitat »man verbirgt eine Wahrheit am wirksamsten zwischen zwei Lügen« erklären läßt. Wir können mit Sicherheit davon ausgehen, daß Emrichs Geschichte von der »vatikanischen Geheimdiplomatie« unter Zuhilfenahme des Fatima-Geheimnisses eine reine Erfindung ist – sie ist jedenfalls nie aus irgendeiner anderen Quelle bestätigt worden. In diesem Rahmen aber erfüllt die Veröffentlichung der »diplomatischen Version« einen dreifachen Zweck, der dem Vatikan sehr gelegen kam.

1. Die Gläubigen, die seit 1960 die Freigabe des Geheimnisses verlangten, waren erst einmal befriedigt. Sie hatten etwas vorliegen, das, echt oder nicht, ihre schlimmsten apokalyptischen Befürchtungen bestätigte und zumindest zum Nachdenken anregte.

2. Zukünftige Generationen konnten dem Vatikan nicht vorwerfen, die Fatima-Botschaft unterschlagen zu haben. Da die »diplomatische Version« zumindest Passagen aus dem echten Geheimnis enthielt, könnte man sich immer auf diese inoffizielle Publikation berufen. Andererseits würde eine Publikation in einer eher kleinen und dubiosen Zeitschrift nie die öffentliche Beachtung finden, wie eine Veröffentlichung in einem

großen und seriösen Blatt. Wer es glauben wolle, könnte es glauben, doch im Falle einer Überreaktion ließe sich das alles ebenso schnell wieder dementieren.

3. Der Vatikan konnte sich rühmen lassen, durch eine gezielte diplomatische Aktion die Welt in der schlimmsten Bedrohung des Friedens seit Ende des 2. Weltkriegs gerettet zu haben – dank der Umsicht des neuen Papstes.

Womöglich trägt die ganze Aktion sogar die Handschrift des ehemaligen Vatikan-Vize-Außenministers Kardinal Montini, der kurz zuvor als Papst Paul VI. den Stuhl Petri bestiegen und mit Sicherheit die Fatima-Botschaft und die Notiz seines Vorgängers gelesen hatte. So bestätige Msgr. Capovilla: »*Paul VI., nach seiner Wahl, bat um alle Informationen bezüglich dieses Dokumentes; ich erinnere mich nicht mehr, ob das im Juli 1963 war oder ein paar Monate später. Aber wir können glauben, daß er das Geheimnis las.*« Ein anderes Mal ergänzte Capovilla: »*Paul VI. fragte mich: Was war die Meinung des Heiligen Vaters Papst Johannes XXIII.? Er wollte wahrscheinlich mehr wissen, aber ich konnte ihm nur sagen, was ich wußte, und das war, daß er entschied: ›Ich will das anderen überlassen‹. Er sagte nicht: ›Ich überlasse das meinem Nachfolger‹, er sprach von ›anderen‹. Und Paul VI. meinte: ›Das mache ich auch‹.*«

Offiziell hüllte sich der Heilige Stuhl weiterhin in Schweigen, ein Schweigen, das anhielt, als sich die Ereignisse von Fatima zum 50. Mal jährten. Schon im Vorfeld der Vorbereitungen für die Jubiläumsfeier, am 11. Februar 1967, hielt Kardinal Ottaviani, Präfekt der Kongregation für die Glaubenslehre, vor der Päpstlichen Marianischen Akademie eine Ansprache, in der er auf Anordnung des Papstes den zukünftigen Kurs in Sachen »Drittes Geheimnis« festlegte, der da lautete:

1. Das 3. Geheimnis wird nicht enthüllt, weil es an den Heiligen Vater gerichtet ist und nur an ihn.
2. Die Gläubigen müssen sich mit dem Aufruf zu »Gebet und Buße«, der schon in Lourdes an sie gerichtet wurde, abfinden.
3. Es ist sinnlos, über den Inhalt des Dritten Geheimnisses zu spekulieren, weil noch kein Teil von ihm enthüllt wurde.
4. Man braucht sich nicht vor dem Inhalt des Geheimnisses zu fürchten. Fatima ist keine alarmierende Botschaft, es ist eine Botschaft der Hoffnung.

Kardinal Ottaviani wörtlich über das Dritte Geheimnis: »*In dieser Botschaft gab es einen privaten Teil, der (Lucias) Bruder und ihre Schwester betraf, es gab einen Teil, der die ganze Welt betraf (er lud die ganze Welt zu Gebet und Buße ein) und schließlich gab es einen dritten Teil der Dinge, die ihr die Heilige Jungfrau anvertraute. Und diese Dinge hat sie ihr (Lucia) nicht für sich selbst anvertraut, nicht für die Welt – zumindest zum gegenwärtigen Zeitpunkt – sondern für den Stellvertreter Christi. ...*
Die Botschaft sollte nicht vor 1960 geöffnet werden. Ich fragte Lucia: Warum dieses Datum? Und sie antwortete mir: Weil es dann sehr viel klarer sein wird. Deshalb glaube ich, daß die Botschaft prophetisch im Tonfall ist, denn die Prophezeihungen, wie wir sie auch in der heiligen Schrift finden, sind oft von einem Schleier des Mysteriösen verhüllt...
Ich, der ich die Gnade hatte, den Text des Geheimnisses zu lesen – obwohl ich ebenfalls durch das Geheimnis an die Geheimhaltung gebunden bin – ich kann sagen, daß alles, was im Umlauf ist, nur auf abergläubischer Phantasie beruht... man kann sich ziemlich sicher sein, daß das wahre Geheimnis auf eine Art und Weise verwahrt wird, daß niemand einen Blick darauf werfen kann.«
Doch Ottavianis Erklärung überzeugte nicht, mehr noch, sie strotzte nur so vor Ungenauigkeiten und Fehlern. Nachdem er sogar mit Lucia persönlich gesprochen hatte, müßte der Kardinal eigentlich wissen, daß Francisco und Jacinta nicht ihre Geschwister, sondern ihr Cousin und ihre Cousine waren. Das Dritte Geheimnis mag zwar vom Papst handeln, war aber nie an den Heiligen Vater gerichtet. Und wenn es sich bei ihm tatsächlich nur um eine »Botschaft der Hoffnung« handeln würde, dann war zu fragen, weshalb der Vatikan es dann noch unter Verschluß hielt.
Umso überraschter waren Beobachter des Vatikans dann doch, als der Heilige Vater selbst in Fatima das Wort ergriff. Der 50. Jahrestag der Erscheinungen, der 13. Mai 1967, sollte alle bisherigen Fatima-Jubiläen übertreffen – der Papst persönlich kam, es war seine vierte Auslandsreise überhaupt.
Hunderttausende säumten seinen Weg, als Paul VI. in einem alten, weißen, mit den päpstlichen Wappen verzierten Rolls Royce mit offenem Verdeck, die 50 Kilometer vom Militärflughafen Monte Real, wo er von Portugals Staatspräsident und der Regierung begrüßt worden war, nach Fatima fuhr. Das Wetter war kühl, fast winterlich, es kam zu Windböen und Regenschauern. Gekleidet in seine weiße Soutane, vor Wind und Wetter geschützt durch einen

dunkelroten Regenmantel, erwiderte der Heilige Vater stehend die zahllosen Ovationen der Menschen. Drei Millionen Portugiesen waren in das Dorf in der Serra de Aire gekommen, in die Cova da Iria, die erst durch die Erscheinungen der Himmelskönigin und jetzt durch den Stellvertreter Christi auf Erden geweiht wurde. Endlich erreichte die Wagenkolonne den Wallfahrtsort, gelang es den Ordnern, ihr den Weg durch die drängelnde Masse zu bahnen.

Dort, auf einer Tribüne zu Füßen der Basilika, sollte er die Heilige Messe feiern und, die Mitra auf dem Kopf, in sieben Sprachen zur Jungfrau von Fatima für die von Hungersnöten und Kriegen bedrohte Welt beten. An seiner Seite hatten sich die Bischöfe Portugals, hunderte Priester, die Abgesandten der spanischen und italienischen Königshäuser, die Mitglieder des diplomatischen Corps und eine einfache Nonne eingefunden, die eher verschüchtert auf die Massendemonstration des Glaubens reagierte, die so sehr im Gegensatz zur Einsamkeit ihres Klosterlebens stand: Schwester Lucia, die den Karmel von Coimbra ausnahmsweise zu diesem Anlaß verlassen und, zum zweiten Mal seit 1921, in ihre Heimat zurückkehren durfte. Allein und in portugiesischer Sprache zelebrierte der Papst die Heilige Messe, um dann, in der Homilie, zum Thema des Friedens in der Kirche und in der Welt zu sprechen, das, so war jeder überzeugt, auch den Kern des Dritten Geheimnisses von Fatima ausmachte. Er wußte, daß jedes seiner Worte abgewägt werden würde, auf die Frage hin, ob es einen versteckten Hinweis auf die Marienbotschaft beinhaltet. Jene, die danach suchten, sollten nicht enttäuscht werden.

»Ihr wißt, daß die Welt in einer Phase großer Umwandlungen begriffen ist, infolge der gewaltigen und wunderbaren Fortschritte im Erkennen und Erobern der Reichtümer dieser Erde und des Universums«, erklärte der Montini-Papst, »Aber Ihr wißt auch, daß die Welt unglücklich und besorgt ist; der erste Grund dieser Besorgnis ist die Schwierigkeit der Verständigung, die Schwierigkeit der Friedenssicherung. Alles scheint die Welt auf Brüderlichkeit und Einheit hinzudrängn. Und doch brechen immer wieder diese schrecklichen Konflikte aus. Zwei Hauptgründe lassen diese historische Lage der Menschheit besonders ernst erscheinen: Sie besitzt entsetzlich mörderische Waffen im Überfluß und ist in moralischer Hinsicht nicht soweit fortgeschritten wie auf wissenschaftlichem und technischem Gebiet. (...) Deshalb sagen wir: Die Welt ist in Gefahr! Deshalb sind wir gekommen, um zu Füßen der Königin des Friedens zu knien und sie um

ein Geschenk zu bitten, das allein Gott geben kann: Den Frieden. (...)
Wir kommen als Pilger. Unser brennender Wunsch ist es, der Heilig-
sten Mutter Gottes in der Cova da Iria als Sohn zu huldigen. Wir len-
ken unsere Schritte dahin im Geiste des Gebets und der Buße, um
Unsere Liebe Frau von Fatima anzuflehen, sie möge in der Kirche und
in der Welt das unschätzbare Gut des Friedens herrschen lassen.«
Das klang schon sehr danach, als sei der Heilige Vater von einem
Fatima-Geheimnis inspiriert worden, das zumindest inhaltlich in
etwa der »diplomatischen Version« mit ihren Hauptthemen – Warnung vor dem Atomkrieg und vor der Krise der Kirche – entsprechen könnte.

Interessanterweise ist die Emrich-Version vom Vatikan nie offiziell
bestätigt oder dementiert worden, obwohl sie selbst in der Kurie
bekannt war und diskutiert wurde. So verkündete Radio Vatikan
am 13. Mai 1977: »*Weder Papst Johannes XXIII. noch Papst Paul VI.*
hielten es für richtig, der Welt den dritten Teil des Geheimnisses von
Fatima bekanntzugeben, und was die Veröffentlichung vom 15. Okto-
ber 1963 in der Stuttgarter Zeitschrift ›Neues Europa‹ betrifft, so
wurde diese weder dementiert noch bestätigt. Jedenfalls scheint sicher,
daß der dritte Teil des Geheimnisses eine besondere Tragweite hat, was
bestätigt wird durch die tragische Wirklichkeit der Welt, in der wir
gegenwärtig leben. Ist die Erfüllung der Zeiten gekommen? Leben wir
in der Vorphase der Apokalypse, wie sie Johannes prophezeite?«

Im selben Jahr 1977, zur Feier des 60. Jahrestages der Erscheinungen, besuchte der Patriarch von Venedig, Kardinal Albino Luciani,
mit einer fünfzigköpfigen Delegation aus Venedig die Erscheinungsstätte. Von dort aus fuhr er weiter nach Coimbra, feierte die
Messe in der Kapelle des Karmeliterinnen-Klosters und sprach
zwei Stunden lang unter vier Augen mit Schwester Lucia. Am
Ende des Gespräches, so einer seiner Begleiter, »*erschien der Kardi-*
nal blaß, als sei ihm ein Gespenst begegnet, ein Eindruck, den jedes
Mitglied unserer Gruppe gleichermaßen hatte«. Der sonst so heiter-
gelassene Luciani wirkte, als leide er unter einer großen Last. Kurz
darauf, so erinnerte sich seine Schwägerin, als er seine Familie
besuchte, verfiel er bei einem Abendessen in eine so merkwürdig
schwermütige Stimmung, daß sie ihn fragte, ob etwas nicht in
Ordnung sei. »*Ich mußte nur wieder darüber nachdenken, was*
Schwester Lucia mir in Coimbra gesagt hat. Das Geheimnis, es ist
schrecklich!«, erwiderte er und verschwand mit seinem Brevier im

Schlafzimmer. Ein Jahr später wurde der Patriarch von Venedig zum Papst gewählt. Es ist anzunehmen, daß es eine der ersten Amtshandlungen von Johannes Paul I. war, sich die Niederschrift des Dritten Geheimnisses zeigen zu lassen. Es ist nicht bekannt, ob er vorhatte, es zu veröffentlichen. Nach nur 33 Tagen auf dem Stuhl Petri brach der »lächelnde Papst« unter der Bürde seines Amtes zusammen und starb, angeblich, an einem Herzinfarkt.

Am Vortag des Konklaves zur Wahl des jetzigen Papstes Johannes Paul II. nach dem verfrühten und geheimnisumwitterten Tod seines Vorgängers, am 16. Oktober 1978, erschien in der Wochenzeitschrift »L'Osservatore della Domenica« ein Artikel, der weltweit für Aufsehen sorgte. Mit gutem Grund: Die Tageszeitung »L'Osservatore Romano« und der »Osservatore della Domenica« sind die einzigen offiziellen Publikationsorgane des Vatikanstaates. Der Verfasser des Beitrages war kein geringerer als Msgr. Corrado Balducci, Prälat der vatikanischen »Kongregation für die Evangelisierung der Völker« und langjähriges Kurienmitglied, der offenbar das Interregnum, die führungslose Zeit im Kirchenstaat, nutzte, um die Frage nach dem Dritten Geheimnis von Fatima erneut zur Diskussion zu stellen. Unter der Überschrift »Profezia e Realtà« (Prophezeihung und Wahrheit) und dem Verweis: »*Wahr oder nicht wahr – ich möchte sie berichten*« zitierte er einige Sätze aus der »diplomatischen Version«, um dann auszuführen: »*Es ging das Gerücht um, daß dieses dritte Geheimnis von Fatima 1960 publik würde, und man dachte, daß es dann während des heiligen Jahres 1975 bekanntgemacht würde. Aber dem war nicht so, und man nahm deshalb an, daß kein Motiv es rechtfertigen würde, diese Prophezeihung zurückzuhalten, wenn es sich um gute Neuigkeiten handeln würde. Also muß dieses dritte Geheimnis sehr schreckliche Dinge zum Inhalt haben.*« Die Emrich-Version bezeichnete Msgr. Balducci als »*einen Text, der nachdenklich stimmt und dessen Authentizität annehmbar erscheint... ich überlasse es dem Leser, sich über die Fatima-Botschaft sein eigenes Urteil zu bilden. An diesem Punkt möchte ich mich jedoch mit ihm in die Realität von heute einfühlen: ich möchte den Traum unterbrechen, in dem wir zu leben scheinen, sofern wir nicht darüber unterrichtet sind, was uns erwartet.*

Stellen wir zunächst eine erste Frage: Besteht die Möglichkeit, daß ein neuer Weltkrieg ausbrechen wird? Und das zweite Fragezeichen: Wer ist so naiv zu glauben, daß ein zukünftiger Krieg nicht mit Atomwaffen ausgetragen würde? Wenn diese entsetzliche Eventualität einträfe, müssen wir damit rechnen, daß dabei die letzten, modernsten Waffen eingesetzt werden. Es käme dann zu einer Apokalypse ohne Beispiel, zu einer Vertilgung der Menschheit und einer schrecklichen Zerstörung seiner Werke. Man erinnere sich in diesem Zusammenhang an die Antwort Einsteins auf eine Frage bezüglich seiner Ansicht über den Ausgang eines Dritten Weltkrieges: ›Das weiß ich nicht. Eines aber ist gewiß: Sollte danach ein weiterer Krieg stattfinden, würde er mit Pfeil und Bogen ausgetragen werden.‹ Gerade diese Aussicht auf eine enorme und allgemeine Zerstörung orientiert und leitet die Staatsmänner zur Intensivierung der diplomatischen Aktivitäten, zu Handlungen des guten Willens und zu unerwarteten Gesten der Geduld. In der dunklen, grausamen Bedrohung bleibt uns nur die tröstliche Gewißheit der religiösen Wahrheit...«

Wie Prof. Bender später aus dem Vatikan in Erfahrung brachte, wurde der Artikel von Balducci *»zu einer Zeit publiziert, als ein Hauptgegner von Fatima während des Interregnums des Konklaves nicht amtierte... aus der Tatsache, daß die Ausführungen Balduccis im ›Osservatore della Domenica«* vom Vatikan nie dementiert worden sind, schließen Fatima-Experten auf die Authentizität der ›diplomatischen Version‹.« Bei einem persönlichen Gespräch am 25. Mai 1997 in Rom erklärte mir Msgr. Balducci, daß er es sehr wohl für wahrscheinlich halte, daß die Emrich-Version starke Verzerrungen enthalte. Nichtsdestotrotz sei er davon überzeugt, daß es in der echten Dritten Botschaft von Fatima um zwei Dinge gehe: Die Gefahr eines Dritten Weltkrieges und die dogmatische und doktrinale Krise der Kirche.

Zu der selben Schlußfolgerung kam Pater Messias Dias Coelho, ein namhafter Fatima-Experte, der sich 1971 auf einen »hochrangigen Kardinal« berief. *»Diesem zufolge beinhaltet der fragliche Text (der »diplomatischen Version«) zwar einige Übertreibungen, entspricht aber in seinen Grundlagen der Wahrheit... hinzu kommt, daß der zentrale Kern des fraglichen Textes, wie jeder erkennt, die Vorhersage eines zukünftigen Klimas der Spaltung innerhalb der Kirche darstellt, eine Prophezeihung, die vor acht Jahren noch unglaublich war, heute aber eine Realität darstellt.«*

Auch der Sekretär von Papst Johannes XXIII., Monsignore Capovilla, ist überzeugt, daß *»der zentrale Teil (der Emrich-Version) wahr ist, aber jemand die Konturen hinzugefügt hat.«* Eben das aber, ein wahrer »zentraler Kern«, umgeben von einer Reihe von Übertreibungen und Erfindungen, ist ein typisches Merkmal von

Desinformation. Vielleicht ist das der wahre Grund dafür, weshalb der Vatikan den Text der »diplomatischen Version« nie dementierte: Er enthält die Wahrheit!

Was sind nun die echten Passagen? Ganz gewiß jene, die eigentlich in einer »diplomatischen Version« nichts zu suchen haben, von denen niemand erwarten würde, daß der Vatikan sie den Regierungen der Großmächte übermittelt – weil sie das Schicksal, die Zukunft (und Gegenwart) der Kirche betreffen. Lassen Sie uns einen Blick auf eben jene Textstellen werfen:

»Selbst in den höchsten Stellen regiert Satan und bestimmt den Lauf der Dinge. Er wird es verstehen, sogar in die höchsten Spitzen der Kirche einzudringen.«

»Aber auch für die Kirche kommt eine Zeit schwerster Prüfungen. Kardinäle werden gegen Kardinäle und Bischöfe gegen Bischöfe sein! Satan tritt mitten in ihre Reihen. Auch in Rom wird es große Veränderungen geben. Was faul ist fällt und was fällt, soll nicht gehalten werden.«

»Die Kirche wird sich verfinstern und die Welt gerät in große Bestürzung.«

»Die Zeit der Zeiten kommt und das Ende aller Enden, wenn die Menschheit sich nicht bekehrt und diese Bekehrung nicht von oben kommt, von den Regierenden der Welt und den Regierenden der Kirche. Doch wehe, wehe, wenn diese Bekehrung nicht kommt und alles bleibt, wie es ist, ja alles noch viel schlimmer wird.«

Was wissen wir mit Sicherheit über das Dritte Geheimnis?
1. Es muß in einer Beziehung zu den beiden anderen Teilen des »Großen Geheimnisses« stehen, die einem bestimmten Zeitplan folgen:
   - Ende des 1. Weltkrieges
   - Ausbruch eines »anderen, schlimmeren Krieges« unter Pius XI., angekündigt durch ein »unbekanntes Licht« in der Nacht.
   - Rußland wird seine Irrlehren verbreiten, verschiedene Nationen werden ausgelöscht
   - ???
   - »Am Ende« wird der Papst Rußland der Hl. Jungfrau weihen, es wird sich bekehren, der Welt wird eine Zeit des Friedens geschenkt werden.
   - ???

Die beiden mit drei Fragezeichen markierten Stellen kennzeichnen die beiden Möglichkeiten einer chronologischen Einordnung der im Dritten Geheimnis prophezeiten Ereignisse: Es bezieht sich entweder auf Ereignisse VOR der Weltweihe und der Zeit des Friedens (es könnte also mit Worten wie »zuvor aber…« beginnen) oder auf solche, die auf »eine Zeit des Friedens« folgen. Das heißt: Entweder auf Ereignisse der Gegenwart oder der Zukunft!

2. Es muß mit Ereignissen in Verbindung stehen, die »ab dem Jahre 1960« besser zu verstehen sind. Die frühen sechziger Jahre waren durch zwei Ereignisse gekennzeichnet, die in Verbindung mit der Fatima-Prophezeihung stehen könnten: Der akuten Gefahr eines Atomkrieges (siehe Kuba-Krise) und dem Zweiten Vatikanischen Konzil und seinen Folgen.

3. Es muß einen guten Grund geben, weshalb drei Päpste, Johannes XXIII., Paul VI. und Johannes Paul II. es unter Verschluß hielten.

4. Es prophezeit nicht den Weltuntergang: Die ganze Botschaft von Fatima ist ein Aufruf zu Buße und Umkehr, »Strafgerichte« werden höchstens angedroht, falls die Menschheit diesem göttlichen Appell nicht nachkommt.

5. Es enthält schlechte Nachrichten, speziell für die Kirche. Um noch einmal Kardinal Cerejeira zu zitieren: »*Wenn es froh wäre, hätte man es uns gesagt. Da man uns nichts sagt, dann deshalb, weil es traurig ist.*«

Daß tatsächlich das Dritte Geheimnis von der Krise der Katholischen Kirche spricht, ist auch die feste Überzeugung von Pater Joaquin Maria Alonso. Alonso hatte in den Fächern Philosophie und Theologie an der Gregorianischen Universität in Rom promoviert und an den Universitäten von Rom, Madrid und Lissabon gelehrt. Er ist Mitglied diverser Marianischer Gesellschaften und erhielt vom Bischof von Leiria den Auftrag, eine kritische Studie der Ereignisse von Fatima zu erarbeiten. In Fachkreisen gilt Pater Alonso als einer der führenden Experten und besten Kenner von Fatima.

»*In Portugal wird das Dogma des Glaubens immer erhalten bleiben*«, zitiert Pater Alonso den bekannten Satz, »*diese Formulierung impliziert eindeutig einen kritischen zustand des Glaubens, in dem andere Nationen eine Glaubenskrise durchleiden, während Portugal seinen Glauben erhält…*

Daher ist es ziemlich wahrscheinlich, daß für diese fragliche Zwischenperiode (zwischen 1960 und vor dem Triumph des Unbefleckten Herzens Mariens) der Text sehr konkret auf eine Glaubenskrise der Kirche und auf Versäumnisse ihrer Oberhirten hinweist.« Pater Alonsos Theorie scheint bestätigt zu werden durch eine Aussage Pater Schweigls, der Lucia am 2. September 1952 im Auftrag von Papst Pius XII. im Karmel in Coimbra interviewte: Schweigl erklärte bei seiner Rückkehr vor dem Russicum (Russischen Priesterseminar) in Rom: »*Ich kann hier nicht enthüllen, was ich in Fatima über das Dritte Geheimnis erfahren habe, aber ich kann sagen, daß es zwei Teile hat: einer bezieht sich auf den Papst. Das andere, logischerweise – obwohl ich nichts sagen darf – müßte die Fortsetzung der Worte: ›In Portugal wird das Dogma des Glaubens immer erhalten bleiben‹ sein.*«

Noch eindeutiger äußerte sich Alberto Cosme do Amaral, der Bischof von Leiria und Fatima, bei einer Rede vor dem Auditorium Maximum der Wiener Technischen Universität am 10. September 1984: »*Das Geheimnis von Fatima spricht weder von Atombomben noch von nuklearen Sprengköpfen oder Pershing-Raketen oder SS-20*«, erklärte der Bischof, »*Sein Inhalt betrifft nur unseren Glauben. Das Geheimnis mit der Ankündigung von Katastrophen oder mit einem nuklearen Holocaust zu identifizieren ist eine Deformation der Bedeutung der Botschaft. Der Verlust des Glaubens auf einem Kontinent ist schlimmer als die Vernichtung einer Nation; und es ist wahr, daß der Glauben kontinuierlich in Europa schwindet.*«

Pater Alonso weiter: »*Wenn in Portugal das Dogma des Glaubens immer erhalten bleibt, kann daraus gefolgert werden, daß diese Dogmen in anderen Teilen der Kirche verdunkelt werden oder gar verlorengehen. Es ist sehr gut möglich, daß diese Botschaft nicht nur von einer ›Glaubenskrise‹ in der Kirche während dieser Zeit spricht, sondern auch, wie das Geheimnis von La Salette, konkret Bezug nimmt auf interne Streitigkeiten unter Katholiken und die Versäumnisse von Priestern und Ordensleuten. Es ist ebenso möglich, daß es sich auf Versäumnisse selbst in den höheren Rängen der Hierarchie bezieht.*« Auch Dr. Malachi Martin, der Sekretär Kardinal Beas, der auf einem Geheimtreffen von Papst Johannes XXIII. über den Inhalt des Dritten Geheimnisses informiert wurde, behauptete im November 1996 auf der Konferenz »Fatima 2000« in Rom: »*Der Inhalt des Dritten Geheimnisses handelt von einer noch nie dagewesenen Krise des zeitgenössischen Katholizismus und der Unfähigkeit der Hierarchie, damit angemessen umzugehen.*« Kardinal Bea, so Dr. Martin, war sehr verärgert darüber, daß der Papst dies vertuschen wollte. Handelt das Fatima-Geheimnis also tatsächlich in erster Linie von der inneren Krise der Kirche und dem Glaubensverlust in Europa? Damit ließe sich tatsächlich erklären, weshalb die Dritte Botschaft in ihrem Inhalt erst ab 1960 verstanden werden würde. Am 25. Januar 1959 hatte Papst Johannes XXIII. der Welt seine Absicht zur Einberufung eines ökumenischen Konzils bekanntgegeben, am 11. Oktober 1962 wurde das Vatikanum II. feierlich in Rom eröffnet. In seiner Rede erhob der Heilige Vater ausdrücklich seine Stimme »*gegen die Propheten der Düsterkeit, die uns immer ominösere Ereignisse ankündigen, als ob das Ende der Welt bevorstünde*«. Bezog er sich dabei auch auf Fatima?

Was als »Aufbruch« und »neues Pfingsten für die Kirche« angekündigt worden war, erwies sich als Ausgangspunkt für die größte Krise, die die katholische Kirche in ihrer fast zweitausendjährigen Geschichte durchleiden mußte. »*Die letzten zehn Jahre waren ausgesprochen ungünstig für die katholische Kirche*«, beschrieb Kardinal Ratzinger, der Präfekt der vatikanischen Glaubenskongregation, die Situation der nachkonziliaren Kirche 1984 in einem Interview mit dem italienischen Journalisten Vittorio Messori, der es ein Jahr später unter dem Titel »Bericht über den Glauben« als Buch herausgab: »*Was die Päpste und Konzilväter erwarteten, war eine neue katholische Einheit, und statt dessen begegnete man einem Dissens, der sich – um die Worte Pauls VI. zu gebrauchen – von Selbstkritik in Selbstzerstörung gewandelt hat. Es hatte die Erwartung einer neuen Begeisterung gegeben, doch allzuoft hat sie in Langeweile und Mutlosigkeit geendet. Man hatte erwartet, einen Schritt nach vorn zu tun, und statt dessen sah man sich einem fortschreitenden Prozeß der Dekadenz gegenüber, die sich maßgeblich unter dem Einfluß des Rufes nach einem vermeintlichen ›Geist des Konzils‹ breitgemacht hat und dieses erst dadurch wirklich und in zunehmendem Maße diskreditiert hat.*« Ratzinger sprach sogar von einem »Konzilungeist«, dem Mißbrauch von Konzilbeschlüssen zum Zwecke einer Entmystifikation und Säkularisierung der Kirche. Das, so der Kardinal, führte dazu, daß die Gläubigen allmählich jedes echte Gefühl von der Kirche als »*einer mysteriösen, übermenschlichen Realität*« verlören, für ihn die Hauptursache für die massenhaften Kirchenaustritte im

Westen. Er beklagte die wachsenden Zweifel vieler Priester an jedem Aspekt der katholischen Lehre, insbesondere an der realen Gegenwart Christi beim Abendmahl, der ewigen Jungfräulichkeit Mariens, der leiblichen Auferstehung Christi und der Auferstehung im Fleische am Ende aller Tage. *»Der Schaden, den wir in diesen zwanzig Jahren erlitten haben«,* ist, so Ratzinger, *»nicht dem ›wahren Konzil‹ anzulasten, sondern der Entfesselung latent polemischer und zentrifugaler Kräfte innerhalb der Kirche; und außerhalb der Kirche ist es die Konfrontation mit einer Kulturrevolution im Westen: der Erfolg der oberen Mittelschicht, der neuen ›tertiären Bourgeoisie‹ mit ihrer linksliberalen, von Individualismus, Rationalismus und Hedonismus geprägten Ideologie.«* Stattdessen forderte der Kardinal eine »Restauration der Kirche«, eine Formulierung, die in ihrer Eindeutigkeit den Protest der Reformer geradezu herausforderte. Die Reaktion auf Ratzingers Stellungnahme machte noch deutlicher, wie tief die nachkonziliare Kirche gespalten war. Es war tatsächlich, wie in der »diplomatischen Version« der Fatima-Botschaft vorhergesagt, *»für die Kirche eine Zeit schwerster Prüfungen. Kardinäle werden gegen Kardinäle und Bischöfe gegen Bischöfe sein! Satan tritt mitten in ihre Reihen. Auch in Rom wird es große Veränderungen geben. Was faul ist, fällt und was fällt, soll nicht gehalten werden«,*

Wortführer der Reformer wurde der Wiener Erzbischof Franz König, der in einem Interview mit dem italienischen Journalisten Gianni Licheri nicht zögerte, Kardinal Ratzingers Forderung nach einer »Restauration der Kirche« offen anzugreifen: *»Die Betonung auf das Wort ›restaurieren‹ zu legen, klingt stark nach Nostalgie für die Vergangenheit. Die Kirche der Vergangenheit betrachtete alles Neue in der Geschichte mit Angst. Sie fühlte sich der Welt entrückt, die sie selbst als böse ansah. Das Konzil hat derartige Standpunkte umgekehrt, und die Offenheit, wie wir sie heute zur Geschichte haben, den Nichtchristen, der ökumenischen Bewegung, gebracht. Wie könnten wir auch nur an ein Gefühl der Angst denken, welches die Kirche dazu brächte, daß sie es bedauert, sich damals geöffnet zu haben, und erneut die Waffe der Verdammnis aufzugreifen? Die Kirche muß vorwärtsgehen.«*

Beide Männer, König und Ratzinger, hatten ihre Anhänger, und ihr Konflikt spaltete, ohne daß jemand es je zugeben wollte, die Kirche in zwei Lager. Die amerikanischen Bischöfe unter Vorsitz von Bischof James Malone, bezeichneten Ratzinger in Anspielung auf das Papstwort, ohne seinen Namen zu nennen, als »*Propheten der Düsterkeit*«, während die holländischen und belgischen Bischöfe nach »*mehr Kollegialität*« verlangten und dabei eine Machtminderung der Kurie meinten. Auf der Seite Ratzingers dagegen standen die lateinamerikanischen Bischöfe, deren Wortführer Monsignore Antonio Quarracino in der Opposition gegen die Kurie ein Werk Satans sah, »*der seine Anstrengungen verdoppelt hat, um in der Kirche eine Atmosphäre der Ungewißheit und Unruhe zu schaffen.*« Das klang schon wieder sehr nach der Dritten Botschaft von Fatima.

Um diesen Streit beizulegen, und vielleicht auch unter dem Einfluß der Dritten Botschaft von Fatima, die er Anfang 1982 las, ließ Papst Johannes Paul II. vom 25. November bis 8. Dezember 1985 eine Bischofskonferenz in dem Kloster San Paolo Fuori le Mursa in Rom abhalten, um »die Auswirkungen des Zweiten Vatikanums auf das Leben der katholischen Kirche« zu erörtern und eben diese »Atmosphäre der Ungewißheit und Unruhe« zu klären. Versäumnisse des Konzils wurden beim Namen genannt, und schließlich einigte man sich auf die Abfassung einer für alle Gläubigen gültigen Definition der katholischen Doktrin: Joseph Kardinal Ratzinger erhielt den Auftrag, einen neuen Weltkatechismus zu entwerfen, der schließlich 1992 veröffentlicht wurde. Doch auch ein ganz anderes Problem hatte die große Synode aufgezeigt: Die Krise der Kirche in Europa. Dort gab es zwar uralte christliche Traditionen, aber der Glaube war, wenn überhaupt noch existent, nur zum Lippenbekenntnis geworden. Die Besucherzahlen bei den Gottesdiensten nahmen besorgniserregend schnell ab, ebenso die Zahl der Neupriester und der Mitglieder der religiösen Orden, während es zu tiefgreifenden Veränderungen im moralischen Denken innerhalb der Gesellschaft kam. Europa, das Herz des Katholizismus, droht zur Diaspora zu werden. War auch das in der Dritten Botschaft von Fatima vorausgesagt worden?

»*Das würde es einfach machen, zu verstehen, daß Klugheit den Papst veranlaßte, nicht noch zu den Streitigkeiten innerhalb der Kirche zwischen den verschiedenen Tendenzen und Meinungen beizutragen*« und das Dritte Geheimnis geheimzuhalten, glaubt Pater Alonso. »*Dies speziell seit Fatima als eines der reaktionären Elemente von der nach-*

konziliaren Kirche verdrängt wurde; so sehr, daß Papst Pauls Pilgerreise nach Fatima von einigen als Rückkehr zu ›seit dem Konzil überholten‹ Ansichten kritisiert wurde. Es ist verständlich, daß ebenso das Geheimnis und seine Geschichte von den progressiven Elementen, die sich in gewissen Bereichen der Kirche breitgemacht haben, heftigst kritisiert werden würde.« Auch Lucias Schwierigkeiten, das Geheimnis niederzuschreiben, ließen sich durch Pater Alonsos Deutung erklären. Es wäre verständlich, daß eine Nonne, den Kirchenoberen zu Gehorsam verpflichtet, große Schwierigkeiten haben könnte, Bischöfen und Kardinälen zukünftige Fehlentscheidungen und deren katastrophale Folgen zu prophezeien.

Immerhin wissen wir aus Lucias Memoiren, daß Jacintas Visionen vom Leiden eines Endzeitpapstes »etwas mit dem Geheimnis« zu tun hatten. Einmal vertraute ihr ihre kleine Cousine an: »*In einem sehr großen Haus kniete er vor einem Tisch, verbarg das Gesicht in den Händen und weinte. Draußen standen viele Leute und einige warfen Steine nach ihm, andere beschimpften ihn und riefen häßliche Worte. Armer heiliger Vater, wir müssen sehr viel für ihn beten.*« Später fragte sie Lucia: »*Darf ich sagen, daß ich den Heiligen Vater und die vielen Leute gesehen habe?*« – »*Nein!*«, antwortete die Cousine. »*Merkst Du nicht, daß dies zum Geheimnis gehört, daß dadurch alles gleich enthüllt wird?*«

Auch Aussagen in den Briefen, die Lucia in Coimbra schrieb, deuten darauf hin, daß das Dritte Geheimnis eine schwere Krise der Kirche voraussagt. So meinte sie am 2. März 1945 in einem Brief an ihren früheren Beichtvater Pater Aparicio, der als Missionar nach Brasilien gegangen war: »*Beten sie dort drüben für den Heiligen Vater? Es ist wichtig, unaufhörlich für Seine Heiligkeit zu beten. Tage großer Prüfungen und Qualen stehen ihm bevor.*« Und am 16. September 1979 diagnostizierte sie in einem Schreiben an Mutter Martins, ihre einstige Gefährtin bei den Dorotheenschwestern im Kloster Tuy, die Lage der Kirche noch eindeutiger: »*Dem Teufel ist es gelungen, das Böse unter dem Deckmantel des Guten überall eindringen zu lassen, und die Blinden beginnen, andere zu führen, wie der Herr uns in Seinem Evangelium sagte, und Seelen lassen sich täuschen.*«

Allerdings schließt auch Pater Alonso nicht aus, daß das Dritte Geheimnis zudem die Gefahr eines Atomkriegs zumindest andeuten könnte. So erklärte er dem Journalisten Maurizio Blondet von der italienischen Zeitschrift »Gente« in einem 1978 veröffentlichten Interview: »*In den uns bekannten Enthüllungen der Fatima-Botschaft ist nichts enthalten, das uns berechtigen würde, von einem Dritten Weltkrieg zu sprechen. Wenigstens nicht mit Gewißheit. Damit soll jedoch nicht gesagt sein, daß man diese Hypothese ausschließen müßte... Eines ist auf jeden Fall gewiß: Wir gehen schrecklichen Zeiten entgegen.*«

»*Ja, ich habe es gelesen*«, erklärte Joseph Kardinal Ratzinger, Präfekt der vatikanischen Glaubenskongregation, als er im August 1984 in dem bereits erwähnten Interview von Vittorio Messori auch zum Dritten Geheimnis von Fatima befragt wurde. Auf die Frage nach seinem Inhalt und den Gründen für seine Geheimhaltung erwiderte Ratzinger in der Erstveröffentlichung des Interviews in dem italienischen Katholiken-Magazin »Jesus«: »*Weil, nach dem Urteil der Päpste, es nichts dem hinzufügt, was der Christ schon von der Offenbarung kennen müßte: Ein radikaler Aufruf zur Bekehrung, die absolute Schwere der Geschichte, Gefahren, die den Glauben und das Leben des Christen und damit der Welt betreffen. Und ebenso die Wichtigkeit der ›Endzeit‹... aber der Inhalt des Dritten Geheimnisse entspricht dem, was in den Schriften angekündigt ist.*

Es ist nicht veröffentlicht worden, zumindest im Augenblick, um die Vermischung von religiöser Prophezeihung mit Sensationalismus zu vermeiden. Aber die Dinge, die in diesem Dritten Geheimnis enthalten sind, entsprechen dem, was in der Schrift angekündigt ist und was durch viele andere Marienerscheinungen bestätigt wird, angefangen mit den Erscheinungen von Fatima selbst in ihrem bekannten Inhalt. Bekehrung, Buße sind grundlegende Bedingungen für die Erlösung.« (Hervorhebung durch den Autor)

Damit hatte der Kardinal den Inhalt des Dritten Geheimnisses ziemlich klar umrissen. Es handelt also:

1. »Von den Gefahren, die den Glauben ... des Christen betreffen.«
2. Von der »Wichtigkeit der Endzeit«.
3. Von jenen letzten Dingen, die »in der Schrift angekündigt« sind, also von der Apokalypse.

Es gibt nur eine Passage in den Evangelien, die sich mit der Endzeit befaßt, und das ist die Weissagung Christi, die wir am ausführlichsten im 24. Kapitel des Matthäus-Evangeliums wiedergegeben finden: »*Ihr aber werdet von Kriegen und Kriegsgerüchten hören, seht*

zu, laßt euch nicht schrecken; denn es muß so kommen, aber noch ist
es nicht das Ende. Denn aufstehen wird Volk wider Volk und Reich
wider Reich, und Hungersnöte werden sein von Ort zu Ort und Seu-
chen und Erdbeben. All das ist der Anfang der Wehen...
Viele falsche Propheten werden aufstehen und werden viele verführen.
Weil die Gesetzlosigkeit überhandnimmt, wird die Liebe der vielen
erkalten. Wer aber ausharrt bis ans Ende, der wird errettet werden...
Sogleich nach der Drangsal jener Tage wird die Sonne sich verfinstern
und der Mond seinen Schein nicht mehr geben, die Sterne werden vom
Himmel fallen, und die Kräfte des Himmels werden erschüttert wer-
den. Dann wird das Zeichen des Menschensohnes am Himmel erschei-
nen, und wehklagen werden alle Völker der Erde.« (Mt. 24, 6–13)
Auch Lucia antwortete immer wieder auf Fragen nach dem Inhalt
der Dritten Botschaft: »*Er steht in den Evangelien, er steht in der*
Apokalypse (Der Geheimen Offenbarung des Johannes), lest sie!« und
verwies auf die Kapitel 8–13.«*Wir durchleben gerade Kapitel 12 der*
Apokalypse«, erklärte auch Papst Johannes Paul II. bei einer seiner
Ansprachen auf dem Petersplatz.

Als das oben zitierte Interview im Juni 1985 unter dem Titel
»Bericht über den Glauben« als Buch erschien, fehlten eben diese
Passagen, was für ihre Relevanz spricht. Stattdessen antwortete
Ratzinger jetzt: »*Daß diese Entscheidung* (der Freigabe, MH) *bisher*
nicht nicht gefallen ist, dann nicht etwa, weil die Päpste etwas
Schreckliches verbergen möchten... wenn dem so wäre, würde dies
schließlich nur den bereits bekannten Teil der Botschaft von Fatima
bestätigen. Von dort aus wurde eine ernste Warnung gesandt, gegen die
sich durchsetzenden Frivolitäten, eine Erinnerung an die Ernsthaftig-
keit des Lebens, die Geschichte, die Gefahren, die der Menschheit dro-
hen. Es ist, woran Jesus selbst so häufig erinnerte: »wenn ihr euren
Sinn nicht ändert, werdet ihr zugrunde gehen« (Lk. 13,3). Bekehrung
– und Fatima erinnert uns daran – ist eine ständige Forderung des
christlichen Lebens. Wir sollten dies bereits aus der gesamten Heiligen
Schrift wissen... (daher) meint der Heilige Vater, daß es dem nichts
hinzufügt, was der Christ aus der Offenbarung und den Marien-
erscheinungen, die von der Kirche in vollem Ausmaß anerkannt sind,
kennt, die nur noch einmal die Dringlichkeit von Buße, Bekehrung,
Vergebung und Fasten bestätigen. Eine Veröffentlichung des ›dritten
Geheimnisses‹ würde nur bedeuten, die Kirche der Gefahr des Sensa-
tionalismus auszusetzen, der Ausbeutung ihres Inhalts.«

Erst in jüngster Zeit kam es zu zwei weiteren Äußerungen Kardinal Ratzingers zum Dritten Geheimnis von Fatima. 1996 erschien ein Gespräch, das er mit dem deutschen Journalisten Peter Seewald führte, unter dem Titel »Salz der Erde – Christentum und katholische Kirche zur Jahrtausendwende« in Buchform. Darin erklärte Kardinal Ratzinger:

»(Die dritte Botschaft von) *Fatima darf der Papst selber einsehen und der Präfekt der Kongregation, andere mit der persönlichen Genehmigung des Papstes. Mehr als drei, vier Personen werden das nicht sein.*«
»*Hat Sie die Prophezeihung erschüttert?*«, fragte Seewald nach.
»*Nein.*«
»*Warum nicht?*«
»*Weil es nirgendwo über das hinausgeht, was die christliche Botschaft als solche beinhaltet.*«
»*Aber ich denke, darin ist doch vom Untergang der Welt die Rede?*«
»*Da kann ich jetzt nichts dazu sagen. Jedenfalls sind irgendwelche grausigen Erschrecknisse nicht auf mich zugekommen.*«
»*Und Zeitangaben?*«
»*Auch nicht. Ich will aber hier in keine weiteren Details eintreten.*«

Am 13. Oktober 1996 nahm Ratzinger an den Feierlichkeiten zum 79. Jahrestag der letzten Erscheinung von Fatima teil. Am Vortag, dem 12. Oktober, interviewte ihn der katholische Sender Radio Renaschenza zu dem Geheimnis. Der Kardinal: »*Allen Neugierigen möchte ich sagen, daß die Heilige Jungfrau keine Sensationsmache betreibt. Sie erzeugt keine Angst. Sie präsentiert keine apokalyptischen Visionen, sondern führt die Menschen zu ihrem Sohn. Und das ist, was essentiell ist.*«

Wenn dem so wäre, bestünde keinerlei Grund für eine weitere Geheimhaltung. Wenn eine Veröffentlichung, wie der Kardinal sagte, den »Vorwurf des Sensationalismus« in sich tragen würde, dann wäre dies doch nur dann möglich, wenn der Inhalt tatsächlich »sensationell« ist.
Und wie kommentierte Papst Johannes Paul II. das Dritte Geheimnis von Fatima? Auch er ließ sich Zeit, bevor er den Umschlag öffnete. Doch als ihn bei seiner ersten Deutschlandreise im November 1980 Pilger auf das Dritte Geheimnis ansprachen, nahm er sehr

ausführlich Stellung. Es war in Fulda, wo er auf dem Domplatz bei strömendem Regen eine Ansprache vor Laien und Mitgliedern katholischer Verbände hielt, die ihm danach Fragen stellen konnten. Dabei ging es um die Handkommunion, die Zukunft der Kirche und vieles andere. Dem Korrespondenten der katholischen Zeitschrift »Stimme des Glaubens« zufolge lautete eine Frage: »Was geschah mit dem Dritten Geheimnis von Fatima? Sollte es nicht 1960 veröffentlicht werden?« Darauf erwiderte der Heilige Vater, dem Bericht nach: »*Wegen des schweren Inhalts, um die kommunistische Weltmacht nicht zu gewissen Handlungen zu animieren, zogen meine Vorgänger im Petrusamt eine diplomatische Fassung vor. Außerdem sollte es ja jedem Christen genügen, wenn er folgendes weiß: Wenn zu lesen steht, daß Ozeane ganze Erdteile überschwemmen, daß Menschen von einer Minute auf die andere abberufen werden, und das zu Millionen, dann sollte man sich wirklich nicht mehr nach der Veröffentlichung dieses Geheimnisses sehnen. Viele wollen nur wissen, aus Neugierde und Sensationslust, vergessen aber, daß Wissen auch Verantwortung bedeutet. Es ist gefährlich, wenn jemand nur seine Neugierde befriedigen will, wenn er nicht gleichzeitig darauf vorbereitet ist, etwas zu tun, oder wenn jemand überzeugt ist, daß wir nichts tun können, um das vorhergesagte Unglück zu verhindern.*« Dann habe er nach seinem Rosenkranz gegriffen und hinzugefügt: »*Hier ist das Gegenmittel gegen das Böse. Betet! Betet! – und fragt nicht weiter. Alles andere vertraut der Gottesmutter an.*«

»Was wird in der Kirche geschehen?«, wollte ein anderer Pilger wissen. »*Wir müssen uns wohl in Bälde auf große Prüfungen gefaßt machen*«, erwiderte der Heilige Vater, »*Ja, die sogar den Einsatz unseres Lebens fordern können und die Ganzhingabe an Christus und für Christus! Es kann gemildert werden durch euer und Unser Gebet, aber nicht mehr abgewendet werden! Nur so kann die wirkliche Erneuerung der Kirche kommen! Wie oft schon wurde im Blut die Erneuerung der Kirche geboren. Nicht anders wird es auch diesmal geschehen. Seien wir stark und bereiten wir uns vor und vertrauen wir auf Christus und seine Heilige Mutter. Beten wir sehr viel und oft den Rosenkranz.*«

Wir wissen nicht, wie zuverlässig dieser Bericht ist, der erst im Oktober 1981 in der »Stimme des Glaubens« erschien. Doch auch wenn Johannes Paul II. hier offensichtlich die »diplomatische Version« von Emrich zu bestätigen scheint, so ist dem nicht allzuviel Gewicht beizumessen. Mit Sicherheit hat er als Kardinal Wojtyla während des Konklaves, aus dem er als Papst hervorging, den Artikel von Monsignore Balducci im »L'Osservatore della Domenica« vom 16. Oktober 1978 gelesen, auf dessen Inhalt er sich in Fulda offenbar berief. Die echte »Dritte Botschaft« las er erst Anfang 1982, als er seine Reise nach Fatima vorbereitete, um der Gottesmutter zu danken, daß sie ihm das Leben gerettet hatte. Ebenfalls in Fatima traf er Schwester Lucia. Wie diese später Kardinal Silvio Oddi anvertraute, dem Präfekten der vatikanischen Kongregation für die Priester, »*hatte sie (damals) ein langes Gespräch mit dem Papst und, als Ergebnis, entschieden beide, (das dritte Geheimnis) nicht zu veröffentlichen, weil es mißverstanden werden könnte.*«

Auf Bitten des italienischen Stigmatisierten Giorgio Bongiovanni sprach Kardinal Oddi den Heiligen Vater noch einmal auf das Dritte Geheimnis an, als er am 5. November 1991 an einem Arbeitsfrühstück mit dem Papst teilnahm. »*Der Papst antwortete, daß er alles in seiner Kraft stehende für Fatima getan habe und daß es für ihn nicht nötig sei, noch weiter zu intervenieren, da das Dritte Geheimnis nicht länger ein Geheimnis sei, da es von vielen bereits enthüllt wurde.*

Auf den Nachdruck des Kardinals, es persönlich durch Verlesen bekanntzugeben, antwortete der Papst, daß er schon mehrere Male das Heiligtum in Fatima besucht und der Jungfrau seine Ehrerbietung entgegengebracht hätte, und daß jeder bereits weiß, daß das Dritte Geheimnis kein Geheimnis mehr ist, da es enthüllt wurde und jeder weiß, daß es von Züchtigungen spricht.«

Die Antwort des Papstes, der tatsächlich einiges tat, um die Bitten und Wünsche der Gottesmutter von Fatima zu erfüllen, bestätigt nur unsere Vermutung: Die Emrich-Version enthält die Wahrheit – denn nur auf sie kann sich Johannes Paul II. bezogen haben, wenn er von einem »bereits enthüllten« Geheimnis sprach. Trotzdem ist sie auch ein typisches Exempel vatikanischer Desinformation, denn sie verbirgt echte Aussagen unter einem Wust von Konfabulationen. Während ein Teil der Dritten Botschaft wahrscheinlich von Züchtigungen spricht, handelt ein anderer von der Krise der Kirche nach dem Zweiten Vatikanischen Konzil – und enthält Formulierungen, die in ihrer Eindeutigkeit tatsächlich »mißverstanden« werden könnten, weil sie »Öl auf ein offenes Feuer gießen« würden. Diese Formulierungen finden wir, wahrscheinlich sogar in einem nahezu korrekten Wortlaut, in der

»diplomatischen Version«. Das Dritte Geheimnis erfüllt sich jetzt, in unserer Zeit, um uns herum. Und kein anderer Papst wurde so ausdrücklich sein Zeuge wie Johannes Paul II ...

Nachsatz:

In Akita, Japan, kam es 1973 zu einer Reihe von Marienerscheinungen (auf die wir an anderer Stelle näher eingehen werden). Die ansonsten gehörlose Ordensschwester Sasagawa Katsuko, die als »Schwester Agnes« im Kloster der »Dienerinnen des Allerheiligsten Sakraments« in Akita lebte, hörte dreimal, am 6. Juli, 3. August und 13. Oktober, wie die Gottesmutter zu ihr sprach. Bei der letzten Erscheinung am Fatima-Jahrestag übermittelte Maria der Nonne eine Botschaft, die zumindest wie eine Kurzversion der Emrich-Version klingt, und die viele japanische Katholiken für eine »Neu-Offenbarung« des Fatima-Geheimnisses halten: »*Wie ich schon früher sagte, wird der himmlische Vater, wenn die Menschen nicht bereuen und sich bessern, über die ganze Menschheit ein ungeheures Strafgericht verhängen, das schlimmer als die Sintflut sein wird. Feuer wird vom Himmel fallen und in der Katastrophe werden zahlreiche Menschen umkommen. Auch Gute werden mit den Bösen, auch Priester werden mit den Gläubigen sterben. Die Überlebenden werden so sehr leiden, daß sie die Toten beneiden. Die einzigen Waffen, die bleiben, sind der Rosenkranz und das Zeichen, das der Sohn hinterlassen hat. Betet täglich den Rosenkranz. Betet den Rosenkranz für die Bischöfe und Priester.*
Die Machenschaften des Teufels dringen bis in das Innere der Kirche hinein. Kardinäle werden Kardinälen, Bischöfe werden Bischöfen feindlich gegenüberstehen. Die Priester, die mich verehren, werden von ihren Amtsbrüdern verachtet und angegriffen, Altäre und Kirchen werden verwüstet werden. Die Kirche wird voll von Menschen sein, die Kompromisse machen. Vom Teufel verführt, werden zahlreiche Priester und Ordensleute abfallen. Der Teufel wird besonders die dem Vater geweihten Seelen bearbeiten. Der Verlust zahlreicher Seelen betrübt mich.«
Die Erscheinungen von Akita wurden von den lokalen Bischöfen anerkannt. (Siehe Kapitel 11)

9.
Der Fatima-Papst

Rom, 13. Mai 1981, kurz vor 17.00 Uhr. Wie an jedem Mittwoch nachmittag staute sich der Verkehr im Zentrum der ewigen Stadt. Dutzende von Touristenbussen, hunderte von Personenwagen versuchten, im Schritttempo die Ponte Vittorio Emanuele zu überqueren, die Brücke, die den Corso Vittorio Emanuele II mit der Via della Conciliazione verbindet, der Zufahrtsstraße zum Petersplatz, dem Nabel der katholischen Welt. Andere verstopften den »Borge Pio«, den an den Kirchenstaat grenzenden Stadtteil, oder die Uferstraßen des Tiber. Ihre Passagiere waren als Pilger aus allen Teilen der Welt gekommen, aus Spanien und Deutschland, Süditalien, Paraguay und Finnland, aus Frankreich und Portugal, um ihn zu sehen, mit ihm zu beten, und, falls möglich, ihn, seine Hände, zu berühren. Sie hatten Wimpel, Spruchbänder und Fahnen mitgebracht, außerdem Rosenkränze, religiöse Medaillen und andere Devotionalien, die er an diesem ganz besonderen Tag für sie segnen sollte, einen Tag, den sie alle nie mehr vergessen sollten.

Johannes Paul II., der Mann aus Krakau, war der erste Papst, der öffentliche Audienzen gab, Massenveranstaltungen, die ihn zum Popstar des Glaubens machten. Was bei seinen Vorgängern nur kleinen Gruppen von Privilegierten vorbehalten war, der Traum eines jeden Katholiken, war jetzt für jeden möglich geworden. Jeden Mittwoch, soweit er sich nicht auf einer seiner zahlreichen und ausgedehnten Auslandsreisen befand, empfing der Heilige Vater um 17.00 Uhr (mittlerweile um 11.00 Uhr, um ein Zusammentreffen mit dem Berufsverkehr zu vermeiden) die Pilger – im Winter in der Audienzhalle Pauls VI., im Sommer auf dem Petersplatz.

Seit seiner Wahl im Oktober 1978, nach dem nur 33-tägigen Pontifikat des Venezianers Albino Luciani, hatte Karol Wojtyla durch seine tiefe Menschlichkeit und seinen warmen Humor die Herzen der Gläubigen im Sturm erobert. Zudem war er als Symbolfigur der verfolgten Kirche Osteuropas zum Hoffnungsträger geworden, allen voran für die katholische Arbeiterschaft Polens, die sich von ihm Unterstützung ihrer unabhängigen Gewerkschaft Solidarnosc (Solidarität) erhoffte. Tatsächlich war Johannes Paul II. kurz nach seiner Wahl zum Papst nach Polen gereist und hatte mehr als einmal seinen nach Freiheit strebenden Landsleuten Mut zugesprochen, hoffend und vielleicht auch ahnend, daß ihre Bewegung der Anfang vom Ende des »gottlosen Kommunismus« bedeuten werde.

Eben dieses Engagement für die Unterdrückten und Entrechteten machte Wojtyla bei den Menschen in aller Welt noch beliebter, und so wurden seine Reisen um den Globus zu regelrechten Triumphzügen, zu Großdemonstrationen des Glaubens, zu Ereignissen, die zu Millionen die Massen mobilisierten, und zu Veranstaltungen von Ausmaßen, wie man sie ansonsten nur von den Königen des Pop kannte.

So waren es etwa 40.000 Menschen, die an diesem Mittwoch im Mai unter der warmen Frühlingssonne auf das Erscheinen des Heiligen Vaters warteten. Pünktlich um 17.00 Uhr ging ein Raunen durch die Menge, als der weiße, offene Jeep des Papstes langsam die Kollonaden des Petersplatzes passierte und in die abgesperrte, sechs Meter breite Fahrtstrecke einbog, an der sich die Pilger drängten, um seine stets nach ihnen ausgestreckte Hand zu berühren. Prälaten, ein dutzend Leibwächter, italienische Polizeibeamte und sein Leibfotograf begleiten den hochgewachsenen Polen in der weißen Soutane, der, sich mit einer Hand auf ein Geländer stützend, in seinem Wagen stehend im Schrittempo an den Pilgern vorbeiglitt. Gegen 17.16 Uhr, nachdem er die Wegstrecke in beiden Richtungen befahren hatte, um sich den Gläubigen auf beiden Seiten der Absperrungen zuwenden zu können, hatte der Zug fast sein Ziel erreicht, das Podium vor dem Petersdom, auf dem der Thron des Papstes stand, von dem aus er die Pilgergruppen begrüßen sollte, die ihm Geistliche aus den jeweiligen Ländern vorstellen, bevor diese ihn mit geistlichen Liedern, folkloristischen Darbietungen, Sprechchören oder Spruchbändern ihre Zuneigung bekunden. Doch dazu sollte es an diesem Mittwoch nicht mehr kommen. Gerade als sich der Papst zu einem kleinen, blonden Mädchen heruntergebeugt und es väterlich umarmt hatte, genau um 17.17 Uhr, zerrissen Schüsse die heitere, erwartungsvolle Stimmung der Papstaudienz. Ein schriller Aufschrei des Schreckens erklang aus tausenden Mündern. Blut befleckte die weiße Soutane, erschütterte den großen, kräftigen Polen, der jetzt wankte, torkelte, wie im Zeitlupentempo zurücksank auf den Rücksitz seines Jeeps. Der Papst war getroffen worden, jemand hatte auf ihn geschossen!

»Warum haben sie das getan«, murmelte mit schwacher, schmerzverzerrter Stimme der Heilige Vater, der, noch bei Bewußtsein, von seinem Sekretär Stanislaw Dziwisz und seinem Kammerdiener Andreas Gugel gestützt wurde. Besetzt von Polizeibeamten drängte sich der Wagen durch das Chaos auf dem Petersplatz, vorbei an den entsetzten und hysterischen Massen, die jetzt nur noch daran dachten, möglichst schnell aus jeder möglichen Schußrichtung zu fliehen. Schließlich erreichte er die Rettungsstelle des Malteser-Ordens an der linken Seite der Basilika, wo man den Heiligen Vater behelfsmäßig verarztete. Zehn Minuten später raste ein Krankenwagen unter Polizeischutz mit dem Schwerstverletzten zum katholischen Universitätskrankenhaus, der Gemelli-Klinik.

»Sie haben den Papst umgebracht. Johannes Paul II. ist tot«, davon waren die Gläubigen auf dem Petersplatz überzeugt, so ging es über die Ticker der Nachrichtenagenturen in alle Welt, während über dem Petersplatz Polizeihubschrauber knatterten und in ganz Rom die Sirenen der Polizeiwagen heulten, was dem Anschlag auf den Papst eine noch apokalyptischere Geräuschkulisse gab. Währenddessen kämpften drei Chirurgen um sein Leben. Sein Blutdruck war so weit gesunken, daß sein Puls kaum noch fühlbar war, und als Dziwisz ihm die letzte Ölung gab, hatte er das Bewußtsein längst verloren. Die darauffolgende Operation dauerte fünf Stunden und zwanzig Minuten. Aufgrund innerer Blutungen hatte Wojtyla drei Viertel seines Blutes verloren, man mußte fünfundzwanzig Zentimeter seines Darmes entfernen. Die Halsschlagader hatte das Geschoß nur um wenige Millimeter verfehlt, zudem war kein lebenswichtiges Organ getroffen worden, stellten die Ärzte zu ihrer Beruhigung fest. Der Papst konnte, sollte gerettet werden. Für alle Beteiligten war es ein Wunder!

Während Millionen in aller Welt für den Heiligen Vater beteten, während fromme Frauen zu tausenden an den Tatort des Attentates pilgerten, um Kerzen aufzustellen und den Rosenkranz zu beten, gab Radio Vatikan bekannt, daß man den Täter gefaßt hätte – es handle sich um einen dreiundzwanzigjährigen türkischen Studenten namens Ali Agca. »Ich vergebe ihm«, waren die ersten Worte des Papstes, nachdem er einige Stunden später wieder zu sich kam und über die Festnahme Agcas informiert wurde, »und ich danke allen, die in diesen schweren Stunden für mich gebetet haben.«

Nach vierzig Stunden bangem Wartens und einer dumpfen, beklemmenden Angst stand fest, daß Johannes Paul II. außer Lebensgefahr war. Es war den Mächten der Finsternis nicht gelungen, jene Stimme, die in aller Welt die Liebe, den Frieden und die Gerechtigkeit predigte, zum Verstummen zu bringen. In seiner Heimat Polen hielten die Menschen zu Hunderttausenden Dankgottesdienste ab. »Es war, als hätte man auf uns geschossen«, kommentierte eine Frau im Fernsehen die Stimmung ihres Volkes.

Der Mann, der die drei Schüsse auf den Heiligen Vater mit einer Browning H. P. Parabellum, einer durchschlagenden Kriegswaffe, abgefeuert hatte, wurde währenddessen stundenlang verhört. Um besser treffen zu können, hatte er aus der Hocke auf den Papst gezielt. Als sich die Umstehenden auf ihn stürzen wollten, hatte er sie auch mit der Waffe bedroht. Als ihm schließlich ein junger Carabinieri gegenüberstand, drückte er erneut ab – doch die 9-mm-Pistole hatte Ladehemmungen. Jetzt stürzten sich die Gläubigen auf ihn, und nur mit Mühe gelang es der herbeigeeilten Schweizergarde, die Gläubigen davon abzuhalten, Lynchjustiz zu üben. Nachdem er zuerst die Tat geleugnet hatte, konnte die Polizei schließlich seine Identität feststellen. Ali Agca, der behauptet hatte, an der Universität von Perugia in Italien zu studieren, erwies sich als bereits verurteilter Terrorist der national-islamistischen »Befreiungspartei«, der bereits 1979 den Chefredakteur der Tageszeitung »Milliyet« ermodet hatte. Nach seiner Verhaftung gelang es ihm, zu fliehen, und als Johannes Paul II. im November 1980 die Türkei besuchte, kündigte er in einem Leserbrief an »Milliyet« an, er wolle den Papst töten, denn dieser sei »ein als Religionsführer maskierter Kreuzzugskommandant«. War Agca also ein religiöser Fanatiker?

Als die türkische Polizei ihn verfolgte, stieß sie auf Hinweise, daß jemand anderer ihn finanziert haben könnte. Seit dem Mord an dem Chefredakteur verfügte Agca offenbar über ein beträchtliches Vermögen, mehr noch, er war in der Lage, unerkannt durch ganz Europa zu reisen. Seine Spuren führten nach Deutschland, in die DDR, nach Ungarn und Bulgarien, nach Paris, Spanien, in die Schweiz und schließlich nach Italien. Die italienische Justiz jedenfalls war bald davon überzeugt, daß Agca im Auftrag des bulgarischen Geheimdienstes stand, der wiederum stellvertretend für den KGB gehandelt hätte, bei dem man tatsächlich ein Motiv für das Attentat auf den Wojtyla-Papst vermuten könnte. Doch auf die Frage nach den möglichen Mitverschwörern Agcas angesprochen, meinte der Heilige Vater selbst nur: »*Das interessiert mich nicht, denn es ist der Teufel gewesen, der das getan hat. Und der Teufel kann auf tausend verschiedene Arten Verschwörungen anzetteln, und ich habe für keine dieser Methoden das geringste Interesse.*«

Immer häufiger äußerte er in den folgenden Wochen und Monaten diese Überzeugung, und immer wieder ergänzte er: »*Eine Hand hat den Schuß abgefeuert, und eine andere Hand hat das Geschoß gelenkt.*« Diese Hand, so war er überzeugt, war die Hand Mariens, der Gottesmutter. Hätte er nicht eine ganz bestimmte Bewegung gemacht, als er das kleine Mädchen, das er an sich gedrückt hatte, zu ihren Eltern zurückgab, hätte die Kugel des Attentäters sein Herz durchbohrt...

Als Johannes Paul II. am 14. August aus dem Krankenhaus entlassen wurde, begab er sich als Erstes in die Päpstegruft unter dem Petersdom, um an den Gräbern seiner Vorgänger zu beten. »*Ich dachte, es hätte dort eigentlich ein zusätzliches Grab geben müssen, aber die Heilige Jungfrau hatte es an jenem 13. Mai, dem Monat, der ihr geweiht ist, anders gewollt*«, erklärte er später. Aber dieser 13. Mai war nicht bloß irgendein Tag im Marienmonat Mai – es war der 64. Jahrestag der Erscheinungen von Fatima.

Noch während er sich im Krankenhaus von den Folgen des Attentates erholte, bat Johannes Paul II. einen seiner engsten Vertrauten, den slowakischen Bischof Pavel Hnilica, ihm die gesamte Dokumentation über Fatima zu beschaffen. »*Ich brachte ihm alles*«, erklärte Hnilica später in einem Interview mit der katholischen Monatszeitschrift »30 Tage«, »*einige der Texte waren Originale. Er las alles mit großer Aufmerksamkeit... Als Johannes Paul II. das Krankenhaus verließ, brachte ich eine Statue Unserer Lieben Frau von Fatima zu ihm nach Castelgandolfo. Er ließ eine kleine Kirche in Polen bauen, in einem Wald an der Grenze zur Sowjetunion, wo er diese Statue aufstellen ließ. Dort befindet sie sich noch heute, in exakt der Position, in der Johannes Paul II. sie haben wollte: Mit dem Antlitz nach Rußland hin gerichtet.*« Und er erklärte Bischof Hnilica, als er das Krankenhaus verließ: »*Ich habe verstanden, daß der einzige Weg, die Welt vor dem Krieg zu retten, sie vor dem Atheismus zu retten, die Bekehrung Rußlands nach der Botschaft von Fatima ist.*«

Johannes Paul II. hatte sich schon zuvor mit Fatima befaßt. Er hatte bereits vor seiner Wahl zum Papst, zusammen mit anderen Kardinälen, eine Petition unterzeichnet, in der er die Weihe Rußlands an das Unbefleckte Herz Mariens erbat, wie sie von Schwester Lucia gefordert worden war. Doch jetzt, nach seiner wunderbaren Rettung, die er als Akt der »göttlichen Vorsehung« verstand, sah sich Johannes Paul II., als der neue »Fatima-Papst« (ein Titel, der bereits seinem Vorgänger Pius XII. verliehen wurde), und verstand es als seine Pflicht, die Wünsche der Gottesmutter so gut wie möglich zu erfüllen. Er beschloß, am 13. Mai 1982, dem Jahrestag des Attentates, nach Fatima zu pilgern, Schwester Lucia zu treffen – und schließlich die Weihe Rußlands und der Welt an das »Unbefleckte Herz Mariens« vorzubereiten.

Zuvor aber, irgendwann Anfang 1982, ließ er das Dritte Geheimnis aus dem Heiligen Offizium holen. Er öffnete den von Papst Paul VI. versiegelten Umschlag im Beisein von Kardinal Ratzinger, dem Präfekten der Kongregation für Glaubensfragen. Berichten zufolge konsultierte er sogar einen portugiesischen Geistlichen der Kurie und bat ihn, den Text »mit allen Nuancen der Sprache« für ihn zu übersetzen.

Am frühen Nachmittag des 12. Mai 1982 traf Johannes Paul II. in Lissabon ein. In Begleitung von Kardinal Ribero, dem Primas Portugals, sowie den portugiesischen Bischöfen empfing ihn Präsident Eanes am Flughafen. Der Papst kniete nieder, küßte die Erde des der heiligen Jungfrau geweihten Landes, nahm die ihm dargebotenen Ehren entgegen und bestieg das eingeflogene »Papamobil«, den Wagen des Papstes. Durch Straßen, die von hunderttausenden fahnenschwenkenden Menschen gesäumt waren, fuhr Johannes Paul II. in die Hauptstadt, zuerst zur romanischen Kathedrale, dann die engen, gewundenen, überfüllten Gassen hinauf zur Kirche Santo Antonio da Se, an deren Stelle das Geburtshaus des Heiligen Antonius von Padua stand. Nach einem Gebet mit den Franziskanern, Ordensschwestern und Laien setzte er seine Fahrten fort, führte Gespräche mit Staatspräsident Eanes im Palast von Belen und traf führende Persönlichkeiten des Landes in der apostolischen Nuntiatur. Dann brachte ihn ein Hubschrauber nach Fatima.

Über eine Million Menschen hatte sich auf der riesigen Esplanade versammelt, die in der Cova da Iria errichtet worden war, vor der prächtigen Basilika und, an der Seite, der Capelinha und der von einem prachtvollen Eisengitter umgebenen Steineiche, die mittlerweile zu einem mächtigen Baum angewachsen war. Viele von ihnen waren bereits einen Tag zuvor angereist, hatten sich einen Platz gesichert und die Nacht mit Gebeten verbracht, ganz wie bei den letzten Erscheinungen der Gottesmutter, 65 Jahre zuvor.

Die Nacht war bereits angebrochen, als der weiße Hubschrauber des Papstes nahe der Erscheinungsstätte landete. Sein erstes Ziel war die Capelinha, die kleine Kapelle, die auf Wunsch der Gottesmutter errichtet wurde. Lichtmasten erleuchteten den Vorplatz, auf dem eine unübersehbare Menge dichtgedrängt zusammenstand. Als Johannes Paul II. erschien, jubelte sie ihm stürmisch zu. Voller Andacht näherte sich der Heilige Vater dem Gnadenbild, kniete nieder, legte fast zärtlich einen Rosenkranz um die gefalteten Hände der Marienstatue. Dann wandte er sich an die Pilger:

»Ich bin heute hierhergekommen«, erklärte er, *»weil an eben diesem Tag vor einem Jahr auf dem Petersplatz in Rom der Anschlag auf das Leben des Papstes stattfand, geheimnisvollerweise am Jahrestag der ersten Erscheinung in Fatima am 13. Mai 1917. Ich erkannte in der Verbindung zwischen den Terminen einen besonderen Ruf, hierherzukommen. Und so bin ich heute hier. Ich bin gekommen, um der Göttlichen Vorsehung zu danken an dieser Stätte, die die Mutter Gottes auf so besondere Weise erwählte.«* Dann begrüßte er die verschiedenen ausländischen Delegationen in ihrer jeweiligen Landessprache. Betend verharrte er minutenlang vor der Statue Mariens, während aus einer Million Kehlen das »Ave Maria«, die Hymne von Fatima, erklang. Der Heilige Vater entzündete eine Kerze an jener, die vor der Statue brannte, dann gab er die Flamme weiter an die neben ihm stehenden Kardinäle Casaroli, Macharski und Marti, die sie wiederum an die Umstehenden weiterreichten. Innerhalb von Minuten verwandelte sich der Vorplatz in der Cova da Iria in ein Lichtermeer. Johannes Paul II. versank in ein inniges Gebet, während die anderen Geistlichen mit den Pilgern den Rosenkranz beteten.

Gegen 23.30 Uhr endete die Zeremonie, und der Papst bewegte sich langsam in Richtung der Basilika, um von dort aus eine Messe mit dem Patriarchen von Fatima und den Bischöfen zu feiern.

Plötzlich entstand ein panikartiges Durcheinander. Ein hochgewachsener Mann in Priesterrock hatte sich durch die Gruppe der Geistlichen in die Nähe des Heiligen Vaters gedrängt, den er jetzt mit lauten Worten beschimpfte: Wegen der Lage der Katholiken in

Polen, dem Erstarken des Kommunismus, der Öffnung der Kirche und dem Zweiten Vatikanischen Konzil.

Der Papst bekam von all dem nicht viel mit. Sein Sekretär Stanislaw Dziwisz und der amerikanische Bischof Marcinkus sowie einige Sicherheitsbeamte gaben ihm mit ihren Körpern Deckung, während portugiesische Polizisten den Mann verhafteten.»Tod dem Konzil! Nieder mit dem Papst! Tod dem Kommunismus!« brüllte der Überwältigte auf Spanisch, als er abgeführt wurde. Der Papst drehte sich langsam zu ihm um und segnete ihn.

Auf der Polizeiwache fand man ein 37 Zentimeter langes Mauser Bajonett, ein Modell aus dem Jahre 1917, mit dem der Mann, ein spanischer traditionalistischer Priester namens Juan Fernandez Krohn, nach eigenen Angaben den Heiligen Vater ermorden wollte. Er war von Kardinal Lefevre geweiht worden, jenem französischen Kirchenrebell, der die Neuerungen, die aus dem Zweiten Vatikanischen Konzil hervorgingen, radikal ablehnte. Ein zweites Mal wurde das Leben des Papstes an einem 13. Mai bedroht – und wieder war er gerettet worden.

»Wenn die Kirche die Botschaft von Fatima akzeptierte, dann vor allem deshalb, weil diese Botschaft eine Wahrheit und einen Aufruf in sich trug, deren Grundgehalt die Wahrheit und der Aufruf des Evangeliums selbst ist: ›Tut Buße und glaubt an das Evangelium‹ (Mk. 1, 15)«, erklärte Johannes Paul II. am nächsten Tag bei einer mittäglichen Messe den Gläubigen,»Das sind die ersten Worte, die der Messias an die Menschheit richtete. Die Botschaft von Fatima ist in ihrem Kern ein Aufruf zu Bekehrung und Buße wie im Evangelium. Dieser Ruf wurde ausgesprochen zu Anfang des 20. Jahrhunderts. Die Dame der Botschaft scheint mit besonderer Einsicht die ›Zeichen der Zeit‹ verstanden zu haben, die Zeichen unserer Zeit...

Heute liest Johannes Paul II. sie wieder mit Erschütterung in seinem Herzen, weil er sieht, wie viele Menschen und Gesellschaften – wie viele Christen – in die entgegengesetzte Richtung gegangen sind, entgegengesetzt jener, wie sie in der Botschaft von Fatima angezeigt wurde. Die Sünde hat sich in der Welt eingenistet, und die Verneinung Gottes hat sich in den Ideologien, Ideen und Plänen der Menschenwesen verbreitet...

Mein Herz ist bedrückt, wenn ich die Sünde der Welt sehe und die ganze Reihe von Plagen, die wie eine dunkle Wolke über der Menschheit aufziehen, aber es ist auch mit Hoffnung erfüllt, wenn ich noch

einmal den Akt vollziehe, den meine Vorgänger vollführten, und die
Welt dem Herzen der Mutter weihe...«

Und dann vollzog er den Akt der Weltweihe:

»Dir, Mutter Christi, Deinem Unbefleckten Herz, weihe ich heute,
zusammen mit der ganzen Kirche, vereint mit unserem Erlöser in die-
ser seiner Weihe die Welt und die Menschen, denen nur Sein Göttliches
Herz vergeben und Vergeltung schenken kann. Die Kraft dieser Weihe
reicht für alle Zeit und umfaßt alle Individuen, Völker und Nationen.
Sie besiegt alles Übel, das der Geist der Finsternis erwecken konnte,
und das er in unserer Zeit, im Herzen der Menschen und in der
Geschichte erweckte ...
Oh Unbeflecktes Herz! Hilf uns, die Plage des Bösen zu besiegen, die so
leicht Fuß faßt in den Herzen der Menschen von heute, und deren
unbeschreiblichen Auswirkungen unsere moderne Welt belasten und
uns den Weg in die Zukunft blockieren! Befreie uns von Hungersnot
und Krieg. Befreie uns von Atomkrieg, unberechenbarer Selbstzer-
störung, von jeder Art des Krieges...
Akzeptiere, oh Mutter Christi, diesen Ruf, beladen mit dem Leiden
alle Individuen, beladen mit dem Leiden ganzer Gesellschaften. Ent-
hülle noch einmal in der Geschichte die unendliche Kraft Deiner gna-
denvollen Liebe! Möge Sie das Böse aufhalten. Möge sie die Gewissen
verwandeln. Möge Dein Unbeflecktes Herz vor allen das Licht der
Hoffnung enthüllen.«
Als ewiges Zeichen seiner Überzeugung, von der Gottesmutter von
Fatima gerettet worden zu sein, ließ er die Kugel, die seinen Bauch
durchschlug, in die Krone der Gnadenstatue des Heiligtums in der
Cova da Iria einarbeiten. *»Es war die Hand einer Mutter, welche die*
Bahn der Kugel lenkte und die den sterbenden Papst von der Schwelle
des Todes errettete«, erklärte er dazu.
An den Feierlichkeiten am 13. Mai 1982 hatte auch Schwester Lucia
teilgenommen, die Seherin von Fatima, die aus dem Kloster von
Coimbra unter strengsten Sicherheitsvorkehrungen angereist war.
Mit ihr sprach der Papst fast eine halbe Stunde lang unter vier Augen, ein Gespräch, nach dem die Nonne nach Aussage von Augenzeugen »wie erleuchtet« schien. Sie hatte den Heiligen Vater ange-
mahnt, daß die Weltweihe, wie er sie vollzogen hatte, zwar ein Akt
des guten Willens sei – aber ungültig nach den Anweisungen der
Gottesmutter. Johannes Paul II. versprach ihr, den formell korrekten

Akt in allernächster Zukunft durchzuführen – nach ihren Anweisungen, zusammen mit allen Bischöfen und den Gläubigen der Welt.

Schon im folgenden Jahr, am 8. Dezember 1983, dem Fest der Unbefleckten Empfängnis, sandte der Papst Briefe an alle Bischöfe der Welt einschließlich jener der orthodoxen Kirchen, in denen er sie dazu einlud, mit ihm gemeinsam am Festtag Mariae Verkündigung, am 25. Mäz 1984, die Weltweihe an das Unbefleckte Herz Mariens zu vollziehen. Das Schreiben beinhaltete die für die Zeremonie in Absprache mit Schwester Lucia verfaßten Gebetstexte. *»Wir finden uns vereint mit den Hirten der Kirche und finden uns in einer Verbindung, in der wir einen Körper und ein Kollegium bilden, ganz wie nach Christi Wunsch die Apostel einen Körper und ein Kollegium bildeten mit Petrus«,* schrieb er. *»Im Bande dieser Union senden wir Ihnen die Worte dieser Handlung, in der wir, noch einmal, die Hoffnung der Kirche und die Sorgen der modernen Welt einschließen.«* Die Gnadenstatue der Gottesmutter von Fatima wurde für die Weihezeremonie eigens nach Rom gebracht. Johannes Paul II. ließ sie in seine Privatkapelle bringen, wo er die Nacht vom 24. auf den 25. März 1984 in inbrünstigem Gebet verbrachte. Am nächsten Morgen wurde sie vor dem Petersdom aufgestellt. *»Oh Mutter der Individuen und Völker«,* sprach der Heilige Vater sie in der feierlichen Zeremonie vor zehntausenden von Pilgern an, *»Du, die Du all ihre Leiden und Hoffnungen kennst, Du, die Du in mütterlicher Sorge die Kämpfe zwischen Gut und Böse, zwischen Licht und Finsternis beobachtest, die die moderne Welt heimsuchen, nimm den Ruf an, mit dem wir, bewegt vom Heiligen Geist, uns direkt an Dein Herz richten. Nimm mit Deiner Liebe als Mutter und Magd des Herrn diese unsere menschliche Welt an, die wir Dir anvertrauen und weihen, denn wir sind voller Sorge um das irdische und ewige Schicksal der Individuen und Völker.*

Auf besondere Weise vertrauen wir Dir an und weihen Dir jene Individuen und Nationen, die insbesondere dieser Anvertrauung und Weihe bedürfen...«, wobei er, kaum hörbar, ergänzte *»insbesondere Rußland«,* um danach, abweichend vom weltweit versandten Text, laut und deutlich hinzuzufügen: *»Lasse Dein Licht insbesondere über jenen Völkern leuchten, von denen Du selbst unsere Heiligung erwartest.«*

Bei den anschließenden Fürbitten war, wie zwei Jahre zuvor in Fatima, wieder von der Bedrohung durch eine nukleare Katastrophe die Rede: *»Vom Atomkrieg, von unberechenbarer Selbstzer-*

störung, von jeder Art des Krieges, bewahre uns!« Zur gleichen Zeit vollzogen hunderte Bischöfe in aller Welt, auch solche der Orthodoxen Kirchen, zusammen mit ihren Gemeinden, die gleiche Weihezeremonie.

Obgleich Rußland zumindest im offiziellen Text nicht ausdrücklich genannt wurde, und daher die Weihe zwar formgerecht aber doch mit einer leichten Einschränkung vollzogen wurde, schien Schwester Lucia endlich zufrieden. *»Ist Rußland jetzt geweiht?«*, fragte sie der Apostolische Nuntius in Portugal, der sie im Auftrag des Papstes nach der Zeremonie in Coimbra aufsuchte. *»Ja, nun ist es das«*, antwortete die Seherin von Fatima. *»Jetzt warten wir auf das Wunder«*, meinte der Nuntius, woraufhin sie erwiderte: *»Gott wird sein Wort halten.«*

Was in den folgenden Jahren geschah, überraschte selbst die optimistischsten Beobachter der Weltpolitik, und wurde immer wieder als wahres, modernes Wunder bezeichnet. Innerhalb von einem Jahr nach der von Johannes Paul II. vollzogenen Weihe Rußlands und der Welt an das Unbefleckte Herz Mariens kam es zu einer Wende im Osten, die unter den Begriffen »Perestroika« (Umgestaltung) und »Glasnost« (Neue Offenheit) propagiert wurde, und letztendlich zum völligen Zusammenbruch der kommunistischen Diktaturen des Warschauer Paktes führte. Es ist verfrüht und gewiß übertrieben, von einer »Bekehrung Rußlands« zu sprechen, aber zumindest kann gesagt werden, daß es aufhörte, *»seine Irrtümer über die Welt zu verbreiten«* – der »gottlose Kommunismus« war innerhalb von sieben Jahren besiegt.

Innerhalb eines Jahres nach der Weltweihe, am 11. März 1985, wurde Michail Gorbatschow neuer Generalsekretär der Kommunistischen Partei der Sowjetunion. Später, bei seinem Rücktritt am Weihnachtstag 1991, erklärte er über seine damalige Vision: *»Das Schicksal bestimmte, daß ich mich selbst an der Spitze des Staates fand, und es war mir bald klar, daß etwas falsch lief in diesem Land. Wir hatten viel... und doch lebten wir sehr viel schlechter als die Menschen in den industrialisierten Ländern... all die halbherzigen Reformen, von denen es so viele gab, waren durchgefallen. Dieses Land ging nirgendwo hin. Wir mußten alles radikal verändern... Ich war mir ebenso der Tatsache bewußt, daß eine Reform von diesem Kaliber und in einer Gesellschaft wie der unsrigen extrem schwierig und sogar ein gefährliches Unternehmen war. Doch selbst heute bin ich noch über-*

zeugt, daß die demokratische Reform, mit der wir im Frühling 1985
begannen, historisch korrekt war.«

Am 2. Juni 1985 veröffentlichte der Papst seine Enzyklika »Slavorum Apostoli« (»Apostel der Slawen«), die nicht weniger als eine Einladung zum ökumenischen Dialog mit den Ostkirchen in der UDSSR war. Wie der amerikanische Starjournalist Carl Bernstein und der Vatikanexperte Marci Politi in ihrer ausgezeichneten Papstbiographie »Seine Heiligkeit« die Situation zu Anfang der Ära Gorbatschow beschreiben: »*Gorbatschow, ein Slawe und Kommunist, und Wojtyla, ein Slawe und Christ, bewegten sich aufeinander zu, jeder im wachsenden Bewußtsein der Kraft und des Potentials des anderen, Gutes zu bewirken.... Der Papst war bewegt und hoffnungsfroh über die Veränderungen, die Gorbatschow in die Wege leitete. Es bestand kein Zweifel, daß Polen, die kommunistischen Länder des Ostens und selbst die UDSSR sich am Rande eines großen Umbruchs befanden.«*

Auch die Gefahr eines atomaren Konfliktes wich unter Gorbatschow. Bereits im Dezember 1985 traf er US-Präsident Reagan in Genf auf dem ersten von insgesamt acht Gipfeltreffen, die nicht nur das Verhältnis zwischen den Großmächten grundlegend und nachhaltig entspannten, sondern auch zu einer breiten nuklearen und konventionellen Abrüstung führten. 1987 begann ein Prozeß der Demokratisierung und die Aufhebung der bisherigen Sanktionen gegen die Religion. Erstmals hatte der Wähler zumindest bei lokalen Abstimmungen die Wahl zwischen verschiedenen Kandidaten. Religiöse Führer und Persönlichkeiten, wie Mutter Teresa von Kalkutta, der philippinische Kardinal Jaime Sin, der Griechisch Orthodoxe Patriarch von Konstantinopel und viele andere durften jetzt das Land besuchen. Die einflußreiche »Literaturnaja Gazeta«, das Intelligenzblatt der Sowjetunion, ergriff sogar Partei für die christlichen Pilger, die in das Dorf Hruschiw in der Ukraine strömten, in dem es zu Marienerscheinungen gekommen war.

Am 26. April 1987, dem Jahrestag der Katastrophe von Tschernobyl, verließ Marina Kisin, ein zwölfjähriges Bauernmädchen, wie jeden Morgen das Haus, um zur Schule zu gehen. Schräg gegenüber von ihrem Elternhaus stand eine verfallene Kirche, einst der »Allerheiligsten Dreifaltigkeit« geweiht, die von den Kommunisten ausgeplündert und zugenagelt worden war. Plötzlich bemerkte

Marina ein seltsames Licht, das über der ockerfarbenen Kirche schwebte. Als sie sich neugierig dem Licht näherte, erkannte sie eine Frau, gekleidet mit einem schwarzen Trauergewand, in den Armen ein Kind haltend. Dann hörte sie eine Stimme, die ihr sagte, daß die Ukrainer aufgrund all ihrer Leiden ausgewählt worden seien, die Sowjetunion zum Christentum zurückzuführen. Erschreckt rannte Marina, so schnell sie konnte, nach Hause zurück, um ihrer Mutter und Schwester von dem umheimlichen Geschehen zu erzählen. Minuten später eilten die drei Frauen zurück zu der Erscheinungsstätte, wo das Licht und die schwarze Frau in seinem Innern noch immer zu sehen waren. Die mysteriöse Gestalt verneigte sich wie zur Begrüßung vor ihnen, während Marinas Mutter Miroslawa andächtig auf die Knie fiel. »Das ist die Jungfrau Maria«, zischte sie ihrer Tochter zu, »knie nieder und bete!«

Innerhalb von Stunden sprach sich das Geschehen herum, strömten die Menschen herbei: erst hunderte, dann tausende, schließlich zehntausende. Tief in ihren Herzen erwachte ein Glaube, der jahrzehntelang unterdrückt oder verdrängt worden war, und jetzt umso heftiger zu neuem Leben erwachte. Bald kamen die Pilger aus tausenden von Kilometern Entfernung, aus Georgien, Weißrußland und dem Baltikum, Katholiken wie Orthodoxe, Juden und Moslems und sogar neugierige Atheisten in das 2000-Häuser-Dorf in der Ukraine. Und, was Hruschiw von Fatima unterschied: Hier sah nicht nur Marina, hier sah etwa die Hälfte der Pilger die Gottesmutter, mal deutlicher, mal als schattenhafte Erscheinung, und einige hörten sogar ihre Botschaft:

»Oh meine Tochter Ukraine, ich bin zu dir gekommen, denn du hast am meisten gelitten, und während all Deiner Leiden hast Du den Glauben an das Allerheiligste Herz bewahrt. Ich bin zu Dir gekommen, damit Du hingehst, um Rußland zu bekehren. Bete für Rußland! Bete für diese verlorene russische Nation! Denn wenn Rußland Christus, den König, nicht annimmt, ist der dritte Weltkrieg unvermeidlich.«

Einer der insgesamt über 500.000 Pilger – bis zu 80.000 an einem Tag –, die nach Hruschiw strömten, war der katholische Aktivist Josip Terelja, der aufgrund seines Glaubens 20 Jahre seines Lebens in russischen Gefangenenlagern verbracht hatte und kurz zuvor, auf Anweisung Gorbatschows, entlassen worden war. Er beschrieb die Ereignisse so:

»*Das Glühen um die Kapelle – die himmlische Aura – war nun ungefähr zweihundert Meter hoch. Die ganze Umgebung war in ein Licht eingehüllt, das in klarer und atemberaubender Weise himmlisch war. Es war etwas zwischen dem silbernen Glanz des Mondes und einem fluoreszierenden Licht...*
In der Aura des Lichtes über der (Kirche der) ›Allerheiligsten Dreifaltigkeit‹ gab es ein kleineres, aber viel intensiveres Licht – eine Lichtkugel. Über der Kapelle war sie silbern-lila – eine feurige Kugel, die sich vorwärts und rückwärts bewegte. Es war, als ob daraus Feuerzungen hervorkämen. Dieses Licht fuhr fort, sich innerhalb des größeren Lichtes zu bewegen. Es bewegte sich nach rechts – hin- und herschwingend, flimmernd, zur Seite wandernd. Schließlich senkte es sich auf die Hauptkuppel der Kapelle herab.
Mein lieber, großer Herr, ich sah sie! Die Jungfrau Maria nahm in der Lichtkugel Gestalt an, so als ob sie, wie in einem Fahrzeug, von der Lichtkugel in unsere Realität herangetragen worden wäre... Es war, als ob das Licht von einem sehr weit entfernten Projektor hervorgebracht worden wäre.
Als die Kugel verblaßte, wurde ihre Gestalt deutlicher als die einer lebenden Person über der Kirche. Ihr Gesicht war da. Es war keine Fata Morgana oder dergleichen, es war das Gesicht einer Frau... in einem flammenden Gewand... sie war mit einem feurigen Licht bekleidet...
Sie lächelte, aber es war ein Lächeln unter Tränen. Sie weinte. Ich verspürte, daß sie hier war, um uns zu warnen und zu trösten und zu ermutigen, um uns zu ihrem Sohn zurückzuführen. Sie ist seine Vorläuferin...«
An jenem Tag, dem 9. Mai, schwieg die Gottesmutter, an den folgenden Tagen sprach sie »viele Worte voller Weisheit« zu den Gläubigen, die sie hören konnten. Terelja: »*An jedem Tag war es dasselbe Leuchten. Sie nahm Gestalt an in dem kleineren Licht, als das Oval über der Kapelle schwebte und an Intensität zunahm. Bei anderer Gelegenheit erschienen das Licht und die Jungfrau darinnen im Nu. Beim Verlassen nahm das Licht um sie herum an Stärke zu, und man konnte kaum noch ihre Umrisse erkennen... Das Licht war oft ganz fein, und seine Stärke pulsierte, wuchs, schwand...*«
»*An den ersten drei Tagen war sie in flammende Farben gekleidet. Andere sahen sie etwas anders. Einige sahen sie mit einer Krone auf dem Kopf oder einem Ring an ihrer Hand. Aber wenn sie schwarz gekleidet war und das Kind hielt, sah jeder genau dasselbe. Oft begann sie mit den Worten ›Gelobt sei Jesus!‹. Und wenn sie seinen Namen*

erwähnte, schaute sie himmelwärts. Des öfteren erhob sie ihren Arm mit dem Rosenkranz in ihrer Hand. Es war nicht wie in Fatima oder Lourdes, wo es eine festgesetzte oder begrenzte Zeitdauer für ihre Erscheinungen gab. Die Jungfrau erschien zu verschiedenen Zeitpunkten im Laufe des Tages. Nicht jeder konnte sie sehen, und selbst einige Priester und Nonnen wurden nicht Zeugen ihrer Erscheinung. Aber mehr als die Hälfte der Menge erhaschte einen Blick von ihr, und jenen, die sie nicht sahen, wurde nichtsdestoweniger ein unbestreitbares Gefühl für ihre Gegenwart hinterlassen.«

Dieses Gefühl nahmen auch die anwesenden Beobachter vom KGB und der Miliz wahr, die noch kurz zuvor versucht hatten, jeden einzelnen der Besucher an der Erscheinungsstätte zu fotografieren. Sie alle knieten nieder, als die Erscheinung einsetzte – »um nicht aufzufallen«, wie sie sich später entschuldigten – und ein russischer Offizier, ein Hauptmann, rief, für alle hörbar: »Es gibt einen Gott!« Ein Milizoffizier, der die Kirche bewachen sollte, zog seine Mütze ab, riß seine Abzeichen und Schulterstücke von der Kleidung, als seien die dort prangenden Sowjetsymbole Abzeichen des Satans. »Was kann ich machen, wenn ich die Muttergottes gesehen habe«, sagte er später. Zwei Wochen später wurde er von den Behörden in die Psychiatrie eingewiesen. Ein anderer Offizier, der zuviel getrunken hatte, zog seine Pistole und feuerte einen Schuß auf die Erscheinung ab. Viele Zeugen sahen, wie ein Lichtstrahl von der Gottesmutter ausging, der ihn traf. Der Offizier wurde bewußtlos und fiel zu Boden. Sein Arm wurde schwarz, als hätte er einen starken elektrischen Schlag erlitten. Am 12. Mai drehte ein Fernsehteam aus Kiew an der Erscheinungsstätte. Als die Aufnahmen am nächsten Tag, dem 70. Jahrestag von Fatima, im Rahmen einer Diskussionssendung ausgestrahlt wurden, sahen tausende Fernsehzuschauer die Gottesmutter auf dem Bildschirm.

Etwa Mitte Mai erblaßte die tägliche Erscheinung, nach vier Wochen war sie völlig verschwunden. Stattdessen kam es in 13 anderen Orten der Ukraine, meist über zerstörten Klöstern und geschlossenen Kirchen, zu weiteren Erscheinungen. Immer wieder warnte die Gottesmutter vor der Gefahr eines dritten Weltkrieges und forderte Buße und Umkehr, um diesen zu vermeiden.

Mit diesem beeindruckenden Vorspiel begann das »Marianische Jahr in Vorbereitung auf das Jahr 2000«, zu dem der Heilige Vater aufgerufen hatte, und das vom Pfingstfest 1987 bis zu Maria Himmelfahrt (15. 8.) 1988 andauern sollte. Durch Satellitenschaltungen mit hunderttausenden von Pilgern in sechzehn Marienheiligtümern der Welt, darunter Fatima, verbunden, eröffnete Johannes Paul II. die Feierlichkeiten durch Rosenkranzgebete in der Kirche St. Maria Maggiore in Rom, der ältesten Marienkirche der Christenheit, die bereits im 5. Jahrhundert an der Stätte einer Marienerscheinung errichtet worden war. Sie enthält eine der frühesten Marienikonen, die »Salus Populi Romani« (Heil dem Römischen Volk), die Schutzmadonna der ewigen Stadt, vor der sich der Papst auf seinem Weg zum Altar tief verneigte. Es war die größte internationale Rosenkranzaktion der Geschichte. Zweiundzwanzig Länder waren durch achtzehn Satelliten und ein Operationszentrum in London miteinander verbunden, während fünfundsiebzig Fernsehstationen mitwirkten. Kurz darauf, während man in Moskau die Tausendjahrfeier der Christianisierung Rußlands vorbereitete, wiederholte der Papst noch einmal die Weihe des Landes an die Gottesmutter: »*Dir, Mutter der Christen, vertrauen wir in besonderer Weise die Völker an, die ihren sechshundertsten (Lettland) beziehungsweise tausendsten Jahrestag (Ukraine und Rußland) ihrer Bindung an das Evangelium feiern.*«

Als Johannes Paul II. kurz darauf von den Erscheinungen von Hruschiw erfuhr, sah er darin ein hoffnungsvolles Zeichen, daß das Wunder der Bekehrung Rußlands endlich wahr werden würde. Am 7. November 1987 empfing er Josip Terelja, der mittlerweile aus der Sowjetunion ausreisen durfte, zu einem 43-minütigen Gespräch unter vier Augen, bei dem er sich ausgiebig über die Lage der Katholiken in der Ukraine und die Erscheinungen informierte. Einen Tag später lud ihn Kardinal Ratzinger zu einem ausgiebigen Mittagessen ein und ließ sich vom Inhalt der Botschaften von Hruschiw erzählen.

Am 29. April 1988 kam es in der grandiosen Katharinenhalle des Kreml zu einem Treffen, das wie kein anderes anzeigte, daß tatsächlich in der Sowjetunion ein neuer Wind wehte. Noch fünf Jahre zuvor wäre es undenkbar gewesen, daß ein Generalsekretär der KPDSU Kirchenführer mit solchen Ehren empfing, doch jetzt traf sich Michail Gorbatschow mit dem Russisch-Orthodoxen Patriarchen von Moskau und fünf Metropolitanbischöfen. »*Ein neues Gesetz über die Religionsfreiheit wird auch im Interesse der religiösen Organisationen sein*«, verkündete er den erstaunten Kirchenmännern, »*Gläubige sind Sowjetmenschen, Arbeiter, Patrioten, und*

sie haben ein Recht darauf, ihre Überzeugungen mit Würde aus-
zudrücken. Perestroika, Demokratisierung und Offenheit betreffen
auch sie – in vollem Maße und ohne Beschränkungen.«
Das waren keine leeren Versprechungen. Über 4000 Studenten
schrieben sich 1989 bei Orthodoxen Priesterseminaren ein, mehr
als doppelt so viel wie im Vorjahr, und an den Tausendjahrfeier der
Bekehrung Rußlands im Juni 1988 nahm sogar eine hochrangige
Delegation des Heiligen Stuhls teil, angeführt vom vatikanischen
Außenminister Kardinal Casaroli.
Ebenfalls 1988 wurde Michail Gorbatschow zum Präsidenten der
Sowjetunion ernannt. Im Dezember desselben Jahres erklärte er
der erstaunten Generalversammlung der Vereinten Nationen in
New York, er werde im Rüstungsabbau den ersten Schritt machen
– durch eine drastische Reduzierung der konventionellen Streit-
kräfte. Im folgenden März ersetzten die Reformer die kommunistischen Hardliner bei den ersten Parlamentswahlen in der
Geschichte der Sowjetunion, der Wahl zum Kongreß der Volksdeputierten. Als es im folgenden Jahr in den meisten Staaten des
Warschauer Paktes zu Volksaufständen gegen die kommunistischen
Machthaber kam, war es Gorbatschow, der ausdrücklich darauf
verzichtete, den einstigen Vasallenregierungen Moskaus zur Hilfe
zu kommen. »Wer zu spät kommt, den bestraft das Leben«,
erklärte er dem Generalsekretär der Sozialistischen Einheitspartei
der DDR, Erich Honecker, als dieser ihn um seine Hilfe bat.
Die Bewegung, die zur Auflösung des Ostblocks führte, und die
das Klima schaffte, in dem Gorbatschows Perestroika überhaupt
möglich war, hatte ihren Ausgang in Polen genommen, dem Hei-
matland des Papstes. Es ist ein tatsächlich denkwürdiges Zusammentreffen von »Zufällen« – oder die »göttliche Vorsehung«, ganz
nach Sichtweise –, eine Verknüpfung von scheinbar unzusammen-
hängenden Ereignissen, die zum Zusammenbruch des Kommunismus in Osteuropa führte: Die Danziger Gewerkschaftsbewegung,
die stark katholisch geprägt war, die Wahl Karol Wojtylas zum
Papst nach dem unerwartet kurzen Pontifikat des »lächelnden
Papstes« Johannes Paul I., das Attentat vom 13. Mai 1981, das
Johannes Paul II. überzeugte, daß seine Lebensaufgabe in der
Erfüllung der Dritten Botschaft von Fatima lag, und die daraufhin
erfolgte, »gültige« Weltweihe, in deren unmittelbarer Folge Michail
Gorbatschow an die Macht kam, um »Glasnost« und »Perestroika«
zu verkünden. Zumindest für den Papst und die Fatima-Gläubigen

gibt es keinen besseren Beweis dafür, daß Weltgeschichte von unsichtbaren Mächten gelenkt wird, daß in Fatima tatsächlich die Gottesmutter erschienen ist und daß sie damals in der Cova da Iria, in jenem Schicksalsjahr 1917, der Menschheit den göttlichen Erlösungsplan für das von Krisen, Kriegen und Verfolgungen so heimgesuchte 20. Jahrhundert verkündete.

Auch die zweite große Wende, der letzte Todeskampf des Kommunismus, ging von Polen, vom Lande des Papstes aus. Eine Reihe spontaner Streiks im Frühjahr 1988 schwoll zu einer Flutwelle an. Die Arbeiter, die über das stetige Sinken ihres Lebensstandards empört waren, legten zu Hunderttausenden ihre Arbeit nieder. Das Land drohte im Chaos zu versinken. Plötzlich wandte sich Polens Ministerpräsident Jaruzelski an Lech Walesa, den Führer der verbotenen Gewerkschaft Solidarnosc, die Galionsfigur der Streiks von 1980, und bat ihn, die Arbeiter zu überreden, den Streik zu beenden. Sie weigerten sich, lenkten erst ein, als Jaruzelski versprach, Gespräche über die Zukunft des Landes anzusetzen, mit einer Opposition, der auch Walesa angehören werde. Am 31. August 1988 kam es zu ersten Gesprächen, am 18. Januar 1989 gab Jaruzelski bekannt, daß »Solidarnosc« offiziell wieder als Gewerkschaft anerkannt sei. Er trat als Ministerpräsident zurück, um als Staatspräsident die volle Exekutivgewalt zu übernehmen. Am 6. Februar, als Demonstranten im ganzen Land gegen die Erhöhung der Preise auf die Straße gingen, nahmen Vertreter von Regierung und Opposition am »Runden Tisch« die Verhandlungen über Polens Zukunft auf. »*Das Ende einer Epoche stand unmittelbar bevor*«, heißt es bei Bernstein & Politi. Der unsichtbare Dritte, der an diesem Tisch saß, war der Papst. »*Wenn keine Seite nachgab*«, kommentierte Politbüromitglied Stanislaw Ciosek die Verhandlungen, »*wußten wir, daß wir jederzeit den Vatikan um Hilfe bitten konnten.*« Schließlich wurde beschlossen, im Juni die ersten freien und offenen Wahlen seit Ende des Zweiten Weltkrieges durchzuführen. Solidarnosc war als politische Partei zugelassen. Bei den Wahlen am 4. Juni errang die »Solidarität« 261 der 262 Sitze des neuen Gremiums, das den Namen »Senat« tragen sollte. Die Pfarrer der Gemeinden hatten die Gläubigen an diesem Sonntag aufgefordert, für die Gewerkschaft und gegen die Kommunisten zu stimmen. »Ein fürchterliches Ergebnis«, klagte Jaruzelski, »das ist die Schuld der Kirche!«. Am 19. August mußte er »Solidarnosc«-Mitglied Tadeusz Mazowiecki, einen katholischen Intellektuellen, der zu Walesas Mitstreitern der ersten Stunde gehörte, mit der Kabinettsbildung beauftragen. Man war sich einig geworden, daß er zumindest sein Präsidentenamt behalten durfte. Am 24. August wurde Mazowiecki Ministerpräsident, »Solidarnosc« war offiziell an der Macht – die Wende war vollzogen. Unmittelbar darauf flog Gewerkschaftsführer Lech Walesa mit fünf Mitarbeitern nach Rom, um Johannes Paul II. für seinen Beitrag zur »Befreiung Polens« zu danken. Kurze Zeit später besuchte der koreanische Bischof Angelo Kim den Heiligen Vater, gratulierte ihm: »*Dank Euch ist Polen vom Kommunismus befreit worden!*« »*Nein, nicht durch mich*«, erwiderte Johannes Paul II., »*sondern durch das Werk der Heiligen Jungfrau, entsprechend ihrem Versprechen von Fatima.*«

Halb ängstlich, halb hoffnungsvoll hatten die Menschen in den anderen Staaten des Warschauer Paktes die Vorgänge in Polen verfolgt. Würde die Sowjetunion, wie einst beim Prager Frühling, eingreifen? Sie tat es nicht, Gorbatschow hielt still, mehr noch, er reformierte unaufhaltsam das Mutterland des Kommunismus. Das machte Mut – und löste einen Erdrutsch aus. Als Ungarn im September seine Grenze zu Österreich öffnete, strömten die Menschen der DDR zu Zehntausenden in den Westen, während Hunderttausende in Leipzig und anderen Städten auf die Straßen gingen, um gegen das SED-Regime zu demonstrieren. Verzweifelt protestierte der DDR-Staatschef Erich Honecker gegen die Grenzöffnung, bat die UDSSR um ein Eingreifen – erfolglos: Honecker mußte zurücktreten, das jüngere Politbüromitglied Egon Krenz übernahm die Staatsführung, öffnete am 9. November 1989 die Grenzen der DDR. In den nächsten Tagen begann der Abriß der Berliner Mauer, des augenscheinlichsten Symbols für die Spaltung Europas in Ost und West.

Wie Dominosteine stürzten daraufhin die anderen kommunistischen Regimes. Am 10. November 1989 endete mit einer Parteisäuberungsaktion die sechsunddreißigjährige Herrschaft des bulgarischen Staatspräsidenten Todor Schiwkow. In der Tschechoslowakei gingen Hunderttausende auf die Straßen, um ein Mehrparteiensystem und den Rücktritt von Staatspräsident Husak zu fordern. In Rumänien kam es zu Aufständen in der Stadt Timisoara, die sich bald auf das gesamte Land ausbreiteten. Der verhaßte Diktator Nicolae Ceausescu und seine Frau wurden von einem Exekutionskomitee standrechtlich erschossen.

Am 1. Dezember 1989 kam es zu einem weiteren historischen Ereignis. Kurz vor seiner Reise zum Gipfel von Malta, der endgültig das Ende des Kalten Krieges besiegelte, flog Gorbatschow zu einem persönlichen Treffen mit dem Papst nach Rom. Zehntausende säumten die Straßen, als der Generalsekretär der Kommunistischen Partei der Sowjetunion in einer mit der roten Standarte mit Hammer und Sichel geschmückten Limousine auf der Via della Conciliazione zum Vatikan fuhr, um das Oberhaupt der römisch-katholischen Kirche zu treffen. Die Monsignori und Bischöfe der Kurie legten ihre Arbeit nieder, um vom Bürofenster oder am Fernseher das historische Ereignis zu verfolgen, das die zweiundsechzig Jahre der erbitterten Feindschaft zwischen dem »gottlosen Kommunismus« und dem Christentum beenden sollte. Am Tag zuvor hatte der Generalsekretär in einer Rede im italienischen Kapitol von der Notwendigkeit einer Durchgeistigung der Welt gesprochen und *»eine Revolution in den Seelen der Menschen«* gefordert. Zwar berief er sich dabei auf *»die ewigen Gesetze der Menschlichkeit und Tugend, von denen Marx sprach«*, aber ansonsten benutzte er eine ähnliche Terminologie wie der Papst. *»Die Religion hilft der Perestroika«*, erklärte er, *»wir behaupten nicht länger, einen Alleinanspruch auf die Wahrheit zu besitzen... Wir gehen nicht mehr davon aus, daß jene, die nicht mit uns übereinstimmen, unsere Feinde sind.«*

»Ich bin fest davon überzeugt, daß unsere Begegnung von der Göttlichen Vorsehung vorbereitet wurde«, begrüßte ihn Johannes Paul II., *»Ihr Besuch ermöglicht es uns, mit größerem Vertrauen auf die Zukunft der religiösen Gemeinschaften in der Sowjetunion zu blicken... die neuen Perspektiven, die sich eröffnet haben, lassen uns hoffen, daß sich die Situation verändert... und daß das Gesetz der Gewissensfreiheit, das bald vor dem Obersten Sowjet diskutiert wird, allen Gläubigen das Recht garantiert, das Recht auf religiöse Freiheit voll auszuüben, das, wie ich so viele Male sagte, die Grundlage der anderen Freiheiten ist«.* Wie der Papst erklärte, war die Begegnung für ihn *»ein Zeichen der Zeiten, die langsam reiften, ein vielversprechendes Zeichen.«* »Es war ein außergewöhnliches Ereignis«, kommentierte Gorbatschow, *»wir hatten viel zu besprechen. Ich fühle, daß meine Gedanken und Anliegen angemessene Beachtung fanden...«*
Der vatikanische Außenminister Kardinal Casaroli bezeichnete die Begegnung sogar als *»einen bedeutenden Wendepunkt... den Über-*

gang von einem sehr harten Winter zu den Vorzeichen eines Frühlings.« Der Frühling folgte bald. Am 15. März 1990 nahm der Vatikan erstmals diplomatische Beziehungen mit der Sowjetunion auf und entsandte Erzbischof Francesco Colasuonno als Apostolischen Nuntius nach Moskau. Im selben Monat trat ein erstaunlich liberales Gesetz in Kraft, das erstmals in der Geschichte der Sowjetunion religiösen Gemeinschaften sogar den Landbesitz erlaubte, was einen von Lenins ersten Beschlüssen nach der Oktoberrevolution rückgängig machte. Mehr noch, es erlaubte den Religionsgemeinschaften, eigene Erziehungseinrichtungen zu unterhalten und Geistlichen, an staatlichen Schulen zu lehren.

Später, in einem Beitrag für das italienische Journal »La Stampa« vom 3. März 1992, erinnerte sich Michail Gorbatschow an den »ausgedehnten Briefwechsel« zwischen ihm und dem Papst, der auf das Treffen folgte. *»Zwischen uns besteht ein tiefes Gefühl der Sympathie und des gegenseitigen Verstehens, das wir in jeder Mitteilung ausdrückten«,* versicherte der Ex-Präsident der UDSSR. *»Das ist wahr«,* erwiderte der Papst, von Reportern der Zeitung befragt, *»da war etwas instinktives zwischen uns, als hätten wir uns bereits lange gekannt. Und ich weiß, was es war: Unser Treffen war von der Vorsehung vorbereitet worden.«* In seinem Artikel bestätigte Gorbatschow die wichtige Rolle des Fatima-Papstes bei der Öffnung des Ostens: *»Heute kann man sagen, daß all das, was in den letzten Jahren in Osteuropa geschah, nicht möglich gewesen wäre ohne diesen Papst, ohne die wichtige Rolle – die politische Rolle –, die er auf dem internationalen Parkett spielen konnte.«*

»Was jetzt im Osten geschieht, hat so erstaunliche und unerwartete Dimensionen und geschieht so schnell, daß man nur sagen kann: Die Hand Gottes ist dahinter«, kommentierte der französische Philosoph Prof. Marcel Clement die Ereignisse, *» Und weil außergewöhnliche Versprechungen in Fatima gemacht wurden, kann man sagen, daß, wenn tatsächlich die Hand Gottes dahintersteht, dies so ist, weil eine Verbindung zu den Worten Mariens in Fatima besteht. Die Weihe von 1984 erlaubte Gorbatschows Aufstieg an die Macht in 1985... die derzeitigen Ereignisse zeigen gewiß noch nicht, daß die Prophezeihung erfüllt wurde, aber sie lassen sie als möglich erscheinen. Alles hängt jetzt davon ab, wie ernst man es mit der Religionsfreiheit unter den neuen Bedingungen meint.«* Und auch der französische Autor und »Le Figaro«-Kolumnist F. Frossard ist überzeugt: *»Es erscheint keineswegs unlogisch, anzunehmen, daß das, was im Osten geschieht, die*

Konsequenz der Versprechen von Fatima sein könnte. Es ist für mich offensichtlich, daß eine Art Wunder stattfindet. Mehr noch, niemand kann eine rein rationale und politische Erklärung für das abgeben, was geschieht.«

Im Mai 1990 führte der Kölner Erzbischof Joachim Kardinal Meisner eine Pilgergruppe aus der Noch-DDR nach Fatima, um der Gottemutter für die Befreiung seiner Landsleute zu danken. Meisner, der bis 1988 Bischof von Ostberlin war, lebte selbst 40 Jahre lang in einem sozialistischen Land, dessen Atheismus er als *»dunkle Wolke, unter der wir leben mußten«* bezeichnete. *»Alles läßt uns darauf schließen, daß die Weihe so vollzogen wurde, wie es Unsere Liebe Frau gefordert hatte«*, erklärte er den Pilgern vor dem Heiligtum, *»laßt uns daher nicht länger den Heiligen Vater bestürmen, der alles ihm mögliche dafür getan hat. Es ist legitim, zu denken, daß alles, was jetzt so überraschend in Ost und Mitteleuropa geschieht – religiöse Freiheit, von den Regierungen anerkannt, die Institution einer heiligen Hierarchie, Respekt vor den Grundrechten des Menschen – auf die Intervention Unserer Lieben Frau zurückzuführen ist, die sorgenvolle Mutter aller Menschen und Völker.«*

Am 13. Oktober 1990, dem 73. Jahrestag des Sonnenwunders, fand die erste religiöse Zeremonie seit der Oktoberrevolution in der Maria-Himmelfahrtskathedrale im Kreml statt, die unter den Kommunisten als »Museum des Atheismus« diente. Am nächsten Tag, dem 14. Oktober 1990, wurde die erste orthodoxe Messe seit 1917 in der Basiliuskathedrale auf dem Roten Platz gelesen. Wie die Weltpresse berichtete, nahmen auch Mitglieder der Regierung an der Feier teil, und die Titelseite der renommierten »Times« zeigte den Patriarchen Aleksei, das Oberhaupt der Russisch-Orthodoxen Kirche, gefolgt von Klerus und Gläubigen, bei einer Prozession mit Ikonen und Gebetsfahnen auf dem Roten Platz, in Sichtweite des Lenin-Mausoleums. Die Messe, so hieß es, fände *»zur Feier der Fürsprache der Jungfrau Maria und ihrer Milderung des menschlichen Leidens«* statt. Wie die »Times« berichtete, stieg die Zahl der von der Regierung zugelassenen neuen Kirchengemeinden von drei im Jahre 1985 auf 2815 in den ersten neun Monaten des Jahres 1989 an. *»Die Sowjetunion befindet sich an der Schwelle einer titanischen religiösen Erneuerung«*, vermeldete die ansonsten eher dem britischen Understatement verpflichtete Zeitung.

Ein halbes Jahr später, am 12. Mai 1991, reiste der Papst zum zweiten Mal nach Fatima. »*Diese Pilgerreise hat einen ganz besonderen Zweck: Dank zu sagen für die Rettung des Lebens des Papstes am 13. Mai 1981, exakt vor zehn Jahren*«, erklärte er drei Tage später bei einer Generalaudienz in Rom, »*ich betrachte dieses ganze Jahrzehnt als Geschenk, das mir auf eine ganz besondere Weise durch die göttliche Vorsehung gemacht wurde.*« Aber es war auch sein ganz besonderer Dank für die Erfüllung des Versprechens von Fatima.

»*An jenem denkwürdigen Tag, dem 25. März 1984, erwiesest Du, heilige Mutter, uns die Gnade, unser Haus zu besuchen, den Petersdom, so daß wir an Dein Unbeflecktes Herz unseren Akt der Weihe der Welt, der großen menschlichen Familie aller Völker, vollziehen konnten. Heute bin ich, zusammen mit dieser Menge von Brüdern und Schwestern, zu Deinem Thron gekommen, um Dich zu preisen: Gegrüßest seist Du, heilige Mutter! Gegrüßest, sichere Hoffnung, die nie enttäuscht! Totus Tuus, ganz Dein, O Mutter! Dank Dir, himmlische Mutter, daß Du Völker in die Freiheit geführt hast...*«, betete der Papst bei der nächtlichen Feier vor der Capelinha auf der Esplanade von Fatima, vor hunderttausenden von Gläubigen. Und dann nahm er zum ersten Mal indirekt Bezug auf den Inhalt der Dritten Botschaft von Fatima:

»*Maria, hilf Deinen Söhnen und Töchtern während dieser Jahre des Advents des Dritten Milleniums, daß sie in Christus den Weg finden, zum Heim ihres himmlischen Vaters zurückzukehren... liebste Mutter, hilf uns aus der gottlosen Wüste, in der unsere Generation und unsere Kinder verloren zu sein scheinen. Mögen sie endlich die göttlichen Quellen ihres eigenen Lebens wiederentdecken und dort Rast finden. In Hinsicht auf ihre eigenen christlichen Wurzeln und in dem tiefen Verlangen nach Jesus Christus, das dem menschlichen Herzen entspringt, möchten wir jetzt Wege finden, auf denen die Völker des gesamten europäischen Kontinentes reisen müssen. Mutter der Kirche, Unsere liebe Frau von Fatima, segne die bevorstehende Sonderversammlung für Europa der Synode der Bischöfe.*«

Auf dieser Sondersynode ging es um ein Thema, das, wie wir glauben, im Dritten Geheimnis von Fatima Erwähnung fand: Die Krise der Kirche in Europa. In diesem Zusammenhang ist die Bitte des Papstes an die Gottesmutter von Fatima, die europäische Bischofsversammlung zu segnen, eine indirekte Bestätigung unserer Annahme, zumal er unmittelbar darauf mit einem wörtlichen Zitat auf eben diese Botschaft bezug nimmt: »*Die Tatsache, daß*

Unsere liebe Frau dieses Land auswählte, um ihren mütterlichen Schutz für die Menschheit zu manifestieren, ist eine Garantie, daß Portugal immer das Kostbarste bewahren wird: den Glauben. Der Glaube ist das hellste Licht der Menschheit. Möge er stets heller scheinen und tief in die Herzen der geliebten Menschen und in alle Bereiche des sozialen und kulturellen Lebens eindringen...«

Am nächsten Tag, zur Mittagsstunde des 13. Mai 1991, wiederholte Johannes Paul II. feierlich die Weltweihe: »*In kollegialer Einheit mit den Hirten, in Gemeinschaft mit dem gesamten Volk Gottes, das sich in alle vier Ecken der Erde ausgebreitet hat, erneuere ich heute die söhnliche Anvertrauung der menschlichen Rasse an Dich.*«

Rußland hatte einen ganz besonderen Gesandten zu dieser Zeremonie entsandt. Gennadi Gerasimov war der Sprecher des sowjetischen Außenministeriums unter Präsident Gorbatschow, bevor er zum Botschafter in Lissabon ernannt wurde. In dieser Funktion nahm er an der feierlichen Papstmesse in der Cova da Iria teil, bevor er der Lissaboner Wochenzeitung »Sabado« in einem Interview gestand, daß dies bereits sein dritter Besuch des Heiligtums war. Weiter gab er zu, in seinem Haus eine Ikone der Gottesmutter von Kazan hängen zu haben, der Schutzpatronin Rußlands – ein noch wenige Jahre zuvor undenkbares Bekenntnis eines sowjetischen Botschafters.

In den folgenden Monaten ließen sich die Ereignisse in Rußland nicht mehr aufhalten. In den frühen Morgenstunden des 19. August, ausgerechnet wieder einem Jahrestag der Fatima-Ereignisse, putschten kommunistische Hardliner in Moskau gegen Präsident Gorbatschow, der in seiner Datscha auf der Krim festgehalten wurde. Es sollte das letzte Aufbegehren, der Todeskampf des sowjetischen Kommunismus werden. Boris Jelzin, der Präsident der Russischen Republik, stellte sich den Putschisten entgegen. Seine feurige Rede auf einem gekaperten Putschisten-Panzer ging um die Welt und wurde zum Symbol für den Widerstand gegen den Kommunismus, der sich längst überlebt hatte. Er machte das russische Parlamentsgebäude, das wegen seiner Marmorfront »Weißes Haus« genannt wurde, zu seinem Hauptquartier. Dank eines Radiosenders, den ein Pater in einem Gemüselaster eingeschmuggelt hatte – er sollte eigentlich der Übertragung katholischer Radioprogramme dienen – konnte Jelzin mit der Außenwelt in Verbindung bleiben. Seine mutige Gegenwehr verschaffte ihm internationalen Respekt – und die Unterstützung des Westens. Als vier Tage später – ausgerechnet am 22. August, dem Festtag des Unbefleckten Herzens Mariens – die Rädelsführer des Staatsstreiches aufgaben, schickte der Papst ein Telegramm an Michail Gorbatschow: »*Ich danke Gott für den glücklichen Ausgang der dramatischen Schicksalsprüfung, die Sie selbst, Ihre Familie und Ihr Land mit einbezog. Ich bringe meinen Wunsch zum Ausdruck, daß Sie Ihre herausragende Arbeit für die materielle und geistige Erneuerung der Völker der Sowjetunion, für die ich Gottes Segen erbitte, fortsetzen können.*« Doch auch das »Instrument Gottes«, wie der litauische Kardinal Vincentas Sladkevicius den Reformer Gorbatschow nannte, hatte seine Aufgabe erfüllt. Nach seiner Rückkehr nach Moskau mußte er am 23. August vor dem russischen Parlament eine von Boris Jelzin verfaßte Anklageschrift gegen seine eigenen am Putsch beteiligten Minister verlesen, am 24. August trat er als Vorsitzender der Kommunistischen Partei der Sowjetunion zurück, deren Mitglieder aus allen Staatsämtern entlassen wurden. Vier Monate später, am 25. Dezember 1991, dem katholischen Weihnachtsfest (das in der orthodoxen Kirche nach dem julianischen Kalender am 6. Januar gefeiert wird) schied der erste und letzte Präsident der Sowjetunion aus dem Amt, und am Nachmittag wurde die rote Flagge über der grünen Kremlkuppe eingeholt. An ihrer Stelle wurde sechs Tage später die blau-weiß-rote Flagge Rußlands gehißt. Zum 1. Januar 1992 wurde aus der Sowjetunion offiziell die »Gemeinschaft unabhängiger Staaten« – die Ära des Kommunismus war zuendegegangen.

Als für jeden sichtbares Zeichen strahlte das russische Fernsehen am 13. Oktober 1991 eine Liveübertragung von den Feierlichkeiten zum 74. Jahrestag der letzten Erscheinung von Fatima aus der Cova da Iria aus. Die fünfundsiebzigminütige Sondersendung ging zurück auf die Initiative von Jose Correa, dem Direktor des »Katholischen Radio-und TV-Netzwerkes«, das während des Putsches Jelzin unterstützt hatte. An Großbildschirmen konnte das Programm zudem im Großen Auditorium der einstigen staatlichen Nachrichtenagentur Novosti verfolgt werden, die einst der Verbreitung der kommunistischen Propaganda diente. Auf vielfachem Wunsch wurde das Programm am 7. November wiederholt – dem Jahrestag der Oktoberrevolution.

In den Abendstunden des 31. Dezembers 1991 herrschte auf dem Roten Platz in Moskau eine Stimme freudiger Erregung. Zigtausende hatten sich vor dem Kreml versammelt, sangen Lieder, tanzten und schütteten flaschenweise Wein, Vodka oder Krimsekt in sich hinein. Trotz der klirrenden Kälte des russischen Winters waren die Menschen aus allen Teilen des Landes und Besucher aus aller Welt bei bester Laune: Es war der letzte Tag der Sowjetunion. Nur durch dünne Eisenketten von der ausgelassenen Masse getrennt, marschierte währenddessen ein Wachkommando zum Lenin-Mausoleum, um dem einbalsamierten Gründer der kommunistischen Räterepublik noch einmal die Ehre zu erweisen. Dann war die Stunde des Neubeginns gekommen. Mit zwölf klaren Schlägen kündigte die Glocke des Spasskyturms Mitternacht an, schließlich kaum mehr hörbar, weil vom Jubelschrei der Befreiung übetönt. Für die versammelte Menge war es die Einläutung eines neuen Zeitalters. Während hunderte ausgelassen und oft genug im Vollrausch tanzten, stürmte ein Mann nach vorne, an die Absperrung vor dem Leninmausoleum, in den Armen eine Statue der Gottesmutter von Fatima. Er hob sie, unter dem Jubel derer, die die Szene mitbekommen hatten, hoch, ließ sie wie eine Siegerin feiern. Dann hielt er sie, über eine halbe Stunde lang, in Richtung der halbgeöffneten Tür des Grabmals, als wolle er noch aus dem toten Lenin den Teufel austreiben.

Als der Papst die Bilder dieser denkwürdigen Nacht sah, hatte er Tränen in den Augen. »*Beredtsamer hätte (der Mann) Wojtylas innigste Gefühle nicht ausdrücken können*«, beschrieben die Papst-Biographen Woodward und Politi die Szene, »*der Papst erlebte den großen Aufruhr in der Sowjetunion als eine Art Mysterienspiel, in dem seiner Ansicht nach Unsere Liebe Frau von Fatima eine Hauptrolle gespielt hatte.*« Zwei Jahre später erklärte der Heilige Vater dem italienischen Journalisten Vittorio Messori, der das Papstbuch »Die Schwelle der Hoffnung überschreiten«, herausgab: »*Und was ist über die drei portugiesischen Kinder aus Fatima zu sagen, die unerwartet und kurz vor dem Ausbruch der Oktoberrevolution hörten: ›Rußland wird umkehren‹ und ›Am Ende wird mein Herz triumphieren‹...? Sie könnten derartige Aussagen unmöglich erfunden haben. Sie kannten sich weder in der Geschichte noch in der Geographie aus, und noch weniger wußten sie über Sozialbewegungen oder Ideologieentwicklung. Und doch ist genau das eingetreten, was sie angekündigt hatten. Vielleicht ist der Papst auch aus diesem Grund aus einem ›fernen Land‹ gerufen worden; vielleicht hat das Attentat auf dem Peters-*

*platz gerade am 13. Mai 1981, dem Jahrestag der ersten Erscheinung
von Fatima, stattfinden müssen, damit alles durchsichtiger und ver-
ständlicher würde, damit die Stimme Gottes, die in der Menschen-
geschichte in ›Zeichen der Zeit‹ spricht, einfacher zu hören und zu verstehen sein würde.«*

IO.

Die Apokalypse nach Maria

Die Wellen des Agäischen Meeres rauschten im Hintergrund, ein
sanfter Wind strich über die kargen, felsigen Hügel von Patmos in
jener mondhellen Nacht, in der der alte Seher erneut eine Vision
hatte. Er prägte sich alles genau ein, um dann, am nächsten licht-
durchtränkten Morgen niederzuschreiben, was ihm nächtens zuvor
von einem Engel offenbart worden war:
»Und es erschien ein großes Zeichen am Himmel:
Eine Frau, mit der Sonne bekleidet, und der Mond unter ihren Füßen
und auf ihrem Haupt eine Krone von zwölf Sternen.
Und sie war schwanger und schrie in Kindsnöten und hatte große
Qual bei der Geburt.
Und es erschien ein anderes Zeichen am Himmel, und siehe, ein
großer, roter Drache, der hatte sieben Häupter und acht Hörner und
auf seinen Häuptern sieben Kronen,
und sein Schwanz fegte den dritten Teil der Sterne des Himmels hin-
weg und warf sie auf die Erde.
Und der Drache trat vor die Frau, die gebären sollte, damit er, wenn
sie ihn geboren hätte, ihr Kind fräße.
Und sie gebar einen Sohn, einen Knaben, der alle Völker weiden sollte
mit eisernem Stabe. Und ihr Kind wurde entrückt zu Gott und seinem
Thron.
Und die Frau entfloh in die Wüste, wo sie einen Ort hatte, bereitet
von Gott, daß sie dort ernährt werde tausendzweihundertundsechzig
Tage.
Und es entbrannte ein Kampf im Himmel. Michael und seine Engel
kämpften gegen den Drachen. Und der Drache kämpfte und seine
Engel... (Offb. 12, 1-7)

Das, so wußte Johannes, betraf die ferne Zukunft, das »Ende der
Zeiten«, wenn Jesus, sein geliebter Lehrer, in aller Glorie zur Erde
zurückkehren würde. Und er ahnte, wer die Frau war, mehr noch,

er kannte sie besser als jeder andere, seit damals, unter dem Kreuz, der Meister sie ihm anvertraut hatte: »*Frau, siehe dein Sohn!*« – »*Siehe Deine Mutter*« (Joh. 19, 26–27). Er war mit ihr nach Ephesus in Kleinasien gegangen, hatte sie begleitet zu jenem letzten großen Apostelkonzil in Jerusalem, bei dem sie verstarb und in einer Grotte am Ölberg beigesetzt wurde. Drei Tage später, als er und die anderen noch einmal zum Grab gingen, war es leer, ganz wie das des Herrn. An eben diesem Tag erschien sie den Aposteln und Jüngern das erste Mal in strahlendem Lichtglanz und versprach: *»Ich werde immer bei euch bleiben.«* Erschüttert und gleichermaßen beglückt war er nach Kleinasien zurückgekehrt, um schließlich während der Verfolgung der Christen durch Kaiser Domitian (81–96 n. Chr.) auf die Insel Patmos verbannt zu werden, wo er, hochbetagt, als Einsiedler lebte und Visionen vom Ende der Welt hatte.

Er wußte, daß Miriam, die Mutter Jesu, keine gewöhnliche Frau war. Ihre komplette Geschichte finden wir nicht in den Evangelien, sondern in dem sog. »Protoevangelium« des Jakobus – der Überlieferung nach der Halbbruder Christi und Oberhaupt der ersten christlichen Gemeinde von Jerusalem –, dessen Existenz seit dem 2. Jahrhundert verbürgt ist. Offiziell gilt es als »apokryphes«, als »geheimes«, nicht-kanonisches Evangelium, doch ein Großteil der marianischen Tradition, Feiertage und die Ikonographie der Ostkirche wie des Katholizismus gehen auf eben dieses »Protoevangelium« zurück. Ihmzufolge stammt Maria aus der Nachkommenschaft des legendären Königs David. Sie wurde in Jerusalem als Tochter Joachims aus dem Hause David, der große Schafherden besaß, und Anna, die dem Priestergeschlecht der Aaroniten entstammte, unter mysteriösen Umständen geboren. Denn Anna war unfruchtbar, was Joachim, wenn er im Tempel opferte, nur Spott einbrachte: die Zeugung eines Nachkommen war bei den Juden erste Bürgerpflicht. Doch eines Tages erschien ihm, als er bei seinen Herden und Hirten in der Wüste war, ein Engel, verkündete: »Anna, Dein Weib, wird in ihrem Schoß empfangen.« Neun Monate später wurde ihr eine Tochter geboren, die Joachim und Anna »Miriam« nannten, ein alter Name, der aus »Meri-Yam«, »geliebt von Jahwe«, abgeleitet ist. Aus Dankbarkeit für diese späte Gnade beschlossen die Eltern, das Mädchen dem Tempel zu weihen. Bibelexperten aus Israel sind heute davon überzeugt, daß es eine Art Mädchendienst im jerusalemer Tempel gab: Jungfrauen vollbrachten verschiedene Dienste für die Priesterschaft und bekamen dafür eine gründliche Ausbildung in der Torah. Im Alter von 12/13 Jahren mußten sie den Tempeldienst verlassen, wer jedoch in der Nähe wohnte, fuhr fort, Strick- und Näharbeiten für den Tempel zu erledigen. Dabei ist möglich, daß Miriam ein Enthaltsamkeitsgelübde abgelegt hat. Als Joachim älter wurde, suchte er in der Davidensippe nach einem älteren Mann, dem er seine Tochter anvertrauen konnte. Er fand ihn in Gestalt des Witwers Joseph aus Nazareth in Galiläa, einem Bergdorf der Nazoräer (von »nezer«, »Sproß«), wie sich der Davids-Clan auch nannte. Joseph wird gemeinhin als »Zimmermann« bezeichnet, doch nach dem griechischen Evangelien-Originaltext war er ein »Tekton«, ein Baumeister, einer, der die verschiedenen Materialien, die zum Bau verwendet wurden, bearbeitete. Joseph erklärte sich einverstanden, Miriam zur Frau zu nehmen und ihr Gelübde zu schützen. Es kam zur Verlobung. Kurz darauf erhielt Miriam von den Priestern den Auftrag, an dem neuen Vorhang für den Tempel zu spinnen, der das Allerheiligste vor allen Blicken verbergen sollte. Während dieser Spinnarbeiten, entweder in Nazareth oder noch in Jerusalem, als sie gerade Wasser vom Brunnen geholt hatte, erschien ihr eine leuchtende Gestalt, ein Engel. »*Gegrüßet seist du, Gnadenreiche! Der Herr ist mit dir, du Gebenedeite unter den Weibern. Fürchte Dich nicht, Maria, denn du hast Gnade gefunden vor dem Angesicht des Herrn, und du wirst schwanger werden von seinem Wort ... die Kraft des Herrn wird dich überschatten. Darum wird auch das Heilige, das du gebären wirst, der Sohn des Höchsten genannt werden; und du sollst seinen Namen Jesus nennen. Denn er wird sein Volk von seinen Sünden erlösen.*« Da sprach Miriam, damals gerade 15 Jahre alt, die Worte, die sie unsterblich werden ließen und zur Mutter Gottes und der Christenheit machten: »*Siehe, ich bin die Magd des Herrn, es geschehe mir nach deinen Worten.*«

Miriam eilte kurz nach der Erscheinung zu ihrer Tante Elisabeth, die, verheiratet mit dem Priester Zacharias, in Ein Karem in den Bergen von Judäa, unweit von Jerusalem, lebte. Auch Elisabeth war, obwohl schon in hohem Alter, schwanger. Sie war ihr Leben lang unfruchtbar gewesen, bis eines Tages, bei einer Opferfeier, ein Engel dem Zacharias erschien: »*Fürchte dich nicht, Zecharias, denn dein Beten wurde erhört und deine Frau Elisabeth wird dir einen Sohn gebären, den sollst du Johannes nennen... denn er wird groß sein vor dem Herrn.*« (Lk 1,13) Am Abend kehrte er nach Hause zurück und schwängerte Elisabeth.

Als Miriam ihre Tante begrüßte, hüpfte das Kind in ihrem Leib vor Freude, und es entfuhr ihr: »*Gebenedeit bist du unter den Frauen und gebenedeit ist die Frucht Deines Leibes!*« (Lk. 1,42) Miriam antwortete mit dem Magnifikat, das später zu einem der schönsten Gebete der Kirche wurde: »*Hochpreiset meine Seele den Herrn, und mein Geist frohlockt über Gott, meinen Heiland; er schaut gnädig herab auf die Niedrigkeit seiner Magd; denn siehe, von nun an werden mich seligpreisen alle Geschlechter. Großes tat er an mir, der Mächtige, und heilig ist sein Name. Sein Erbarmen gilt von Geschlecht zu Geschlecht denen, die ihn fürchten...*« (Lk. 1,46 – 49)
Die Theologie der christlichen Kirche machte sie später zur »Neuen Eva«, zur »Mutter des Neuen Bundes«. Auf dem Konzil von Ephesus im Jahre 431 wurde ihr offiziell der Titel »Theotokos«, »Gottesgebärerin« (woraus später »Gottesmutter« wurde) verliehen, das erste marianische Dogma entstand. Miriam, die unter der latinisierten Form »Maria« verehrt wurde, galt als Modell für den bedingungslosen Glauben und die selbstlose Aufopferung. Der Kirchenvater Augustinus war überzeugt, daß Gott die Mutter Seines Sohnes natürlich rein von aller Sünde gehalten hatte, und verglich ihren Körper mit der Bundeslade des Alten Testamentes, dem Gnadenthron Gottes auf Erden. Auf dem 3. Konzil von Konstantinopel im Jahre 681 wurde sie zur »immerwährenden Jungfrau« erklärt. Mehr und mehr setzte sich der Glauben an die »unbefleckte Empfängnis« durch, erst in der Ostkirche, dann auch im Westen. Als Dogma wurde er erst 1854 durch Papst Pius IX. verkündet. Die »Leibliche Aufnahme Mariens in den Himmel«, im Westen »Maria Himmelfahrt«, wird von der Kirche seit dem 7. Jahrhundert gefeiert, als Dogma aber erst 1950 von Papst Pius XII., eingesetzt. Für 1998 ist die Verkündigung eines neuen marianischen Dogmas durch Papst Johannes Paul II. geplant. Sollte es der Widerstand bestimmter Kräfte in der Kurie nicht verhindern, wird Maria dann der Titel der »Miterlöserin« (Co-Redemptrix) verliehen. Das aber wäre tatsächlich die Krönung eines »marianischen Zeitalters«, das Mitte des 19. Jahrhunderts, nur wenige Jahre vor der Verkündung des Dogmas der »Unbefleckten Empfängnis«, seinen Anfang nahm. Zu diesem Zeitpunkt schien die Prophezeihung vom Zeichen der »Frau, mit der Sonne bekleidet«, wahr zu werden. Maria, von der Kirche in der Lauretanischen Litanei als »Königin der Propheten« gepriesen, weil sie die Prophezeihungen von der Geburt des Messias erfüllte, kündigte erneut das Kommen ihres Sohnes an,

zu dem sie die abtrünnig gewordenen Menschen zurückführen will. Die Frau erschien, immer wieder und in der ganzen Welt, und verkündete die Apokalypse, die geheime Offenbarung vom Endkampf zwischen den Mächten des Lichtes und den Mächten der Finsternis, inmitten dessen sich die Welt befindet.

Die alte Legende des Ordens der Karmeliter und Karmeliterinnen, dem auch Lucia von Fatima angehört, will wissen, daß diese Frau schon im 9. Jahrhundert v.Chr. dem Propheten Elias erschien. Elias lebte damals zurückgezogen in einer Höhle am Hange des Berges Karmel (oberhalb des heutigen Haifa, Israel) an der Küste des Mittelmeeres. Sein Leben bestand aus Fasten und Gebet, er wollte die Gegenwart Gottes spüren. Als er tief in sein Gebet versunken war, sah er in einem hellen Licht, das vor ihm schwebte, eine wunderschöne Dame, die ein Kind auf den Armen hielt. Elias erkannte, daß dieses Kind der seinem Volke Israel versprochene Messias war.

Als die Vision endete, prasselte ein starker Regen auf die Erde nieder und beendete eine lange Dürre, die das Land in den Monaten zuvor heimgesucht hatte. Elias verstand, daß dieses Zeichen die Erlösung ankündigte. Der Messias würde durch eine Jungfrau geboren, er würde leiden, sterben, wiederauferstehen und Heil über die Menschen bringen.

Immer wieder, wenn Menschen zum Berg Karmel kamen, um den Propheten zu hören, verkündete er ihnen seine Vision vom Kommen des Messias. Viele, die von dem Zeichen hörten, beschlossen selber, in den Höhlen des Berges Karmel zu leben und betend auf das Kommen des Messias zu warten. Sie nannten sich »Einsiedler Unserer Frau vom Berge Karmel« und errichteten der Gottesmutter ihren ersten Altar. Sie praktizierten Schweigen, ständiges Gebet, Fasten, Enthaltsamkeit und Armut.

Der Bibel zufolge starb Elias nicht, sondern wurde von einem feurigen Wagen in den Himmel geholt, um am Ende der Zeiten zur Erde zurückzukehren.

Als die Kreuzritter in das Heilige Land kamen, so behauptet die Ordenslegende, fanden sie die gottesfürchtigen Einsiedler am Berge Karmel und brachten sie nach Europa: der Orden der Karmeliter war geboren, dem viele große Mystiker, darunter Johannes vom Kreuz, angehörten. Zudem entstand der Schwesternorden der Karmeliterinnen, der zur geistigen Heimat für große Heilige wie Therese von Avila und Therese von Lisieux wurde.

Marienerscheinungen gab es die gesamte Geschichte des Christentums hindurch. Im August 363 erschien die Gottesmutter einem Ehepaar in Rom und bat um den Bau einer Kirche dort, wo man am nächsten Morgen Schnee finden würden – in der Hitze des italienischen Sommers wahrhaft ein Wunder. Der Schnee wurde gefunden, die Kirche, »Santa Maria Maggiore«, gebaut – sie ist heute einer der bedeutendsten Heiligtümer der ewigen Stadt. Im Jahre 1026 erschien Maria dem Hl. Fulbert, dem späteren Erbauer der berühmten Kathedrale von Chartres/Frankreich. 1465 lehrte eine Marienerscheinung Alanus de Rupe in Paris den Rosenkranz. 1531 führten die Erscheinungen auf dem Tepeyac-Hügel in Mexiko zu Massenbekehrungen der Indios... ein Fall, bei dem es sich lohnt, ihn etwas genauer zu betrachten.

Zwölf Jahre waren seit der Conquista vergangen, der blutigen Eroberung des Aztekenreiches von Mexiko durch den skrupellosen Abenteurer Hernando Cortez, dem es in kürzester Zeit gelang, eine jahrhundertealte Kultur zu vernichten. Er ließ die Tempelpyramiden der Azteken zerstören und überall im Land katholische Kirchen errichten, während der von Kaiser Karl V. 1528 ernannte Juan Zumarraga als erster Bischof der Neuen Welt schließlich die Pflicht hatte, die Christianisierung der Indianer zu überwachen. Bald wurden die Missionare, allen voran die franziskanischen Padres, zu den Fürsprechern und Beschützern der Indianer vor der Ausbeutung durch die spanische Tyrannei.
Ebenfalls 1528 wurden fünf Beamte, die »Prima Audiencia«, von Kaiser Karl V. mit der Verwaltung der eroberten Gebiete in Mexiko beauftragt. Ihr Oberster war Don Nune de Guzman, der sich bald als grausamer Tyrann und Unterdrücker erwies. Guzman versuchte, seine Gewaltherrschaft und Versklavung der Indianer mit der Begründung zu rechtfertigen, die Azteken seien »Wesen ohne Seele, verwandt mit den Ungeheuern antiker Sagen, die zu bekehren Zeitverschwendung wäre und die mit gutem Recht ausgebeutet werden könnten.« Folter, Mord und Hinrichtungen aus den nichtigsten Gründen waren an der Tagesordnung. Die Padres und der neue Bischof protestierten, wurden aber von Guzman eingeschüchtert. »Die Verfolgung, die der Präsident und seine Richter gegen die Padres und den Klerus betreiben, ist schlimmer als die von Herodes und Diokletian«, schrieb Bischof Zumarraga an den Kaiser in einem Brief, den er in einem ausgehöhlten Kruzifix nach

Spanien schmuggeln ließ. Unverzüglich ließ Karl V. das Terrorregime absetzen und eine »Zweite Audienz« unter Führung eines Geistlichen, Bischof Ramirez, ernennen, die aber erst Anfang 1531 in Mexiko eintraf. Währenddessen regte sich der Unmut der Azteken gegen die neuen Herrscher. Ein Aufstand stand unmittelbar bevor. Nur ein Wunder konnte jetzt das Land vor neuem Blutvergießen schützen. In dieser so kritischen historischen Situation griff, wieder einmal, die Gottesmutter in die Geschichte ein.

Die Azteken Juan Diego aus dem Dorf Cuautitlan und sein Onkel Juan Bernadino aus dem Dorf Tolpetlac gehörten zu den ersten Indianern, die sich taufen ließen, und sogar regelmäßig in die Kirche gingen, um religiöse Belehrungen zu empfangen. Nach dem Tod seiner Frau 1529 zog Juan Diego zu seinem Onkel nach Tolpetlac, was den Vorteil hatte, daß er nur noch 14 km von der Franziskanerkirche von Tlatilolco entfernt wohnte, statt, wie bisher, 24 km. So machte er sich auch an jenem 9. Dezember in der Morgendämmerung auf den weiten Weg zu der Kirche. Es war der Festtag der »Unbefleckten Empfängnis«, der, wie die Padres ihn gelehrt hatten, ein ganz besonderes Fest zu Ehren der Gottesmutter sei. Der Weg führte ihn über den Hügel Tepeyac, auf dem in aztekischer Zeit ein Tempel der Erdgöttin Tonantzin gestanden hatte, von dem nur noch Ruinen zeugten. Als er fast den Gipfel des Hügels erklommen hatte, vernahm er erstaunt eine Melodie in der Stille des Morgens. Er hielt inne. Bildete er sich das nur ein? Sang ein Vogel? Nein, keines von beiden: Es war wirkliche Musik, die mit bezaubernder Schönheit tief in sein Herz eindrang. Sie schien aus einer leuchtend weißen Wolke zu kommen, die über dem Gipfel des Tepeyac schwebte, umgeben von Strahlen aus blendendem Licht in allen Farben des Regenbogens. Als die Melodie verstummte, vernahm er eine zärtliche Stimme, die ihn liebevoll in der Koseform rief: »*Juanito! Juan Diegoito!*«. Nichts hielt ihn mehr. Wie von innen getrieben kletterte Juan Diego auf den felsigen Gipfel des Hügels, um sich Angesicht in Angesicht mit einer Dame von atemberaubender Schönheit wiederzufinden, die ihn freundlich anlächelte. Ihre Gewänder leuchteten hell wie die Sonne, und die Strahlen, die von ihr ausgingen, durchdrangen Felsen und Sträucher. Alles in ihrem Umfeld glitzerte und schwelgte von dem Licht und den Farben, die sie ausstrahlte. Geblendet von ihrem Anblick sank Juan Diego andächtig auf die Knie. »*Höre, Juanito, mein allerliebstes kleinstes Söhnchen, wohin gehst Du?*« säuselte die sanfte Stimme. »Edle Dame, ich bin auf dem Weg zur Kirche nach Tlatilolco zur heiligen Messe«, antwortete der Mexikaner. Die Dame lächelte wohlwollend:

»Wisse, mein liebstes Söhnchen, daß ich die makellose und immerwährende Jungfrau Maria bin, die Mutter des wahren Gottes, durch den alles lebt, des Herrn aller Dinge, welcher der Herr über Himmel und Erde ist. Es ist mein inniger Wunsch, daß man mir hier ein teocalli (aztekisch für Gotteshaus) baue, wo ich meine ganze Liebe, mein Mitleid und Erbarmen, meine Hilfe und meinen Schutz den Menschen erweisen und schenken will. Ich bin eure erbarmungsreiche Mutter, die Mutter aller Menschen, all jener, die mich lieben, die zu mir rufen, die Vertrauen zu mir haben. Hier will ich auf ihr Weinen und ihre Sorgen hören und will ihre Leiden, ihre Nöte und ihr Unglück lindern und heilen. Und damit ich meine Absichten verwirklichen kann, gehe zu dem Haus des Bischofs in der Stadt Mexiko und sage ihm, daß ich dich gesandt habe und daß es mein Wunsch ist, daß hier ein teocalli gebaut werde. Sage ihm, was du gesehen hast...«

Die Konversation fand in Nahuatl statt, der blumenreichen Sprache der Azteken mit ihren zahlreichen Koseworten.

Juan Diego verneigte sich voller Andacht und Ehrfurcht. Er verabschiedete sich von der Dame mit den Worten: »Meine Heilige, meine Herrin. Ich werde alles tun, worum Du mich bittest«, dann eilte er auf dem schnellsten Weg nach Mexico City. Die alte Aztekenhauptstadt Mexico-Tenochtitlan lag auf einer künstlich erweiterten Insel inmitten des Texcoco-Sees und war durch Dämme mit dem Umland verbunden. Über den Norddamm betrat Juan Diego die Stadt, um, während die meisten Mexikaner noch schliefen, das Haus von Bischof Zumarraga aufzusuchen.

Noch ganz von seiner Aufgabe erfüllt, hämmerte er an das Tor des bischöflichen Palais, als ein Diener langsam die schwere Holztüre öffnete, argwöhnisch von oben bis unten den ärmlich gekleideten Landbewohner musterte. Höflich bat Juan Diego darum, den Bischof sehen zu können. »Um diese Tageszeit?«, fragte der Diener mürrisch und forderte den Mexikaner auf, sich in den Hof zu setzen und zu warten. Leicht fröstelnd – es ist selbst in Mexiko im Winter frühmorgens etwas frisch – hockte er sich in eine Ecke, zog seine »Tilma«, seinen mantelartigen Umhang aus Agavenfasern, zusammen. Nach über einer Stunde forderte der Diener ihn auf, ihm zu folgen: Seine Exzellenz sei jetzt bereit, ihn zu empfangen. Da der Bischof nur Spanisch, Juan Diego jedoch einzig die Landessprache Nahuatl sprach, wurde ein Dolmetscher, der gebildete Spanier Juan Gonzales, herbeigeholt. Voller Ehrfurcht kniete sich unser Azteke vor dem Bischof nieder und erzählte ihm seine Geschichte. Verwundert hob Zumarraga die Brauen, schaute dem schmutzigen Mann mit dem bronzefarbenen Gesicht in die schmalen, dunklen Augen, um herauszufinden, ob er die Wahrheit sagt. »Ich muß darüber nachdenken, was ich von all dem zu halten habe«, verabschiedete er ihn und legte dem bestürzten Juan Diego väterlich die Hand auf die Schulter: »Du mußt einmal wiederkommen, wenn ich mehr Zeit habe.« Dann winkte er ihn heraus. Juan Diego konnte gehen, höhnisch angegrinst von den Wachen in eisernen Rüstungen, die den »komischen Vogel« mit amüsierter Geringschätzung beobachtet hatten. Bedrückt und enttäuscht überquerte der Mexikaner den Damm, machte sich auf den Rückweg über den Tepeyac, wo die »schöne Frau« bereits auf ihn wartete.

»Ich sah genau, daß der Bischof denkt, daß ich das alles nur erfinde«, klagte er ihr sein Leid, »ich flehe Dich an, meine Herrin, daß Du einen von den Vornehmen, den Angesehenen schickst, damit sie es glauben. Denn ich bin nur ein Mann vom Lande.«

»*Höre, mein kleinster Sohn*«, erwiderte die Madonna, »*es ist sehr notwendig, daß Du es bist, daß du persönlich hingehst. Daher bitte ich dich und mit Strenge gebiete ich dir, daß du morgen noch einmal zum Bischof gehst.*«

Am nächsten Tag tat er, wie ihm befohlen wurde. Wieder traf er den Bischof, kniete sich vor ihm wieder, weinte, flehte ihn an, den Wunsch der Jungfrau zu erfüllen. »Aber ich kann doch nicht nur auf ein Wort, eine Bitte hin eine Kirche bauen lassen«, meinte der Bischof leicht herablassend, »Du mußt mir schon einen Beweis dafür bringen, daß Du von der Königin des Himmels persönlich gesandt wurdest.« Damit, so glaubte er, war die Sache für ihn erst einmal vom Tisch.

Auf dem Rückweg erschien dem Azteken wieder die Heilige Jungfrau. »Komm morgen hierher zurück, damit du dem Bischof das Zeichen bringen kannst, das er von dir verlangt«, forderte sie ihn auf. Doch als er zu Hause ankam, war sein Onkel schwer krank. Er ließ den Dorfheiler rufen, der ihm aber nicht mehr helfen konnte, und schließlich beschloß er, am nächsten Morgen den Priester zu holen, damit Juan Bernadino das Sakrament der letzten Ölung erhalten könne. Noch spät in der Nacht machte er sich auf den Weg. Als er am Tepeyac-Hügel vorbeikam, beschloß er, einen Umweg zu gehen, damit ihn die »Dame« nicht sehen und wieder aufhalten konnte. Doch als er um den Hügel herumlief, kam sie ihm schon entgegen. »*Was ist geschehen, mein kleinster Sohn? Wohin gehst Du?*« fragte sie ihn. Sie hatte ihn erwischt, was ihm die Schamesröte ins Gesicht trieb! »Mit Kummer betrübe ich Dein Antlitz, Dein Herz«, stotterte er verlegen, »mein Onkel ist sehr krank, er wird bald sterben. Darum gehe ich nach Mexico, um einen von unseren Priestern zu rufen. Ich bitte Dich, entschuldige mich, hab noch ein bißchen Geduld, morgen komme ich bestimmt.«

»*Nichts soll dich erschrecken, nichts bedrücken*«, erwiderte die Dame, »*bin ich denn nicht hier, deine Mutter? Die Krankheit Deines Onkels soll Dich nicht betrüben, denn er wird nicht daran sterben. Sei versichert, daß es ihm schon gut geht.*« In diesem Augenblick, so sollte Juan Diego später erfahren, wurde sein Onkel geheilt. Dann wies ihn die Himmelskönigin an, auf den Gipfel des Tepeyac-Hügels zu steigen, die Blumen zu pflücken, die er dort finden würde, und sie zu ihr herunterzubringen. Blumen im Winter?, fragte sich der Azteke, aber ihn wunderte schon garnichts mehr. Und tatsächlich: Als er auf der Kuppe des Tepeyac angekommen war, staunte er, wie viele der verschiedensten, herrlichsten Blumen er dort oben fand, wo sich am Tag zuvor bloß schroffe Felsen, Feigendisteln, Dorngestrüpp und Kakteen befunden hatten. Mit vollen Händen sammelte er die Blumenpracht auf, legte sie haufenweise in seine Tilma, seinen Umhang, und brachte sie zu der wartenden Gottesmutter. »*Mein kleinstes Söhnchen, diese verschiedenen Blumen sind der Beweis, das Zeichen, das du dem Bischof bringen sollst. In meinem Namen sollst du ihm sagen, daß er daraus meinen Wunsch erkennen und daher mein Verlangen, meinen Willen verwirklichen soll. Dir aber gebiete ich mit großer Strenge, daß du nirgends als in Gegenwart des Bischofs deine Tilma auftust und ihm zeigst, was du trägst.*« Sofort eilte Juan Diego nach Mexiko zum Palais des Bischofs. Die Wachen stellten sich taub, als er um Einlaß bat. Andere Hausdiener sahen ihn draußen in der Kälte stehen und warten und kamen, um ihn zu provozieren. »Na, was hast Du denn da?« rempelten sie ihn an, und als sie erkannten, daß er Blumen in der Tilma trug, griffen sie nach ihnen. Doch immer wenn sie versuchten, sie zu berühren, war es, als seien die Blumen nur gemalt oder eingenäht in die Tilma. Erstaunt liefen sie zum Bischof und erzählten ihm, was sie erlebt hatten. Bischof Zumarraga ließ Juan Diego zu sich kommen. »Du hast den Beweis, den ich von dir verlangt habe?« fragte er den Azteken, und Juan Diego erzählte, wieder auf den Knien, seine Geschichte, um zu ihrem Abschluß, als dramaturgischen Höhepunkt, die Tilma zu öffnen und die Blumen dem Geistlichen Herrn zu Füßen zu legen. Doch in dem Augenblick, in dem die duftenden Blüten zu Boden fielen, lösten sie sich in Luft auf – auf der Tilma aber erschien das Bild der Gottesmutter, ganz wie sie Juan Diego auf dem Tepeyac-Hügel erschienen war. Vor Erstaunen sprang der Bischof von seinem Sitz auf, um sogleich andächtig selber auf die Knie zu fallen. Vorsichtig löste er die Tilma von der Schulter Juan Diegos, an der sie zusammengebunden war, um sie andächtig in seine Privatkapelle zu tragen. »Ja, ich werde der Himmelskönigin ihr Gotteshaus errichten«, versprach er dem Azteken und bat ihn, ihn auf den Tepeyac-Hügel zu führen. Danach, am nächsten Tag, begleitete ihn der Bischof zurück in sein Dorf, wo er seinen Onkel geheilt vorfand: Die Gottesmutter hatte ihr Versprechen gehalten, mehr noch, sie war zwischenzeitlich auch Juan Bernadino erschienen, hatte ihn vertröstet, daß sein Neffe sich verspäten würde. »*Er wird mit dem Bischof kommen*«, sagte sie zutreffend voraus, »*wenn er bei dir eintrifft, sage ihm, unter welchem Namen ich in meinem Heiligtum verehrt werden möchte: Die immerwährende Jungfrau, die heilige Maria, die Coatlaxopeuh*«. Das letzte Nahuatl-Wort, das soviel heißt wie »welche die Schlange zertritt«, war dem Übersetzer unbekannt. Er glaubte stattdessen, der Indianer hätte »Guadalupe« gemeint, den berühmten spanischen Wallfahrtsort. Aus diesem Mißverständnis heraus bekam die Himmelskönigin den Namen »Unsere liebe Frau von Guadalupe«.

Als das Bild der »Jungfrau von Guadalupe« in der Kathedrale von Mexico City ausgestellt wurde, kamen hunderttausende, um »die Mutter des Gottes des Weißen Mannes« zu sehen, bevor das Gnadenbild am 26. Dezember 1531 in einer triumphalen Prozession über den Norddamm in die provisorische Kapelle auf dem Hügel von Tepeyac getragen wurde. Alle, die das Bild sahen, verstanden seine Botschaft. Für den Christen war es die apokalyptische »Frau, mit der Sonne bekleidet«, für den Azteken bedeutete es, daß sie größer war als der gefürchtete Sonnengott Huitzilopochtli, dem sogar Menschenopfer dargebracht wurden. Einen Fuß hatte sie auf den Halbmond gesetzt, entsprechend der apokalyptischen Vision, für die Azteken Zeichen für ihren Sieg über den Gott Quetzalcoatl (»gefiederte Schlange«), dessen Symbol die Mondsichel war. Die blaugrüne Farbe ihres Mantels war die Farbe, die von den aztekischen Königen getragen wurde – sie war also eine Königin. Die Quasten unter ihren Händen wurden bei den Azteken von schwangeren Frauen getragen – sie war also auch Mutter. Das Kreuz, das sie auf der Brosche am Halse trägt, war dasselbe Kreuz, das auch die Segel der Schiffe der Eroberer zierte, ganz als wolle sie sagen: Ihre Religion ist auch die meine. Die über ihren Mantel ausgebreiteten Sterne und Sternbilder kennzeichneten sie als »Königin des Himmels«. Trotzdem konnte sie nicht Gott selber sein, weil sie die Hände gefaltet und ihr Haupt vor seiner Allmacht geneigt hielt – es gab also einen, der noch größer war als sie. Auf der anderen Seite nahm sie die Stellung der verehrten Muttergöttin Tonantzin ein, indem sie an der Stätte ihres Heiligtums erschien. Tonantzin wurde auch als die »Kuauhtlikue«, als »unser Mütterchen mit dem Schlangenrock« verehrt, und für viele war »Guadalupe« bloß die Verballhornisierung von »Kuauhtlikue«.

Wie dem auch immer sei, ihre Botschaft wurde jedenfalls verstanden. Während sich anfänglich nur wenige Azteken taufen ließen und die Religion der verhaßten Eindringlinge annahmen, bekehrten sich in den folgenden Jahren über neun Millionen Indianer freiwillig zum christlichen Glauben – eine in der Geschichte einzigartige Massenchristianisierung setzte ein und Guadalupe wurde zum bedeutendsten Heiligtum des amerikanischen Kontinentes. Zwischen 1540 und 1550 erschien der »Nican Mopohua« (»Hier wird berichtet«), der vollständige Bericht über die Erscheinungen, in der Aztekensprache Nahuatl verfaßt von Don Antonio Valeriano, einem Neffen des Azteken-»Kaisers« (eigentlich »hue hue tlatoani«, also »oberster Sprecher«) Motecuhzoma Xokoyotzin (»Montezuma«) und bedeutenden Gelehrten. Die Kapelle wurde in den Jahren 1600 und 1622 beträchtlich erweitert, 1694 schließlich eine große Basilika gebaut, in die das Gnadenbild 1709 überführt wurde. Wegen Einsturzgefahr mußte die alte Basilika in den siebziger Jahren unseres Jahrhunderts geschlossen werden. Neben ihr wurde eine riesige, moderne Basilika mit 10.000 Sitzplätzen gebaut, in der heute jedes Jahr auf Laufbändern über 20 Millionen Pilger an der Tilma mit dem Bild der Gottesmutter vorbeigeschleust werden. Ihr stattete Papst Johannes Paul II. 1979 auf seiner Reise zur lateinamerikanischen Bischofskonferenz in Puebla einen

Besuch ab, um sie zur »Mutter beider Amerika« zu erklären. 1981, zur 450-Jahr-Feier der Erscheinung kehrte er zurück, dann, noch einmal 1990 – Höhepunkt einer Reihe päpstlicher Anerkennungen: Insgesamt 25 Päpste haben positiv zu den Erscheinungen und Wundern von Guadalupe Stellung genommen, 1754 wurde die Basilika mit päpstlichem Breve in den Rang der Laterankirche in Rom erhoben, 1895 wurde das Bild auf Verfügung von Papst Leo XIII. feierlich zur »Königin Amerikas« gekrönt. Jedes Jahr kommen Hunderttausende aus allen Teilen des Landes, aus dem Bergland und dem Dschungel, von den Wüsten und Küsten, am 12. Dezember, zum Jahrestag des Marienwunders nach Guadalupe, das in Mexiko nur »la Villa«, »das Dorf« der Gottesmutter heißt. Zu zehntausenden schlafen Menschen mit schmutzigen Gesichtern und geflickter Kleidung in den kalten Winternächten auf den Betonplatten des riesigen Vorplatzes der Basilika, beten andächtig und rutschen auf Knien zu ihrer Herrin, während traditionelle Aztekentänzer sie zum Klang der Trommeln als ihre Muttergöttin »Tonantzin« verehren.

Zahllose Wunder werden dem Gnadenbild zugeschrieben. Bei der Prozession zur Überführung der Tilma in die neuerrichtete Kapelle 1531 schossen einige Indianer in der Begeisterung Pfeile in die Luft, von denen einer einen Zuschauer in den Nacken traf und auf der Stelle tötete. Der Tote wurde von der entsetzten Menge in die Kapelle gebracht und vor dem Heiligen Bild niedergelegt, während zigtausende um seine Rettung beteten. Minuten später öffnete er seine Augen – und war vollkommen geheilt. Als Juan Diego 1544 noch einmal dem Bischof die genaue Stelle zeigte, an der ihm die Madonna erschienen war, entsprang ebendort eine Quelle, deren Wasser fortan Tausende geheilt hat. Als Mexiko 1736 von einer Typhusepidemie heimgesucht wurde, wurde die Jungfrau von Guadalupe offiziell zur »Patronin von Mexiko« erklärt – die Seuche hörte unverzüglich auf. Als 1791 ein Arbeiter, der den goldenen und silbernen Rahmen des Bildes putzte, aus Ungeschick eine Flasche Salpetersäure über die Tilma vergoß, hinterließ die Säure nur einen kaum wahrnehmbaren Wasserfleck. In einer sehr viel dramatischeren Situation war das Gnadenbild ebenfalls geschützt. In den zwanziger Jahren des 20. Jahrhunderts fand in Mexiko unter dem Regime Plutarco Calles eine blutige Verfolgung der Kirche statt. Doch obwohl Priester und Ordensleute reihenweise hingerichtet und Kirchen geschlossen wurden, wagte das Regime nicht, die Wallfahrtskirche von Guadalupe zu schließen. Um trotzdem dem »Marienspuk« ein Ende zu setzen, wurde am 14. November 1921 eine Zeitbombe in einer großen Blumenvase unmittelbar vor dem Bild versteckt. Um 10.30 Uhr morgens explodierte die Bombe, ihr Knall erschütterte die Kirche, riß Stücke aus dem Marmor und dem Mauerwerk und zerschmetterte die herrlichen Glasfenster der Basilika. Ein schweres schmiedeeisernes Kreuz auf dem verwüsteten Altar verbog, als wäre es aus Wachs. Nur das Gnadenbild, dem der Anschlag galt, blieb unversehrt – nicht einmal das Schutzglas seines Rahmens war gesprungen.

Das größte Wunder aber ist die Tilma selbst. Gewöhnlich liegt die Lebensdauer der Agaven-Pflanzenfasern bei 20 Jahren, doch nach 466 Jahren weist der Umhang nicht das geringste Zeichen eines Verfalls auf. Auch die Farben des Bildes wirken frisch wie am ersten Tag. Der Ruß von Millionen Kerzen, der vor der Rahmung zu ihren Füßen brannten, hatte ihr offenbar nie etwas anhaben können. Und was die »Farben« betrifft: Eine Untersuchung einer Materialprobe aus dem Umhang durch den Heidelberger Chemie-Nobelpreisträger Richard Kuhn im Jahre 1936 ergab, daß die darauf vorhandenen Farben weder pflanzlichen noch tierischen noch mineralischen Ursprungs sind. Bei einer mikroskopische Untersuchung zehn Jahre später konnten keinerlei Pinselstriche festgestellt werden. Eine 1954 und 1966 von Prof. Francisco Camps Rivera jeweils mit neuesten Mikroskopen durchgeführte Wiederholung der Untersuchung kam zu demselben Ergebnis: Das Gnadenbild ist kein Gemälde! Eben das aber behauptete das »Nican Mopohua«: »*Absolut kein Mensch von der Erde hatte ihr geliebtes Bild gemalt.*«

Wer aber war es dann? Schon 1929 hatte der Berufsfotograf Alfonso Gonzales diverse Vergrößerungen seiner Aufnahmen des Bildes angefertigt und dabei entdeckt, daß sich in den Augen der Himmelskönigin menschliche Gesichter wiederspiegelten. 1951 griff der Grafiker Carlos Salinas diese Entdeckung auf. Er untersuchte die Augen und bemerkte das Antlitz eines bärtigen Mannes auf der Pupille des rechten Auges. Salinas informierte den Erzbischof von Mexico-City, Luis Maria Martinez, der eine Untersuchungskommission einberief. Die Experten fanden heraus, daß das Gesicht auf der Pupille dem ältesten bekannten Porträt von Juan Diego entsprach. Im Juli 1956 untersuchten zwei Augenärzte, Dr.

Javier Torroello Bueno und Rafael Torifa Lavoignet, die Darstellung und bemerkten in den Augen Lichtreflexe, die typisch für optische Widerspiegelungen sind: »Die Verzerrung und die Stelle des optischen Bildes stimmen mit dem überein, was in einem normalen Auge produziert wird. Wenn das Licht des Augenspiegels auf die Pupille eines menschlichen Auges gerichtet wird, ist ein Lichtreflex zu sehen, der in dem äußeren Kreis aufscheint. Wenn man diesen Reflexen nachgeht und die Linsen des Augenspiegels entsprechend auswechselt, ist es möglich, hinten im Auge ein Bild zu erhalten. Wenn das Licht des Augenspiegels auf die Pupille des Auges der Gottesmutter auf dem Bild gerichtet wird, erscheint derselbe Lichtreflex. Infolge des Reflexes leuchtet die Pupille in einem diffusen Licht auf und erweckt den Eindruck eines Hohlreliefs. Dieser Reflex kann unmöglich auf einer flachen Oberfläche erzielt werden, zumal nicht auf einer, die opak (undurchsichtig) ist wie es bei diesem Bild der Fall ist... die Augen der allerseligsten Jungfrau von Guadalupe machen den Eindruck, lebendig zu sein... Das ganze geschah, als ob im Moment, da das Bild auf der Tilma entstand, ein Mann, der gegenüber der allerseligsten Jungfrau stand und sich in der Hornhaut ihrer Augen widerspiegelt, selbst in dieser indirekten Weise fotografiert worden ist.« Sein Bild jedenfalls »weist eine Verzerrung in genauer Übereinstimmung mit den Gesetzen einer solchen Widerspiegelung bei einem lebenden Menschen auf.« Mit anderen Worten: Die Tilma war im Augenblick des Wunders wie ein zur Aufnahme bereiter Farbfilm, der in genau dem Augenblick belichtet wurde, als die Gottesmutter sich für alle unsichtbar in dem Raum manifestierte – und zwar so physisch, daß sich Juan Diegos Antlitz in ihren Augen widerspiegelte!

Eine weitere Untersuchung durch den Augenarzt Dr. C. Wahlig und seine Frau, eine Optikerin, konnten zudem noch andere Gestalten in den Augen der Madonna identifizieren, in erster Stelle den Bischof und seinen Dolmetscher, aber auch einen kauernden Mann, offenbar einen Diener, der sich im Raum befand.

Kein Künstler hätte diese Situation optisch so präzise darstellen können, denn die Funktion von Augenreflexen wurde überhaupt erst in den achtziger Jahren des 19. Jahrhunderts erforscht. Eine Reihe bekannter Wissenschaftler, die Dr. Wahlig konsultierte, darunter Professoren der Columbia-Universität/USA und der Universität von Pisa/Italien, bestätigten Dr. Wahligs Ergebnisse. Dr. Wahlig: »Es war, als ob es Teil eines Planes wäre, das Bild der Gottesmutter allen Menschen unserer Zeit als ein wissenschaftlich nachgewiesenes übernatüriches Phänomen vor Augen zu führen.« Die wissenschaftliche Beweisführung für einen übernatürlichen Ursprung des Gnadenbildes von Guadalupe erhielt ihre Bestätigung, als 1963 nach eingehender Untersuchung die Geschäftsleitung des Fotogiganten KODAK in Mexiko verkündete, daß das heilige Bild »seinem Wesen nach den Charakter einer Fotografie« habe. Im Mai 1979 ließen die amerikanischen Wissenschaftler Prof. Philipp Callahan und Prof. Jody Smith von der University of Florida Infrarot-Aufnahmen der Tilma anfertigen. Da Pigmente infrarotes Licht unterschiedlich weiterleiten und reflektieren, können auf solche Weise Übermalungen und Änderungen festgestellt werden. Das Ergebnis ihrer Untersuchung: »Das Bild aus dem Jahre 1531 kann wissenschaftlich nicht erklärt werden. Seine Farbgebung und die Erhaltung seiner Frische über die Jahrhunderte sind unerklärlich... Die infraroten Nahaufnahmen zeigen keine Pinselstriche, und das Fehlen einer Leimung ist offenkundig in den vielen ungefüllten Zwischenräumen, die in dem Material zu sehen sind. Ein solches Phänomen ist ›phantastisch‹.« Mögliche Hinzufügungen oder Übermalungen aus späterer Zeit – so verkleinerte man die Hände der Madonna, um sie mexikanischer erscheinen zu lassen – wiesen dagegen alle herkömmlichen Charakteristiken der Malerei auf. »Es mag merkwürdig aussehen, wenn ein Wissenschaftler so etwas sagt«, erklärte Prof. Callahan anschließend, »doch ich für meinen Teil muß sagen, daß das Originalbild ein Wunder ist.«

Als ganz erstaunliches Detail erwiesen sich die Sternbilder auf dem Mantel der Madonna: Sie entsprachen exakt der Konstellation am Himmel über Mexiko City am 12. Dezember 1531 zum Zeitpunkt des Sonnenaufgangs – in spiegelverkehrter Anordnung, so als würde ihr das Himmelszelt über den Schultern liegen.

Doch historisch betrachtet war Guadalupe nur ein Vorspiel. Nie in der Geschichte waren Marienerscheinungen so häufig, nie waren sie mit Botschaften von solcher Dringlichkeit und mit ernsten Mahnungen an die Menschheit verbunden, wie seit die Gottesmutter im Jahre 1846 bei La Salette den Seherkindern Maximin und Melanie bei La Salette im Süden Frankreichs erschien. La Salette ist, wenn man so will, »die Mutter aller Marienoffenbarungen«, die längste und ausführlichste Botschaft der Madonna, der Ausgangspunkt einer Reihe von Erscheinungen, in denen sie immer wieder Teile und Aspekte dieser »Apokalypse nach Maria« wiederholte und betonte. La Salette war die Ouvertüre, Fatima der Höhepunkt von (bisher) 151 Jahren marianischer Offenbarung.

Wir können davon ausgehen, das auch Elemente des »Dritten Geheimnisses von Fatima« in der »Großen Botschaft von La Salette« vorweggenommen wurden. Obwohl die Erscheinungen von La Salette von der Kirche anerkannt wurden, versuchte man auch hier, durch Rücknahme einer bereits erteilten Druckerlaubnis, die Veröffentlichung des Mariengeheimnisses zu verhindern – aus den selben Gründen wie im Falle Fatimas.

La Salette ist untrennbar mit zwei Ereignissen verbunden, die ihm vorausgingen und nachfolgten: Den Erscheinungen von Paris und Lourdes. Durch Paris wurde das »marianische Zeitalter« durch die Prägung und weltweite Verbreitung einer Medaille quasi offiziell eingeleitet, durch Lourdes wurde der Marienkult popularisiert. Das Jahr der Erscheinungen von Lourdes wurde in La Salette vorausgesagt. Ebenfalls in diesen Zeitraum 1830–1858 fällt die Verkündigung des wichtigsten Mariendogmas der neueren Kirche, des Dogmas der »Unbefleckten Empfängnis« durch Papst Pius IX., ein Dogma, das nur vier Jahre später in Lourdes bestätigt wurde, als sich die Gottesmutter mit den Worten »Ich bin die Unbefleckte Empfängnis« dem Sehermädchen Bernadette Subirous vorstellte.

Es war gewiß kein Zufall, daß sich diese Mirakel in Frankreich ereigneten, dem Land, das sich als erstes von der Religion gelöst und, in der großen Revolution von 1789, die »Vernunft« zu ihrer neuen Gottheit erklärt hatte. So ließ Robespierre, der Anführer der Jakobiner, 1793 die Kirche »Unserer Lieben Frau« (Notre Dame) in Paris stürmen und alle sakralen Objekte beseitigen. Stattdessen setzte er eine stattbekannte Pariser Prostituierte auf den Altar und ließ sie, zur Verhöhnung der Kirche, als »Göttin der Vernunft« verehren. Erst als der junge Offizier Napoleon Bonaparte durch den Staatsstreich vom 9. 11. 1799 das Direktorium der Revolutionsregierung stürzte, hörte die Christenverfolgung auf. Auf Napoleon folgte eine Renaissance der Monarchie. Infolge der Julirevolution 1830 wurde Louis Philippe zum König gewählt, der bis 1848 regieren sollte. Seine Herrschaft spaltete das Volk, und immer wieder kam es zu Aufständen und Straßenkämpfen, während die Bonapartisten unter Louis Napoleon, einem Neffen Bonapartes, politisch an Bedeutung gewannen, während sie ebenso wie der König von den Republikanern heftig bekämpft wurden. In diesem Klima der politischen Zerrissenheit erschien die Gottesmutter in Frankreich, wo sie sich zum ersten Mal einen anderen Ehrentitel verdiente: Den »Unserer lieben Frau von der Gegenrevolution«. Ihre Botschaft war reinste Kulturkritik, Zeitkritik, die gnadenlose Verurteilung des Materialismus.

Das »Vorspiel« in Paris begann am 27. November 1830, als die Gottesmutter der Vinzentinerinnen-Novizin Catherine Laboure erschien und sie aufforderte, eine Medaille zu prägen. Am 18. Juli 1830 hatte Schwester Laboure ihre erste Erscheinung. »*Schwester, Schwester, Schwester Catherine*«, weckte sie eine Kinderstimme mitten in der Nacht, »die Heilige Jungfrau erwartet Dich«. Sie sah die leuchtende Gestalt eines Kindes, das sie in die Kapelle führte, durch eine leichte Berührung mit dem Zeigefinger ihre schwere Holztür öffnete, sie zum Altar geleitete, anwies, niederzuknien. Dann trat eine »Dame« herein, kniete nieder vor dem Tabernakel, nahm Platz auf dem Priesterstuhl. »*Mein Kind, Gott will Dir eine Aufgabe anvertrauen. Sie wird für dich die Ursache großer Leiden, aber du wirst sie bewältigen in dem Gedanken, daß du zum Ruhme Gottes arbeitest.*«

Dann kündigte sie eine Revolution an: »*Die Zeiten werden sehr böse. Großes Unglück wird über Frankreich kommen; ihr Thron wird umgeworfen. Die ganze Welt wird durch Übel aller Art in Aufregung versetzt... es wird auch Opfer beim Pariser Klerus geben. Der Erzbischof wird sterben, das Kreuz wird geschändet, Blut wird in den Straßen fließen... in vierzig Jahren.*«

Am Sonntag, dem 27. November 1830, betete Catherine in der Kapelle, als sie vor sich die Heilige Jungfrau »in ihrer ganzen Pracht« erblickte: Sie stand auf einer grünen Schlange, die sich um eine weiße Kugel gewunden hatte, auf der Höhe ihrer Brust hielt sie eine goldene Kugel, von einem Kreuz überragt. Catherine fühlte, daß sie diese Kugel – die Erde – Gott anbot. Dann verschwand die Kugel, und die Madonna breitete ihre Hände aus, von denen aus Lichtstrahlen auf die weiße Kugel zu ihren Füßen fielen. Ein ovaler Rahmen erschien um das Bild, darum die Schrift: »*Oh Maria, ohne Sünde empfangen, bete für uns, die wir in Dir Zuflucht nehmen.*« – »*Laß eine Medaille nach diesem Bild prägen*«, erklärte ihr eine Stimme, »*jene, die sie um den Hals tragen, werden große Gnaden empfangen.*« Catherine, die 1947 von Papst Pius XII. heiliggesprochen wurde, folgte der himmlischen Order. Über eine Milliarde dieser Medaillen wurden seitdem geprägt.

16 Jahre später, am 19. September 1846 sollte Maria die Menschheit wissen lassen, weshalb sie so plötzlich wieder erschien. Es war ein heißer Sommertag in den französischen Alpen, und an den Hängen des einsamen Hochtales von La Salette weideten zwei Kinder ihre Herden. Sie waren sich zwei Tage zuvor das erste Mal begegnet: Melanie Calvat, ein fünfzehnjähriges Mädchen, Kind eines armen Brettschneiders, hütete seit ihrem achten Lebensjahr Schafe, um für ihre Familie noch etwas dazuzuverdienen. Maximin Giraud war gerade elf und hatte erst am 17. September die Stelle eines erkrankten Schäfers übernommen. Sein Vater war ein armer Wagner, der nicht genug verdiente, um seine Familie zu ernähren. Sie beide hatten keinerlei Schulbildung, sprachen nur den lokalen Dialekt, das »Patois«, konnten weder lesen noch schreiben und waren überhaupt nicht religiös. Nach stundenlangem Auftrieb hatten sie am Morgen dieses Tages ihr Ziel erreicht, einen kuppenartigen Bergrücken, eine gute Weide. Fast ehrfürchtig betrachteten sie das überwältigende Panorama der Berge in ihrer herben Strenge und unfaßbaren Majestät, so weit das Auge reichte. Sie hockten sich hin, spielten ein paar Spiele, bauten Türme aus den Steinen, die hier überall herumlagen, und aßen ihr karges Mittagsmahl, Brot und etwas Schafskäse. Dann legten sie sich hin, um ein wenig in der Sonne zu dösen, schliefen ein. Als sie gegen drei Uhr erwachten, erschraken sie: Die Herde war nicht mehr da! Sofort sprangen sie auf, machten sich auf die Suche. Als Melanie sich umschaute, bemerkte sie an der Stelle, an der die beiden vorher noch geruht hatten, ein Licht, »glänzender als die Sonne«, die an diesem Tag so erbarmungslos auf die Berge herunterbrannte. Eine »mächtige Kugel, ein Ball aus Feuer« schwebte tief über der Erde, in der die Umrisse einer noch intensiver leuchtenden Gestalt auszumachen waren.

Maximin und Melanie schrien vor Schreck laut auf, als sie einen Luftstoß spürten, der von der Kugel ausging. Zuerst wollten sie davonlaufen, dann griffen sie sich Stöcke, um »das Ding da« davonzutreiben, denn die Neugierde hatte sie gepackt. Schließlich überfiel sie ein Gefühl der Freude und Ehrfurcht. Gebannt starrten sie auf die etwa fünf Meter breite Lichtkugel, in der sich ein zweiter, noch glänzenderer Kreis aus Licht befand, der in Bewegung zu sein schien. Darin befand sich eine »sehr schöne Dame« aus reinem Licht, die auf dem kleinen Steinturm saß, den die Kinder zuvor gebaut hatten. Wie eine Trauernde verbarg sie ihr Gesicht in ihren Händen, dann richtete sie sich langsam auf, während ihr Tränen über die Wangen liefen. Sie trug eine seltsame Tracht und ein Spitzenhäubchen, das von einem Kranz leuchtender, feuriger Rosen umgeben war. Um den Hals hatte sie ein Kruzifix, dessen Gekreuzigter, von Blut überströmt, zu leben und im Todeskampf zu leiden schien. Stehend wandte sie sich an die Kinder, die die übergroße Gestalt gebannt anstarrten: »*Kommt nur, meine Kinder, und habt keine Angst! Ich bin gekommen, um euch eine große Botschaft zu verkünden!*«

Und dann sprach sie zu ihnen: »*Wenn mein Volk sich nicht unterwerfen will, bin ich gezwungen, den Arm meines Sohnes fallen zu lassen. Er ist so schwer und drückend, daß ich ihn nicht mehr zurückhalten kann.*

Wie lange leide ich schon für euch. Wenn ich will, daß mein Sohn euch nicht aufgibt, bin ich gezwungen, ihn ohne Unterlaß zu bitten. Ihr aber macht euch nichts daraus. Ihr könnt beten und tun, soviel ihr wollt, niemals werdet ihr vergelten können, was ich alles für euch unternommen habe!

Ich habe euch sechs Tage zum Arbeiten gegeben, und ich habe mir den siebenten vorbehalten, und man will ihn mir nicht gewähren: das ist, was den Arm meines Sohnes so schwer macht. Jene, die einen Wagen lenken, wissen nicht, wie sie fluchen sollen, ohne den Namen meines Sohnes in den Mund zu nehmen. Das sind die beiden Dinge, die den Arm meines Sohnes immer schwerer macht. Wenn die Ernte verdirbt, geschieht es nur um euretwegen...«

Die Frau sprach reinstes Französisch. Als die Kinder, die nur den lokalen Dialekt sprachen, einige ihrer Worte nicht verstanden, wiederholte sie ihre Ansprache in Patois, der lokalen Mundart:

»*Es wird eine große Hungersnot kommen... die Großen aber werden durch den Hunger Buße tun. Die Nüsse werden schlecht werden, die Trauben werden verfaulen.*«

In diesem Augenblick beobachtete Melanie, daß die Lichtgestalt die Lippen bewegte, ohne daß sie etwas hörte: Es war der Zeitpunkt, an dem sie Maximin ein besonderes Geheimnis mitteilte. Kurz darauf sprach sie zu Melanie, ohne daß Maximin etwas verstehen konnte – das »große Geheimnis«, ein »apokalyptisches Gemälde von dramatischer Bewegtheit und Größe«, wie Johannes M. Höcht später schrieb, das sie ausdrücklich erst 1858 veröffentlichen durfte – ausgerechnet im Jahr der Erscheinungen von Lourdes.

Dann konnten Maximin und Melanie beide ihre Worte wieder verstehen. »*Wenn sie sich bekehren, werden sich die Berge in Brot verwandeln und die Kartoffeln werden sich auf der Erde im Überfluß finden.*« Dann fragte sie die Kinder: »*Verrichtet ihr auch eure Gebete, meine Kinder?*« – »Nein, gute Frau, nicht unbedingt«, antworteten beide ehrlich und ein wenig verlegen. »*Aber meine Kinder, ihr müßt sie gut verrichten, jeden Abend. Wenn ihr nichts anderes könnt, sagt ein Vaterunser und ein Gegrüßet seist du, Maria, und wenn ihr Zeit habt und wenn ihr noch mehr tun könnt, so betet deren noch mehr.*«

Dann stellte sie eine weitere Frage: »*Habt ihr noch kein verfaultes Getreide gesehen, meine Kinder?*«. Beide verneinten. Doch die »leuchtende Frau« wußte es besser, erinnerte Maximin daran, daß sein Vater ihm vor einiger Zeit ein paar verfaulte Ähren gezeigt hatte. Jetzt kam auch ihm diese Episode wieder in Erinnerung. War die »schöne Dame« allwissend?, fragte er sich.

»*Also, meine Kinder, ihr werdet es meinem ganzen Volk bekanntmachen*«, schloß die Frau ihre Rede. Dann schritt sie, noch immer von einer Lichtaura umgeben, an den Kindern vorbei, überquerte einen kleinen Bach, begab sich auf die Spitze eines kleinen Hügels, schwebte etwa anderthalb Meter hoch, richtete ihr Haupt in den Himmel – und begann, langsam zu verschwinden. Ihr Haupt, ihr Körper und zuletzt ihre Schuhe lösten sich buchstäblich in Luft auf, und als Melanie, die ihr nachgelaufen war, noch eine Rose zu erhaschen versuchte, hatte auch sie nur noch Luft in den Händen. Noch minutenlang leuchtete ein Lichtschein in 4–5 Metern Höhe, dann war die Erscheinung beendet. »Das war gewiß eine große Heilige«, meinte Melanie naiv, während Maximin glaubte, es sei »der liebe Gott meines Vaters gewesen.«

Als die Kinder nach Hause kamen, erzählten sie in allen Details von der mysteriösen Erscheinung. Einer ihrer Dienstherren war es dann auch, der sie darüber aufklärte, daß sie eben nicht bloß »einer Heiligen«, sondern der Gottsmutter begegnet sein mußten, schließlich sprach sie doch von »Ihrem Sohn«. Über Umwege erfuhr ein Priester, Abbe Lagier, von dem Vorfall. Er besuchte die Kinder und fragte sie aus – und kam zu der Überzeugung, daß sich zwei so schlichte Hirtenkinder diese Geschichte nicht ausgedacht haben könnten. Bald kamen die ersten Pilger an den Erscheinungsort, obwohl sich der Generalvikar der bischöflichen Behörde, die La Salette kurz darauf untersuchte, zuerst negativ zu der Erscheinung äußerte. Über 300.000 Pilger waren bereits an den neuen Gnadenort geströmt, als der Bischof von Grenoble am 19. Juli 1847 eine offizielle Untersuchungskommission einsetzte, die den Vorfall untersuchen sollte. Drei Monate dauerte die Prüfung, dann war man sich sicher: Die Kinder hatten sich weder getäuscht noch gelogen. Am meisten beeindruckt war man, daß Melanie und Maximin aus dem Gedächtnis wortwörtlich die Marienbotschaft in Französisch wiedergeben konnten, einer Sprache, die sie garnicht sprachen und nur in Ansätzen verstanden. Eine Bekräftigung dieses Urteils hatten zwei gutdokumentierte Wunderheilungen gegeben. Für Bischof de Bruillard stand damit fest, daß in seiner Diözese die Gottesmutter erschienen war, und er ließ sich auch nicht davon beirren, daß andere Bischöfe ihn dafür kritisierten: Sie forderten zuvor die Enthüllung der Geheimnisse, wozu die Kinder nicht bereit waren. Sie schrieben sie erst nieder, als Papst Pius IX. persönlich sie darum bitten ließ. Am 2. Juli 1851 setzte sich Maximin, der mittlerweile Lesen und Schreiben gelernt hatte, in der bischöflichen Kanzlei hin und schrieb »mit verblüffender Schnelligkeit, als wenn er ein Buch abschrieb, das er vor Augen hatte«, das Geheimnis nieder. Einen Tag später brachte Melanie, ebenfalls mittlerweile des Lesens und Schreibens kundig, die seitenlange »große Botschaft« zu Papier, schnell »wie eine Person, die es nicht nötig hat nachzudenken, um ihre Gedanken zu sammeln oder ihre Ausdrücke zu finden.« Nur bei der Schreibweise der Worte »unfehlbar«, »besudelte Stadt« und »Antichrist« war sie sich unsicher. Der Bischof ließ die Botschaften sofort durch zwei Prälaten nach Rom bringen. Als Pius IX. das Geheimnis von Melanie las, veränderte sich sein Gesicht, seine Lippen zogen sich zusammen, und nach beendeter Lektüre stieß er wie unter der Gewalt einer starken Bewegung die Worte aus: »*Das sind Geißeln, die Frankreich bedrohen, aber es ist nicht allein schuld. Deutschland, Italien, ganz Europa sind schuld und verdienen Züchtigungen. Ich habe weniger zu fürchten von der offenen Gottlosigkeit als von der Respektlosigkeit und Gleichgültigkeit der Menschen. Nicht ohne Grund wird die Kirche militant genannt, und hier ist ihr Führer*«, wobei er sich mit der Hand auf die Brust schlug. *Später auf die Geheimnisse von La Salette angesprochen, erklärte er nur:* »Nun, das sind sie: ›Wenn ihr nicht Buße tut, werdet ihr alle zugrunde gehen!‹ Das ist der Kern der Großen Botschaft von La Salette.«

Dieses päpstliche Signal gab den Ausschlag. Am 19. September 1851 gab Philibert de Bruillard, Bischof von Grenoble, in einem Hirtenbrief offiziell seine Anerkennung der Erscheinung von La Salette bekannt. Und die Kinder? Maximin besuchte die Schule, hoffte, die Oberschulreife zu erlangen, um Theologie studieren zu können, ein Plan, der an seiner mangelnden Intelligenz scheiterte. Er ging nach Rom und versuchte, als päpstlicher Zuave zumindest dem Heiligen Vater zu dienen, was ebenfalls scheiterte. Er kehrte nach Hause zurück, wo er am 1. März 1874, im Alter von 38 Jahren, verstarb. Melanie versuchte, einem Nonnenorden beizutreten, doch dazu fehlte es ihr an Disziplin und Gehorsam. Sie versuchte es in einem Kloster nach dem anderen und endete schließlich in Italien, wo sie unter der Seelenführung des Bischofs von Lecce ein zurückgezogenes Leben lebte und dabei sogar, bei einer erneuten Erscheinung, die Stigmata, die Wundmale Christi, empfing. Am 15. Dezember 1904 verstarb sie »im Rufe der Heiligkeit«.

Aufgefordert durch den Bischof von Lecce, Monsignore Zola, schrieb Melanie 1869 dann auch erneut die »große Botschaft« nieder, die bislang noch nicht veröffentlicht worden war. Mit Druckerlaubnis des Erzbischofs von Neapel, Kardinal Riario Sforza, erschienen Auszüge 1873 erstmals in Buchform, während die vollständige Version 1879 mit kirchlicher Druckerlaubnis veröffentlicht wurde. Doch bereits 1915 zog der Vatikan diese Druckerlaubnis wieder zurück und untersagte damit die Verbreitung des »Großen Geheimnisses« bei Strafe von Suspension für Priester und Exkommunikation für Laien, eine Entscheidung, die erst 1933 wieder aufgehoben wurde. Tatächlich beinhaltet das »Große Geheimnis« eine Reihe äußerst unbequemer Passagen, in denen auch vor Kritik an der Kirche nicht halt gemacht wird. So meinte Papst Benedikt xv. im Jahre 1918: »*Die Erscheinung ist außer Zweifel, aber die Worte der heiligen Jungfrau an Melanie, besonders in der Großen Botschaft, bringen eine solche Strenge gegen den Klerus zum Ausbruch, sind sie wohl sicher? Darüber wird diskutiert. Daß sie sich über den Klerus beschwert, ist möglich. Aber die Worte wurden vielleicht durch die Phantasie von Melanie übertrieben, bei aller Aufrichtigkeit und allen guten Eigenschaften, die sie sonst besitzt. Kurz, was die Große Botschaft betrifft: In der Substanz stimme ich zu, aber die einzelnen, wörtlichen Aussagen bezweifle ich. Das Heilige Offizium wird einen Skandal vermeiden.*«

Der Theologe Ritter von Lama dagegen glaubt, daß eine Anzahl der 35 Punkte des Großen Geheimnisses schlichtweg von Melanie vertauscht wurden. Tatsächlich sind einige der von ihr vorausgesagten Ereignisse bisher nicht oder anders eingetroffen – aus welchem Grunde auch immer. Zudem glaube ich persönlich, daß sich die für die Jahre 1864/65 gemachten Voraussagen tatsächlich auf die Jahre 1964/65, die Zeit des Zweiten Vatikanischen Konzils und der darauffolgenden Veränderungen in der Kirche beziehen, weil ihre Aussagen für 1964/65 mehr Sinn machen als für 1864/65. Vielleicht hat Melanie einfach nicht glauben können, daß sich die Botschaft auf eine für sie so ferne Zukunft beziehen kann.

Untersuchen wir also die wichtigsten Passagen des »Großen Geheimnisses von La Salette«, das im vollen Wortlaut neun Druckseiten einnimmt (dem interessierten Leser sei in erster Linie Johannes M. Höchts Werk »Die Große Botschaft von La Salette«, Stein am Rhein 1996, empfohlen):

»Melanie, was ich dir jetzt sagen werde, wird nicht immer geheim bleiben; du wirst es im Jahre 1858 bekanntmachen können.

Die Priester, Diener meines Sohnes, sind durch ihr schlechtes Leben, ihre Ehrfurchtslosigkeiten, ihre Pietätlosigkeit bei der Feier der heiligen Geheimnisse, durch ihre Liebe zum Gelde, zu Ehren und Vergnügungen, zu Kloaken der Unreinheit geworden. Ja, sie fordern die Rache heraus, und die Rache schwebt über ihren Häuptern. Wehe den Priestern und den gottgeweihten Personen, die durch ihre Treulosigkeit und ihr schlechtes Leben meinen Sohn von neuem kreuzigen! Die Sünden der gottgeweihten Personen schreien zum Himmel und rufen nach Rache, und siehe, die Rache ist vor ihren Türen; denn es gibt niemand mehr, der die Barmherzigkeit und die Verzeihung für das Volk erfleht; es gibt keine großherzigen Seelen mehr; es gibt niemand mehr, der würdig wäre, das makellose Opferlamm dem Ewigen zugunsten der Welt aufzuopfern.

Gott wird in beispielloser Weise zuschlagen.

Wehe den Bewohnern der Erde! Gott wird Seinem ganzen Zorne völlig freien Lauf lassen, und niemand wird sich so vielen vereinten Übeln entziehen können.

Die Häupter, die Führer des Gottesvolkes, haben Gebet und Buße vernachlässigt, und der Dämon hat ihren Verstand verdunkelt; sie sind irrende Sterne geworden, die der alte Teufel mit seinem Schweife mit sich zieht, um sie zu verderben. Gott wird es der alten Schlange gestatten, Entzweiungen unter die Regierungen, in alle Gesellschaften, in alle Familien zu bringen; man wird körperliche und geistige Pein erleiden. Gott wird die Menschen sich selbst überlassen und wird Strafgerichte senden, die während mehr als 35 Jahren aufeinander folgen werden.

Die Menschheit steht am Vorabend der schrecklichsten Geißeln und der größten Ereignisse. Man muß darauf gefaßt sein, mit eiserner Rute geführt zu werden und den Kelch des Zornes zu trinken.

Der Stellvertreter meines Sohnes, der Hohepriester Pius IX., verlasse Rom nach dem Jahre 1859 nicht mehr. Er sei vielmehr standhaft und großmütig und kämpfe mit den Waffen des Glaubens und der Liebe. Ich werde mit ihm sein.

Er traue dem Napoleon (III., der sich 1846 in Haft befand) nicht. Sein Herz ist doppelzüngig. Und wenn er gleichzeitig Papst und Kaiser sein will, wird sich Gott bald von ihm zurückziehen. Er ist jener Adler, der in seinem Streben, immer höher zu steigen, in das Schwert stürzen wird, mit dem er die Völker nötigen will, ihn aufsteigen zu lassen.

Italien wird für seinen Ehrgeiz, das Joch des Herrn aller Herren abzuschütteln, bestraft; auch wird es dem Kriege überliefert werden. Das Blut wird überall fließen. Die Kirchen werden geschlossen oder entheiligt werden. Die Priester, die Ordensleute werden fortgejagt; man läßt sie einen grausamen Tod sterben. Viele werden den Glauben verlassen. Die Zahl der Priester und Ordensleute, die sich von der wahren Religion trennen, wird groß sein; unter diesen Personen werden sich selbst Bischöfe befinden.«

Untersuchen wir kurz diese Prophezeihung. Louis Napoleon, der sich später Napoleon III. nannte, kam am 2. Dezember 1848 durch einen Staatsstreich an die Macht. 1856 kam auf dem Pariser Friedenskongreß die »italienische Frage« zur Sprache, das Bestreben liberaler und nationaler Kräfte, einen italienischen Nationalstaat zu gründen. Dem standen die direkten Interessen des Vatikans im Wege, der große Gebiete in Mittelitalien, den »Kirchenstaat«, kontrollierte. Seit 1820 war es zu Aufständen in Italien gekommen, sogar innerhalb des Kirchenstaates, was dazu geführt hatte, daß Papst Gregor XVI. das katholische Österreich um Hilfe bat. Die Österreicher schlugen die Aufstände nieder und schützten den Kirchenstaat mit einer Garnison, woraufhin sich das Königreich Piemont an die Spitze der nationalen Bewegung stellte, sich mit Frankreich verbündete und 1859 Österreich schlug. Napoleon III. schützte zwar offiziell den Kirchenstaat, bewirkte aber den Anschluß der Toskana, Modenas, Parmas sowie, später, Neapels, woraufhin Viktor Emanuel II. von Piemont sich 1861 zum »König von Italien« krönen ließ. Es gelang ihm, die päpstlichen Truppen zu schlagen und die Romagna, Umbrien und die Marken zu erobern. Hunderte papsttreuer Geistlicher wurden gefangengenommen, viele getötet und ihre Kirchen geschändet. Mit Ausnahme von Venezien und dem Rest des Kirchenstaates um Rom bildete Italien einen liberal-parlamentarisch regierten Staat, in dem die freimaurerischen Geheimbünde der Nationalisten den Ton angaben. 1864 verurteilte Papst Pius IX. in seiner Enzyklika »Quanta cura« die politischen und gesellschaftlichen Prinzipien des Liberalismus, was einen gesamteuropäischen »Kulturkampf« zwischen der katholischer Kirche und den Republikanern auslöste. 1866 löste die italienische Regierung offiziell alle religiösen Orden auf und beschlagnahmte ihr Eigentum. Tausende von Ordensleuten mußten fliehen. 1867 versuchte der italienische Revolutionsführer Garibaldi zum ersten Mal, in den Kirchenstaat einzudringen, wurde aber von der französischen Garnison aufgehalten. Erst als die französischen Truppen 1870 nach der Kriegserklärung an Preußen abgezogen wurden, besetzten italienische Truppen Rom. Die päpstliche Macht war gebrochen, die heilige Stadt wurde zur Hauptstadt des nun völlig geeinten Italiens, Papst Pius IX. nur noch durch das »Garantiegesetz« freie Kirchenregierung zugebilligt – er wurde zum »Gefangenen des Vatikans«. In dieser Zeit der größten Bedrohung fand 1869 das Erste Vatikanische Konzil statt, auf dem der Pius IX. das Dogma der päpstlichen Unfehlbarkeit verkündete, was dazu führte, daß sich die meisten deutschen und österreichischen Bischöfe gegen ihn wendeten. Zumindest dieser Teil der Prophezeihung von La Salette ist, auf das Jahr genau (1869 war mit der Niederlage Österreichs tatsächlich das entscheidende Jahr), eingetroffen. Hören wir also, was sie weiter besagte:

»Der Papst möge sich vor den Wundertätern in acht nehmen. Denn die Zeit ist gekommen, da die erstaunlichsten Wunder auf der Erde oder in der Luft stattfinden.

Im Jahre 1864 (1964? d. Verf.) wird Luzifer mit einer großen Menge von Teufeln aus der Hölle entlassen. Sie werden den Glauben allmählich auslöschen, selbst in Menschen, die Gott geweiht sind. Sie werden sie in einer Weise blind machen, daß diese Menschen, falls sie nicht eine besondere Gnade empfangen, den Geist dieser bösen Engel annehmen werden. Viele Ordenshäuser werden den Glauben völlig verlieren und viele Seelen mit ins Verderben ziehen...

Der Stellvertreter meines Sohnes wird viel zu leiden haben, da die Kirche eine zeitlang schweren Verfolgungen ausgesetzt sein wird. Das wird die Zeit der Finsternisse sein. Die Kirche wird eine schreckliche Krise durchmachen.

Da der heilige Glaube an Gott in Vergessenheit geraten ist, will jeder einzelne sich selbst leiten und über seinesgleichen stehen. Man wird die bürgerlichen und kirchlichen Gewalten abschaffen. Jede Ordnung und jede Gerechtigkeit wird mit Füßen getreten werden. Man wird nur Mord, Haß, Mißgunst, Lüge und Zwietracht sehen, ohne Liebe zum Vaterlande und zur Familie. Der Heilige Vater wird viel leiden. Ich werde bei ihm sein bis zum Ende, um sein Opfer anzunehmen. Die Bösewichter werden mehrere Male seinem Leben nachstellen, ohne seinen Tagen schaden zu können (bezog sich diese Prophezeihung auf Johannes Paul II.?) Aber weder er noch sein Nachfolger, der nicht lange regieren wird, werden den Triumph der Kirche Gottes sehen.

Die bürgerlichen Regierungen werden alle dasselbe Ziel haben, das da ist, die religiösen Grundsätze abzuschaffen oder verschwinden zu lassen, um für den Materialismus, Atheismus, Spiritismus und alle Arten von Lastern Platz zu schaffen. Im Jahre 1865 (1965?) wird man den Greuel an heiligen Stätten sehen. In den Ordenshäusern werden die Blumen der Kirche in Fäulnis übergehen, und der Teufel wird sich als König der Herzen gebärden...

Frankreich, Italien, Spanien und England werden im Kriege sein. Das Blut wird auf den Straßen fließen. Der Franzose wird mit dem Franzosen kämpfen, der Italiener mit dem Italiener. Schließlich wird es einen allgemeinen Krieg geben, der entsetzlich sein wird...

Auf den ersten Hieb seines Schwertes, das wie ein Blitz einschlagen wird, werden die Berge und die ganze Natur vor Entsetzen zittern, weil die Unordnungen der Menschen und ihre Verbrechen das Himmelsgewölbe durchdringen. Paris wird niedergebrannt und Marseille verschlungen werden. Mehrere große Städte werden niedergebrannt und durch Erdbeben verschlungen werden. Man wird glauben, alles sei verloren. Man wird nur Menschenmord sehen. Man wird nur Waffengetöse und Gotteslästerungen hören. Die Gerechten werden viel leiden... Plötzlich werden die Verfolger der Kirche Christi und alle der Sünde ergebenen Menschen zugrunde gehen, und die Erde wird wie eine Wüste werden. Dann wird Friede, die Versöhnung Gottes mit den Menschen werden. Man wird Jesus Christus dienen, ihn anbeten und verherrlichen. Die Nächstenliebe wird überall aufblühen...

Dieser Friede unter den Menschen wird aber nicht von langer Dauer sein. 25 Jahre reichlicher Ernten werden sie vergessen lassen, daß die Sünden der Menschen die Ursache aller Strafen sind, die über die Erde kommen.

Ein Vorläufer des Antichristen wird mit seinen Truppen aus vielen Völkern wider den wahren Christus, den alleinigen Retter der Welt kämpfen. Er wird viel Blut vergießen...

Bevor dieses eintritt, wird es eine Art falschen Friedens auf der ganzen Welt geben. Man denkt an nichts anderes als an Belustigungen. Die Bösen geben sich allen Arten von Sünden hin... Die Natur lechzt nach Rache wegen der Menschen und bebt vor Entsetzen in Erwartung dessen, was über die durch Verbrechen besudelte Erde hereinbrechen wird...

Die Jahreszeiten werden sich verändern. Die Erde wird nur schlechte Früchte hervorbringen; die Sterne werden ihre regelmäßigen Bahnen verlassen. Der Mond wird nur ein schwaches rötliches Licht wiedergeben. Wasser und Feuer werden auf der Erde furchtbare Erdbeben und große Erschütterungen verursachen, welche Berge und Städte versinken lassen. Rom wird den Glauben verlieren und der Sitz des Antichristen werden.

Die Dämonen der Luft werden mit dem Antichristen große Wunderdinge auf der Erde und in den Lüften wirken, und die Menschen werden immer schlechter werden.

Gott wird für seine treuen Diener und die Menschen guten Willens sorgen. Das Evangelium wird überall gepredigt werden; alle Völker und alle Nationen werden Kenntnis von der Wahrheit haben...«

Acht Jahre nach La Salette, 1854, verkündete Papst IX. das Dogma der »Unbefleckten Empfängnis« und machte damit den Anbruch des marianischen Zeitalters offiziell. Vier Jahre später bestätigte die Heilige Jungfrau persönlich dieses Dogma – indem sie sich dem Landmädchen Bernadette Soubirous in Lourdes/Frankreich als »Unbefleckte Empfängnis« offenbarte. Bernadettes Familie war arm, so arm, daß sie in den fauligen Räumen des ehemaligen Dorfgefängnisses hausen mußte. Die 14-jährige Bernadette war ein kränkelndes Mädchen, litt unter Asthma und den Nachwirkungen der Cholera, an der sie mit zehn Jahren erkrankt war.

Alles begann, als sie am 11. Februar 1858 mit ihren Geschwistern und einer Cousine Brennholz sammeln ging, ein Geräusch hörte und plötzlich, in einer Grotte am Ufer des Gave-Flusses, eine

»*goldfarbene Wolke erblickte und kurz darauf eine Dame, jung und wunderschön, wie ich sie noch nie zuvor gesehen habe*«. Diese schaute Bernadette an, lächelte. Automatisch griff das Mädchen nach seinem Rosenkranz, betete, und die Dame stimmte in das Gebet ein, bevor sie verschwand. Bernadette erzählte ihrer Familie von dem Erlebnis, doch niemand wollte ihr glauben. Erst drei Tage später erlaubte ihre Mutter ihr, zusammen mit den anderen Mädchen an die Stelle zurückzukehren. Einem Mädchen hatte sie Weihwasser mitgegeben und ihr geraten, die Erscheinung, falls sie wiederkehre, damit zu besprenkeln, um herauszufinden, ob es sich um den Teufel handelte. Die Dame reagierte darauf nur mit einem Lächeln. Am 18. Februar folgte eine prominente Dorfbewohnerin mit ihren Kindern Bernadette zu der Grotte, als erneut die Madonna erschien. »*Mach mir nur die Freude, dich vierzehn Tage lang täglich einzufinden*«, bat sie das Mädchen. Das tat sie, die Erscheinungen sprachen sich herum, immer mehr Menschen folgten ihr. »*Bete für die armen Sünder. Bete für die kranke Welt*«, war ihre Botschaft. Schon bei der sechsten Erscheinung schaltete sich der Polizeikommissar des Dorfes ein, der Bernadette stundenlang verhörte und versuchte, sie in Widersprüche zu verwickeln. Vater Soubirous verbot seiner Tochter schließlich, weiterhin zur Grotte zu gehen, hob das Verbot aber am nächsten Tag wieder auf. Bei den nächsten Erscheinungen bat die »Dame« das Mädchen, daß ihr eine Kapelle errichtet würde und versprach, eine heilende Quelle erscheinen zu lassen. Zudem vertraute sie Bernadette drei Geheimnisse an. Bei der neunten Erscheinung am 25. Februar begann die Seherin, in der feuchten Erde vor der Grotte zu graben, und tatsächlich sprudelte bald frisches Wasser aus der Erde, schließlich (und bis heute) bis zu einem Liter pro Sekunde. Einen Tag später kam es zur ersten Heilung: Der Steinbrecher Bouriette wurde von einem Augenleiden befreit.

Zur fünfzehnten Erscheinung am 4. März kamen bereits 20.000 Menschen. Die sechzehnte Erscheinung fand am 25. März statt, als die »Dame« sich zum ersten Mal zu erkennen gab. Als sie Bernadette ihren Namen offenbarte, verstand sie ihn nicht. »Es ist also die allerseligste Jungfrau, die du siehst?« fragte sie der Dorfpfarrer. »Ich glaube nicht«, erwiderte Bernadette, »es ist die Unbefleckte Empfängnis« – das Mädchen hatte das Wort noch nie zuvor gehört, wußte nicht, daß es ein Marientitel war. Nach der siebzehnten Erscheinung schlug die Opposition zu. Bernadette wurde in ein psychiatrisches Krankenhaus gebracht, das Wasser zur »Mineralquelle« erklärt, die Erscheinungsstätte mit einem Bretterzaun unzugänglich gemacht. Erst nach ihrer Entlassung, am 16. Juli, sah das Sehermädchen die Madonna ein letztes Mal. Schon am 28. Juli setzte der Bischof von Tarbes eine Untersuchungskommission ein, drei Jahre später gab er in einem Hirtenbrief bekannt, daß er die Erscheinungen von Lourdes für glaubwürdig hielt – die Grotte von Massabielle wurde zum bekanntesten Pilgerziel der Christenheit. Bernadette trat schließlich 1866 in einen Nonnenorden ein. Sie verstarb 1879, ihr Leib blieb unverwest. Sie wurde 1925 selig – und 1933 heiliggesprochen. Seitdem besuchen über fünf Millionen Pilger jedes Jahr den Ort der Erscheinungen. Bis zum heutigen Tag wurden über 5000 Heilungen aus Lourdes gemeldet, von denen 64 von der Kirche offiziell als »Wunder« anerkannt wurden.

Dreizehn Jahre später schienen sich die Prophezeihungen von Paris und La Salette von der »großen Züchtigung« zu erfüllen. Frankreich befand sich im Krieg mit Preußen, deutsche Truppen waren im Norden des Landes einmarschiert, standen vor Paris. Der Winter 1870/71 war einer der strengsten des Jahrhunderts. In den Dörfern des freien Frankreichs sorgten sich die Bauern nicht nur um die Zukunft ihres Landes und um das Leben ihrer Söhne, die in die Armee eingezogen wurden, die verzweifelt die deutsche Übermacht aufzuhalten versuchte, sondern in erster Linie um das nackte Überleben. Eines dieser Dörfer war Pontmain, das nahe der Frontlinie lag. Täglich drangen neue Gerüchte und Nachrichten durch, daß die Deutschen auf die Provinzhauptstadt Laval anrückten. Am eisigen Morgen des 17. Januars 1871 betete das ganze Dorf – oder jene, die noch nicht eingezogen waren – in der Dorfkirche. »Laßt uns durch unsere Gebete Buße tun und daraus neuen Mut schöpfen«, verkündete der Dorfpfarrer Abbe Guerin in seiner Predigt, »Gott wird sich unser erbarmen, und seine Gnade wird sicher zu uns durch die Jungfrau Maria kommen.«
Es war 17.00 Uhr, und die Bauernburschen Eugene Barbadette (12) und sein Bruder Joseph (10) hatten gerade die Kühe gefüttert, als Eugene am klaren Winterhimmel eine Gestalt bemerkte: Eine junge Frau mit einem weiten Mantel, auf dem die Sterne blinkten, schwebte über dem Horizont. Er rief seinen Bruder, der holte den Vater und eine Besucherin, Jeanette Detais aus dem Dorf.

Während die beiden Jungen gebannt die Gestalt der »wunderschönen Frau« bewunderten, sahen die Erwachsenen nur die Sterne am Nachthimmel. Als sich Frau Barbadette dazugesellte, konnte auch sie nichts erkennen. Eine Ordensschwester wurde befragt, die meinte, vielleicht könnten nur Kinder die Erscheinung sehen. Man holte zwei Kinder aus der Klosterschule von Pontmain, Francoise Richter (12) und Jean-Marie Lebosse (9), die, sobald sie auf dem Hof der Barbadette angekommen waren, ebenfalls die Madonna sahen. »Auf ihrem dunklen Mantel glitzern die Sterne«, riefen sie sofort aus, ohne daß jemand ihnen von diesem Detail erzählt hätte. Bald hatte sich das Mirakel herumgesprochen, hatte sich das halbe Dorf, einschließlich Abbe Guerin, auf dem Hof versammelt und starrte andächtig auf den Sternenhimmel, vor dem die Kinder die Heilige Jungfrau sahen. Alle, einschließlich der Kinder, begannen zu beten. Dann lösten sich für alle erkennbar drei Sterne, bildeten ein Dreieck, das die Erscheinung umschloß. Die Frau kam näher, die Sterne auf ihrem Mantel verfielfältigten sich, bis er in schimmerndem Gold erstrahlte. Schließlich erschien zu ihren Füßen ein Banner, auf dem die Worte *»Betet, meine Kinder, Gott wird euch in Kürze erhören«* zu lesen waren. Ein blutrotes Kruzifix erschien, mit dem die Frau die Menschen segnete. Einer der Sterne setzte sich in Bewegung und entzündete vier Kerzen, die im Umfeld der Gottesmutter erschienen. Dann streckte die Madonna ihre Hände in einer Segensgeste aus, ein weißer Schleier erschien zu ihren Füßen, schien sie langsam einzuhüllen, bis sie völlig verschwand. Drei Stunden lang hatte die Erscheinung gedauert.
Am nächsten Morgen erfuhr man in Pontmain, daß exakt zum Zeitpunkt der Erscheinung das deutsche Heer den Befehl erhalten hatte, den Marsch auf Laval abzubrechen. Einigen deutschen Soldaten war die Gottesmutter erschienen. »Eine Madonna bewacht das Land und verbietet uns, weiter zu marschieren«, erzählten sie verstört ihren Offizieren. Ebenfalls zum Zeitpunkt der Erscheinungen hatte man in Paris in der Kathedrale Notre Dame eine Novene abgehalten, in deren Zentrum die Fürbitte an die Heilige Jungfrau um eine Einstellung der Kampfhandlungen stand. Elf Tage später wurde ein Waffenstillstand unterzeichnet. Offenbar hatte erneut eine Marienerscheinung in die Geschichte eingegriffen.

Am Abend des 3. Juli 1876 fand mit einer großartigen Lichterprozession die »Krönungsfeier« der Statue »Unserer lieben Frau« in

Lourdes ihren Abschluß. Die Kirche hatte erst kurz zuvor die Echtheit der Marienerscheinungen der Bernadette Soubirous anerkannt, und seitdem kamen hunderttausende Pilger aus aller Welt.

Am selben Abend erschien die Gottesmutter drei achtjährigen Mädchen auf der anderen Seite der deutsch-französischen Grenze, im saarländischen 1500-Seelen-Dorf Marpingen. Anna Susanna Leist, Katharina Hubertus und Margaretha Kunz waren brave und schlichte Kinder armer Eltern. Sie waren gerade dabei, im Wald nach Heidelbeeren zu suchen, als Susanne einen Schrei austieß: Sie hatte inmitten eines hellen Lichtscheins eine Frau in einem weißen Gewand und mit einem Kind auf dem Arm hinter den Sträuchern gesehen. Als auch Katharina und Margaretha die Gestalt wahrnahmen, erschreckten auch sie sich und liefen Hals über Kopf nach Hause. Dort freilich nahm niemand den Bericht der Kinder sehr ernst.

Am nächsten Tag verspürten die Kinder den inneren Drang, an die Stelle, an der sie die »weiße Frau« gesehen hatten, zurückzukehren. Dort angekommen, begannen sie, mehr aus Angst, zu beten. Beim dritten »Vater Unser« tauchte die »weiße Frau« wieder auf. Scheu sprachen die Kinder sie in ihrem Dialekt an: »Bäschen, wer hint ihr?« »*Ich bin die Unbefleckt Empfangene*«, antwortete die Dame und forderte die Kinder auf: »Ihr sollt beten!«

Von diesem Tag an erschien die Gottesmutter den Kindern fast täglich an derselben Stelle, und wie ein Lauffeuer breitete sich die Nachricht davon in der Gegend aus. Bald kamen die ersten Schaulustigen, dann trafen Pilger in Marpingen ein. Die Jungfrau verlangte den Bau einer Kapelle und erklärte: »*Ich bin gekommen, Kranke zu heilen und die Sünder zu bekehren.*« Tatsächlich kam es bald darauf zu den ersten Wunderheilungen, wie in Lourdes. Daran konnten auch die preußischen Beamten der Saarländischen Kommandantur nichts ändern. Es war die Zeit des bismarckschen Kulturkampfes, dem Versuch des protestantischen Preußenstaates, die Macht des Katholizismus zu brechen. Ein Marienwunder wie Marpingen stand diesen Plänen im Wege. Eine Kompanie Infanterie wurde in das Dorf geschickt, die Stätte der Erscheinungen abgesperrt, die Pilger verjagt, den Seherkindern und ihrem Pfarrer der Prozeß gemacht. Die Gottesmutter aber erschien weiter, mal in der Kirche, einmal sogar in der Schule der Mädchen. Bis zum 3. September 1877 dauerten die Erscheinungen an, als die Jungfrau den Kindern noch einmal riet, viel zu beten und nicht zu sündigen. Und sie versprach: »*Ich komme wieder in einer sehr bedrängten Zeit.*«

Sie hielt ihr Wort. 1982 erschien Maria einem einfachen Mann, der regelmäßig in der Gnadenkapelle von Marpingen betete, und diktierte ihm eine Botschaft: »*Mehr als 100 Jahre meiner Offenbarungen sind vergangen. Ihr habt weder das Gnadenbild noch meine Botschaft verstanden. Meine Tränen und Christi Kreuz waren euch durch alle Zeiten gleichgültig. Man hat meine Botschaften verdreht und lächerlich gemacht. Durch zwei schreckliche Kriege seid ihr gegangen, aber ihr wart blind und verhärtet für meine Offenbarungen...*

Gegen Ende des Ersten Weltkrieges habe ich euch in Fatima nochmals gewarnt. Warum kamen die Kriege, und wie hätten sie vermieden werden können? Sühnet, was Böses geschehen ist, durch Gebet und Buße, so werden die Drangsale der Kriege vergehen. Ihr sollt beten und nicht sündigen! ...

Doch eure Sünden und Laster haben den Zorn Gottes und den Zweiten Weltkrieg herausgefordert. Auch diese Drangsale waren wieder vergessen. Die Sünden der heutigen Zeit übertreffen das Vergangene aller Zeiten in ihrer Abscheulichkeit...

Wundert euch nicht, wenn die Katastrophe über Nacht kommt. Euch ist so viel Zeit gegeben worden zur Umkehr und Besserung... In keiner Zeit der Menschheit habe ich so viele Offenbarungen von der Allmacht Gottes erbeten wie gerade in der heutigen Zeit. Aber der Fürst dieser Welt, der Widersacher Gottes, hat euch für Gottes Gebote und Offenbarungen blind gemacht. Er hat euch in der irdischen Gewinn- und Genußsucht erstickt für das geistige Leben...

Vor den Toren Deutschlands stehe ich weinend, wie Christus über Jerusalem geweint hat...«

Ein Jahrhundert der Erscheinungen

Mit dem Intercity nach Nürnberg, mit dem D-Zug bis Forch-
heim, von dort mit dem Taxi nach Heroldsbach, Oberfranken.
Wir halten an, ich frage einen Passanten. »Wo, bitte, geht's zum
Erscheinungshügel?« – »Keine Ahnung!«. Ich glaube das nicht,
frage weiter. »Wo, bitte, geht's zum ›Heiligen Berg‹?« Beim Dritten
klappt es endlich. Ich spüre: Die Menschen im Dorf haben Angst.
Und: Das Dorf ist gespalten. Heute noch, 48 Jahre nach den
Erscheinungen.

Sonntag, 9. Oktober 1949. In der Dorfkirche wurde das Rosen-
kranzfest gefeiert. Nach Abschluß der Nachmittagsandacht gingen
vier 10- bis 11-jährige Mädchen, Kuni Schleicher, Grete Gügel,
Erika Müller und Marie Heilmann über den »Heroldsbacher Berg«
– der tatsächlich nur eine Anhöhe ist – zum nahen Wald, um
bunte Blätter zum Zeichnen in der Schule zu sammeln. Wieder auf
dem Heimweg, die Sonne stand schon tief am Himmel und
tauchte das herbstliche Laub in ein glutrotes Licht, bemerkten sie
ein seltsames Phänomen. Zwischen den Blumen erschienen »in der
Größe von fast einem halben Meter, grün, wie durch eine Flasche
leuchtend«, drei Buchstaben: JHS.
»Jesus, Heiland, Seligmacher« heißt das in der den Kindern geläu-
figen Volksetymologie. In Heroldsbach und Umgebung schmük-
ken diese drei Buchstaben zahlreiche metallene Schildchen, die vor
Jahren der tiefgläubige Baron von Sturmfeder-Horneck anbringen
ließ. »In Heroldsbach wird noch einmal Großes geschehen«, hatte
dieser vor seinem Tod vorausgesagt.
Und dann geschah es. Die Buchstaben verschwanden, an ihrer
Stelle nahm »eine Frau, die aussah wie eine weiße Schwester« Form
an, eine leuchtende Gestalt, die langsam und wie schwerelos hin-
und herschwebte. Angst überfiel die Kinder. Sie drehten sich um,
liefen davon, in Richtung des Dorfes. Doch auf dem Weg hielten

sie inne, blieben stehen, diskutierten ein paar Minuten – dann kamen sie zu dem Schluß, daß das, was ihnen soeben erschienen war, die Gottesmutter gewesen sein mußte. Sie beschlossen, sich ihr langsam, andächtig zu nähern. Wieder am Waldrand angekommen, schwebte die weiße Frau mit gefalteten Händen noch immer an derselben Stelle. Erst nach 15 Minuten glitt sie langsam nach oben, um in einem bläulichen Glanz zu verschwinden. Andächtig schweigend machten sich die Kinder auf den Heimweg.

Daheim erzählten sie ihren Eltern von ihrem Erlebnis, wurden zunächst ausgelacht. Dann beschlossen sie, mit ihnen auf den Berg zu gehen. Wieder sahen die Kinder die »weiße Schwester«. Die Eltern waren beeindruckt von der Ergriffenheit ihrer Kinder, sahen aber nichts. Am nächsten Tag besuchten zwei der vier Kinder zusammen mit einer Schulfreundin die Stätte – und alle drei sahen die Erscheinung. Am 11. Oktober kamen zwei weitere Mädchen hinzu. Auch sie wurden Zeugen des »Wunders«, sahen die »weiße Frau«, diesmal mit einem Kind im Arm. Sie gingen zusammen zum Dorfpfarrer, der sich zunächst sehr zurückhaltend gab. Am 30. Oktober wagt es endlich eines der Mädchen, die »weiße Frau« anzusprechen. »Was ist Dein Wunsch«, fragte es: »*Die Leute sollen fest beten.*«

Am 13. Oktober 1949 meldete der Dorfpfarrer Johann Gailer die Vorfälle ordnungsgemäß der bischöflichen Behörde in Bamberg. Die berief eine Untersuchungskommission ein. Am 16. Oktober besuchte ein Domherr die Erscheinungsstätte, berichtete von den Vorgängen. Einen Tag später kamen ihm vier weitere Kommissionsmitglieder zur Seite, darunter der Geistliche Rat Johannes Maria Heer, ein Experte für Fragen der Mystik. Nach einer gründlichen Befragung der Kinder meldete die Kommission nach Bamberg: »Die Kinder lügen nicht. Wir müssen die Sache ernst nehmen.« Doch der Bamberger Bischof Held wollte »kein zweites Lourdes« in seinem Bistum. »Privatoffenbarungen« hielt er für unbequem, die Volksfrömmigkeit lehnte er als »naiv« und »sentimental« ab, und den »vom wahren Evangelium ablenkenden Rummel um Erscheinungen« verabscheute er als »mittelalterlichen Wunderglauben«.

Da es die Gottesmutter wagte, ohne bischöfliche Genehmigung in Heroldsbach zu erscheinen, fiel sie buchstäblich einer verspäteten Inquisition zum Opfer. Die Kinder wurden stundenlang verhört, gedrängt, den Erscheinungen abzuschwören:

»Hast Du schon Erstkommunion gehabt? Bist Du schon gefirmt?«
»Ja.«
»Willst Du dem Papst gehorsam sein?«
»Ja.«
»Glaubst Du noch an Eure Erscheinungen?«
»Ja, ich habe die Muttergottes gesehen!«
»So, noch so jung und schon vom Glauben abgefallen. Herr Sekretär, schreiben Sie: N.N., vom Glauben abgefallen.«
Als eines der Kinder den Einwand wagte, der Glaube würde ihm verbieten, zu lügen, hieß es: »Das wäre keine Lüge. Wenn der Hl. Vater sagt, die Wand sei schwarz, wenn sie in Wirklichkeit weiß wäre, dann hättest Du zu sagen, die Wand sei schwarz.« Welche Logik!
Den Kindern wurde jedenfalls untersagt, am Gottesdienst teilzunehmen oder die Sakramente zu empfangen. Als sie mehr als ein Jahrzehnt später – nachdem ihnen der Gang ins Kloster untersagt wurde – heiraten wollten, verlangte die Kirche nach wie vor den Widerruf – erfolglos! Schweren Herzens mußten die tiefgläubigen Frauen auf die kirchliche Trauung verzichten.
Stattdessen ließ das Ordinariat Bamberg am 30. Oktober 1949 eine eindringliche Warnung verlautbaren, sich von Heroldsbach fernzuhalten. Trotzdem kamen an diesem Tag an die 60.000 Menschen, die Bundesbahn mußte Sonderzüge einsetzen, um dem Andrang standzuhalten. Am 10. Januar 1950 wurde von allen Kanzeln des Bistums verlesen, daß die kirchliche Untersuchung nichts erbracht habe, was für die Echtheit und übernatürliche Herkunft der Visionen sprechen würde. Vielmehr gäbe es Anlaß zu ernsten Bedenken und zur eindringlichen Warnung vor dem Besuch. Prozessionen und Wallfahrten wurden verboten. Als auch dies nichts nutzte, ging am 2. März ein strenges Verbot an alle Geistlichen, sich an religiösen Veranstaltungen in Heroldsbach zu beteiligen. Ortspfarrer Gailer, der mittlerweile von der Echtheit der Erscheinungen überzeugt war, wurde nach Bamberg zitiert und schließlich strafversetzt. Der Geistliche Rat Heer, Mitglied der Untersuchungskommission und ebenfalls von Heroldsbach überzeugt, wurde zwangspensioniert und durfte fortan nicht mehr das Meßopfer feiern. Als er weiterhin an der Echtheit der Erscheinungen festhielt, schob ihn das Bistum in eine Nervenheilanstalt ab, in der er als gebrochener Mann starb – ohne die Sterbesakramente empfangen zu dürfen. Was das für einen tiefgläubigen Priester

bedeutet, vermag ein Nichtkatholik nur schwer zu begreifen. Ein Schild an der Kirche von Heroldsbach verbot fortan »allen Berganhängern« die Teilnahme an der Sonntagsmesse.

Rund 20.000 Menschen kamen am 8. Dezember 1949, dem Fest der Unbefleckten Empfängnis, nach Heroldsbach. Niemand ahnte, daß an diesem Tag ein Wunder, ein übernatürliches Phänomen, die Erscheinungen bestätigen würde. Es war gegen 15.00 Uhr, das Volk betete den Rosenkranz, als plötzlich jemand rief: »Schaut in die Sonne!«: »*Ich sah eine große rote Sonne wie eine ganz große Kugel*«, beschrieb eine Augenzeugin, was sie daraufhin beobachtete, »*Sie drehte sich schnell und färbte sich nacheinander in allen Farben: rot, blau, gelb, grün. Ich sah in dieser Sonne groß und deutlich die drei Buchstaben* J-H-S, *hellstrahlend in grüner Farbe. Ich sah auch, wie die Sonne heftig auf und nieder zuckte. Dann stand sie wieder still, um von neuem anzufangen, sich zu drehen, zu zittern, zu zucken und sich zu verfärben. Diese Sonne hat mich, obwohl sie so nahe war, gar nicht geblendet. Sie spaltete sich zuckend auseinander, so daß ich in der Mitte einen etwas dunkleren Spalt erkennen konnte.*«

»*Vor der Sonne war eine weiße Scheibe, die die Sonne nicht ganz deckte und also einen schmalen Reifen der Sonne freiließ. Die Scheibe und die Sonne bildeten keine konzentrischen Kreise, die Scheibe aber blieb stets vor der Sonne und drehte sich im Uhrzeigersinn. Der übrige Teil der Sonne, der von der Scheibe nicht bedeckt war, färbte sich rot. Die Scheibe aber blieb weiß. Sie näherte sich der Erde... Die Seherkinder sahen nach ihren Angaben in der rotierenden Scheibe die Muttergottes*«, ergänzte ein weiterer Augenzeuge. Einer der Anwesenden war der Theologie-Professor Dr. J. B. Walz, der sich sein eigenes Bild von dem Geschehen in Heroldsbach machen wollte. Zusammen mit Pfarrer Gailer beobachtete er das Sonnenwunder: »*Ich hörte den Ruf von Menschen:* ›*Feuer! Feuer! Das Sonnenwunder! Das Sonnenwunder! Wie in Fatima!*‹ *Auf einmal sah ich rechts von mir – ich befand mich noch and der Stelle ein paar Meter hinter dem Altar am Rande des Birkenwäldchens – durch die Birken die Sonne auf uns zuzustrahlen in einer ganz außergewöhnlichen Stärke und Lichtfülle. Es wurde immer heller und heller, immer greller. Die Sonne schien mir immer größer zu werden und näher an uns heranzukommen. Ich war wie geblendet. Ich hatte den überwältigenden Eindruck eines außergewöhnlichen Ereignisses und glaubte, es kommt jetzt schlagartig etwas außergewöhnlich Furchtbares...*

Da fing die Sonne sich zu drehen an, ganz schnell im Kreise herum, und die Drehungen waren so deutlich erkennbar, so schnell, daß ich die Vorstellung hatte, daß ein Motor die Sonnenscheibe in gleichmäßiger Geschwindigkeit sehr rasch drehen würde. Dabei erschien die Sonnenscheibe in den herrlichsten Farben: in wunderschönem Weiß, dann Orange, dann Rosa mit Blau und Grün wechselnd, in schönster Farbenpracht, die so auffallend wohltuend und so mild und lieblich auf uns einwirkte, daß wir während der ganzen Rotationsdauer von fast einer Viertelstunde trotz der außerordentlichen Helligkeit ruhig hinsehen konnten, ohne geblendet zu werden, wie man auch überall reden hörte. In der Sonne sah ich nur undeutliche Konturen... Die Menschen waren alle bestürzt und tief ergriffen. Mehrere weinten, auch Kinder, welche die Erscheinung hatten...« Kurz darauf bemerkte er einen seltsamen »hellen Stern«, der langsam über den Birkenwald glitt. Andere Augenzeugen beobachteten »noch über den Birkenwald neun große, rötliche und gelbe Kugeln. Sie hielten sich leicht bewegt immer in derselben Höhe.« Ein wahrhaft kosmisches Geschehen!

»Dieses Zeichen habe ich geschickt, daß es die Ungläubigen auch glauben«, erklärte die Gottesmutter zum Sonnenwunder. Denn mit dieser Massenerscheinung waren, anders als in Fatima, die Erscheinungen von Heroldsbach noch lange nicht abgeschlossen. In den folgenden drei Jahren sahen die Kinder Christus und den Heiligen Geist, ganze Legionen von Engeln, Erzengeln und Märtyrern, hatten Visionen von Himmel und Hölle, von der Geburt Christi und der Dreifaltigkeit. »Ich bin die Gottesmutter, die Himmelsmutter«, erklärte die Erscheinung am 2. Februar 1950, »wenn die Leute meinen Wunsch nicht erfüllen, wird viel Blut fließen.« Als die Kinder sie baten, dieses Unheil aufzuhalten, antwortete sie: »Das könnt nur ihr selbst durch euer Gebet.«

»Wenn ihr so weiterbetet, kann ich vielleicht das Unheil aufhalten«, ergänzte sie am 17. Februar. Das Volk betete eifrig weiter. Unheil und Hungersnot drohten, so die Erscheinung, ein Krieg liege in der Luft, der sich zum dritten Weltkrieg ausweiten könnte. Am 26. Juni erschien Maria weinend, »weil sie meinen Sohn und mich verstoßen«. Einen Tag zuvor war der Koreakrieg ausgebrochen.

Im Mai 1950 hatte eine Pilgerin, Frau M.W. aus München, an der Erscheinungsstätte im Wald eine Vision von der Atombombe und der Auswirkung der nuklearen Strahlung. Sie sah in der Mitte eines symbolischen Spinnenetzes, das die Erde umspannte, die »Spinne« in Form einer Bombe. Die Gottesmutter erklärte ihr, daß es sich um die Atombombe handle. Die Fäden des Netzes seien die Strahlungen, die auf der Erde und im Weltall zur Katastrophe führen könnten. Die nukleare Strahlung wirke sich auf alles aus, auch auf Wind, Wolken, Wasser, auf Menschen und Fahrzeuge. Wenn die »Spinne« explodiere, entstünde »ein furchtbares Getöse« und Menschen und Häuser versänken in Erdspalten. M. W. sah die Straßen mit Toten bedeckt, die Überlebenden bei Kerzenlicht, überall herrschte Dunkelheit. Ein Meer trat über seine Ufer. Es gab keine Nahrung, alle Lebensmittel waren verseucht, die Menschen, die sie aßen, starben unter Krämpfen. Aber: »*Wenn Ihr weiter so fleißig betet, werde ich Euch beschützen.*«

In den ersten Junitagen 1950 erklärte die Erscheinung: »*Ich bin die Königin der Rosen, ich bin die Rosenkönigin. Verwechselt das nicht mit der Rosenkranzkönigin.*« Dann schwebte ihre Krone zum Himmel, herab kam ein Kranz gelber, roter und rosaroter Rosen. In der Nacht vom 31. Oktober zum 1. November 1950 gegen 1.45 Uhr wurden rund 150 Erwachsene Zeugen einer Erscheinung der Gottesmutter. Sie bestätigen ihre Vision später in eidesstattlichen Erklärungen: »*Etwa 5 Meter über der Statue (Marienstatue am Erscheinungsort) entstand ein heller Lichtschein weißer Farbe, sehr groß, außen herum weiße Wolken. Mitten in dem Lichtschein in menschlicher Größe die Hl. Muttergottes. Ihr Kleid war lang und wallend, schneeweiß, ein schwarzer Rosenkranz hing herab an den Kleid. Der Mantel war himmelblau*«, berichtete ein Augenzeuge.

Die Erscheinungen dauerten an bis zum 31. Oktober 1952. An diesem Tag verabschiedete sich die Rosenkönigin von den Kindern, erklärte noch, das Jesuskind auf dem Arm: »*Wir sind nicht gekommen, um Wunder zu wirken, sondern um hier zu Gebet und Buße aufzurufen. Betet weiter auf dem Berg. Ich bin da, auch wenn ihr mich nicht mehr seht. Vertraut weiter auf unsere Hilfe! Wir werden euch in der größten Not beistehen.*«

Dann verschwand die Erscheinung.

Anfang Mai 1953 legte das Bischöfliche Ordinariat in Bamberg dem Landratsamt Forchheim »die sofortige Durchführung der Zwangsräumung des Heroldsbacher Erscheinungshügels« nahe. Sollte dies nicht geschehen, würde »die behördliche Autorität schwerstens geschädigt.« Am 15. Mai 1953 wurde ein Arbeitskommando auf den »heiligen Berg« geschickt, um das Heiligtum »dem Erdboden gleichzumachen«. Die Madonnenstatue wurde geköpft, ihr Sockel zerschlagen, die Altärchen rund um die Kapelle – die durch Verhandlungen mit der Stadt gerettet werden konnte – aus- und abgeräumt. Doch man hat alles wieder aufgebaut.

Wer heute auf den »heiligen Berg« kommt, ist erst einmal erstaunt über die große Bethalle neben dem »heiligen Garten«, der die wichtigsten Erscheinungsstätten umschließt. Eine Kirche? Nein, das Gotteshaus des Heroldsbacher »Pilgervereins«, ebenso wie das »Pilgerheim« durch private Spenden finanziert. Beide sind alteingesessenen Heroldsbachern ein Dorn im Auge. Die Anhänger der Erscheinungen (»und das ist im Dorf fast jeder«, wie man mir sagte, auch wenn niemand das zugeben will) sehen darin den »Privatkult« des Ex-Heilpraktikers Norbert Langhojer. Langhojer ist ein »Zugereister«. Er kleidet sich wie ein Pfarrer, wirkt wie ein Pfarrer und fühlt sich wohl auch berufen, jedenfalls ist er ein Prediger aus Leidenschaft. Er ist Vorsitzender des Pilgervereins, lebt von Spenden. In seinen hauseigenen Druckschriften rühmt er sich als Retter von Heroldsbach. Bevor es seine Bethalle gab, hätten die Pilger bei Wind und Wetter im Freien beten müssen, da die kleine Kapelle am Erscheinungsort nicht genügend Menschen faßte. Die alten Heroldsbacher dagegen fürchten, daß Langhojers »Privatreligion« verhindert, daß Heroldsbach doch noch irgendwann von Rom oder Bamberg anerkannt wird.

Heroldsbach, Stein des Anstoßes. Man ist nicht nur gespalten in Anhänger und Gegner der Erscheinungen, auch die Anhänger unter sich sind uneinig. Das Ziel der Pilger ist nicht Langhojers Bethalle, sondern der »heilige Garten« selbst. Rund um die Kapelle sind Schreine und Altärchen angeordnet, dort, wo Heilige und Engel erschienen. Ein Brunnen spendet heiliges Wasser, ein Durchgang göttlichen Segen (die »Gnadenquelle«), in der Holzkapelle hängen unzählige Votivtafeln als Zeugnisse zahlreicher Wunderheilungen oft Schwerstkranker, die gläubig nach Heroldsbach pilgerten. Jeden Tag wird gebetet. Jeden Sonntag kommen hunderte Pilger, aus allen Teilen Deutschlands, aus Österreich und sogar aus Rußland. Es ist ein heiliger Ort. Und doch geben sich seine Besucher lieber incognito.

Ich spreche mit der Mutter eines der Seherkinder, mit Zeugen des Sonnenwunders, erfahre neue Details – doch schon beim Anblick eines Kassettenrekorders wird man mißtrauisch. Ich erfahre, daß die Marienstatue sehr genau nach den Angaben der Seherkinder angefertigt wurde. Daß ihnen der erste Entwurf gezeigt wurde und daß sie alle dasselbe, falsche Detail bemerkten – so präzise waren ihre Schauungen. Man sagte mir, daß Augenzeugen der Erscheinungen oft ein »diffuses, weißes Licht« wahrgenommen haben. Und daß es heute noch in Heroldsbach zu Wundern und Erscheinungen kommt. Anfang Juli 1988 sollen dutzende Zeugen ein weiteres »Sonnenwunder« beobachtet haben, und eine alte Dame in Tracht, seit fast 50 Jahren Heroldsbach-Pilgerin, schilderte mir ihre Beobachtung vierer »leuchtender Kugeln«, die über den Birkenwald hinwegzogen.

Am 31. Oktober 1992 besuchte ich Heroldsbach ein weiteres Mal, als der 40. Jahrestag der Erscheinungen gefeiert wurde. Wieder kamen tausende Pilger, darunter auch, nach wie vor, die Seherkinder. Mit dreien – heute gestandene Frauen – konnte ich sprechen. Obwohl vor der Öffentlichkeit verborgen lebend, bestätigten sie mir noch einmal all das, was damals geschehen ist. Heroldsbach lebt, auch wenn man sich scheut, das zuzugeben. Das Beispiel Heroldsbach zeigt nur zu deutlich das Problem des modernistischen Flügels der Kirche mit dem Volksglauben, mit »Privatoffenbarungen« und Marienwundern, wie es Melchior Cano in »Opera, De locis theologicis« formulierte: »*Privatoffenbarungen haben keine Bedeutung für den christlichen Glauben und gehören nicht zu den Grundlagen oder Fundamenten der kirchlichen Lehre, welche echte und authentische Theologie ist, denn Glauben ist nicht eine private Tugend, sondern eine Tugend der Gemeinschaft*«. Noch zynischer formulierte es ein Mitglied der päpstlichen Kurie der Zeitung »Die Welt« vom 1. 6. 1977 zufolge: »*Es gibt zweihundert fast ausschließlich weibliche Visionäre in Italien, die behaupten, der Madonna zu sehen und Botschaften zu empfangen. Wo kämen wir hin, wenn wir sie alle ernst nähmen?*«

Wie untersucht die Kirche Marienerscheinungen? 1978 verfaßte die römische Kongregation für die Glaubenslehre ein Schreiben, das die Richtlinien zur Untersuchung solcher Erscheinungen festlegt. Den »*Normen der Kongregation in Fragen der Prozeduren und Beurteilung angeblicher Erscheinungen und Privatoffenbarungen*« nach soll der örtliche Bischof entscheiden, ob eine Untersuchung angebracht ist. Sollte dies der Fall sein, so beruft er eine Untersuchungskommission ein, meist bestehend aus Theologen – bevorzugt solchen, die auf Erscheinungen und Dämonologie spezialisiert sind –, Medizinern, Psychologen und einem Pfarrer. Die Gruppe befaßt sich zunächst mit zwei entscheidenden Fragen: Besteht eine Übereinstimmung zwischen den Botschaften, die der jeweilige Seher zu empfangen behauptet, und den Lehren der Kirche? Fügen sie sich ein in die bekannte Gottesoffenbarung? Jede echte Erscheinung ist ein Werk Gottes, und »Gott widerspricht sich nicht«, ist der Gedanke, der hinter diesem Kriterium steckt. Deshalb prüft das Lehramt der Kirche die »Konformität« von Erscheinungsbotschaften mit der katholischen Glaubens- und Sittenlehre.

Die zweite, entscheidende Frage ist: Wieviel Gutes ist den Pilgern, die die Stätte der Vision besucht haben, zuteil geworden? Kam es zu Bekehrungen oder Heilungen?

Kriterien zur Beurteilung von Erscheinungen und Privatoffenbarungen:

1. Informationsmenge: Liegen ausreichende Daten vor?
2. Orthodoxie: Stimmen die Erscheinungen mit Glaube und Moral überein?
3. Transparenz: Führen uns die Erscheinungen zu Gott, zu Christus, zum Evangelium?
4. Zeichen: Gibt es ausreichende Gründe, hier das Wirken der Hand Gottes zu sehen?
5. Expertenmeinungen: Glauben Experten der verschiedensten Disziplinen (speziell Ärzte und Psychiater), daß die Visionäre, speziell in Ekstase, gesund oder pathologisch sind?
6. Tragen diese Erscheinungen gute Früchte? Das betrifft in erster Linie auch das Leben des Sehers selbst, aber auch sein Umfeld, die Pilger, die Gläubigen.
7. Stehen die Kirchenautoritäten den Erscheinungen positiv oder negativ gegenüber?

(Quelle: Kongregation für die Glaubenslehre: »Normen der Kongregation in Fragen der Prozeduren und Beurteilung angeblicher Erscheinungen und Privatoffenbarungen«, Rom, 25. Februar 1978)

Grundsätzlich spielt die Untersuchungskommission den »advocatus diaboli«, geht davon aus, daß alles eine natürliche Erklärung hat – es sei denn, entscheidende Gründe sprechen dagegen. So wurden zwischen 1932 und 1962 nur drei Marienerscheinungen kirchenamtlich anerkannt, 30 aber abgelehnt! Eine »Anerkennung« bedeutet die Zulassung von Pilgerfahrten, Andachten und Meßfeiern am Erscheinungsort, ist aber keineswegs eine Glaubensverpflichtung für den Katholiken.

Denn Marienerscheinungen sind per definitionem »Privatoffenbarungen«, und »*die gehören* ... *nicht zum Glaubensgut*«, wie der »Katechismus der Katholischen Kirche« erklärt, »*Sie sind nicht dazu da, die endgültige Offenbarung Christi zu ›vervollkommnen‹ oder zu ›vervollständigen‹, sondern sollen helfen, in einem bestimmten Zeitalter tiefer aus ihr zu leben. Unter der Leitung des Lehramtes der Kirche weiß der Glaubenssinn der Gläubigen zu unterscheiden und wahrzunehmen, was in solchen Offenbarungen ein echter Ruf Christi oder seiner Heiligen an die Kirche ist.*« Das heißt:

1. Da Gott allmächtig ist, ist es ihm auch möglich, »*Maria oder auch andere Heilige visionär zu Menschen kommen und sprechen zu lassen*«.

2. Die Offenbarung Gottes »*in der Heilsgeschichte, deren Höhepunkt sein Sohn Jesus Christus ist, bedarf keiner Ergänzung durch Erscheinungen.*« Die Offenbarung ist »eigentlich« mit dem Tod der Apostel abgeschlossen. In der Bibel, speziell im Neuen Testament, steht alles Notwendige zur Erlösung des Menschen – Marienbotschaften sind also eigentlich überflüssig. Und doch dienen sie dem Zweck, »*uns in einer bestimmten Zeit vergessene Wahrheiten wieder ins Gedächtnis zu rufen.*«

3. Daher ist es für den Gläubigen zumindest ratsam, den anerkannten Erscheinungen Beachtung zu schenken. Obwohl keiner zum Glauben an sie verpflichtet ist, »*erweist sich solcher Glaube oft in hohem Maße als sinnvoll und heilsam*«. Orte echter Erscheinungen sind immer Stätten des lebendigen Glaubens.

Damit folgt die Kirche dem Rat des heiligen Paulus, der mahnte: »*Löscht den Geist nicht aus! Achtet Prophetengabe nicht gering! Prüfet alles, und was gut ist, behaltet!*« (1 Thess 5,19-21) »*Wir weisen eine irrige Meinung zurück, als ob Gott die große Offenbarung mit dem Tod des letzten Apostels so abgeschlossen hätte, daß ihm in der nun folgenden geschichtlichen Periode – fast in deistischer Weise – keine Eingreifmöglichkeit mehr zur Verfügung stünde*«, erklärte der Bischof von Regensburg, Rudolf Graber, im Jahre 1984, »*Wir müssen mit dem Einbruch des Geistes rechnen und dürfen nicht alles von unserer menschlichen Vernunft erwarten. Dieser Einbruch des Geistes erfolgt in vielfältiger Form, nicht zuletzt durch Engel und Heilige, und hier vor allem durch die Erscheinungen der Gottesmutter, die nach den Worten des Konzils ›dem wandernden Gottesvolk als Zeichen der sicheren Hoffnung und des Trostes bis zur Ankunft des Tages des Herrn voranleuchtet‹.*«

Auch Karl Rahner, einer der bedeutendsten Theologen des 20. Jahrhunderts, war überzeugt: »*Das Prophetische und Visionäre ist aus der Geschichte des Christentums nicht wegzudenken. Wer alle solche Dinge zurückführen wollte auf natürliche und krankhafte menschliche Zustände, würde konsequent leugnen, daß ein geschichtliches Handeln des sich im Wort offenbarenden persönlichen Gottes möglich sei. Damit aber würde er den Charakter des Christentums als einer übernatürlichen geschichtlichen Offenbarungsreligion bestreiten... Privatoffenbarungen sind nicht überflüssig oder ein himmlischer Repetitionskurs der allgemeinen Offenbarung oder eine intellektuelle Hilfe zur Erkenntnis von etwas, was man grundsätzlich auch ohne diese Hilfe finden könnte... Privatoffenbarungen sind in ihrem Wesen ein Imperativ, wie in einer bestimmten geschichtlichen Situation von der Christenheit gehandelt werden soll; sie sind wesentlich keine neue Behauptung, sondern ein neuer Befehl.*« Papst Urban VIII. (1623–1644) meinte sogar zu offiziell noch nicht anerkannten Erscheinungen: »*In solchen Fällen ist es besser, zu glauben als nicht zu glauben, denn wenn man glaubt, und es erweist sich als wahr, wird man sich freuen, daß man daran geglaubt hat, denn Unsere Heilige Mutter hat darum gebeten. Wenn man glaubt, und es sollte sich als falsch erweisen, erhält man dennoch alle Segnungen, als sei es wahr gewesen, weil man glaubte, es sei wahr.*«

Leider denken nicht alle Theologen und Kirchenoberen so. Mit einer geradezu unglaublichen Arroganz und Ignoranz lehnen manche die Erscheinungen als »Zeichen für die Einfachen« ab, wie Kardinal Paul Poupard, Präsident des Päpstlichen Rates für die Kultur, in der katholischen Monatszeitschrift »30 Tage« vom Februar 1997 erklärte. Sie glauben, daß jene, die im Besitz des Wissens der modernen Theologie sind, keiner direkten Belehrungen aus übernatürlicher Quelle mehr bedürfen. Die Marien-Skeptiker sitzen selbst an hoher Stelle im Vatikan. So ordnete Kardinal Ottaviani, der Vorgänger Kardinal Ratzingers im Heiligen Offizium, eine strikte Politik der Skepsis und Ablehnung mystischer Strömungen an. Er unterbrach den Kanonisationsprozeß der polnischen Mystikerin Schwester Faustina und des stigmatisierten Kapuzinerpaters Pio, die beide erst auf den ausdrücklichen Wunsch von Papst Johannes Paul II. wiederaufgenommen wurden. »Christen, erlaubt Euch nicht, vorschnell zu handeln« (»Siate Cristiani, a muoveri in haste«) zitierte er Dante in einem Beitrag für den »Osservatore Romano«. Obwohl der Kardinal ein strikter Traditionalist ist, fand seine Politik der Skepsis die Zustimmung der progressiven Reduktionisten, deren Ziel es ist, die »reine Lehre Christi« freizulegen von all dem »übernatürlichen und sentimentalen Ballast«. Ihrem Versuch der Demythologisierung fielen natürlich auch die Auferstehung und Himmelfahrt Christi zum Opfer, zwei biblisch verbürgte Wunder, die – zumindest für Paulus – die Grundfesten des Glaubens waren. Für den Rationalismus gibt es noch weniger einen Kontakt zwischen Himmel und Erde, was die Möglichkeit »göttlicher Interventionen« ausschließt – Erscheinungen müssen danach Halluzinationen sein.

Andererseits dürfen Marienoffenbarungen gewiß nicht wörtlich genommen werden. Natürlich bedienen sie sich einer symbolischen Sprache und Bilderwelt, um auch komplexe Vorgänge und theologische Lehren für die oft einfache Seele des Sehers faßbar zu machen. So ist zu bezweifeln, daß es sich bei der Höllenvision der Kinder von Fatima tatsächlich um Live-Transmissionen aus der Unterwelt handelte. Vielmehr dürfte sie auf symbolische Weise den Zustand der unerlösten Seelen in der ewigen Verdammnis zeigen. Das gleiche gilt für die so häufige Erwähnung des »Satans« oder »Antichristen«. Ist damit tatsächlich eine diabolische Person gemeint? Oder ist es einfach nur eine Metapher für Egoismus und Zwietracht und alles, was den Menschen von Gott und den göttlichen Gesetzen entfernt?

So ist der deutsche Theologe Dr. Herbert Küng davon überzeugt, daß »im Fall der Erscheinungen von Maria« jene »Tiefen und Seiten der Seele« benutzt werden, in denen das »archetypische Bildreservoir« gespeichert ist. *»Jedenfalls pflanzt sich ihre ›objektive‹ Anwesenheit und Sichtbarkeit in solche Fähigkeiten ein und weckt sie. Gott benutzt durch Maria Subjektives, benutzt aus der Tiefe Aufsteigendes, benutzt die Schicht, aus der Visionen kommen, rationale und nicht rationale Bilder. Sie steigt aus der Tiefe der Seele auf, aus der Tiefe einer Landschaft, einer Kultur, eines Volkes, einer Sprache, einer bestimmten religiösen Kultur und Ausprägung. Die entsprechenden Schichten brechen auf und zentrieren sich um das Bild ›Maria‹. Sie können aber nicht aktiv hervorgebracht werden. Sie lassen sich nicht auf Kommando wiederholen. Sie brechen auf. Und gleichzeitig werden sie ›von oben‹ benützt.«* Es wird also gearbeitet mit Bildern aus dem individuellen oder kollektiven Unbewußten. Das aber fordert den Untersucher der Erscheinungen heraus, kritisch zu prüfen, was der wahre Kern, was die Botschaft einer Erscheinung ist.

All dies verkompliziert natürlich die Untersuchung einer Marienerscheinung und macht es verständlich, weshalb gerade in diesem
Jahrhundert viele Bischöfe ein Erscheinen der Gottesmutter in
ihrer Diözese eher als Heimsuchung, auf jeden Fall aber als
störende Einmischung in ihre Angelegenheiten empfanden. Wenn
sich dann noch die Erscheinung anmaßte, kirchliche Angelegenheiten zu kommentieren – so wurde in vielen Marienbotschaften
die Praxis der Handkommunion kritisiert – dann war der bischöfliche Bannfluch fast gewiß.

Allerdings: Eine bischöfliche Ablehnung einer Erscheinung ist keineswegs das letzte Wort – das hat der heilige Stuhl. Nur sein Urteil
ist für den Gläubigen bindend. Wenn wir also in diesem Kapitel
einige der interessantesten Marienerscheinungen des 20. Jahrhunderts betrachten, um Ausschau zu halten nach Parallelen zu
Fatima, dann dürfen auch solche nicht fehlen, die von einem lokalen Bischof abgelehnt wurden.

Es scheint so, als sei das Jahrhundert nach Fatima gekennzeichnet
durch einen allmählichen und ganz beachtlichen Anstieg von
Marienerscheinungen in aller Welt, von denen die meisten die
Botschaft von Fatima entweder bestätigten oder ergänzten. Schon
ein statistischer Vergleich zeigt auf, daß das 20. Jahrhundert
tatsächlich als das »marianische Jahrhundert« in die Kirchengeschichte eingehen müßte. Laut der wohl umfangreichsten Fall-
dokumentation von »Erscheinungen und Botschaften der Gottesmutter Maria«, die 1993 von Gottfried Hierzenberger und Otto
Nedomansky zusammengestellt wurde und Daten zu über 900 Fällen enthält, kam es im

18. Jahrhundert zu 31 Erscheinungen
19. Jahrhundert zu 105 Erscheinungen
20. Jahrhundert zu 430 Erscheinungen.

Diese nahmen in den Jahrzehnten nach Fatima fast in einer exponentiellen Kurve zu:

1920–29: 16 Fälle
1930–39: 40 Fälle
1940–49: 59 Fälle
1950–59: 76 Fälle
1960–69: 37 Fälle
1970–79: 51 Fälle
1980–89: 122 Fälle

Betrachten wir einige der interessantesten Fälle aus der Zeit nach Fatima, dem Höhepunkt der »Marianischen Offenbarung«:

10. August 1933, Onkerzele/Belgien: In diesem so entscheidenden Jahr – in Deutschland fand die Machtergreifung der Nazis statt – erschien in Belgien an drei Stellen die Mutter Gottes, in Beauraing, Banneux und, der interessanteste Fall, in Onkerzele. Leonie van den Dijck, damals 58 Jahre alt, hatte in ihrem Leben viel durchgemacht. Einer ihrer Söhne war jung gestorben, ihr Mann ein Trinker, und bald war sie es, die das Geld für die Familie verdienen mußte. Weil sie sehr gläubig war, ging Leonie täglich zu einer Kapelle der Schmerzensmutter und betete für ihre Familie. Am 4. August 1933, sie war wieder zum Gebet gegangen, bemerkte Frau van den Dijck links von der Marienstatue in der Kapelle eine bläulich-graue Kugel, darüber ein Licht. Am 9. August erkannte sie an eben dieser Stelle die teilweise, bis zur Brust, materialisierte Gestalt der Madonna. Am 10. August schließlich erschien ihr, in Beisein von anderen Frauen, die Gottesmutter: »*Füchtet euch nicht*«, sprach sie, »*ich bin gekommen, um die Sünder zu bekehren und den Gotteslästerungen ein Ende zu machen. Ich bin die liebe Frau der Armen.*« Sie kündigte ihre Rückkehr für den nächsten Montag an.

Das sprach sich herum. Am Montag, dem 14. August, kamen über tausend Schaulustige, als »Nieke« (Leonie) in Ekstase fiel und eine erneute Erscheinung hatte. Ein Mädchen, die 13-jährige Alma van Holder, sah zur gleichen Zeit »*eine blaue Kugel mit einem leuchtenden Schein darüber*«.

Die Erscheinungen sorgten für Unruhen innerhalb des Dorfes. Die Sozialisten und Mitarbeiter der linken Arbeiterverbände verspotteten »Nieke« und die Mariengläubigen und störten durch lautstarke Protestkundgebungen die nächsten Erscheinungen. Doch die himmlischen Mahnungen verstummten nicht. Immer wieder wurde Leonie vor dem nahenden Weltkrieg, dem Einmarsch der Deutschen, dem »großen Strafgericht« und den Gefahren des Kommunismus gewarnt. Die Erscheinungen setzten sich fort bis in das Jahr 1940. »*Es wird eine Zeit kommen, wo von der Luft aus Brandgefahr besteht*«, erklärte Leonie van den Dijck 1934, als sie in einer Vision die Schrecken des Zweiten Weltkrieges voraussah, »*Menschen werfen es nieder – und Gott läßt es zu als Strafe... es wird über die Städte ausgegossen. Auch kommt eine große Hungersnot... Unsagbar viele Menschen werden den Weg der Verbannung gehen* müssen, die Geißel fühlen, die abscheußlichsten Mißhandlungen ertragen müssen und verkümmern in Elendshütten und im offenen Feld. Ganze Menschenmassen verschwinden durch die Strafe. Es wird eine Abschlachtung in allen Formen. Nur ein kleiner Teil kommt zurück.« Am 18. Dezember 1933 waren über 20.000 Menschen nach Onkerzele gekommen, als ein Sonnenwunder die Erscheinungen bestätigte: »Die große Sonnenscheibe schoß unzählige Feuerpfeile in allen Farben, welche auseinander sprangen und als farbige Rauchflecken in der Luft schwebten«, erklärte G. Schellink, ein Augenzeuge, »in der Sonne selbst sah ich eine Männergestalt mit zornigem Antlitz. Überall wurde gerufen: ›Siehe, die Sonne!‹ Ich blickte zurück zur Sonne und sah nun vor der Sonne eine grünliche Scheibe, welche die Sonne teilweise bedeckte. Sie drehte sich erst langsamer, dann schneller.«

Im September 1940 empfand »Nieke« tagelang Schmerzen an ihren Füßen, dann bildeten sich offene Wunden, die Wundmale Christi. Es folgten Schmerzen in den Händen, Wunden, die sich schließlich öffneten und bluteten. Wieder ein paar Tage später ging eine Wunde an der Seite auf und Leonie verlor viel Blut. »Diese Wundmale zeugen von der Wahrheit«, erklärte die Seherin. 1949 verstarb Leonie van den Dijck. Als ihr Leichnahm 1972 umgebettet werden mußte, fand man sie, 23 Jahre nach ihrem Tod, noch völlig unversehrt vor.

15. September 1938, Kerizinen/Frankreich: Während Hitler den Zweiten Weltkrieg vorbereitete, erschien die Gottesmutter einer 28-jährigen Bauerntochter in der Bretagne, Jeanne-Louise Ramonet. Die Erscheinungen begannen am 15. September, dem Fest der sieben Schmerzen Mariens. Jeanne-Louise saß mit einer Strickarbeit auf einer Böschung, als sie eine Lichtkugel bemerkte, die auf sie zuflog. Gebannt beobachtete die junge Frau, wie in dieser Kugel eine großgewachsene junge Frau von unsagbarer Schönheit erschien. Ihr Kleid war, wie ihre Augen, von einem sanften tiefen Blau, ein weißer Mantel lag um ihre Schultern, ein weißer Schleier über ihrem Haar. Wie von einer fremdem Macht gezwungen mußte Jeanne-Louise auf die Knie fallen, dann hörte sie ihre Worte:

»Fürchte dich nicht. Ich tue dir nichts zuleide.
Du wirst mich in den kommenden Jahren öfter sehen; dann werde ich dir sagen, wer ich bin und was ich will.

Ein neuer Krieg bedroht Europa. Ich werde ihn um ein paar Monate hinauszögern, denn ich kann nicht taub bleiben gegenüber so vielen Gebeten, die jetzt dort in Lourdes zu mit aufsteigen und den Frieden erbitten.«

Es soll zu über 70 weiteren Erscheinungen gekommen sein, bis zum Tod der Seherin im Jahre 1965. Im Mai 1940, einen Monat vor dem Einmarsch der Deutschen, warnte die Madonna: *»Ihr Kinder Frankreichs, bald werden für euch schwere Stunden beginnen. Die Gefahr, die euch droht, ist der feindliche Einfall in euer Land. Ich werde rechtzeitig eingreifen, wenn alle, enger vereint als je zuvor, Gott anflehen und ihre Hoffnung auf Den setzen, Der allein alles vermag.«*

Erst 1947 erfuhr eine breitere Öffentlichkeit von den Erscheinungen, ein Pilgerstrom setzte ein. 1949 trug sich ein Heilungswunder zu, am 13. Juli 1950 hatte sich eine Heilquelle gebildet, 1953 und 54 ereigneten sich vier Sonnenwunder. Trotzdem ergab eine Untersuchung durch den lokalen Bischof »keinerlei Hinweise auf ein übernatürliches Eingreifen.«

25. März 1945, Amsterdam/Niederlande: Am Fest »Mariae Verkündigung«, dem 25. März 1945, zu Ende des Zweiten Weltkriegs, inmitten eines harten Winters, der als »Hungerwinter« vielen Zeitzeugen in Erinnerung blieb, erschien die Gottesmutter als »Frau aller Völker« in Amsterdam einer einfachen Büroangestellten. Ida Peerdeman war 40 Jahre alt und lebte, zusammen mit ihren drei Schwestern in einer bescheidenen Wohnung. *»Ich sah plötzlich ein Licht kommen, ein Licht, das näher kam«,* beschrieb sie ihre erste Vision, *»die Wand verschwand vor meinen Augen, mit dem ganzen Rest, der dort stand. Stattdessen sah ich dort ein Meer von Licht und einen leeren Raum. Es war weder Sonnenlicht noch elektrisches Licht. Ich kann nicht erklären, um welche Art Licht es sich dabei handelte... aus ihm trat plötzlich eine Gestalt hervor, eine lebendige Gestalt, eine Frau. Sie war in weiß gekleidet, mit einem blauen Umhang...«.* Die Frau kündete Ida an, daß der Krieg bald zu Ende ginge und daß eine Zeit des Friedens folge.

Seitdem kam es zu 56 Marienvisionen, bis zum 31. Mai 1959, als sich die Erscheinung verabschiedete. In all diesen Botschaften legte die »Frau aller Völker« die Grundlage zu einer neuen marianischen Theologie und bat um ein neues Dogma und der »Miterlöserin – Mittlerin – Fürsprecherin«. Wenn dieses Dogma verkündet würde, stünde der Menschheit eine Zeit des Friedens und der geistigen Ernte bevor. Während die ersten Botschaften vom Wirken des Bösen und der notwendigen Mobilisierung der Gegenkräfte handelte, ging es ab 1950 eher um eine positive Vision für die Zukunft: Maria zeigte einen Weg zu einem prächtigen, paradiesischen Garten, in dem die verlorene Gerechtigkeit wohnt:

»...die Welt schwankt, noch ein paar Jahre, und die Welt würde untergehen. Doch Er kommt und wird die Welt ordnen, aber sie müssen hören! ... Er geht da, allein in dieser Welt. Es wird noch schlimmer, bis an einem gegebenen Moment etwas sehr Schlimmes geschieht, und plötzlich steht das Kreuz mitten in der Welt. Jetzt müssen sie sehen, ob sie wollen oder nicht.«

24. November 1946: Montichiari-Fontanelle/Italien: Mit den Worten »Gebet! Opfer! Sühne!« erschien die Madonna der Seherin Pierina Gilli seit dem 24. November 1946 – der Beginn einer Reihe von Visionen, die bis 1983 andauerten. Bei einer Höllenvision am 31. 5. 1947 sah Frau Gilli Priester und Bischöfe, die gegen Christus gewirkt haben, in den ewigen Flammen. Am 13. Juli 1947 erschien die Madonna als »Rosa Mystica« (»mystische Rose«) mit einer weißen, einer roten und einer goldenen Rose am Gewand und erbat, daß jeder 13. eines Monats als Marientag gefeiert werde, speziell aber der 13. Juli. Schließlich ging Pierina Gilli als Helferin in ein Frauenkloster.

Seit 1966 fanden die Erscheinungen in Fontanelle statt, einem Vorort von Montichiari. Fontanelle wurde zum Wallfahrtsort, und eine kleine Quelle, die von der Madonna gesegnet wurde, spendete fortan heilendes Wasser. Am 20. April 1966 erlebte ein Augenzeuge, wie sich gegen 16.00 Uhr der Himmel verdunkelte: *»Nun sah ich bereits die Sterne aufblitzen, zuerst an der rechten, dann einen nach dem anderen, bis sich ein großer Sternenkranz von 12 Sternen bildete. Nun erschien in weiter Ferne eine kleine, volle Scheibe, die sich zusehends vergrößerte und waagerecht auf uns zukam. Sie verfärbte sich rot mit wunderschönen Farben, wurde dann hin und hergeschleudert wie eine Laterne, als wütete ein furchtbarer Sturm. Dann ging sie an den Rand der Wolken und schien auf die Erde herabzufallen. Vor Schrecken fielen wir alle auf die Knie und schrien zu Gott um Hilfe. Ich glaubte, das letzte Gericht sei angebrochen und hatte nur noch einen Gedanken, daß meine Kinder gerettet werden. Dann hielt die ›Sonne‹ (die Scheibe, MH) inne und begann, sich um ihre Achse zu* *drehen, wie ein Feuerrad. Zuerst nach rechts, dann nach links, dabei große Feuerflammen auf die Erde werfend. Der ganze Himmel war wie in rote Farbe getaucht, ein unbeschreiblicher, furchterregender Anblick. Dann ging die ›Sonne‹ wieder in den dunklen Korridor zurück, kam aber dann wieder hervor, schwankend hin und her pendelnd, als wüte ein großer Sturm am Himmel. Jetzt verschwand die rote Farbe am Himmel, die Wolken wurden schneeweiß, und jetzt sah man auch die Sonne in strahlend schönem Weiß. Sie kam aus dem dunklen Korridor hervor, bewegte sich langsam auf uns zu, zitterte leise und blieb für einige Augenblicke inmitten des Sternenkranzes stehen. Dann spaltete sie sich in zwei Teile, und es wurde ein Lichtkreuz sichtbar...*« Das war nicht das einzige Wunder in Fontanelle. Am 9. Juni 1966, Fronleichnam, sahen vielleicht hundert Pilger die Umrisse einer weißen Gestalt am Himmel, in der sie die Madonna erkannten.

1974 erhielt Pierina Gilli den Auftrag von der Gottesmutter, ein Gnadenbild der »Rosa Mystica« anfertigen zu lassen. Dieses sollte als »Pilgermadonna« um die Welt reisen, »Liebe und Vertrauen empfangen« und »Gnaden verschenken«. Aus dem Plan der einen Pilgermadonna wurde die Idee, viele anfertigen zu lassen, und heute sind bereits über 40.000 Statuen der Rosa Mystica weltweit »auf dem Weg«, um Gläubige zu mahnen und Ungläubige zu bekehren. *»Ich gehe jetzt als Pilgerin, als Missionarin durch die Welt«*, versprach die Gottesmutter, *»und ich komme nicht allein, mit mir kommen ganze Chöre von heiligen Engeln.«* Immer wieder kam es zu Heilungen, Bekehrungen – und Wundern. Hier nur ein paar Beispiele:

1977, Kairo-Choubra/Ägypten: Pilgermadonna schwitzte Öl
21. September 1982, Brescia/Italien: Rosa Mystica-Statue weinte Blut der Blutgruppe AB
8. August 1983, Maasmechelen/Belgien: Pilgermadonna weinte
19. Mai 1984, Brooklyn, New York/USA: Pilgermadonna weinte
29. Juni 1984, Chicago, Illinois/USA: Pilgermadonna weinte
8. September 1984, Montenaken/Belgien: Rosa Mystica-Statue weinte blutige Tränen
16. September 1984, Santa Barbara/Kolumbien: Foto der Rosa Mystica weinte blutige Tränen
17. Juni 1986, St. John/Kanada: Pilgermadonna weinte
13. Juli 1987, Rosario/Argentinien: Pilgermadonna weinte

25. April 1946, Marienfried/Deutschland: Die Erscheinungen von Marienfried bei Pfaffenhofen in Bayern hatten ihr Vorspiel im Jahre 1940, als in Deutschland die Mächte der Finsternis herrschten. Am Pfingstsonntag, dem 13. Mai – also dem Jahrestag der Fatima-Erscheinung – machte die 16-jährige Bärbel Rueß einen Waldspaziergang. Da es ein Feiertag war, beschloß das gläubige Mädchen, den Rosenkranz zu beten, konnte sich aber nicht entscheiden welchen. Plötzlich begegnete sie einer unbekannten Frau, die ihr empfahl, ihn mit dem Motto (Gesätz) *»Durch deine Unbefleckte Empfängnis rette unser Vaterland!«* zu beten.

Nach dem Krieg trat Bärbel der marianischen »Schönstattbewegung« bei, der auch ihr Ortspfarrer angehörte. Am 25. April 1946 ging sie mit dem Pfarrer und einer Freundin durch den Wald, um eine geeignete Stelle für eine Kapelle zu suchen, die die Gemeinde zum Dank für das gute Überstehen der Kriegsjahre errichten wollte. Plötzlich hörte Bärbel ein Rufen, sah wieder die Frau, die ihr sechs Jahre zuvor begegnet war, hörte ihre Worte: *»Dort, wo das meiste Vertrauen ist und wo man die Menschen lehrt, daß ich bei Gott alles kann, werde ich den Frieden verbreiten. Dann, wenn alle Menschen an meine Macht glauben, wird Frieden sein.«* Ihre Begleiter sahen nichts. Doch als sie diese Worte wiederholte, erklärte ihr der Pfarrer, daß die mysteriöse Frau nur die Gottesmutter gewesen sein konnte.

Einen Monat später, am 25. Mai, zog es Bärbel wieder in den Wald, als ihr noch einmal die geheimnisvolle Frau erschien: Diesmal war sie mit einem weißen Umhang bekleidet, ihr Gesicht strahlte Klarheit, Reinheit und Güte aus.

»Ich bin die große Gnadenvermittlerin«, erklärte sie, *»wie die Welt nur durch das Opfer des Sohnes beim Vater Erbarmen finden kann, so könnt ihr nur durch meine Fürbitte beim Sohne Erhörung finden. Christus ist deshalb so unbekannt, weil ich nicht bekannt bin. Deshalb goß der Vater seine Zornesschale über die Völker aus, weil sie seinen Sohn verstoßen haben. Die Welt wurde meinem Unbefleckten Herzen geweiht, aber die Weihe ist vielen zur furchtbaren Verantwortung geworden. Ich verlange, daß die Welt die Weihe lebt!«*

12. April 1947, Tre Fontane, Rom/Italien: Bruno Cornacchiola, ein Straßenbahnschaffner aus Rom, war ein fanatischer Kommunist, der im spanischen Bürgerkrieg auf Seiten der Linken gekämpft hatte, ein Kirchenfeind und Papsthasser. Später trat er erst den Baptisten, dann den Adventisten bei, zwei amerikanischen prote-

stantischen Kirchen, die ihn in seiner Abneigung gegen den Katholizismus nur bekräftigten. Jahrelang bemühte er sich, seine katholische Frau von ihrem Glauben abzubringen, und einmal verbrannte er ihre Heiligenbilder und das Kruzifix. Schließlich beschloß er, den Papst zu ermorden – es fehlte ihm bloß noch die passende Gelegenheit.

Am 12. April 1947 ging Cornacchiola mit seinen Kindern zu den »drei Brunnen« (Tre Fontane), einem beliebten Ausflugsziel am Stadtrand von Rom: Hier soll der heilige Paulus geköpft worden sein, weshalb Tre Fontane mit seinen vielen Felsgrotten und dem angrenzenden Trappistenkloster auch ein Wallfahrtsort ist. Während die Kinder Ball spielten, arbeitete Cornacchiola an einer Agitationsrede gegen den Marienkult, die er vor seinen Glaubensgenossen halten wollte. Da riefen ihn die Kinder – der Ball sei in einer der Grotten verlorengegangen. Auch seinen jüngsten Sohn konnte Bruno nicht mehr sehen. Er suchte – und fand ihn im Inneren einer Grotte, kniend, in seltsam starrer Haltung, leise flüsternd: »Schöne Frau! Bella Signora!«. Auch die anderen Kinder, die ihrem Vater folgten, fielen jetzt andächtig auf die Knie. Nur er sah nichts, schrie die Kinder an, weil er dachte, sie spielten ihm einen Streich, doch die blieben wie in Trance. Als er wieder hinaus wollte, rief er nur aus: »Gott rette uns!«. Da sah er zwei strahlende Hände, die sich auf sein Gesicht zubewegten, es berührten, als wollten sie ihm einen Schleier von den Augen reißen – und dann sah auch er die »schöne Frau«, die Gottesmutter in einem strahlendweißen Gewand, die zu ihm sprach:

»Ich bin die, die ich bin in der göttlichen Dreifaltigkeit. Ich bin die Jungfrau der Offenbarung. Du verfolgst mich. Nun reicht es! Betritt den heiligen Schafstall, den himmlischen Hof auf Erden!« Es folgte eine längere Belehrung, auch eine Botschaft an den Papst. Und sie versprach ihm ein Zeichen: Er werde einem Priester begegnen, und wenn er diesen anspreche, werde er antworten: »Ave Maria, mein Sohn, was willst du?«. Tief bewegt ging Bruno mit seinen Kindern nach Hause.

Nach mehreren Fehlschlägen – er sprach jeden Priester an, der ihm über den Weg lieg – fand er den richtigen Priester, der ihm mit »Ave Maria, mein Sohn, was willst Du?« antwortete und dem er sich anvertraute. Durch ihn fand er den Frieden mit der Kirche. Es kam zu weiteren Erscheinungen, und schließlich begegnete Cornacchiola Papst Pius XII., übergab ihm die Botschaft der Gottesmutter und vertraute ihm seine einstigen Mordpläne an. Der Papst segnete ihn.

Am 12. April 1980, am 33. Jahrestag der Erscheinungen, versammelten sich über 3000 Menschen an der Grotte, an der mittlerweile zum Andenken an Brunos Erscheinung ein Schrein errichtet wurde – und wurden Zeugen eines Sonnenwunders.

8. September 1954, Eisenberg/Österreich: Am 8. September 1954, dem Fest Maria Geburt in dem von Papst Pius XII. ausgerufenem »marianischen Jahr«, spielte das sechsjährige Mädchen Annemarie Lex auf dem Hof ihrer Eltern in Eisenberg am Dreiländereck Österreich-Ungarn-Jugoslawien. Kurz nach 15.00 Uhr lief das Mädchen aufgeregt in die Küche und erzählte ihrer Mutter Aloisia Lex: »*Mama, der Himmelsvater war im Garten, ganz schneeweiß, und hat einen langen Rosenkranz gehabt mit einem großen Kreuz und der Heiland war lebend (am Kreuz) und ganz voll Blut. Am Gürtel war eine große goldene Schnalle und einen langen weißen Schleier hat sie gehabt. Wie sie am Boden gestanden ist, hat sie nur gelächelt, gesprochen hat sie nicht. Als der Wind den Schleier wegwehte, sind die schönen Locken vorgekommen.*« Natürlich stieß sie auf den Unglauben ihrer Mutter. Erst als ihre Tochter die Geschichte immer wieder erzählte, ohne sich in Widersprüche zu verstricken, begann Aloisia Lex, ihr zu glauben. »*Eine Lichtkugel ist mit einem Sturm gekommen und die Hühner haben sich alle aufgereiht und sind gestanden wie gelähmt. Ich hab Angst gehabt und wollte weglaufen, aber meine Füße waren auch wie gelähmt*«, behauptete das Mädchen. Nur eines wußte Frau Lex: Wenn ihre Beschreibung zutreffe, dann war ihr die Gottesmutter und nicht der Himmelsvater erschienen.

Das folgende Jahr war das Schicksalsjahr für Österreich. Das Land war noch immer von den Russen besetzt, mehrfach vergeblich bemühte sich Bundespräsident Raab um die Unterzeichnung eines Staatsvertrages. Die österreichischen Katholiken antworteten mit einer Aktion, die sie »Rosenkranzkreuzzug« nannten. Zwischen 700.000 und 1.000.000 Österreicher, 10–12% der Bevölkerung, verpflichteten sich, täglich den Rosenkranz für die Befreiung ihres Landes zu beten, zusätzlich kam es zu Sühnewallfahrten mit Hunderttausenden von Teilnehmern. Als dann endlich im Marienmonat Oktober 1955 die Russen abzogen, waren Österreichs Katholiken überzeugt, sie »mit dem Rosenkranz hinausgebetet zu haben«.

Am 13. Oktober 1955 ging Annemaries Mutter Aloisia Lex in den Garten, um an einem Heiligenbild zu beten, das sie an einem Baum angebracht hatte, unweit der Stelle, an der ihre Tochter die Gottesmutter gesehen haben will. Obwohl sie seit Jahren nach einer schwierigen Geburt linksseitig gelähmt und die meiste Zeit bettlägerig war, versuchte Aloisia, so gut wie möglich ihren Haushalt zu führen und ihren religiösen Pflichten nachzukommen. Während sie betete, sah sie plötzlich eine weiße Gestalt auf sich zukommen und an der Stelle stehenbleiben, an der sie Annemarie erschienen war. Zuerst dachte sie, jemand aus dem Dorf wollte ihr einen Streich spielen – Annemaries Erscheinung hatte sich schnell herumgesprochen –, und rief nach ihrer Familie. In diesem Augenblick verschwand die Gestalt. Ein Jahr später, am 6. September 1956, hatte sie, während sie krank im Bett lag, eine Christuserscheinung – und war von einem Tag auf den anderen geheilt. Als sie kurz darauf in den Garten ging, fand sie etwas Merkwürdiges: An der Stelle, an der ihrer Tochter und ihr die Gottesmutter erschienen war, welkte das Gras in Form eines Kreuzes. Und noch etwas war ungewöhnlich: Vor ihrem Hof, am Rande der Straße, stand ein abgestorbener Baum, an dem ein Kruzifix hing. Als die Russen das Dorf besetzt hatten, hackten die Soldaten auf das Christusbild ein, schlugen ihm den rechten Fuß ab, feuerten auf die Marienstatue unter dem Kreuz. Daraufhin verdorrte der Baum. Jetzt aber stand er plötzlich in voller Blüte. In den folgenden Jahren sollte er allmählich die Gestalt eines gewaltigen, grünen Atompilzes annehmen. *»Gott hat sich durch sein Kreuz nochmals auf die Erde herabgelassen, um seine Liebe und Barmherzigkeit der Menschheit anzubieten«*, hörte Aloisia Lex eine innere Stimme sagen.

Das »Rasenkreuz« wurde zum Stein des Anstoßes im Dorf. Als die Nachbarn die Familie Lex verdächtigten, das Kreuz selbst angelegt zu haben, ließ Gendarmerie-Chefinspektor Neunherz es 14 Tage lang bei Tag und Nacht bewachen. Danach war er von der Echtheit des Zeichens überzeugt: »Menschliche Erklärungsmöglichkeiten haben wir ausgeschlossen.«

Das bischöfliche Ordinariat in Eisenstadt schaltete sich ein, ließ das Kreuz einzäunen, die Familienmitglieder befragen, Bodenproben entnehmen und an das Botanische Institut der Hochschule für Bodenkultur und die Bundesanstalt für Pflanzenschutz in Wien schicken. Das Ergebnis, das am 23.10.1956 veröffentlicht wurde: *»Aus vergleichenden Anbauversuchen geht hervor, daß eine für* *die Pflanzenentwicklung nachteilige chemische Veränderung des Bodens innerhalb der Kreuzform nicht vorliegt... Durch versuchsweise Besprühung von Rasen mit Unkrautbekämpfungsmitteln (konnte) die gleiche scharfe Abgrenzung nicht erreicht werden.«* Also ein Wunder? Zu diesem Ergebnis kamen auch die Geistlichen der Umgebung, die bei einer Dekanatsversammlung mit dem Laborbericht konfrontiert wurden. Nur das Veto vom Ortspfarrer Forsthofer, einem überzeugten Modernisten, verhinderte die kirchliche Anerkennung.

Das Kreuz ist gut 15 cm breit, 1,20 Meter lang und 80 cm breit. Im Laufe einer Woche löste sich das Gras innerhalb des Kreuzes vom Erdreich. Später wuchs Moos nach, dann auch Gras, aber in geringerem Maße als außerhalb des Kreuzes, so daß seine Form erhalten blieb. Später zeigte sich, daß die Kreuzzone auch von der natürlichen Humusablagerung verschont blieb, obwohl es an einem Hang liegt, und so bildete es bald eine natürliche Vertiefung. 1968 wurde eine schmiedeeiserne »Krone« über das Rasenkreuz gesetzt, die es fortan schützen sollte. Leider vernachlässigten ihre Angehörigen nach dem Tod von Aloisia Lex im Jahre 1983 das Zeichen, so daß es heute völlig überwuchert und nicht mehr auszumachen ist.

Interessanterweise ereignete sich das Wunder in einer politisch hochbrisanten Zeit. Im Oktober 1956 kam es zu Unruhen in Polen, gefolgt von den Auständen in Ungarn: Hunderttausende gingen in Budapest auf die Straße, um Selbstbestimmung und den Abzug der Russen, wie ein Jahr zuvor in Österreich, zu fordern. Die Staatssicherheit schoß auf die friedlichen Demonstranten, die Arbeiter reagierten mit einem Generalstreik, der von der Armee unterstützt wurde. Am 25. Oktober wurde eine neue Regierung gebildet, am 30. Oktober der Primas von Ungarn, Kardinal Mindszenty, den die Kommunisten inhaftiert hatten, aus dem Gefängnis befreit und nach Budapest gebracht. Am 1. November kündigte Ungarn seine Mitgliedschaft im Warschauer Pakt. Drei Tage später marschierte die Rote Armee in Ungarn ein. Europa hielt den Atem an, und Österreich wurde Zeuge, wie Hunderttausende versuchten, in den Westen zu fliehen. Es waren Tage der Angst – zu sehr fürchtete man, daß die Russen ihren Vormarsch fortsetzen würden. Eisenberg, das nur wenige Kilometer von der ungarischen Grenze entfernt liegt, wurde Zeuge der Vorgänge, und einmal schlugen Geschosse, die Russen ungarischen Flüchtlingen nachfeuerten, im

Stallgebäude des Lex-Hofes ein. Doch dabei blieb es. Wie ein himmlisches Mahnzeichen, ein »hierher und nicht weiter«, markierte das Rasenkreuz die Grenze zwischen der Freiheit und dem kommunistischen Joch.

Stundenlang verbrachte Frau Lex fortan damit, am Rasenkreuz zu beten, bei Wind und Wetter, bei Tag und Nacht. Seit 1962 hatte sie dann auch regelmäßige Marienerscheinungen, empfing Botschaften der Gottesmutter, die immer wieder dieselben Grundmotive hatten: Warnung vor dem Weltkommunismus und der Gefahr eines Atomkrieges, Mahnungen gegen die Neuerungen in der Kirche.

» Wahrlich ich sage Euch, daß diesmal der Sieg über den Weltkommunismus nicht mit Waffengewalt erreicht werden kann, sondern nur durch die Kraft Meines Kreuzzeichens, sowie durch die Kraft des Gebetes die Macht des Bösen gebrochen werden wird.

Auch die Mächte der Finsternis werden durch die Kraft und das Banner Meines Kreuzzeichens überwältigt und besiegt werden.

Dann wird sich laut Offenbarung der Osten bekehren.

Daher muß sich die Menschheit durch Prozessionen, Gebet und Opfer aus Liebe zu Gott und zu den nächsten zusammenschließen, um dadurch Gott wieder näher zu kommen und die Verbindung zu Gott wieder anzuknüpfen, um Kontakt zwischen Gott und den Menschen wieder aufzunehmen.

Wahrlich ich sage euch, wenn ihr dieses befolgt, so wird Friede in der Welt und der Menschheit werden; dann wird Eine Herde und Ein Hirt sein.« (Botschaft vom 30. Oktober 1965)

Danach ist das Kreuz am Boden auch die Ankündigung eines apokalypstischen Zeichens im Himmel:

» Wahrlich Ich sage euch, daß eines Tages ganz unerwartet Mein von glänzenden Strahlen umgebenes Kreuzzeichen zum Zeichen der Wahrheit Meiner grenzenlosen Liebe und Barmherzigkeit, um dieses Zeichen am Boden zu enthüllen, am Himmel erscheinen wird, das auch zum Zeichen Meiner heiligen Worte, Meiner göttlichen Offenbarung am Himmel leuchten wird.«

Während die Amtskirche dem Geschehen von Eisenberg zuerst kritisch, dann ablehnend gegenüberstand, strömten die Pilger zu tausenden in das Dorf im Burgenland. Mehrmals kam es im Frühjahr und Sommer 1968 zu Sonnenwundern, so am 19. März (Josefstag), 23. März, 12. April (Karfreitag), 5. Mai sowie am 14. und 16. August. Um einige Augenzeugenberichte zu zitieren:

» Um 2.30 Uhr, nach dem Rosenkranzgebet, sahen sie die Sonne sich in

zwei Scheiben drehen. Die vordere Scheibe war grün und die hintere schwarz. Die Scheiben wechselten in ihren Farben... plötzlich färbte sich der Himmel weinrot, es hing ein weinrotes Kreuz vom Himmel herunter, fast violett, das bis etwa 5 Meter über dem Rasenkreuz endete.« (19. 3.)

»Plötzlich drehte sich die Sonne in rasender Geschwindigkeit wie ein Autorad, dann blieb sie stehen. In der Sonne zeigte sich ein Kreuz, sie selbst glich einer Hostie. Hernach bildeten sich zwei Sonnen, etwa im Abstand von einem Meter. Beide Sonnen verschmolzen dann wieder zu einer. Darauf formte sich aus der Masse der Sonne ein Schwert, das bis zur Erde reichte.« (23. 3.)

»In einer dunklen Wolke wurde es plötzlich heller, und im nächsten Augenblick sah ich ganz klar und deutlich die golden leuchtenden Konturen eines Kreuzes... das ganze dauerte 20–30 Sekunden. Inzwischen war die Sonne aus dem Wolkendunkel getreten und begann im rasenden Tempo in silbrig-gleißendem Licht zu rotieren.« (12. 4.)

»Plötzlich hat sich die Sonne zu drehen begonnen, etwa fünfmal. Dann wurde die Sonne noch blasser. Plötzlich bildeten sich zu beiden Seiten zwei zueinander gehende schwarze Spiralen, gegen die Sonne ankämpfend, wie wenn sie die Sonne vernichten möchten, und die Sonne zitterte. Plötzlich fuhren sie nach beiden Seiten auseinander und gaben die Sonne frei und verschwanden. Danach breitete sich ein rosafarbenes Licht um die Sonne aus, und eine grüne Scheibe stieg von unten herauf und bedeckte die Sonne... darauf gingen sechs bis sieben gelbliche Schwerter senkrecht vom Himmel zur Erde nieder. Die Sonne hatte noch immer die grünliche Scheibe vor sich.« (5. 5.)

»Um diese Zeit sah ich in der Sonne eine dunkle Scheibe, die sich rasch nach links und wieder nach rechts drehte... im gleichen Augenblick wendete ich den Kopf nach rechts und sah über dem Hause Lex ganz nieder ein Wolkenkreuz.« (16. 8.)

Als ein weiteres »Himmelszeichen« werteten Pilger seltsame Muster, die sich in gefrohrenem Wasser von der Gnadenstätte bildeten. »Eisenbergwasser«, in Gläser und Flaschen gefüllt und tiefgefroren, formte im Eis Monstranzen, Herzen, Kreuze und Palmen. Wieder andere Gläubige berichteten von wundersamen Heilungen, nachdem sie das Wasser getrunken hatten.

Eine psychologische Untersuchung von Frau Lex im Jahre 1968 durch Prof. Dr. Neubauer von der Universität Innsbruck ergab, daß es sich bei ihr um eine »ihrem Milieu entsprechend schlichte, nüchterne und sachlich an der Realität angepaßte Frau« handelte, die »keine außergewöhnliche seelische Konstruktion« aufwies. Trotzdem urteilte das erzbischöfliche Ordinariat am 12. 4. 1969: »Nichts berechtigt dazu, diese natürlich erklärbaren Erscheinungen als übernatürliches Eingreifen Gottes anzusehen.«

Das Rasenkreuz von Eisenberg blieb kein Einzelfall. Drei weitere entstanden zwischen 1966 und 1980 in Österreich, und zwar in Meiselding/Kärnten, Unterwaltersdorf und Adlwang/Oberösterreich. Alle vier Rasenkreuze sind nach Osten ausgerichtet und bilden ein Viereck. Ein weiteres Exemplar, 3,20 x 1,60 Meter groß, wurde am 19. Juli 1972 in Meggen/Allgäu gefunden, vier Jahre nach dem Tod des Ortspfarrers Hieber, der zu Lebzeiten angekündigt hatte, es werde noch ein Wunder in seiner Pfarre geschehen.

1. Juni 1958, Turzovka/Slovakei: Jenseits des Eisernen Vorhangs, in der Hohen Tatra, nahe der Grenze nach Polen und der (heutigen) Grenze zwischen Tschechien und der Slovakei, kam es am Dreifaltigkeitsfest, dem 1. Juni 1958, zu einer bemerkenswerten Erscheinung. Matousch Laschut, ein 42-jähriger Waldaufseher und Vater von drei Töchtern, war im Dienst. Während er durch den Wald streifte, hielt er an einem Marienbild inne, sprach ein Gebet. Plötzlich bemerkte er zu seinen Füßen, auf dem Boden, überall Rosen, weiße Rosen. Er schaute sich erstaunt um und sah in inmitten eines Nebels die riesenhafte Gestalt einer schönen Frau in einem weißen Gewand, in der Linken einen Rosenkranz, die eine unaussprechliche Güte ausstrahlte.

In diesem Augenblick erschien anstelle der Frau eine Weltkarte. Erdteile und Meere waren klar umgrenzt, es fehlten aber die Landesgrenzen. Eine Tafel erläuterte, daß zwei Farben, Grün und Gelb, die Gebiete der Guten und der sündigen Menschen kennzeichneten, und rief auf: »*Tut Buße. Betet für die Priester, betet den Rosenkranz!*« Eine zweite Karte erschien, auf der das Gelb der Sünde sich verstärkt ausgebreitet hatte. Nur noch wenige Zonen waren grün. Auf der dritten Karte war die gesamte Welt vom gelb erfaßt, und Feuer regnete vom Himmel. »*Wenn die Menschen sich nicht bessern, kommen schreckliche Strafen*«, hieß es auf der Schautafel.

Die vierte Karte zeigte die Auswirkungen der Sünde: Sie vernichtet nicht nur den Einzelnen, sondern die ganze Gesellschaft. Der Inhalt des fünften und sechsten Bildes war ein Geheimnis – nur dem Papst durfte Laschut es anvertrauen. Das siebte Bild aber zeigte, wie die Welt aussehen würde, wenn sich die Menschen bekehren und nach den Gesetzen Gottes leben: »*Sie würden auf Erden in Friede, Freude und Schönheit leben*«, erklärte die Bildtafel. Zum Abschluß erschien ein riesiges Dreieck, in der Mitte Christus. Aus seinem Herzen schossen drei Lichtstrahlen, der Mittlere erfaßte Matousch. Er wurde bewußtlos, kam erst nach drei Stunden wieder zu sich. Da war alles verschwunden. Doch der Waldaufseher spürte eine Veränderung in sich, er war jetzt ein anderer Mensch. Auch sein Rheuma war wie verschwunden, seine Ischiasschmerzen, sein ständiger Husten.

Drei Monate lang schwieg Laschut über seine Vision, dann wagte er es, zu reden. Hunderte strömten zur Erscheinungsstätte. Die Kommunisten erklärten den Waldaufseher für geisteskrank, wiesen ihn in eine Anstalt ein. In Verhören und Untersuchungen wurde er immer wieder aufgefordert, alles zu widerrufen. Doch er blieb standhaft, wurde schließlich wieder entlassen. Ein anderer Bergbewohner erhielt in einer Vision den Auftrag, nach einer Quelle zu graben, die seitdem am Erscheinungsort sprudelt und Heilungen bewirkt. Ein Pilgerstrom setzte ein, den die Kommunisten duldeten, und hunderte sahen Zeichen an der Sonne und über den Wäldern. 1200 Personen beobachteten am 1. Mai 1965, wie ein riesiges Herz am Himmel erschien. Ein anderes Mal, im November 1966, konnte eine Pilgergruppe aus Bojanovic eine riesenhafte Madonnengestalt in einem feinen weißen Nebel über den Tannenwipfeln fotografieren.

18. Juni 1961, Garabandal/Spanien: Es war ein ganz gewöhnlicher Sonntag in dem nordspanischen Bergdorf San Sebastian de Garabandal. Vier Mädchen, Conchita Gonzales (12), Jacinta Gonzales (12), Marie-Cruz Gonzales (11) – trotz des gleichen Familiennamens nicht verwandt – und Maria-Dolores Mazon (12) spielten am 18. Juni 1961 gegen 20.30 Uhr auf dem Dorfplatz bei der Kirche, als sie einen Donnerschlag hörten: Vor ihnen stand eine Gestalt »von großer Schönheit, von einem strahlenden Licht umgeben, das aber nicht blendete«. Einen Augenblick lang betrachteten die vier Mädchen stumm vor Erstaunen den himmlischen Besucher, dann verschwand die Erscheinung.

Am nächsten Tag war das Erlebnis der Kinder Tagesgespräch. Einige glaubten ihnen, andere verspotteten die vier Mädchen. Am 20. Juni waren die vier wieder zusammen, gingen einen Hohlweg entlang, als ihnen »ein strahlendes Licht« den Weg versperrte – sekundenlang. Wieder war es 20.30 Uhr. Einen Tag später gingen Conchita, Jacinta, Marie-Cruz und Maria-Dolores um 20.30 Uhr an eben diese Stelle, knieten nieder, beteten den Rosenkranz, hofften, daß der Engel wiederkäme – und er kam, war aber nur für sie sichtbar. Außenstehende beobachteten, wie die Mädchen in eine Art Trance fielen, erstarrten, die Köpfe zurückwarfen, während auf ihren Gesichtern ein durchscheinender Glanz von überirdischer Schönheit lag. Auch an den nächsten Tagen wiederholte sich die Engelserscheinung, dann, am 1. Juli, sprach der Gottesbote zum ersten Mal und kündigte für den nächsten Tag das Kommen der Jungfrau Maria an. Er selbst, so offenbarte er, sei der Erzengel Michael.

Tausende kamen aus der ganzen Provinz, als am 2. Juli 1961 das erste Mal die Gottesmutter in Garabandal erschien, begleitet von zwei Engeln, »die sich wie Zwillingsbrüder glichen«.

»Sie trägt ein weißes Kleid, einen blauen Mantel und eine Krone von goldenen Sternen, die wie spitze Kristalle funkelten«, erzählten die Mädchen später, »in ihren feinen und schmalen Händen hält sie ein braunes Skapulier. Langes, kastanienbraunes Haar hat sie mit einem Scheitel in der Mitte. Ihr Gesicht ist oval mit einer feinen Nase, einem hübschen Mund und die Lippen sind ausgeprägt. Ihr Alter beträgt etwa 18 Jahre und sie ist eher groß. Niemand hat eine Stimme wie sie.« Sie stellte sich als »Unsere Liebe Frau vom Berge Karmel« vor und kündigte an, daß sie bei einer zukünftigen Begegnung den Kindern eine Botschaft überbringen wolle. Diese erste Botschaft teilte sie ihnen am 4. Juli mit, unter der Auflage, sie erst am 18. Oktober bekanntzugeben, eine Woche, nachdem in Rom das Zweite Vatikanische Konzil eröffnet wurde. Nach Erinnerung der Kinder lautete sie sinngemäß:

»Man muß viele Opfer bringen, viel Buße tun; oft das allerheiligste Sakrament besuchen. Aber vor allem müssen wir sehr gut sein. Wenn wir das nicht tun, dann wird ein Strafgericht kommen.

Der Kelch füllt sich, wenn wir uns nicht ändern, wird ein sehr großes Strafgericht über uns kommen.«

Fortan erschien sie den Kindern täglich – nicht immer allen vieren, manchmal auch nur Conchita –, über 2000 Mal, bis zum 13. November 1965. Es war eine entscheidende Zeit für die katholische Kirche – die Zeit des Zweiten Vatikanums, aber auch die Zeit nach der Entscheidung von Papst Johannes XXIII., das Dritte Geheimnis von Fatima nicht zu veröffentlichen. Schon deshalb sahen viele Gläubige in den Erscheinungen von Garabandal die Fortsetzung der Ereignisse von Fatima.

Jedes Mal verliefen die Erscheinungen nach dem selben Schema. Wo immer sie sich aufhielten, erhielten die vier Mädchen einen »inneren Anruf«, ein Gefühl großer Freude, und machten sich unverzüglich auf den Weg. Der Ruf erfolgte stets zeitlich so versetzt, daß alle vier auf die Minute genau zum gleichen Zeitpunkt am Erscheinungsort eintrafen. Im Zustand einer »freudigen Empfangsbereitschaft« traten sie wie auf Kommando alle vier in den Zustand der Ekstase: Sie fielen auf die Knie, starrten gebannt nach oben, erstarrten förmlich, von jeder äußeren Beeinflussung entzogen. Man stach sie zentimetertief mit Nadeln, man hielt ihnen brennende Kerzen unter die Arme, blendete sie mit 1000 Watt starken Lampen, die man ihnen direkt unter die Augen hielt – die Mädchen zuckten nicht einmal mit den Wimpern. Einige Male versuchten kräftige Männer, die schmächtigen Körper vom Boden aufzuheben – sie waren so schwer, als wären sie aus Stein. Ließ man sie fallen, krachte es auf der Straße, doch die Kinder erlitten keinerlei Verletzung. Im Winter blieben ihre Körper trotz eisiger Kälte und oft nur dünner Bekleidung immer warm.

Während der Ekstase bewegten sich die Kinder absolut simultan. Manchmal beteten sie das »Vaterunser« oder »Gegrüßet seist du, Maria« mit dem Engel oder der Gottesmutter, und es klang wie aus einem Mund. Einige Male führte die Madonna ihnen ein Kreuz an die Lippen, das sie andächtig küßten, manchmal segnete oder küßte sie Gegenstände, die die Kinder ihr entgegenhielten. Ein weiteres Phänomen waren die »ekstatischen Gänge« der Seherkinder. Wenn sie der Erscheinung folgten, liefen sie mit flinker Schnelligkeit, den Kopf nach hinten geworfen, die Augen nach oben gerichtet, mit absoluter Sicherheit über Stock und Stein, ohne zu stolpern, manchmal sogar rückwärts, mit einer Leichtigkeit und Schwerelosigkeit, als würden sie schweben.

Das beeindruckendste Begleitphänomen der Erscheinungen von Garabandal aber war das »Hostienwunder«. Mehrmals hatte ein Engel den Seherkindern die Hl. Kommunion gereicht, die sie auf den Knien, die Hände gefaltet, mit der Zunge in Empfang nahmen – eine deutliche Demonstration für die Mundkommunion und gegen die Handkommunion, eine der Neuerungen, die aus dem Zweiten Vatikanischen Konzils hervorgingen. Dann kündigte er Conchita an: »*Gott wird ein Wunder wirken, und zwar durch dich und mich... wenn ich dir die heilige Hostie reiche, wird man sie auf deiner Zunge sehen.*« Für den 18. Juli 1962 kündigte er »das kleine Wunder« (el milagruco) an. Um 1.00 Uhr früh (also eigentlich am 19.7.) erhielt Conchita, ausnahmsweise alleine, den inneren Anruf, lief in Trance auf die Straße, um nach etwa 50 Metern auf die Knie zu fallen. Dutzende Menschen, die auf das Wunder gewartet hatten, drängten sich um sie, richteten Taschenlampen auf ihr Gesicht, ein Mann, Alejandro Damians, filmte aus einem Meter Entfernung mit seiner 8mm-Kamera. Conchita öffnete den Mund zum Empfang des Hl. Kommunion, als vor aller Augen ein weißes Licht auf ihrer Zunge sichtbar wurde, sich zu einer Hostie formte. Die ganze Szene ist deutlich erkennbar auf Damians 8 mm-Film festgehalten. Alle Anwesenden bestätigten das Wunder. Conchita betete nach dem Empfang des Sakramentes Kommunion noch das Gebet »Seele Christi heilige mich«, wie es der Engel sie gelehrt hatte, dann entfernte sie sich.

Am 8. Dezember 1964 kündigte Conchita an, daß die Gottesmutter am 18. Juni 1965 zum zweiten Mal eine Botschaft an die Welt richten werde. Über 2000 Besucher aus aller Welt kamen dann auch zum vierten Jahrestag der ersten Erscheinung in das entlegene Bergdorf in den Pyrenäen, darunter auch das Italienische Fernsehen, auf ausdrückliche Empfehlung des stigmatisierten Kapuzinerpaters Pio. Gegen 23.45 Uhr fiel Conchita – wieder alleine – in Trance und empfing durch den Engel die Botschaft der Gottesmutter, die sie später niederschrieb und verkündete:

»*Zuvor hat sich der Kelch gefüllt, jetzt läuft er über.*

Viele Kardinäle, Bischöfe und Priester gehen den Weg des Verderbens und ziehen viele Seelen mit sich. Man mißt der Hl. Eucharistie immer weniger Bedeutung zu.

Wir müssen durch unsere Anstrengungen dem Zorne Gottes über uns entgehen. Wenn wir aufrichtig um Verzeihung bitten, wird er uns verzeihen.

Ich, eure Mutter, bitte euch durch die Vermittlung des heiligen Erzengels Michael darum, daß ihr euch bessert. Ihr befindet euch in den Zeiten der letzten Warnungen. Ich liebe euch sehr und will eure Verdammnis nicht. Bittet uns aufrichtig, und wir werden euch erhören. Ihr müßt euch mehr heiligen. Denkt an die Passion Jesu.«

Die Mehrheit der Belehrungen und Visionen, die die Kinder empfingen, behielten sie – auf ausdrückliche Weisung des Engels und

Conchita den Inhalt dieser Botschaften: Sie betrafen die »letzten Tage«, die Zukunft der Menschheit – Geschehnisse, die sich noch zu ihren Lebzeiten ereignen würden: Eine Warnung, ein Wunder und das Strafgericht.

Die Warnung wird unmittelbar vor dem Wunder stattfinden, *»damit sich die Welt bessere. Diese wird furchtbar wie eine Züchtigung sein, sowohl für die Guten wie für die Bösen. Die Guten werden sich Gott entschiedener zuwenden, die Bösen werden sich mehr von ihm abwenden, zugleich aber werden sie alle erkennen, daß das Ende der Zeiten nahe ist und daß es die letzte Warnung vor der großen Züchtigung ist. Niemand kann mehr verhindern, daß diese Ankündigung stattfindet... die Ankündigung wird furchtbar sein, wie das Strafgericht, jedoch wird niemand unmittelbar daran sterben. Wenn trotzdem dabei jemand den Tod erleidet, so geschieht das als Folge aus der Erkenntnis seiner eigenen Situation, aus Erschütterung über sich selbst. Gott will, daß wir uns auf die Vorwarnung hin bessern und weniger Sünden gegen ihn begehen«.*

Diese Ankündigung werde für alle Menschen gleichermaßen erfahrbar sein. Es wird etwas sein, das in der Atmosphäre vor sich geht, »zwei aufeinanderprallenden Sternen gleich«, ohne daß jemand physischen Schaden nimmt. Es ist etwas wie ein Feuer, das den Körper nicht verbrennt, und doch seelisch und körperlich wie ein Feuer spürbar sein wird – und etwas, das im Spanischen mit einem »A« beginnt. Marie-Dolores glaubt, es würde einen plötzlich ausgebrochenen Dritten Weltkrieg unterbrechen. Die Zeitspanne zwischen der Warnung und dem Wunder werde »kürzer sein als ein Jahr.«

Das Wunder wird »*das größte Wunder sein, das Jesus jemals für die Menschen gewirkt haben wird*« und zugleich »*das letzte bis zum Ende der Zeiten*«. Es würde in Garabandal geschehen, auf einer Anhöhe, auf der einige mächtige Kiefern stehen, und von den umliegenden Bergen werde man es sehen können – ein andauerndes, allgemein sichtbares Zeichen, einer Rauch- oder Feuersäule ähnlich: »*Es wird nicht aus Materie sein. Man wird es nicht anfassen können, aber anschauen und fotografieren wird man es können... alle werden die Kraft und die Gnade erhalten, es ertragen zu können*«. Acht Tage zuvor würde Conchita das Wunder ankündigen, dann solle man die Kranken nach Garabandal bringen, denn jeder, der es vor Ort erlebt, würde geheilt werden.

Conchita behauptet, den genauen Zeitpunkt des Wunders zu kennen. Aber da sie den Termin erst acht Tage zuvor bekanntgeben darf, beschränkte sie sich auf einige Hinweise:

-Es wird sich an einem Donnerstag Abend um 20.30 Uhr ereignen und eine Viertelstunde lang dauern.

-Der Tag liegt zwischen dem 7. und dem 17. eines Monats zwischen Februar und Juli, aber »*nach dem großen Schnee*«. Einmal ließ sich Conchita entlocken, daß es im April sein werde. Und sie soll (unbestätigt) gesagt haben: »Diese Ereignisse werden dann eintreffen, wenn die Kommunisten wiederkommen« und »wenn der Papst nach Rußland geht.«

-Es wird zusammenfallen mit einem »freudigen *Ereignis in der Kirche, welches im Leben der Kirche nichts Neues sei, aber zur Zeit ihres Lebens noch nicht stattgefunden habe*«, wie Conchita 1967 erklärte. Meinte sie ein »Heiliges Jahr«? Das aber hat es 1950 bereits gegeben, als sie ein Jahr alt war. Das nächste »Heilige Jahr« ist das Jahr 2000.

-Es fällt zusammen mit dem Tag eines Heiligen, der als Märtyrer im Zusammenhang mit der Hl. Eucharistie gestorben ist und dessen Gedächtnistag nicht der ursprüngliche Tag sei, sondern im Kalender der Heiligenfeste einmal verschoben wurde.

Von der Reaktion der Menschheit auf die Warnung und das Wunder hängt ab, in welchem Ausmaß das darauffolgende Strafgericht ausfallen wird. Über die Art der Katastrophe durften die Kinder nichts sagen, nur soviel, daß es schrecklicher sei, als bei lebendigem Leibe zu verbrennen. »*Das Strafgericht wird furchtbar sein, wenn wir uns nicht bessern. Es wird so sein, wie wir es verdienen.*« Für die Zeit danach stellte Maria die Wiederkunft ihres Sohnes in Aussicht.

Als Papst Johannes XXIII. starb und im Dorf die Glocken für ihn geläutet wurden, meinte Conchita zu ihrer Mutter: »*Es kommen noch drei Päpste.*« Auf die Frage, woher sie das wisse, erwiderte die Seherin: »*Von der Heiligen Jungfrau. Eigentlich sind es noch vier, aber einen zählt sie nicht mit.*« – »Warum zählt sie einen nicht mit?« »*Das hat sie nicht gesagt; sie sagte nur, daß sie einen nicht mitzählt. Sie sagte aber, daß einer nur kurze Zeit regieren wird.*« – »Zählt sie den vielleicht nicht mit?« – »*Das weiß ich nicht.*« »Und was kommt dann?« – »*Das hat sie nicht gesagt... Die Heilige Jungfrau hat zu uns einige Male davon gesprochen, daß Jesus, ihr Sohn, wiederkommen wird, aber ob er dann kommt, weiß ich nicht.*« »Ist das alles?« – »*Ja! Doch sie hat auch gesagt: ›Die Getrennten (Christen und Kirchen) werden wieder vereint sein.‹ Es gibt dann nur noch eine Religion.«*

Auf Johannes XXIII. folgten bisher drei Päpste:
Paul VI. (1963–1978)
Johannes Paul I. (1978)
Johannes Paul II. (seit 1978)
Schon die Ankündigung eines Papstes, der »nur kurze Zeit regieren wird«, erfüllte sich mit Johannes Paul I., dem »lächelnden Papst«, dessen Pontifikat nur 33 Tage dauerte und daher vielleicht wirklich »nicht zählte«. Das aber hieße, daß Johannes Paul II. der vorletzte Papst ist.

Tatsächlich deckt sich dieser Hinweis mit einer uralten Prophezeihung, der »Päpsteweissagung« des Hl. Malachias, des Bischofs von Armagh in Irland (geb. 1094). Malachias starb 1148 im Kloster von Clairvaux in Frankreich; sein Freund, der Hl. Bernhard, Abt von Clairvaux, bestätigte in seiner »Vita Maleachi« die prophetische Gabe des Iren, erwähnte aber mit keinem Wort die Päpsteweissagung. Erstmals gedruckt jedenfalls wurde sie im Jahre 1585. Ob sie nun tatsächlich von Malachias stammt oder dem Heiligen nur zugeschrieben wurde, fest steht, daß, wer immer ihr Verfasser war, erstaunlich genau die Päpste der Zukunft kannte.

In der Päpsteweissagung werden 112 Päpste, bei Cölestin II. (1143/44) beginnend, jeweils mit kurzen Devisen charakterisiert. Es ist erstaunlich, wie zutreffend diese Bezeichnungen sind.

104. Religio depopulata, *»Entvölkerte Religion«,* war die Devise für Papst Benedikt XV. (1914–22), dessen Amntszeit durch den Ersten Weltkrieg, Revolutionen, die Spanische Grippe und eine allgemeine Entchristlichung Europas geprägt war.

105. Fides intrepida, *»Unerschütterlicher Glaube«,* traf auf Pius XI. (1922–39) zu. Die Kirche seiner Zeit mußte den Verfolgungen und Schikanen durch die Diktatoren Hitler und Stalin standhalten.

106. Pastor angelicus, der *»engelgleiche Hirte«,* war Pius XII. (1939–58), der gütige Papst, für den sich in den vatikanischen Gärten das Sonnenwunder von Fatima wiederholte, der das Dogma der leiblichen Aufnahme Mariens in den Himmel verkündete und ihr die ganze Welt weihte, ein Mystiker, entrückt von der Welt, in der das Chaos herrschte.

107. Pastor et nauta, *»Hirte und Seefahrer«,* traf auf Johannes XXIII. (1958–1963) zu, der aus dem Hirtendorf Sotto-il-Monte bei Bergamo stammte und selbst als Junge die Schafe hütetete, und der,

vor der Papstwahl, Patriarch der Hafenstadt Venedig war. Auch als Papst verstand er sich als »Hirte der Welt«, das von ihm einberufene Zweite Vatikanische Konzil sollte ein »Pastoral-Konzil« werden, und durch dieses gab er als Steuermann dem Kirchenschiff einen neuen Kurs.

108. Flos florum, »*Blume der Blumen*«, Paul VI. (1963–1978) hatte drei Lilien im Wappen; die Lilie ist die Blume der Könige.

109. De medietate lunae, »*Vom halben Mond*«, bezieht sich auf den bürgerlichen Namen von Johannes Paul I. (1978), Albino Luciani; er wurde bei Halbmond gewählt und verstarb bei Halbmond, einen Monat später.

110. De labore Solis, »*Von der Sonnenfinsternis*«, ist Johannes Paul II. (seit 1978), der am 18. 5. 1920 geboren wurde, zum Zeitpunkt einer Sonnenfinsternis. Seine Geburtsstadt Wadovice bei Krakau führt im Wappen die Sonne.

Auf ihn folgt

111. Gloria olivae, »*Ruhm des Ölbaums*«. Und danach finden wir den einzigen längeren Text dieser Weissagung:

112. In persecutione extrema S. R. Ecclesiae sedebit Petrus II. Romanus, qui pascet oves on multis tribulationibus, quibus transactis civitas septicollis diruetur et judex tremendus judicabit populum suum. Finis. »*Während der letzten Verfolgung der Heiligen Römischen Kirche wird Petrus II., der Römer, regieren, der seine Schafe in vielen Trübsalen weidet; wenn diese vorbei sind, wird die Siebenhügelstadt zerstört, und der furchtbare Richter sein Volk richten. Ende.*« Das Ende der Menschheit oder des Papsttums?

Wenn wir Conchitas Aussage in diesem Licht interpretieren, dann folgt auf Johannes Paul II. tatsächlich nur noch ein Papst vor »*der letzten Verfolgung*«, während welcher Petrus II. »*seine Schafe in vielen Trübsalen weiden*« wird. Der Ölbaum ist das Symbol des Friedens. Steht »Gloria Olivae« für eine (begrenzte) Friedenszeit, für die von Conchita erwähnte Vereinigung der christlichen Kirchen? Wir wissen es nicht.

Eine Untersuchung der Ereignisse von Garabandal durch den Bischof von Santander, Msgr. Puchol, kam zu dem Schluß, daß es »keinerlei Hinweise auf ein übernatürliches Einwirken« in Garabandal gäbe. Sogar vom »inszenierten Theater junger Mädchen« war die Rede. Obwohl Kardinal Ottaviani vom Vatikan diese negative Entscheidung bestätigte, äußerten sich zwei Päpste, Paul VI.

und Johannes Paul II., positiv zu Garabandal. 1992 ließ der neue Bischof von Santander, Jose Vilaplana Blasco, eine erneute Prüfung der vorliegenden Dokumente und Zeugenaussagen durchführen. Er hob alle Verbote bezüglich des Erscheinungsortes auf, machte aber eine endgültige Anerkennung vom Eintreffen der Prophezeihung bezüglich der »Warnung« und des »Wunders« abhängig. Auch das war prophezeit. *»Die Kirche wird mein Erscheinen bei euch erst nach dem großen Wunder anerkennen«*, hatte Maria den Kindern schon 1964 offenbart. Oder, mit den Worten Pater Pios: *»Sie wird es anerkennen, wenn es bereits zu spät ist.«*

16. Oktober 1964, San Damiano/Italien: Die Quattrinis aus San Damiano im Norden Italiens waren arme, aber tief gläubige Leute. Rosa Quattrini war zudem seit einer schwierigen Geburt schwer krank, ihr Gesundheitszustand verschlechterte sich zunehmend, schließlich wurde sie von den Ärzten aufgegeben und zum Sterben nach Hause entlassen. Am 29. September 1961 klopfte eine unbekannte Frau an das Haus der Familie Quattrini, bat um ein Almosen für Pater Pio, den stigmatisierten Kapuzinermönch. Rosas Tante, die öffnete, erwiderte, sie habe nur tausend Lire, und die seien noch geliehen. Die Fremde wollte Rosa sehen, fragte sie: »Hast Du Vertrauen in Pater Pio?« – »Ja, großes Vertrauen. Ich bete schon längere Zeit zu ihm.« – »Dann wird er dich auch heilen«. In diesem Augenblick läutete die Dorfkirche zwölf Mal, es war Mittag. »Beten wir den Angelus«, meinte die Dame, dann, zu Rosa: »Stehe auf!« »Ich kann nicht, ich habe zu starke Schmerzen.« – »Gib mir die Hand! Steh auf!« – Rosa war geheilt! Die Dame betete mit den Frauen, verabschiedete sich. Adele gab ihr 500 Lire als Spende mit. Rosa beschloß, zu Pater Pio zu pilgern. Als sie sein Kloster in San Giovanni Rotondo im Süden Italiens erreicht hatte, hörte sie eine Stimme ihren Namen rufen und sah die Dame. Da fiel es ihr wie Schuppen von den Augen: Es war die Gottesmutter, die ihr erschienen war! *»Ich bin die Mutter des Trostes, die Mutter der Betrübten«*, bestätigte die Dame und führte sie zu Pater Pio. Als sie den Mönch erreicht hatten, löste sich die Erscheinung in Luft auf. Der Stigmatisierte aber gebot ihr, zwei Jahre lang den Kranken, vor allem geistlich, beizustehen, »danach wird dir ein großes Ereignis widerfahren«. Sie folgte seiner Anweisung, reiste zudem, so oft sie konnte, nach San Giovanni Rotondo zu Pater Pio.

Zwei Jahre später, am 16. Oktober 1964, war Rosa allein zu Hause und betete, als sie eine Stimme hörte: »*Komm heraus, komm heraus, ich erwarte dich!*«. Sie ging in den Garten, sah, wie sich eine Wolke vom Himmel herabsenkte, schließlich über dem Pflaumenbaum schwebte. Die Wolke »strahlte von Licht und war mit goldenen und silbernen Sternen übersäht, in ihr flatterten unzählige Rosenblätter in allen Farben«, erklärte die Seherin später. »Ich setzte mich auf einen Stuhl und betete. In diesem Augenblick kam eine große rote Kugel aus der Wolke hervor, die sich auf dem Birnbaum niederließ. Dann verschwand die Wolke, und die Mutter Gottes wurde in einem großen Lichtschein sichtbar. Aus ihren Händen gingen starke Lichtstrahlen hervor und viele Rosenblätter, die zur Erde fielen. Die Madonna war in ein blaues Gewand mit weißem Gürtel gekleidet, darüber ein großer weißer Mantel. Auf dem Haupt trug sie eine Sternenkrone, von der ein starkes Licht ausging.« Dann sprach die Erscheinung zu ihr: »*Meine Tochter, ich komme von sehr weit her. Verkünde der Welt, daß alle beten sollen, weil Jesus das Kreuz nicht länger tragen kann. Ich will, daß alle gerettet werden, die Guten und die Bösen. Ich bin die Mutter der Liebe, die Mutter aller; ihr seid alle meine Kinder. Deshalb will ich, daß alle gerettet werden. Ich bin deswegen gekommen, weil ich die Welt zum Gebet führen will, denn die Strafgerichte stehen nahe bevor. Ich werde jeden Freitag wiederkommen und dir Botschaften geben; du sollst sie der Welt bekanntgeben.*« Als Beweis dafür versprach sie, bevor sie verschwand, Rosa ein Zeichen: »*Dieser Baum wird in Blüten stehen*«. In diesem Augenblick erblühte der Birnbaum wie sonst nur im Sommer. Trotz des Herbstregens blieb die Blüte drei Wochen lang erhalten. Tausende Zeugen, die, nachdem Rosa von ihrer Erscheinung berichtet hatte, nach San Damiano eilten, darunter zwei Reporter der Tageszeitung »La Liberta«, bestätigten das Wunder.

Die Erscheinungen fanden fortan regelmäßig statt, dauerten an bis zu Rosas Tod am 5. September 1981. Bis 1969 empfing sie die Marienbotschaften, die auf Tonband aufgenommen und vervielfältigt wurden, in Gegenwart tausender Pilger, die regelmäßig nach San Damiano kamen.

»*Bald werde ich mit einem großen Licht kommen*«, prophezeite die Gottesmutter, »*wenn ihr Glauben habt, werdet ihr soviele wunderbare Dinge sehen und eines Tages in das himmlische Vaterland kommen.*« Dann schalteten sich kirchliche Behörden ein, untersagten »Mamma Rosa«, wie sie von ihren Anhängern liebevoll genannt wurde, bei Androhung der Exkommunikation, öffentlich aufzutreten, woraufhin sich ihre Erscheinungen in ihr Schlafzimmer verlagerten. Dabei war der Dorfpfarrer Don Edgardo Pellacini ihr entschiedenster Fürsprecher: Er hatte ihre plötzliche Heilung miterlebt und sie mehrfach nach San Giovanni Rotond begleitet, wo er Zeuge wurde, wie liebevoll Rosa von Pater Pio behandelt wurde und wie er den Erscheinungen von San Damiano zustimmte. Trotzdem sprach sich der zuständige Bischof gegen die Erscheinungen aus, ohne daß eine entsprechende Untersuchung durchgeführt wurde.

Dabei sprechen zahlreiche beobachtete Phänomene sehr wohl für die Echtheit der Erscheinungen von San Damiano. Am 16. Juli 1970 kam es vor 150 Pilgern während eines Mittagsgebetes zu einem Phänomen, das ein Zeuge wie folgt beschrieb: *»Eine riesige rotbraune Scheibe – von nicht zu beschreibender und wiederzugebender Farbe – bedeckte, vollkommen rund, den größten Teil des Himmels. Sie war so groß, daß der Blick nicht das Ganze umspannen konnte. Genau über dieser Scheibe, in deren Zentrum die Sonne stand, kamen gelbflammende, leuchtende Strahlen hervor. Diese Erscheinung hielt mehrere Minuten lang an.«*

Ein Sonnenwunder beobachteten Dutzende Zeugen, darunter der französische Arzt Dr. Pierre Dor, am 9. September 1977. Dr. Dor: *»Plötzlich scheint eine stahlgraue, etwas kleinere Scheibe sich vor die Sonne zu schieben, gerade wie ein Filter, der mir gestattet, die Sonne mühelos zu betrachten. Da werde ich Zeuge eines unvergeßlichen Schauspiels: Die Sonne scheint lebendig zu werden; ihre Oberfläche scheint Wellen zu schlagen, sich wie eine Spule langsam zu drehen oder wie eine Filmrolle, die abgebremst läuft: Die Sonne scheint dabei buchstäblich zu ›kochen‹. Ihre Ränder erscheinen unregelmäßig; auch sie bewegen sich wie in einer Expansion, einer Rotation und heftigen Oszillation, noch mehr als ihre Oberfläche; sie scheint wie ein Herz zu schlagen, wobei es aussieht, als ob bei jedem Schlagen ihr Volumen ab- und wieder zunimmt; wie ein Muskel, der sich öffnet und schließt, aber in schnellerem als dem normalen Herzrhythmus. Trotz dieses Eindrucks von Lebendigkeit verbleibt die Sonne an ihrem Platz und beschreibt keinen besonderen Bodenlauf.«*

2. April 1968, Zeitoun/Ägypten: Die meisten Marienerscheinungen

sind wenigen Auserwählten vorbehalten und damit der Subjektivität einer individuellen Wahrnehmung unterworfen – doch es gibt Ausnahmen. In diesem Jahrhundert gab es vier Fälle, in denen die Gottesmutter vor Tausenden erschien, 1986 in Manila/ Philippinen, 1987 in Hruschiw/Ukraine (siehe 10. Kapitel), 1986 in Kairo-Shoubra und 1968 in Zeitoun, einem weiteren Vorort von Kairo in Ägypten. Dort hatte die Heilige Familie der Legende nach Zuflucht vor König Herodes gesucht, als dieser in Bethlehem die Neugeborenen töten und nach dem prophezeiten »König der Juden« suchen ließ. Das Grundstück, auf dem die Kirche steht – zwischen der Tomanbey-Straße und der Khalil-Gasse – hatte in den zwanziger Jahren die Khalil-Familie der koptischen Kirche geschenkt, der geschichtsträchtigen christlichen Nationalkirche Ägyptens, die dem Patriarchen von Alexandria untersteht. Als die Kirche 1925 erbaut wurde, hatte ein Mitglied der Khalil-Familie einen Traum, daß eines Tages an dieser Stelle die Gottesmutter erscheinen würde.

Es begann alles am Abend des 2. April 1968. Zwei Mechaniker arbeiteten gerade in einer Autowerkstatt schräg gegenüber von der Marienkirche, als einer von ihnen auf dem Dach der Kirche eine Gestalt bemerkte. Sie sah aus *»wie eine weißgekleidete Nonne, die auf der Spitze der großen Kuppel in der Mitte des Daches zu stehen und sich am Steinkreuz auf der Kuppel festzuhalten schien«.* Sogleich machte er seinen Kollegen auf die Frau aufmerksam, die, wie er glaubte, sich von dem Kirchendach stürzen wollte. Die Männer waren überzeugt, schnell handeln zu müssen. Einer von ihnen rief die Feuerwehr, der andere lief zur Kirche und holte den Priester. Doch als die Hilfe gekommen war, war die »weiße Frau« verschwunden.

Am nächsten Abend war sie wieder da – und diesmal sahen sie dutzende Zeugen. Das Phänomen wiederholte sich in unregelmäßigen Abständen bis zum 29. Mai 1971, vor hunderttausenden von Menschen aus allen Teilen der Welt, Moslems wie Christen, die erkannten, daß es sich bei der »weißen Frau« um die Gottesmutter handelte. Zuerst erschien sie auf der Kuppel der Kirche in der traditionellen Erscheinungsweise mit Schleier und langem Gewand, ganz wie in Lourdes und Fatima. Dabei schien sie aus reinem, bläulichweißem Licht zu bestehen. Ein Zeuge; *»Maria stand nicht bewegungslos an einer Stelle, es wurde gesehen, wie sich sich vorbeugte und die Menschen schweigend grüßte. Sie bewegte ihre Hüften,* *erhob grüßend und segnend ihre Arme und hielt einige Male so etwas wie einen Olivenzweig«* – das Symbol des Friedens – *»den Menschen entgegen«.* Die Zeugen, die die Bewegungen der Gottesmutter beschrieben, wiesen alle darauf hin, daß man nie ihre Füße sah, daß aber ihr Gewand im Wind wehte. Später sah man sie auch mit dem Jesuskind auf dem Arm oder in Begleitung des Hl. Joseph. Später erschien sie auch zwischen den Bäumen auf dem Hof der Kirche, vor jeder der vier Kuppeln, oder sie ging am Rande des Kirchendaches entlang, um von allen gesehen zu werden, die zu Tausenden um die Kirche herum standen. *»Einmal kam sie in einer durchscheinenden Kugel aus Licht, die auf der Nordostkuppel der Kirche erschien«,* berichtete ein weiterer Zeuge, *»aber von der Seite gesehen handelte es sich nur um ein flaches, zweidimensionales Bild. Das Bild stieg empor zum Himmel und verschwand im Licht des Vollmondes, der gerade über der Kirche stand.«*

Die Länge der Erscheinungen variierte von Nacht zu Nacht, manchmal dauerten sie mehrere Stunden lang. In der Nacht vom 8. auf den 9. Juni 1968 zog sich das himmlische Spektakel gar von 21.00 bis 4.30 Uhr hin. Hunderten von Schaulustigen gelang es, die Phänomene zu fotografieren, tausende von Aufnahmen zeigen die Lichterscheinungen genau so, wie die Zeugen sie beschrieben hatten – und auch einige Begleitphänomene. *»Die Erscheinungen der Gottesmutter waren in der Regel von mysteriösen Lichtern begleitet«,* erklärte Jerome Palmer, o.s.b., ein katholischer Priester des Benediktinerordens aus Indiana/USA, der 1969 und 1971 zu den Erscheinungen nach Ägypten flog und vor Ort mit über 50 Augenzeugen, Christen wie Moslems, sprach. Die Ergebnisse seiner Untersuchung veröffentlichte er in dem Buch *»Our Lady Returns to Egypt«* (*»Unsere liebe Frau kehrt nach Ägypten zurück«*). Palmer: *»Nicht nur, daß die Gottesmutter in einem aufflammenden, hellen Licht erschien, so hell, daß es den meisten Beobachtern unmöglich war, Details zu erkennen. Es erschienen auch blitzende, funkelnde Lichter oder eine Art Wetterleuchten, die meist der Erscheinung eine Viertelstunde vorausgingen. Diese Blitze erschienen manchmal über der Kirche, manchmal in den Wolken über der Kirche, wobei diese wie von einem Baldachin aus Licht eingehüllt wurde.«* Weitere Lichtphänomene waren ein Lichtregen, ein Kreis heller, blitzender Lichter oder eine leuchtende Krone, die über der Mariengestalt schwebte, und ihr *»eine majestätische und ehrfurchteinflößende Erscheinung verlieh«.* Ein Zeuge beschrieb eine *»geheimnisvolle Wolke aus Licht«,* die an einem sonst wolkenfreien Nachthimmel erschien. Ein anderes Phänomen waren mysteriöse »*Vögel aus Licht*«, die, ohne ihre Flügel zu bewegen, mit hohen Geschwindigkeiten den Himmel entlangglitten und manchmal in Formationen, im Dreieck oder im Kreuz flogen.

Schon am 23. April 1968 rief Seine Heiligkeit Anba Kyrillos VI., Patriarch von Alexandrien und Oberhaupt der koptischen Kirche, eine Untersuchungskommission ins Leben, geleitet von Guirguis Matta, dem Generaldirektor des Büros des Patriarchen. Weitere Mitglieder waren der Privatsekretär des Patriarchen, Pater Benjamin Karmel, und Pater Hanna Abdel-Massih, Beauftragter des Ausschusses für Kirchenangelegenheiten. Nach »*persönlichen Begegnungen mit vielen Augenzeugen*« aus »*allen Bevölkerungsschichten, Berufen und Religionen... Gläubigen und Ungläubigen*«, kam die Kommission zu dem Schluß, daß tatsächlich »*die selige Jungfrau zuerst am 2. April erschien und seitdem mehrere Male erschienen ist*« und »*daß diese Erscheinungen von Wunderheilungen begleitet waren.*« Der Patriarch veröffentlichte den Bericht mit der persönlichen Anmerkung, er sei von der Realität des Wunders überzeugt, mehr noch, es sei »*ein Zeichen des Friedens für die Welt und eine große Segnung unseres Landes und seiner Regierung.*«

Zu den in dem Dokument zitierten Augenzeugenberichten zählt auch der des koptischen Bischofs Anba Athanasius von der Beni-Soueif-Diözese, der die Nacht vom 29. auf den 30. April, zusammen mit hunderten von Menschen, vor der Marienkirche von Zeitoun verbracht hatte. »*Um 2.45 Uhr erschien die heilige Jungfrau und die ganze Menschenmenge sah sie*«, erklärte er, »*Sie sah aus wie eine strahlende, in voller Länge phosphorisierende Statue. Nach kurzer Zeit verschwand die Erscheinung wieder, tauchte aber um 4.00 Uhr wieder auf und blieb bis 5.00 Uhr. Während dieser Zeit bewegte sich die Jungfrau nach Westen und streckte währenddessen ihre Hände segnend aus oder neigte ihr Haupt. Ein Kranz aus Licht umgab ihr Haupt. Außerdem sah man glitzernde Körper, bläulich in der Farbe, die wie Sterne aussahen. Das Ganze war überwältigend und großartig.*«

Eine unabhängig davon stattgefundene Untersuchung durch das ägyptische Tourismusministerium kam zu dem gleichen Ergebnis: Die Erscheinungen waren echt. Regierungsbeamte hatten hunderte Zeugen befragt, Angehörige aller Religionsgemeinschaften, darunter auch prominente Moslems wie Mahmoud Abd El-Rahman,

Journalist der Tageszeitung »El-Masas«, Mahmoud Naguip von der Zeitung »Al-Gomhoreya«, Mohamed Raaafat Mahmoud, Chefbuchhalter der staatlichen Ölgesellschaft und Hamdy Hiraz, Abgeordneter von Zeitoun in der Nationalversammlung, dessen Tochter während einer Erscheinung auf unerklärliche Weise geheilt wurde. Auch die Oberhäupter der beiden anderen in Ägypten vertretenen christlichen Kirchen, der katholische Kardinal Istapanos und der griechisch-orthodoxe Erzbischof Dr. Airut, bestätigten die Erscheinungen.

Zudem kam es zu hunderten von Heilungen. Eine gelähmte Muslimin konnte ohne ihre Krücken aufstehen und fortan laufen, ein 40-jähriger wurde von Krebs geheilt, ein Blinder und Stummer konnte wieder sehen und sprechen. Weitere Krankheiten, die auf mysteriöse Weise während der Erscheinungen geheilt wurden, waren Schilddrüsenentzündungen, Lähmungen, Bluthochdruck, Entzündungen und Vereiterungen, Asthma, Nierenentzündungen und Blutsturz, wie eine medizinische Untersuchungskommission unter Leitung von Prof. Dr. med. Shafik Abd-el-Malek dokumentierte, die vom koptischen Patriarchen eingesetzt wurde.

Die Erscheinungen wiederholten sich 1986 über einer anderen koptischen Kirche, der Hl. Demiana-Kirche im Kairoer Stadtteil Shoubra. Vom 25. März – dem Fest »Maria Verkündigung« – bis zum 20. Juni 1986 beobachteten erneut tausende Zeugen, darunter zwei koptische Bischöfe, bei Tag (!) wie bei Nacht auf dem Kirchturm, aber auch innerhalb der Kirche unter der Kuppel und auf der Ikonostase, »leuchtende Gestalten, die von Feuerzungen umrahmt waren und in einem prächtigen Licht wandelten«, wie es im Untersuchungsbericht S. H. Shenoudas III., des neuen Koptischen Patriarchen, heißt. Neben der Gottesmutter waren auch das Christuskind und die hl. Demiana zu sehen gewesen. Die Erscheinungen waren begleitet von »Wunderheilungen an vielen hoffnungslos Kranken. So erlangten Blinde ihre Sehkraft zurück, Kranke mit chronischen Herz- und Nierenleiden wurden ebenso geheilt wie andere Kranke, denen Medikamente vorher keine Hilfe mehr brachten.«

6. Juli 1973, Akita/Japan: Als im Frühjahr 1973 die Katechesin Schwester Agnes Sasagawa ihr Gehör verlor, trat sie auf Anraten ihres Bischofs dem Kloster der »Mägde des Heiligen Herzens Jesu in der Eucharistie«, eines japanischen Nonnenordens, in Akita bei.

Dort widmete sie ihr Leben dem täglichen Gebet, während sie außerhalb der Gebetsstunden mit Handarbeiten beschäftigt war. Am 28. Juni 1973, dem Fest des Heiligen Herzens, betete sie wie jeden Tag vor dem Tabernakel der Klosterkapelle, als sie ein blendendes Licht sah. Dann erkannte sie, wie Engel um den Altar knieten und die Hostie anbeteten. In diesem Augenblick spürte Schwester Agnes einen brennenden Schmerz in ihrer linken Hand – eine kreuzförmige Wunde, ein Stigma (Wundmal) entstand. Am nächsten Tag, einem Freitag, blutete das Wundmal, am Samstag endete die Blutung, nahm der Schmerz ab – die Wunde verheilte.

Am Freitag, dem 6. Juli 1973, erschien ein Engel vor Schwester Agnes, erklärte ihr: »*Die Verletzung der Statue ist schmerzhafter als deine. Steh auf und folge mir.*« Sie begleitete den Engel in die Kapelle, in der eine Statue der »Frau aller Völker«, der Madonna vor dem Kreuz, stand, die jetzt von einem blendenden Licht umgeben war. Obwohl sie taub war, hörte Agnes in ihrem Inneren eine Stimme, die von der Statue zu kommen schien: »*Habe Geduld, wenn deine Wunde dich leiden läßt. Sie wird geheilt, ebenso deine Taubheit. Bete zur Buße für die Sünden der Menschen.*« Am nächsten Tag bemerkten die anderen Nonnen des Konventes, wie sich auf der rechten Hand der Madonnenstatue eine Wunde gebildet hatte, die der auf der Hand von Schwester Agnes glich und aus der Blut floß. Die Schwestern informierten sofort ihren Bischof, John Shojiro Ito, der herbeieilte und selber Zeuge des Wunders wurde.

Am 3. August 1973, sie betete gerade in der Kapelle, sprach die Madonna zum zweiten Mal zu Schwester Agnes:

»*Viele Menschen in dieser Welt beleidigen den Herrn. Damit sie seinen Zorn merken, bereitet der Himmlische Vater ein großes Strafgericht für die Menschheit vor. Ich habe die bevorstehenden Schrecklichkeiten bisher verhindert, indem ich Ihm das Leiden meines Sohnes am Kreuz anbot, zusammen mit den Seelen der Gläubigen, auf daß Er besänftigt würde.*

Nur Gebet, Buße und mutiges Opfer kann den Zorn Gottes besänftigen. Daher erbitte ich all diese von den Mitgliedern Eures Ordens.«

Am 29. September 1973, dem Festtag des Erzengels Michael, verschwand die »Wunde« der Statue ebenso plötzlich, wie sie erschienen war. Am selben Abend war die Madonna wieder von einem unheimlichen Licht umgeben, als sie Tropfen einer Flüssigkeit auszuschwitzen schien. Als die Nonnen sie abtupften, bemerkten sie, daß der gesamte Raum von einem mystischen Wohlgeruch erfüllt war.

Zwei Wochen später, am 13. Oktober 1973, dem Jahrestag der letzten Erscheinung von Fatima, sprach »die Frau aller Völker« zum dritten Mal zu Schwester Agnes. Was sie ihr jetzt enthüllte, ist nach Ansicht von Bischof Ito der authentische Text des »Dritten Geheimnisses« von Fatima:

»Wie ich schon früher sagte, wird der himmlische Vater, wenn die Menschen nicht bereuen und sich bessern, über die ganze Menschheit ein ungeheures Strafgericht verhängen, das schlimmer als die Sintflut sein wird. Feuer wird vom Himmel fallen und in der Katastrophe werden zahlreiche Menschen umkommen. Auch Gute werden mit den Bösen, auch Priester werden mit den Gläubigen sterben. Die Überlebenden werden so sehr leiden, daß sie die Toten beneiden. Die einzigen Waffen, die bleiben, sind der Rosenkranz und das Zeichen, das der Sohn hinterlassen hat. Betet täglich den Rosenkranz. Betet den Rosenkranz für die Bischöfe und Priester.

Die Machenschaften des Teufels dringen bis in das Innere der Kirche hinein. Kardinäle werden Kardinälen, Bischöfe werden Bischöfen feindlich gegenüberstehen. Die Priester, die mich verehren, werden von ihren Amtsbrüdern verachtet und angegriffen, Altäre und Kirchen werden verwüstet werden. Die Kirche wird voll von Menschen sein, die Kompromisse machen. Vom Teufel verführt, werden zahlreiche Priester und Ordensleute abfallen. Der Teufel wird besonders die dem Vater geweihten Seelen bearbeiten. Der Verlust zahlreicher Seelen betrübt mich.«

Das war die letzte Botschaft, die Schwester Agnes von der Gottesmutter erhielt, doch keinesfalls das Ende der Wunder von Akita. Zwischen dem 4. Januar 1975 und dem 15. September 1981 vergoß die Madonnenstatue Tränen – genau einhundertundein Mal. Eine Untersuchung einer von den Schwestern entnommenen Probe der Tränen im Institut für Biochemie der Universität von Akita durch Prof. Dr. Eiji Okuhara und Dr. med. Kaoru Sagisaka ergab, daß es sich bei ihnen tatsächlich um menschliche Tränenflüssigkeit handelte. Am 1. Mai 1982 wurde Schwester Agnes von ihrer Taubheit geheilt. Die Erscheinungen und Ereignisse von Akito wurden von den japanischen Bischöfen untersucht und als »übernatürlichen Ursprungs« anerkannt, ein Ergebnis, das Bischof Ito am Ostersonntag, dem 22. April 1984, offiziell bekanntgab. »Die Botschaften, die in Akita gegeben wurden, sind dieselben wie die Unserer

Lieben Frau von Fatima«, erklärte der Bischof und bezog sich damit auf die dritte Botschaft von Akita, die zumindest vom Inhalt, vielleicht auch im Wortlaut dem dritten Geheimnis von Fatima zu entsprechen scheint, das 13 Jahre zuvor vom Papst bekanntgegeben werden sollte.

24. Juni 1981, Medjugorje/Bosnien-Herzegowina: Medjugorje ist ein Bergdorf in Bosnien-Herzegowina, einer Region, die seit Jahrhunderten von ethnischen und religiösen Konflikten zwischen Katholiken, Orthodoxen und Moslems heimgesucht wird. Diese schwelenden Konflikte waren es, die schließlich 1991 einen Bürgerkrieg auslösten, der vier Jahre lang vor den fassungslosen Augen einer erschütterten Weltöffentlichkeit tobte und Tausende von Todesopfern forderte. »Medjugorje« heißt wörtlich »Zwischen den Bergen«. Auf einem der Berge errichteten die Katholiken des Dorfes im Heiligen Jahr 1933 ein Betonkreuz im Gedenken an den 1900. Jahrestag der Kreuzigung Christi, was fortan der 1300-Meter-Anhöhe den Namen Krizevac, »Kreuzberg«, gab. Ihm gegenüber liegt ein kleinerer Berg, der Podbrdo. Über ihm schwebte am Nachmittag des 24. Juni 1981, dem Fest Johannes des Täufers, eine mysteriöse Lichtkugel, in der zwei Teenager, die 16-jährige Mirjana Dragiecevic aus Sarajevo und ihre 15-jährige Freundin Ivanka Ivankovic aus Mostar, die Gestalt einer wunderschönen Frau erkannten. Erschreckt liefen die beiden Mädchen zum Haus ihrer Verwandten, bei denen sie zu Besuch waren. Später, es war bereits abend, machten sie sich mit ein paar Freunden erneut auf den Weg zu dem Berg, wo noch immer (oder wieder) die Lichtkugel mit der schönen Frau schwebte, diesmal mit einem Kind auf dem Arm. Ungläubig und ängstlich kehrten die Teenager nach Hause zurück, diskutierten die ganze Nacht hindurch mit ihren Familien, was sie gesehen haben könnten: Den Teufel, die Gottesmutter oder eine Halluzination. »Sie war so wunderschön, ich wußte, sie kam aus dem Himmel«, war sich eine von ihnen, die 16-jährige Vicka, sicher. Am nächsten Nachmittag machten sich die Jugendlichen erneut auf den Weg an die Stelle, an der ihnen die Madonna erschienen war: Vicka und Mirjana, Ivanka und Marija, der 9-jährige Jacov und der 16-jährige Ivan. Als sie den Hügel hinaufstiegen, sahen sie »eine Mauer aus Licht«, die vom Himmel zur Erde blitzte, so hell und strahlend, daß sie fürchteten, der Fels würde schmelzen. Sie liefen davon, drehten sich aber nach 30 Metern um,

um zu sehen, ob die Lichtwand ihnen folgte. Zu ihrem Erstaunen sahen sie stattdessen, wie sie sich in Richtung des Kreuzberges bewegte, während hinter ihr eine Frau von geradezu blendender Schönheit erschien. Wieder liefen sie 20 Meter, dann hielten sie inne, um noch einmal nach der Frau zu sehen: Sie strahlte so hell, als sei sie »mit der Sonne bekleidet«. Die Angst übermannte sie, sie liefen ins Dorf zurück, erzählten jedem von ihrem Erlebnis. »Erzählt so etwas nicht. Das ist eine Sünde. Wie könnt ihr behaupten, ihr hättet die Gottesmutter gesehen?« schalten sie ihre Eltern. Aber im Dorf hatte sich die Begegnung schnell herumgesprochen. Die ganze Nacht hindurch mußten die Jugendlichen wieder und wieder ihre Geschichte erzählen.

Als sie am nächsten Tag erneut an die Stelle gingen, folgte ihnen das halbe Dorf, einige in Wagen, auf Fahrrädern oder mit Eselkarren. Drei Lichtblitze über dem Hügel hatten ihnen signalisiert, daß es an der Zeit war, die Madonna zu treffen. Über 5000 Menschen waren versammelt, als die Teenager zu beten begannen. Dann kam ein Licht von den Bergen herunter, umgeben von blitzenden Lichtern. Als die Lichtblitze endeten, stand vor ihnen die schöne Frau in strahlendem Weiß, mit einem Lächeln von unbeschreiblicher Güte. Dann stand Vicka auf. Sie hatte einen Krug voll Weihwasser mitgebracht, den ihr jemand aus dem Dorf gegeben hatte, verspritzte das Wasser in Richtung der Frauengestalt: »Wenn Du Satan bist, weiche von uns!« Die Frau lächelte nur milde, sprach dann: »*Oh nein, ich bin die ›Gospa*«, die Madonna, »*fürchtet Euch nicht, meine Engel. Ich bin die Mutter Gottes. Ich bin die Königin des Friedens. Ich bin die Mutter aller Völker.*« Vicka drehte sich zu den Menschen um: »Seht ihr jetzt, daß wir die Wahrheit gesagt haben?« Niemand, außer den Kindern, sah die Gottesmutter, doch sie alle waren geblendet von einem hellen Licht, vor dem die Kinder in Ekstase knieten, und das sie schließlich überzeugte. Die Priester kamen, die lokalen Franziskaner, der Bischof – und die Erscheinungen setzten sich fort, fast täglich um 18.40 Uhr, und immer vor Tausenden von Menschen.

Das erregte bald das Mißtrauen der kommunistischen Behörden des damaligen Jugoslawiens. Sie befürchteten, die Erscheinungen könnten von den katholischen Kroaten als Zeichen zur inneren Stärkung des nationalen Selbstbewußtseins verstanden werden. Die sechs Seherkinder wurden mehrfach zu intensiven Verhören geladen, der Gemeindepfarrer, Pater Jozo Zovko, bald ein begeisterter Fürsprecher der Erscheinungen, zu einer längeren Gefängnisstrafe wegen »Subversion« verurteilt. Schließlich wurde es sogar den Kindern und den Gläubigen verboten, die Erscheinungsstätte zu betreten, woraufhin die Gottesmutter ihre täglichen Erscheinungen in die Pfarrkirche verlegte. Den lokalen Franziskanern kam dies gerade recht, sie bauten die Erscheinungen in eine regelrechte Liturgie ein, begleitet von einer Rosenkranzandacht vorher und einer Hl. Messe danach.

Daraus entstand ein zweiter Konflikt, oder besser: das Wiederaufflammen einer jahrhundertealten Rivalität zwischen den Franziskanern und dem lokalen Klerus. So kam eine Untersuchungskommission, die von dem Bischof von Mostar einberufen wurde, zu einer negativen Bewertung. Doch da kam Medjugorje der Vatikan zu Hilfe: Aus Rom kam die Anweisung an den Bischof, eine neue Kommission unter Leitung von Kardinal Franjo Kuharic einzusetzen, die – weil die Erscheinungen noch andauern – noch zu keiner endgültigen Beurteilung gekommen ist. Dem Vernehmen nach steht Johannes Paul II. den Erscheinungen von Medjugorje positiv gegenüber. Er ermunterte Pilger, in das Balkandorf zu reisen, und erklärte 1984 Bischof Paul Hnilica: »Medjugorje ist die Fortsetzung von Fatima«.

Seitdem sind über 20 Millionen Pilger nach Medjugorje gekommen, um regelmäßig zu festgesetzten Tagen um 18.40 Uhr im Sommer und 17.40 Uhr im Winter Zeuge der Erscheinungen und immer neuer Marienbotschaften zu werden. Zahlreiche Heilungen wurden verzeichnet, aber auch Bekehrungen und Erneuerungen geistlicher Impulse. *»Ich werde euch Botschaften geben, wie nie zuvor in der Geschichte seit Anbeginn der Welt«*, versprach die Gottesmutter den Kindern. Der Kern ihrer Lehre:

»Friede. Nur Friede! Ihr müßt Frieden suchen. Es muß Frieden auf Erden sein! Ihr müßt mit Gott und einander versöhnt werden! Friede! Nur Friede!«

Die Botschaften der »Königin des Friedens« setzten sich fort, als rund um Medjugorje der blutigste Bürgerkrieg der europäischen Geschichte tobte. Medjugorje blieb wie durch ein Wunder verschont. Nicht ein Pilgerbus wurde beschossen, nicht ein Geschoß auf das Bergdorf gefeuert – die Erscheinungsstätte wurde zur Oase des Friedens, zum Auge im Zentrum des Hurricanes, um das herum das Chaos tobte. Das Rezept der »Königin des Friedens«:

»Friede in Euren Herzen, Friede in Euren Familien, dann Friede in der Welt!« Und: *»Gebet verändert alles Leben auf der Erde und danach.«* Zu dem Bürgerkrieg in Ex-Jugoslawien, der auch ein Religionskrieg war, hatte die Gottesmutter ihre eigene Botschaft: *»Sage jedem, daß Ihr es seid, die die Erde aufgeteilt haben. Die Moslems und die Orthodoxen ebenso wie die Katholiken sind gleich vor meinem Sohn und mir. Ihr seid alle meine Kinder. Gewiß, nicht alle Religionen sind gleich, aber alle Menschen sind gleich vor Gott. Es reicht nicht aus, Mitglied der katholischen Kirche zu sein, um gerettet zu werden. Es ist wichtig, den Geboten Gottes zu gehorchen und seinem Gewissen zu folgen. Jene, die keine Katholiken sind, sind nicht weniger Kreaturen nach Gottes Ebenbilde und sind nicht weniger dazu bestimmt, im Hause Gottes, unseres Vaters zu leben. Erlösung kann jeder ohne Ausnahme erlangen. Mein Sohn Jesus erlöste alle Menschen auf der Erde.«*

Ihr Anliegen stattdessen: Frieden und Gerechtigkeit für alle. *»Die Heilige Jungfrau zeigte mir Afrika und die vielen Schwarzen, die dort leben«,* erklärte Jelena, die seit 1982 Visionen der Madonna hat.

»Ich sah eine Mutter, die ihr Kind in den Armen hielt. Sie lebten in einer Hütte aus Stroh. Sie waren hungrig. Niemand hatte etwas zu essen. Nicht die Nachbarn, niemand. Das Kind verhungerte und die Mutter weinte. Die Nachbarn weinten, weil sie nicht helfen konnten. Sie fragten: ›Gibt es jemanden, irgendwo, der uns Wasser und ein wenig Brot geben könnte?‹. Die Gottesmutter sagte: ›Siehst Du, wie sie leben? Gibt es niemanden, der diese deine Brüder und Schwestern liebt?‹ Die Gottesmutter zeigte mir dann Asien. Ein Krieg tobte. Ich sah Männer, die einander töteten. Die Menschen schrien. Alle waren in Panik. Es war schrecklich. Dann zeigte die Gottesmutter mir Amerika. Da war viel Luxus, viel Schönheit. Ich sah junge Menschen, die Drogen schnupften oder sich spritzten. Sie dachten, sie wären glücklich, doch die Gottesmutter sagte, sie wären sehr krank, wenn sie dies täten. Sie litten ebenso wie die anderen, die ich sah.«

Wie in Fatima, so sah die Madonna auch in Medjugorje Rußland als *»das Land, in dem Gott eines Tages am meisten verherrlicht wird. Der Westen hat eine weitentwickelte Zivilisation, aber ohne Gott, als wäre er sein eigener Schöpfer.«*

Ivanka und Mirjana wurden von der Madonna »zehn Geheimnisse« mitgeteilt, wonach sie ihnen nur noch einmal im Jahr erschien, während die anderen vier Seher nach wie vor täglich ihre Visionen haben. Die zehn Geheimnisse, so die Mädchen, beinhalten mit genauen Zeitangaben Züchtigungen für die Menschheit und »die letzten Kapitel der Geschichte der Welt«. Alle vorausgesagten Ereignisse, so hatte ihnen die Madonna versichert, würden sich noch in ihrer Lebenszeit zutragen, und diejenigen, die die Katastrophen überlebten, hätten nur noch wenig Zeit, sich zu bekehren. Nach der Erfüllung der Geheimnisse werde die Heilige Jungfrau nicht mehr auf der Erde erscheinen. Jeweils zehn Tage vor dem Eintreffen eines der Geheimnisse will Mirjana dieses Pater Ljubicic enthüllen, der die Aufgabe hätte, die Welt zu informieren. Das erste Geheimnis, so die Mädchen, würde die Macht Satans über die Welt brechen. Das dritte Geheimnis sei ein permanentes, unzerstörbares Zeichen auf dem Erscheinungshügel von Medjugorje, das man nicht berühren, aber fotografieren könnte, ganz wie es auch in Garabandal erscheinen soll. Seinem Erscheinen würde eine kurze Zeit der Gnade und Bekehrung folgen – doch *»jene, die dann noch leben, haben nur eine kurze Zeit, sich zu bekehren«.* Nach Eintreffen des zehnten Geheimnisses werden *»jene, die noch leben, in Einklang mit Gott gehen. Liebe und Unschuld und Reinheit werden in Gottes heiligem Haus des Gebetes herrschen.«*

Die Kinder beschrieben die Erscheinung so: *»Wir sehen die Gospa, wie man einen Menschen sieht: Sie hat schwarzes, leicht gelocktes Haar und blaue Augen. Schlank, schön, durchsichtig... ich möchte sie nur betrachten, nur sehen. Wie schön sie ist! Sie trägt einen weißen Schleier und dieses Kleid darunter... Die Klangfarbe ihrer Stimme läßt sich nicht beschreiben. Als ob sie singen würde.«* Ein Licht zeigt ihr Kommen an, zuerst durch ein dreifaches, später ein einfaches Aufblitzen.

Eine Reihe wissenschaftlicher Untersuchungen bestätigte die Echtheit der Erscheinungen von Medjugorje. Die erste psychologische Untersuchung der Seherkinder fand bereits vom 27. bis 29. Juni 1981 auf Anordnung der Behörden statt. Zwei Ärztinnen der psychiatrischen Kliniken in Citluk und Mostar, Dr. Ante Bijevic und Dr. Dzudza, kamen nach einer eingehenden Befragung der Jugendlichen zu dem Schluß: »Verrückt sind die, die euch hierhergebracht haben. Ihr seid durch und durch normal.« 1982 und 1983 kamen Untersuchungen des Psychiaters Dr. Ludvik Stopar zu demselben Ergebnis: Neuropsychiatrische, psychologische und somatologische Tests bewiesen, daß die Teenager keinerlei psychopathologischen Merkmale aufwiesen. Italienische Ärzte, die ähnliche Tests durchführten, darunter Dr. Maria F. Magatti, Dr. Lucia Capello,

Dr. Mario Botta, Dr. Enzo Gabrici, Dr. Anna M. Franchini u.a. bestätigten diese Einschätzung.

Besondere Aufmerksamkeit schenkten Psychiater, Ärzte und Psychologen den Ekstasen der Seher, die dieselben Merkmale wie bei den Erscheinungen von Garabandal aufwiesen. So wies Dr. Luciano Capello auf die »drei Synchronismen« während der Visionen der Gottesmutter hin:

1. Die Seher fallen simultan auf die Knie. Ihre Stimmen sind wie ausgeschaltet, lautlos bewegen sich ihre Lippen.

2. Erst beim Beten des Vaterunsers werden ihre Stimmen jeweils beim dritten Wort wieder hörbar.

3. Am Ende der Erscheinung bewegen sich Köpfe und Augen simultan nach oben, wenn sie der entschwindenden Erscheinung nachschauen.

Sein Kollege Dr. Enzo Gabrici erklärte: »*Keine auch nur vorübergehende Bewußtseinsstörung, keine vasomotorische Veränderung des Gesichts, keine Seitenblicke oder wie immer geartete Zeichen der Sehenden, die den Synchronismus beim Niederknien erklären können. Alle schauen auf denselben Fixpunkt in Richtung des Kreuzes (das ziemlich hoch angebracht ist) und knien wie unter dem Antrieb eines einzigen Impulses nieder... Die klinische Beobachtung schließt halluzinatorische Phänomene aus, ebenso die Komponenten des epileptischen Syndroms oder anderer Störungen, die eine Bewußtseinsänderung hervorrufen können. Zudem fand ich keine Symptome einer hypnotischen Suggestion, zumal diese mit dem Vergessen des in der Hypnose erlebten endet. Die Seher vermögen alles, was sie erlebt haben, sehr klar zu berichten.*«

Die Ergebnisse einer ganzen Reihe von Tests im Rahmen »wissenschaftlicher und medizinischer Studien der Erscheinungen von Medjugorje« veröffentlichten Pater Rene Laurentin und Prof. Henri Joyeux in dem gleichnamigen Bericht. So testete Dr. Maria Frederica Magatti die Tiefe der Ekstase durch Rufe, Berührungen und Nadelstiche – die Kinder reagierten nicht, zuckten nicht einmal, als sie ihnen eine Nadel ins Fleisch stach. Auch als sie ihnen mit einem 1000-Watt-Projektor direkt in die Augen leuchtete, zeigte sich keine Wirkung: Weder die Pupillen noch der Blinkrhythmus der Augenlider veränderten sich.

Im Sommer 1984 führte Prof. Henri Joyeux, Neurologe der Universität Montpellier, zusammen mit seinem Team eine Reihe von Tests durch, bei denen die Seher vor den Erscheinungen an ein

Elektro-Enzephalogramm (EEG) angeschlossen wurde, das ihre Gehirnwellen messen sollte. Das Ergebnis: Die Kinder »befanden sich in einem Alpha-Rhythmus. Das ist der Zustand der Wachheit und Empfänglichkeit, der Rhythmus des Kontemplativen im tiefen Gebet« oder dem Zustand der Meditation – während einer Aktivität oder im Gespräch ist der Mensch im Beta-Rhythmus. Vor der Vision befinden sich auch die Jugendlichen im Beta-Rhythmus, doch wenn sie in Ekstase fallen, treten sie sofort in den Alpha-Zustand ein. »Dieses EEG-Ergebnis«, so Prof. Joyeux, »schließt Epilepsie aus. Zusammen mit der klinischen Observation schließen die Tests Halluzinationen im pathologischen Sinne aus.« Ein Augentest zeigte zudem, daß bei allen Sehern gleichzeitig zu Beginn der Erscheinungen die natürliche Bewegung der Augäpfel aussetzte. Die Pupillen blieben starr, der Blick war »mit außergewöhnlicher Unbeweglichkeit« auf die Erscheinung gerichtet. Der Blinkrhythmus der Augenlider setzte entweder völlig aus (bei Vicka und manchmal bei Ivan) oder wurde auf die Hälfte reduziert. Jede Augenbewegung, die in Verbindung mit externen Reizen stünde, blieb bei allen gleichermaßen aus. Die Sehenden »werden von der Erscheinung in gleicher Weise beeinflußt, obwohl ihre Wahrnehmungen relativ unabhängig voneinander sind: Die Jungfrau kann einem von ihnen eine Botschaft übergeben, ohne daß die anderen es hören, und sie können gleichzeitig voneinander unabhängige Unterredungen führen. Häufig aber empfangen sie alle zusammen eine überraschende Botschaft und berichten darüber in derselben Weise.«

Die Schlußfolgerung des Professors: »*Es gibt eine reale Kommunikation ... bei der keine gewöhnlichen Sinneskanäle benutzt weden (die außer Kraft gesetzt und immobilisiert wurden), die stattdessen auf eine direktere Weise auf einer spirituellen Ebene stattfindet.*«
Und: »*Die Tatsache, daß die Distanz zwischen der Jungfrau und den Visionären nicht im Rahmen von Raum, sondern eher von Dauer (Zeit) bestimmt ist, hilft uns, das fundamentale Paradoxon der Erscheinungen zu erkennen: ihr objektiver Realismus für die Visionäre, selbst wenn der gewöhnliche sensorische Mechanismus außer Kraft gesetzt wird. Es ist unmöglich, auf dieselbe Weise ein Objekt in unserer Raum-Zeit wahrzunehmen, das in die Materialität unserer Welt eingefügt ist, wie ein sichtbares Objekt, das zu einer anderen Ordnung der Dauer (Raum-Ewigkeit) gehört, und das sich in unserer Welt*

manifestiert, ohne den materiellen Determinismus unserer Welt zu
stören. Die Jungfrau manifestiert sich an einem Punkt unserer Raum-
zeit-Dimension, ohne sie zu stören, ohne in sie einzubrechen, wie es
ein Raumschiff aus einer anderen Welt machen würde. Ihre Lokalisie-
rung, obwohl sehr wohl bestimmt, was die Seher betrifft, bleibt myste-
riös, weil die Realität, die sie einrahmt – eine Wand, ein Altar in der
Erscheinungskirche – im selben Augenblick verschwindet. Dieses Ver-
schwinden der umgebenen Welt, zusammen mit dem Verschwinden
der Sinneswahrnehmung, die mit ihm einhergeht, demonstriert die
Heterogenität der Dauer dieser anderen Welt. Diese Welt ist die Welt
Gottes, und die Jungfrau gehört zu ihr, und die Visionäre kommu-
nizieren mit ihr auf eine Weise, die direkter und unmittelbarer ist als
eine gewöhnliche Sinneswahrnehmung. Die sichtbare Erscheinung ist
kein Absolutum. Es ist ein Kontakt mit dem Absoluten, aber
beschränkt und relativ. Kommunikation findet durch ein Zeichen
statt, das dieser Welt angepaßt ist...
Jedes Zeichen hat seine Begrenzungen und seine eigenen besonderen
Charakteristiken. Es bringt uns nicht die Totalität der Realität, son-
dern nur einen Aspekt dieser...
Die relative Natur der Erscheinung wurde deutlich, als zwei der
Visionäre ihre ›Expedition‹ in den Himmel, zur Hölle oder ins Fege-
feuer beschrieben. Diese Visionen, im Stil einer Ikone, zeigen Merk-
male einer abstrakten Natur, der Begrenzungen und symbolischen
Adaption des Zeichens: weiße Gewänder und Felder, die an ›grüne
Weiden‹ denken lassen. Die Rezeptivität dieser Heranwachsenden und
die individuellen Charakteristiken eines jeden beeinflussen ihre Wahr-
nehmung: wird dem Rechnung getragen bei den Lehren der Jungfrau
oder der ganz besonderen Art, auf die jeder von ihnen sie empfängt?
›Was auch immer empfangen wird, wird dem Maß des Empfängers
entsprechend empfangen‹ (quidquid recipitur ad modum recipientis
recipitur), sagte Thomas von Aquin.«

Zudem kam es immer wieder zu »Durchbrüchen« dieser anderen
Realität, die oft von Tausenden von Zeugen beobachtet wurden.
Von Anfang an waren die Erscheinungen von Medjugorje von
mysteriösen Lichtphänomenen begleitet. Zentrum dieser Phänomene war meist der »Kreuzberg«, und immer wieder beobachteten Pilger, wie das simple Betonkreuz bei Nacht so hell strahlte, als
würde es aus Neonröhren bestehen. Anfang Juli 1981, als die
Erscheinungsstätte von den Behörden abgesperrt wurde, erschien
über dem Hügel mit leuchtenden Buchstaben das Wort »MIR« –

»Frieden«. Am 2. August 1981 beobachteten etwa 150 Zeugen ein Sonnenwunder wie in Fatima: Die Sonne begann, um ihre Achse zu rotieren, schoß auf die Anwesenden hinunter, um an ihre himmlische Position zurückzukehren. Weitere Sonnenphänomene folgten am 16. August, 25. November und 7. Dezember 1984. Im Oktober 1981 beobachtete das ganze Dorf von Medjugorje ein Feuer, das die Nacht hindurch auf dem Erscheinungshügel brannte, der nach wie vor von der Polizei abgesperrt war. Als es am nächsten Tag einem Dorfbewohner gelang, auf den Hügel zu klettern, fand er keine Spuren einer Feuerstelle. *Das war ein Vorläufer des großen Zeichens. Alle diese Zeichen werden uns gegeben, um euren Glauben zu stärken, bis ich das ständige Zeichen sende«*, erklärte die Gottesmutter am nächsten Tag den Kindern. Am 19. Dezember 1981 meldete die Gemeindezeitung: *»In den letzten Tagen wurde ein weißes Licht über dem Krizevac beobachtet: Eine weiße Gestalt unter dem Kreuz; und danach wurde das Kreuz weiß. Heute um 11.30 Uhr verwandelte sich das Kreuz in eine dünne weiße Säule, dann nahm es die Form einer schlanken weißen Gestalt der Gottesmutter an; wie eine Silhouette, mit weit geöffneten Armen in verschiedene Richtungen, geformt wie ein Kreuz. Zahlreiche Augenzeugen an verschiedenen Stellen nahmen dieses Zeichen wahr.«*

1984 filmten zwei Zeugen, Piero Sestini aus Florenz und Louis Desrippes aus Bordeaux, den »Kreuzberg«, als das Kreuz auf mysteriöse Weise verschwand und wieder erschien. In Desrippes Film verwandelte sich das Kreuz in eine graue Kugel, auf der die Silhouette einer Frau zu erkennen war. Am 25. Juni 1984 sah eine Gruppe von Betenden, wie ein »großer Stern« über den Krizevac-Berg erschien und wieder verschwand.

Offensichtlich ist Medjugorje das »Fatima der neunziger Jahre« und steht nach Garabandal in direkter Nachfolge der bedeutendsten Marienerscheinung dieses Jahrhunderts. Bis auf den heutigen Tag finden hier Erscheinungen statt, werden regelmäßig Botschaften verkündet, Wunder und Phänomene beobachtet. Wer ernsthaft nach einer Begegnung mit dem Phänomen der Marienerscheinungen sucht, in Medjugorje wird er sie finden. Über 20 Millionen Pilger sind seit 1981 in das Balkandorf gereist, über 330 Heilungen wurden bislang aus Medjugorje vermeldet. Und, wie die »Gospa« angekündigt hat, es geht weiter, bis ans Ende aller Tage...

28. November 1981, Kibeho/Ruanda: Zwischen dem 28. November

1981 und dem 28. November 1988 hatten sieben Jugendliche – Alphonsine, Anathalie, Marie Claire, Stephanie, Agnes, Vestine und Segatashya – in Ruanda Marienerscheinungen, die auf geradezu gespenstische Weise das apokalyptische Völkerschlachten ankündigten, das Mitte der neunziger Jahre das Land verwüstete. Drei der Seher waren Schüler einer von Nonnen geleiteten Schule in Kibeho, die anderen vier lebten im Busch. Ihr Alter lag zwischen 13 und 23. Vestine, die älteste Seherin, war Muslimin, der zweitjüngste, Sagstasha, dessen Eltern der Stammesreligion folgten, hatte noch nie zuvor den Namen Jesus gehört.

Allen sieben Kindern erschien die Gottesmutter oder Jesus unabhängig voneinander während alltäglicher Aktivitäten. Als Agnes, eine 22-jährige aus einer katholischen Familie, ihre Erscheinungen hatte, sahen Zeugen, wie die Sonne zu rotieren begann. Einmal erschienen zwei Sonnen am Himmel, ein anderes Mal schienen zwei Linien die Sonne in drei gleiche Teile zu teilen. Vestine, die Muslimin, fiel drei Tage lang, vom Karfreitag bis Ostersonntag (1.–3. April) 1983, in eine tiefe Trance. Sie erklärte später, sie sei in dieser Zeit mit der Gottesmutter an Orte außerhalb der Erde gereist. Sie besuchte »*ein weites Universum, verschieden von dem unsrigen und von jedem, das wir kennen oder uns auch nur vorstellen können.*« Die Madonna zeigte ihr ein immenses Feuer. Doch sie erklärte dem Mädchen, daß die Hölle kein Feuer sei, sondern ein Ort, an dem man unter der Getrenntheit von Gott leidet. Sie besuchte einen weiteren Ort, an dem Kinder beteten und sangen, aber unglücklich zu sein schienen. »*Das Fegefeuer*«, so die Gottesmutter, »*ist eine Stätte der Rückbesinnung, bevor man Gott erreicht.*« Sie forderte alle Kinder auf, viel für die Bekehrung der Welt zu beten.

Sagstasha, der Junge aus dem Busch, erhielt eine umfangreiche katechistische Unterweisung von der Gottesmutter, die selbst Geistliche erstaunte. Er ließ sich auf den Namen Emmanuel taufen. Einmal erschien ihm Jesus, erklärte: »*Die Welt ist voller Haß. Du wirst wissen, daß meine Wiederkunft bevorsteht, wenn Du einen Ausbruch religiöser, ethnischer und Rassen-Kriege erlebst. Wisse dann, daß ich auf dem Weg bin*«. Schließlich erteilte er ihm den Auftrag, in Ruanda und seinen Nachbarländern missionierend zu wirken. Er reiste herum und predigte, wodurch es zu einer Reihe von Bekehrungen kam.

Bei ihrer Erscheinung vom 19. August 1982 vergoß die Gottesmutter Tränen, und die Seherkinder weinten mit ihr. Dann zeigte sie ihnen eine Vision von der Zukunft Ruandas. Sie sahen einen Fluß von Blut, der sich über die Straßen ergoß, die von verstümmelten Leichen gesäumt waren. Überall wurde gekämpft, die Hölle schien sich geöffnet zu haben. Dann sprach die Jungfrau zu Anathalie: »*Die Welt hat Zähne. Sünden sind zahlreicher als Wassertropfen im Meer. Die Welt eilt kopfüber ihrer eigenen Zerstörung entgegen.*«

Am 15. August 1988 wurden die Erscheinungen von Kibeho vom römisch-katholischen Bischof von Butare/Ruanda, Monsignore Jean Baptiste Gahamanyi, anerkannt, ein Pilgerstrom setzte ein. »*Die Welt geht zuende. Der ewige Jesus ist hier. Das Ende der Welt ist keine Strafe, es wurde immer schon vorhergesagt. Die Königin der Engel kommt und rät uns, uns auf das Kommen ihres Sohnes vorzubereiten. Wir müssen mit Jesus leiden, beten und Apostel sein, die seine Rückkehr vorbereiten*«, erklärte Alphonsine, eines der Seherkinder.
Die Verehrung der Gottesmutter von Butare wurde jäh unterbrochen, als der Bürgerkrieg ausbrach. Die Stämme der Hutu und Tutsi veranstalteten eines der größten Massaker der Geschichte. Von den 8,2 Millionen Bewohnern von Ruanda wurde eine Million dahingeschlachtet, 2,4 Millionen flohen. 150.000 fielen Seuchen zum Opfer, die sich in den Flüchtlingscamps ausbreiteten. Über 100 Geistliche, darunter der Bischof von Kigali, wurden getötet, Dutzende von Kirchen verwüstet. Mindestens drei der Visionäre kamen während der Massaker ums Leben, das Schicksal von zwei weiteren ist ungewiß, zweien gelang es, ein Flüchtlingscamp zu erreichen.
Das Beispiel der Erscheinungen von Ruanda zeigt, wie ernst die Warnungen zu nehmen sind, die uns über die Marienerscheinungen erreichen. Durch den schrecklichen Bürgerkrieg, dessen Bilder uns allen in furchtbarer Erinnerung geblieben sind, wurde die Vision vom 19. August 1982 wahr. Möglicherweise hätte diese Katastrophe verhindert werden können, wenn man ihren Rat angenommen hätte. In einem anderen Fall war es die Gottesmutter selbst, die ein Dahinschlachten von Unschuldigen verhinderte: Es waren Gläubige, Menschen, die mit dem Rosenkranz in der Hand gegen ein ungerechtes Regime auf die Straße gingen. Unübersehbar griff wieder einmal eine Marienerscheinung in die Geschichte ein.
24. Februar 1986, Philippinen: Während der Volksaufstände

gegen Präsident Marcos soll es zu einer Marienerscheinung gekommen sein. Der US-Journalistin June Keithley zufolge war es am 24. Februar 1986, dem Tag vor Marcos fluchtartiger Abreise nach Hawaii, als Hunderttausende Philipinos mit religiösen Gesängen, Gebeten und Fastenübungen für politische Reformen demonstrierten. Es war einer der größten und friedvollsten Volksaufstände der Geschichte. Die Menschen auf den Straßen beteten Rosenkränze, trugen Marienstatuen und verteilten Blumengirlanden. Regierungstruppen erhielten Befehl, die Demonstrationen aufzulösen. Als ihre Panzer anrollten, stellten sich ihnen Nonnen in den Weg, während Menschen den Soldaten Blumen oder Speisen überreichten. Doch plötzlich erteilte ein Offizier den Befehl zum Angriff gegen die Demonstranten. In diesen Augenblick, so Keithley, die über die Demonstration vor Ort für das amerikanische Fernsehen berichtete, erschien »*eine wunderschöne Frau, in ein immens helles Licht gehüllt und wie eine Nonne gekleidet*«, direkt vor den Panzern. »*Sie streckte ihre Arme aus und sprach mit lauter Stimme, für jedermann hörbar:* ›*Tötet mein Volk nicht!*‹. Die Soldaten in den Panzern sahen und hörten offenbar die schöne Frau, denn sie legten sofort ihre Waffen nieder und weigerten sich, auf ihre Mitmenschen zu schießen, erklärte Keithley.

24. Mai 1985, Oliveta Citra/Italien: Am 24. Mai 1985, dem Fest des Ortspatrons St. Macario, spielten zwölf Kinder, acht bis zehn Jahre alt, auf dem kleinen Platz vor der Apotheke unter der mittelalterlichen Burg des 4000-Seelen-Städtchens. Im Hintergrund war Musik zu hören, von dem Volksfest, das gerade auf der Piazza Garibaldi stattfand. Plötzlich sahen die Kinder einen Lichtstrahl, der aus der Richtung der Burg vom Himmel fiel, »wie eine Sternschnuppe«, und auf sie zuschoß. Zuerst dachten die Kinder an ein UFO, dann sahen sie, daß in dem Licht eine wunderschöne Frau stand, die ein Kind in den Armen hielt und sie anlächelte. Erschreckt liefen einige der Kinder in eine nahegelegene Bar und erzählten, was sie gesehen hatten. Anita, eine 20-jährige Kellnerin, ging nach draußen und sah ebenfalls die Madonna. »*Du wirst mich nachts wieder sehen*«, hörte sie ihre Stimme. Sie erlitt einen Schock und mußte kurzfristig ins Krankenhaus gebracht werden, nachdem die Gestalt wieder verschwunden war.

In der folgenden Nacht erschien Anita die Gottesmutter in ihrer

Wohnung – die erste von insgesamt 30 Erscheinungen, die die junge Frau hatte, alle weiteren wieder auf dem kleinen Platz vor der Apotheke. Ihre Botschaft: »*Gott hat mich herab zur Erde gesandt, um euch zu retten, denn die ganze Welt ist in Gefahr. Ich bin in Eure Mitte gekommen, um Euren Herzen Frieden zu bringen. Er möchte, daß Frieden in den Herzen herrscht und wünscht Euer aller Bekehrung. Darum, meine lieben Kinder, betet, betet, betet. Die Zeit ist kurz. Es werden Erdbeben und große Unglücke und Dürren über alle Bewohner der Erde kommen... der Frieden auf der Erde endet bald. Die Welt kann nicht gerettet werden ohne Frieden, doch die Menschheit wird nur Frieden finden, wenn sie zu Gott zurückkehrt*«. Auch die anderen Kinder hatten fortan Erscheinungen und kündigten für den 20. Juli ein Zeichen an. An diesem Tag hatten sich über 2000 Pilger auf der Piazza Garibaldi versammelt, als eine leuchtend rote Wolke am Himmel erschien. Über 50 Personen wollen in der Wolke die Madonna erkannt haben. »*Ich sende Euch diese Wolke als ein erstes Zeichen*«, erklärte die Gottesmutter den Kindern. Der Bischof von Salerno, Msgr. Grimaldi, erlaubte die Errichtung eines Schreins an der Erscheinungsstätte.

11. Mai 1986, Borello, Sizilien/Italien: Der fünfzehnjährige Rosario Toscano, ein Einzelkind, lag krank im Bett, als er am 4. Mai 1986 eine Stimme hörte: »*Du hast ausreichend gelitten. Es ist genug. Du wirst geheilt werden. Bis dahin aber bete viel.*« Dann erkannte er eine weiße Lichtkugel, die in seinem Zimmer schwebte und aus der offenbar die Stimme zu ihm gesprochen hatte. Am nächsten Tag sah er wieder das Licht in seinem Zimmer. »Wer bist Du?«, fragte er. »*Das werde ich Dir bald sagen, aber jetzt noch nicht*«, war die Antwort. Einen Tag später wußte er es: »*Ich bin Maria, die Mutter Gottes*«, sagte die Stimme zu ihm, »*die Unbefleckte Empfängnis. Ich möchte, daß Du den Rosenkranz betest.*« Von nun an war Rosario wieder gesund. Am 11. Mai lud ihn die Stimme ein, zu einem herzförmigen Lavafelsen in der Nähe seines Hauses an den Ausläufern des Ätna zu kommen. Kaum hatte er gegen 13.00 Uhr die Stelle erreicht, bemerkte er am stahlblauen Himmel vom Meer her eine weiße Wolke, die sich langsam auf den Felsen zubewegte, schließlich bis dicht über ihn herunterkam. Dann wurde die Wolke größer, entfaltete sich wie eine aufblühende Blume. Aus dieser erschien eine weiße Lichtkugel, aus der schließlich die Gestalt der Gottesmutter, ganz in weiß gekleidet und von einem

weißen Leuchten umgeben, hervorging. Sie wirkte, als sei sie 19–20 Jahre alt, mit blauen Augen und einem weißen Schleier, der ihr haselnußfarbenes Haar bedeckte. In den Händen hielt sie einen Rosenkranz, auf der Brust sah Rosario ein rotes Herz. »*Ich segne dich, mein Kind. Stärke Deinen Glauben. Laß ihn zu einer nie verdörrenden Frucht, zur Gegenwart und Zukunft Deines Lebens werden. Je mehr du glaubst, je weniger wirst du leiden.*«

Fortan erschien sie ihm regelmäßig, zuerst alle 7-14 Tage, dann, ab Dezember, an jedem 1. eines Monats bis zum 1. Mai 1988. Wie die Kinder von Medjugorje erhielt auch Rosario zehn Geheimnisse. »*Ich bin die Königin des Friedens. Ich bin gekommen, um den Frieden in die Welt zu bringen*«, erklärte sie dem Jungen. Am 23. November 1986 verkündete sie ihm eine geheime Botschaft, die er erst am 1. November 1989 enthüllen durfte:

»*Die Nationen der Welt sind abhängig von zwei Großmächten, aber beide machen Fehler. In den Vereinigten Staaten und in jenen Ländern, die zu sehr von ihnen abhängen, ließ der Liberalismus die Sünde zu etwas Begehrenswertem werden und die Indifferenz dem bedürftigen Bruder gegenüber, der vor Hunger und Armut stirbt, zu etwas Notwendigem. In Rußland und seinen abhängigen Staaten haben zu viele Beschränkungen, Hunger und Verfolgungen der Kirche den Menschen in ein Tier verwandelt. Wieviele Dornen durchstachen mein Herz, und wieviele werden es durchstoßen aufgrund der Irrtümer, die sie beide auf der Erde verbreitet haben. Laß diese Nationen wissen, daß die Hand Gottes sie treffen wird. Daher wünsche ich, daß nicht nur Rußland bekehrt und meinem Unbefleckten Herzen geweiht wird, was bald geschieht, sondern auch, daß die Vereinigten Staaten bekehrt werden.*«

Innerhalb von neun Tagen nach der Veröffentlichung dieser Marienoffenbarung fiel die Berliner Mauer und traf der Papst Michail Gorbatschow, letzteres ausgerechnet am 1. Dezember, dem 3. Jahrestag der ersten regelmäßigen Erscheinung von Belpasso.

Bis zu 150.000 Menschen kamen zu den Erscheinungen, und viele von ihnen wurden Zeugen mysteriöser Vorkommnisse. Zigtausende sahen ein Sonnenwunder, als die Sonne als große, glutrote Kugel erschien, die rotierte und in alle Richtungen Strahlen aussandte. Andere Zeugen beobachteten am 1. Dezember 1986, einem dunklen, regnerischen Wintertag, zwei große Lichtkugeln, die links und rechts am Himmel erschienen, um kurz darauf wieder zu verschwinden. Stattdessen tauchte mitten über ihnen eine große, weiße Kugel auf, die eine Minute lang an der Stelle schwebte. Am 1. Mai 1988, bei der letzten Erscheinung, erschien am Himmel in den Wolken die Silhouette der Heiligen Jungfrau. Zudem hatten Zeugen immer wieder seltsame Wolkenkreuze über der Erscheinungsstätte fotografieren können.

Das mysteriöseste Phänomen jedoch fotografierte Maria S., eine Frau aus Giardini di Naxos an den Hängen des Ätna. Am 1. Februar 1988 nahm sie an einer Erscheinung teil, zu der über 50.000 Pilger gekommen waren. Während Rosario in Ekstase mit der Madonna sprach, spürte Maria in sich den Drang, den Himmel über der Erscheinungsstätte und die Sonne zu fotografieren. Die Sizilianerin hatte schon von einigen Fällen gehört, in denen Pilger während der Erscheinungen Aufnahmen machten, auf denen himmlische Zeichen zu sehen waren, die für das bloße Auge unsichtbar sind. Siebenmal drückte die Frau ab, ohne selber etwas wahrzunehmen. Sie traute ihren Augen nicht, als sie den Film ein paar Tage später von der Entwicklung holte. Auf den Fotos sieht man in allen Phasen, wie neben der Sonne und über der Erscheinungsstätte eine kleine, leuchtende Scheibe erschien, die sich langsam, Phase für Phase, zu einer zweiten Sonne entwickelte. Schließlich, auf den letzten Bildern der Serie, sind am Himmel über Belpasso zwei Sonnen zu sehen. Ein Zeichen, ein neues Sonnenwunder, vielleicht sogar eine Erklärung, wie die »Sonnenwunder« zustande kommen?

Acht Jahre nach den Erscheinungen kam es unweit von Belpasso zu einem neuen Marienwunder. Simon C., ein städtischer Beamter, der anonym bleiben möchte, ging am Weihnachtstag, dem 25. Dezember 1996, wie jeden Tag vor dem Frühstück mit seinem Boxer-Hund in seinem Ort, einem Dorf am Hang des Ätna, spazieren. Plötzlich sah er ein Licht am Himmel, eine leuchtende Kugel, die über einem Baum an der Friedhofsallee herabkam, bevor sie sich ihm langsam näherte, ihn bald erfaßte. Simon, der zuerst fasziniert das Phänomen beobachtet hatte, wurde plötzlich von Angst erfüllt. Dann wurde er bewußtlos. Das nächste, woran er sich erinnern kann, ist, daß er sich 15 Kilometer von seinem Wohnort entfernt in Masca Lucia, einem anderen Ätnadorf, befand. Er schaute auf seine Uhr, keine fünf Minuten waren vergangen. Sein Hund winselte verstört, versteckte sich zwischen seinen Beinen, als würde er sich vor etwas fürchten. Simon ging in das nächste Lokal und rief zu Hause an, bat seine Frau, ihn mit dem Wagen abzuholen. Sie konnte nicht glauben, was geschehen war. Der Hund blieb die nächsten Tage über verstört und verschüchtert, er hatte Blut im Stuhl, wirkte lustlos und krank. Erst Wochen später erholte er sich langsam wieder. Der Baum, über dem die Kugel vom Himmel herabgestiegen war, verdorrte, ist heute tot. Simon hatte am nächsten Tag große Schmerzen auf seinem rechten Unterarm, und bald bildete sich eine kleine Wunde in Form eines Kreuzes, die von Tag zu Tag größer wurde, sich regelrecht aufblies. Am 15. Januar platzte die Wunde, blutete zum ersten Mal, als der so Gezeichnete in Ekstase fiel, in einen veränderten Bewußtseinzustand ohne Bezug zur physischen Wirklichkeit, und die Jungfrau Maria sah. Seitdem hat er täglich, immer gegen 15.00 Uhr, Blutungen und Marienerscheinungen, mehr noch, er empfängt Botschaften der Gottesmutter, Aufrufe zu Umkehr und Gebet. *»Die Zeit ist fast vorüber«*, diktierte sie ihm am 5. Mai, »*keiner wird gerettet werden, speziell jene nicht, die gesehen haben und dennoch nicht glaubten.*« Und am 10. Mai: »*Bete, denn der Engel Gottes wird seinen Arm erheben. Es wird Katastrophen geben und viele werden sterben, und alles wird geschehen durch die Hand des Engels Gottes. Aber wir werden uns noch viele Male wiedersehen.*« Als ich Simon C. im Mai 1997 traf, wirkte er auf mich wie ein Mann, der unter der Bürde einer zu großen Aufgabe leidet. Er erschien mir still, ja geradezu verschüchtert, als habe er immer noch nicht begriffen, was da mit ihm geschehen ist und warum gerade er für dieses Zeichen auserwählt wurde. Schließlich ist er zum Träger eines der heiligsten Symbole der Christenheit geworden, eines Stigmas, eines Wundmales, das an die Kreuzigung Christi erinnern soll...

12.

Die Zeichen Christi

San Giovanni Rotondo, Italien, 20. September 1918: Tiefe Stille durchdrang die Kirche des Kapuzinerklosters, als der junge Mönch sich auf der knarrenden Holzbank niederkniete, die Augen hingabevoll auf das Kruzifix gerichtet. Die Heilige Messe war vorüber, die anderen Brüder wieder in ihre Zellen oder zu ihrem Tagwerk zurückgekehrt, er war allein, allein mit Gott dort oben auf dem Chor, wo die Mönche an den liturgischen Feiern teilnahmen und beteten. Er dankte dem Herrn für die ihm erwiesene Gnade, hier im Kloster sein zu dürfen, während um ihn herum das Chaos tobte, der erste Weltkrieg. Er betete für den Frieden der Welt, aber auch um Schutz und Führung auf seinem eigenen schweren Weg, der schon in frühster Jugend begonnen hatte.

Der Mönch war jetzt 31 Jahre alt, und sein Leben war der Stoff, aus dem Legenden gewoben werden. Er wurde am 25. Mai 1887 als Francesco Forgione in dem Bergdorf Pietrelcina bei Benevento im Süden Italiens geboren. Seine Eltern waren einfache Bauern, arme Leute, so arm, daß sein Vater und sein älterer Bruder zeitweise nach Brasilien und in die USA fahren mußten, um sich dort etwas hinzuzuverdienen, damit die Familie überleben konnte. Er mußte schon früh selber arbeiten, meist die kleine Schafherde seiner Eltern hüten, eine Aufgabe, die er liebte, denn da war er allein und konnte Gott voller Inbrunst seine Gebete darbringen. Was er niemandem erzählte: Während dieser Zeit schon hatte der schmale, oft kränkelnde Junge Erscheinungen von Jesus und Maria, den Engeln und Heiligen, aber auch Visionen von Angriffen durch den Teufel, vor dem ihn bloß sein Gebet schützte.

Für den kleinen Francesco stand schon früh fest, was er aus seinem Leben machen wollte. Ein Mönch wollte er werden, »so ein Kapuziner mit einem langen Bart«, wie er ihn als Kind einmal im Dorf gesehen hatte. Als er zehn Jahre alt war, machte er sich auf den Weg in das nächste Kapuzinerkloster und stellte sich vor. »Du möchtest in unseren Orden eintreten?« fragte ihn der alte Abt, um sogleich die Antwort vorwegzunehmen: »Das ist möglich, mein Sohn. Du mußt bloß noch ein paar Jahre die Schule besuchen.« Da konnte sich der kleine Francesco nicht mehr halten. »Sie wollen mich, sie wollen mich!« jubelte er und sprang vor Freude auf und ab.

Fünf Jahre später hatte er die notwendige schulische Reife und bewarb sich um einen Platz in einem Kapuzinerkloster in Morcone, der ihm im Januar 1903 dann endlich auch gewährt wurde. Er nahm den Ordensnamen »Bruder Pio« an, nach Pius V., dem Rosenkranzpapst. Jetzt war sein nächstes Ziel, Priester zu werden.

Zu seinem Lehrer und Seelenführer wurde Pater Benedetto aus San Marco in Lamis, einer der bedeutendsten mystischen Theologen Italiens. Mit ihm konnte er offen über die mystischen Visionen sprechen, die er fast täglich erlebte, wenn er, wieder einmal, trotz seiner schwachen Gesundheit, die halbe Nacht durchbetete. Dazu kam bald die Gabe der Bilokation – während er im Kloster betete, hatte er das Gefühl, an einem ganz anderen Ort zu sein und Menschen in geistlichen Krisen zu helfen, die ihn später identifizierten und die Szenen ganz genau so beschrieben, wie sie sich nach Pios Erinnerung ereignet hatten.

Doch nach seiner Weihe zum Diakon – der letzte Schritt vor der Priesterweihe – im Januar 1909 kam die große Krise: Bruder Pio erkrankte an Tuberkulose, brach mehrfach zusammen, konnte keine Nahrung mehr bei sich behalten. Man schickte ihn in einen Heimatort Pietrelcina, aufs Land, wo er sich erholen sollte. Die Krise dauerte sieben Jahre. Wann immer er ins Kloster zurückkehrte, wiederholten sich seine Symptome, die Übelkeit, das Erbrechen. Ihm blieb nichts anderes übrig, als in einer Einsiedelei in Pietrelcina zu bleiben. Das ist die »dunkle Nacht der Seele«, erklärte ihm Pater Benedetto, eine geistige Talfahrt, die viele Mystiker durchmachten, bevor sie die nächste Stufe der Gottverbundenheit erleben. Für Pater Pio aber waren es Anfeindungen des Teufels. Er überwand sie schließlich nach einem langen, harten Kampf, wurde sogar zwischenzeitlich zum Priester geweiht. »*Jesus, mein Leben und mein Atem... Mit Dir möge ich für die Welt der Weg, die Wahrheit und das Leben sein und durch Dich ein heiliger Priester, ein vollkommenes Opfer*«, war sein Wahlspruch.

»*Schon ziemlich lange fühle ich in mir einen Wunsch, nämlich mich dem Herrn als Opferlamm für die armen Sünder und für die Seelen im Fegefeuer anbieten zu dürfen. Dieser Wunsch hat sich immer mehr*

in meinem Herzen entfaltet, derart, daß es nun, wenn ich so sagen
darf, eine gewaltige Leidenschaft geworden ist«, schrieb er kurz darauf an Pater Benedetto. Während dieser Zeit manifestierte sich
immer mehr ein Zeichen an seinen Händen. Am 7. September
1910 betete er unter einer Ulme an der Piana Romana, als ihm
wortlos Jesus und Maria erschienen. In dem Augenblick, in dem
sie ihn anlächelten, bildete sich ein roter Fleck auf seinen Hand-
tellern, begleitet von einem starken, stechenden Schmerz. Aus dem
Fleck wurde eine Stichwunde, die die Hand ganz zu durchdringen
schien. Pater Pio zeigte die Wunde dem Dorfpfarrer Don Pan-
nullo, der ihn zum Dorfarzt brachte. »Tuberkulose auf der Haut«,
lautete dessen Diagnose. Ein zweiter Arzt, Dr. Cardone, bestritt
dieses Urteil, hatte aber auch keine bessere Erklärung. Gemeinsam
mit dem Pfarrer betete Pio, daß die sichtbaren Wunden verschwinden mögen, nur den Schmerz wollte er behalten. Die Wunden
verheilten, die Schmerzattacken, begleitet von roten Flecken auf
den Händen, wiederholten sich fast wöchentlich, auch wenn es Pio
unangenehm war, darüber zu sprechen.
Einmal sah ihn seine Mutter dabei, wie er lebhaft seine Hände
schüttelte. »Spielst Du Gitarre«, fragte sie ihn scherzend. »Nein,
nein, das ist nichts von Bedeutung«, erwiderte er, »nur kleine Sti-
che.« Später weitete sich das Phänomen auf seine Füße und seine
Seite, eine Stelle unter der linken Brust, aus. Pater Pio nutzte die
Schmerzen an den Stellen, an denen Jesus Christus seine Kreu-
zigungswunden hatte, zu vertieften Meditationen über den Leidensweg Christi. Doch auch die »dämonischen Anfeindungen«,
schreckliche Teufelsvisionen, setzten sich fort.
Einmal, am 3. Dezember 1911, Pater Pio war wieder einmal für kür-
zere Zeit im Kloster, wurde ein Arzt, Dr. Nicola Lombardi, Zeuge
einer der Ekstasen von Pater Pio: »*Er lag auf dem Bett, die Augen*
weit geöffnet, das Gesicht gerötet, die Augen auf etwas fixiert, das sich
vor ihm befand. Er sprach zu Christus, der heiligen Jungfrau, seinem
Schutzengel; die Worte waren zusammenhängend. In Gegenwart der
Brüder und mir dauerte dies noch etwa eine halbe Stunde lang an. Ich
untersuchte sein Herz und seinen Puls in diesem Zustand, beide waren
normal. Als der Dialog endete, schloß er seine Augen und fiel in einen
tiefen Schlaf. In diesem Schlafzustand rief ihn der Bruder Guardian
von außerhalb der Zelle, ohne daß er seine Stimme hören konnte, und
Pater Pio wachte auf und war freundlich und gutgelaunt, als wenn
nichts geschehen wäre. Während des Dialoges nahm er nichts von der

äußeren Welt wahr.« Die Brüder waren überzeugt, daß er ein echter Mystiker, ein Begnadeter war – und deshalb akzeptierten sie auch, daß er, von gelegentlichen Klostervisiten abgesehen, in Pietrelcina lebte, weil seine Gesundheit es erforderte.

1915 erhielt Pater Pio seine Einberufung zu einem Sanitätercorps des italienischen Heeres: Der erste Weltkrieg war ausgebrochen, und auch Ordensleute mußten, wenngleich nur als Heeresgeistliche und Sanitäter, zum Militär. Ein Arzt erkannte die Symptome seiner Tuberkulose, ein anderer meinte, er hätte die Krankheit soweit überwunden, daß keine Ansteckungsgefahr mehr bestünde. Dann bemerkte eine Ärztekommission eine akute Lungenentzündung. Pio wurde für ein Jahr zurückgestellt und trat dem Kloster von Foggia bei, um sich um eine alte Frau kümmern zu können, die zu seiner »geistlichen Tochter« geworden war und jetzt im Sterben lag. Nachts dagegen kämpfte der Kapuziner immer wieder mit dem Teufel, teilweise so lautstark, daß es seine Brüder das Fürchten lehrte. Aber: Er konnte endlich wieder im Kloster leben. Pater Benedetto wies ihn einem wiedergeöffneten Kloster in den Bergen zu, der Abtei von San Giovanni Rotondo, dessen kühles Klima ihm guttun könnte. Doch schon 1917 mußte er wieder zum Militärdienst einrücken, wo er Barackendienst verrichtete, bis er einen gesundheitlichen Zusammenbruch erlitt. Er hustete Blut, im Krankenhaus wurden 48 Grad Fieber gemessen, eine medizinische Unmöglichkeit. Da der Kapuziner trotzdem überlebte, wurde er sofort entlassen, konnte im Mai 1918 in seine Abtei zurückkehren. Das Kloster sollte fortan, bis zu seinem Tod, seine Heimat werden.

Am 5. August 1918 hörte er die Beichte eines kleinen Jungen, als er vor sich »eine himmlische Gestalt« erblickte. Sie trug in ihren Händen eine Waffe wie eine flammende Lanze, die sie auf das Herz des Kapuziners richtete – und mit aller Kraft zustach. Ein tiefer Schmerz durchzuckte Pater Pio, der, röchelnd, den Jungen bat, zu gehen, er fühle sich nicht gut. Der Schmerz dauerte an bis zum Morgen des 7. Septembers. »*Von diesem Tag an bin ich tödlich verwundet*«, erklärte der Pater in einem Brief seinem geistlichen Beistand. Die Wunde blutete unaufhörlich während der drei Tage, in denen er den Brüdern vorgaukelte, ihm würde es bloß nicht gut gehen, sie sollte fortan täglich bluten. Später zeigte er einigen wenigen Vertrauten und Medizinern das kreuzförmige Wundmal an seiner Seite.

Doch das war nur das Vorspiel zu jenem denkwürdigen 20. September 1918, als all diese Ereignisse vor Pater Pios geistigem Auge noch einmal Revue passierten, bevor ihm erneut Christus erschien. Es war ein Freitag, der Tag, an dem Millionen von Katholiken in aller Welt der Passion Christi gedenken, den Kreuzweg betrachten oder den schmerzhaften Rosenkranz beten – ihnen allen voran der Kapuziner, der das Leiden Christi so sehr verinnerlicht hatte. Als er dort oben auf dem Chor betete, vertiefte sich sein Blick in das Kruzifix, das auf dem Chorgeländer stand. Es zeigte, anders als die meisten Darstellungen, nicht etwa den toten Gekreuzigten, sondern Jesus im letzten Stadium der Agonie. Es war ihm so, als werde er gleich vom Kreuz herabsteigen, und Pio war bereit, seinen Platz einzunehmen. Was dann geschah, schilderte er später in einem Brief an Pater Benedetto:

»Alle inneren und äußeren Sinne, sowie die Fähigkeiten der Seele befanden sich in einer unbeschreiblichen Ruhe. Bei alldem herrschte eine vollständige Stille um mich herum und in mir drin. Es trat sogleich ein tiefer Frieden und eine Gelassenheit ein, eine völlige Loslösung von allem... all dies geschah in Blitzesschnelle.

Und während all dies geschah, sah ich mich jener geheimnisvollen Person gegenüber, die ich am Abend des 5. August bereits gesehen habe. Der einzige Unterschied war, daß aus ihren Händen und Füßen und aus ihrer Seite Blut tropfte. Der Anblick erschreckte mich, und was ich in diesem Augenblick fühlte, ist unbeschreiblich. Ich dachte, ich müßte sterben, und ich wäre wirklich gestorben, wenn der Herr nicht eingeschritten wäre und mein Herz gestärkt hätte, das beinahe in meiner Brust zersprungen wäre.

Die Vision verschwand, und ich bemerkte, daß aus meinen Händen, Füßen und meiner Seite Blut floß. Stellen Sie sich die Qual vor, die ich damals empfand und seitdem täglich empfinden muß.

Die Herzenswunde blutet beharrlich, besonders vom Donnerstag abend bis zum Samstag. Pater, ich sterbe vor Schmerzen infolge der Qualen und der darauffolgenden Beschämung, die ich im Innersten meiner Seele empfinde. Ich fürchte, durch Verbluten zu sterbem, wenn der Herr nicht das Stöhnen meines Herzens erhört und sein Einwirken auf mich beendet. Wird mir Jesus, der so gut ist, diese Gnade erweisen?« Später wurde ihm klar, wer die »geheimnisvolle Person« gewesen ist: Christus mit seinen Wunden, den er »*inmitten eines gewaltigen Lichtes*« erkannte. »*Er sagte nichts – und verschwand.*« Mühsam schleppte sich der Mönch auf allen Vieren vom Chor über den langen Gang bis hin zu seiner Zelle, wo er sich, von den

Schmerzen erschöpft, schlafen legte. Die nächsten Tage versuchte er immer wieder, seine Wunden zu verbergen, umwickelte sie mit Taschentüchern, zog die Ärmel seiner Kutte lang und besorgte sich Handschuhe, während er unaufhörlich betete, daß der Herr diese äußeren Zeichen von ihm nehme. Dann entdeckte ein Mitbruder sein Geheimnis. Unter Tränen offenbarte ihm Pater Pio, was mit ihm geschehen war.

Die Kunde von dem Priester mit den Wundmalen verbreitete sich wie ein Lauffeuer in der ganzen Region. »Padre Pio e un Santo!«, »Pater Pio ist ein Heiliger«, hatten schon die frommen Frauen in Pietrelcina gemunkelt, jetzt aber war es ein Aufschrei, bestätigt durch die Zeichen des Himmels. In den folgenden Monaten wurde aus dem stillen Bergkloster von S. Giovanni Rotondo ein Pilgerziel der Massen. Das Kloster wurde regelrecht belagert von den Tausenden, die bei ihm beichten, seine Messe besuchen, seinen Segen empfangen wollten. Pater Pio bemühte sich nach Kräften, so zu tun, als sei nichts geschehen. Er trug Handschuhe und, zumindest anfänglich, Stiefel, um die Wunden zu verbergen. Nur die Heilige Messe feierte er mit bloßen Händen, was dazu führte, daß die Wundersüchtigen um die besten Plätze in der Kirche feilschten, von denen aus man einen Blick auf die Wundmale Christi, die Stigmata, erheischen konnte.

Rom mußte handeln, Rom handelte. Im Mai 1920 besuchte Erzbischof Ceretti, Sekretär für Außergewöhnliche Angelegenheiten der Kurie, das Bergkloster und bat anschließend um den Segen des Wunder-Paters. Nachdem er seinen Bericht hörte, bemerkte Papst Benedikt xv.: »*Pater Pio ist einer jener außergewöhnlichen Männer, die Gott von Zeit zu Zeit sendet, um die Menschen zu bekehren.*« Parallel fanden erste Untersuchungen statt. Bereits Anfang 1919 hatte Pater Pios Provinzial und Seelenführer, Pater Benedetto, eine medizinische Untersuchung der Stigmata durch Prof. Luigi Romanelli, Oberarzt des Städtischen Krankenhauses von Barletta, angeordnet. Er untersuchte Pater Pio fünf Mal zwischen Mai 1919 und Juli 1920. Der Vatikan entsandte einen ausgesprochenen Kirchengegner und Atheisten, den Pathologen Prof. Amico Bignami von der Universität Rom, der ein respektierter Mediziner war; man war sich sicher, daß sein Urteil mehr Beachtung finden würde als das eines katholischen Arztes. Prof. Bignami fuhr im Juli 1919 nach S. Giovanni Rotondo. Ein dritter Arzt, Dr. Giorgio Festa aus Rom, wurde zudem im Juli 1920 vom Ordensgeneral der Kapuziner entsandt.

Die ärztlichen Beschreibungen der Stigmata glichen sich. »*Die Wunden an den Händen sind mit dünnen Membranen bedeckt, rotbraun in der Farbe, ohne Blutungspunkte, Anschwellung oder Entzündung. Das Blut stammt aus den Arterien. Die Wunden sind nicht oberflächlich. Sie gehen durch den gesamten Handteller und sind selbst bei leisester Berührung schmerzempfindlich*«, erklärte Prof. Dr. Romanelli. Ihr Durchmesser betrug etwa 5 Zentimeter. Und dann wagte der Arzt das Unglaubliche: Er drückte seinen Daumen in die Handteller-Wunde, während er seinen Zeigefinger in die Wunde auf dem Handrücken hielt: »*Ich übte Druck aus, der extreme Schmerzen verursachte. Ich hatte eine exakte Wahrnehmung des leeren Raumes zwischen meinen beiden Fingern, die nur voneinander getrennt waren durch zwei Membrane und durch dünnes, weiches Gewebe, während ich ansonsten keinen Widerstand spürte, weder durch Knochen noch durch Gewebe, die normalerweise in den besagten Regionen präsent sind.*« Pater Pios Wunden durchdrangen also die ganze Hand!

Weiter untersuchte er die Fußwunden, »*einen kreisförmigen Bereich von der Größe einer Fünf-Centesimi-Münze, der ebenfalls mit einer Membran von lebhaft roter Farbe, glänzendem Aussehen, scharfer Abgrenzung, von normalen Geweben umgeben, zugedeckt ist. Beim Abtasten fühlt sich auch diese Membran elastisch an und erweckt den Eindruck einer Leere dazwischen. Auf den Fußsohlenbereichen stellt man identische Zonen mit denselben Eigenschaften fest. Drückt man zur gleichen Zeit den Bereich des Fußrückens wie der Fußsohle zusammen, wird es begreiflich, daß da ein Leerraum besteht und der Fuß durchbohrt und über den Perforationen von der beschriebenen Membran bedeckt ist. Trotzdem sind die Bewegungsabläufe der Gelenke und der Zehen normal.*«

Die Seitenwunde erwies sich als »*klaffende linsenförmige Wunde, die dem Verlauf der Rippen folgt, von ungefähr sieben Zentimetern Länge. Die Wundränder sind scharf und leicht gewellt, sie betreffen die weichen Gewebe. Bei der näheren Untersuchung scheint die Wunde von unten nach oben zu verlaufen und leicht von außen nach innen, mit Austreten von arteriellem Blut.*« Der beeindruckte Arzt schlußfolgerte: »*Es kann ausgeschlossen werden, daß Pater Pios Wunden natürlichen Ursprungs sind, man muß nach dem verursachenden Moment schauen, ohne sich dabei zu fürchten, in den Bereich des Übernatürlichen vorzudringen.*«

Dr. Festa verzichtete auf das extrem schmerzhafte Experiment seines Kollegen und stellte fest: »*Die oberen Schichten sind Verkrustungen getrockneten Blutes, unter denen, wenn sie entfernt wurden, die tatsächlichen, blutenden Wunden zutagetreten*«, die seinem Eindruck zufolge »*sehr tief waren, als hätte ein spitzes Instrument sie verursacht.*« Obwohl er als Agnostiker nach S. Giovanni Rotondo gekommen war, wurde er zum persönlichen Arzt von Pater Pio, der Zeuge vieler seiner äußerst ungewöhnlichen Zustände wurde, darunter Fieber von 48 Grad, ja einmal sogar 52 Grad. Dr. Festa schließlich zum »Fall Pater Pio«: »*Die fünf Verletzungen bei Pater Pio müssen wirklich als echte und eigentliche Verletzungen von Gewebe betrachtet werden, deren Fortbestehen, befremdlichen anatomisch-pathologischen Merkmale, Fähigkeit, andauernd frisches und zudem köstlich-duftendes Blut abzusondern ... uns ein ewiges Rätsel aufgeben.*« Anders Prof. Bignami, der Atheist. Weil Pater Pio zum damaligen Zeitpunkt seine Wunden auf Anraten eines Bruders und aus Furcht vor Infektionen manchmal mit Jod abtupfte, glaubte der Pathologe, darin die Ursache der Stigmata zu erkennen. »*Wir können tatsächlich glauben, daß die beschriebenen Wunden als pathologische Produkte begannen (multiple neurotische Nekrosis der Haut) und, vielleicht unbewußt, in ihrer Symmetrie erhalten wurden, entweder unbewußt oder durch Suggestion durch Anwendung chemischer Mittel, zum Beispiel Jod.*« Das, so Prof. Bignami, sei der Grund, weshalb sie nicht verheilten. Er erklärte dem neuen Pater Provinzial, Pietro de Ischitella, die Wunden würden verheilen, wenn man Pio acht Tage lang davon abhalte, sie mit Jod in Berührung zu bringen. Eine Gruppe von Mönchen wurde beauftragt, die nächsten acht Tage lang täglich Pios Wunden zu bandagieren und zu versiegeln und dafür zu sorgen, daß keine Art der Medikation auch nur in seine Nähe käme. Die Brüder folgten der Anweisung und versicherten acht Tage später unter Eid, daß »*der Zustand der Wunden während dieser acht Tage immer derselbe blieb, mit Ausnahme des letzten Tages, an dem sie eine intensivere rote Farbe annahmen.*« An diesem Tag bluteten die Stigmata noch intensiver als je zuvor, so stark, daß die Brüder ihm Taschentücher reichen mußten, während er die Heilige Messe feierte, weil das Blut von seinen Wunden auf den Altar tropfte.

Obwohl dieses Experiment Prof. Bignamis Diagnose widerlegte, blieben Kritiker dabei, die Wundmale des Paters einer religiösen Hysterie oder Autosuggestion bei der Meditation auf den gekreuzigten Christus zuzuschreiben. Diesen Kritikern antwortete Pater Pio lakonisch: »*Geht hinaus auf die Weiden. Konzentriert Euch auf einen Bullen und seht, ob Euch Hörner wachsen!*« So bescheinigten ihm auch die beiden anderen Ärzte, daß er keinesfalls ein Hysteriker sei. »*Er war ein absolut normaler Mann, intelligent, humorvoll und ansonsten völlig unspektakulär.*« Er war kein Bluter, andere Wunden an seinem Körper heilten im normalen Zeitraum, auch eine Blutkrankheit lag nicht vor. Es war ein Rätsel, weshalb die Stigmata nicht verheilten – bis kurz vor seinem Tod. Schon damals erklärte Pater Pio seinem Provinzialoberen Pater Benedetto, daß ihm Christus am Tag nach seiner Stigmatisation offenbart hatte: »*Fünfzig Jahre wirst du diese Zeichen bewahren*« – eine Prophezeihung, die sich auf den Tag genau erfüllen sollte.

Am 22. Januar 1922 verstarb Papst Benedikt, auf den Thron Petri wurde Achille Ratti, Erzbischof von Mailand gewählt, der den Namen Pius XI. annahm. Einer seiner engsten Berater war, schon in seiner Mailänder Zeit, Msgr. Gemelli, Gründer der Katholischen Universität von Mailand, ein Franziskaner, dem die Vorstellung mißfiel, daß ein einfacher Kapuziner die Wundmale Christi trug, die er bislang für ein einzigartiges Privileg des Hl. Franziskus von Assisi gehalten hatte. Mehr noch, er war bei einem Besuch in S. Giovanni Rotondo abgewiesen worden, weil er keine Genehmigung des Provinzialoberen vorweisen konnte, ein nach Kapuziner-Regeln absolut korrektes Verhalten, das nichtsdestotrotz das Ego des Monsignore aus Mailand kränkte. Er wurde zu Pater Pios erbittertstem Gegner, und mit dem neuen Papst hatte er die Macht, ihn effektiv zu bekämpfen.

Schon am 2. Juni 1922 gingen Anweisungen aus dem Heiligen Offizium an die Kapuziner, die Pater Pio betrafen:

– er sollte unter strenge Beobachtung gestellt werden;
– er durfte die Heilige Messe nicht mehr zu festgesetzten Zeitpunkten zelebrieren, und, wenn es geht, nicht mehr öffentlich;
– er durfte die Menschen nicht mehr segnen und um keinen Preis »seine sogenannten Stigmata« zeigen oder küssen lassen;
– weder Pio noch seine Mitbrüder durften die Hunderte von Briefen beantworten, die täglich im Kloster eintrafen;
– ihm wurde jeder weitere Kontakt mit Pater Benedetto, auch schriftlich, untersagt;
– das Heiligen Offizium empfahl die sofortige Verlegung Pater Pios in ein anderes Kloster, möglichst in Norditalien.

Vor letzterem warnten, sobald sie davon erfuhren, die Zivilbehörden, weil sie regelrechte Volksaufstände befürchteten. Ansonsten wurden die Sanktionen strikt befolgt. Am 31. Mai 1923 verkündete das Heilige Offizium, das man »keinerlei übernatürliche Phänomene« im Falle Pater Pios entdeckt hätte »und die Gläubigen bitte, sich dementsprechend zu verhalten«. Für den stigmatisierten Kapuziner begann eine Zeit, die er später als seine »Gefangenschaft« bezeichnete. Doch auch hier zeigte er sich gehorsam. » *Wir müssen die Kirche als unsere Mutter lieben, selbst wenn es ihre Hand ist, die uns schlägt*«, erklärte er.

Seine Verehrung dauerte an. Nach wie vor pilgerten Hunderttausende nach S. Giovanni Rotondo, um ihm auch nur nahe zu sein, und vielleicht das Glück zu haben, an seiner Messe oder seiner Beichte teilzunehmen. Eine reiche Amerikanerin stiftete dem Orden den Bau eines Klosters in seinem Geburtsort Pietrelcina. Während der Bauarbeiten sahen die Arbeiter ein großes Lichtkreuz, das nach der Abenddämmerung eine halbe Stunde lang für alle sichtbar am Himmel stand. Aus weiteren Spenden wurde das Stadtkrankenhaus von S. Giovanni Rotondo in den Mauern eines ehemaligen Klarissenklosters errichtet. In Rom sah man, daß alle Maßnahmen gegen den unbequemen Stigmatisierten nicht fruchteten. Man schlug erneut, diesmal härter, zu.

Am 23. Mai 1931 wurde Pater Pio aller seiner priesterlichen Aufgaben entbunden. Er durfte die Hl. Messe nicht mehr öffentlich feiern, keine Beichte mehr hören. »Möge der Wille Gottes geschehen«, seufzte der stigmatisierte Priester. Zwei Jahre lang mußte er seine tägliche Meßfeier, die er jetzt auf bis zu drei Stunden Länge ausdehnte, in die Klosterkapelle verlegen. Doch am meisten schmerzte ihn, nicht mehr als Beichtvater den Menschen Trost und Absolution schenken zu können.

Dann kam die unerwartete Hilfe. Kardinal Pacelli, zuvor päpstlicher Nuntius in Bayern, wurde zum neuen Außenminister des Vatikans ernannt. Pacelli überzeugte Papst Pius XI., zwei unabhängige Beobachter nach S. Giovanni Rotondo zu entsenden, um die Vorgänge um den Kapuziner zu untersuchen. Sie wurden Zeugen seiner Blutungen, seiner Fieberanfälle mit bis zu 48 Grad Körpertemperatur, aber auch der Demut und des Gehorsams, die der Ordensmann an den Tag legte. Am 15. Juli 1933 wurden die Konzessionen gegen Pater Pio offiziell aufgehoben, ab März 1934 durfte er wieder die Beichten der Männer, ab Mai auch wieder die Beichten der Frauen hören. Fünf Jahre später bestieg Kardinal Pacelli als Papst Pius XII. den Thron Petri.

Von nun an nahm der Pilgerstrom kein Ende. Er sollte fortan bis zu 25.000 Beichten im Jahr hören, während in der Klosterkirche an die 300.000 Mal die Heilige Kommunion ausgegeben wurde. Und mit den Pilgern häuften sich die Berichte über mysteriöse Phänomene im Umkreis des Wunder-Paters.

Zu diesen zählten mysteriöse Wohlgerüche: Die Wunden Pater Pios dufteten, selbst frisch abgetupftes Blut, das Dr. Festa von den Wundmalen abtupfte, strömte einen »Rosenduft« aus. Gläubige, denen der Pater im Traum erschien, berichteten, daß sie am nächsten Morgen einen intensiven Wohlgeruch »wie von Rosen« in ihrem Zimmer wahrgenommen haben.

Obwohl Pater Pio seit 1918 das Kloster nur zu Wahlen und zur Inspektion eines neugebauten Krankenhauses und einer Kirche verließ, wollen Menschen in aller Welt ihm physisch begegnet sein – ein Phänomen, das als »Bilokation« bekannt ist, das »gleichzeitig an zwei Orten sein«. So behauptete Don Orione, ihn bei den Feierlichkeiten zur Heiligsprechung von Don Bosco im Petersdom zu Rom gesehen zu haben. Ein Bischof will ihn dort anläßlich der Heiligsprechung der Hl. Theresia von Liseux gesehen haben. Erzbischof Barbieri aus Salto, Uruguay, begegnete ihm 1947 am Sterbebett seines Generalvikars Monsignore Damiani in Uruguay. Er soll in Budapest Kardinal Mindszenty getröstet haben, als er vor den Kommunisten in der amerikanischen Botschaft Zuflucht suchte. In Jugoslawien soll er Kardinal Stepinac während eines Prozesses beigestanden, in Polen Kardinal Wyszynski unterstützt haben. Der erste Fall der Bilokation Pater Pios ist aus dem Jahre 1905 bekannt. Damals schrieb er Pater Benedetto: »*Während ich mit Bruder Anastasio gegen 13.00 Uhr in der Kirche war, fand ich mich plötzlich in einem weitentfernten Haus, wo ein Mann starb und ein kleines Mädchen gerade geboren wurde. Die Allerheiligste Maria erschien mir und sagte: ›Ich vertraue dir diese Kreatur an. Sie ist ein wertvolles Juwel, aber noch ungeschliffen. Arbeite an ihr, schleife sie, mache sie so strahlend wie möglich...‹ – ›Aber ich bin doch nur ein armer Student‹, erwiderte ich ... daraufhin sagte Unsere liebe Frau: ›Zweifle nicht. Sie ist es, die zu Dir kommen wird, aber zuerst wirst Du sie in St. Peter treffen.‹ Unmittelbar darauf fand ich mich wieder in unserer Kirche.*« Das klang nach dem Traum eines übereifrigen Priesters. Doch zu exakt diesem Zeitpunkt ereigneten sich in Udine, 80 km nordwestlich von Venedig, Vorgänge, die eben diesen entsprachen. In einer reichen Familie wurde ein Kind geboren, ein Mädchen, während ihr Vater, Giovanni B. Rizzani, im Sterben lag. Er war überzeugter Freimaurer und weigerte sich, einen Priester zu empfangen, während seine Frau, eine gläubige Katholikin, um seine Bekehrung gebetet hatte, bevor die Wehen einsetzten. Plötzlich nahm sie wahr, daß sich noch jemand in dem Raum befand: Ein junger Kapuziner ging gerade in das Sterbezimmer ihres Mannes. Da war es soweit, sie rief nach der Hebamme, gebar das Kind. Draußen vor der Tür hatten sich die Logenbrüder ihres Mannes versammelt, um den Priester von ihm fernzuhalten, doch jetzt, als sie von der Geburt hörten, mußten sie ihn durchlassen. Der Priester fand die Mutter und den sterbenden Mann, der seine Augen ein letztes Mal öffnete und um Vergebung bat. Er erhielt die Sterbesakramente, dann wurde das Mädchen getauft.

Einige Jahre später zog Frau Rizzani mit ihrer Tochter nach Rom um. Eines Tages wollte das Mädchen, Giovanna, im Petersdom beichten, doch einer der Sakristane sagte ihr, daß alle Beichtväter schon gegangen seien und er die Kirche gleich schließen müsse. Da sah das Mädchen einen Kapuziner, der schnell einen Beichtstuhl betrat, und zu dem sie jetzt ging, um ihre Beichte abzulegen. Der Mönch beantwortete ihr einige wichtige Fragen und erteilte ihr die Absolution. Nach der Beichte wollte sie ihn noch persönlich sprechen und wartete, bis er den Beichtsuhl wieder verließ, doch er kam nicht. Schließlich schaute Giovanna im Beichtstuhl nach – er war leer, der Kapuziner war verschwunden.

Ein Jahr später besuchte Giovanna, die schon viel von Pater Pio gehört hatte, San Giovanni Rotondo. Als der Stigmatisierte sie sah, hielt er inne, sprach sie an: »Dich kenne ich. Du wurdest in der Nacht geboren, in der Dein Vater starb.« Ungläubig blickte sie ihn an. Wie konnte er das wissen? »Mein Kind, ich habe all die Jahre auf dich gewartet«, meinte der Kapuziner. »Sie müssen jemand anderen meinen«, erwiderte schüchtern das Mädchen, »das ist das erste Mal, daß ich hierher komme.« – »Aber erinnerst Du Dich nicht daran, wie Du einen Beichtvater im Petersdom gesucht hast?« fragte Pater Pio. Da fiel es ihr wie Schuppen von den Augen. Giovanna wurde fortan zu seiner Schülerin, einem seiner »geistlichen Kinder.«

Das war nur einer von vielen Fällen, in denen Pater Pio das Vorleben der zu ihm strömenden Gläubigen und Ratsuchenden kannte. Oft genug konnte er während der Beichte den Beichtenden jene Sünden in Erinnerung rufen, die sie »vergessen« hatten oder derer sie sich zu sehr schämten, was oft zu peinlichen Situationen führte. Als ihn, in den fünfziger Jahren, Kardinal Roncalli, der Patriarch von Venedig, im Beisein einer Gruppe von Prälaten aufsuchte, begrüßte ihn der Pater mit den Worten: »Sie, ja, Sie werden eines Tages Papst sein.« Kardinal Roncalli schüttelte nur ungläubig den Kopf. 1958 wurde er zum Papst gewählt, nannte sich Johannes XXIII. Eines der ersten Telegramme, die er nach seiner Wahl verschickte, ging nach S. Giovanni Rotondo. Es enthielt nur vier Worte: »Sie hatten recht. Johannes.« Im Jahre 1947 besuchte ein junger polnischer Priester, der in Rom studierte, das Bergkloster. Auf dem Weg hatte er sich den Knöchel verstaucht, der sofort anzuschwellen begann. Als er trotz stechender Schmerzen sein Ziel erreichte, wurde er sofort zu Pater Pio vorgelassen, der ihm mit festem Blick in die Augen sah. »Deine Schmerzen sind nichts im Vergleich zu denen, die Du eines Tages ertragen mußt, wenn Deine weiße Soutane von Blut befleckt wird«, soll der Kapuziner ihm gesagt haben, »an diesem Tag wirst Du sehen, was es heißt, zu leiden. Nur Dein Glaube wird Dich retten.« Erstaunt erwiderte der junge Pole, er werde sein Leben lang nur eine schwarze Soutane tragen. Pater Pio lächelte nur. Er wußte, daß dieser Karol Wojtyla einst Papst werden und viel zu leiden haben würde. Als Johannes Paul II. nach dem Attentat vom 13. Mai 1981 im Krankenhaus lag, ließ er eine Reliquie des Paters unter sein Kissen legen. Denn der hatte schon einmal in schwerer Not geholfen.

Während des Zweiten Vatikanischen Konzils pilgerten so viele Bischöfe aus aller Welt zu Pater Pio, daß manche fragten, ob das Konzil nun in Rom oder in S. Giovanni Rotondo stattfinde. Während in Rom die Modernisten und Reformer den Kurs angaben, fand in S. Giovanni Rotondo eine heimliche Gegenreformation statt, eine Wiedergeburt der im 20. Jahrhundert so verpönten Mystik, deren große, charismatische Symbolfigur Pater Pio war. »*Das Christentum des 3. Jahrtausends wird ein mystisches sein – oder es wird nicht sein*«, hatte Karl Rahner, der große Theologe und Dogmatiker gesagt – hier wurde seine Prognose wahr. Der Andrang ging so weit, daß Kardinal Ottaviani, Präfekt des Heiligen

Offiziums, neue Einschränkungen für den Kapuziner erließ: Priester und Bischöfe durften fortan nicht mehr in Pater Pios Messe dienen, die Messe mußte jeden Tag zu einer anderen Zeit stattfinden, den Gläubigen wurde verboten, sich um Pater Pios Beichtstuhl zu scharen oder auf dem Klostergelände zu versammeln, Sanktionen, die erst am 30. Januar 1964 wieder aufgehoben wurden. Der erste Punkt der Anweisung erweckt einen Eindruck davon, wie groß der Anstrom der Kirchenoberen auf das Bergkloster des »lebenden Heiligen« gewesen sein muß. Nur Karol Wojtyla, der mittlerweile Erzbischof von Krakau war, konnte sich von seinen vielen Verpflichtungen nicht freimachen. Dabei hatte er ein Anliegen, das er schließlich per Brief dem Wunderpater vortrug. Eine gute Freundin, die Psychiaterin Wanda Poltawska aus Krakau, die mit dem Philosophen Andrzej Poltawsk verheiratet war und vier Kinder hatte, war an Magenkrebs erkrankt und wartete im Krankenhaus auf ihre Operation. Sie hatte nur noch 18 Monate zu leben, diagnostizierten ihr die Ärzte. Wanda hatte im Krieg fünf Jahre im Konzentrationslager Ravensbrück verbracht und wurde in den »Hospitalblock« verlegt, in dem die Nazis Versuche an Gefangenen durchführten. Sie schwor sich, daß sie, sollte sie je diese unmenschlichen Qualen als menschliches »Labortier« überleben, Ärztin werden wollte, um echte, menschliche Medizin zu praktizieren. Sie überlebte nur knapp, war wochenlang von Albträumen geplagt, begab sich in psychiatrische Behandlung – und erweiterte ihren Plan, studierte jetzte Medizin und Psychologie, beschloß, auch die Seelenqualen der Menschen zu heilen. »Ehrwürdiger Vater«, schrieb Erzbischof Wojtyla am 18. November 1962, »ich bitte Sie, für eine 40-jährige Mutter von vier Kindern in Krakau, Polen zu beten, die von schwerer Krankheit bedroht ist und möglicherweise an Krebs sterben wird: möge Gott seine Gnade auf diese Frau und ihre Familie richten, in Gegenwart der Allerseligsten Jungfrau. In Christus Verbunden, Karol Wojtyla«. Als ihm der Brief vorgelesen wurde, meinte Pater Pio nur: »Oh, wir können ihn nicht zurückweisen«, und begab sich kurz darauf in die Kapelle, um zu beten. Am nächsten Morgen führten die Ärzte bei Wanda Poltawska die letzte Untersuchung durch, um festzustellen, ob eine Operation bei Krebs in diesem fortgeschrittenen Stadium überhaupt noch verantwortbar sei. Doch sie konnten zu ihrem Erstaunen den Tumor nicht mehr finden. Er war verschwunden. Schriftlich dankte Erzbischof Wojtyla dem Kapuziner für die wunderbare

Heilung. »Heften Sie diesen Brief ab«, erklärte Pater Pio einem Ordensbruder. Er wußte, daß dieses Zeugnis einmal wichtig werden würde. 1967 gelang es der Psychiaterin, aus Polen auszureisen und in S. Giovanni Rotondo den Pater persönlich zu treffen. Heute, 75-jährig, lebt Dr. Poltawska mit ihrem Mann in Rom. Sie gilt als die engste Vertraute des Wojtyla-Papstes. Sie hält Vorlesungen an der päpstlichen Lateran-Universität, sie gehört drei päpstlichen Instituten an, dem Rat für die Familie, der Akademie der Wissenschaften und der neugegründeten »Akademie für Lebensfragen«.

Ihr Zeugnis könnte den Ausschlag geben bei dem Prozeß der Seligsprechung des Kapuziners, der derzeit in Rom stattfindet. Schon für 1998 wird das Urteil erwartet. Johannes Paul II. hat mehrfach erklärt, daß er es sehr begrüßen würde, wenn der Kapuziner, der zweimal in seinem Leben so entscheidend an seiner Seite gestanden hatte, »zur Ehre der Altäre erhoben«, erst selig – dann heiliggesprochen würde. Aber er meint auch, es sei wichtig, daß alles seinen Gang geht, daß auch hier den Regeln der Kirche gefolgt wird. Er selbst jedoch nahm das Urteil schon vorweg, als er 1987, zum 40. Jahrestag seiner ersten Begegnung mit dem Wunderpater, nach S. Giovanni Rotondo pilgerte, um am Grab Pater Pios zu beten. Wanda Poltawska war mit ihm gekommen. Als sie anschließend die Heilige Kommunion aus den Händen des Papstes empfing, konnten beide ihre Gefühle nicht länger verbergen. Ein breites, warmes Grinsen ging über ihre beiden Gesichter.

Die Vorbereitungen für Pater Pios Seligsprechungsprozeß – die Vorstufe der Heiligsprechung – begann bereits ein Jahr nach seinem Tod mit einer Anfrage des Kapuzinerordens an die »Heilige Kongregation für die Sache der Heiligen«. In Rom gab man grünes Licht. Innerhalb einer Woche reichte der Generalpotulator des Kapuzinerordens, der Fälle von Seligsprechungen bearbeitet, einen offiziellen Antrag ein, den Fall Pater Pios zu eröffnen, begleitet von Empfehlungsschreiben von 72 Bischöfen und 31 Kardinälen und Erzbischöfen aus aller Welt. Am 25. Oktober 1971 gab Erzbischof Vlentino Vailati bekannt, daß die Prozeßvorbereitungen eingeleitet wären. Schriften und eine Biographie des Paters wurden von einer Theologenkommission unter die Lupe genommen. Dann kam eine mysteriöse Anweisung aus dem Vatikan: Die Prozeßeröffnung mußte verschoben werden, ohne daß ein Grund genannt wurde.

Erst 1982 wies Papst Johannes Paul II. die Kongregation an, den Fall wieder aufzunehmen. Bis März 1984 war die Vorbereitung abgeschlossen, was mit einer feierlichen Messe in der Klosterkirche von S. Giovanni gefeiert wurde. Als die Messe endete, wurde der Altar verhüllt, als Zeichen, daß das, was danach erfolgte, keine liturgische, sondern eine weltliche Handlung war: Die 104 Akten mit Beweisen für die Heiligmäßigkeit Pater Pios, die seine Ordensbrüder zusammengestellt hatten, wurden der »Heiligen Kongregation« übergeben, um in zwei Lastwagen nach Rom gebracht zu werden. Das war zuviel des Guten: Die Kongregation gratulierte den Ordensleuten zwar zu der Qualität und Präsentation der Beweise, forderte sie aber auf, die Dokumentation zu kürzen: Auf maximal vier Akten mit nicht mehr als je tausend Seiten.

1983 vereinfachte Papst Johannes Paul II. den zuvor sehr komplizierten Prozeß, die Tugenden eines Seligsprechungs-Kandidaten zu bestimmen. Jetzt bestand er nur noch aus drei Teilen:

1. Die Sammlung von Dokumenten und Zeugenaussagen über die Person. Das ist Aufgabe des lokalen Bischofs und wurde im Fall Pater Pios zwischen 1983 und 1990 abgeschlossen. Der Bischof hat ein Tribunal einzuberufen, das sich für und wider in der Sache anhört. Er entscheidet dann, ob der Fall an die Kongregation weitergeleitet wird
2. Die Dokumentation wird der Kongregation für die Sache der Heiligen vorgelegt, die sie hinsichtlich einer Veröffentlichung und der Präsentation des Falles durchsieht. Ein Posulator wird bestimmt, der das gesamte Material über den Kandidaten zusammenträgt und die »Positio« verfaßt, die zugleich kritische Biographie und Plädoyer in der Sache ist, wobei alle kritischen Punkte beleuchtet werden müssen. Diese Phase ist im Fall Pater Pios jetzt so gut wie abgeschlossen. Sie dauerte so lange aufgrund der Fülle des Materials – und weil sein Fall als einer der wichtigsten »mystischen« Fälle der Neuzeit eingestuft wurde. Seine endgültige »Positio« wird aus vier oder fünf Bänden a ca. 2000 Seiten bestehen.
3. Der Fall wird einer Theologen-Kommission präsentiert, die abwägt, ob der Kandidat »heroische Tugenden« an den Tag gelegt und ein Leben mit Gott geführt hat. Befürwortet sie dieses mit einer einfachen Mehrheit, entscheidet daraufhin eine Kardinalskommission. Die Kardinäle können Zeugen vorladen. Befürworter

des Falles wie der Postulator können an den Sitzungen dieser Kommissionen nicht teilnehmen. Bevor der Fall abgeschlossen wird, muß »ein Zeichen des Himmels«, ein Wunder, den Kandidaten bestätigen. Die Echtheit des Wunders wird durch eine Kommission von Ärzten, Theologen und Kardinälen untersucht. Am Ende wird geheim abgestimmt, das Ergebnis dem Papst vorgelegt. Ist es positiv und wird es vom Papst befürwortet, wird der Kandidat seliggesprochen.

Dieselbe Prozedur wird wiederholt, wenn ein zweites Wunder nachgewiesen werden kann. Dann kann der Kandidat »kanonisiert«, also heiliggesprochen werden: Sein Name wird in den »Kanon« der Hl. Messe aufgenommen, der in der ganzen Welt gesprochen wird, er wird »zur Ehre der Altäre erhoben.« Heute beten hunderttausende seiner Anhänger in aller Welt für die Seligsprechung Pater Pios – unter ihnen, wie er ausdrücklich erklärte, auch Papst Johannes Paul II., der dem ordnungsgemäßen »Gang der Dinge« nicht vorgreifen will.

Pater Pio, der regelmäßige Erscheinungen Jesu und der Jungfrau Maria hatte, hatte auch Visionen von der Zukunft. So erklärte er 1941, als Hitlers Truppen ein europäisches Land nach dem anderen besetzten und seine Brüder glaubten, der Krieg würde bald enden: »*Das ist erst der Anfang. Der Krieg wird noch lange Zeit dauern: Ihr werdet sehen, wie er von Stadt zu Stadt zieht wie ein überflutender Fluß, und mit sich Zerstörung, Blut und Tod bringt. Möge Gott uns helfen.*« Für ihn stand fest, daß Deutschland besiegt werden mußte, denn das Nazi-Regime sei »*gegen Gott und die wahre Religion*«. Die anrückenden Alliierten Truppen begrüßte er 1944 mit offenen Armen.

1959 hatte er eine Christuserscheinung, bei der ihm offenbart wurde:

»*Die Stunde der Züchtigung ist nahe, aber ich werde Meine Gnade manifestieren. Eure Tage werden Zeugen eines schrecklichen Strafgerichtes. Meine Engel werde all jene züchtigen, die Mich verspotten und nicht an Meine Prophezeihungen glauben. Stürme aus Feuer werden sich von den Wolken aus auf der ganzen Erde ausbreiten. Stürme, Donner und nichtendender Regen und Erdbeben werden drei Tage lang die Erde verfinstern, dann folgt ein Regen nichtendenden Feuers, um zu zeigen, daß Gott der Herr der Schöpfung ist. Jene, die hoffen und an Meine Worte glauben, haben nichts zu fürchten, nicht jene, die Meine Botschaft verbreiten, denn ich werde sie erretten. Nichts*

Böses wird jenen geschehen, die Ich in Meiner Gnade halte und die Schutz bei Meiner Mutter suchen. Ich werde euch einige Zeichen und Anweisungen geben, so daß ihr vorbereitet sein könnt für dieses Gericht. Die Nacht wird sehr kalt, ein Wind wird aufkommen und ein Donner wird gehört. Schließt alle Türen und Fenster. Sprecht mit niemandem von draußen. Kniet nieder vor Meinem Kruzifix. Bekennt eure Sünden. Betet zu Meiner Mutter um ihren Schutz. Schaut nicht nach draußen während der Erdbeben, denn der Zorn Meines Vaters ist heilig... der Wind wird giftige Gase mit sich führen, die sich über die Erde ausbreiten... Nach dieser Züchtigung werden die Engel vom Himmel herabsteigen und den Geist des Friedens auf der Erde verbreiten. Ein Gefühl unendlicher Dankbarkeit wird jene erfüllen, die diese schreckliche Züchtigung überleben. Betet den Rosenkranz, zusammen oder allein. Während dieser drei Tage der Finsternis werden nur gesegnete Kerzen brennen.«

Immer wieder, so die Brüder in S. Giovanni Rotondo, mahnte Pater Pio, daß eine Katastrophe auf die Menschheit zukäme, wenn sie sich nicht wieder Gott zuwendet.

Pater Pio war ein glühender Marienverehrer. »Liebst Du Deine Mutter?« fragte er jedes seiner Beichtkinder, und meinte damit die Gottesmutter. Als 1959 die »Pilgermadonna« von Fatima Italien besuchte, wurde sie auch, ihm zu Ehren, in das Bergkloster des Kapuziners gebracht oder, genauer gesagt, im Helikopter eingeflogen. Doch Pater Pio lag zu diesem Zeitpunkt krank im Bett, litt erst unter einer Lungenentzündung, dann diagnostizierten die Ärzte Lungenkrebs: sie hatten einen Tumor entdeckt. In seinem Stuhl mußte der mittlerweile 72-jährige Mönch in die Sakristei getragen werden, wo er mit Ehrfurcht die Statue der Gottesmutter begrüßte, ihr seinen Rosenkranz um die gefalteten Hände legte. Dann erteilte er den Piloten seinen Segen. Wehmütig schaute er der Pilgermadonna nach, als sie davongetragen wurde, seufzte: »*Mutter, ich war krank während Deines Besuches in Italien. Willst Du nun gehen, ohne mich zu heilen?*« Der Hubschrauber startete, wollte davonfliegen, als einer der Piloten die Idee hatte, dreimal das Kloster zu umkreisen, als Gruß an Pater Pio. Kaum hatte er seine dritte Runde gedreht, erschauderte der greise Kapuziner, dann rief er aus: »Ich bin geheilt!« Die Ärzte mußten bestätigen: Der Tumor war verschwunden.

An allen Fällen von Marienerscheinungen hatte Pater Pio ein lebhaftes Interesse. Er kümmerte sich väterlich um Mamma Rosa aus

San Damiano, auch wenn er sich später der kirchlichen Verurteilung der Erscheinungen beugte. Umso mehr wurde er zum Fürsprecher der Erscheinungen von Garabandal, die sich von 1961 bis 1965 ereigneten. Als ihn ein Amerikaner fragte, ob es sich lohne, nach Garabandal zu fahren, erwiderte der Pater begeistert: »Ja, gehen Sie hin! Fahren Sie nach Garabandal!« Im Februar 1967 traf er Conchita Gonzales, die Haupt-Seherin von Garabandal, die ihn in Begleitung ihrer Mutter, der Prinzessin Cecile de Bourbon-Parme sowie des Präsidenten der Europäischen Gesellschaft für Atomenergie, Prof. Enrico Medi, aufsuchte. Die Gruppe kam aus Rom, wo Conchita eine Audienz bei Papst Paul VI. und ein Treffen mit Kardinal Ottaviani hatte. Conchita bat Pio, ein Kruzifix zu segnen, daß die Gottesmutter während einer Erscheinung geküßt hatte. Minutenlang drückte der Pater das Kreuz und Conchitas Hand an sein Herz. Noch kurz vor seinem Tod, am 22. August 1968, schrieb er Conchita: »*Ich bete zur Allerheiligsten Jungfrau, daß Sie dich ewig tröste und zur Heiligkeit führe, und ich segne dich von ganzem Herzen.*«

50 Jahre lang sollte er die Wundmale tragen, hatte ihm Christus am Tag nach seiner Stigmatisierung prophezeit. Der 50. Jahrestag seiner Zeichnung näherte sich, als allmählich die Zeichen verblaßten. Der Kapuziner war jetzt 81 Jahre alt, und immer öfter nahm sein Blick etwas Entferntes, etwas Sehnsüchtiges an. Gleichzeitig waren seine Seitenwunde verheilt, an seinen Füßen nur noch rote Flecken zu sehen, die Hände noch von einem Rest-Schorf bedeckt. Trotzdem hatten sich Tausende am 20. September 1968 zur 50-Jahr-Feier der Stigmatisation versammelt, um noch einmal beim Pater zu beichten oder zumindest an seiner Messe teilzunehmen. Doch der Pater wirkte schwach und abwesend. Zwei Tage später, in der Nacht vom 22. auf den 23. September, brach er zusammen, erlitt einen Herzinfarkt. Während er unaufhörlich »Jesus... Maria...« murmelte, versammelten sich die Brüder um ihn, nahmen Abschied. Pater Pio legte seine letzte Beichte ab, empfing die Sterbesakramente – und entschlief. Ein herbeigeholter Arzt, Dr. Gusso, diagnostizierte exakt um 2.30 Uhr den klinischen Tod – «*den friedvollsten und süßesten, den ich je gesehen habe*«, wie er hinzufügte. Als seine Brüder ihn wuschen und zur Aufbahrung vorbereiteten, fiel das letzte Stückchen Schorf von seinen Händen ab: Die Stigmen waren verschwunden, nicht die kleinste Narbe war zu sehen, obwohl sie einst die Handfläche durchbohrt hatten.

Über 100.000 Menschen kamen zu seiner Beerdigung, Menschen, denen Pater Pio auf ihrem Weg einmal geholfen hatte. Durch ihn war aus dem entlegenen Bergkloster eine Pilgerstätte geworden – bis auf den heutigen Tag. Und das wird noch lange so bleiben. Die Seligsprechung Pater Pios steht unmittelbar bevor, und Hollywood bereitet zu diesem Anlaß einen Spielfilm über das Leben des Wundermönches vor, Robert de Niro ist als Hauptdarsteller im Gespräch. Im Winter 1998/99 soll eine neue, noch größere Kirche neben dem Klosterkomplex von S. Giovanni Rotondo fertiggestellt werden, drumherum entstanden in den letzten Jahrzehnten Hotels, Klöster, Retreat-Häuser, Souvenirläden und Buchhandlungen, Altenheime, Behindertenheime, Kindergärten und Waisenhäuser. Und dann zeugt noch das größte und modernste Krankenhaus der Region von Pater Pios sozialem Wirken. »*Christus ist gegenwärtig in jedem bedürftigen Menschen*« erklärte der Mönch, als er in den vierziger Jahren aus Spenden, vor allem aber aus Geldern des »Aufbauprogrammes der Vereinten Nationen«, sein »Heim für die Genesung der Leidenden« errichten ließ, eine 1200-Betten-Klinik, die, lichtdurchflutet und modern, den Komfort eines Nobelhotels bot, denn »*nichts ist zu gut für die Kranken und Leidenden*«. Zu ihr erklärte der Leibarzt von Präsident Eisenhower, als er das Krankenhaus nach seiner Eröffnung 1956 besuchte: »*Dieses Krankenhaus ist meiner Meinung nach besser als jedes andere in der Welt dazu geeignet, die Verbindung zwischen Seele und Krankheit zu studieren.*« Es war eines der bestausgerüsteten Krankenhäuser Italiens, »*eines der besten im Süden, dank der Perfektion moderner Technologie*«, erklärte Papst Pius XII. in einer Grußbotschaft. Die radiologische und kardiologische Abteilung machte sich bald einen Namen, und heute befindet sich das einzige Institut für Radiologie in ganz Süditalien in eben diesem Krankenhaus – das wie kein anderes seiner Werke den »anderen Pater Pio« zeigt, nicht den weltabgewandten Mystiker und Wunderpater, sondern einen Mann der Nächstenliebe und Fürsorge für die Leidenden.

Pater Pio war nicht der Erste, der die Wundmale Christi trug, und gewiß nicht der Einzige. Über 329 Fälle von Stigmatisationen befanden sich zu seinen Lebzeiten in den Akten der Kirche, ein gutes Dutzend kam seitdem hinzu. Die meisten waren Frauen, darunter Elisabeth Achler von Waldsee (1386-1420), die 15 Jahre lang nur von der heiligen Kommunion lebte, Ludwina von Schiedam (1380-1433) aus Holland, die in Ekstase leuchtende Strahlen aus den Wundmalen eines Kruzifix kommen sah, die sich durch ihr Fleisch bohrten, die Karmeliterin Anna Josepha Lindmayer (1657-1726) aus München oder die Dülmener Mystikerin Anna Katharina Emmerick, deren Visionen vom Leben Christi durch Clemens von Brentano verewigt wurden. Aber auch zwei der größten katholischen Heiligen, Katharina von Siena (1347–1380) und Theresia von Avila (1515–1582) empfingen die Wundmale, Katharina an den Händen, Füßen und an der Seite, Theresia als einen Lanzenstich am Herzen. Zu den wenigen – gerade mal zehn – männlichen Stigmatisierten zählen immerhin der heilige Philipp Neri (1515–1595), der den Oratorianer-Orden gründete, und der wohl bedeutendste Heilige des Mittelalters, vielleicht der Geschichte: Franziskus von Assisi (1182–1226), der zugleich der erste Empfänger der Wundmale war.

Der heilige Franziskus markierte wie kein anderer einen Wendepunkt der christlichen Idee: Von Macht und Pomp und Korruption zurück zu den Wurzeln, zum Evangelium, zur Einfachheit, zur Liebe. »*Als die Welt zu erkalten begann, hast du, um unsere Herzen mit dem Feuer deiner Liebe zu entflammen, am Leibe des Hl. Franziskus die heiligen Wundmale deines Leidens erneuert*«, betet die Kirche heute am Gedenktag seiner Stigmatisation, dem 17. September.

Franziskus wurde als Sohn eines reichen Kaufmanns geboren und lebte im Überfluß. Er war ein Spaßmacher, ein Schauspieler, einer, der das Leben liebte, und der aus lauter Übermut an mehreren Kriegszügen teilnahm, auch für das päpstliche Heer. Erst als er, 25 Jahre alt, vor dem Kreuzbild von San Damiano betete, überkam es ihn: Die Nachfolge Christi lag in der Armut. Er zog ein Bußgewand aus Sackleinen an, band sich einen Strick um und begann, Kranke zu versorgen, verfallende Kapellen wieder herzustellen und Geld zu erbetteln, das er mit den Armen teilte. Andere folgten ihm nach, mit ihnen zog er nach Rom, um vom Papst die Erlaubnis zur Gründung eines Ordens zu erbitten. Innozenz III. amüsierte sich über die Schar der zerlumpten Büßer aus Assisi, kam aber ihrem Ansinnen nach. Fünf Jahre später bestätigte er die Regel des Ordens, aus dem schließlich die Franziskaner und Kapuziner gleichermaßen hervorgingen, und in kürzester Zeit traten 5000 junge Italiener der Bruderschaft bei.

1224 hielt sich Franziskus mit seinen engsten Freunden in den Höhlen am Berg Alverna auf, wohin er sich nach dem Fest Maria

Himmelfahrt (15. August) zurückgezogen hatte, um Gott in der Natur näher zu sein, und 40 Tage zu Ehren des Hl. Erzengels Michael zu fasten, dessen Gedenktag am 29. September gefeiert wird. Irgendwann in dieser Zeit, wahrscheinlich um den 17. September, geschah, was ein Augenzeuge, der Hl. Bonaventura, wie folgt beschrieb: »*Die Stunde der Ekstase, unaussprechlicher Gottvereinigung, war gekommen. Die inneren Wirkungen, die seine Seele erquickten, hoben seinen Körper mehr oder weniger in die Luft. Man hörte ihn mit Gott sprechen, bald mit Furcht und Zittern, bald wie ein Freund, der mit seinem Freunde spricht. Und in diesen Zustand höchster Entflammung traf ihn das große Ereignis der Stigmatisation, (...) sah er, wie ein Seraphim kam in sehr schnellem Fluge herab in des Heiligen Nähe, und da erschien zwischen seinen Flügeln die Gestalt eines gekreuzigten Mannes mit ausgestreckten Händen und Füßen, die an ein Kreuz geheftet waren. Als Franziskus dies sah, war er außerordentlich überrascht, eine Freude, die mit Trauer und Schmerz vermischt war, strömte in seine Seele. Die Gegenwart Jesu Christi, der sich ihm auf so wunderbare, so vertraute Weise unter der Gestalt eines Seraphims zeigte, verursachte ihm unendliche Wonne. Aber bei dem schmerzlichen Anblick seiner Kreuzigung fühlte er sich wie von einem Schmerze durchbohrt, der ihm wie ein Schwert durch die Seele drang... die Vision... prägte seinem Körper ein Abbild der Wundmale ein, als wenn sein Fleisch gerade wie weiches und vom Feuer geschmolzenes Wachs die Einprägung von Siegeszeichen erhalten hätte. Denn sofort begannen die Zeichen von Nägeln an seinen Händen und Füßen sichtbar hervorzutreten, und zwar ganz so, wie er sie an dem ihm erschienen Bilde des gekreuzigten Gottmenschen gesehen hatte. Seine Hände und Füße waren in der Mitte wie von Nägeln durchbohrt; die runden und schwarzen Nagelköpfe waren auf dem Rücken der Hände und Füße zu sehen, während die ziemlich langen Spitzen auf der anderen Seite zum Vorschein kamen und umgebogen waren und das übrige Fleisch, aus dem sie hervortraten, überragten. Auch hatte er an seiner rechten Seite eine rote Wunde, als wäre er von einer Lanze durchbohrt, und oft floß Blut daraus hervor, das sein Unterkleid und alles, was er auf den Lenden trug, durchtränkte.*« Die Beschreibung der Stigmata wurde durch einen weiteren Augenzeugen, Thomas von Celano, bestätigt.

Von diesem Tag an fiel dem Hl. Franziskus das Laufen so schwer, daß er sich bei längeren Wegen eines Lasttieres bedienen mußte. Hände und Füße trug er fortan verhüllt. Als er zwei Jahre später verstarb, bezeugten zahlreiche Ordensbrüder, daß die Wundmale noch immer existierten und sogar Blut absonderten. Bereits zwei Jahre nach seinem Tod wurde Franziskus von Assisi durch Papst Gregor IX. heiliggesprochen – wie die Akten belegen, gaben dabei die Stigmata den Ausschlag.

Katharina von Siena, Tochter eines Färbers, erhielt ihre Berufung in den Tagen des Karnevals 1364. Zwölf Jahre der Läuterung und der Prüfungen folgten für die junge Ordensfrau, die mit Hingabe die Pestkranken ihrer Zeit pflegte, bevor sie, zur Erholung, 1375 nach Pisa geschickt wurde. Schon damals war die physisch geschwächte junge Frau eine Mystikerin, die in Ekstasen fiel und Visionen Christi hatte. Als sie an einem Sonntag an einer Meßfeier teilnahm, fiel sie, kurz nach dem Empfang der Hl. Kommunion, in Ekstase. Sie lag flach auf dem Boden, die Arme ausgestreckt, den Blick starr nach oben gerichtet, das Antlitz von Licht übergossen. Nach einiger Zeit begann sie sich langsam aufzurichten, um kurz darauf ruckartig auf die Erde zurückzufallen, als die Wundmale sichtbar wurden. *»Ich habe gesehen, wie der Herr, der ans Kreuz gerichtet war, von diesem herab auf mich zukam«*, beschrieb sie später ihre Vision, *»er war von unaussprechlichem Licht umflutet. Die Heftigkeit der Bewegungen meiner Seele, ihrem Schöpfer entgegenzueilen, brachte meinen Körper zum Aufrichten. Ich habe dann glänzende Strahlen aus seinen fünf heiligen Wunden strömen sehen, die sich auf meine Hände, meine Füße und mein Herz richteten.«* Fortan hatte sie regelmäßige Visionen Christi, in dessen Auftrag sie ihre große Mission durchführte: Sie sollte Papst Gregor XI., der im Exil in Avignon lebte, nach Rom zurückholen. Sie verhandelte mit der Republik Florenz, die schließlich bereit war, mit dem Hl. Vater Frieden zu schließen, dann reiste sie nach Avignon, um den Papst von der Aufrichtigkeit dieses Angebotes zu überzeugen. Schließlich brach Gregor XI. am 13. September 1376 zusammen mit Katharina auf, um den Sitz Petri wieder einzunehmen. Vier Jahre später, im Alter von nur 33 Jahren, verstarb die Mystikerin, die Kirchengeschichte und Weltgeschichte gemacht hatte.

Immer wieder wurden die Stigmata zu »himmlischen Siegeln«, die den Auftrag eines Mystikers oder einer Mystikerin bestätigten, der nicht selten die Zukunft der Kirche oder der Christen in einer Zeit der schwersten Bedrängnis betraf. Ein Beispiel aus unserem Jahrhundert, das zudem der vielleicht am gründlichsten wissenschaftlich untersuchte und dokumentierte Stigmatisationsfall überhaupt ist, ereignete sich in Deutschland in den zwanziger Jahren. Ein einfaches Landmädchen wurde zum lebenden Mahnmal Gottes – in einer Zeit, in der in Deutschland die Mächte der Finsternis, die Nationalsozialisten, regierten. Deshalb lohnt es sich, die Geschichte der Therese von Konnersreuth einmal genauer zu betrachten.

Therese Neumann, auch – bayrisch – »Theres« oder, volkstümlich, »Resl« genannt, wurde am Karfreitag des Jahres 1898 als erstes von zehn Kindern des Schneiders Ferdinand Neumann und seiner Frau Anna geboren. Ihre Jugend war geprägt vom ländlichen Leben in Konnersreuth und der Armut ihrer Eltern. So trat sie schon früh als Magd in den Dienst eines Bauern und Gastwirtes, und als die Männer in den Krieg – den 1. Weltkrieg – mußten, übernahm sie auch die härtesten Arbeiten: Das Schleppen von zentnerschweren Getreidesäcken, die schwere Feldarbeit. Doch das robuste Landkind verspürte in sich das Verlangen nach einem anderen, wenn auch nicht leichteren Leben: Sie wollte nach Afrika gehen, Missionsschwester werden.

Doch es kam alles ganz anders. Am 10. März 1918 brannte es auf dem Heuboden eines Nachbarhofes in Konnersreuth, und Therese half, den Brand zu löschen. Als Kräftigste der Helfenden stand sie auf einem Hocker, um die vollgefüllten Wassereimer entgegenzunehmen, die die anderen vom Brunnen herbeigeholt hatten, und sie dem Hausherren hinaufzuheben, der das Wasser in die Flammen goß. Immer wieder verschüttete sie in der gebotenen Eile Wasser, die kalte Winterluft und die ständigen Bückbewegungen taten das ihrige dazu, daß »die Resl« schwer erkrankte: Eine Wirbelverrenkung, die Klemmung eines Neutralnervenstranges (»Cauda«) und eine Nervenentzündung (»Neuritis«) waren die Folge und führten zu einer fortschreitenden Lähmung und schließlich der völligen Erblindung Thereses.

Aus dem Krieg, aus Frankreich, hatte Thereses Vater ihr ein Bildchen der Theresia vom Kinde Jesu (Theresia von Lisieux, 1873–1897) mitgebracht, einer damals aufgrund ihrer Anmut, Reinheit und kindlichen Frömmigkeit im Ruf der Heiligkeit stehenden jungen Nonne, die von den französischen Katholiken hoch verehrt wurde. Auch »die kleine Rose« genannt, hatte Theresia von

Lisieux kurz vor ihrem Tod (im Jahr vor Therese Neumanns Geburt) versprochen: »*Ich werde Gnadenrosen vom Himmel regnen lassen!*« Als sie noch sehen konnte, fühlte sich Therese von Theresias Anblick innerlich berührt, und immer wieder betete sie das auf dem Heiligenbild abgedruckte Gebet um ihre Seligsprechung. Am 29. April 1923 spürte Therese noch im Schlaf, wie jemand an ihr Kissen rührte. Sie wachte auf – und konnte sehen. Es war der Tag der Seligsprechung Theresias von Lisieux. Die Lähmungen aber blieben, wurden durch Krämpfe verstärkt, zudem bildeten sich am Rücken großflächige Aufliegewunden. Der linke Fuß eiterte, der Arzt befürchtete, ihn amputieren zu müssen. Am 17. Mai 1925 hörten ihre Eltern einen lauten Schmerzschrei aus Thereses Zimmer. Sofort liefen sie hinauf, fanden zu ihrer Bestürzung ihre Tochter geistesabwesend und unverwandt auf einen Punkt starrend. Dann richtete sie sich auf, streckte ihren Fuß aus und verlangte nach dem Dorfpfarrer Naber. Als der Pfarrer geholt war, verkündete Therese, sie könne jetzt aufstehen – und demonstrierte ihre Heilung durch einen, wenngleich noch unsicheren, Gang durch ihr Zimmer.

Auf die Frage, was geschehen sei, antwortete Therese nur, sie habe eine Lichterscheinung gehabt. Eine Stimme hätte zu ihr gesprochen, sie gefragt, ob sie gesund werden wolle. »*Mir ist alles recht*«, habe sie in kindlicher Frömmigkeit geantwortet, »*leben und sterben, gesund sein und krank sein – was der liebe Gott will, denn der versteht's am besten.*« – »Hättest Du keine Freude daran, wenn Du jetzt aufstehen und gehen könntest?« insistierte die Stimme. »*Ich habe an allem eine Freude, was vom lieben Gott kommt*«, meinte Therese, »*mich freuen alle Blümelein, die Vögel, oder auch wieder ein neues Leiden. Am meisten aber freut mich der liebe Heiland.*« – »Dann darfst Du heute eine kleine Freude erleben«, erwiderte die Stimme, »Du kannst dich aufsetzen, probier's einmal, ich helfe dir.« Daraufhin sei sie an der rechten Hand hochgezogen worden. Es hätte einen »Knacks« in der Wirbelsäule gegeben, bei dem sie laut aufschrie, denn der Schmerz sei so heftig »wie wenn zwei Knochen aufeinander gerieben wurden.« »*Du kannst auch gehen*«, versicherte ihr die Stimme, »*aber leiden darfst du schon noch viel und lang, und kein Arzt kann dir helfen. Nur durch Leiden kannst du deine Opfergesinnung und deinen Opferberuf am besten auswirken und dadurch die Priester unterstützen. Durch Leiden werden weit mehr Seelen gerettet, als durch die glühendsten Predigten. Ich habe es früher schon geschrieben.*« Obwohl die Stimme nicht sagte, wer sie sei – das Zitat stammte, wie Pfarrer Naber später herausfand, von Theresia von Lisieux. Und tatsächlich ereignete sich Thereses Heilung eben an dem Tag, an dem »Theresia vom Kinde Jesu« in Rom heiliggesprochen wurde.

Während »Resl« die nächsten Wochen und Monate noch sehr schwach war, gab ihr eine weitere Lichterscheinung am 30. September 1925, dem Todestag der »kleinen Theresia«, die volle Kraft zurück. Bei einer weiteren Erscheinung während einer schweren Erkältung und anschließenden Blinddarmentzündung im November prophezeite ihr die Heilige: »*Du wirst noch viel zu leiden haben und dadurch mitwirken dürfen am Heile der Seelen. Dem eigenen Ich mußt du immer mehr absterben. Und bleib immer so kindlich einfältig.*« Und auch diesmal wurde Therese, deren Blinddarm nach Aussage ihres Arztes kurz vor dem Durchbruch stand, geheilt: der Eiter entleerte sich auf natürlichem Weg.

Die nächsten vier Monate verliefen ruhig und waren von der Genesung und Stärkung Therese Neumanns gekennzeichnet. Es war vielleicht die Ruhe vor dem Sturm – der Erfüllung ihrer eigentlichen Aufgabe. In der Nacht vom Donnerstag, dem 4. März, auf Freitag, den 5. März 1926, lag Therese im Bett, als sie plötzlich eine Vision von Christus im Garten Gethsemane hatte. Sie hörte ihn beten, er drehte sich zu ihr, schaute sie »gut an« – als Therese im Herzen einen stechenden Schmerz verspürte. Sie glaubte, sie müsse sterben, nahm noch wahr, wie warmes Blut ihr an der schmerzenden Stelle herunterlief. Das Blut rann bis Freitag Mittag weiter. Noch wagte die Resl nicht, jemandem von ihrer Vision zu erzählen, als sich diese am nächsten und übernächsten Freitag wiederholte, noch auf Geißelung und Dornenkrönung ausdehnte. Am 26. März 1926 schaute sie Kreuztragung und Sturz, während auf dem linken Handrücken eine Wunde aufbrach. Dann, in der Karfreitagsnacht vom 1. auf den 2. April umfaßte ihre Vision den gesamten Passionsweg vom Ölberg bis zum Kreuzestod. Therese durchlitt Todesqualen. In dem Augenblick, in dem sie die Annagelung Christi an das Kreuz von Golgatha schaute, platzte auch auf dem rechten Handrücken und auf den Füßen eine Wunde auf, bohrte sich durch das Fleisch, während ihr heißes Blut aus Wunden auf der Kopfhaut und den Augenhöhlen floß. Hatte sie zuvor noch versucht, ihre Stigmatisation vor ihrer Familie zu verbergen, jetzt war es nicht mehr möglich. Ihre verschreckten und verstörten Angehörigen riefen den Pfarrer, der ihr die letzte Ölung erteilte, in sein Tagebuch schrieb: »Sie lag da wie ein Marterbild, die Augen von Blut ganz verklebt, zwei Streifen Blut über die Wangen, fahl wie eine Sterbende.« Am Ostermorgen schaute sie nach langer Benommenheit die Auferstehung Christi – so lebendig, so wirklichkeitsnah, als sei sie selbst Zeugin des Geschehens.

Die Eltern riefen den Arzt. Der verschrieb der Resl Salben, die die Wunden zum Verheilen bringen sollten, die Familie Neumann selbst versuchte es mit Hausmitteln jeder Art – vergeblich. Am nächsten Freitag wiederholte sich die Schauung der Passion – fortan regelmäßig, über 700 mal, bis zu Thereses Tod im September 1962. Den Ablauf dieser Visionen schilderte Pfarrer Naber dem bischöflichen Ordinariat in Regensburg wie folgt: »*Um Mitte der Donnerstag-Freitag-Nacht sieht sich die Kranke urplötzlich, auch nach andersartiger Beschäftigung und ohne es zu wollen, auf den Ölberg versetzt; drei Mal schaut sie den Heiland in seiner Todesangst und fängt an, seelisch und körperlich mitzuleiden: die Augen füllen sich mit Blut, das dann in Striemen über die Wangen läuft; die Wunde am Herzen öffnet sich und das daraus fließende Blut durchtränkt die Bekleidung; die Wunden an Händen und Füßen, die am Donnerstag mit einer Kruste überzogen waren, scheinen jetzt wie frisch geworden, ohne daß Blut herausfließt; am Morgen schaut Neumann die Geißelung und Dornenkrönung des Herrn und leidet ihre Schmerzen mit. im Laufe des Vormittags sieht sie den Heiland den Kreuzweg gehen; in den ersten Nachmittagsstunden schaut sie die Kreuzigung; ihr Gesicht zeigt dabei den schmerzlichsten Ausdruck, sie ringt mit den Händen, lechzt mit den Lippen und mit der Zunge und sinkt beim Tode des Heilandes ebenfalls wie tot in sich zusammen ... Diese Leidensschau vollzieht sich in getrennten Abschnitten, während der Neumann der Umgebung entrückt ist und auf Anrufe nicht reagiert, während sie in den Zwischenzeiten zwar äußerst schwach, aber bei sich ist, große Schmerzen empfindet und mit mir wenigstens auch redet, aber mit Zurückweisung alles Anderen nur von Christus... In der Nacht vom Freitag auf Samstag kann sie dann, während sie sonst nur ganz wenig schläft, gut schlafen, um am Samstag früh aufzustehen, sich das Blut abzuwaschen, sich umzuziehen und so zum Zustand des Donnerstags zurückzukehren.*« Zugelassene Besucher durften schweigend an dem Geschehen teilhaben – erst Dutzende, dann Hunderte, schließlich an einem (Kar-)Freitag über 5000. »Resl« bekam davon nichts mit, war zu diesem Zeitpunkt geistig nicht anwesend. »Das Leiden ist schon schwer«, kommentierte Therese ihre Passion, »aber es ist auch schön. Da bin ich von der Welt weg: da bin ich in Jerusalem und gehe mit dem Heiland.« »*Das Leiden ist ihr eigentlicher Beruf*«, schreibt der Schriftsteller und Journalist Johannes Steiner, der zu ihrem Biographen werden sollte, »*man muß es miterlebt haben, wie sie manchmal leise wimmert vor Schmerzen und doch immer wieder betet: ›Heiland, gern! Heiland, gern!‹ In den Freitagsleiden ist das Charakteristische, daß sie den Heiland nicht bloß schaut, seinen Kreuzweg nicht bloß mitgeht, sondern alles, was der Heiland an Leib und Seele leidet, in jener Unmittelbarkeit, wie sie die damals Miterlebenden hatten, selber an Leib und Seele mitleidet von seiner Todesangst und seinem Blutschwitzen am Ölberg bis zu seiner Kreuzigung und zu seinem Sterben auf Golgatha, bis sie wie tot in ihre Kissen zurücksinkt.*«

Doch trotzdem war es ihr möglich, mit den Stigmata, den Wundmalen Christi, ein alltägliches Leben zu führen. Denn seit sie am 17. April 1926 Theresia von Lisieux um Hilfe bat, bildete sich über den Stigmen ein feines Häutchen, das nur an den Freitagen aufbrach, es ihr aber ermöglichte, sich wieder regelmäßig Hände und Füße zu waschen. Ansonsten schmerzten die Wundmale nur bei starken Belastungen, entzündeten sich nie und eiterten auch nicht. Trotzdem trug Resl, um größeres Aufsehen zu vermeiden, stets fingerlose Handschuhe und ein Kopftuch. Ihre Brustwunde sahen nur Ärzte, Schwestern und ihre Angehörigen, das einzige existierende Foto stammt von einer vom Bischof von Regensburg angeordneten medizinischen Untersuchung.

Später wurden ihre Passionsvisionen ergänzt durch weitere Schauungen vom Leben Jesu von der Geburt bis zur Himmelfahrt, sowie vom Leben der Jungfrau Maria, der Apostel und wichtiger katholischer Heiliger. Und noch ein Phänomen stellte sich neben den Visionen und Stigmata bei Therese Neumann ein, seit August 1926: Die völlige Appetitlosigkeit, die seit Weihnachten 1926 zu einer völligen Nahrungslosigkeit führte, die bis zu ihrem Tod andauerte. 36 Jahre lang war das einzige, was die Stigmatisierte zu sich nahm, die täglich vom Pfarrer gespendete Heilige Kommunion, die zuerst noch mit ein paar Tropfen Wasser zum Schlucken, dann ganz trocken eingenommen wurde. Diese Hostie blieb unverdaut in ihr erhalten, bis sie die nächste Hl. Kommunion einnahm – mußte sie sich zwischenzeitlich erbrechen, kam die unversehrte Hostie zum Vorschein. Ansonsten aß sie nicht, trank sie nicht – eine medizinische Unmöglichkeit! Therese von Konnersreuth glaubte, daß die Präsenz des eucharistischen Christus sie am Leben hielt. Dabei führte sie seit ihrer Heilung, mit Ausnahme der Leidenstage, wieder ein ganz normales Landleben. Sie arbeitete stundenlang bei größter Hitze auf dem Feld, und alle, die mit ihr waren, bestätigten, daß sie niemals auch nur Durst verspürte. Sie hegte und pflegte einen kleinen Blumengarten und schmückte regelmäßig und mit großer Liebe den Altar ihrer Pfarrkirche.

Natürlich drang das »Wunder von Konnersreuth« bald an die Öffentlichkeit, und tausende Pilger strömten in das oberpfälzische Dorf, um die »Heilige« zu sehen, ein Rummel, den »Resl« verabscheute. »Der ärgste Schmerz wäre mir lieber als diese vielen Besuche, dieses Anschauenlassen«, gestand sie dem Pfarrer. Zudem hatte Pfarrer Naber den Kirchenoberen Bericht zu erstatten, bei der Kirche bestand Handlungsbedarf. So ordnete das bischöfliche Ordinariat im Juli 1927 eine gründliche Untersuchung der Vorgänge um Therese Neumann an, die sich speziell mit den medizinisch überprüfbaren Aspekten und der Frage beschäftigen sollte, ob hier tatsächlich ein »übernatürliches Geschehen« vorlag. Damit wurde eine ärztliche Kommission unter Leitung des Psychiaters Dr. Ewald von der Psychiatrischen Klinik der Universität Erlangen und des Arztes Dr. Seidl zusammen mit vier vereidigten Mallersdorfer Schwestern beauftragt. Nachdem das Ordinariat bei Medizinern angefragt hatte, wie lange ein Mensch ohne Wasser leben könnte – 11 Tage maximal, lautete die Antwort – wurde der Untersuchungszeitraum auf 15 Tage, vom 14. 7. bis 28. 7. 1927, festgelegt. Die vier Schwestern sollten während dieser Zeit in zwei Wachgruppen Therese rund um die Uhr überwachen und auf Schritt und Tritt begleiten. Ein Besuch der Toilette war ihr in dieser Zeit untersagt, da ein Nachttopf die Überprüfung der Ausscheidungen vereinfachte. Die Schwestern hatten Therese mit einem ausgedrückten Waschlappen zu waschen und das benutzte Mundwasser auf den Milliliter genau abzumessen, sie zu wiegen und ihre Körpertemperatur zu messen. Bezüglich der Stigmen hatten sie Blutabstriche und Kompressen von den Wunden zu nehmen, den Blutfluß zu beobachten und zu fotografieren. Therese und ihre Eltern willigten nach einigem Zögern ein, auch wenn sich die Zeit als Tortur erwies. Das Ergebnis, wie es Dr. Ewald in seinem Untersuchungsprotokoll darlegte:

1. Die Stigmen sind echt. Es fand tatsächlich ein Ausfließen von Blut statt, das spontan begann und ohne künstlichen Eingriff herbeigeführt wurde. Bei dem Blut handelte es sich *»um eine blutig-seröse Flüssigkeit«*, was bei einer künstlichen Verletzung unmöglich wäre, jede Neigung zu Eiterungen fehlte. Das Blut war von Thereses Blutgruppe. Ewald: »*Die Überwachung der Kranken (sic!) (ist) durch 14 Tage eine so gründliche gewesen, daß es denkbar unwahrscheinlich erscheint, daß es zu willkürlich erzeugten, von der Umgebung nicht bemerkten Verletzungen gekommen sein soll.*«

2. Therese nahm tatsächlich weder Wasser noch feste Nahrung zu sich. Ewald: »*Trotz der angestrengten Beobachtung konnte nicht einmal festgestellt werden, daß die Therese Neumann, die keine Sekunde allein war, etwas zu sich nahm oder irgendwie versuchte, etwas zu sich zu nehmen. Das Bett der Beobachteten wurde nicht nur bei Beginn der Beobachtungen einer strengen Untersuchung unterzogen, sondern es wurde auch jeden Tag – nicht etwa durch die Angehörigen, sondern durch die Schwestern – gemacht. Weder der Arzt noch die Schwestern meinten annehmen zu können, daß in Bezug auf Nahrungsaufnahme Beobachtungsfehler unterlaufen sind.*«

Im Untersuchungszeitraum kam es garnicht, nach Thereses Angaben erst am 30. 7. zu leicht schleimigen Ausscheidungen »etwa ein Löffel voll«, die Harnausscheidung betrug nicht einmal 20% der Menge eines normalen Menschen. Trotzdem kam es zu extremen Gewichtsschwankungen. Nach den Freitagsekstasen verlor sie bis zu 4 kg Körpergewicht, von denen 3 kg bis zum nächsten Mittwoch wieder zugenommen wurden – wohlbemerkt ohne jede Nahrungsaufnahme! Bei einem Erbrechen fanden sich keine Speisereste und auch nicht die für die Verdauung unentbehrliche Salzsäure.

Resl selbst war ihre Nahrungslosigkeit nur unangenehm, da sie immer wieder Anlaß zu Zweifeln, Polemiken und Angriffen bot. »Wie oft hab ich den Heiland schon gebeten, er möge diese Nahrungslosigkeit von mir nehmen, denn die Leut glaubn's ja sowieso net«, klagte sie einmal Pfarrer Naber ihr Leid. Doch auch spätere Untersuchungen bestätigten Thereses Nahrungslosigkeit. So erklärte der Eichstätter Zahnarzt Dr. Richard Diener, bei dem Resl 1930 auf Veranlassung des Professors Dr. Franz X. Wutz von der Phil.-theol. Hochschule Eichstätt in Behandlung war: »*Die Mundhöhle ... war frei von der üblichen Bakterienflora, die durch die Nah-*

rung in sie gelangt«. Ihre Zähne seien »*blank gescheuert wie Steine unter einem Wasserfall*.« Als Therese nach einem Gehirnschlag vom 7.–13. Juli 1940 halbseitig gelähmt in Eichstätt lag, wurde auf Anweisung von Bischof Rackl wieder ihre Nahrungslosigkeit geprüft. »*Es ließ sich einwandfrei feststellen, daß sie in diesen 7 Tagen keinerlei Nahrung und keine Getränke zu sich nahm und daß auch keinerlei Ausscheidungen erfolgten.*« Am 14. Juli wurde sie zurück nach Konnersreuth gebracht. Durch ihre Vision der Himmelfahrt Mariens am 15. August 1940 wurde sie wieder geheilt, eine wundersame Heilung, die der Münchner Arzt Dr. Joseph Mittendorfer bestätigte: »*Fräulein Theres Neumann... wurde in drei Schüben von einem linkshirnigen Schlaganfall (Blutung in die Innere Kapsel) getroffen. Der zweite Anfall war außerdem von einer Lungenembolie begleitet... am 15. 8. 1940 wurde der Patientin ... plötzlich eine völlig unerwartete Heilung zuteil.*«

Neben den Schauungen in Ekstase (Entrücktheit) erlebte Therese noch andere Bewußtseinszustände, in denen sie mit dem Göttlichen verbunden war. Diese waren (nach Steiner)
– Der erhobene Ruhezustand: in der Zeit der Stärkung zwischen den Visionen oder nach Einnahme der Eucharistie hatte Therese »*das Gefühl, mit Christus in Glückseligkeit vereinigt zu sein*«. In diesem Zustand beantwortete sie Fragen oder sah tief in die Seele ihrer Besucher mit einem Wissen, das weit über ihr Alltagswissen hinausging und Ereignisse der Vergangenheit und Zukunft des Adressaten umfaßte. Später konnte Resl sich an diese Antworten nicht mehr erinnern.
– Das »Gebet der Ruhe«: ein ekstatischer Zustand, »*in dem die Seele, vereinigt mit Gott, alles Zeitgefühl verliert*«.
– Zustand der Verzückung: »*wenn sie etwas hervorragend Schönes sah, z. B. einen besonders farbenprächtigen Sonnenuntergang oder eine überwältigende Landschaft*«, in denen Therese die Präsenz Gottes spürte.
– »*Kindlicher Zustand der Eingenommenheit*«: »*eine mystische Phase zwischen dem visionären und dem gewöhnlichen Zustand*«, in dem Therese die Ausdrucksfähigkeit »*eines fünfjährigen Kindes*« besaß. In diesem Zustand konnte man sie über den Inhalt der Schauungen befragen, den sie mit ganz einfachen Worten beschrieb, noch ganz von der Vision eingenommen. Dabei war ihr nicht bewußt, was später geschehen würde. So glaubte sie regelmäßig, Woche für

Woche, Jesus würde von Pilatus doch noch freigesprochen, war es für sie unbegreiflich, daß er doch noch zum Tode verurteilt wurde. In der indischen Mystik, im Yoga, sind die verschiedenen Ebenen mystischen Bewußtseins als »Samadhis« bekannt, die gewöhnlich mit »Siddhis«, übernatürlichen Kräften, einhergehen. In der christlichen Mystik werden diese »Charismen« genannt und als »Gnadengaben des Heiligen Geistes« verstanden. Zu ihnen gehörte bei Therese das Erkennen von Reliquien. Außerdem »spürte« sie, wenn sie in eine fremde Stadt kam, ob eine Kirche katholisch war und ob in ihr der eucharistische Christus, eine geweihte Hostie, aufbewahrt wurde. Zeugen zufolge soll sie an zwei verschiedenen Orten gleichzeitig gesehen worden sein – sie erklärte diese Bilokation dadurch, daß ihr Schutzengel ihre Gestalt angenommen hätte. Auch sah sie ihren eigenen Schutzengel und die ihrer Besucher als Lichtwesen (ohne Flügel). Die Äbtissin Maria Benedikta von Spiegel will beobachtet haben, wie Therese beim ekstatischen Gebet schwebte, und auch eine Reihe von Mönchen und Priestern des Steyler Klosters in Tirschenreuth sahen, wie sie bei einer Vision von Mariä Himmelfahrt aufgesprungen sei, »mit, mit« gerufen – und sich 15–20 cm vom Boden abgehoben hätte. Sie nahm »stellvertretende Leiden«, Krankheiten und »Sühneleiden« für Lebende und Verstorbene auf sich, was in Indien als »Karma abtragen« bezeichnet wird und auch dort als Fähigkeit großer Meister des Yoga gilt. Und schließlich hatte sie Visionen vom Schicksal Verstorbener nach dem Tod, die erstaunlich mit den »Nahtoderfahrungen« übereinstimmten, die ein halbes Jahrhundert später durch den Mediziner Dr. Raymund Moody untersucht und dokumentiert wurden.

Dr. Johannes Steiner zufolge sah sie »*nach dem Tode die Seele in einer der Gestalt des Verstorbenen ähnlichen Lichtgestalt dem Leibe entsteigen; dann sah sie Christus kommen und die Seele richten. Als Begleitung Christi erschienen lichte Seelen, die dem Verstorbenen, solange sie lebten, besonders nahe gestanden hatten und inzwischen in die Seligkeit hatten eingehen dürfen. Im allgemeinen hatte diese Gerichtsvision ungefähr folgenden Verlauf: Der Heiland erscheint mit verklärtem Leib, strahlend, begleitet von unkörperlichen Lichtgestalten, und blickt die Seele des Verstorbenen liebreich an. Diese wird mehr oder weniger hell und hat in einem Augenblick erkannt, daß dieser ihr Zustand absoluter Gerechtigkeit (›Man wird für sein Leben zur Verantwortung gezogen‹) entspricht, Der Richter und die Beglei-*

tung entschwinden, während die Seele einsam zurückbleibt.« wird sie
als rein empfunden, darf sie sofort mit, *»ansonsten bleibt sie traurig
zurück, bis die Sehnsucht nach dem Himmel sie völlig gereinigt hat.
Das wird dann wohl ihr Fegefeuer sein.«*
Und ein Charakteristikum der Konnersreuther Mystik verdient
unsere Beachtung. Thereses »Geistliches Atmen«, ihr ständiges
Denken an Gott, ihr Erkennen des Göttlichen in allem Sein, ihre
»Gleichschaltung mit Gott« ist ein Gegenstück zum Yoga. *»So
wurde ihr ganzes Leben zum Gebet«*, wie Steiner schrieb.
Doch ein ganz anderer Umstand sollte den übernatürlichen Ursprung der Visionen Therese Neumanns noch deutlicher bestätigen.
Denn sie hörte Jesus und seine Jünger, den Hohepriester Kaiphas,
die Henkersknechte, den Mob und das Volk von Jerusalem gewis-
sermaßen im O-Ton – in aramäischer Sprache, der Umgangssprache zur Zeit Jesu. Und hier erwiesen sich ihre Angaben als so überraschend genau, daß sie Neutestamentler in Erstaunen versetzte.
Schon als die ersten Zeitungen über das Wunder von Konnersreuth berichteten, vermerkten sie, daß Therese während ihrer
Passionsvisionen »in einer unbekannten Sprache sprach«. Das
erweckte die Aufmerksamkeit eines Experten, des Professors für
alttestamentliche Exegese (Textdeutung) an der Phil.-theol. Hochschule Eichstätt, Dr. Franz Xaver Wutz, einer der damals führenden Kenner der semitischen Sprachen und der Archäologie des
Heiligen Landes. So fuhr Wutz schon im Sommer 1926 nach Konnersreuth – und mußte zu seiner Überraschung feststellen, daß es
sich bei den »unverständlichen Lauten«, die das Bauernmädchen
während ihrer Visionen vernahm, um glasklares Aramäisch handelte – jene Sprache, die in Palästina zur Zeit Jesu gesprochen
wurde und die Wutz vorzüglich kannte. Etwa 20 verschiedene
Worte, zum Teil in kurzen Sätzen, konnte er schon beim ersten
Besuch notieren. Als Beispiel seien hier nur die Worte Jesu am
Kreuz genannt:
»Abba schabock lahon« – »Vater vergib ihnen!«
»Amen, amen amarna lach bjam atte emmi pardesa« – »Amen,
amen, ich sage dir, heute noch wirst du mit mir im Paradiese sein.«
»Ha emeck, ha breek« – »Siehe da deine Mutter, siehe da dein
Sohn.«
»Eloi, Eloi lama schabaktani« – »Mein Gott, mein Gott, warum
hast Du mich verlassen?«
»Salem kulechi« – »Alles ist vollbracht«

»*Abba, be jadach afked ruchi*« – »Vater, in Deine Hände empfehle ich meinen Geist«

Manchmal korrigierte sie das Neue Testament. So soll Jesus nach Markus 7,34 bei der Heilung eines Taubstummen gesagt haben: »*Ephphertha, das heißt: öffne dich!*« Bei Thereses Schauung hieß es aber »*Etphetach*« – die sprachlich richtigere Form.

Doch was Wutz am meisten erstaunte, war, daß sie stets hörte, daß Jesus am Kreuz das Wort »*Aes-che*« benutzte, um zu sagen: »*Mich dürstet*«. Bisher hatten Neutestamentler, die versucht hatten, die Worte Jesu aus den Evangelien in seine Sprache zurückzuübersetzen, dies immer mit »Sachena« übersetzt. Erst ungläubig, schlug Prof. Wutz in diversen Fachbüchern nach und fand heraus, daß »Aes-che« tatsächlich ein Wort der neuhebräischen Umgangssprache war, das besagt: »Ich dürste«.

Weitere von Wutz zu Rate gezogene Professoren bestätigten das »Aramäischphänomen«. 86 aramäische Wörter konnte der Neutestamentliche Philologe und Aramäischkenner Dr. Günther Schwarz anhand der vorhandenen Aufzeichnungen und Tonbandaufnahmen in den Nacherzählungen der Schauungen durch die Stigmatisierte dokumentieren. Auch die Möglichkeit einer Suggestion durch Prof. Wutz ist auszuschließen, da Therese immer wieder die von Wutz zur Diskussion gestellten Begriffe verwarf oder seine Aussprache korrigierte. So erklärte Prof. Johannes Bauer, der den Lehrstuhl für Semitische Philologie an der Universität Halle innehatte: »*Die Tatsache des Aramäischen steht (bei Th.) also fest.*« Auch der Wiener Orientalist und Papyrusforscher Prof. Dr. Wessely war überzeugt: »*Es handelt sich zweifellos um richtiges Aramäisch, wie es wohl zu Christi Zeiten gesprochen wurde ... Therese Neumanns Angaben sind in grammatischer Hinsicht durchaus stichhaltig.*« Tatsächlich unterschieden die Experten zwischen dem Hoch-Aramäischen des Hohepriesters Kaiphas und anderer Bewohner von Jerusalem und dem gutturalen »galiläischen Dialekt« des Petrus. Ebenso beeindruckt war der katholische Erzbischof von Ernaculum in Indien, Dr. Jose Parecatill, als er 1958 das erste Mal Therese Neumann besuchte. Denn sein Bistum war die indische Provinz Kerala, das Gebiet der »Thomaschristen«, die ihren Ursprung auf die Missionsreise des Apostels Thomas zurückführen, und deren Liturgiesprache bis in unsere Zeit hinein Aramäisch war, die Sprache, in der Thomas ihnen das Evangelium predigte. So sprach Erzbischof Parecatill aramäisch – und bestätigte »*die Tatsache, daß Therese jene Sätze in aramäischer oder syro-chaldäischer Sprache wiederholen konnte*«. Auch stimmte er mit ihr darin überein, daß Christi wahrer Name »Ishoa« (oder hebr. Jeschua) war, während seine Mutter »Mariam« (in Galiläa) oder »Miriam« (im Tempel) genannt wurde.

Aber auch andere Sprachen hörte Therese in ihren Visionen: Griechisch und Latein bei Schauungen vom Leben der Apostel, Französisch, als sie den Tod der Hl. Theresia vom Kinde Jesu sah, Provencialisch – ein französischer Dialekt – bei ihrer Vision von der Erscheinung von Lourdes. Muß noch erwähnt werden, daß das Landkind aus Konnersreuth eigentlich nur den Dialekt ihrer Heimat, der Oberpfalz, sprach und nie eine Fremdsprache erlernt hatte.

Medizinisch korrekt erlebte Therese auch das Leiden am Kreuz. Der Kreuzestod war ein Erstickungstod – hervorgerufen durch die Unmöglichkeit, in der hängenden Position zu atmen. Das Hängen am Kreuze selbst, abgestützt die Füße, eine Mulde am Gesäß, die Arme neben der Nagelung noch – wie Therese es sah – festgebunden, führte zu einer Atemnot. So schrieb Dr. Theodor Witry, ein Facharzt für Nervenerkrankungen aus Metz, der 1932 an der Passionsvision teilnahm: »*Als die Vision vom Tode des Heilands am Kreuze sich näherte, konnte ich ganz deutlich das Cheyne-Stocke'sche Respirationsphänomen beobachten. In den Atmungspausen sah ich auch eine Verengung der Pupillen eintreten... Als ich das Zimmer der Resl betrat, konnte man eine sehr lebhafte Tätigkeit des Herzmuskels beobachten, die ungefähr eine halbe Stunde anhielt. Je mehr Christus sich dem Tode näherte, desto ruhiger wurden die Herzstöße. Als das Ende Christi nahte, sah ich keine Bewegung mehr in der Herzgegend. Die Stigmata bluteten aber bis zum Ende weiter.*
Die Nase der Resl war nach und nach wächsern und spitz geworden. Ich konnte genau unterscheiden, daß der Augapfel gegen das Ende der Passion hin Form- und Volumenveränderungen zeigte, indem die Oberfläche der Cornea kleine Höcker und ungleiche Vertiefungen aufwies. Das schmutzige Schieferblau der Augen zeigte dort und da kleine weiße Flecken, die ich vorher noch nicht bemerkt hatte. Der Blick der Resl war ganz trübe geworden. Sie hatte Augen, wie man sie bei Toten, die an schwerer Erschöpfung gestorben sind, sieht.«

Selbst das letzte Detail vom Tode Christi, das Ausfließen von »Blut und Wasser« nach dem Lanzenstich des Legionärs, bestätigte Therese in ihrem Miterleben der Passion. Nach Angaben des Untersuchungsberichtes der Ärztekommission von 1927 trat aus der Herzwunde kein reines Blut, sondern »eine blutig-seröse Flüssigkeit«. Nach Dr. Klosa indiziert das einen Coronarthrombose-Tod Christi, einen Herztod durch plötzliches Versagen des linken oder rechten Herzens durch Unterbrechung des Kreislaufs in der Lunge. Durch den hohen Blutverlust könnten sich Thromben (Blutpropfen) in der Blutbahn gebildet, zum plötzlichen Verschluß der Aortenklappe geführt haben. Mit einem furchtbaren Schmerz würde der Verschluß im Herzen zum Tode führen. Das Blut würde im Herzen koagulieren, so daß sich Serum abschied – und tatsächlich »Blut und Wasser« austreten konnten – bei Therese wie bei Jesus Christus.

Kein Wunder, daß das »Phänomen Konnersreuth« für Aufsehen in den deutschen und internationalen Medien sorgte. Kritische Journalisten hatten vor Ort recherchiert, Nachbarn und den Pfarrer, Ärzte und Psychologen befragt – und die ganz wenigen, die sie zu sich ließ, da sie den Rummel verabscheute, Therese selbst. Selbst der Chefredakteur der damals größten süddeutschen Tageszeitung, der »Münchner Neuesten Nachrichten«, Dr. Fritz Gerlich, hatte sich nach Konnersreuth begeben, nachdem er dem überraschend positiven Eindruck seines zuvor mit dem Auftrag, »den ganzen katholischen Schwindel zu entlarven« entsandten Redakteurs Erwin Freiherr von Aretin mißtraute. Doch als Dr. Gerlich selber Zeuge der Visionen Thereses wurde, wurde aus dem protestantisch-skeptischen »Saulus« ein gläubiger »Paulus«. Konnersreuth bewegte Gerlich so tief in seinem Innersten, daß er zum Katholizismus konvertierte und später, angesichts der Bedrohung durch den Hitlerfaschismus, in München einen engagierten Gegenpol bildete. Unterstützt durch den Fürsten Erich von Waldburg zu Zeil, der wie Gerlich von Konnersreuth tief geprägt wurde, gründete er den »Naturrechtsverlag«, der die Menschenrechte propagierte, und gab die Zeitung »Der Gerade Weg« heraus, in der er die Propagandalügen der Nazis entlarvte.

Mit den Worten »*Es hängen Hunderte von Seelen daran*« bekräftigte Therese das Engagement der beiden Männer, in das der Fürst von 1930–33 eine halbe Million Reichsmark investierte. Am 9. März 1933 stürmte die SA das Gebäude des »Naturrechtsverlages«, nahm Dr. Gerlich in Schutzhaft. Am 30. Juni 1934 wurde er in Dachau von den Nazi-Schärgen ermordet.

Und vielleicht hatte Dr. Gerlich die eigentliche Mission der Therese Neumann erkannt: Als »Herausforderung Satans« zu dienen, wie es ihr Biograph Wolfgang Johannes Bekh formulierte, als Zeichen des Lichtes inmitten der Finsternis des Faschismus, als lebendes Symbol der Präsenz Christi mitten im Reich des Antichristen Adolf Hitler. Tatsächlich entwickelte sich unter den Intellektuellen, die von »Resl« ebenso herausgefordert wie beeindruckt wurden, eine Freundschaft, die sie bald veranlaßte, jeder auf seine Weise, aus dem christlichen Glauben und der Erfahrung von Konnersreuth heraus gegen den Wahnsinn der Hitler-Diktatur zu wirken. Zu dem »Konnersreuther Kreis«, wie er von den Gegnern genannt wurde, gehörten neben Dr. Gerlich, Frhr. von Aretin und Fürst von Waldburg auch Gerlichs Mitarbeiter, der Journalist und spätere Neumann-Biograph Dr. Johannes Steiner, natürlich Prof. Wutz aus Eichstätt und Pfarrer Naber, die Eichstätter Professoren Franz Xaver Mayr und Joseph Lechner, der Pater Ingbert Naab, der zu Gerlichs Mitkämpfer im »Geraden Weg« wurde, bevor er sich quasi in letzter Sekunde nach Österreich absetzte, nachdem ihn Therese in Ekstase vor den Plänen der Nazis warnte, sowie die Äbtissin Mater Benedicta Spiegel geb. Gräfin von und zu Peckelsheim, die zu Thereses schwesterlicher Freundin wurde. In seiner Neumann-Biographie schildert Steiner, wie gerade Gerlich durch die Antworten, die Therese ihm im Zustand der Ekstase auf seine Fragen gab, »*in seinem Kampf gegen den Nationalsozialismus und auch gegen den Bolschewismus immer wieder ermutigt*« wurde. »*Es waren keine bestimmten Aufträge. Der freie Wille und die eigene Verantwortung und Erkenntnis sollten in keinem Falle ausgeschaltet werden. Aber es waren Einblicke, Hinweise, die ihn dann selbst die Entscheidung treffen ließen. Worte wie ›Schau, es geht doch da letzten Endes gegen den Heiland‹ genügten ihm...*« So sollte Gerlich, vertrauend auf einen Lohn, der nicht von dieser Erde war, zum Märtyrer für Konnersreuth werden.

Umso erstaunlicher, daß Therese Neumann selbst zwar von den Nazischärgen beobachtet – mehrfach durchsuchte die Gestapo ihr Haus und las ihre Post –, aber nie behelligt wurde. Vielleicht fürchtete Hitler, die Vorsehung herauszufordern, vielleicht ahnte er insgeheim, daß er es hier mit stärkeren Kräften zu tun hatte als jenen, mit denen er im Bunde war, vielleicht war es auch nur ihre große Popularität und die Sorge um einen Aufschrei der Empörung im Ausland. Jedenfalls meldete die parteinahe Presse zwar das Ende der Ekstasen und einmal sogar den Tod Thereses, ansonsten aber war Konnersreuth Tabu-Thema – bis kurz vor Ende des Reiches. »Um das weltberühmte Konnersreuth wird erbittert gekämpft«, hieß es im April 1945 in einem Wehrmachtsbericht. Am 19. April hatte eine ss-Einheit das Dorf besetzt, nach Therese durchsucht, die sich aber glücklicherweise kurz zuvor in Sicherheit gebracht hatte. Während sie weiter nach der Stigmatisierten suchte, schoß die ss von Konnersreuth aus einen Aufklärer der anrückenden Amerikaner ab, woraufhin die Befreier gezwungen waren, doch noch das Feuer zu eröffnen: Eigentlich sollte Konnersreuth auf Befehl des Army-Oberkommandos von allen Angriffen verschont werden. Holzstöße gerieten in Brand, ein Feuer breitete sich aus, dazu kam der Granatenbeschuß. Dann, endlich, nahmen die Amerikaner am Abend des 20. April Konnersreuth ein – und entschuldigten sich sofort bei der mittlerweile wieder »aufgetauchten« Resl für den Schaden. Fortan wurde ihr Dorf zum Ziel tausender amerikanischer Soldaten, die von dem Wunder von Konnersreuth gehört hatten und jetzt an ihm teilhaben wollten. Ihre Spenden und Mitbringsel verteilte Therese an ihre Mitbürger und Hilfsbedürftige. Auch die Kirche profitierte von Resls guten Kontakten zu der Besatzungsmacht. Durch ihre Vermittlung war der Salesianerorden in der Lage, das Schloß Fockenfeld bei Konnersreuth zu kaufen und in eine Schule für spätberufene Priester umzuwandeln. Und noch zu ihrem Lebensende wurde eine letzte Vision Thereses verwirklicht: Die Grundsteinlegung für ein Anbetungskloster in Konnersreuth, das »Theresianum« (benannt nach der Hl. Theresia von Lisieux), eine Kloster der Karmeliterinnen, in dem die Hl. Eucharistie tagein, tagaus angebetet wird.

Am 18. September 1962, dem Fest der Sieben Schmerzen Mariens, erlitt Therese Neumann beim Aufstehen und Ankleiden einen Herzinfarkt, der kurz darauf zu ihrem Tod führte. Noch am Vortag, dem Fest der Stigmatisation des Hl. Franz von Assisi, hatte sie an der Messe teilgenommen. Es ist zugleich das Fest der Hl. Hildegard von Bingen, in deren Meßtexten es heißt: »*Nicht viele Mächtige und Angesehene, nein, was der Welt töricht erscheint, hat Gott gewählt, um die Weisen und Großen zu beschämen.*« Über 10.000 Besucher nahmen Abschied von der vier Tage lang aufgebahrten Therese und besuchten ihre Beisetzung. Vor der Einsargung, am 22. 9., stellten drei Ärzte fest, daß keinerlei Leichengeruch oder Verwesungsspuren festzustellen waren, auch die üblichen Totenflecken und Trübung der Hornhaut des Auges fehlten. Was folgte, war der Versuch einer Deutung. Und während in diesen Tagen die Vorbereitungen für einen Seligsprechungsprozeß der Therese Neumann andauern, bleibt für den Nichtkirchengebundenen die Frage, was hinter dem »Wunder von Konnersreuth« steht.

Ein frommer Betrug ist auszuschließen. Der Kirche war Konnersreuth eher unangenehm, und weder die Familie Neumann noch der Markt Konnersreuth kommerzialisierte die »Resl« auf irgendeine denkbare Weise. Therese Neumann verabscheute Besucher, lehnte es ab, fotografiert zu werden und machte einen großen Bogen um jede Form von Publicity. Ein Verfilmungsangebot schlug sie ebenso ab wie die vielen Angebote zur Produktion von Devotionalien und Fotos. Auch die äußerst kritische medizinische Untersuchung, die die Echtheit der Stigmen und die völlige Nahrungslosigkeit bestätigten, schließt diese Möglichkeit aus. Da kann man getrost dem Schriftsteller und Feuilletonisten Sigismund von Radecki zustimmen, der 1936 zu Konnersreuth schrieb: »*Ehe ich annehme, daß ein einfaches Bauernmädchen gleichzeitig die kompliziertesten Wunden heimlich frisch erhält, sie rechtzeitig bluten läßt, schon zehn Jahre lang unter falschen Beichten und unwürdigen Kommunionen Nahrungslosigkeit vortäuscht, die archäologisch exaktesten Visionen mimt, die genauesten Symptome qualvoller Sühneleiden produziert, dabei hellseherisches Wissen bezeigt, wie es auch ein ganzes Spionagebüro nicht beistellen könnte, und dazu noch mit Sprachcharismen in aramäischer, griechischer, französischer und provenzialischer Sprache die gewiegtesten Philologen verblüfft – ehe ich diese Denkungeheuerlichkeit annehme, glaube ich schon lieber, daß sie alles durch ihre Frömmigkeit von Gott hat. Wie sie's selber sagt.*«

Bleiben also nur eine »psychosomatische« und eine »übernatürliche« Erklärung. War es Hysterie oder Autosuggestion? War Therese eine hysterische Persönlichkeit? »*Sie war ein sehr frommes, fleißiges, verständiges, aber auch heiteres Mädchen*«, charakterisierte sie Pfarrer Naber in einem Schreiben an den Bischof von Regensburg vom 4. Mai 1926, »*Von Betschwesterlichkeit oder sonst Abnormen keine Spur.*« – »*Ich muß aufrichtig bekennen, daß ich an Therese Neumann nicht das geringste Zeichen von Hysterie, Suggestion oder Autosuggestion, Hypnose oder Betrug oder auch teuflischer Verführung beobachtet habe*«, bestätigte der Erzbischof von Prag, Kardinal Dr. Karl Kaspar, 1930, »*das Mädchen macht, wie jedermann zugeben muß, der Gelegenheit hatte, sie zu sehen und in ihrem normalen Zustande mit* ihr zu sprechen, den Eindruck eines geistig vollkommen gesunden Menschen. Sie ist offen und fromm, auch leidet sie selbst am meisten darunter, daß Fremde sie störten und sie sich nicht in der Einsamkeit unschuldigen Herzens mit ihrem geliebten Herrn beschäftigen kann.« Tatsächlich war Therese im privaten Leben ganz und garnicht betont fromm oder gar bigott. »Nüchtern veranlagt, hat nichts Gekünsteltes, nichts Abergläubisches, nichts Betschwesterliches an sich«, charakterisierte sie Pfarrer Naber, der sie schon als elfjähriges Schulkind kannte, »sie ist ein einfaches, natürliches Kind, das einfachste Kind der Pfarrei, unschuldig und tief religiös. Dank ihrer Leiden bleibt sie trotz aller außergewöhnlichen Dinge, die mit ihr geschehen, einfältig und heiter; sie ist ein Kind in ihrer Vorliebe für alles, was klein und unbedeutend ist.« Sie liebte und pflegte Blumen, die Vögel, die Fische in ihrem Aquarium.

Und sie ging ganz und garnicht in ihrem Leiden auf. »Schau, das Leiden kann niemand gern haben«, erklärte sie Dr. Fritz Gerlich, »auch ich hab' es nicht gern. Kein Mensch hat den Schmerz gern, und ich bin auch ein Mensch. Ich hab den Willen des Heilands gern. Und wenn er ein Leiden schickt, so nehme ich es an, weil er es will. Aber das Leiden habe ich nicht gern.« Und ein anderes Mal meinte sie: »Ich habe nie den Leidensweg gewünscht, immer hat sich mein ganzes Wesen gegen das Leiden und das Kreuz gesträubt. Niemand hat meine Tränen gesehen, aber wie oft weinte ich bitterlich in meinem Leid, welches mich doppelt bedrückte, in Rücksicht auf mich, auf meine Lebenspläne, meine Wünsche, Missionsschwester zu werden und in Rücksicht auf meine armen Eltern und Geschwister, die sich so viel mit mir plagen mußten.« Einfach und gerade war ihr Wesen. Gerlich, der sie ja ursprünglich »entlarven« wollte, schrieb beeindruckt: »Sie hat eine ausgesprochene Abneigung gegen Menschen, die ein betont getragenes Wesen, Selbstbewußtsein, Berufswürde und Ähnliches zur Schau stellen. In dem fortwährend auf ihrem Antlitz schwebenden Lächeln spiegelt sich ihre Freude, eine Freude, die eines gewissen Humors nicht entbehrt.« Und der sie besuchende Erzbischof Theodorowicz ergänzte: »Einfach in ihrem Benehmen, ist sie nicht nur frei von jeder Künstelei, sondern auch von jeder Verlegenheit, eben aus dem Grunde, weil sie einfach unbekümmert um sich selbst ist. Sie ist einfach, kurz, schlicht und kernig in ihren Worten...« Sie entsprach wahrhaftig dem Jesuswort, daß »ihr werden sollt wie die Kinder« – schlicht, einfach, herzlich, spontan und natürlich. Die Psychologie der Therese Neumann spricht also ganz und gar gegen

Hysterie, wie auch Dr. Josef Klose in seiner Abhandlung »Das Wunder von Konnersreuth in naturwissenschaftlicher Sicht« oder der Regensburger Chefarzt Dr. Leo Ritter nachweist, der definitiv erklärte: »*Mit Hysterie hat dies nichts zu tun. Für mich sind die Stigmata der Resl ›natürlich‹ nicht zu erklären.*« Schließlich setzen Psychosomatiker ja nicht die Naturgesetze außer Kraft. Ein Patient, der unter Annorexia, also Magersucht leidet und Nahrung verweigert, magert tatsächlich ab und stirbt wohlmöglich – Therese hielt ihr Körpergewicht 26 Jahre lang. Das häufig vorgebrachte Argument, Stigmata seien generell psychosomatisch zu erklären, »*weil die Wundmale doch wie in der christlichen Ikonographie auf dem Handteller und nicht, wie auf dem Turiner Grabtuch, an der Handwurzel erschienen*«, verkennt ihre Bedeutung. Stigmata sind Zeichen, Symbole – nicht akkurate Nachbildungen. »*Denken Sie nicht, daß der Heiland die Nägel in die Hände geschlagen bekam, wo ich meine Stigmata hatte*«, erklärte sie deutlich genug. »*Diese Zeichen haben nur mystische Bedeutung.*« Würden sie auf dem Handgelenk erscheinen, wären sie nicht nur für die Stigmatisierten ungemein schmerzlicher, die Nähe zur Schlagader wäre sogar lebensbedrohlich. Tatsächlich aber sah Therese in ihren Schauungen ganz korrekt, wie die Nägel durch Jesu Handgelenk geschlagen wurde. Und auch sonst hatten ihre Passionsvisionen nur wenig mit dem Kreuzweg der Kirche zu tun, was wiederum gegen die Autosuggestionshypothese spricht. Einmal von Gerlich befragt, ob sie eine Ähnlichkeit zwischen ihren Schauungen und den Kreuzwegstationen ihrer Pfarrkirche feststellen könnte, meinte Resl: »*O mei, Herr Doktor, da gleicht sich gar nix, am ehesten noch die Soldaten.*« Und Prof. Wutz beichtete sie: »*Ich mag gar keinen Kreuzweg mehr anschau'n, so wenig stimmen die Bilder mit dem, was ich sehe.*« Bei ihr war die Dornenkrone eine Art Dornenkappe, trug Jesus nicht das Kreuz, sondern die zusammengebundenen Balken, war das Kreuz niedrig und »Y«-förmig. Stattdessen gab sie korrekt in aramäischer Sprache die Worte Christi wieder und beschrieb, was »*auch die Örtlichkeiten des Hl. Landes, oder Sitten und Gebräuche der damaligen Zeit*« betrifft, »*manches, was den Kenner überrascht*«, wie Pfarrer Leopold Witt schrieb. Schon das läßt Autosuggestion oder Hysterie ausscheiden, denn soviel historisch korrekte Phantasie hat ein einfaches Bauernmädchen der zwanziger Jahre nicht. Und auch die Phänomene der Passion selber waren medizinisch so korrekt, wie sie niemand hätte schauspielern können. So erlebte der Mediziner Dr. Hynek aus Prag am 8.7.1927: »*Die Füße der Therese Neumann blieben unbedeckt und man sah sie unter den Hammerschlägen der Kreuzigung schmerzhaft zusammenzucken. Bald bildete sich an einem der Fußstigmen ein wachsender Tropfen dunklen Blutes, wuchs, wuchs und löste sich schließlich von der Wunde. Die Schwerkraft hätte eindeutig befohlen, daß er gegen die Fußwurzel hätte fließen müssen. Aber der Tropfen tat es nicht, sondern floß fast senkrecht in die Höhe in der Richtung auf die Zehen, wie er es vor fast 2000 Jahren an Christi Kreuz getan hat! Es gibt auf Erden keine Macht, die einen freifließenden Tropfen zwingen kann, in die Höhe zu fließen, auch nicht die Allerweltszauberin Hysterie.*« So kam auch der Mediziner Dr. med. et phil. H. Lemke 1927 nach gründlicher Untersuchung der Stigmata Thereses zu dem Schluß: »*Mit ›Hysterie‹ lassen sich die Phänomene nicht erklären. Wenn immer wieder betont wird, daß jede Hysterische die Wundmale an sich hervorbringen könnte, so möchte ich alle Nervenärzte bitten, in ihrem Patientenkreise nach dieser Richtung zu wirken. Wir würden ja auf diese Weise ein schönes Beobachtungsmaterial zustandebringen, und die Wissenschaft könnte doch durch derartige Experimente ganz unabhängig von Konnersreuth wesentlich bereichert werden... (so aber müssen wir) die Erscheinung in Konnersreuth getrost als das nehmen, was sie ist, als eine tatsächliche Materialisation des christlichen Gedankens. Nicht die Materie ist das Herrschende, sondern der Geist Gottes, der uns in jedem Naturgesetz entgegentritt. Die Erscheinungen an Therese Neumann sind echt und als Offenbarungszeichen anzusehen.*« Damit aber ist erstmals ein Phänomen wissenschaftlich bestätigt worden, das in unmittelbarem Zusammenhang mit einigen wichtigen Marienerscheinungen steht – wie auch mit Fatima.

13.
Der Stigmatisierte von Fatima

Fatima, Portugal, 2. September 1989, kurz nach 12.00 Uhr. Wie jeden Tag strömten hunderte Pilger in die prachtvolle Basilika, die nahe der Stelle errichtet wurde, an der 72 Jahre zuvor die Gottesmutter den drei Hirtenkindern Lucia, Jacinta und Francisco erschienen war. Doch einer der Pilger, ein junger, bärtiger Italiener, mied den Rummel. Ihn zog es stattdessen zu der mittlerweile mächtigen Steineiche, über der die Seherkinder die »wunderschöne Frau« schweben sahen. Er hatte zwölf Rosen mitgebracht, legte sie als Geste der Verehrung an die heilige Stätte, kniete nieder, betete. Dann überkam es ihn, er fiel in Ekstase, sah vor sich die himmlische Dame, die, wie damals, über einem Ast schwebte. Sie trug ein langes, weißes Kleid, einen blauen Gürtel, weiße Schuhe und, unterhalb des Halses, eine rote Rose. Ihre langen, dunkelblonden Haare fielen in Wellen auf ihre Schultern herab. Sie war von einem hellen, fast goldenen Glanz umgeben, während ein Lichtschein noch einmal ihre gefalteten Hände umstrahlte. Rechts über ihr schwebte eine quecksilberfarbene Kugel. *»Ich bin glücklich, daß Du gekommen bist. Ich erwartete Dich«*, hörte er sie sagen, woraufhin er, von Glück erfüllt, bloß stammelte: »Mutter, Mutter, ja, ich bin hier. Ich werde tun, worum Du mich bittest.« Die Madonna antwortete: *»Ich bin Myriam, die Mutter Jesu, und ich war es, die damals zu Dir gesprochen hat. Ich bin tief betrübt, daß man meinem Wunsch, das dritte Geheimnis 1960 zu enthüllen, nicht nachgekommen ist. Deshalb bin ich zurückgekehrt, um das Versprechen zu erfüllen, das ich Dir damals gegeben habe...«* Dem jungen Italiener fiel es wie Schuppen von den Augen. Er wußte plötzlich, daß er Francisco war, daß er noch einmal auf die Welt gekommen ist, um zu Ende zu bringen, was die Gottesmutter damals begonnen hatte. Dann fuhr sie fort: *»Ich werde den Arm meines Sohnes freigeben, wenn Ihr alle Gezeichneten eingesammelt habt, denn die Zahl ist noch nicht vollkommen.«* »Mutter, Du hast ein Zeichen versprochen, gib uns ein großes Zeichen, so daß sie Deine Größe sehen können und die Gerechtigkeit Deines Sohnes«, bat sie der Italiener. Sie lächelte traurig. »*Nein, mein Sohn. Ich bin in der ganzen Welt erschienen und habe greifbare Zeichen gegeben, doch keiner hat geglaubt. Ich bin tausende Male erschienen und habe Beweise gegeben; jeder hat sie gesehen, doch keiner hat geglaubt. Sie sind in Luzifers Händen gelandet, seinen Einflüssen erlegen. Daher werde ich ihnen kein klares Zeichen mehr geben. Sie sind alle schon tot, zum Tode verurteilt durch den Vater. Indem ihnen die Möglichkeit zu sehen genommen wurde, sind sie bereits verdammt. Aber ich werde dir wie versprochen ein Zeichen geben...*«

»*Ich frage Dich*«, hörte er die Stimme nach einer kurzen Pause wieder zu sich sprechen, »*bist du bereit, diese wichtige Aufgabe zu übernehmen, das dritte Geheimnis meinem Volk zu enthüllen?*« Der junge Mann war nicht in der Lage, auch nur ein Wort zu sagen, aber mit seinem ganzen Wesen bejahte er die Frage der Madonna. »*Bist Du auch bereit, einen Teil des Leidens meines Sohnes zu tragen, als Zeichen Deines Auftrages?*« Wieder stimmte der Pilger von ganzem Herzen zu. In diesem Augenblick gingen zwei Lichtstrahlen von der Brust der Himmelskönigin aus, trafen die Flächen der beiden zum Gebet ausgebreiteten Hände, bohrten sich wie unsichtbare Nägel in sein Fleisch, das zu bluten begann. Während ein tiefer, stechender Schmerz den Italiener durchzuckte und sein Gesicht verzerrte, vernahm er, halb benommen, noch die letzten Worte der Erscheinung: »*Nur Deine Brüder werden Dir glauben, niemand anders. Dies ist das letzte Opfer aus Liebe, es wird kein anderes Opfer geben. Hingegen wird das Gesicht des Antichristen entlarvt werden, aber erst, wenn er zu Tode verletzt sein wird. Der Himmlische Vater, Ich und der Apostel Johannes werden dir sagen, wann und wie du es machen sollst. Verbreite meine Botschaft, jene meiner Engel und die des versprochenen Trösters in der ganzen Welt. Mache Dir keine Sorgen, gehe und mache alles, was Du machen mußt.*« Dann verschwand sie, als würde ihr Bild von der quecksilberfarbenen Kugel neben ihr absorbiert. Das Blut aus den frischen Wunden des Italieners tropfte auf die heilige Erde, doch niemand schien den jungen Mann zu beachten, der gerade das Zeichen von Fatima empfangen hatte. Erst als zwei Freunde, die ihn begleitet hatten, die Stigmata bemerkten und laut aufschrien, blieben einige Schaulustige stehen, um verwundert kopfschüttelnd ihren Weg in die Kirche fortzusetzen und vom marmornen Bauch der Basilika verschluckt zu werden. Nur vier Afrikaner, zwei Männer und zwei Frauen, blieben bei dem mit den Wundmalen Christi Gezeichneten, halfen ihm auf, kümmerten sich um den vom Schmerz Benommenen, durch dessen Hände sich noch immer langsam die unsichtbaren Nägel bohrten, um erst nach Stunden unaussprechlichen Leidens auch als Öffnung auf dem Handrücken zu erscheinen.

Später sollte der junge Italiener begreifen, daß diese Erscheinung, die er in Fatima hatte, bereits 1917 von der Gottesmutter den Seherkindern angekündigt wurde. »*Ich bin gekommen, euch zu bitten, daß ihr in den folgenden sechs Monaten, jeweils am Dreizehnten, zur selben Stunde hierherkommt. Dann werde ich euch sagen, wer ich bin und was ich will*«, offenbarte die »weiße Frau« am 13. Mai 1917. »*Ich werde danach noch ein siebtes Mal hierher zurückkehren.*« Mit diesem Satz setzten sich Dutzende von Fatima-Experten auseinander, um zu keinem Ergebnis zu kommen. Der erste Teil der Ankündigung bezog sich auf die Erscheinungsreihe vom 13. Mai bis zum 13. Oktober 1917, aber was war mit dem »*siebten Mal*« gemeint? Auf die Visionen, die Lucia im Kloster hatte, kann sich die Ankündigung nicht beziehen, denn es war ausdrücklich davon die Rede, daß die Madonna »*hierher zurückkehren*« wollte. Es kam aber nie mehr zu einer Erscheinung in Fatima, an der Steineiche – bis der junge Italiener nach Fatima reiste, und die Gottesmutter über eben dem Baum sah, über dem sie 72 Jahre zuvor den Kindern erschienen war. War er Zeuge der versprochenen »siebten Erscheinung« geworden?
Nach Italien zurückgekehrt, begann der Stigmatisierte damit, seine neue Aufgabe vorzubereiten. Er reiste mehrfach um die Welt, traf sich mit Kardinälen des Vatikans, mit dem Ehepaar Gorbatschow und dem spanischen König Juan Carlos und mit Politikern und Würdenträgern aus der ganzen Welt. Jeder, der ihm begegnete, war nicht nur von den physischen Zeichen an seinem Körper, sondern auch von seinem völlig unspektakulären, bescheidenen, ja demütigen Auftreten beeindruckt. Und was den Fall des jungen Italieners Giorgio Bongiovanni noch interessanter macht, ist die Tatsache, daß er einen völlig neuen Aspekt des Fatima-Geheimnisses enthüllte.
Da wäre zuerst einmal die Frage der Reinkarnation. Dem »Katechismus der Katholischen Kirche« von 1993 zufolge ist der Glaube an Wiedergeburt keineswegs Teil der christlichen Lehre: »*Der Tod*

ist das Ende der irdischen Pilgerschaft des Menschen, der Zeit der Gnade und des Erbarmens, die Gott ihm bietet, um sein Erdenleben nach dem Plane Gottes zu leben und über sein Schicksal zu entscheiden. ›Wenn unser einmaliger irdischer Lebenslauf erfüllt ist‹, kehren wir nicht mehr zurück, um noch weitere Male auf Erden zu leben. Es ist ›dem Menschen bestimmt‹, ›ein einziges Mal zu sterben‹ (Hebr. 9,27). Nach dem Tod gibt es keine ›Reinkarnation‹.«

Trotzdem versteht Bongiovanni die Aussage der Gottesmutter als Hinweis, daß er die Reinkarnation des Hirtenjungen Francisco sei. Das macht seine Rolle nicht gerade einfach und führte dazu, daß viele Kirchenvertreter ihn schon aufgrund dieser Aussage ablehnten. Andererseits gab es durchaus Strömungen in der Urkirche, die an eine Seelenwanderung glaubten, und die Aussage Jesu, Johannes der Täufer sei der wiedergekehrte Prophet Elias, in diese Richtung interpretierten. So sprach Jesus im Matthäus-Evangelium: »Ich aber sage Euch: Elija ist schon gekommen, doch sie haben ihn nicht erkannt, sondern mit ihm gemacht, was sie wollen... Da verstanden die Jünger, daß er von Johannes dem Täufer sprach.« (Mt. 17, 12–13) »Amen, das sage ich euch: Unter allen Menschen hat es keinen größeren gegeben als Johannes den Täufer... und wenn ihr es gelten lassen wollt: Ja, er ist Elija, der wiederkommen soll.« (Mt. 11,11–14) Da Elias zwar leibhaftig in den Himmel aufgenommen wurde, das Neue Testament aber ausdrücklich die Geburt Johannes des Täufers schildert, kann diese Aussage Jesu eigentlich nur so gedeutet werden, daß die Seele des Elias im Körper des Johannes »wiedergekommen« ist. Dann finden wir im Johannes-Evangelium die schwer verständliche Frage der Jünger über »einen Mann, der seit seiner Geburt blind war. Da fragten (Jesus) seine Jünger: Rabbi, wer hat gesündigt? Er selbst? Oder haben seine Eltern gesündigt, so daß er blind geboren wurde. Jesus antwortete: Weder er noch seine Eltern haben gesündigt, sondern das Wirken Gottes soll an ihm offenbart werden.« (Joh., 9, 1–3) Wie aber kann ein Mann, der seit seiner Geburt blind war, diese Krankheit als »Strafe für seine Sünden« empfangen haben, wie die Jünger vermuteten? Diese Aussage ergibt nur dann einen Sinn, wenn man von Sünden in einem vorherigen Leben, einer Vorinkarnation ausgeht. So zogen auch die Kirchenväter die Möglichkeit einer Wiedergeburt sehr wohl in Betracht. »Sage mir, Gott, Deinem Flehenden, sag es, Erbarmer, Deinem Armen, ob mir nicht irgendein Leben schon vorgelebt war, auf welches mein Kindesanfang erst folgte... war ich da irgendwo und war

ich irgendwer?« fragte der größte von ihnen, der Hl. Augustinus
(»Bekenntnisse«, 1, 6, 9). Der Hl. Hieronymus wußte: »*Die Lehre
von der Wiederkehr wurde seit den allerersten Zeiten den Wenigen verkündet als ein überlieferter Glaube, der nicht öffentlich verkündet
wurde*« (epistula ad Demetriadem) und der Hl. Gregor von Nyssa
lehrte in seiner »Katechetischen Rede« (xv, 8f.), »*daß der Tod, der
in der Auflösung besteht, die Seele nicht trifft. Weil aber die Seele
durch eine gewisse Heilsbehandlung auch von der durch die Sünde
eingetretenen Befleckung gereinigt werden muß, wird im gegenwärtigen Leben auf sie das Mittel der Tugend angewandt, um diese Wunden
zu heilen. Bleiben sie im gegenwärtigen Leben unheilbar, so ist die
Heilbehandlung einem künftigen Leben vorbehalten.*« Die umfas-
sendste Darstellung der Wiederverkörperungslehre finden wir bei
Origenes von Alexandria (185–253), einem der bedeutendsten
Bibelgelehrten der griechischen Kirche. Dieser lehrte, laut Rufinus:
»*Der Schöpfer gewährte den Intelligenzen, die er schuf, willens-
bestimmte, freie Bewegungen, damit in ihnen eigenes Gut entstehe, da
sie es mit ihrem eigenen Willen bewahrten. Doch Trägheit, Überdruß
an der Mühe, das Gute zu bewahren, und Abwendung und Nachlässigkeit gegenüber dem Besseren gaben den Anstoß zur Entfernung
vom Guten.*« Die Seelen, so Origenes, existierten schon vor der
Schöpfung der materiellen Welt »*und wechselten ihren Körper eben-
sooft, wie sie ihren Wohnsitz beim Abstieg vom Himmel zur Erde
wechselten.*«
Erst auf dem Konzil von Konstantinopel im Jahre 553 unter Vorsitz
des byzantinischen Kaisers Justinian und in Abwesenheit des Papstes wurde diese Lehre ausdrücklich zum »Anathema«, zum ketze-
rischen Gedankengut erklärt: »*Wer die märchenhafte Präexistenz der
Seele und die mit ihr zusammenhängende abenteuerliche Apokatasta-
sis (Wiederherstellung aller Dinge) behauptet, der sei anathema (ver-
flucht).*« Von der Reinkarnationslehre selbst war in den Konzils-
dokumenten keine Rede, und trotzdem wurde der Bannfluch
fortan auch auf sie angewandt.
Der zweite »Problemkreis« um Giorgio Bongiovanni ist seine
Überzeugung, daß es eine Verbindung zwischen Marienerscheinungen und außerirdischen Besuchen gibt. Für ihn war sein Erlebnis die Bestätigung, daß sein Lehrer Eugenio Siragusa recht gehabt
hatte, als er ihn lehrte, daß die Außerirdischen jene seien, die von
unseren Vorfahren als Engel bezeichnet wurden, und die in ihren
Raumschiffen Jesus und die Himmelskönigin begleiteten. Er war

nicht nur davon überzeugt, daß die UFO-Piloten Hologramme der Jungfrau und Jesu benutzten, um der Menschheit »im Auftrage Gottes« religiöse Belehrungen zu übermitteln, sondern auch, daß es Welten gäbe, die völlig in »Harmonie mit dem Göttlichen Willen« stünden, wie die Menschheit im Paradies vor dem »Sündenfall«. Deren Bewohner wüßten um die Existenz Jesu Christi, einer universalen Intelligenz, die wahrhaft der Sohn Gottes sei, der auch den Bewohnern »von Milliarden und Abermilliarden« anderen Welten, »die in ihrer spirituellen Entwicklung sehr viel weiter sind als wir« das »Wort Gottes« gebracht habe. Diese Außerirdischen hätten es sich zur Aufgabe gemacht, ihn bei seinem Erlösungswerk zu unterstützen und auf der Erde seine Wiederkunft vorzubereiten – in Zusammenarbeit mit seiner Mutter, der Heiligen Jungfrau. Bongiovanni glaubt, daß auch das Dritte Geheimnis von Fatima diese außerirdischen Besuche ankündigte und den Satz enthält: »*In jenen Tagen* (in der zweiten Häfte des 20. Jahrhunderts) *werden kosmische Wesen von weitentfernten Planeten des Universums im Namen Gottes zur Erde kommen.*«

Bongiovannis Lehrer und väterlicher Freund Eugenio Siragusa ist eine der bekanntesten UFO-Kontaktpersonen der Welt. Am 25. März 1952, ausgerechnet an seinem 33. Geburtstag, wurde der ehemalige sizilianische Zollbeamte mitten in der Stadt Catania von einem Lichtstrahl getroffen, der von einer leuchtenden, pulsierenden Scheibe, »geformt wie ein Priesterhut«, auf ihn gerichtet wurde. Zehn Jahre verbrachte Siragusa damit, sich an seine vorherigen Inkarnationen zu erinnern und sich seiner Lebensaufgabe bewußt zu werden, dann hatte er seinen ersten physischen Kontakt mit Besuchern aus einer anderen Welt. Am 30. April 1962 zog es ihn zum Mount Mafre, einem Nebenkrater des sagenumwobenen Vulkanes Ätna, der Sizilien weithin sichtbar überragt. Wie von einer unsichtbaren Hand gelenkt, stellte Siragusa seinen Wagen ab und lief eine paar Meter den Kraterrand herauf, als ihm plötzlich zwei hochgewachsene Gestalten mit langen, blonden Haaren, strahlenden Augen und einer perfekten, athletischen Figur gegenüberstanden, die grausilbrige Overalls trugen. Sie begrüßten ihn in bestem Italienisch, stellten sich als Repräsentanten einer interplanetaren Konföderation hochentwickelter Welten vor und übergaben ihm eine Botschaft an die Wissenschaftler und Staatsoberhäupter der Erde. Es war eine Aufforderung, sämtliche unterirdischen und atmosphärischen Atomversuche einzustellen, von denen wir erst heute wissen, daß sie für Erdbeben und die Zerstörung der Ozonschicht entscheidend mitverantwortlich sind. Stattdessen luden sie die Menschheit dazu ein, in Frieden, Gerechtigkeit und Brüderlichkeit zu leben. Doch als Siragusa diese säuberlich niedergeschriebene und von ihm in mehrere Sprachen übersetzte Botschaft, wie ihm aufgetragen wurde, verschickte, blieb eine Resonanz aus; nur einige der Adressaten, darunter der amerikanische Präsident Dwight D. Eisenhower, antworteten überhaupt mit den üblichen Höflichkeitsfloskeln. Einzig Papst Johannes XXIII. schickte seine ausdrücklichen Segenswünsche.

In den folgenden Jahren hatte Siragusa 37 weitere Begegnungen mit den Außerirdischen, die immer wieder vor den Irrwegen der Menschheit warnten und Siragusa AIDS, die Vergiftung des Wassers, die Entartung der Moral, Korruption und die Seuche »Harbar«, eine Pest der Neuronen des Gehirns, vorhersagten, womit das Kreuzfeld-Jakob-Syndrom, die menschliche Variante des »Rinderwahnsinns« BSE gemeint sein könnte. Mit einem Wort: Sie prophezeiten die Apokalypse, hervorgerufen durch das verantwortungslose Handeln der Menschheit, ähnlich wie vor ihnen die großen Seher und Propheten der Menschheit und die Erscheinungen von La Salette und Fatima.

Eugenio Siragusa war nicht der einzige UFO-Kontaktler, der sich mit seiner Botschaft an den Papst wandte. Am 31. Mai 1963 empfing Papst Johannes XXIII. auf dem Sterbebett den aus Polen stammenden Amerikaner George Adamski, der am 20. November 1952 vor fünf Augenzeugen eine Begegnung mit einem Mann in einem braunen Overall und langen, blonden Haaren in der kalifornischen Wüste hatte. Diese gutdokumentierte Begegnung, so behauptete Adamski, war der Auftakt zu einer Reihe von Kontakten, die bis zu seinem Tod im Jahre 1965 andauerten. Immer wieder gelangen ihm dabei erstaunliche Aufnahmen und Filme, und nicht selten hatte er Augenzeugen dabei, die seine Sichtungen und Begegnungen bestätigten. Adamski behauptete, daß Außerirdische seit Jahrtausenden versuchten, die Entwicklung der Menschheit positiv zu beeinflussen. Für ihn waren die drei »Engel«, die Abraham unter der Eiche von Mamre bewirtete, ebenso Bewohner aus einer anderen Welt, wie die Stimme, die zu Moses sprach. Die Feuersäule, die den Israeliten beim Auszug aus Ägypten vorausging, der »feurige Wagen«, in dem Elias in den Himmel aufgenommen wurde und der »Thron aus Kristallsteinen« aus der Vision des Ezechiel waren für Adamski Raumschiffe, klare Hinweise auf frühe Kontakte mit Außerirdischen, die »in Einklang mit den Gesetzen der Schöpfung und dem Willen des Schöpfers leben« und versuchen, die Menschheit auf den richtigen Weg zurückzuführen. Auch er empfing Botschaften der Warnung vor der Gefahr eines Atomkrieges, die er an den Präsidenten der Vereinigten Staaten schickte und, bei einer persönlichen Begegnung, der Königin der Niederlande übergab. Adamski behauptete, daß menschenähnliche Außerirdische unerkannt unter uns leben, um bestmöglich die conditio humana erkunden zu können. »*Die Gastfreundschaft vergeßt nicht. Denn durch diese haben einige, ohne es zu wissen, Engel beherbergt*«, mahnte der Apostel Paulus die Hebräer (Hebr. 13,2), eine Aussage, die sich für Adamski ganz klar auf die Fremden aus dem All bezog.

Wie seine Begleiterin Lou Zinsstag, die Großnichte des Schweizer Psychologen Carl Gustav Jung, später aussagte, war Adamski an jenem 31. Mai 1963 um 11.00 Uhr auf dem Petersplatz mit einem Geistlichen verabredet, der ihn zum Papst bringen sollte. Gemeinsam passierten die Männer die Schweizergarde am Eingang links des Petersdomes und verschwanden in einem Durchgang. Eine Stunde später kam der Kontaktler zurück, übersprudelnd vor Freude: »Wir haben es geschafft«, strahlte er, »ich wurde vom Papst empfangen. Er segnete mich und ich übergab ihm eine Botschaft.« Später erzählte er, daß Johannes XXIII. nicht in dem Raum oberhalb des Petersplatzes lag, wie es den Gläubigen gesagt wurde, sondern in einem Zimmer mit direktem Blick auf den schönsten Teil der vatikanischen Gärten. Und er war sich sicher: »Der Papst sieht mir nicht so aus, als würde er sterben.« Am nächsten Tag las Lou Zinsstag in der Zeitung, daß es dem Papst tatsächlich besser ging – leider nur eine scheinbare Besserung: Am 3. Juni 1963 starb Johannes XXIII. an Magenkrebs.

Später schilderte Adamski Einzelheiten der Begegnung. Der Mann, der ihn am Eingang des Vatikans erwartet hatte, war ein enger Vertrauter des Papstes, der ihn quasi durch die Hintertür in die Privaträume des Papstes schleuste. Dort angekommen, soll ihn Johannes XXIII. mit einem Lächeln und den Worten »Ich erwarte Sie schon« begrüßt haben. Minutenlang sprach er mit leiser, sanfter Stimme – Adamski mußte sich tief herunterbeugen, um ihn zu verstehen –, dann verabschiedete er sich mit den Worten: »Mein Sohn, mach Dir keine Sorgen, wir werden es schaffen.« Er segnete Adamski, ließ ihm eine Goldmedaille übergeben, die das Zweite Vatikanische Konzil ankündigte.

Was wußte Johannes XXIII.? Wir werden es nie erfahren. 1976 veröffentlichte der italienische Journalist und Okkultismusexperte Pier Carpi, der für den TV-Sender RAI und die Zeitungen »Oggi«, »Gente« und »Corriere della Sera« gearbeitet hat, ein Buch mit dem Titel »Die Prophezeihungen von Papst Johannes XXIII.« Danach soll Angelo Roncalli 1935, als er sich als Erzbischof von Mesembria und Apostolischer Delegat in der Türkei aufhielt, in eine Geheimgesellschaft aufgenommen worden sein. Nach der feierlichen Initiationszeremonie, in der er den Logennamen »Johannes« annahm, hatte er eine umfangreiche Vision der Zukunft, die seine Brüder sofort protokollierten. Diese Aufzeichnungen, so behauptete Carpi, habe ihm ein Mitglied dieses Geheimbundes vorgelegt. Wir wissen nicht, wie zuverlässig diese Dokumente sind, die Carpi veröffentlichte, doch eine Aussage in einer der Prophezeihungen ist zumindest interessant in Zusammenhang mit Adamskis Begegnung mit dem Roncalli-Papst. Denn darin heißt es: »*Die Zeichen mehren sich. Die Lichter am Himmel werden rot, blau, grün, schnell. Sie werden wachsen. Jemand kommt von weit und will den Menschen der Welt begegnen. Begegnungen haben schon stattgefunden. Aber wer wirklich sah, hat geschwiegen...*
Willkommen Arthur, Jüngling der Vergangenheit. Du wirst der Beweis sein. Und du wirst dem Vater der Mutter begegnen.«
Der »Vater der Mutter« ist das Oberhaupt der »Mutter Kirche«, der Papst. Was auch immer die Bezeichnung als »Arthur, Jüngling der Vergangenheit« bedeuten mag, die Prophezeihung sagt, daß jemand, der »der Beweis« für die »schon stattgefundenen Begegnungen« mit »jemandem von weit her« sein wird, den Papst trifft. Kann sich diese Vorhersage auf Adamskis Begegnung mit Johannes XXIII. bezogen haben? Sollte dies der Fall sein, dann ergibt die Äußerung des Roncalli-Papstes zu George Adamski, »ich erwarte Sie schon«, zumindest einen tieferen Sinn.

UFOS, Außerirdische und Christentum – sind sie überhaupt miteinander vereinbar?
Als Giordano Bruno von der Pluralität bewohnter Welten sprach,

wurde er im Jahre 1600 auf dem Campo de Fiori in Rom von der Heiligen Inquisition auf dem Scheiterhaufen verbrannt. Doch das war ein tragischer Irrtum, wie vor einigen Jahren Papst Johannes Paul II. einräumte. Mittlerweile ist der große Denker der Renaissance rehabilitiert – denn der Glaube an Leben im Weltall, so erklärte das Oberhaupt der Katholischen Kirche, steht keineswegs im Widerspruch mit der christlichen Lehre: da Gott das gesamte Universum erschaffen hat, ist alles, was dort kreucht und fleucht, von ihm gemacht und mithin gut.

So erklärte der Sprecher der Deutschen Bischofskonferenz, Rudolf Hammerschmidt, im September 1996 nach der Bekanntgabe der Entdeckung von Lebensspuren in einem Mars-Meteoriten durch die US-Raumfahrtbehörde NASA: *»Die Erde ist nicht der Mittelpunkt des Weltalls«*, auch geistlich nicht, denn *»bei Gott ist kein Ding unmöglich«*. Der Glaube an die Allmacht Gottes, dessen Größe sich dem menschlichen Verstand allemal entzieht, läßt es gar als wahrscheinlich erscheinen, daß sich seine Schöpferkraft auf unendlich vielen Welten manifestiert hat.

»Was soll ihn gehindert haben, auch andere Himmelskörper zu bevölkern und zu beseelen«, stimmte das deutsche Nachrichtenmagazin SPIEGEL (34/1996) zu, das gewiß nicht im Verdacht steht, Zentralorgan der deutschen Christen zu sein, um dann mit einem fast unglaublichen Satz fortzufahren: *»So dachten schon die Altvorderen der Christenheit, die Juden. Im 6. Kapitel des Buches Genesis, der Schöpfungsgeschichte, ist von ›Gottessöhnen‹ die Rede, ›die mit den Menschentöchtern verkehrten‹ – nach Ansicht der Bibeldeuter sind mit den Gottessöhnen Abgesandte aus einer anderen Welt gemeint.«*

Das heißt: Es ist in der Heiligen Schrift der Juden und Christenheit fest verankert als Teil der menschlichen Schöpfungsgeschichte, daß einst Außerirdische die Erde besuchten – und, wie es weiter in der Bibel heißt, »die Helden der Vorzeit, die Hochberühmten« zeugten – die Großen der Vergangenheit als Hybride, halb Mensch, halb Außerirdischer!

Der SPIEGEL weiter, den Kirchensprecher zitierend: *»Mars-Bewohner bedürfen der Erlösung ohnehin nicht, sie sind als Gottes Kreaturen mit ihm im Reinen wie einst Adam und Eva im Paradies.«* Damit entfalle auch die Notwendigkeit einer Missionierung: *»Denn die Taufe, das Entree zur Mitgliedschaft, steht und fällt in theologischer Logik mit der Erlösungsbedürftigkeit der Menschen. Wer nicht mit der Ursünde behaftet ist, braucht also auch keine Taufe...«*

Dieser Vorstellung zugrunde liegt ein Grundpfeiler der christlichen Lehre: Der Sündenfall der Menschheit durch die Erbsünde Adam und Evas – ob wir diese nun wörtlich oder symbolisch verstehen –, die dadurch erfolgte Vertreibung aus dem Paradies, in dem der Mensch in Harmonie mit Gottes Schöpfung und ihren Gesetzen lebte, und die Erlösung durch den Opfertod Seines Sohnes Jesus Christus. Es ist weder zwingend gegeben, noch wahrscheinlich, daß die Bewohner sämtlicher bewohnter Welten einen Sündenfall vollzogen und der Erlösung überhaupt bedurften – vielleicht leben sie auch nach wie vor in paradiesischer Harmonie, in Einklang mit Gott –, und dienen ihm in allen Aspekten ihrer Zivilisation. Sind einige von ihnen die »Angeloi«, die »Boten Gottes« der Bibel? »*Ich denke, sie bedurften nicht des Opfertodes Christi, weil sie bereits erlöst waren*«, erklärte erstaunlicherweise Monsignore Capovilla, der Privatsekretär Papst Johannes XXIII. Giorgio Bongiovanni bei einer persönlichen Begegnung am 22. Februar 1992, »*Ein junger Mann in Toletino erzählte mir einmal, daß er glaube, das Gleichnis (Christi) von dem verlorenen Schaf und den 99, die in der Herde blieben, bezöge sich auf sie. Er meinte: ›Ich denke, die 99 in der Herde sind die anderen Planeten des Universums und das verlorene Schaf ist die Erde.‹*« Gleichermaßen mag es Welten geben, in denen ein Sündenfall stattgefunden hat. Hat Gott seinen Sohn auch auf diese gesandt, um ihnen Erlösung zu bringen? Da ein Vater alle seine Kinder gleichermaßen liebt, ist auch diese Schlußfolgerung aus theologischer Sicht wahrscheinlich.

Die Entdeckung außerirdischen Lebens wird unser Gottesbild nicht verändern, erklärte ein Astronom des Vatikans am 16. Februar 1997 auf dem Jahreskongreß der »American Association for the Advancement of Sciences« (Amerikanische Gesellschaft für den Fortschritt der Wissenschaft), der größten Wissenschaftlervereinigung der Welt, auf dem es primär um die Implikationen der Entdeckung von Mars-Leben ging. Einzig müßte das Konzept eines »anthropozentrischen Gottes« erweitert werden, hin zu einem Gott, der größer und allmächtiger ist, als wir es uns je vorstellen konnten, meinte Dr. Christopher Corbally vom Vatikanischen Observatorium. »*Wir brauchen eine angemessene Vorstellung von Gott, eine, die dem Dialog zwischen Religion und Wissenschaft entspringt. Christus ist das erste und letzte Wort, das Alpha und Omega, das zur Menschheit gesprochen wurde, aber das ist nicht notwendigerweise das einzige Wort, das zum ganzen Universum gespro-*

chen wurde.« Es sei notwendig, so Dr. Corbally, daß man »*mit jedem neuen Phänomen, das die Wissenschaft erbringt*«, umzugehen lerne. Die Entdeckung, daß das Universum von anderen intelligenten Wesen bewohnt ist, würde der Menschheit keine Angst oder das Gefühl der Unbedeutsamkeit vermitteln, sondern das, »*integraler Teil einer kosmischen Gemeinschaft zu sein. Wir würden eine Kirche entdecken, die weit über die Grenzen der Erde hinausgeht und weit über jede enge Deutung der Bibel und anderer Schriften.*«

Das Vatikanische Observatorium, das vom Papst finanziert wird, wurde in den 30er Jahren in der Nähe von Rom eingerichtet, führt aber seit 1981 seine meisten Himmelsbeobachtungen vom Steward Observatorium in Tucson/Arizona aus durch. Als Körperschaft entstand es auf Anweisung von Papst Leo XIII. im Jahre 1891, als Reaktion auf die Unterstellung, die Kirche sei gegen wissenschaftliche Forschung. »*Ich betreibe Wissenschaft, indem ich Beobachtungen durchführe*«, definierte Dr. Corbally seine Methodik, »*nicht analytisch, mit Theorien zu Anfang. Das würde auch für die Entdeckung extraterrestrischen Lebens gelten.*«

Ein Sprecher der Römisch-Katholischen Kirche erklärte, daß man im Katholizismus nie das Alte Testament so verstanden hätte, daß es die Möglichkeit von außerirdischem Leben ausschließt. »*Unser Verständnis der Botschaft des Christentums hat sich immer weiterentwickelt. Das heißt nicht, daß es sich verändert hat, verändert hat sich nur die Art und Weise, auf die die Botschaft verstanden und angewandt wurde. Wir haben immer geglaubt, daß Gott alle Dinge erschaffen hat. Wenn er auch Leben anderswo erschuf, schön.*«

Auch einer der größten Mystiker des 20. Jahrhunderts, der stigmatisierte Kapuzinerpater Pio, war von der Existenz außerirdischer Zivilisationen überzeugt, glauben wir dem Buch »Cosi parlo Padre Pio« (»Also sprach Pater Pio«), das Auszüge aus vielen Gesprächen enthält, die der Mönch mit einigen der zehntausenden von Besuchern in seinem Heimatkloster San Giovanni Rotondo in Süditalien führte: »Pater, man sagt, daß es auf anderen Planeten andere Wesen Gottes gäbe?«, fragte ein Besucher dem Buch zufolge. »*Hätten Sie etwas anderes erwartet?*«, antwortete Pater Pio, »*glauben Sie, daß die Allmacht Gottes sich bloß auf den kleinen Planeten Erde beschränkt? Und hätten Sie erwartet, daß es keine anderen Wesen, die den Herrn lieben?*« »Ich denke, die Erde ist nichts, verglichen mit den Sternen und all den anderen Planeten«, bestätigte der Fragende. »*Ja, und nicht nur die Erde, auch wir sind ein Nichts. Der*

Herr kann seine Herrlichkeit nicht auf diesen kleinen Planeten beschränkt haben. Es muß andere Wesen auf anderen Planeten geben, die nicht gesündigt haben wie wir.«

Dessen ist man sich auch im Vatikan bewußt. »*Kein Zweifel, daß es Unbekannte Flugobjekte gibt*«, erklärte mir Monsignore Corrado Balducci, Prälat der »Kongregation zur Evangelisierung der Völker«, bei einem Gespräch im Mai 1997. »*Die Frage ist nur, was dahinter steckt. Wir kennen drei Arten von geisterfüllten Kreaturen in der christlichen Lehre: Gott, der allmächtig und allwissend ist, die Engel, von denen es solche gibt, die Gott dienen, und solche, die gefallen sind, und den Menschen, der halb geistiges, halb materielles Wesen ist. Wir müssen das UFO-Phänomen gründlich studieren, um herauszufinden, ob sich andere Menschheiten, Gottes Engel oder Dämonen dahinter verbergen, oder eine Lebensform irgendwo im Bereich zwischen Mensch und Engel.*« In der TV-Sendung »Italia Misteriosa« auf dem »Canale 5« hatte Msgr. Balducci bereits am 24. November 1986 seine Überzeugung zum Ausdruck gebracht, daß »*es wahrscheinlich ist, daß es noch andere Wesen gibt, so seltsam das klingt, weil der Abstand zwischen menschlicher Natur und angelischer Natur, die beide eine theologische Tatsache sind, zu groß ist. Zwischen dem Menschen, in dem der Geist der Materie untergeordnet ist, und den Engeln, die nur Geist sind, könnte es aller Wahrscheinlichkeit nach noch Wesen geben, deren Geist weniger Materie und Körper als wir hat. Das könnte sein, was man die UFO-Piloten nennt, diese Wesen, die angeblich mit diesen Fahrzeugen erscheinen und die nicht nur eine Wissenschaft, sondern auch eine natürliche Fähigkeit haben, die der unsrigen weit überlegen ist.*«
»*Vielleicht ist bei ihnen die Seele dominanter, werden sie nicht so stark wie wir vom Körper und seinen Bedürfnissen beherrscht*«, meinte er im Interview mit mir, »*damit wären sie Gott näher und nicht so sehr den Naturgesetzen unterworfen, ganz wie die Heiligen, die oft genug die Naturgesetze aufgehoben haben. Vielleicht haben sie ein tieferes Wissen von Gott. Wenn wir eines Tages mit ihnen in Kontakt treten sollten, könnten wir wohlmöglich viel von ihnen lernen.*«
So sind UFOS längst in die christliche Kunst eingegangen. Das prominenteste Beispiel ist eine moderne Freske in der »amerikanischen Kapelle« in der Wallfahrtskirche von Loreto, Italien, dem bedeutendsten Marienheiligtum der katholischen Kirche. In Loreto steht das »Heilige Haus«, die Reliquie des Hauses von

Maria und Josef aus Nazareth, das der Legende nach von Engeln zu Ende der Kreuzzugszeit nach Italien gebracht wurde. Aufgrund dieser »himmlischen Luftfracht« ist die Schwarze Madonna von Loreto die »Beschützerin der Luftfahrt« – und als solche ist sie auf dem Fresko aus dem Jahre 1974 dargestellt: In einer Prozession zieht das Marienbild an den Päpsten Pius XII., Johannes XXIII. und Paul VI. vorbei, außerdem an Präsident Kennedy, General de Gaulle und anderen Größen des 20. Jahrhunderts, darunter den ersten Astronauten Yuri Gagarin, John Glenn und Neil Armstrong, dem ersten Menschen, der den Mond betrat. Am Himmel sieht man die moderne Luftfahrt, Linienflieger, Militärflugzeuge, Raketen – und, hoch oben in den Sternen, UFOS zweierlei Typus: Saturnförmige und dreieckige Objekte. Die Aussage ist klar: Die Himmelskönigin beschützt auch Außerirdische – oder hat sie in ihrem Gefolge, gleich hinter den Engeln. Und so zeigten sich die Unbekannten Flugobjekte auch schon über dem Vatikan – um, mit einer Kreuzformation, ein klares Bekenntnis ihres Respektes vor dem Christentum zu setzen.

»Am 6. November 1954, zwischen 11.00 und 13.00 Uhr, wurde Rom von zahlreichen UFOS überflogen. Die Objekte wurden zuerst als kleine weiße Pünktchen erkannt«, berichtete der italienische Ex-Konsul und Sportflieger Alberto Perego, der selbst Zeuge des Phänomens wurde, »um 12.00 Uhr sah ich eine große Formation von genau 20 Objekten, die in V-Formation in Richtung Westen – nach Ostia – flog. Kurz darauf sah ich eine völlig gleiche (aber seitenverkehrte) Formation, die aus Richtung Ostia kam. Beide Formationen näherten sich einander schnell, und als sich deren Scheitelpunkte schnitten, entstand ein perfektes griechisches Kreuz von 40 Objekten, davon 10 auf jedem Balken. Dies geschah im Bezirk Trastevere-Monte Mario, direkt über der Vatikanstadt, in einer Höhe von 7000 bis 8000 Metern. Dieses Kreuz blieb weniger als eine Minute erhalten.« Bei vielen Beobachtern hinterließ dieses geheimnisvolle Himmelsmanöver einen tiefen Eindruck, während die meisten ihm überhaupt keine Beachtung schenkten und glaubten, es würde sich um ganz gewöhnliche Flugzeuge handeln. Das Phänomen wiederholte sich am nächsten Tag. »Durch das Kreuz, das sie bildete, wollte diese Aviatik klarmachen, daß sie unseren religiösen Glauben achtet«, ist Konsul Perego überzeugt. War es zudem eine Botschaft bezüglich Rußlands? Der 6. und 7. November waren die offiziellen Jahrestage der Oktoberrevolution.

Viele UFO-Forscher sind überzeugt, daß es auch eine Verbindung zwischen UFO-Phänomenen und Marienerscheinungen gibt. So wurden schon 1962 von dem französischen Autor Paul Misraki (»Paul Thomas«) in seinem Buch »Les Extraterrestres« Vergleiche zwischen dem Sonnenwunder von Fatima und modernen UFO-Erscheinungen gezogen. Andere Autoren folgten, so der Spanier Antonio Ribera, der die gesamte Fatima-Erfahrung für eine von einfachen Landkindern falsch interpretierte »Begegnung mit Außerirdischen« hielt (Ribera 1964), der Amerikaner Inglefield, der spekulierte, Außerirdische hätten die Erscheinungsform von Engeln und der Madonna angenommen (Inglefield 1964) oder der Franzose Jacques Vallee, der in seinem Buch »Das unsichtbare Kollegium« (1975) die bisher gründlichste Studie über Parallelen zwischen Fatima und UFO-Sichtungen veröffentlichte. Ein eigenes Buch widmeten 1990 die beiden italienischen UFO-Spezialisten Prof. Roberto Pinotti von der Universität Florenz und Prof. Corrado Malanga von der Universität Pisa dem Phänomen »B.V.M. – Beata Vergine Maria« (Gesegnete Jungfrau Maria), das sie als außerirdische Manifestation interpretierten.

Vallee, der in seinem Hauptwerk »Passport to Magonia« 923 Fälle von UFO-Landungen aus dem Zeitraum von 1868 bis 1968 dargestellt hat, verglich Beschreibungen aus den UFO-Fällen mit den Worten der Zeugen von Fatima:

FATIMA:	UFO-FÄLLE:
»eine transparente weiße Wolke«	»sie sahen eine große Lichtqelle
»weißes Licht glitt über die Baumwipfel«	mitten in der Luft und hörten einen
»Rauschen eines starken Wundes«	lauten Pfeifton« (Fall 870)
(April 1915, Frühling 1916)	»es stieg auf mit einem Rauschton.«
»Die Kraft ließ sie ohnmächtig werden«	»Der Junge kam nach Hause wie wahnsinnig.«
»Verlust aller physischen Sinnesempfin-	das Pferd und der Hund waren minutenlang
dungen«, »am nächsten Tag völlig kraftlos«	gelähmt« (Fall 916)
(Sommer 1916)	»Er fand sich gelähmt und bemerkte, daß die
	Vögel aufgehört hatten, zu singen, und die Kühe
	unfähig waren, sich zu bewegen«
	(Fall 82)
»Ein glühendes Licht blendete sie fast«	»Der Zeuge wurde plötzlich von einem blau-
»ein heller Lichtblitz«	weißen Licht erfaßt, das ihn so blendete,
(13. Mai 1917)	daß er anhielt« (Fall 870)
»Eine Wolke stieg aus der Nähe des	»Ein ungewöhnliches Geräusch, ein Wirbel-
Baumes auf«	wind von Flammen bewegte sich auf den
»Die Zweige des Baumes beugten sich«	Weinberg zu«
»Eine Explosion«	»Pflanzen bewegten sich wie wild«
(13. Juni 1917)	»Es flog nach Süden mit einem ohrenbetäuben-
	den Lärm« (Fall 391)
»Ein Summton«	»Es bewegte sich langsam, produzierte einen
»ein lautes Geräusch«	Summton und erleuchtete den Wagen«
(13. Juli 1917)	(Fall 425)
»Eine kleine, weißliche Wolke formte sich«	»Eine abgeflachte Kuppel gab ein blendendes
»Fallende Blütenblätter schmelzen davon«	Licht von sich, das die Umgebung erhellte«
»Eine leuchtende Kugel wirbelte durch die	»Es flog davon, während eine helle Wolke
Wolken«	langsam zur Erde glitt.« (Fall 255)
»Ein heller Lichtblitz«	
(13. August 1917)	

»Ein glühendes Licht ließ sich über einem
Baum nieder«
»Ein seltsamer Duft«
»eine Absenkung der Temperaturen«
»ein heller Lichtblitz«
»Das Donnern einer Rakete«
(19. August 1917)

»Eine Lichtkugel zog das Tal entlang«
»Kam von Osten nach Westen und ließ
sich über dem Baum nieder«
»Eine weiße Wolke bildete sich«
»leuchtende weiße Blütenblätter fallen«
(13. September 1917)

»Eine weiße Scheibe, die sich schnell
drehte«
»Eine flache Scheibe, die im Zick-zack
hinabstürzte«
»Die Kleidung der Zeugen war sofort
trocken, obwohl es zuvor heftig
geregnet hatte«
(13. Oktober 1917)

(Vallee 1975)

»Eine silberne Scheibe manövrierte am
Himmel«
»Ein Gefühl intensiver Kälte« (Fall 537)
»Ein starker Geruch, als das Objekt davonflog«
(Fall 615)

»Sie hörten ein seltsames Summgeräusch
und sahen zwei Scheiben, die in 1 Meter
Höhe über dem Boden schwebten«
»Sie stiegen auf mit einem scharfen Pfeifton,
während sich die Bäume unter ihnen
beugten« (Fall 442)

»Eine Scheibe, dreimal so groß wie die
Sonne, rot und purpurfarben,
drehte sich schnell, und wurde dabei
beobachtet, wie sie eilig vom Himmel
herabstieg.« (Fall 321)
»Als das Objekt davonflog, bildete sich eine
dichte Rauchwolke under dem Regen.
Die Zeugen fanden, daß die Bäume, das Gras
und der Boden vollkommen trocken waren. (Fall
292)

Hinzu kommt, daß in Zusammenhang mit Fatima auch in größerer Entfernung seltsame Himmelsaktivitäten festgestellt wurden. So erklärte der Pfarrer von Fatima, »*daß an diesem 13.* (September 1917, MH) *gegen drei Uhr nachmittags der hochwürdige Herr Antonio de Figueiredo zu mir ins Pfarrhaus kam, der ein sehr verdienter Professor des Seminars von Santarem ist und mir erklärte, daß er Sterne in einer niedrigeren Region als der der Sternenbahn gesehen habe, und er einzig zu mir gekommen sei, um diese Feststellung zu machen.*«

Eine sechsjährige Untersuchung der Fatima-Erscheinungen durch Joachim Fernandes und Dr. Dina d'Armada von der portugiesischen »Nationalen Untersuchungskommission für das UFO-Phänomen« (CNIFO) kam nach der Durchsicht aller verfügbaren Akten in den Kirchenarchiven und dutzenden Interviews mit Augenzeugen zu dem Schluß: »*Die Dokumente bestätigten uns, daß das weibliche Wesen in einem tronko-konischen Lichtstrahl transportiert wurde, der graduell ausgedehnt, abwechselnd von einer Quelle ausgehend und zurückgehend, und daß diese Quelle höchstwahrscheinlich in einer ›Wolke‹ lag, die ungewöhnliche und besondere Bewegungen machte, z. B. gegen die Windrichtung. Es gibt moderne Beispiele für dieses Phänomen des ›festen Lichtes‹ (solid light).*« Tatsächlich spricht ein simpler Umstand dafür, daß es sich zumindest bei den Erscheinungen vom 13. Oktober 1917 um Projektionen handelte. So sahen die Kinder gleich dreimal die Heilige Jungfrau während des Sonnenwunders: mit weißem Gewand und himmelblauem Mantel als Teil der heiligen Familie, als Schmerzensmutter und als Maria vom Berge Karmel. Projektionen – ja – aber von wem?

Vallee: »*Ich glaube, die Zeit ist reif für das Aufkommen eines neuen Glaubens, basierend auf dem UFO-Glauben. Mit einem sehr viel größeren Grad als all diese Phänomene die moderne Wissenschaft herausfordern, kann das UFO-Phänomen Ehrfurcht hervorrufen, das Gefühl von der Kleinheit des Menschen und die Vorstellung von der Möglichkeit eines Kontaktes mit dem Kosmischen. Die Religionen ... begannen alles mit der wunderbaren Erfahrung einer Person, doch heute sind es tausende, deren Glaube an außerweltliche Kontakte auf der innersten Überzeugung basiert, eine persönliche Begegnung mit UFOs und ihren Besatzungen gehabt zu haben. Das Phänomen und seine Effekte sind hier ebenso präsent wie sie es in Fatima, Lourdes und an anderer Stelle waren.*«

Tatsächlich sind Parallelen zwischen den Begleitphänomenen der Marienerscheinungen und UFO-Sichtungen unbestreitbar. Immer wieder beschrieben die Zeugen, wie zuerst eine Lichtkugel erschien, aus der die Gottesmutter hervortrat oder ihr Bild geradezu projiziert wurde. Um einige solche Beschreibungen noch einmal zu zitieren:

»Mit einem Luftstoß erschien eine leuchtende Kugel, wie ein Ball aus Feuer, der unmittelbar der Lagerstätte vom Himmel stieg... während (die Kinder) staunend in dieses helle, unbewegliche Leuchten schauten, das wohl fünf Meter im Durchmesser haben mochte, gewahrten sie im Zentrum einen zweiten, noch helleren Kreis von Licht. Er schien in Bewegung zu sein. Sie erblickten inmitten des geheimnisvollen Glanzes eine ›sehr schöne Dame‹.« (La Salette, September 1846)

»Mit großem Erstaunen sah ich klar und deutlich eine leuchtende Kugel von Osten nach Westen langsam durch das All gleiten... plötzlich verschwand diese Kugel in einem außergewöhnlichen Licht.« (Fatima, September 1917)

»Die Lichtkugel ist mit einem Sturm gekommen, und die Hühner haben sich alle aufgereiht und sind gestanden wie gelähmt. Ich hab Angst gehabt und wollte weglaufen, aber meine Füße waren auch wie gelähmt... (in der Lichtkugel) stand die weiße Gestalt... wie sie weg war, haben die Hühner wieder rennen können und ich auch« (Eisenberg, September 1954)

»Ich ging nach draußen und sah eine große, weiße Wolke am Himmel mit vielen goldenen und silbernen Sternen und Rosen in allen Farben. Eine Kugel kam aus der Wolke, eine rote Kugel, die über einem Birnenbaum herunterstieg. Dann kam die Himmlische Mutter aus der Kugel, von hellem Licht umgeben.« (San Damiano, Oktober 1964)

»Eine Lichtkugel, die sich vorwärts und rückwärts bewegte ... nach rechts, hin und herschwingend, flimmernd, zur Seite wandernd... Die Jungfrau Maria nahm in der Lichtkugel Gestalt an, als ob sie, wie in einem Fahrzeug, von der Lichtkugel in unsere Realität herangetragen worden wäre« (Hruschiw, Mai 1987)

»Es war etwa 13.00 Uhr, der Himmel war klar, als ich eine weiße Wolke bemerkte, die sich langsam auf den Felsen zubewegte. Aus dieser erschien eine weiße Lichtkugel, die hinunterschwebte, und aus der schließlich die Gestalt unserer Lieben Frau, ganz in weiß gekleidet und von einem weißen Leuchten umgeben, hervorging.« (Belpasso, Mai 1986)

Das erinnert an Geräte, die wir aus der UFO-Forschung kennen: Kleine, unbemannte Sonden, sogenannte »Telemeterkugeln«, die nicht nur der Erforschung der Erde dienen, sondern auch durch eine Art Strahlung im Mikrowellenbereich Figuren und Gestalten projizieren können. So scheinen diese Objekte für die Entstehung der mysteriösen »Kornkreise« im Süden Englands und vielen anderen Teilen der Welt verantwortlich zu sein. Am 11. August 1996 filmte ein junger Mann, wie zwei Formationen von je zwei dieser fußballgroßen, leuchtenden Kugeln über ein Weizenfeld zu Fuße der Hügelfestung Olivers Castle in der Grafschaft Wiltshire glitten, während sich unter ihnen die Halme flach zu Boden legten, im Muster einer riesigen Schneeflocke. Ähnliche Leuchtkugeln konnten in den Jahren zuvor immer wieder im Umkreis der Kornkreise beobachtet und viermal auch gefilmt werden, doch nie »in Aktion«. Dabei hatten in den Jahren zuvor immer wieder Naturwissenschaftler wie der Nuklearphysiker Dr. M. Dudley, der Biochemiker Prof. Levengood und der Ingenieur Th. Dutton bei den authentischen, d. h. nicht von Scherzbolden kopierten Kreisen Anzeichen einer Strahleneinwirkung festgestellt: Spuren einer großen Hitzeeinwirkung, in der die Halme wie im Mikrowellenofen »schmolzen« und sich bogen, erhöhte Radioaktivität, Magnetfeldveränderungen und genetische und molekulare Veränderungen bei den betroffenen Pflanzen. Ein junger Mann aus Südafrika, James Forbes, wachte im Sommer 1980 mitten in der Nacht auf und erlebte folgendes: »*Draußen heulte ein starker Wind. Plötzlich bemerkte James, wie sich ein blauer Nebel in der Mitte seines Zimmers formierte. In der Mitte des Nebels schwebte eine Kugel aus blauem Licht, die schließlich lautlos explodierte, dabei den ganzen Raum erhellte. Aus dem Licht formte sich schließlich eine menschliche Gestalt von ca. 2,30 Metern Größe, bis zur Decke reichend.*« Im Sommer 1989 gelang einem Zeugen in der Nähe von Moskau geistesgegenwärtig ein Foto, als eine Leuchtkugel vor ihm schwebte, und ein menschliches Gesicht projizierte. Sind zumindest einige Marienerscheinungen eben solche Projektionen, verursacht durch eine außerirdische Intelligenz, die uns mit Hilfe »vertrauter Autoritäten« vor einer Fehlentwicklung in unserer Evolution, vor einem Irrweg warnen und uns in die richtige Richtung, ein Leben in Harmonie mit den Gesetzen der Schöpfung und des Schöpfers weisen will? Das ist zumindest möglich.

Detailliert beschreibt der Fatima-Experte C. Barthas auf der Grundlage von Augenzeugenberichten die Leuchtkugel, wie sie in Fatima erschien: »*Nach anderen Berichten hatte der Lichtball sogar eine längliche Form, die Breitseite der Erde zugekehrt. Alle, die ihn sahen, hatten denselben Eindruck wie die schon erwähnten Geistlichen, daß er nämlich eine Art ›himmlisches Flugzeug‹ war, das die Mutter Gottes zu der Zusammenkunft mit den Hirtenkindern brachte, um sie danach wieder ins Paradies zurückzuholen... Dieses ›Flugzeug aus Licht‹ war unmittelbar vor und nach der Erscheinung zu sehen.*«

Ähnliches beschreiben UFO-Kontaktler wie der Amerikaner Howard Menger, ein Zeitgenosse George Adamskis. In seinem Buch »Aus dem Weltraum zu Euch« schildert er eines seiner ersten Erlebnisse im September 1946:

»*In diesem Augenblick sah ich einen grellen Lichtblitz und spürte ein Hitzegefühl, das meinen Nacken hinunterlief. Ich drehte mich um. Über dem weiten Westteil des Feldes bewegte sich ein großer Feuerball mit großer Geschwindigkeit...*

Der Feuerball sah aus wie eine große, rotierende Sonne, leuchtend, pulsierend, die Farbe verändernd. Er schwebte über dem Feld, als ich ihn wie gelähmt beobachtete. Die pulsierenden Farben wurden weniger, und der Feuerball verwandelte sich in ein metallisches Objekt, von Luken umgeben... eine Öffnung erschien an seiner Unterseite... aus der eine wunderschöne Frau stieg. Sie hatte langes, blondes Haar und war ... mit halbdurchschimmerndem Material von einer sanften Pastellfarbe bekleidet, das zu glühen schien.« Menger ist sich der Parallelen zu mystischen Erscheinungen bewußt und glaubt heute, daß er damals Engeln begegnet ist.

»Engel in Sternschiffen« ist der Titel des Buches einer italienischen UFO-Kontaktperson, des Genuesers Giorgio Dibitonto. Dibitonto behauptet, am 23. April 1980 von einem Engel in ein einsames Tal geladen worden zu sein, in dem vor seinen Augen eine große, glockenförmige Scheibe landete, die von einem blendendweißen Licht umgeben war. Aus diesem leuchtenden Diskus vernahm er eine Stimme: »*Es ist nicht das erste Mal, daß wir den Menschen der Erde auf diese Weise begegnen. Schon immer sprachen wir zu eurer Menschheit aus unseren Sternenschiffen. In der Heiligen Schrift liest man, daß der Herr zu den Menschen der Erde aus der Wolke sprach, was dir jetzt zum ersten Mal widerfährt, ist dasselbe, was eure Väter zu allen Zeiten erlebten.*« Und: »*Wir kommen von den zahllosen*

Wohnungen des Vaters.« Die Erde, so der Engel, der sich Raphael nannte, bei einer späteren Begegnung, war einst ein Garten Eden, in dem die Menschen in Harmonie mit den Gesetzen der Schöpfung lebten. Nur weil sie »*die armseligen Wege des Bösen kosten*« wollte, fiel die Menschheit aus dieser kosmischen Ordnung und ging ihren eigenen Weg der Trennung von Gott und der Liebe. »*Wir sind die Cherubime der Schrift, die Wächter von Eden. Niemals werden wir den Menschen den Zutritt zum unbefleckten Eden-Weltraum gestatten, solange sie nicht von Geschöpfen des Bösen wieder zu Geschöpfen der Universalen Liebe geworden sind*«.

Es kam zu weiteren Kontakten, bei denen Dibitonto umfangreiche Belehrungen und Warnungen vor der Selbstzerstörung der Menschheit empfing. Und schließlich kam auch die Sprache auf die Gottesmutter: »*Die Leibesmutter Jesu*«, so erklärte ihm einer der außerirdischen Engel, »*ist nach dem Herrn das weiseste, gnadenvollste Himmelswesen. Ihre Liebe zum Vater, zu Jesus und zu uns allen ist unermeßlich. Sie hat größere Erkenntnis als jedes andere Kind des Vaters. Wir betrachten Sie als unsere Große Schwester, aber noch mehr als eine Mutter: als die ›Mutter des Omniversums‹...*

Der Vater hat uns euch zur Seite gestellt und hat euch Jenen gesandt, der Erkenntnis, Güte und Liebe hat in einem Maß, das über alles hinausgeht, was ihr euch vorstellen könnt. Ein Meister ist euch geschenkt, dessen Weisheit und Barmherzigkeit grenzenlos ist. Bei Ihm ist auch Seine Leibes-Mutter, die Herrin des Universums. Jene, die in Fatima, dem abgelegenen Erdendörflein, einfachen Kindern die Ankündigung vom bevorstehenden apokalyptischen Zeitpunkt gegeben hat, der auf die Erde zukommt infolge des Wahnsinns der Menschen. Sie legte Fürbitte ein und verwendet sich jeden Augenblick für die Erdenkinder, aber die Last, die Sie trägt, wird immer schwerer und ihre Bürde immer untragbarer. Es gibt Universalgesetze der Gerechtigkeit, die der Vater zur Sicherstellung der Liebe unter Seinen Kindern und zwischen ihnen und Ihm gegeben hat. Mit tiefer Betrübnis müssen wir den Brüdern dieses Planeten sagen, daß wir die erlaubte Grenze längst überschritten haben. Es möge ein Wettbewerb der Güte, des Gebetes und der Demut einsetzen. Die Einfachheit von einst soll wiederkehren, welche mit dem erreichten Fortschritt nicht im Widerspruch steht, wenn er richtig angewandt wird. Bald wird Er kommen, und wir werden bei Ihm sein.«

Natürlich sind solche Berichte schwer zu verifizieren, und viele angebliche »Begegnungen mit Außerirdischen« klingen allzu phantastisch. Interessant aber ist, daß an Dibitontos Buchpremiere in Rom ein ranghohes Kurienmitglied teilnahm, der Fatima-Experte Monsignore Corrado Balducci, Prälat der Römischen Kongregation zur Evangelisierung der Völker.

Es gibt Hinweise darauf, daß diese »Engel in Sternenschiffen« bereits das irdische Wirken Christi verfolgt und begleitet haben. Den »Stern von Bethlehem«, der die »Weisen aus dem Morgenland« an die Krippe in Bethlehem führten, halten einige Autoren für ein Raumschiff. Immer wieder finden wir Hinweise auf »Wolken« und »Männer in strahlendem Gewand« in den Evangelien. So ist im Lukasevangelium von der Verklärung Jesu die Rede: »*Während er so redete, kam eine Wolke und überschattete sie, und Furcht erfaßte sie, indes jene in die Wolke hineinschritten*« (Lk. 9,34). Nach Seiner Auferstehung erlebten die Frauen, die das Grab aufsuchten, daß »*auf einmal zwei Männer vor ihnen standen in strahlendem Kleid*« (Lk. 24,4). Die Apostelgeschichte beschreibt die Himmelfahrt Christi so: »*Nach diesen Worten wurde er vor ihren Augen emporgehoben, und eine Wolke entzog ihn ihren Blicken. Und da sie zum Himmel hinaufsahen, wie er dahinging, siehe, da standen vor ihnen zwei Männer in weißem Gewande und sprachen: ›Ihr Männer aus Galiläa, was steht ihr da und schaut zum Himmel? Dieser Jesus, der von euch weg in den Himmel aufgenommen wurde, wird ebenso wiederkommen, wie ihr ihn habt hingehen sehen zum Himmel.*« (Apg. 9−11) Auch in den drei »synoptischen« Evangelien prophezeite Jesus seine Wiederkunft »auf einer Wolke« oder »auf den Wolken«: »*Dann wird das Zeichen des Menschensohns am Himmel erscheinen... und sie werden den Menschensohn kommen sehen auf den Wolken des Himmels.*« (Mt. 24, 30)

Schon der Prophet Isaias fragte: »*Wer sind jene, die heranfliegen wie Wolken, wie Tauben zu ihren Schlägen*« (Is-60, 8). In Fatima erschien die Gottesmutter »*auf einer kleinen, weißen Wolke*«; leuchtende Wolken wurden bei verschiedenen Marienerscheinungen beobachtet, so in Guadalupe: »*sie schien aus einer leuchtend weißen Wolke zu kommen, die über dem Gipfel des Tepeyac schwebte*«
San Damiano: »*sie... sah, wie sich eine Wolke vom Himmel herabsenkte, schließlich über dem Pflaumenbaum schwebte. Die Wolke strahlte von Licht...*«
Oliveta Citra: »*...als eine leuchtend rote Wolke am Himmel erschien.*«
Borello: »*...eine weiße Wolke, die sich langsam auf den Felsen zube-*

wegte, schließlich bis dicht über ihm herunterkam. Dann wurde die Wolke größer, entfaltete sich wie eine aufblühende Blume.«

Interessanterweise sind linsenförmige Wolke, meist mit einer Kuppel versehen, fester Bestandteil biblischer Szenen in der Malerei der Renaissance.

Tatsächlich gehört es zu den Charakteristiken unbekannter Flugobjekte, daß sie sich als Wolken »tarnen« können. So wurde am 16.10.1957 von Ella Fortune eine linsenförmige weiße »Wolke« über der Holloman-Luftwaffenbasis im US-Staat New Mexiko fotografiert, die mit großer Geschwindigkeit in geringer Höhe das Gelände überquerte. Im September 1957 fotografierte ein Soldat in Gegenwart von 15 Zeugen einen schwarzen Ring, der von Norden her auf die US-Army-Basis Fort Belvoir, Virginia zuflog. Zu seinem Erstaunen verwandelte sich der schnellfliegende Ring, je näher er kam, allmählich in eine Wolke. Ein ähnliches Phänomen wurde am 17.11.1974 von H. Lauersen über Viborg, Dänemark aufgenommen, ein Fall, den Major H. Petersen von der Dänischen Luftwaffe untersuchte. Die Parallelen zu den biblischen Beschreibungen sind offensichtlich.

Sind Marienerscheinungen Teil einer »großen Warnung«, an der verschiedene Himmelskräfte beteiligt sind, verschiedene Stufen einer himmlischen Hierarchie? Wir dürfen nicht verschweigen, daß es auch Unterschiede gibt. Bei UFO-Begegnungen haben wir es offenbar mit festen, metallischen Raumschiffen zu tun, aus denen Personen steigen und in die Kontaktpersonen mitgenommen werden. Zeugen von Marienerscheinungen erwähnen zwar das »Vehikel aus Licht«, aus dem die Madonna hervortritt, das aber wirkt eher metaphysisch und gewiß nicht wie das Werk einer fremden Technologie. Wahrscheinlich haben wir es zwar mit verwandten, keineswegs aber identischen Phänomenen zu tun. Nun ist ein »Lichtgefährt« als »Fahrzeug der Engel und der Gerechten« aus der jüdischen Mystik bekannt, und zwar unter dem Namen »Merkabah«. Der Metaphysiker Prof. Dr. J.J. Hurtak definiert »Merkabah« als »*Göttliches Licht-Vehikel, das von den Meistern benutzt wird, um die Gläubigen in den vielen Dimensionen des Göttlichen Geistes zu testen und zu erreichen... Merkabah erscheint in einer Vielfalt von Formen; sie kann sowohl als reine Energiehülle von Licht in Verbindung mit dem Werk eines Meisters gesehen werden, wie auch als eine Manifestation einer extraterrestrischen Licht-Technologie, weshalb sie ein ›Vehikel der Vehikel‹ genannt werden kann.«*

Neben dem »Flugzeug der Heiligen Jungfrau« gibt es noch eine Reihe von Begleitphänomenen, bis hin zu regelrechten UFO-Sichtungen nach Marienerscheinungen, die zumindest andeuten, daß eine Verbindung zwischen beiden besteht. So beschrieben Zeugen aus Heroldsbach mysteriöse Himmelsphänomene nach dem Sonnenwunder vom 18. Dezember 1949. Eine Zeugin erklärte: »*Nach der Sonnengeschichte sah ich hoch über dem Birkenwald neun große rötliche und gelbe Kugeln. Sie hielten sich leicht bewegt immer in derselben Höhe. Ich sah sie vielleicht zehn Minuten lang. Dann waren sie plötzlich verschwunden.*« Andere Zeugen wollen während des Phänomens selbst einen »hellleuchtenden Stern« beobachtet haben, der über dem Birkenwald stand und sich langsam westwärts bewegte. Zu ihnen zählte der Theologie-Professor Dr. J. B. Walz, der zum Studium der Erscheinungen als kritischer Beobachter nach Heroldsbach gekommen war. Er erinnerte sich: »*Da hörte ich sofort aus der wiederum ganz erregten Menge die Rufe:* ›*Drüben über dem Birkenwäldchen ist ein Stern!*‹ *Ich sah hinüber und ganz bestimmt sah ich den Stern ganz deutlich.* ›*Der Stern bewegt sich! Der Stern bewegt sich!*‹ *rief alles freudig erregt und beobachtete wie gebannt den hellen, ohne Flackern, ganz auffallenden und so ruhig in einer geraden Linie waagerecht oberhalb des Birkenwäldchens nun ganz nach rechts sich bewegenden Stern... Ich selbst wollte nicht an einen wunderbaren Stern glauben und ihn für einen Abendstern halten. Da sah ich ganz unerhörte und auffallende Bewegungen des Sternes nach rechts in einer wunderschönen geraden Linie ohne jegliche Krümmung...*«

Ähnliches ereignete sich am Rande der Erscheinungen von Montichiari in Norditalien. Dort wollen Pilger am 20. April 1969 gegen 16.00 Uhr beobachtet haben, wie zwölf »Sterne« einen Kranz bildeten. »*Dann erschien in weiter Ferne eine kleine, fahle Scheibe, die sich zusehends vergrößerte und waagerecht auf uns zukam. Sie verfärbte sich rot mit wunderschönen Nuancen und wurde dann hin und her geschleudert wie eine Laterne, als wüte ein furchtbarer Sturm. Dann ging sie an den Rand der Wolken und schien auf die Erde herunterzufallen.*« Schließlich »*spaltete sie sich in zwei Teile, und es wurde ein Lichtkreuz sichtbar.*« Am 8. Dezember 1969 kam es zu einem anderen Wunder »an der Sonne«, als an deren Seiten drei »Lichtstrahlen« hervortraten: »*In der Mitte war ein kleinerer, der rhythmische Blinkzeichen gab. Es war wie bei einem Leuchtturm inmitten des Meeres*«. Dann »*wurde die Sonne zart rosa, und in der*

Mitte erschien erst ein kleiner blauer Punkt, der sich immerzu vergrößerte, sich sehr rasch wie eine Scheibe drehte und links und rechts zahlreiche blaue Stangen ausstieß, die an einem Ende eine blaue Kugel hatten. Diese Strangen schwebten zunächst in der Luft und hoben sich deutlich am Firmament ab«, bevor sie, wie von unsichtbarer Hand zusammengeführt, geometrische Zeichen bildeten.

Unter »kontrollierten Bedingungen« fand ein ähnliches Phänomen am 1. Oktober 1994 in der Serra de Baturite im brasilianischen Bundesstaat Ceara statt. Dort kam es im Zeitraum vom Dezember 1992 bis August 1994 zu einer regelrechten Welle von Sichtungen »eigenartiger Feuer- und Lichtbälle«, die die Einwohner beängstigten. Mitten in dieser »UFO-Hysterie«, am 23. April 1994, erschien dem 25-jährigen Jose Ernani dos Santos die Gottesmutter. »Ich befand mich mit anderen Gläubigen in der Lourdes-Grotte von Vila Peri in Fortalezi und betete den Rosenkranz«, erzählte er später, »als plötzlich ein Lichtwesen vor mir stand«: Eine etwa 19-jährige junge Frau mit feinem Gesicht und schmaler Nase, herzförmigem Mund, rosafarbener Haut, braunen, gewellten Haaren und eindringlichen tiefen Augen. Sie kündigte an, die Serra de Baturite zu besuchen: Am 1. September und 1. Oktober wolle sie wiederkommen.
Über 3000 Personen versammelten sich am 1. September 1994 in der Stadt Brejo in der Serra de Baturite, um dabei zu sein, als die Heilige Jungfrau wieder erschien, wie sie es Jose Ernani versprochen hatte. »Geliebte Kinder, ich danke euch, daß ihr meinem Ruf gefolgt seid«, ließ sie durch ihn verkünden. »Heute komme ich mit einer Botschaft der Umkehr nach Baturite. Meine Kinder, betet. Werdet des Betens nicht müde, denn nur so könnt Ihr Euch Gott nähern und immer mehr seine Kinder werden...« Alle Anwesenden bestätigten, wie sich kurz darauf, gegen 14.30 Uhr, die Sonne verfinsterte und aussah wie der Vollmond. Sie wechselte ihre Farbe, während ein leichter, kühler Wind wehte und das schwüle Klima der Gegend auffrischte.
Diese Berichte überzeugten Wissenschaftler des brasilianischen CPU (UFO-Forschungszentrums), die nächste Erscheinung am 1. Oktober vor Ort zu untersuchen. Mit Detektoren für statische Energie und magnetische Felder sowie Foto- und Filmkameras ausgerüstet, reisten sie an und bauten ihre Instrumente auf, während 5000 Gläubige, den Rosenkranz betend, auf das Wunder warteten. Kurz vor 14.00 Uhr, dem angekündigten Zeitpunkt, erschien Jose

Ernani auf einem mit Seilen abgesperrten Teil des Platzes und kniete nieder, den Blick zum Himmel gerichtet. »*Dort oben wurden plötzlich Wolken wie von unsichtbarer Hand zusammengeführt und wurden schließlich zu einer einzigen Wolke*«, berichtete einer der Wissenschaftler, Reginaldo de Athayde, »*diese geheimnisvolle Wolke war dunkel und schwer – und versteckte die Sonne. Sie wurde langsamer, während andere Wolken normal weiterflogen. Eine angenehme Brise hüllte den Platz ein – sie war geladen mit statischer Ebergie und wir bekamen eine Gänsehaut. Die Brise wehte um die Anwesenden, als ob sie die müden und schwitzenden Gläubigen erfrischen wolle. Jetzt, mit dieser plötzlichen Veränderung der Temperatur, beteten alle und schrien hysterisch und baten die Jungfrau um Vergebung ihrer Sünden.*

Die Menschen fielen auf die Knie, die Augen, wie in Trance, immer zum Himmel gerichtet. Die Wolke schien über dem Bauernhof stehengeblieben zu sein. Die Sonne, die aus ihr herausragte, warf vielfarbige Strahlen auf die Baumkronen. Ein silberner Kreis, so groß wie der Mond, bildete sich an der Sonnenseite, man sah ihn ganz deutlich und dann verschwand er langsam; alle Menschen waren gerührt. Die Hysterie wurde vollständig. Schreie um Vergebung, Weinen und Gesänge bauten ein unglaubliches mystisches Klima auf. Der Seher, kniend und den Kopf nach hinten gebeugt, in Trance, schrieb schnell die Botschaft auf, die ihm die Mutter Gottes diktiert hatte.

Um 14.05 Uhr wurde alles wieder normal. Der Seher stand auf und verlas eine Botschaft. Eine neue Wolke formierte sich – und alles begann von neuem.

Wir schauten zu dem Punkt am Himmel. Dort oben befand sich ein silbernes Objekt, phantastisch aussehend, so groß wie der Mond an der Seite der Sonne. Die durch die Wolken kommenden Strahlen verstärkten den Eindruck. Wie durch ein Wunder verschwand alles ganz langsam, der Himmel wurde wieder normal, und man sah nur noch die üblichen Wolken...

Plötzlich zeigte jemand zum Himmel und schrie: ›Schaut die Kugeln des Rosenkranzes der Jungfrau‹. Unsere Forscher Paulo Cesar Tavora und Helio Loyola richteten ihre Kameras nach oben und hielten vier Objekte fest, die vielleicht 30 Meter im Durchmesser groß waren. Drei von ihnen tauchten in einer Reihe auf, ein viertes, weiter entfernt, war klarer zu sehen und hatte die Form einer Scheibe, fest, metallisch und von markanter Form. Aus diesem UFO kam linksseitig eine Art Rauch heraus. Die Objekte standen still, als ob sie das Geschehen beobachten wollten – oder, wer weiß, vielleicht haben sie es auch verursacht. Nachdem sie wieder von natürlichen Wolken bedeckt wurden, verschwanden die UFOs aus unserer Sicht...

All das wurde von mehr als 5000 Menschen gesehen. Für die Gläubigen waren die Objekte ›Tränen der Jungfrau‹ oder ›Perlen ihres Rosenkranzes‹. Gleichzeitig filmten unsere Kameras drei Staubsäulen hinter den Palmen, zwischen denen sich die Jungfrau befinden sollte. Wolken, Klima, Himmel und Menschen waren offenbar durch eine höhere Intelligenz gesteuert worden!

Der Elektroingenieur Dr. Paulo Cesar Tavora, der die Meßgeräte zur Feststellung eventueller elektromagnetischer Interferenzen bedient hatte, erklärte, der Detektor elektromagnetischer Felder hätte, während der Seher mit der Madonna sprach, 10 Impulse pro Sekunde registriert und bestätigte somit die Anwesenheit einer starken statischen Elektrizität vor Ort. ›Am meisten erstaunte mich, daß diese Elektrizität pulsierte und sich nicht einfach erhöhte‹, erklärte Dr. Tavora, ›vor dem Ereignis blieben die Geräte still, ohne Pulsierung. Sie wurden vor und nach dem Phänomen überprüft und arbeiteten einwandfrei. Wir können das Ergebnis nicht erklären.‹«

Während einige der »Sonnenwunder« wohl eher auf Manipulationen der Erdatmosphäre im Bereich über dem Erscheinungsort zurückzugehen scheinen – in diesen Fällen geht das Phänomen von der Sonne aus und endet mit der Sonne – sahen die Zeugen in Fatima, Heroldsbach, Onkerzele, Fontanelle, Eisenberg, San Damiano und Brejo eindeutig eine weiße oder grünliche Scheibe, die offensichtlich vor der Sonnenscheibe »geparkt« war, bzw. diese verdeckte. Das plötzliche Trocknen von regendurchnäßter Kleidung (wie in Fatima) jedenfalls, läßt sich nicht durch ein atmosphärisches Phänomen erklären. Im Fall Borello wurde dann auch eine leuchtende Scheibe fotografiert, die die Gestalt einer »zweiten Sonne« annahm. Ebenfalls zwei Sonnen wurden in San Damiano fotografiert.

Wir müssen also Giorgio Bongiovanni durchaus zustimmen, daß offenbar eine Verbindung zwischen dem UFO-Phänomen und Marienerscheinungen besteht. Das heißt nicht, daß wir glauben, daß die Erscheinungen der Gottesmutter von Außerirdischen verursacht werden oder sich fremde Besucher »als die Gottesmutter tarnen«, wie es Ribera oder Vallee u.a. behaupten. Vielmehr zwingt uns diese Erkenntnis, das UFO-Phänomen in einem spirituellen Kontext zu interpretieren.

Damit haben, zugegeben, die meisten UFO-Forscher ihre Probleme. Für sie sind die unbekannten Flugobjekte Vehikel einer Hochtechnologie, die sich bestenfalls einer religiösen Symbolik bedient, um den Kontakt für uns annehmbarer zu gestalten. Das mag zwar die Begleitphänomene erklären, keineswegs aber

– den Zustand religiöser Ekstase, in der der/die Seher die Madonna wahrnehmen. Schließlich handelt es sich bei Marienerscheinungen keineswegs um für jeden sichtbare holographische Projektionen, sondern entweder mystische Visionen mit übernatürlichen Begleiteffekten oder um Projektionen in einer anderen Dimension, die nur von den Sehern, d.h. in einem veränderten Bewußtseinszustand, nämlich der religiösen Ekstase, eingesehen werden kann;

– die tiefgreifenden psychologischen und physiologischen Auswirkungen der Erscheinungen. Diese beinhalten Heilungen, auch von schweren Krankheiten, Stigmata, die allen Naturgesetzen strotzen, Trancezustände, paranormale Vorgänge (z. B. die Materialisation von Hostien) – alles Phänomene, die eher in den Bereich der Parapsychologie einzuordnen sind;

– den eindeutig religiösen Inhalt der Botschaften, den Aufruf zu Buße, Umkehr und Gebet. Keine rein technologisch ausgerichtete Zivilisation könnte an der »Missionierung« eines Planeten ein Interesse haben – eine spirituell orientierte Zivilisation aber sehr wohl. Das große Interesse der Erscheinung an dem Zustand der Kirche und an der Verkündigung marianischer Dogmen deutet jedoch eher auf »Maria, die Mutter der Kirche« als ihre Urheberin hin, wer (oder was) immer sich hinter diesem Titel verbirgt.

– die konkrete Ankündigung zukünftiger Ereignisse. Könnten außerirdische Besucher den Tod von zweien der drei Seherkinder von Fatima, ein Naturphänomen (das Nordlicht) vor Ausbruch des 2. Weltkrieges oder die Teufelssorge von Papst Paul VI. so genau vorhersagen, und dabei andererseits die Vermeidbarkeit historischer Ereignisse postulieren? Oder haben wir es hier mit einer »allwissenden Intelligenz« zu tun?

Um möglicherweise eine Antwort auf die Frage nach einer Verbindung zwischen UFO-Phänomenen und Marienerscheinungen zu finden, lohnt es sich auf jeden Fall, den Fall Giorgio Bongiovanni etwas näher zu betrachten, so »unkonventionell« er zu sein scheint

– oder gerade deswegen. Vielleicht hilft er uns sogar, den Schlüssel zum Verständnis der Ereignisse von Fatima zu finden. Interessanterweise verbindet er jedenfalls »klassische« Aspekte der Mystik – Visionen, Ekstasen, Stigmatisation – mit einer Botschaft, die man durchaus als »Christentum des Raumzeitalters« bezeichnen kann.

Dabei ist durchaus verständlich, daß die Kirchenoberen ihn mit einer gehörigen Portion Skepsis betrachten. Das ist sogar ihre Pflicht, ihre Aufgabe! Umso schwieriger wird die Akzeptanz für sie, wenn Bongiovanni ihnen »Ungehorsam gegen den Willen der Gottesmutter« vorwirft, weil sie das Dritte Geheimnis von Fatima trotz eindeutiger Anweisung bisher noch nicht veröffentlicht haben – aber liegt er damit tatsächlich so völlig falsch? Hat die Kirchenführung, die die Marienbotschaft von Fatima einerseits als echt anerkannt hat, andererseits das Recht, den Wunsch der »Mutter der Kirche« zu ignorieren, »weil ihre Botschaft mißverstanden werden könnte«? Die Geschichte der Kirche ist voll von Heiligen, die zu Lebzeiten geradezu verfolgt wurden. So meinte der katholische Autor Karl Wagner: »*Der Umstand, daß von geistlicher Seite gegen irgendeine Offenbarung angekämpft wird, ist noch kein Beweis, daß sie nicht von Gott ist. Bekanntlich haben Theologen die Jungfrau von Orleans für schuldig befunden und zum Tode verurteilt! Nicht unbekannt ist, welch heftigen Widerspruch von geistlicher Seite die Hl. Margaretha Maria Alacoque erfahren hat, als sie ihre Offenbarung betreff der Herz-Jesu-Verehrung bekannt machte! Und wer die Lebensgeschichte der Heiligen oder der ehrwürdigen Diener und Dienerinnen Gottes, die Offenbarungen hatten, liest, findet, daß diese selten das Glück hatten, einen Priester zu finden, der sie verstanden und richtig beurteilt hätte. Widerspruch kennzeichnet das Auftreten Christi, der deswegen ein ›Stein des Anstoßes‹ (Is. 8,14; Röm. 9,33) und ein ›Zeichen, dem man widersprechen wird‹ (Luk. 2,34) genannt wird.*« Auch der katholische Verleger von »Glaube und Treue«, Dr. Hans Abel, schrieb: »*In ihrem Buch von den Klostergründungen (Kap. 8) sagt die Hl. Theresia (von Avila), selbst Theologen und Seelenführer hätten vor den schändlichsten Eingebungen Satans lange nicht solchen Schrecken wie vor den gnadenvollsten Einflüssen des Heiligen Geistes. An dieser Sachlage scheint sich seit den Tagen der Hl. Theresia wenig geändert zu haben. Es nehmen die theologischen und pastoralen Schreckschüsse gegen Ekstatische, Stigmatisierte und sonstige... Begnadigte... kein Ende... (Es hat) kaum eine einzige Ekstatische oder auch*

Heilige existiert ..., welche nicht von einer oder mehreren bischöflichen Behörden des Ungehorsams angeklagt und verurteilt worden wäre. Was könnte nicht allein eine einzige Hl. Theresia über solche Verurteilungen erzählen! Was haben Theologen und Beichtväter nicht einer Hl. Rosa von Lima angetan! Wie wird eine Hl. Katharina von Ricci nicht von ihren Ordensobern behandelt? Der Hl. Josef von Cupertino wird durch die Inquisition, durch seinen Obern und Mitbrüder von Stadt zu Stadt, von Kerker zu Kerker verfolgt...«

Da es bisher noch keine offizielle kirchliche Untersuchung des »Falles Bongiovanni« gegeben hat, und damit auch kein abschließendes Urteil gefällt wurde, ist es mehr als legitim, ihn einer eingehenden Prüfung zu unterziehen...

Giorgio Bongiovanni erinnert sich, wie er im Alter von vier oder fünf Jahren nachts eine Begegnung mit einem »Lichtwesen« in seinem Schlafzimmer hatte, das eine Hostie in den Händen hielt. Es lächelte, trat auf ihn zu, segnete ihn – und verschwand. Doch erst durch eine UFO-Sichtung nahe seines Geburtsortes Floridia im Jahre 1976 kam der damals dreizehnjährige Junge mit dem UFO-Kontaktler Eugenio Siragusa in Kontakt. Fortan verbrachte Giorgio neun Jahre seines Lebens in der Nähe Siragusas, und schließlich wurde der hochintelligente junge Mann zum Sprachrohr des Kontaktlers. Zusammen mit seinem Bruder Filippo gründete er die Zeitschrift NONSIAMOSOLI, »Wir sind nicht allein«, die gratis verteilt und nur durch Spenden (und primär aus Giorgios eigener Kasse) finanziert wurde. Ihr Ziel war die Verbreitung der Lehren, die Siragusa empfing, seiner Aufrufe an eine Menschheit, die droht, sich selbst zu zerstören. 1985 heiratete der junge Sizilianer und zog nach Porto San Elpidio an der Adriaküste. Er eröffnete ein ziemlich erfolgreiches Schuhgeschäft, das fortan ihm und seiner jungen Familie – kurz darauf wurde dem Paar ein Sohn geboren – finanzielle Unabhängigkeit garantierte.

Doch dann, am 5. April 1989, hatte Giorgio Bongiovanni jene Begegnung, die sein Leben völlig veränderte. Als er gegen Mittag aus seinem Schuhgeschäft kam und zu seinem Wagen ging, bemerkte er in einiger Entfernung die Gestalt einer wunderschönen Frau, die auf ihn zu warten schien. Sie trug ein blaues Kleid mit einem himmelblauen Gürtel und einer Rose, die ihre Brust krönte. Die Sonne stand hoch am Himmel, und trotzdem schien die Gestalt aus sich selbst zu leuchten. Als Giorgio sich ihr näherte, bemerkte er, daß sie über dem Boden schwebte. Der junge Italiener, der glaubte, seine Zeit mit Siragusa hätte ihn auf diese ebenso phantastische wie verborgene Realität vorbereitet, erschauderte, war fassungslos. Als er sich wieder erholt hatte, sprach er die Gestalt an, fragte, wer sie sei. »*Ich bin Myriam, mein Sohn, höre mir zu*«, antwortete sie mit weicher, sanfter Stimme, »*die Zeit, in der ihr das Gesicht des Antichristen zeigen müßt, ist gekommen. Du wirst meine Stimme sein, während Dein Bruder Filippo meine Kraft sein wird. Habt keine Furcht, ich werde immer an eurer Seite sein. Jetzt geh nach Hause. Bald werden wir uns wieder begegnen. Mein Friede sei mit Dir.*« Ebenso unmittelbar, wie sie erschienen war, verschwand die Gestalt wieder, mit einem Geräusch, das an das Zerplatzen einer Seifenblase erinnerte.

Bei seiner zweiten Begegnung ging Giorgio einen Hangweg oberhalb der Stadt entlang, von dem aus man einen wunderbaren Blick auf die Adriaküste hat. Plötzlich sah er vom Meer her kommend eine leuchtende Kugel, die auf ihn zuflog, vor einer Gruppe von drei Bäumen stoppte. Aus dem pulsierenden Licht trat, »heller als die Sonne«, die Gottesmutter hervor und sprach zu ihm, während das Licht mal höher schwebte, mal wieder tiefer herabkam. »*Fürchte dich nicht, mein Sohn*«, erklärte sie, »*Ich bin Myriam. Ich bin gekommen, um Dich auf Deine Aufgabe vorzubereiten. Du sollst die Rückkehr meines Sohnes ankündigen.*« Als würde sie von der Kugel absorbiert, verschwand sie ebenso schnell wieder, wie sie erschienen war, und mit rasender Geschwindigkeit schoß das Leuchtobjekt davon in Richtung Adria.

Bei den folgenden Erscheinungen wies die Gottesmutter Giorgio an, nach Fatima zu reisen. Dort wolle sie ihm ein Zeichen geben, das in Verbindung mit dem Dritten Geheimnis stünde, die von der Kirche noch immer unter Verschluß gehalten wird. Auf dem Weg dorthin machte der junge Italiener in Coimbra Station, besuchte das Karmeliterinnenkloster, in dem Schwester Lucia von der Außenwelt abgeschirmt lebt. Normalerweise kann sie nur mit offizieller Genehmigung besucht werden, doch Giorgio gelang es, über eine Ordensschwester, die frische Eier in das Kloster brachte, eine Botschaft an Lucia zu schicken, in der er sich vorstellte, von seiner Erscheinung berichtete und um eine kurze Unterredung bat. Diese fand schließlich, im Beisein der Mutter Oberin, statt. Noch einmal trug Bongiovanni der Seherin von Fatima sein Anliegen vor, erwähnte ein Zeichen, das ihm die Gottesmutter mitgeteilt hatte, damit Lucia erkenne, daß er die Wahrheit sagt. Mit einem Lächeln und einem leichten Kopfnicken nahm die Ordensschwester dies zur Kenntnis. »Schwester Lucia, ich bitte Sie demütigst, im Namen Unserer Lieben Frau«, flehte Bongiovanni sie an, »lassen Sie uns gemeinsam das Dritte Geheimnis von Fatima enthüllen.« Ihre Antwort bestand aus nur drei Worten: »Ich kann nicht.« Dann verabschiedete sie sich mit einem traurigen Blick von dem Italiener, der noch am selben Tag nach Fatima reiste, und auf das versprochene Zeichen wartete. Es kam nicht, im Gegenteil: Zwei seiner Freunde und Begleiter wurden verhaftet, weil sie ohne Gnehemigung Flugblätter mit der Emrich-Version der »Dritten Botschaft von Fatima« verteilten. Deprimiert machte er sich auf den Rückweg. Auf dem Flughafen mußte er länger warten, weil seine Maschine »nicht gefunden werden konnte«, als er eine weißgekleidete Frau bemerkte, die immer wieder das Wort »Fatima« wiederholte. Er ging auf sie zu, und sie sprach ihn auf Spanisch an: »*Giorgio, warum bist du nicht zu der Eiche gekommen? Warum bist du nicht gekommen? Ich habe auf dich gewartet*«, bevor sie in der Menge verschwand. Giorgio wußte, daß er einen gewaltigen Fehler gemacht hatte, als er sich in äußere Aktivitäten verstricken ließ und auf ein äußeres Zeichen wartete. Schweren Herzens flog er nach Italien, um eine Woche später nach Fatima zurückzukehren, um die Wundmale zu empfangen. Nun lag die ganze Last der Verantwortung allein auf seinen Schultern.

Es kam zu weiteren Erscheinungen. Am 1. November 1989 fiel Giorgio vor Hunderten von Personen, die zu einem Treffen mit ihm gekommen waren, in Ekstase und empfing die Botschaft: »*Ab heute lasse ich den Arm meines Sohnes frei... was ich in Fatima prophezeit habe, wird voll in Kraft treten. Wenn sich Rußland bekehrt, wird es der Führer der neuen Menschheit sein, wenn es sich nicht bekehrt, wird sich der himmlische Vater dieses atheistischen Volkes bedienen, um euch zu zerstören.*«
Von da an begann Bongiovanni, als Botschafter der Madonna um die Welt zu reisen. Im Oktober 1990 flog er nach Südamerika, sprach vor zehntausenden in Argentinien, Uruguay und Paraguay. In Acunsion, der Hauptstadt Paraguays, begegnete er am Rande einer Konferenz der spanischsprachigen Staaten dem spanischen Königspaar, sprach mit Juan Carlos II. über die Botschaft von Fatima und zeigte der Königin seine Wundmale. Die Königin war

so beeindruckt, daß sie ihn dem Ehepaar Gorbatschow vorstellte, das gerade Paraguay einen Staatsbesuch abstattete, die Bilder der Begegnung gingen durch das Fernsehen um die Welt. Im März 1991 besuchte Bongiovanni Afrika, fiel bei einem Vortrag vor 20.000 Menschen in Kinshasa in Ekstase, während ein Adler am Himmel seine Kreise zog. In einer Vision erschien ihm Christus und richtete eine Botschaft an die leidende Bevölkerung des schwarzen Kontinentes.

Dann, am 2. September 1991, folgte die zweite Stigmatisation. Während die Stigmata an den Händen über die Jahre hinweg immer wieder gewachsen waren und täglich bluteten, bildeten sich jetzt zwei weitere Wundmale an den Füßen, die seitdem ebenfalls täglich bluten. Während der Blutungen fühlt Giorgio die Präsenz von Jesus, manchmal hat er Visionen, empfängt Botschaften. In der Frühphase des Phänomens, bevor die Wunden mit einem dichten, schwarzen Schorf bedeckt waren, konnten Anwesende während der Blutungen deutlich sehen, wie das Blut aus einer offenen, kreisrunden Wunde pumpte. Manchmal floß es – sogar gegen die Schwerkraft – in Mustern und Symbolen, mal einer Sonne, einem Stern, einer Rose, einem Kreuz oder dem griechischen Buchstaben »Omega« gleich, der in der christlichen Mystik für das Ende steht. Auch der Wundschorf seiner Seitenwunde hatte zeitweilig die Form eines Herzens oder eines Kelches. Heute gleichen die Stigmen an Händen und Füßen in der Form und Größe antiken Nägeln – sie sind breiter auf dem Handrücken oder Fußrücken, schmaler auf der Innenseite. Einige Male beobachteten Zeugen seiner Blutungen und Ekstasen zur selben Zeit mysteriöse Himmelserscheinungen, die auch gefilmt und fotografiert werden konnten. Oft verbringt Bongiovanni Stunden still leidend auf dem Sofa seiner kleinen Wohnung, versucht aber dennoch, ständig verfügbar zu sein und ist unermüdlich aktiv. Er ißt gewöhnlich nur einmal am Tag, sein Tagesablauf besteht aus dutzenden Telefonaten mit den Mitarbeitern der von ihm gegründeten »Archen«-Gruppen in der ganzen Welt, er gibt Interviews, schreibt an seiner Zeitung und bereitet Reisen vor. Als ihn Mediziner untersuchten, waren sie verwundert, daß sich in den Jahren offener Blutungen nie eine Infektion gebildet hatte. Ende 1992 untersuchte eine Gruppe von italienischen Ärzten, Psychologen und Psychiatern unter Leitung eines Chirurgen und Spezialisten für Psychiatrie und Neurologie, Prof. Stanis Previato, den Stigmatisierten. Ihr Ergebis: Die Wundmale »*entgehen den physiopathologischen Gesetzen, die zur Zeit der medizinischen Wissenschaft bekannt sind.*«

Immer wieder suchte Bongiovanni den Kontakt mit kirchlichen Stellen. Er kam mit Kardinal Oddi, Monsignore Louis Capovilla, dem Ex-Sekretär von Papst Johannes XXIII. und mit dem Fatima-Experten Monsignore Corrado Balducci zusammen. Alle drei bestätigten ihm, daß die »Diplomatische Version« des Dritten Geheimnisses von Fatima zumindest einen wahren Kern enthält, beharrten aber darauf, daß die offizielle Veröffentlichung einzig und allein der Entscheidung des Papstes unterliege.

Im März 1992, im Anschluß an einen erneuten Besuch in Fatima, reiste Bongiovanni nach Rußland, in das Land, auf dessen wichtige Rolle für die Zukunft die Madonna immer wieder verwiesen hatte, und das sich zu diesem Zeitpunkt so tiefgreifend im Umbruch befand. Die Reise wurde zum Triumphzug. In Moskau traf er den Präsidenten der Akademie unabhängiger Wissenschaftler, V. Potemkin, und den Kosmonauten Vladimir Kovalyonok, der ihm über seine Begegnung mit einem unbekannten Flugobjekt im Erdorbit erzählte. Im Fernsehen und Radio sprach der Stigmatisierte zu Millionen, im Leninstadium trat er vor Zehntausenden auf und verkündete eine Botschaft an das russische Volk, die er in Ekstase von Jesus übermittelt bekam: Bleibt vereint!

Auf einer Südamerikareise drei Monate später empfing Giorgio am 28.5.1992 in Montevideo/Uruguay sein fünftes Wundmal: Eine Wunde an der Seite, dort, wo Jesus mit dem Speer verletzt worden war, direkt unter der linken Brustwarze. Zuerst hatte es die Form eines Kelches, um später eine längliche Form anzunehmen. Wieder erschien ihm eine leuchtene Gestalt, die er als Jesus identifizierte. »*Die Menschheit befindet sich in einem Todeskampf*«, erklärte er ihm, »*ich werde mich manifestieren, wenn du aus der Dornenkrone blutest. Dann wird sich die Sonne verdunkeln, und am Himmel wird majestätisch ein großes, blutrotes, leuchtendes Kreuz erscheinen, um meine Rückkehr anzukündigen.*«

Dann, im Oktober 1992, die zweite große Rußlandreise. Am 12. Oktober besuchte der Stigmatisierte das Weltraumzentrum und sprach in direkter Funkverbindung mit den Kosmonauten an Bord der Raumstation Mir. In einem Konferenzsaal im Haus des russischen Parlamentes hielt er eine Rede vor Volksdeputierten und Wissenschaftlern und erklärte: »*Es ist wichtig, daß dem Menschen seine wirkliche Identität bewußt wird, welche nicht die Rationalität ist, sondern die Intelligenz, der Geist. Rußland spielt eine sehr wichtige Rolle im Weltgeschehen, spirituell wie materiell. Dieses Volk besitzt eine innere Kraft, welche andere Völker nachziehen kann. Es gäbe eine geistige Erneuerung und damit Frieden in der Welt. Politiker, Wissenschaftler, ganz normale Bürger müssen sich der Situation bewußt werden, in der sich die Welt befindet. Aus diesem Grund schalten sich die göttlichen Intelligenzen auf der Erde ein. Sie laden den Menschen ein, sich bewußt zu werden, wie nötig es ist, die Fehler einzusehen, wie dringend es ist, sich zu ändern, da sonst eine Selbstzerstörung unumgänglich ist...«* Zwei Tage später nahm Bongiovanni am »Weltkongreß der Religionen« ein. Vor Vertretern aller Konfessionen ergriff der Stigmatisierte das Wort, vor einem sich im großen Hörsaal des Parlamentsgebäudes drängenden Publikum: *»Alle Religionen reden von der Wahrheit, aber was ist die Wahrheit? Wer sind diese Wesen, die aus dem Weltraum oder vom Himmel kommen? Früher sagte man, es seien göttliche Wesen, und hatte recht. Die Engel von früher sind die Außerirdischen von heute, die himmlischen Mächte, die Botschafter der kosmischen Intelligenz. Sie kamen in verschiedenen Formen, doch ihre Quelle ist dieselbe. Was sagen sie uns heute? Sie sagen: Ihr Erdenmenschen, warum ignoriert Ihr die Botschaften und Belehrungen, die wir, Botschafter Gottes, durch reine und bewußte Seelen gegeben haben? ... Die Jungfrau Maria ist in der ganzen Welt erschienen und gab greifbare Zeichen ihres mütterlichen Leidens, aber ihr wolltet sie nicht anhören. Euer Planet ist in 180 Staaten unterteilt, die untereinander Krieg führen und unter denen viele in Not geraten sind. Über 100.000 Atomsprengköpfe sind bereit zum Abschuß. Es sind Menschen an der Macht, die es lieben, das Volk zu tyrannisieren, die Wahrheit zu vertuschen oder lächerlich zu machen. Auf diesem großen Kongreß spricht jeder vom Frieden, doch kann es auf der Welt weder Frieden noch Liebe geben ohne Gerechtigkeit: Das Nötige für alle, den Überfluß für niemanden. Die Muttergottes hat gesagt, daß der Mensch die Wirkungen auf die Ursachen, die er erzeugt hat, auf sich ziehen wird.«*

Weihnachten 1992 verbrachte Giorgio Bongiovanni bei den Ärmsten der Armen, bei Freunden in Zaire, das unter der Tyrannei des Diktators Mobutu litt. Trotz der Androhung von Gewalt gelang es dem Stigmatisierten, seine Botschaft gegen die Unterdrückung sogar durch das von der Regierung kontrollierte Fernsehen zu verbreiten.

Anfang 1993 interviewte ihn das portugiesische Hochglanzmagazin »O Jornal Ilustrado«, eine der populärsten Zeitschriften des Landes. »Ist die Heilige Jungfrau für Sie eine Außerirdische? Und was denken Sie über Jesus Christus?« fragte der Reporter provokativ.

»Unsere liebe Frau und Jesus Christus sind Teil der Himmlischen Mächte«, erklärte der Stigmatisierte, *»der Kosmische Christus, der einzige Sohn der Intelligenz, die den Kosmos lenkt, wurde von anderen Planeten als der Messias erkannt, und daher sind diese erlöst und ihre Bewohner sind zu engelhaften Menschen geworden. Dagegen haben die Menschen der Erde ihn zurückgewiesen und kämpfen infolgedessen noch immer mit ihren vielen Problemen. Sie haben sich noch nicht aus dem tierischen Stadium herausentwickelt. Der Mensch kann nicht länger glauben, er sei das einzige intelligente Wesen im Universum und daß Jesus Christus nur auf die Erde gekommen ist. Ich erinnere daran, daß derselbe Jesus Christus erklärt hat, daß er nicht ›von dieser Erde‹ sei.«*

Im April 1993 kehrte er wieder in die GUS-Staaten zurück. In Vilnius, der Hauptstadt von Litauen, übergab er Präsident Brasauskas ein Exemplar der »diplomatischen Version« des Dritten Geheimnisses von Fatima, bevor er vor zehntausend Personen sprach. Nach diversen TV-Aufritten in Rußland nahm er an einem Fernseh-Marathon-Programm zum Jahrestag der Katastrophe von Tschernobyl teil, zusammen mit dem ukrainischen Präsidenten Kravciuk und dem Patriarchen der orthodoxen Kirche. Darin erinnerte er an die Offenbarung des Johannes, in der von dem »Stern Wermut« die Rede ist, »der den dritten Teil der Flüsse und Wasserquellen« vergiften würde, »Wermut« aber heißt in der ukrainischen Sprache »Tschernobyl«.

Im Sommer folgte eine erneute Rundreise durch Südamerika: Argentinien, Uruguay, Paraguay und Mexiko. Am 25. Juli besuchte er das Landgut »L'Aurora« (Die Morgenröte) in Salto, im versteppten Flachland von Uruguay, wo häufig seltsame Lichterscheinungen beobachtet werden. Zusammen mit vielleicht zwanzig Personen, darunter einem Reporter und einem Kameramann des uruguayischen Fernsehens, beobachtete der Stigmatisierte, wie sich eine leuchtende Kugel näherte, in einiger Entfernung vor der Gruppe stehenblieb, um daraufhin wieder davonzufliegen. Am nächsten Morgen fanden seine Begleiter Bongiovanni mit einem neuen Stigma vor: einem blutenden Kreuz auf der Stirn. Er erzählte, wie er während der Nacht, kurz vor Sonnenaufgang, noch einmal nach draußen gerufen wurde. Wieder sah er die Leuchtkugel, nur diesmal sehr viel näher – und in ihr Jesus, der zu ihm sprach, und ihn zum Abschied segnete, indem er mit seinem Daumen das Kreuzzeichen auf Giorgios Stirn machte.

Kurz darauf begegnete der Stigmatisierte dem Vizepräsidenten von Paraguay, Dr. Angel Robert Seifahrt. Der zeigte sich von Bongiovanni sehr beeindruckt: »*Ihre Botschaft verpflichtet uns, gründlich nachzudenken*«, erklärte er ihm in Gegenwart der Presse, »*sie verdient, verbreitet zu werden. Es ist eine Wahrheit, die nicht nur von unserem Land unterstützt werden muß, sondern von der weltlichen Versammlung aller Nationen.*« Dann flog Bongiovanni nach Mexiko City, mit 20 Millionen Einwohnern eine der drei größten Städte der Welt, wo er auf Einladung des Moderators Jaime Maussan im Fernsehprogramm des Senders Televisa sprach. Was er in Mexiko erfuhr und erlebte, war für Bongiovanni die eindeutigste Bestätigung, daß die biblische Prophezeihung von »Zeichen, die am Himmel erscheinen werden«, wahr wird. Es begann am 11. Juli 1991, mit der totalen Sonnenfinsternis, die von Tausenden von Menschen in ganz Mexiko gefilmt wurde – und natürlich auch von den Kamerateams von »Televisa«. Als diese die Aufnahmen im Schnittstudio genauer betrachteten, bemerkten sie etwas, das eigentlich gar nicht dasein durfte: Ein metallisches Objekt, das unweit der verfinsterten Sonne am Mittagshimmel stand. Maussan, der damals die wichtigste Nachrichtensendung des Senders moderierte, zeigte die Aufnahme und bat Zuschauer, die ähnliche Phänomene gefilmt hatten, mit ihm Kontakt aufzunehmen. In den nächsten Tagen erhielt er hunderte Amateuraufnahmen, die alle dasselbe zeigten: Ein metallisches Flugobjekt am Mittagshimmel. Was Maussan damals nicht ahnte: In den folgenden Wochen, Monaten und Jahren sollte es fast täglich zu UFO-Sichtungen über Mexiko und insbesondere seiner Hauptstadt kommen, und da er das Thema immer wieder aufgriff, wurde der Moderator bald zur Anlaufstelle für alle, die die Unbekannten Flugobjekte gesehen und gefilmt hatten. Über 5000 Filme umfaßte sein Archiv im Sommer 1997, sechs Jahre nach der Sonnenfinsternis. Bestand eine Verbindung zwischen der UFO-Sichtungswelle und der Wiederkunft Christi, die Bongiovanni für »unsere Generation« angekündigt wurde? Insbesondere interessierte sich der Stigmatisierte für einen Fall, der sich in Tepoztlan, etwa eine Stunde südlich der mexikanischen Hauptstadt ereignete. Ein junger Mann, Carlos Diaz, hatte Objekte fotografiert und gefilmt, die auf frappierende Weise jenen »Schiffen aus Licht« glichen, die Bongiovanni bei seinen Erscheinungen gesehen hatten. Auch Diaz behauptet, mit »Lichtwesen« Kontakt zu haben, die ihn vor der Zerstörung der Erde durch den Menschen warnten.

Jaime Maussan leitete eine umfangreiche Untersuchung des »Falles Bongiovanni« ein. Bei dessen Rückkehr nach Mexico City im Dezember 1993 ließ er eine Reihe von physischen und psychologischen Tests mit dem Stigmatisierten durchführen, u. a. durch den renommierten mexikanischen Psychiater Dr. Giuseppe Amara und den bekannten Hämatologen Prof. Dr. Sergio Alba Brisegno. Die psychiatrische Untersuchung ergab, daß Giorgio Bongiovanni psychisch völlig gesund ist und weder zu psychosomatischen Erkrankungen noch zu Hysterie neigt. Als Prof. Brisegno dem Stigmatisierten Blut von den Wundmalen und aus den Venen entnahm, mußte er feststellen, daß das Stigmenblut schneller geronn als das Blut aus den Venen (Nämlich in 30–60 Sekunden anstelle von 6–8 Minuten). Mehr noch, es schien antiseptisch zu sein, jedenfalls konnten keine Spuren einer Verunreinigung durch Bakterien festgestellt werden, noch waren die Stigmata entzündet, auch eine Blutkrankheit lag nicht vor. Trotzdem war das Stigmenblut in seiner Konsistenz und Blutgruppe (O, Rh +) völlig identisch mit dem Blut aus den Venen Bongiovannis, so daß kein Zweifel bestand, daß es tatsächlich sein Blut war. Was den Arzt, einen Agnostiker, aber am meisten erstaunte, war, daß das Stigmenblut nach Rosen zu duften schien, obwohl es keinerlei Spur einer Parfümierung aufwies. Eine weitere Untersuchung, die die amerikanische Ärztin Dr. Lisa T. Schwarz und der forensische Biochemiker Daniel C. Nippes am 3. Februar 1996 durchführten, kam zu demselben Ergebnis. Selbst eine DNS-Analyse zeigte, daß das aus allen sechs Stigmen (Stirn, rechter und linker Fuß, Seite, rechte und linke Hand) entnommene Blut auch genetisch identisch mit dem aus Giorgios Vene entnommenen Blut war. Die Wissenschaft stand vor einem Rätsel.

Auch der Harvard-Psychiatrieprofessor und Pulitzer-Preisträger Dr. John E. Mack war von Bongiovanni beeindruckt. Nach einem mehrstündigen, persönlichen Gespräch mit dem Stigmatisierten erklärte er mir: »*Gewöhnlich glauben wir Psychiater, Stigmata seien psychosomatische Manifestationen bei hysterischen Persönlichkeiten. Doch Giorgio ist auf keine Art und Weise ein Hysteriker. Ich bin beeindruckt von seiner inneren Ausgeglichenheit, dem inneren Frieden, den er ausstrahlt. Es fällt mir sehr schwer, daß Phänomen der Stigmatisation zu akzeptieren, ich sehe mich hier mit meinen eigenen Grenzen der Akzeptanz konfrontiert – aber dieser Mann zwingt mich, anzunehmen, daß es sich tatsächlich um ein übernatürliches Phänomen handelt.«*

Am 28. Oktober 1994 wurde Bongiovanni von einer Arbeitsgruppe für spirituelle Fragen zu einem Vortrag am Headquarter der Vereinten Nationen eingeladen. »*1917 sagte die heilige Jungfrau in Fatima die nukleare Bedrohung voraus, sogar die Erfindung der Atomwaffen*«, erklärte er, »*Ebenso warnte sie vor der Gefahr einer großen Heimsuchung ›in der zweiten Häfte des 20. Jahrhunderts‹, wenn sich die Menschheit nicht bekehrt. Zudem kündigte sie die Krise der Kirche und schlußendlich die Wiederkunft Christi an. Das ist der erste Aspekt der Botschaft von Fatima. Der zweite, über den mir von Jesus offenbart wurde, daß er die größte und wichtigste Offenbarung für die Menschheit sei, kann wie folgt zusammengefaßt werden:*

- *Daß wir nicht allein im Universum sind;*
- *daß Gott den ganzen Kosmos mit Intelligenz und intelligentem Leben erfüllt hat, daß Menschen wie wir, oder verschieden von uns, sich entwickelt haben, weil sie Gott und Christus vor uns erkannt und einen engelgleichen Entwicklungsstand erreicht haben, mit anderen Worten: eine höhere Spiritualität und daraus resultierend eine höhere Ebene der Zivilisation – auch mit technologischen und wissenschaftlichen Errungenschaften, die weit über unsere Vorstellungskraft hinausgehen;*
- *daß einige dieser Zivilisationen die Erde ziemlich oft besuchen, aber nicht auf einer öffentlichen Ebene, da sie nicht in unser Leben, unseren freien Willen eingreifen wollen.*«

Genau sieben Jahre nach seinem Besuch in Fatima, am 2. September 1996, sollte der Stigmatisierte das vorerst letzte Zeichen empfangen. Es war drei Tage vor seinem 33. Geburtstag, und Giorgio verbrachte diese Zeit bei seiner Familie in Floridia auf Sizilien, in der Wohnung seines Bruders Filippo. Gegen 15.00 Uhr fühlte Giorgio, daß er sich zurückziehen mußte, wie immer, wenn er »den Ruf des Himmels« vernahm und seine Stigmenblutung einsetzte. Er ging in das Gästezimmer, daß ihm zugewiesen worden war, legte sich hin...

Als kurz darauf sein Bruder nach dem rechten schaute, bekam er einen Schreck. Vor ihm lag Giorgio mit entrücktem Blick, offensichtlich in Ekstase, aus allen sechs Wunden blutend, das Gesicht von Blut überströmt. Offensichtlich hatte er aus dem Haaransatz geblutet, dort, wo Jesus die Dornenkrone getragen hatte, und wo eine breite Blutspur dabei war, zu trocknen. Aus seinen Augen, die entrückt in die Ferne blickten und von Blut umgeben waren, liefen blutige Tränen.

Es war die größte, die eindrucksvollste Stigmatisation Giorgio Bongiovannis, und jeder, der von Felippo schnell herbeigerufen wurde, war zutiefst berührt: Seine Frau Belen, sein Cousin Salvatore Ferrara mit seiner Frau, Giorgios Frau Lorella und sein Sohn Giovanni. Einer der Zeugen war geistesgegenwärtig genug, eine Videokamera zu holen und das Mirakel zu filmen, als Giorgio eine weitere blutige Träne über die Wangen lief. Später, wieder bei vollem Bewußtsein, erklärte Bongiovanni, daß ihm während der Blutung Christus erschienen sei und seine bevorstehende Wiederkunft angekündigt hätte. Dieses Wunder, so der Stigmatisierte, sollte seine Gegenwart anzeigen. »*Ich lasse euch nicht allein, verwaiste Erdenkinder*«, sprach Jesus zu ihm, »*Ich werde zurückkommen zu euch, wie es gesagt und geschrieben wurde... die Zeit ist gekommen... niemand kennt den Tag und die Stunde, nur der Vater im Himmel. Ich aber kann euch, meine lieben Kinder, sagen, was ich weiß: Zwei Zeiten und eine, und alles in der Welt wird vollbracht sein... wer Augen hat zu sehen, der sehe, wer Ohren hat zu hören, der höre! Gesegnet sind jene, die leiden um der Gerechtigkeit willen. Gesegnet sind jene, die dürsten nach Gerechtigkeit, Frieden und Liebe. Ihnen werden der neue Himmel und die neue Erde gehören. Friede!*«

Für Bongiovanni war das Bluten aus der Dornenkrone »ein königliches Symbol für die Passion Christi«, das Bluten aus den Augen Zeichen für das Leiden unserer Mutter Erde.

Anderthalb Jahre zuvor hatten in ganz Italien Madonnenstatuen blutige Tränen geweint, ein Wunder, daß vom Vatikan untersucht wurde. Sie nahmen damit ein Mirakel vorweg, das sich in Giorgio Bongiovanni an einem lebenden Menschen zeigte – die blutenden Tränen der leidenden Mutter, die die Menschheit vor der Selbstzerstörung warnte. »Zeichen am Himmel und auf der Erde« kündigte die Bibel an, Zeichen der Endzeit, Zeichen für bevorstehende große Veränderungen. Steht der Menschheit zur Jahrtausendwende die Apokalypse bevor, die Erfüllung der biblischen Prophezeihungen?

14.
Tränen aus Blut

New York, 21. März 1994: Der Anchorman der 23.00 Uhr – Spätnachrichten kündigte mit süffisantem Grinsen ein Wunder an, das sich mitten in Bensenhurst/Brooklyn ereignet haben soll. Dann wurde der Clip des Vor-Ort-Reporters eingeblendet, der aus einer engen Wohnung des multikulturellen Stadtteils berichtete. Vor ihm eine ägyptische Einwandererfamilie, offensichtlich in ihrer Sonntagsgarderobe, im Hintergrund Dutzende ihrer Landsleute, die alle auf eine glitzernde Kupferikone der Jungfrau Maria starrten. Ebenso befremdet wie amüsiert und mit der typischen atemlosen Erregung des amerikanischen »Eyewitness-News«-Journalismus meldete der Newsman, daß diese Ikone, die die Familie Butros im Souvenirshop einer Kairoer Koptenkirche gekauft hat, Tränen aus Öl vergoß. Schnitt. Als nächstes erschien ein bärtiger Pope im schwarzen Gewand, identifiziert als Bischof der Koptisch-Orthodoxen Kirche, und verkündete dem Publikum, daß es in der Tat ein Wunder sei, hier in Megalopolis alias New York vor Hunderten von Augenzeugen.

Bis April soll die Madonna täglich ihre öligen Tränen vergossen haben, die sauber aufgetupft und mit Olivenöl vermischt in kleinen Fläschchen an die Gläubigen verteilt wurden. Doch das Wunder von Brooklyn, von dem Sender als ein weiterer Farbfleck im bunten Leben der Millionenstadt abgehakt, war nur eine von vielen, die sich in diesen Tagen rund um den Globus ereignen – »die jüngste Eruption in einem Vulkanausbruch von wundersamen Ereignissen und Erscheinungen in Verbindung mit der Jungfrau Maria«, wie das populärwissenschaftliche US-Magazin »Omni« vermeldete.

Das alles nahm seinen Anfang mit der Wende von den Achtzigern zu den Neunzigern, der letzten Dekade vor dem Millenium, genauer gesagt 1989. Schon im Juli 1991 berichtete die US-Illustrierte »Life« in einem großaufgemachten Titelbericht in Farbe über die Erscheinungswelle. »Glauben Sie an Wunder?« fragte »Life« auf der Titelseite. »Wenn ja, stehen sie nicht alleine da. Von einer Vision der Jungfrau Maria auf einem Hügel in Jugoslawien bis zum Gesicht Christi auf einem Billboard in Georgia – Zeichen göttlicher Gegenwart berühren Millionen.« Aufmacher war eine Reportage über Medjugorje, das Dörfchen in der Herzegowina, das in den letzten Jahren des furchtbaren Bürgerkrieges den US-Friedenstruppen zeitweise als Hauptquartier diente – weil es wie das Auge im Zentrum des Hurricanes von allen Kriegswirren verschont blieb, was schon ein Wunder an sich war. 20 Millionen Pilger kamen nach Medjugorje, und nicht ein Pilgerbus wurde je beschossen. Trotzdem schweigt die Kirche nach wie vor zu Medjugorje. Zuerst war es ein Kuschen vor den kommunistischen Machthabern, dann reine Vorsicht und das Unbehagen des modernisierten, nachkonziliaren Katholizismus mit dem Mystizismus. So spalten sich die Geister. Die lokalen Franziskaner promoten Medjugorje, der lokale Bischof bleibt skeptisch. Doch wie »Life« ganz richtig schrieb: »*Was an Medjugorje wahrhaft außergewöhnlich ist, ist die Tatsache, daß es ganz und garnicht außergewöhnlich ist. Es ist Teil einer Schwemme des Übernatürlichen, die breiter und breiter wird, je mehr sich das 20. Jahrhundert dem Ende zuneigt. In den letzten 50 Jahren hat die Kirche über 200 Fälle von Marienerscheinungen untersuchen müssen, doch im letzten Jahrzehnt seit Medjugorje ist die Zahl ins Unermeßliche gestiegen. Und so sehr sich die Kirche in der Krise befindet, so deutlich wächst die Zahl jener, die an eine direkte Offenbarung des Göttlichen glauben.*« Auf eine Umfrage des Princeton Religious Research Centers antworteten jedenfalls 80% der befragten Amerikaner auf die Frage: »Glauben Sie, daß noch heute Wunder durch die Kraft Gottes geschehen« mit »Ja« oder »wahrscheinlich«. Die gleiche Zahl – 80% – kam bei einer Umfrage des Gallup-Institites ein paar Monate später heraus. Und, wie »Omni« in seiner Ausgabe vom Oktober 1994 berichtete, diese Wunder ereignen sich immer öfter in der Nachbarschaft, in »Suburbia, USA«, den Vororten der Großstädte.

So zog eine Erscheinung im Garten eines Hauses in Marlboro, New Jersey, Tausende Neugieriger und Gläubige an, selbst nachdem der lokale Bischof verkünden ließ, daß das Mirakel »bestenfalls unbestätigt« sei. Schließlich mußte der Bischof den Visionär überzeugen, ein »Durchfahrt verboten«-Schild vor seinem Grundstück zu errichten, nachdem der Stadtrat sich wegen der völligen Blockierung der Straße durch Parker beschwert habe. In der katholischen Kirche von Lake Ridge, Virginia, zog ein stigmatisierter Priester mit blutenden Wunden an den Füßen und der Seite die Massen an. In seiner Gegenwart, sagen die Gläubigen, fingen Marienstatuen zu weinen an, Menschen wurden geheilt, Rosenkränze verwandelteten sich in Gold. Und Berichte von Begegnungen mit Engeln sind so häufig, daß eine Gruppe namens »28 Engel« in Waquit, Massachusetts, sogar eine 24-Stunden-Hotline für Engel-News eingerichtet hat: 1-800-28-ANGEL. »Auf der Suche nach Maria« überschrieb das US-Nachrichtenmagazin »Time« seine Titelgeschichte zur Jahreswende 1991/92, in der es »*das Graswurzel-Wiederaufleben des Glaubens an die Jungfrau, das derzeit weltweit stattfindet*« und »*die angeblichen Sichtungen der Jungfrau von Jugoslawien bis Colorado*« untersuchte. Auch »Time« stellte ein immenses Anwachsen der Pilgerscharen fest, »darunter viele junge Menschen«, die es nach Lourdes, Fatima, Knock/Irland, Tschenstochau/Polen und Emmitsburg/Maryland treibt. Doch der »*Boom solcher lange etablierten Stätten wird fast noch überschattet von dem Marienkult, der sich durch neue Berichte ihres persönlichen Erscheinens entwickelte.*« – »Time«: »*Diese Erscheinungen beunruhigen Kleriker, die ihre Rolle seit dem Zweiten Vatikanischen Konzil 1962–65 heruntergespielt haben. ›Es ist alles eine Mode‹, schnaubte Pater Jacques Fournier aus Paris und reflektierte Skepsis über die populistische Erscheinungswelle.*« Erwähnt wurden u. a. die Erscheinungen von Cuapa/Nicaragua, als die Madonna 1980 verschiedene Male zwischen Mai und Oktober dem Küster einer Kirche erschien. Als der Erzbischof von Managua 1981 an der Stelle eine Messe zelebrierte, kamen 30.000 Pilger herbeigeströmt, unter ihnen Präsident Violeta Barrios de Chamorro, und beobachteten, »wie die Sonne ihre Farbe veränderte«. Oder die Erscheinungen im April 1987 in Hruschiw, Ukraine, als eine Vierzehnjährige am Jahrestag von Tschernobyl die Gottesmutter über einer Kirche schweben sah, die die Kommunisten geschlossen hatten. Oder die jüngeren Erscheinungen in Santa Ana, Kalifornien, und Denver, Colorado. In Santa Ana wollen Gläubige tagelang jeden Morgen eine leuchtende Erscheinung auf den blauen Steinen eines Mosaiks gesehen haben. »*Sage jedem, daß ich hier bin*«, war ihre Botschaft an eine betende Frau.

Für Joseph Januszkiewics aus Marlboro Township, New Jersey wurden die Erscheinungen der Jungfrau Maria Ende der 80er Jahre zur Realität. Damals verließ der 56-jährige polnische Einwanderer sein Ranchhouse und ging in den Garten, um vor einer blauäugigen Madonnenstatue zu beten, die er von einer Reise mitgebracht und im Freien aufgestellt hatte. Doch plötzlich erschien die echte Gottesmutter, schwebte über einer Gruppe von Bäumen. Januszkiewicz rief seine Frau, die sprenkelte mit Weihwasser, vor Furcht, es könnte ein dämonischer Trick sein. Die Gottesmutter reagierte auf diese übersteigerte Frömmigkeit mit einem milden Lächeln und versprach, zurückzukehren, was seitdem regelmäßig geschieht. Seit 1992 nannte sie sich »die gelbe Rose des Friedens« und wies Joseph an, jetzt Menschen von seinen Erlebnissen zu berichten. Sie versprach ihm, fortan jeden ersten Sonntag eines Monats nach Einbruch der Dunkelheit zu erscheinen. Joseph redete und die Menschen kamen in Scharen, bis zu 10.000 an einem Tag. Und obwohl die Polizei die Straßen sperrte, ließ der Zustrom nicht nach, und viele liefen kilometerweit zu Januszkiewiczs Hausaltar.

Die Gläubigen von Lake Ridge, Virginia, einem Vorort von Washington D.C., gehören einer anderen Kategorie an. Viele von ihnen arbeiten für den CIA, das FBI, das Pentagon oder eine andere Regierungsstelle. Normalerweise praktizieren sie einen traditionellen Katholizismus ohne jede mystische Schwärmerei, fahren teure Autos und haben ihr Handy immer dabei. Doch dann, im Dezember 1991, begann der schnauzbärtige Priester der St. Elizabeth Ann Seton-Kirche, Pater James Bruse, zu bluten, und das veränderte ihr Leben. Dabei hatte der Priester seine Stigmata erst verborgen, einen Psychiater und einen Internisten aufgesucht, die ihm beide physische und psychische Normalität bescheinigten. Doch dann, im März 1992, begann die goldbemalte Fiberglasmadonna der Kirche vor 500 Gläubigen zu weinen, und enthüllte Pater Bruses Geheimnis. Seitdem tragen die Gläubigen ihre Madonnenstatuen in die Kirche und viele davon begannen ebenfalls Tränen zu vergießen. Andere wollen geheilt worden sein, wieder andere sahen ein Sonnenwunder.

Und auch aus anderen Teilen der USA berichteten Zeitungen von Zeichen und Wundern. Vom Lookout Mountain in Colorado aus will Theresa Lopez die Madonna jeden zweiten Sonntag im Monat seit 1991 gesehen haben, in Conyers, Georgia, wurde die Hausfrau Nancy Fowler während ihrer monatlichen Konversationen mit der Jungfrau an ein EEG angeschlossen. Das Ergebnis des Tests offenbarte »eine spirituelle Gegenwart«, wie der Neuropsychologe Dr. Ricardo Castanon erklärte, »wenn Maria kommt, finden Veränderungen in der Energiekonzentration statt. Wir stellen genau fest, wann Maria spricht.«

Ein amerikanisches Phänomen, eine Massenhysterie *made in USA*? Keineswegs – denn rund um den Globus findet seit 1989 Vergleichbares statt. Werfen wir also einen Blick auf die interessantesten Fälle von Erscheinungen der Jungfrau Maria und Jesu Christi in den letzten zehn Jahren:

IRLAND: In Inchigeela in den Shey-Bergen in der westlichen Grafschaft Clare will ein Teenager namens Fiona Bowen seit dem 15. August 1993 regelmäßig die Jungfrau und ihren Sohn gesehen haben, wie sie in einer Mariengrotte auf einem Hügel oberhalb des Dorfes erschienen. Die Vision war ganz klar, versicherte die 18-jährige Fiona, und endete damit, daß die Gottesmutter ihr auftrug, die Öffentlichkeit zu informieren und die Gläubigen am Ende des Monats zu einer Vigil zu versammeln. Rund 1500 Pilger folgten dem Aufruf und erlebten, wie Fiona Jesus, Maria und Josef beschrieb: *»Jesus erschien auf der obersten Stufe, die zur Grotte führt, streckte seine Arme aus und segnete jeden mit seiner Liebe. Dann schloß er seine Arme und legte sie auf sein Herz und hatte Tränen in den Augen. Er liebt Euch alle.«* Fiona Bowen hatte ihre erste Erscheinung 1986 und ist nur eine von vielen, die in Inchigeela die Jungfrau gesehen haben wollen. Rund 1000 Erscheinungen soll es gegeben haben, seit die Mariengrotte 1969 auf den letzten Wunsch eines sterbenden Mädchens namens Mary McCarthy hin angelegt wurde. Die erste Begegnung mit der Madonna hatte die 11-jährige Rose O'Sullivan am 5. 8. 1985, als sie zusammen mit ihrer 10-jährigen Freundin Marie Vaughan zur Grotte ging, um zu beten. Die beiden Mädchen bemerkten eine große, schöne junge Frau, die auf dem Hügel stand, dann aber plötzlich verschwand. *»Zuerst dachten wir, es sei jemand aus dem Weltraum«*, erklärten sie der Presse, *»dann wurde uns klar, daß es die Gesegnete Jungfrau war.«* Diese Deutung wurde bestätigt, als sie am nächsten Tag zu der Grotte zurückkehrten, wo die Gestalt wieder erschien und nur ein Wort aussprach: »Frieden«. Drei Monate lang dauerten die Erscheinungen fast täglich an, und ein drittes Mädchen, Keeley Noonan, gesellte sich zu den Seherkindern. Tausende Pilger kamen, unter ihnen ein Arzt, Michael Collins, der die Mädchen im Zustand der

Ekstase während einer Vision mit Nadeln stach und ihre weit geöffneten Augen berührte. *»Sie waren wie in Trance, sie blinzelten nicht einmal«*, erklärte später der erstaunte Mediziner. Diese Erscheinungen dauerten bis März 1987 an – als die Madonna schon ein Jahr lang zu Fiona Bowen sprach.

MEXIKO: In Tlacote, zwei Autostunden nördlich von Mexico City, bildete sich im Mai 1991 über Nacht eine Quelle auf der Ranch von Senor Chahin, deren Wasser heilende Wirkung hat. Diese Erfahrung machte der Rancher zuerst, als sein kranker Hund das aus der Erde sprudelnde Wasser trank – und schnell gesundete. Nach einer Reihe von Experimenten machte Chahin die wundertätige Quelle der Öffentlichkeit zugänglich. Seitdem kamen drei Milionen Besucher nach Tlacote, wollen Tausende durch das Wasser geheilt worden sein – angeblich sogar von Krebs, AIDS, Athritis, Epilepsie und Diabetis. Dabei kann sich jeder beliebig des Wassers bedienen – Chahin hat noch von keinem seiner Ranchgäste, die teilweise aus Europa, sogar aus Rußland, kamen, Geld verlangt, er bittet nur um Registration, um Zahl und Herkunft der Pilger festzustellen. Einer der Heilungssuchenden schoß eine Reihe von Fotos auf der Chahin-Ranch. Zuhause angekommen und zwischenzeitlich durch das Wasser geheilt, war noch ein Bild auf dem Film übrig, Mangels eines besseren Motives schoß er ein Foto seines neuen Fernsehers, der sein ganzer Stolz war. Der Apparat war nicht angeschaltet – doch als er die Bilder vom Fotohändler abholte, war das Antlitz Christi mit der Dornenkrone auf dem Bildschirm zu erkennen. Ein interessantes Detail: Die Dornenkrone ist nicht etwa der Dornenkranz, den wir aus der herkömmlichen christlichen Ikonografie kenne, sondern eine Dornenhaube, die auch das Turiner Grabtuch andeutet.

PUERTO RICO: Seit 1991 bilden sich jeden Mittwoch und Freitag unter großen Schmerzen auf den Händen, Füßen und an der Seite der damals 19-jährigen Puertoricanerin Ximara aus Camuy Stigmata, die Wundmale Christi, außerdem ein großes, blutendes Kreuz auf der Stirn. Zudem hatte sie Erscheinungen der Jungfrau Maria, deren Präsenz sich für Dritte durch einen intensiven Rosenduft bemerkbar machte. Einmal, 1993, gelang es ihrem Vater, die Gottesmutter in den Wolken zu fotografieren, als seine Tochter eine Erscheinung hatte und blutete.

PHILIPPINEN: Viele hunderttausend Pilger steckten in der 100 km-Autoschlange, der längsten, die der Inselstaat je gesehen hat, als die monatliche Erscheinung des 12-jährigen Judiel Nieva in Agoo, 170 km nördlich von Manila, am 5. März 1993 zu Ende ging. Neben diesen Visionen offenbarte sich die Madonna noch auf eine für jeden Gläubigen sichtbare Weise: Durch blutige Tränen, die aus einer Ikone der Nieva-Familie flossen. Über 2 Millionen Pilger kamen in den folgenden Wochen, als noch eine zweite Ikone zu weinen begann, die Delia Zamoranos im Nachbarort San Fernando gehört. Doch der Höhepunkt des Pilgerstroms war eben jener 5. März, als Nieva für 13.15 Uhr die Erscheinung der Jungfrau angekündigt hatte, und die Schätzungen der Zahl der Gläubigen von 300.000 bis zu einer Million reichten. Viele der Anwesenden schworen, selbst die Silhouette der Jungfrau mit dem schwarzen Hüftband gesehen zu haben, während andere glauben, daß sich die Farbe des Himmels veränderte oder die Sonne am Himmel tanzte. Laut Nieva betraf die Botschaft der Jungfrau speziell ihre Sorge um die Kinder im Bürgerkrieg von Somalia. Eine letzte Erscheinung wurde für den 8.9. angekündigt, wonach, wie Nieva meinte, »die gesegnete Mutter für immer verschwinden« sollte.

SLOWAKEI: Zwei slowakische Teenager berichteten von drei Erscheinungen der Jungfrau Maria im August 1990, 1993 und 1994 und zogen 150.000 Pilger aus allen Teilen des Landes an, die in das Dorf Litmanova an den Hängen des Hohen Tatra-Gebirges strömten. Iveta Korcakova und Laterina Ceselkova beschrieben die Madonna als in goldene Gewänder gehüllte, »wunderschöne Frau«, die eine leuchtende Krone trug. »Euer Herr liebt Euch wahnsinnig«, war ihre Botschaft.

UNGARN: Ein erstaunliches Foto der Gottesmutter entstand am 3. September 1989 in Karascond, einem Dorf in Nordungarn. Der Restaurator Karoly Ligeti arbeitete gerade an dem Hauptaltar der Dorfkirche, als sein Fahrer für ihn Aufnahmen machte, die den Fortschritt seiner Arbeit dokumentieren sollten. Ligety stand zu diesem Zeitpunkt auf einem Baugerüst, gab dem Fotografen Anweisungen. Als er sich wieder dem Altar zuwandte, bemerkte er eine weiße Gestalt, von einem Strahlenkranz umgeben, die ihre Hände auf die Schultern eines Kindes legte, das vor ihr stand: Die Gottesmutter, wie der Restaurator sofort erkannte. Obwohl sich noch andere Personen in der Kirche befanden, schien niemand sonst die Lichtgestalt zu beachten. Glücklicherweise schoß sein Fahrer in eben diesem Augenblick ein Foto. Es zeigt Ligety, wie er überrascht vom Baugerüst herabschaut – und unter ihm, vor dem Altar, die von Licht umhüllte Gestalt der Gottesmutter mit Kind. *»Es fühlte sich an, als würde eine Hand mein Herz berühren«*, beschrieb mir Ligety seine Gefühle im Moment der Erscheinung, als ich ihn im Oktober 1996 interviewte, *»Nicht was ich sah, berührte mich, sondern die Gefühle, die mich dabei überfluteten. Sie strömten buchstäblich auf mich zu: reine Vollkommenheit und strahlende Ewigkeit. Für einen Augenblick stand die Zeit für mich still.«* Der Pfarrer der Gemeinde Karascond, Bela Kovacs, bestätigte, daß es sich bei Ligety um einen tiefgläubigen und ehrlichen Mann handelt. Niemand in der Kirche hat je eine Marienstatue in der Form der Erscheinung gesehen, mehr noch, eine Madonnastatue, vor der das Kind steht, ist in der katholischen Kunst unbekannt. Wäre es eine erleuchtete Statue, müßte sie außerdem das gesamte Umfeld erhellen, was jedoch nicht der Fall ist. Am mysteriösesten aber ist der funkelnde »Heiligenschein« der Madonna, der aus tausend kleinen Flammen zu bestehen schien.

Ligetis Foto hat der Gemeindepriester in der Kirche aufgehängt – ein eindeutiges Zeichen seines Vertrauens in die Integrität des Restaurators. Für ihn ist es *»eine Ikone der Möglichkeit eines Einbruchs des Göttlichen in unsere alltägliche Welt, ein Abbild des Undarstellbaren.«*

KROATIEN: Am 13. 6. 1997 um 12.00 Uhr mittags sahen zwei Schulklassen von ca. 12-jährigen Kindern zusammen mit ihren beiden Lehrerinnen die Gottesmutter in der kroatischen 1300-Seelen-Gemeinde Gradina nahe der ungarischen Grenze. Die Klassen waren gerade vom Müllsammeln aus dem Wald gekommen und passierten ein Kornfeld, als ein Junge sie als erster sah. Er zeigte das Phänomen den anderen, die jetzt ebenfalls eine 6–7 Meter große Gestalt erkannten, die ein hellblaues Faltenkleid und einen weißen Überwurf trug, langes, blondes Haar und ein schneeweißes Gesicht hatte. Einige Kinder bemerkten, daß die Madonna noch größer erschien, wenn man ein wenig zur Seite ging. »Wir haben Maria schwebend gesehen«, beschworen auch die beiden Lehrerinnen Zdenka Jeffimiga und Burda Simit. Seitdem versammeln sich jede Nacht die Gläubigen an der Erscheinungsstätte.

ITALIEN: Regelmäßige Erscheinungen Jesu Christi will die Nonne Schwester Anna Ali vom Orden der »Schwestern der frommen Einheit der Kinder Jesu, des Guten Hirten«, einer afrikanischen Schwesternschaft, seit Ende der achtziger Jahre in ihrer Klosterzelle in Rom haben. Seitdem weint sie jeden Mittwoch abend um Mitternacht blutige Tränen, bevor ihr am Donnerstag Jesus erscheint. »*Er kommt in einem hellen Licht, umgeben von einem wunderbaren Blau, das den ganzen Raum erfüllt*«, erklärte sie ihrem Seelsorger, Erzbischof Emanuel Milingo. Der bat sie, zu zeichnen, wie sie Jesus gesehen hätte; doch da dazu ihre künstlerischen Fähigkeiten nicht ausreichten, fragte sie Jesus, ob sie ihn fotografieren dürfe. Sie durfte, im August 1987 und Fronleichnam 1988. »*Er trug eine blutrote Tunika mit weiten Ärmeln*«, erinnert sie sich, »*er war von mittlerer Größe und hatte schwarzes, leuchtendes Haar.*« »*Meine Tochter, bete viel*«, sprach er zu ihr, »*Ich höre Dir zu. Die Menschheit findet den Weg zu Gott nicht mehr. Bete für die Kirche, es wird die Zeit kommen, in der die Welt großen Aufregungen ausgesetzt sein wird. Kardinäle gegen Kardinäle, Bischöfe gegen Bischöfe. Satan wird mitten unter ihnen weilen, wie ein ausgehungerter Wolf. Es werden große Veränderunegn eintreten...*« (Botschaft vom 24. 9. 1987) Mittlerweile sind ihre mystischen Erlebnisse und Konversationen mit Jesus in einem Buch erschienen, »Göttlicher Appell«, als dessen Herausgeber Erzbischof Milingo fungiert. Darin heißt es, daß Jesus in jüngster Zeit »*häufig blutige Tränen weinte*« und sich »*mit sanfter Stimme*« über die schlechten Priester und leeren Kirchen beklagte. »*Das ist ein echtes Foto von Jesus*«, erklärte dann auch der schwarze Erzbischof auf einer Pressekonferenz im Februar 1994 und betonte die Ähnlichkeit mit dem Turiner Grabtuch. Erzbischof Milingo war Oberhaupt der katholischen Kirche in Sambia, bevor er 1983 nach Rom gerufen wurde, weil der Amtskirche sein Hang zu charismatischen Massenveranstaltungen mißfiel. Seitdem ist er Beauftragter des Heiligen Stuhls für das Pilgerwesen.

ENGLAND: Seit ihrer Kindheit durchlitt Heather Woods schwere Krankheiten, physische und psychische Krisen, bekam Krebs. Dann, als sie Anfang 1992 im St. Barnabas-Hospital als zu schwach für eine Operation eingestuft wurde und die Ärzte sie aufgegeben hatten, als ihre Familie zu ihr kam, um Abschied zu nehmen, geschah ein Wunder: Sie spürte das Verlangen, fortan Gott zu dienen, fühlte die Gegenwart Gottes, ein Wesen sprach zu ihr, daß sie genesen und nach 90 Tagen ein Zeichen erhalten würde. Tatsächlich wurde sie völlig geheilt, stattdessen empfing sie die Wundmale Christi an Händen und Füßen, entwickelte Heilkräfte. Jetzt wirkt sie als Botschafterin der Hoffnung und Liebe. Über 70.000 Worte, Botschaften »unseres Lehrers und Meisters« Jesus Christus, schrieb sie in 21 Wochen nieder. Seit Oktober 1992 erscheint er ihr in einer »Säule aus Licht«, die sich in ihrer Wohnung manifestiert, und die sie auch fotografieren konnte: *»Ein pulsierendes Licht, Wärme, die sich über mich ergießt und mich in sich badet. Ich werde erfrischt und spirituell wie physisch revitalisiert. Sie hebt mich aus dem Körper, ich bin dann völlig schmerzlos, schwerelos, es ist wunderbar.«* Die Ärzte jedenfalls stehen vor einem Rätsel: Die Tumore in Heathers Körper sind verschwunden.

SCHWEIZ: Auf einem Hügel nahe Giubiasco in der Südschweiz steht die Kapelle »Madonna der Engel«. Am 13. eines jeden Monats strömen hierhin Pilger aus Italien, der Schweiz, Deutschland, Liechtenstein, Österreich und Frankreich, um an Gebetstreffen mit Pino Casagrande teilzunehmen, dem angeblich während dieser Treffen die Gottesmutter erscheint. Stundenlang wird der Rosenkranz gebetet, Heilungen finden statt, Fotos werden aufgenommen, die von den Gläubigen als Zeichen der göttlichen Gegenwart gesehen werden.

Pino Casagrande wurde am 22. Juli 1924 geboren. Er ist verheiratet und hat zwei Kinder, besitzt ein kleines Geschäft und ist als Maler bekannt. Er hätte nie geträumt, daß er eines Tages selbst mystische Erfahrungen haben würde. Doch er war religiös, trat zusammen mit seiner Frau der Gebetsgruppe »Erneuerung des Geistes« bei. 1982 wurde er Zeuge unerklärlicher Vorfälle in dieser Gruppe. Er »hörte« eine Sprache, die kein anderer verstand. Er hörte Musik aus weiter Ferne, die er nie zuvor gehört hatte, und war erstaunt. Er versuchte, diese Musik mit dem Rekorder aufzunehmen, doch die Bänder blieben leer. Dann erklärte ihm Pater Grassi aus Rom, daß dieses mystische Hören eine Gabe Gottes sei. Damit begann alles.

Im September 1982 lud Schwester Pierina aus Colma di Valduggia, Italien, Pino Casagrande zu sich ein, wo er Fotos von einer Taubstummen machte, die dort arbeitete. Als die Aufnahmen entwickelt wurde, war die Madonna an ihrer Stelle zu sehen. Am 13. August fotografierte er gegen 12.00 Uhr mit seiner Polaroidkamera den Altar der Kirche von Colma di Valduggia, und auf dem Bild erschien anstelle der Monstranz das Gesicht Jesu mit einem Leidensausdruck. Das war die erste einer Reihe von mirakulösen Aufnahmen, die Casagrande seitdem schoß. So reproduzierte er im Frühjahr 1985 eine Profilaufnahme des stigmatisierten Paters Pio, zu dessen Rechter das Gesicht Christi erschien. Andere Bilder zeigen die Gesichter der Gottesmutter, eine Taube oder eine Hostie mit dem Gesicht Christi. Doch diese Zeichen waren nur der Anfang.

Nach einem Gebetstreffen in einem Privathaus in Lugano, Schweiz, in der Nacht vom 8. auf den 9. August 1989 erschien Casagrande zum ersten Mal die Gottesmutter. Die Erscheinung dauerte acht bis zehn Minuten, und wurde von Casagrande wie folgt beschrieben: *»Ich sah die Madonna, ganz in weiß, sie lächelte und sprach zu mir. Sie schwebte in der Luft.«* Dann erhielt er Instruktionen, eine bestimmte Kapelle zu suchen – die Kapelle »Madonna degli Angeli« bei Bellinzona, wo er am 13. Juli 1987 seine erste Vision und Botschaften der Gottesmutter empfing. Seitdem trifft sich seine Gebetsgruppe dort am 13. eines jeden Monats – und fast regelmäßig kommt es zu Erscheinungen und neuen Botschaften.

Neben Marienerscheinungen und Stigmatisationen häufen sich auch die Fälle blutender und weinender Marienbilder weltweit. Der erste derartige Fall, der von der katholischen Kirche geprüft und offiziell als echt anerkannt wurde, ereignete sich 1952 in Syrakus, Sizilien (Siehe Kapitel 7). Nachfolgend jüngere Beispiele:

INDONESIEN: Am 12. Dezember 1992 erschütterte ein Erdbeben der Stufe 7 auf der Richterskala die indonesische Insel Flores und tötete 2700 Menschen. In einer vom Erdbeben zerstörten Kirche wurde der Hals einer Marienstatue beschädigt. Blut trat aus der Kerbe, die wie eine Schnittwunde in der Kehle erscheint.

AUSTRALIEN: Im Sommer 1994 besuchten Hunderte ein kleines Haus in Rooty Hill bei Sydney, um eine Statue der Gottesmutter von Fatima zu sehen, die Tränen vergoß. Der 16-jährige Sam Scevola hatte sie in einem Antiquitätenladen gekauft und seiner Mutter mitgebracht, die als erste die Tränen entdeckte.

CHILE: Am 14. November 1992 roch es im Schlafzimmer des kleinen Holzhauses der Familie Nunez-Rodriguez im Vorort La

Cisterna der Millionenstadt Santiago de Chile nach Rosen und Weihrauch. Neugierig geworden, entdeckten die beiden Nunez-Kinder, daß die 15 cm hohe Porzellanstatue der Gottesmutter, die im Schlafzimmer ihrer Eltern stand, rote, blutige Tränen weinte. Eine Untersuchung der Bluttränen ergab: Es war menschliches Blut der Blutgruppe 0,4, so selten, daß vielleicht nur sechs oder sieben Menschen in Chile dieselbe Blutzusammensetzung haben.

ARGENTINIEN: In Nequen im Süden des Landes, nahe dem College San Jose Obrero, vergoß eine Marienstatue seit dem 12.12.1991 blutige Tränen. Tausende von Menschen pilgerten zu der Statue, Kardinal Agustin Radrizzani bestätigte das Phänomen. In Bouquet im Norden des Landes, weinte eine Statue der Madonna menschliche Tränen, nachdem die Menschen dieser Region von einer Flutkatastrophe heimgesucht wurden und Maria um Hilfe und ein Zeichen baten.

ITALIEN: Am 15.November 1993 entdeckte der Polizist Antonio di Giovanni auf einem Müllhaufen in der kleinen Stadt San Antonio Abate bei Neapel eine Gipsstatue Christi. Er nahm sie mit nach Hause, reinigte sie, als er bemerkte, daß eine rote Flüssigkeit zuerst aus ihren Augen, später aus ihrem Kopf, den Händen, der Seite und den Füßen der Statue quoll. Als Giovanni dem Gemeindepfarrer davon berichtete, verbreitete sich die Nachricht wie ein Lauffeuer, und die Pilger kamen in Strömen, bis der Bischof von Neapel eine Untersuchung anordnete – und die Statue kurzerhand beschlagnahmte.

IRLAND: In nur drei Wochen kamen 3000 Besucher im Mai 1994 in das Dorf Grangecon in der Grafschaft Wicklow in Irland, um zu sehen, wie eine Marienstatue blutige Tränen vergoß. Anfang Mai hatte Mrs. Murray, eine Postangestellte, das Phänomen bemerkt, seitdem lud sie täglich zwischen 8.00 und 23.00 Uhr Besucher in ihr Haus ein. Erst als der Andrang zu groß wurde, wurde die Statue an einem öffentlichen Platz im Dorf ausgestellt.

USA: Ein Herz-Jesu-Bild, das einem Mitglied der katholischen San Jose-Gemeinde in Austin/Texas gehört, begann am 11. Januar 1991, dem Beginn des Golfkrieges, zu bluten. Der Gläubige, der gerade vor dem Christusbild betete, rief seine Familie, die das Wunder bezeugte – zwei Familienmitglieder hatten sogar Kriegsvisionen. Die Familie brachte das Bild in die Kirche, wo es öffentlich ausgestellt wurde. Jesus blutete weiter – und zahlreiche Gläubige erlebten Heilungen, Botschaften und Visionen.

Ende Juli empfing ein Gemeindemitglied eine Botschaft von Maria, die ihr Erscheinen für den 15. August ankündigte. Sie erbat, daß von 13.00 bis 15.00 Uhr der Rosenkranz gebetet würde und versprach, daß *»etwas Wunderschönes am Himmel erscheint«*. Während des Gebetes hatten dann auch zahlreiche Zeugen Visionen der Jungfrau, andere erlebten Heilungen.

Danach warteten 5–600 Gläubige auf das angekündigte Wunder – und tatsächlich, um 16.15 Uhr begann die Sonne, sich zu drehen. Die Anwesenden sahen das Zeichen am Himmel, ohne das grelle Sonnenlicht als schmerzhaft zu empfinden. Seitdem steht das Herz Jesu-Bild in einer kleinen Holzkapelle, der »Blessed Sacrament Chapel«, ein Steingebäude befindet sich im Bau. Gemeindepfarrer Fred Underwood: *»Ich habe den Herrn noch nie kraftvoller wirken erlebt, und das nur durch ein kleines Bild. Wir erlebten Dutzende Heilungen und Bekehrungen. Der Herr spricht zu den Menschen.«*

Eine Putzfrau war die erste, die bemerkte, daß eine Statue der Jungfrau Maria in der katholischen Kirche »Unserer lieben Frau von Guadalupe« in San Antonio, Texas, weinte. Pfarrer Tony Ozzimo war »erstaunt und überrascht« über das Wunder, und Tausende strömten fortan in die Kirche im armen Westteil der Stadt. Eine Sechsjährige, die gelähmt war, wurde geheilt, nachdem ihr die Madonna befohlen hatte, zu laufen.

Eine Stunde östlich von Los Angeles ereigneten sich in einem durchschnittlichen Familienhaus eine ganze Reihe von Mirakeln: Kreuze aus Licht und Kreuze aus Schatten tauchten auf, das Bild der Jungfrau erschien auf einer Fensterscheibe, und schließlich vergoß die Marienstatue der gebürtigen Kuwaiterin Nasreen Tränen aus Öl. Es folgten Tränen auf Statuen Jesu und des heiligen Joseph. Schließlich, im Januar 1991, vergoß die Marienstatue sogar blutige Tränen und sprach zu Nasreen: *»Ich weine wegen des Krieges«* – gemeint war der Golfkrieg – *»ich möchte, daß ihr täglich um 15.00 Uhr den Rosenkranz betet. Mit Eurem Gebet könnt ihr sogar viel mehr bewirken, als nur den Krieg zu stoppen.«* Es folgten weitere Erscheinungen, weitere Botschaften inklusive einiger Geheimnisse für den Vatikan, die Nasreens Gemeindepfarrer persönlich nach Rom brachte. Eine Untersuchung des Öles ergab, daß die Konsistenz identisch war mit dem Öl, das aus der Statue der Seherin Myrna in Damaskus/Syrien quoll. Das Erstaunliche: Es scheint 500 Jahre alt zu sein. »*Dieses Öl ist dazu bestimmt, Menschen zu heilen*«, erklärte die Jungfrau. Die von Nasreen empfangenen Botschaften betonten immer wieder die Notwendigkeit einer Rückkehr zu Gott, denn »*es wird eine Zeit kommen, in der die Menschen nur fünf Minuten dazu haben und dazu nicht in der Lage sind. Jetzt haben sie ihre Chance.*« Nasreen: »*Sie will nicht, daß jemand sagt, ich bin Katholik, ich bin Orthodoxer, ich bin Protestant. Nein. Sie sind alle Christen. Es gibt nur einen Jesus, einen Gott. Sie sagte: ›Ich will eine Kirche‹. Alle sollen sich in einer Kirche vereinen. Die meisten Botschaften sind für die Kirche, die Priester bestimmt. Sie sagte, sie verändern viele Dinge und man solle für die Priester und Ordensleute beten.*«

Andere weinende Ikonen und Statuen wurden aus Blanco/Texas, Houston/Texas und Baberton/Ohio gemeldet.

Doch all dies war bloß ein Vorspiel für die wohl beeindruckendste »Massendemonstration blutender Marienbildnisse«, wie sie im Frühjahr 1995 in Italien stattfand und weltweites Aufsehen erregte. Alles begann am 2. Februar 1995, einem ganz gewöhnlichen Donnerstag im Leben des Elektrikers Fabio Gregori (32) aus Patano, einem Vorort der 52.000-Einwohner-Hafen- und Industriestadt Civitavecchia bei Rom. Fabio ist verheiratet und hat zwei Kinder, Jessica (5) und David (2). Er ist ein gläubiger Katholik und gut befreundet mit dem Gemeindpfarrer, Don Pablo. Dieser war im September 1994 mit einer Pilgergruppe nach Medjugorje gefahren, in den bosnischen Erscheinungsort. Dort hatte er für ca. 20 DM eine kleine, 43 cm hohe Gipsstatue der Gottesmutter von Medjugorje gekauft, nach den Angaben der Seherkinder von dem kroatischen Künstler Stjepan Vlaho angefertigt, die er bei seiner Rückkehr Fabio Gregori schenkte. Dieser errichtete ihr in seinem Vorgarten einen kleinen Schrein, eine künstliche Grotte aus Naturstein, vor dem seine Frau Anna Maria ein paar Blumen anpflanzte. Es war gegen 16.25 Uhr, Fabio und die Kinder kamen gerade von einer Andacht in der Gemeindekirche – Anna Maria war geblieben, um noch den Rosenkranz zu beten –, Jessica lief voraus, in den Vorgarten – und sah etwas rotes im schneeweißen Gesicht der »Madonnina«. »Papa, die Madonnina weint«, rief sie aus, lief zurück zu ihrem Vater, der es nicht glauben konnte. »Komm mir nicht mit solchen Geschichten«. – »Doch, Papa, komm schnell, die Madonnina weint Blut.« Dann sah es auch der Elektriker. »Ein

Wunder!« rief er aus, eilte zurück zur Kirche, holte seine Frau, den Pfarrer und ein paar Gläubige, die jetzt auch das »Wunder« sahen. Don Pablo ließ den Arzt Umberto Natalini holen, der eine Probe der roten Flüssigkeit entnahm, sie untersuchte. »Es ist Blut, kein Zweifel«, bestätigte der Mediziner. Schließlich informierte Hochwürden den Bischof von Civitavecchia, Msgr. Girolamo Grillo, der sofort eine Untersuchungskommission einberief.

Schon am nächsten Tag berichtete die Lokalpresse, was Tausende von Neugierigen und Gläubigen anlockte, die immer wieder sahen, wie neue blutige Tränen das Gesicht der Gipsstatue hinunterliefen, manchmal fünf Minuten lang. Ganze neun Mal wiederholte sich das »Blutwunder« an einem Tag. Am Sonntag, dem 5. Februar, weinte die Madonna wieder blutige Tränen, in Gegenwart von Tausenden Gläubigen, Journalisten, und zwei Mitgliedern der Untersuchungskommission, Dr. Umberto Natalini und Dr. Graziano Marsili, die sofort einige Proben entnahmen. Das Ergebnis ihrer anschließenden Laboruntersuchung: Es war menschliches Blut, das eines Mannes. War es ein Zeichen für das Leiden Christi? Am 6. Februar, um fünf Uhr früh, machte sich Fabio gerade auf den Weg zur Arbeit, als er ein intensives Licht bemerkte, das die Statue umgab. »*Bringe mich in die Kirche, ich möchte bei meinem Sohn sein*«, hörte er eine Stimme. Er zögerte nicht, Don Pablo aus dem Bett zu holen, der sofort herbeigeeilt kam – gemeinsam brachten die Männer die Madonnina in die Gemeindekirche St. Agostino. Dort wiederholte sich das Blutwunder.

Als Skeptiker behaupteten, das Wunder sei durch einen Mechanismus im Innern der Statue verursacht, der das Blut ferngesteuert durch eine kleine Öffnung in den Augen pumpen würde, ordnete Bischof Grillo eine Röntgenuntersuchung an, zu der die Madonnina nach Rom gebracht wurde. Das Ergebnis: Sie bestand aus massivem Gips, es gab keinerlei Spuren einer Manipulation – kein Hohlraum, durch den ein Schlauch in Augenhöhe führen könnte, keine Spur, daß etwas an der massiven Gipsfigur verändert wurde. Jetzt war auch der Bischof von dem Wunder überzeugt.

Am 15. März besuchte Bischof Grillo die kleine Gemeindekirche, feierte eine Messe in Angesicht der Wunder-Statue, als er selber Zeuge eines Mirakels wurde. »*Nach der Messe stellte ich die Statue neben den Altar*«, erklärte er später der Presse, »*als die Gläubigen dann das ›Salve Regina‹ sangen, flossen plötzlich blutige Tränen über das Madonnengesicht. Meine Schwester, die mutiger ist als ich, faßte hin – ihre Finger wurden blutrot.*« Es war das 14. und letzte Blutwunder der Madonnina.

Es folgte, was die Presse später als »den Frühling der blutigen Tränen« bezeichneten: In ganz Italien, von Venezien bis Sizilien, vergossen Madonnen und Heiligenbilder aus Gips und Marmor Bluttränen:

- 6. März 1995, Salerno: Die rechte Hand einer Keramikstatue des stigmatisierten Kapuziners Pater Pio sonderte eine rötliche Flüssigkeit ab.
- 12. März 1995, Castrovillari (Cosenza): Aus den Augen einer Madonnenstatue in der Privatkapelle einer Familie floß eine rötliche Flüssigkeit. Eine von Bischof Andrea Mugione eingeleitete Untersuchung ergab, daß es sich um menschliches Blut handelte. Da es keine Zeugen für den Austritt des Blutes gab, blieb der Bischof zurückhaltend.
- 13. März 1995, Seriate (Bergamo): Aus dem rechten Auge einer Marienstatue floß Blut.
- 14. März 1995, Lazise (Verona): Die Fatima-Madonna des Pranotherapeuten Bruno Burato weinte 120 mal, auch unter Zeugen, blutige Tränen, ein Fall, der auch die Aufmerksamkeit des Vatikans erregte. Eine Untersuchung der Tränenflüssigkeit ergab, daß es menschliches Blut der Gruppe AB positiv war.
20. März, Marmore (Terni): Eine Zementstatue der Madonna weinte blutige Tränen der Blutgruppe O positiv.
- 22. März 1995, Taranta Peligna (Chieti): Eine Madonnenstatue aus Porzellan, die Anna Monticelli 1994 aus dem Wallfahrtsort Lourdes mitgebracht hatte, vergoß blutige Tränen, ein Phänomen, das sich später in Gegenwart eines herbeigerufenen Fernsehreporters wiederholte. Bischof Edoardo Menichelli berief eine Untersuchungskommission ein. Ihr Ergebnis: Das Blut war weibliches Menstruationsblut. Ein Schwindel ist wahrscheinlich.
- 22. März 1995, Tivoli bei Rom: Ein Basrelief der Madonna, das am Eingang eines Wohnblocks angebracht war, weinte Blut und zog hunderte Besucher an. Eine vom Vatikan in Auftrag gegebene Untersuchungskommission entfernte das Marienbild drei Tage später und ließ es in ein Labor bringen. Die Ergebnisse ließen offen, ob es sich um ein übernatürliches Phänomen handelte.

- 25. März, Viagrande, Catania/Sizilien: Eine 400 kg schwere Marmorstatue der Gottesmutter mit Kind, die auf einem drei Meter hohen Sockel steht, vergoß blutige Tränen. »*Vielleicht ist es etwas Profanes, vielleicht ein diabolisches Phänomen oder ein Wunder*«, erklärte der Erzbischof von Catania, Luigi Bommarito, »*in jedem Fall ist es weise, zu schweigen, nachzudenken und zu beten*«. Der Tränenfluß wiederholte sich in der Gegenwart von Zeugen. Am selben Tag bluteten noch zwei weitere Marienstatuen in Zafferana und Milo bei Catania.
- 29. März 1995, Nibionno (Lecce): Eine in einer künstlichen Grotte installierte Lourdes-Madonna weinte blutige Tränen.
- 7. April 1995: Nola und San Giovanni a Teduccio bei Neapel: Zwei weitere Madonnenstatuen bluteten aus den Augen. Hunderte beteten vor dem Haus eines bettlägrigen Mannes, in dessen Haus eine Madonna weinte. Er weigerte sich, die Statue dem Gemeindepfarrer auszuhändigen.

»Betrug!« riefen die Skeptiker den zigtausenden Gläubigen entgegen und verhinderten durch eine Anzeige bei der Staatsanwaltschaft, daß die Blutmadonna von Civitavecchia bei der Karfreitagsprozession mitgeführt werden konnte, wie der Bischof es angekündigt hatte. 50 Arbeitslose waren angestellt worden, um die kleine Kirche von St. Agostino auf Vordermann zu bringen und einen Seitenaltar zu bauen, in dem die Madonnina hinter kugelsicherem Glas stehen sollte. Stattdessen wurde die Marienfigur von der Staatsanwaltschaft beschlagnahmt. Selbst das amerikanische FBI sollte eingeschaltet werden, um durch eine DNA-Analyse zu prüfen, ob das Blut auf den Wangen der Madonna von dem Besitzer oder einem seiner Angehörigen stammt.

»Die Justiz macht sich zum Werkzeug Satans«, zürnte der Bischof, und zitierte den Heiligen Vater, der dem Vernehmen nach das Vorgehen der italienischen Polizei mit der Beschlagnahme des Gnadenbildes von Tschestochau durch die kommunistischen Behörden im Jahre 1967 verglich. Der Vatikan intervenierte – doch erst nach Ostern, am 18. April, kam die Madonnina wieder frei und wurde im feierlichen Geleit in die Kirche gebracht. Dort steht sie bis auf den heutigen Tag und ist nach wie vor Ziel zahlreicher Pilger.

Und wie bewertete der Vatikan das Marienwunder, so nahe vor den Toren Roms? »*Wir verfolgen die Vorgänge mit großer Aufmerksamkeit*«, ließ die Vatikanische Glaubenskongrgation unter Kardinal Ratzinger, die Bischof Grillo persönlich über seine Untersuchung informiert hatte, verlautbaren. *»Vielleicht handelt es sich doch um ein Wunder«*, meinte Kurienkardinal Vincenzo Fagido. Aufgrund des bischöflichen Zeugnisses war man schon früh bereit, die Bluttränen von Civitavecchia als göttliches Mirakel anzuerkennen. *»Man darf nicht grundsätzlich ausschließen, daß sich Gott durch solche Erscheinungen manifestiert«*, erklärte der Vorsitzende der italienischen Bischofskonferenz, Kardinal Camillo Ruini. Und auch der Papst, so versicherten Kurien-Insider, zeigte »lebhaftes Interesse« an dem Phänomen.

Was aber hat das alles zu bedeuten? Und warum gerade jetzt diese weltweite Zunahme von Zeichen und Wundern? Der Skeptiker glaubt an eine Hysterie, ähnlich wie jene vor der ersten Jahrtausendwende, als das christliche Abendland den Weltuntergang erwartete und tausende Verzweifelte Hab und Gut verschenkten und in härenden Gewändern, sich blutig geißelnd, die Straßen durchzogen.

Doch die kollektive Endzeiterwartung mag gewiß das große öffentliche Interesse an den Erscheinungen und Mirakeln erklären, nicht aber ihren Ursprung: und daß eine rein psychologische Erklärung nicht ausreicht, beweisen jene Fälle, in denen die Wunder fotografiert wurden oder sich physisch manifestierten, wie die blutenden Madonnenstatuen. Stattdessen deutet alles darauf hin, daß irgendjemand, eine andere Dimension zumindest, mit uns in Kontakt tritt, uns etwas sagen will. Steht die Menschheit vor einer Katastrophe? Oder sind die Zeichen und Wunder unserer Tage eher Weckrufe, auf daß wir uns der Tatsache der Existenz anderer Wirklichkeiten bewußt werden, begreifen, daß der Materialismus ausgedient hat, daß es noch eine andere, eine spirituelle Wirklichkeit gibt? Will uns »etwas«, ob wir es nun Gott, Schöpfungsstrategie oder Geistige Hierarchie nennen, darauf aufmerksam machen, daß unser heutiger Kurs ein Irrweg ist?

Betrachten wir den Ursprung des Marienkultes, so wird einiges klar: Die Verehrung der Muttergöttin ist die älteste Religion der Menschheit, wie Funde aus der Frühzeit des Homo Sapiens – so die Venus von Willendorf und andere Statuetten, die noch aus der Eiszeit stammen, und bis zu 20.000 Jahre alt sind – beweisen. Die Muttergöttin, die Leben gibt, ist Symbol für die Mutter allen Lebens, Mutter Erde. Das ist der wahre Grund, weshalb sie in

Europa so oft mit schwarzem Antlitz dargestellt wurde – der Farbe fruchtbaren Bodens –, eine Eigenheit, die das Christentum in Form der ganz besonderen Verehrung »schwarzer Madonnen« fortführte. So spricht auf gewisse Weise auch die leidende Mutter Erde durch Maria zu uns. »*Ich bin in jedem Baum, jeder Blume, jedem Fluß, ja selbst im Wind*«, offenbarte die Himmelskönigin dem Stigmatisierten Giorgio Bongiovanni.

Auch Bongiovanni ist davon überzeugt, daß die Vielzahl von Marienwundern »*die Apokalypse ankündigen, den Übergang von einer Generation zur anderen. Menschliches und göttliches Blut tränkt die Erde und kündet Erlösung für jene an, die unterdrückt wurden, und Bestrafung und göttliche Gerechtigkeit für die Urheber der Perversionen, Ungerechtigkeit, Schlechtigkeit, Zerstörungen und Tode.*« Sie zeigen uns, daß die Zeit der Wunder noch nicht vorbei ist – und daß es eine »kosmische Kontrollinstanz« gibt, die die Menschheit mit eindrucksvollen Zeichen mahnt, daß der Irrweg, den sie eingeschlagen hat, in eine Sackgasse führt.

Und noch etwas zeigen die Marienerscheinungen und blutenden Statuen der Neunziger: Die Botschaft von Fatima ist so aktuell wie nie zuvor...

15.
Menektel zum Millenium

Der jüngste Tag, das »Ende der Zeiten«, fand bereits statt, am
25. Juli 1996. Die Katastrophe, der nukleare Holocaust, blieb aus,
weil wir rechtzeitig gewarnt wurden. Das jedenfalls behauptet der
amerikanische Journalist Michael Drosnin in seinem Weltbestseller
»Der Bibel-Code«.

Laut Drosnin haben israelische Wissenschaftler in der Thora, den
fünf Büchern Mose, einen Code entdeckt, aus dem sich die jüngste
Geschichte und die nähere Zukunft der Erde ablesen lassen. Die
Codierung erfolgte auf eine Art und Weise, die sicherstellte, daß
erst in »letzter Sekunde«, im Computerzeitalter, der Code
geknackt, die Botschaft entschlüsselt werden konnte.
Die Thora, der Überlieferung nach von Moses selbst unter göttlicher Inspiration niedergeschrieben, wird seit fast 3500 Jahren vom
Judentum gehütet wie ein Schatz. Nichts ist dem gläubigen Juden
heiliger als die Thora. Sie wird in der Synagoge an einer besonderen Stelle in einem »Thora-Schrein« verwahrt, in kostbar bestick-
ten Samt gehüllt, oft mit silbernen Kronen als Aufsatz für die
hölzernen Griffe der Schriftrolle, nicht selten von einer silbernen
Umhüllung geschützt. Die Ur-Thora ist in Hebräischer Schrift
verfaßt, ohne daß es Abstände zwischen den einzelnen Worten
gibt. 304.805 Zeichen sind es insgesamt. Sie mußten mit größter
Genauigkeit kopiert werden – war auch nur ein Zeichen falsch
geschrieben, ausgelassen oder vertauscht, war die Thorarolle wert-
los. Gott selbst, so glauben die Juden, gab ihnen den Auftrag, die
Thora so sorgfältig zu hüten und bis »ans Ende aller Zeiten« zu
bewahren. Weil sie das »Wort Gottes« ist – oder weil ihr eine verborgene Botschaft zugrunde liegt? Schon Sir Isaac Newton soll
nach einem Bibel-Code gesucht haben.
Das Herzstück der Thora ist die »Mezuzah«, eine aus 170 Zeichen
bestehende Schrift, die, um eine eigene Rolle gewunden, am Ein-

Die Tilma von Guadalupe

Die Gospa, »Königin des Friedens«
von Medjugorje – Gemälde
von Prof. G. Mainardi nach den
Angaben der Seherkinder

Angebliche Wunderaufnahme aus
Medjugorje. 1986 soll ein Pilger
bei Nacht auf dem Kreuzberg
durch eine innere Stimme aufgefordert worden sein, ein Foto zu
machen – auf dem Bild sei die
Madonna mit Kind erschienen

Das Rasenkreuz von Eisenberg
mit Hinweisschild

Angebliche »Wunderaufnahme«
aus Borello/Belpasso:
Die Madonna erscheint über den
Köpfen der Pilger

*Foto der Marienerscheinung von San Damiano, von Lucien Boucquey
aus Paris am 27. November 1972 aufgenommen*

Das Sonnenwunder von Borello, Belpasso/Sizilien vom 1. Februar 1988.
Eine leuchtende Scheibe entwickelt sich im Verlauf der Fotoserie zu einer
zweiten Sonne

Das Sonnenwunder von Borello, Belpasso/Sizilien vom 1. Februar 1988. Eine leuchtende Scheibe entwickelt sich im Verlauf der Fotoserie zu einer zweiten Sonne

Die Erscheinungen von Borello, Belpasso/Sizilien, 1986–1988. So erschien die Gottesmutter dem Jungen Rosario Toscano

Rosario Toscano bei der Erscheinung vom 1. Dezember 1987. Auf dem Foto erschien eine leuchtende Gestalt an der Stelle, an der der Junge die Madonna sah

Unten: Ein Wolkenkreuz erschien 1988 über dem Felsen vonBelpasso. Ein Zeichen?

Der erste Stigmatisierte:
Der hl. Franziskus von Assisi

Der stigmatisierte Kapuzinerpater
Pio bei der Meßfeier.
Deutlich erkennbar: Die Wund-
male in den Händen

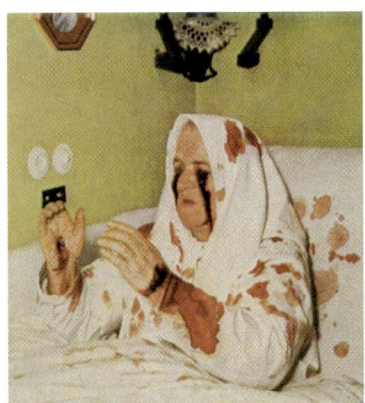

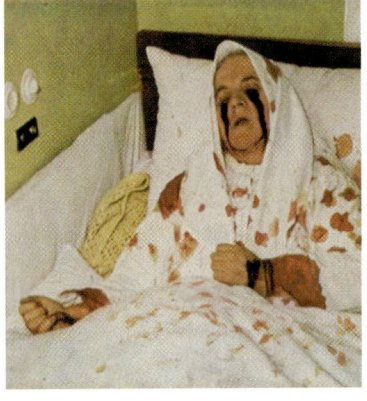

Therese Neumann von Konnersreuth bei ihrer Karfreitagsvision 1953

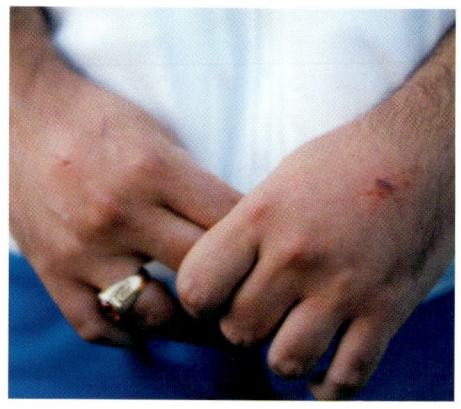

*Giorgio Bongiovanni am
2. September 1989 vor der
Holmeiche von Fatima.
Er hatte gerade die
Stigmata empfangen,
die Wundmale Christi*

*Nahaufnahme der Stigmata
kurz nach ihrer Entstehung
am 2. 9. 1989*

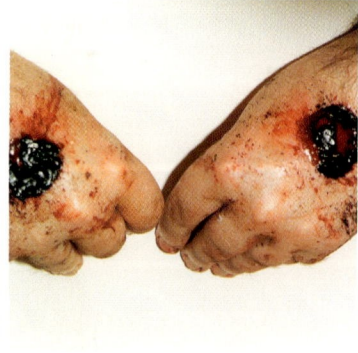
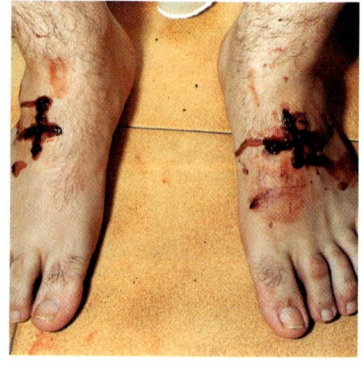

*Die Stigmata ein Jahr später:
Dicke Krusten bedecken die
Wundmale, aus ihnen tritt frisches
Blut hervor*

*Giorgios Fuß-Stigmata einige
Wochen nach ihrem Entstehen.
Zuerst bildeten sie Kreuze,
später wurden sie rund wie ein
Nagelkopf*

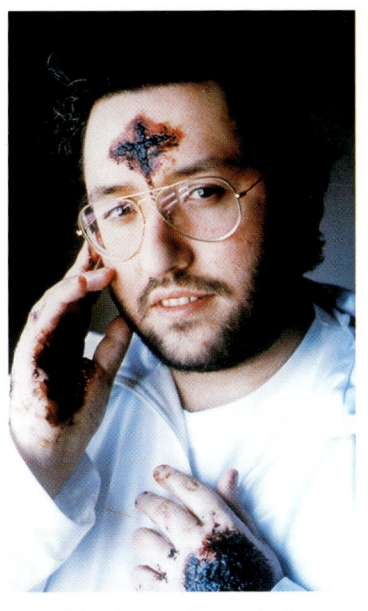

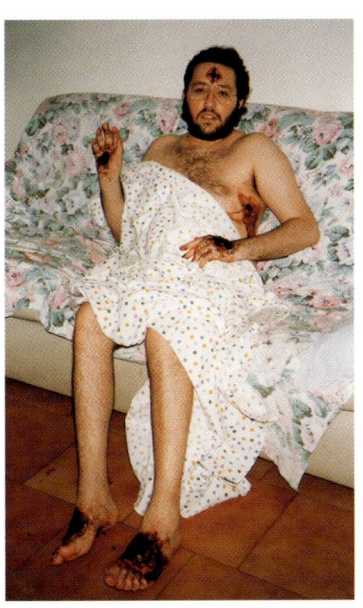

*Giorgio Bongiovanni, der
»Stigmatisierte von Fatima«*

*Bongiovannis sechs Stigmata
bluten täglich*

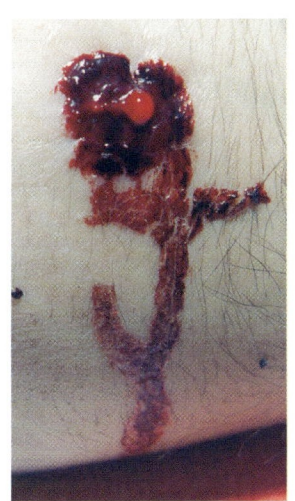

*In der Anfangzeit des Phä-
nomens bildete das Stigmenblut Figuren, so diese Rose.
Deutlich erkennbar ist
der Austritt frischen Blutes
aus dem Wundmal*

*Am 27. Oktober 1990 traf Giorgio
Bongiovanni den sowjetischen General-
sekretär Michail Gorbatschow, seine Frau
Raissa und das spanische Königspaar*

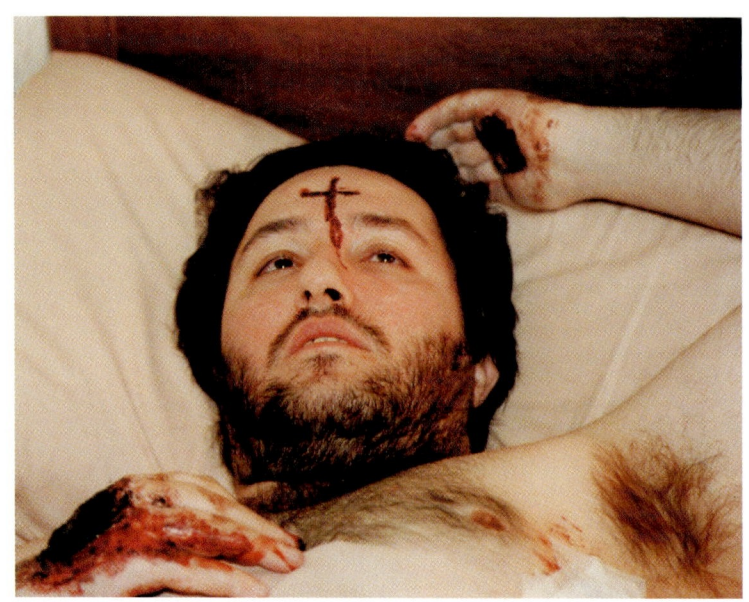

Giorgio Bongiovanni empfing das sechste Stigma, ein Kreuz auf der Stirn, am 25. Juli 1993 in Salto/Uruguay nach einer UFO-Sichtung

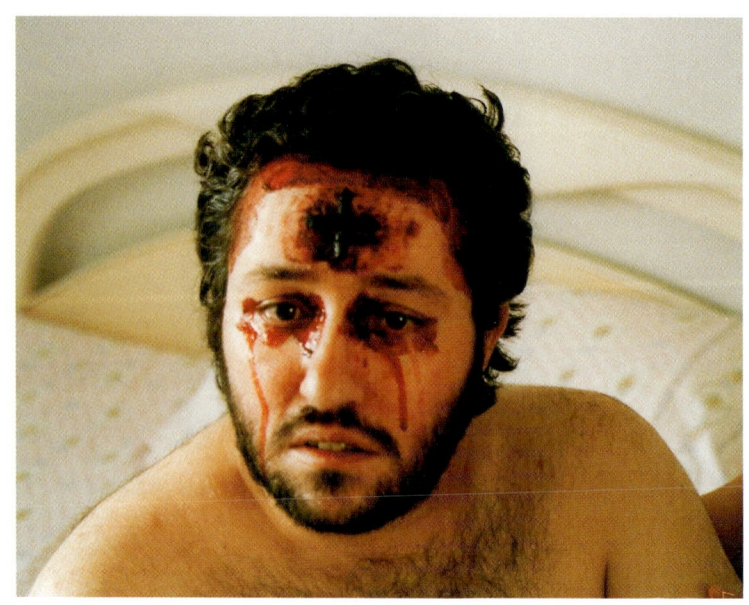

Am 2. September 1996 hatte Giorgio eine Christusvision – danach blutete er aus den Augen und der Dornenkrone

Diese Aufnahme entstand am 9. Juni 1996 in Frontone/Italien, während Giorgio Bongiovanni in Ekstase fiel und aus seinen Stigmata blutete. Eine adlerförmige Wolkenformation bewegt sich vor der Sonne, aus den Wolken schießt eine weiße Scheibe

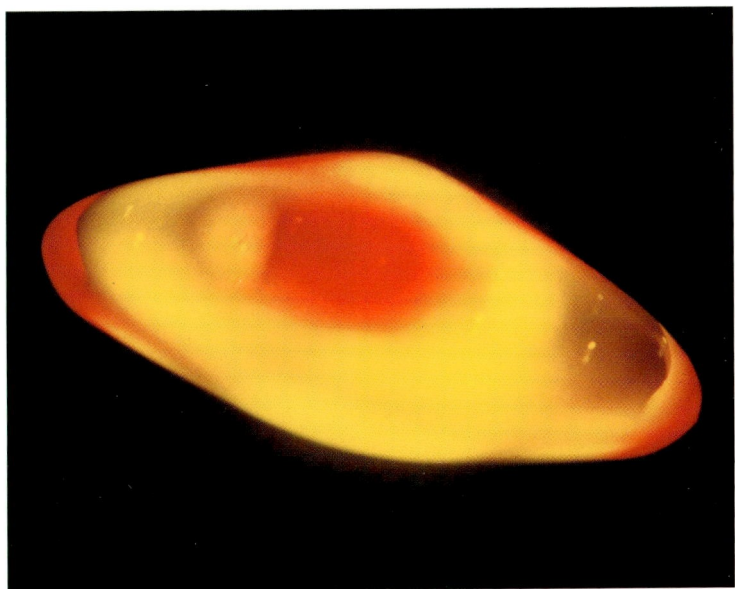

UFO-Aufnahme des Mexikaners Carlos Diaz aus Tepoztlan aus dem Jahre 1992. Ähnliche Objekte, in der jüdischen Mystik als »Merkabah« bezeichnet, sah Giorgio Bongiovanni bei seinen Marienerscheinungen

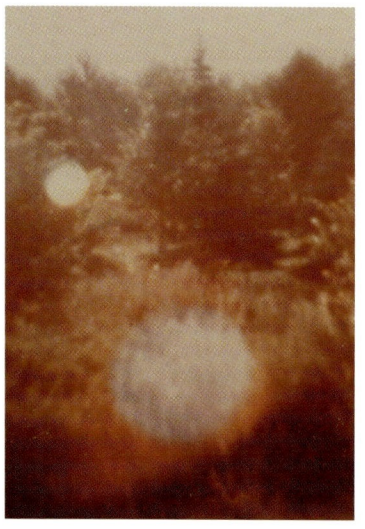

*Lichtkugel projiziert ein mensch-
liches Gesicht, aufgenommen im
Sommer 1989 in der Nähe von
Moskau. Entstehen so Marienerscheinungen?*

*Eines der scheibenförmigen
Objekte, die am 1. Oktober 1994
während einer Marienerscheinung
in der Serra de Baturite/Brasilien
von einem Forscherteam aufgenommen wurden (Vergrößerung)*

*Während einer Marienerscheinung
in Borgo Verezzi (Imperia), Italien
am 7. Juli 1995 um 12.30 Uhr
gelang Frau Angela Ventrella diese
Aufnahme einer leuchtenden
Kugel*

*Am 29. Mai 1991 beobachteten
Zehntausende ein UFO über
Curitiba/Brasilien, auf dessen
Oberfläche ein leuchtendes Kreuz
zu erkennen war – eine religiöse
Botschaft oder ein Bekenntnis
der Insassen? Filmaufnahme von
Elton Luis Araujo*

Die Madonna, das Jesuskind und Johannes der Täufer als Kind auf einem Gemälde aus dem 15. Jh. aus der Schule des Filippo Lippi aus Florenz. Im Hintergrund betrachten ein Mann und sein Hund ein Flugobjekt

Das »Magnificat« – Maria besucht Elisabeth –, Gemälde aus dem 14. Jahrhundert, Basilika von Beaune, Frankreich: Im Hintergrund schwebt ein kuppelförmiges Flugobjekt über der Szene

Ikone aus St. Petersburg aus dem Jahre 1914: Der hl. Johannes schreibt auf Patmos die Apokalypse nieder. Im Hintergrund schwebt über dem Meer eine leuchtende Scheibe. Besteht eine Verbindung zwischen dem UFO-Phänomen und der christlichen Offenbarung?

Fresko der »Amerikanischen Kapelle« in der Wallfahrtskirche von Loreto/ Italien: Die Schwarze Madonna des »Heiligen Hauses« als »Beschützerin der Luftfahrt«. Oben links sind auch UFOs zu sehen

Das Antlitz Christi erschien auf dem Bildschirm des ausgeschalteten Fernsehers eines Pilgers, der in Tlacote/Mexiko geheilt wurde

»Foto« Christi, aufgenommen von Schwester Anna Ali im August 1987, veröffentlicht von Erzbischof Milingo

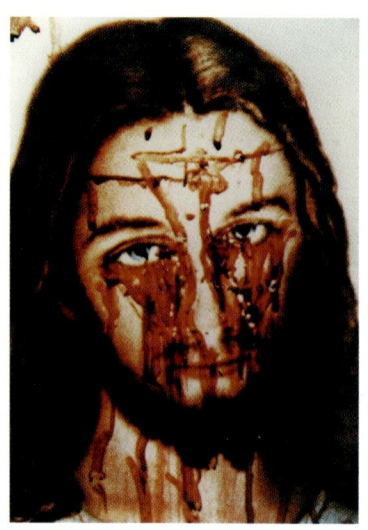

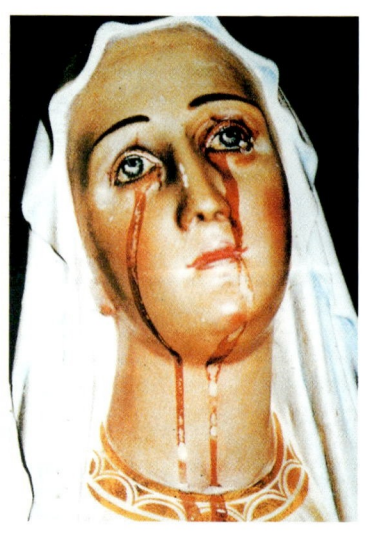

Dieses Christusbild (nach Schwester Faustina) blutete im Dezember 1993 in Andrano, Catania/Sizilien

Madonna weinte Blut – in der Nacht vom 18. auf den 19. Januar 1995 in Ghitea/ Burundi

Die Madonna von Civitavecchia/
Italien, die seit dem 2. Februar
1995 blutige Tränen weinte

Die Marmorstatue der Madonna
von Viagrande, Catania/Sizilien
weinte am 25. März 1995 Blut –
und kam auf die Titelseiten der
italienischen Presse

Die Fatima-Madonna von
Lazise/Verona weinte 120 mal
Blut – hier am 3.März 1995

Die Lourdes-Madonna von
Taranta Peligna weinte am
22. März 1995 blutige Tränen

Erscheinung der Madonna in der Dorfkirche von Karascond,
Nordungarn, am 3. September 1989.
Der Restaurator Karoly Ligeti steht oben auf dem Baugerüst

gang jedes Hauses bewahrt werden soll. Die Mezuzah enthält fünfzehn Verse und beginnt mit den Worten: »*Höre, oh Israel, der Herr ist unser Gott, der Herr allein*« und enthält genaue Anweisungen über ihre Aufbewahrung: »*Und diese Worte, die ich dir heute gebiete, sollst du dir zu Herzen nehmen und sollst sie deinen Kindern einschärfen und davon reden, wenn du in deinem Hause sitzt oder unterwegs bist, wenn du dich niederlegst oder aufstehst. Und du sollst sie binden zum Zeichen auf Deine Hand und sie sollen dir ein Merkzeichen zwischen deinem Auge sein, und du sollst sie schreiben auf die Pfosten deines Hauses und an die Tore.*«

Schon vor einigen Jahrzehnten stieß der renommierte Thora-Gelehrte Rabbi Weissmandel darauf, daß den fünf Mosesbücher (auf griechisch: Pentateuch) ein Muster zugrundeliegt, das, in bestimmten Abständen, neue Worte ergibt. 1994 veröffentlichen Prof. Elijahu Rips von der Universität Jerusalem sowie Doron Witztum und Yoav Rosenberg von der Technischen Hochschule Jerusalem einen Beitrag in der Fachzeitschrift »Statistical Science« (9/1994), in der sie die Existenz einer »konstanten Buchstabenfolge im Buch Genesis« postulierten. Die Buchstabenfolgen können gleichmäßige Abstände voneinander haben, von oben nach unten, unten nach oben, rechts nach links, links nach rechts oder diagonal gelesen werden. Nur mit dem Computer ließen sie sich finden. Die Arbeit der drei jerusalemer Wissenschaftler bezog sich ausschließlich auf die Vergangenheit. So fanden sie die Worte »Hasmonäer« und »Chanukka« in unmittelbarer Nähe: Das Chanukka-Fest erinnert an die Priesterfamilie der Hasmonäer im 2. Jahrhundert v.Chr., die eine Revolte gegen die Syrer anführte. Auch die Namen der Hauptanführer Zedekia und Mattanja ließen sich finden, ebenso jene von 32 wichtigen Persönlichkeiten der jüdischen Geschichte. »*Der Bibelcode ist ein Computerprogramm der jüdischen Geschichte*«, war Rips bald überzeugt.

Als Drosnin das Verfahren an modernen Persönlichkeiten ausprobieren wollte, nahm er als Beispiel den damaligen israelischen Ministerpräsidenten Jitzhak Rabin. Tatsächlich fand er Rabins Namen in dem Text – gekreuzt durch die Worte »Mörder, der morden wird«. Er warnte den Politiker vor der Gefahr eines Attentates, doch der schlug die Warnung in den Wind. Am 4. November 1995 wurde Jitzhak Rabin von einem religiösen Fanatiker namens Amir in Tel Aviv erschossen. Drosnin fand den Ort des Attentats, »Tel Aviv«, den Namen des Attentäters, »Amir«, und das

Jahr 5756 – 1995/96 – in unmittelbarer Nähe des Namens »Jitzhak Rabin« in dem Bibeltext.

Weitere Computerstudien ergaben, daß auch der Ausbruch des Golfkriegs korrekt mit dem richtigen Datum (»Feuer am 3. Shebat« – 18. Januar –), dem Namen »Saddam Hussein« und den Begriffen »Feind, Krieg, Rakete« angegeben wurde. Zum Ende der Sowjetunion heißt es: »Zusammenbruch«, »Kommunismus«, »Rußland«, »China als nächstes«, zum Hitlerfaschismus »Hitler«, »Verbrecher«, »Nazi und Feind« und »Blutbad« und zur Atombombe von Hiroshima »Atomarer Holocaust«, »Japan« und »5705« (1945). Zufall? Tatsache ist, daß die Wahrscheinlichkeit, zufällig auf solche Buchstabenkombinationen im selben Umfeld zu kommen, mathematisch betrachtet extrem gering ist. Zum Vergleich wandten die Forscher die »Bibelcode«-Methode auf literarische Texte an, so auf Tolstois »Krieg und Frieden«. Das Ergebnis: Es gab keinen derartigen Code – in keinem einzigen Werk der Weltliteratur außer in der Bibel.

Wenn aber der Bibel-Code ein Ereignis der Zukunft, nämlich die Ermordung Rabins, vorausgesagt hat, war es dann nicht möglich, mit seiner Hilfe zumindest die nähere Zukunft vorauszusagen? Als Drosnin vor den israelischen Parlamentswahlen nach den beiden Kandidaten Netanjahu und Perez Ausschau hielt, fand er tatsächlich an einer Stelle die Worte »Ministerpräsident Netanjahu«, »gewiß wird er getötet«, »seine Seele wurde abgeschnitten«, »ermordet«. Dann gewann Netanjahu, mit einem äußerst knappen Wahlergebnis, die Wahl. Sollte auch er einem Attentat zum Opfer fallen? Und was geschieht dann? »Der nächste Krieg«, »es wird nach dem Tod des Ministerpräsidenten geschehen«, »ein weiterer wird sterben« wußte der Code. Sogar von dem Jahr 5756 (1995/96) als »Ende der Tage«, kombiniert mit dem Wort »atomarer Holocaust« war die Rede, als Datum wurde »29. Elul« (13. September) genannt. Das Ziel des »atomaren Holocaustes« war ebenfalls zu identifizieren: »Atomwaffe«, »Jerusalem« fand sich in der Bibel. Doch auch die Worte: »Schriftrolle – er öffnete sie« – war damit der Bibel-Code gemeint? Über den Vater des Ministerpräsidenten, Ben-Zion Netanjahu, kontaktierte Drosnin den neuen israelischen Staatschef, warnte, daß Israel sich in größter Gefahr befinden könnte – durch ein Attentat, das zu einer Eskalation der ohnehin schon heiklen Nahost-Situation führen würde und durch lybische

Terroristen, die vom jordanischen Grenzgebiet aus eine Atombombe auf Jerusalem schießen könnten. Auch dem israelischen Geheimdienst teilte Drosnan seine Erkenntnisse mit.

Für den 25. Juli 1996 plante Netanjahu eine Reise nach Amman, die präzise mit den Worten »Ministerpräsident Netanjahu« »im Juli nach Amman« und »9. Ab« (Datum: 25.Juli) im Bibelcode angekündigt worden war, im Umfeld der Worte »Tod«, »seine Seele wird abgeschnitten«, »sie töteten«, aber auch dreimal dem Wort »verspätet«. Der 25. Juli, der »9. Ab«, ist ein Schicksalstag der Juden. Am 9. Ab 586 v. Chr. wurde Jerusalem von den Babyloniern zerstört, am 9. Ab 70 n. Chr. von den Römern, am 9. Ab 1942 begann der Holocaust.

»Atomarer Holocaust« »5756«, »Werdet Ihr es ändern?« lautete die Botschaft aus der Vergangenheit. Konnte die Katastrophe abgewendet werden? Sie konnte. Netanjahus Besuch in Amman, bei dem er, dem Bibelcode zufolge, ermordet werden würde, wurde verschoben. Der nach dem Tod des Ministerpräsidenten ausbrechende Krieg blieb aus – und mit ihm die atomare Katastrophe. Doch der Bibel-Code warnt: Die Apokalypse ist »aufgeschoben« aber nicht aufgehoben – noch zweimal, im Jahre 2000 und im Jahre 2006, droht die Vernichtung Jerusalems, auf die der Dritte Weltkrieg folgt. Der Countdown zum Jüngsten Tag läuft.

Tatsache ist: Die Lage im Heiligen Land ist so gespannt wie nie zuvor in diesem Jahrzehnt. Der Tunnel von Jerusalem, Hebron, neue jüdische Siedlungen im Osten Jerusalems und Netanjahus Politik der Konfrontation ließen Israel zum Pulverfaß werden, das jederzeit explodieren kann. An drei Stellen nennt der Bibel-Code die Ursache für den »Holocaust in Israel«: »Tunnel«, »Ramallah« und »annektierte (Gebiete)«. Und eben in dieser »letzten Zeit« erfüllt plötzlich eine seit 3000 Jahren versiegelte Botschaft ihren Zweck, uns zu warnen: »Atomarer Holocaust«, »Ende der Tage« heißt es an einer Stelle, und daneben: »Der Code wird retten«.

Selbst die »Mezuzah«, das oben erwähnte Herzstück der Torah, enthält, mit den Jahresangaben 5760 (2000) und 5766 (2006) die Warnung: »Euer Land wird bombardiert, Terror, Zerstörung, atomarer Holocaust, Weltkrieg, er wird ausbrechen«. Die neue Gefahr droht von Syrien. »Assad, Holocaust«, »Schüsse aus der Festung«, »Armageddon« warnt der Code. Armageddon ist auch in der Offenbarung des Johannes der Schauplatz der Endzeitschlacht zwischen »Gog und Magog« und den Gerechten von Israel: »*Es sind die dämonischen Geister, die Zeichen vollbringen; sie ziehen aus zu den Königen des ganzen Erdkreises, um sie zu sammeln für den Kampf am großen Tag Gottes, des Allherrschers ... und sie versammelten sich an dem Ort, der auf hebräisch ›Harmageddon‹ heißt.*« (Offb. 16, 14–16)

»*Wenn die tausend Jahre vollendet sind, wird der Satan losgelassen werden aus seinem Kerker, und er wird ausziehen, um die Völker an den vier Enden der Welt zu verführen, den Gog und den Magog, um sie zusammenzuholen zum Kampf. Ihre Zahl ist wie der Sand am Meere. Und sie zogen herauf über die breite Fläche der Erde und umzingelten das Lager der Heiligen und die geliebte Stadt. Da fiel Feuer herab von Gott aus dem Himmel und verzehrte sie.*« (Offb. 20, 7–9)

Armageddon ist eine griechische Verballhornisierung des hebräischen »Har Megiddo«, »Berg von Megiddo«. Megiddo ist ein Ort im Norden Israels, südlich von Nazareth, am Nordende der Ebene Jezreel. Dort befindet sich heute Ramat David, eine der bedeutendsten Luftwaffenbasen des Landes. »Syrien, Phut (Iran) und Libyen« sind in der Bibel (im prophetischen Buch Ezechiel) die Verbündeten gegen Israel in der Endzeitschlacht. Wird sie im Jahre 2000 oder 2006 stattfinden?

»*Man kann die Tatsache nicht leugnen, daß ein von einigen der berühmtesten Mathematiker der Welt bestätigter Computercode in der Bibel existiert, der mit äußerster Genauigkeit den Golfkrieg, einen Kometeneinschlag auf dem Jupiter, die Ermordung Rabins und anschließend anscheinend den Beginn der Apokalypse durch einen nuklearen Weltkrieg innerhalb einer Dekade vorhersagt*«, schreibt Drosnin, »*aber der Bibelcode ist mehr als nur eine Warnung. Er könnte Informationen enthalten, die wir zur Vermeidung der Katastrophe benötigen.*« Das aber bedeutet: Ein höheres Wesen hat durch Offenbarung der Ur-Bibel der Menschheit den Schlüssel gegeben, in der entscheidensten Phase seiner Geschichte das Ruder herumzuwerfen und den atomaren Holocaust abzuwenden.

Eine solche Annahme setzt drei Tatsachen voraus:

1. Die Existenz einer Intelligenz, die den Verlauf der Zukunft genau kennt.
2. Einen »Zukunftsfluß«, der aus prädestinierten (vorbestimmten) und abwendbaren Ereignissen besteht.

3. Nicht das höhere Wesen bestimmt über den »Zukunftsfluß«, sondern, zumindest von einer bestimmten Reifephase ab, der Mensch: Er hat die freie Wahl, kann aber von dieser höheren Intelligenz gewarnt werden.

Das hieße, daß es kein unabwendbares Schicksal gibt – und daß, so Drosnin, »die Rettung der Welt in unseren eigenen Händen liege. Wir bestimmen den Verlauf der Ereignise nach unserem Willen.« Eben das aber behauptet die Bibel und macht es fest an der Geschichte des Propheten Jonas und der Reaktion der Bewohner von Niniveh, der Hauptstadt Assyriens, auf seine Prophezeihung. »Es erging das Wort des Herrn an Jonas... ›Auf, geh nach Ninive, der großen Stadt, und verkünde ihr die Botschaft, die ich ihr mitteile:... Noch vierzig Tage, und Ninive wird untergehen«, heißt es im »Buch Jonas« (1, 1–2 und 3, 4) der Bibel. Doch die Niniviten hörten auf die Warnung Gottes, »riefen ein Fasten ein. Groß und klein unter ihnen legten sich Bußgewänder an. Die Kunde drang bis zum König. Da erhob er sich von seinem Thron, legte sein Obergewand ab, hüllte sich in ein Bußkleid und setzte sich in den Staub. Auf Befehl des Königs und seiner Großen ließ man in Niniveh verkünden: ›Menschen und Vieh, Rinder und Schafe, sollen nichts genießen; sie sollen weder auf die Weide gehen noch Wasser trinken! Vielmehr soll man sich in Bußgewänder hüllen – Menschen und Vieh – und mit Ausdauer zu Gott rufen! Jeder bekehre sich von seinem bösen Wandel und von dem Unrecht, das an seinen Händen klebt. Wer weiß, vielleicht reut es Gott wieder, und er läßt ab von seinem glühenden Zorn, daß wir nicht umkommen.‹ Als nun Gott ihr Tun sah, daß sie sich nämlich von ihrem bösen Wandel bekehrten, da ließ er sich des Unheils gereuen, das er ihnen angedroht hatte, und führte es nicht aus...« (3,5–10) – die Stadt blieb von der Katastrophe verschont. Jonas, der Prophet, haderte mit Gott, der seine Prophezeihung nicht erfüllt hatte. Was er nicht begriff: Das Universum basiert auf dem Prinzip von Ursache und Wirkung. Jede göttliche Kommunikation ist nur der Versuch einer Korrektur eines Ereignisstranges, der in eine Sackgasse zu verlaufen droht. Denn Kriege und Katastrophen sind, nach biblischer Terminologie, »Strafgerichte« – die Folgen unseres Tuns, die Konsequenzen eines Irrweges, die abgewendet werden können, wie jede Wirkung ausbleibt, wenn die Ursachen sich ändern.
Offenbar hat »jemand«, der sich als eine Art Kontrollinstanz des Universums versteht, vor 3500 Jahren die Zukunft gekannt –

einschließlich der Ereignisse des 20. Jahrhunderts, die die Menschheit so nah an den Abgrund bringen würden. Diese Intelligenz hat gewußt, daß wir gerade in letzter Minute in der Lage sein würden, mit Hilfe moderner Computertechnologie den Code zu knappen, die Botschaft zu lesen, zu verstehen – und möglicherweise die Katastrophe abzuwenden.

Wer ist diese Intelligenz? Drosnin glaubt nicht an Gott. »*Stammte der Bibelcode tatsächlich von einem allmächtigen Gott, bestünde für ihn keine Notwendigkeit, uns die Zukunft vorherzusagen. Er könnte sie nach eigenem Ermessen abändern*«, ist er überzeugt. Nicht, muß man erwidern, wenn es ein Gesetz des freien Willens im Universum gibt – exakt das aber indiziert die Geschichte von Jonas, die gesamte Geschichte der Prophetie. Für Drosnin ist der Bibelcode vielmehr das Werk einer »*fortgeschrittenen Technologie*«, »*eine interaktive Datenbank, ... ein Computerprogramm*«. Er glaubt: »*Wir haben vergessen, daß die Bibel unsere am weitesten verbreitete Schilderung einer Begegnung mit einem außerirdischen Wesen beinhaltet. Der langerwartete Kontakt mit einer anderen Lebensform erfolgte vor mehreren tausend Jahren.*« Ist der Code die »Zeitkapsel« einer außerirdischen Intelligenz? Dann aber müssen wir fragen, wie eine außerirdische Intelligenz das Wissen um die Zukunft der Menschheit, bis in alle Details, haben konnte. Ist die Zukunft doch vorprogrammiert, mit Ausnahme der großen »Schnittpunkte« der Weltgeschichte? Oder steckt hinter der Offenbarung des Codes doch eine allwissende Intelligenz, für die Vergangenheit, Gegenwart und Zukunft einsehbar sind wie ein offenes Buch und die von Zeit zu Zeit, dann, wenn es kritisch wird, mit uns Kontakt aufnimmt?

Ich behaupte: Hinter dem Universum steht eine lenkende Intelligenz, die wir Gott nennen, weil sie durchaus personal, gleichermaßen transzendent wie immanent, ist. Diese Intelligenz warnt uns – sie ist es, die hinter dem Bibel-Code, Offenbarungen, Prophezeihungen und Marienerscheinungen steht. Sie bedient sich dabei einer Symbolik, die wir verstehen, der Symbolik der Religionen. Sie ist gleichermaßen außerirdisch wie überirdisch, allwissend wie allmächtig. Da sie sich nicht selbst offenbaren kann – »*Mein Angesicht kannst du nicht schauen; denn kein Mensch kann mich schauen und dabei am Leben bleiben*« (2 Mos., 33,20) – muß sie sich ihrer Boten und der Mitglieder der »himmlischen Hierarchie«

bedienen, um der Menschheit ihre Botschaften der Warnung zu übermitteln. Welches Medium ist dafür besser geeignet als Maria, der Archetyp der liebenden, sorgenden und leidenden Mutter?

Die erste Frage ist natürlich, ob es sich bei den Fatima-Ereignissen tatsächlich um übernatürliche Erscheinungen oder bloß um psychische Phänomene, gepaart mit einer Massenhysterie, handelt. Letzteres ist die rationalistische Erklärung, die jedoch alle bekannten Tatsachen ignoriert. Für mich persönlich besteht kein Zweifel, daß Fatima »echt« war, und zwar aus drei Gründen:

1. Zwar entsprach die Erscheinung den religiösen Vorstellungen der Kinder, ihre Botschaft ging jedoch weit über ihr Wissen und Fassungsvermögen hinaus. So prophezeite die »Gottesmutter« zutreffend
   - den Beginn des Zweiten Weltkriegs, inklusive des blutroten »Nordlichtes« als dessen unheimlichen Vorboten;
   - die Verbreitung des Weltkommunismus;
   - den Kalten Krieg.
   Daß fast das gesamte 20. Jahrhundert (von 1917–1991) durch den Konflikt mit dem Kommunismus geprägt sein würde, war 1917 für niemanden absehbar und ganz gewiß nicht für drei portugiesische Hirtenkinder.

2. Die Begleitphänomene wurden selbst von skeptischen Personen beobachtet, was eine Massenhysterie ausschließt. Selbst in benachbarten Dörfern war das Sonnenwunder noch zu sehen. Wie die Phänomene vom 13. 8. 1917 beweisen, fällt auch die »animistische Erklärung« (nach Prof. Hans Bender) weg, nach der die Sekundärphänomene von den Seherkindern selbst erzeugt worden wären: diese befanden sich damals nicht am Erscheinungsort, sondern in Ourem.

3. Es besteht ein geradezu unheimlicher Zusammenhang zwischen den Fatima-Ereignissen und dem Verlauf der Geschichte des 20. Jahrhunderts. Die beiden wichtigsten Wendemomente der jüngeren Geschichte, die Wende im Zweiten Weltkrieg und Gorbatschows »Perestroika«, folgten unmittelbar auf das von der Erscheinung geforderte Ritual der Weihe Rußlands und der Welt an ihr »Unbeflecktes Herz«. Wer steckt hinter einem solchen Geschichts-Design? Auf jeden Fall eine höhere Macht, die in die Entwicklung der Menschheit eingreift!

Bleibt die Frage, wer sich hinter dieser Macht verbirgt, wer oder was tatsächlich den Kindern von Fatima erschien. Lassen Sie uns drei Alternativen nach für und wider abwägen:

1. Die Gottesmutter persönlich. Das ist, nach katholischem Glauben zumindest, durchaus möglich. Dagegen jedoch spricht, daß am 13. Oktober Maria in drei Personen erschien, als »Königin des Rosenkranzes«, »Unsere Liebe Frau vom Karmel« und »Schmerzensmutter«. Da es nur eine Jungfrau Maria gibt und gab, kann dieser Umstand nur dadurch erklärt werden, daß tatsächlich Emanationen oder Projektionen von symbolischer Bedeutung erschienen. Die Sprache von Fatima war die Symbolik der Erscheinungen! In diesem Sinne »erschien« die »schöne Frau« in drei Persönlichkeiten, von denen jede etwas ganz bestimmtes symbolisierte, und auch die Höllenvision der Kinder war keine realistische »Live-Übertragung aus der Unterwelt«, sondern nur Symbol für die ewige Verdammnis, das heißt das ewige Getrenntsein von Gott. Wer aber verursachte diese Projektionen in einer verständlichen Symbolsprache?

2. Die Erscheinungen waren Projektionen Außerirdischer. Diese Hypothese geht von den Begleitphänomenen aus, die, wie wir gesehen haben, durchaus Parallelen zu UFO-Erscheinungen aufweisen, und schließt von ihnen auf das Primärphänomen. Nun ist nicht auszuschließen, daß tatsächlich Außerirdische in die Menschheitsgeschichte eingriffen. Es ist sogar möglich, daß sie sich dabei religiöser Bilder bedienten – oder ihre Manifestationen religiös interpretiert wurden. Versteht man die Extraterrestrier jedoch ausschließlich als technologisch fortgeschrittene Zivilisation, wie es die UFO-Forschung überwiegend tut, stößt diese Hypothese gleich wieder an ihre Grenzen: Warum konnten ihre Projektionen nur von den Seherkindern beobachtet werden, weshalb hörten nur Lucia und Jacinta, nicht aber Francisco die Stimme der »himmlischen Frau«, während das »Sonnenwunder« wiederum vor aller Augen stattfand? Spricht nicht ihr Zustand religiöser Ekstase, also Entrücktheit von allem Irdischen, eher dafür, daß sich die Madonna in einer psychischen Dimension manifestierte? Wie konnte sie so genau den frühen Tod von Jacinta und Francisco, den Ausbruch des 2. Weltkriegs und die ihm vorausgehende Aurora Borealis-Erscheinung vor-

aussagen? All diese Fragen lassen sich durch einen rein materialistischen Erklärungsversuch nicht beantworten.

3. Die Erscheinungen wurden von einer universalen, spirituellen Macht inszeniert. Das ist, so phantastisch es klingt, die einzige Hypothese, die alle Begleitphänomene erklärt, ohne die Primärerscheinung und ihre Botschaft zu ignorieren: Eine kosmische, metaphysische Intelligenz, die sich in den verschiedenen Gestalten der Mutter Gottes manifestierte, kommunizierte mit drei Kindern, die aufgrund ihrer psychischen Sensibilität empfänglich waren und bediente sich einer für sie verständlichen Symbolsprache.

Lassen wir noch einmal unsere Geschichte der Marienerscheinungen Revue passieren: Wir haben gesehen, daß diese »himmlischen Eingriffe« und »mütterlichen Mahnungen« immer in entscheidenden Phasen der Geschichte stattfanden, an Wendepunkten, die das Schicksal von Generationen beeinflußten: Bei der Conquista Mexikos ebenso wie im Jahrhundert der bürgerlichen Revolutionen, zur Machtergreifung Hitlers und vor Ausbruch der Bürgerkriege in Ruanda und Jugoslawien, während des 2. Vatikanischen Konzils und bei der Öffnung Rußlands – und, allen voran, in dem Jahr, in dem die Kommunisten die Macht ergriffen: Das Jahr Fatimas, 1917, war das eine Jahr, das die Geschichte des 20. Jahrhunderts am nachhaltigsten beeinflußt hat. Marienerscheinungen als Kurskorrektur – »Unsere liebe Frau der Gegenrevolution« warnte vor einem Irrweg, der Millionen das Leben kostete, der für zwei Generationen die Sklaverei unter einem unmenschlichen Regime bedeutete.

Wenn wir Marienerscheinungen einer göttlichen Intervention zuschreiben, so heißt das nicht, daß wir die Beteiligung der »Frau aller Völker, die sich Maria nannte«, bestreiten – ganz im Gegenteil. Aber sie ist, wie die gesamte Schöpfung, eine Manifestation Gottes und damit sein Instrument. Mehr noch, sie ist vielleicht sogar ein Aspekt Gottes, der, ganz wie sein Sohn, Fleisch geworden ist in der Jungfrau aus Jerusalem oder Nazareth. Vielleicht ist sie sogar identisch mit der »Sophia«, der »Weisheit«, dem weiblichen Aspekt Gottes, von dem die jüdische Mystik weiß, die sie »Chokmah« nennt. Sie sagt, im »Buch der Sprüche«: »*Mich schuf der Herr als Erstling seines Wirkens vor seinen Werken in der grauen Urzeit. In fernster Zeit bin ich gebildet worden, im Anfang vor dem Anbeginn der Erde. Als noch kein Weltmeer war, bin ich geboren; als es nicht Quellen gab, an Wassern reich. Bevor die Berge tief verankert wurden, und vor den Hügeln ward ich schon geboren. Als er noch nicht gemacht die Erde und die Fluren, noch insgesamt die Schollen auf dem Festland, als er den Himmel schuf, war ich zugegen, als er die Wölbung abmaß über Wassertiefen. Als er befestigte die Wolken oben, als er erstarken ließ die Quellen aus der Tiefe, als er dem Meere seine Grenze setzte, die Wasser sein Gebot nicht überschritten, als er der Erde Fundamente legte, da stand ich als Beraterin an seiner Seite. Und ich war seine Wonne Tag für Tag, indem ich vor ihm spielte allezeit; ich spielte auf dem Umkreis seiner Erde, und meine Wonne sind die Menschenkinder. Nun denn, ihr Söhne, hört auf mich und selig, wer auf meine Wege achtet.« (8, 22–32)*

»Weisheit« war in der jüdischen Tradition keine abstrakte Eigenschaft kluger Männer und Frauen, sondern eine Persönlichkeit, die als Mittlerin zwischen Gott und seiner Welt diente und als »Tochter Zions« im Tempel thronte. Auch die Christen verehrten sie. Der byzantinische Kaiser Justinian weihte ihr die prachtvollste Kirche seines Reiches, die Hagia Sophia (»Heilige Weisheit«) in Konstantinopel, dem heutigen Instanbul, und Michelangelo stellte sie in der Sixtinischen Kapelle dar, von Gott zärtlich umarmt bei der Erschaffung des Menschen. In der lauretanischen Litanei wird Maria als »Sitz der Weisheit« verehrt. Wir brauchen keine feministische Theologie, um zu begreifen, daß Gott sich auch in einer weiblichen, einer mütterlichen Seite offenbart – dieses Wissen war schon immer da.

Diese »Tochter Zions«, die »göttliche Weisheit«, war vielleicht Israels Antwort auf die Muttergöttinnen der Kanaaniter und Phoenizier, vielleicht aber auch die Erinnerung an einen Ur-Jahweismus, in der Gott-Vater, wie alle Götterväter der semitischen Religionen, eine weibliche Gefährtin hatte. Vielleicht trägt sie auch Züge von Neith, der »Himmelskönigin« der Ägypter, die jungfräulich den Ra gebar, den Erlöser und Sonnengott. Neith wurde als »heilige Jungfrau«, »Mutter der Nationen« und »Mutter unseres Gottes« verehrt. Auf sie traf das christliche Paradox zu, das Dante mit den Worten »jungfräuliche Mutter, Tochter Deines Sohnes« zusammenfaßte: Wie alle Menschen war Maria das Geschöpf Gottes, doch sie wurde zugleich Gottes Mutter, als sie den Sohn gebar, der wesensgleich mit dem Vater ist, wie es das Konzil von Nicäa ausdrücklich definierte. Die Marienverehrung ersetzte, wo immer sich das Christentum ausbreitete, die Verehrung der Muttergöttin; sogar ihre Heiligtümer wurden übernommen, von Chartres in Frankreich bis Tepeyac in Mexiko.

»Die Erscheinung einer Frau begann inmitten des Meeres aufzustei-gen, mit einem Gesicht, so lieblich, daß die Götter selbst zur Anbetung niederfallen würden. Zuerst tauchte der Kopf auf, dann der ganze, strahlende Körper, bis er vor mir stand...
Ihr langes Haar fiel in Locken über ihren Nacken und war gekrönt durch einen Kranz, in den jede Art von Blumen gewebt war. Über ihren Brauen strahlte eine runde Scheibe wie ein Spiegel, oder wie das helle Antlitz des Mondes, der mir sagte, wer sie war...
Ihr vielfarbiger Mantel bestand aus feinstem Leinen; ein Teil in strah-lendem Weiß, ein Teil Krokusgelb, ein Teil glühend rot, und am gesamten Rand eine gewebte Bordüre von Blumen und Früchten, die sich im Winde bewegte. Aber was meine Aufmerksamkeit noch mehr auf sich zog war das tiefschwarze Futter ihres Mantels... es war bedeckt mit glitzernden Sternen, in der Mitte der volle und feurige Mond...
Alle Düfte Arabiens erfüllten meine Nase, als die Göttin zu mir sprach: ›Du siehst mich hier, Lucius, in Beantwortung Deines Gebetes. Ich bin die Natur, die universale Mutter, die Herrin aller Elemente, das erste Kind der Zeit, die Königin aller spirituellen Dinge, die Köni-gin der Toten ebenso wie der Unsterblichen, die einzige Manifestation aller Götter und Göttinnen...« Die erste Marienerscheinung? Nein, eine Erscheinung der »Gesegneten Königin der Himmel«, der Göt-tin Isis, wie sie der Erzähler Lucius im »Goldenen Esel« beschreibt, einem mystischen Roman der römischen Antike des 2. Jahrhun-derts. Die Parallelen sind offensichtlich: Wir begegnen dem Motiv der Gottesmutter die gesamte Geschichte hindurch unter den ver-schiedensten Namen. Sie ist es, die uns lenkt, liebt und zurück-führen will in die Harmonie mit der Schöpfung, die Einheit mit den Gesetzen Gottes.

Das Christentum definiert Maria als die »neue Eva«. Die Zahl 101, unter der sie sich in Akita/Japan offenbarte, symbolisiert die eine Frau, durch die die Menschheit aus der Einheit mit Gott fiel und die eine Frau, die die Menschheit ins Paradies zurückführt. Oder, wie es Justin der Märtyrer um das Jahr 155 schrieb: *» Christus wurde*

aus der Jungfrau geboren, um den Ungehorsam, den die Schlange ver-
ursachte, auf dieselbe Weise zu zerstören, in der er seinen Ursprung
genommen hatte. Eva, die unbefleckte Jungfrau, empfing das Wort der
Schlange und brachte Ungehorsam und Tod. Aber die Jungfrau
Maria, erfüllt von Glauben und Freude, als der Engel Gabriel ihr die
gute Nachricht verkündete... antwortete: Nicht mein sondern Dein
Wille geschehe. Und tatsächlich gebar sie ihn... durch den Gott die
Schlange und jene Engel, die wie die Schlange wurden, zerstört, jedoch
jene vom Tode erlöst, die ihre Sünden bereuen und an Christus
glauben.« Irenaeus, Tertullian, Origenes und andere Kirchenväter
stimmten ihm zu und zitierten aus dem Paulus-Brief an die
Korinther: *»Denn wie in Adam alle sterben, werden in Christus auch*
alle lebendig gemacht werden« (1 Kor. 15,22) Den Weg dorthin zu
weisen, das ist der Auftrag der »neuen Eva«.

Was war das Paradies? Wenn wir die biblische Schilderung von
Adam und Eva im Garten Eden als symbolisch betrachten, so ist es
ein Ur-Zustand, in dem der Mensch im Einklang mit der Schöpfung lebte. Er war Teil einer göttlichen Ordnung. *»Von allen Bäu-*
men des Gartens darfst du essen, nur vom Baum der Erkenntnis von
Gut und Böse darfst du nicht essen; denn am Tage, da du davon ißt,
mußt du sterben« (1 Mos. 2,16), sprach der Herr. Was ist das »Böse«?
Alles, was gegen den göttlichen Plan gerichtet ist. Die »Erkenntnis
von Gut und Böse« ist die Inanspruchnahme des Freien Willens,
sich aus der Harmonie mit der Schöpfung zu lösen, sich selbst zu
einem Gott zu erklären, den eigenen Willen über die Gesetze der
Schöpfung zu stellen. Deshalb versprach die Schlange Eva, *»daß*
euch, sobald ihr davon eßt, die Augen aufgehen, und ihr wie Gott sein
werdet.« (1 Mos. 3,5) Das war der Sündenfall – der Fall des Menschen in die Dualität, in den Zustand des Getrenntseins von Gott.
Dieser Weg der Selbsterhöhung hat zu Kriegen und Massakern, zu
blutigen Revolutionen und dem Aufstieg skrupelloser Diktatoren,
aber auch zur Umweltzerstörung und Ausrottung ganzer Arten
geführt. Die Menschheit hat sich bis zum Ende des 20. Jahrhunderts in eine Sackgasse bewegt, ihr droht die Selbstzerstörung. Nur
eine sofortige Umkehr kann sie retten und das verlorene Paradies
auf Erden wieder herstellen – das ist die Botschaft von Fatima, der
Tenor der Marienerscheinungen. Es ist, im wahrsten Sinne des
Wortes, re-ligio, die Zurückführung der Menschheit in die göttliche Schöpfungsordnung: Aus einem Zustand der Getrenntheit

von Gott, der Ursache allen Übels, wollen uns die Erscheinungen herausholen. Welche Mittel empfehlen sie zur Wiederherstellung der Einheit mit der Schöpfung? Es sind die Praktiken der Mystik: Fasten, Gebet, Meditation.

Die moderne Quantenphysik hat herausgefunden, daß offenbar dem gesamten Universum eine »implizite Ordnung« zugrundeliegt und daß »alles mit allem verbunden ist«. »*In jedem Fall dürfen wir sagen, daß nach allem, was die exakte Naturwissenschaft lehrt, im gesamten Bereich der Natur, in der wir Menschen auf unserem winzigen Planeten nur eine verschwindend kleine Rolle spielen, eine bestimmte Gesetzmäßigkeit herrscht, welche unabhängig ist von der Existenz einer denkenden Menschheit, welche aber doch, soweit sie überhaupt von unseren Sinnen erfaßt werden kann, eine Formulierung zuläßt, die einem zweckmäßigen Handeln entspricht. Sie stellt also eine vernünftige Weltordnung dar, der Natur und Menschheit unterworfen sind, deren eigentliches Wesen aber für uns unerkennbar ist und bleibt, da wir nur durch unsere spezifischen Sinnesempfindungen, die wir niemals vollkommen ausschalten können, von ihr Kunde erhalten*«, erklärte der deutsche Physiker Max Planck und postulierte die Existenz einer »*über die Natur regierenden allmächtigen Vernunft*« – ein Naturwissenschaftler hatte Gott entdeckt! Oder, wie es der NASA-Physiker Robert Jastrow erklärte: »*Der Wissenschaftler hat die Berge der Unwissenheit mühsamst und fleißig erklommen. Er ist dabei, den Gipfel zu erobern, doch als er sich über den letzten Grat hinwegzieht, wird er von einer Gruppe von Mystikern und Religionsstiftern begrüßt, die dort seit Jahrtausenden auf ihn warten.*«

Das von Planck, Einstein, dem Einstein-Schüler Prof. David Bohm, Niels Bohr, Werner Heisenberg, Erwin Schrödinger, Wolfgang Pauli, Paul Dirac und dem Cambridge-Biochemiker Prof. Rupert Sheldrake postulierte »holographische Weltbild«, wie es der Brite Ken Wilber bezeichnet, besagt, daß »*der gesamte Kosmos ein Hologramm ist, dessen einzelne Bausteine jeweils die Gesamtheit des Universums widerspiegeln und daß das menschliche Gehirn ein Abbild der Welt darstellt, das als Mikrokosmos die Informationen des gesamten Makrokosmos enthält*«, wie Johannes von Buttlar in seinem exzellenten Sachbuch mit dem bezeichnenden Titel »Gottes Würfel« schreibt.

»*Die Psychologen Anderson und Bentov stellten in diversen Arbeiten die These auf, daß das gesamte Informationspotential des Universums holographisch im Spektrum der Frequenzmuster verschlüsselt ist, von denen wir ständig bombardiert werden*«, erklärte von Buttlar weiter, »*Meditation, so behaupten sie, könne das Gehirn so ruhigstellen, daß es sich auf dieses universale Frequenzmuster einstimmen oder damit in Resonanz treten kann. Geschieht dies, wird die verschlüsselte Information über das Universum holographisch entschlüsselt, und das Individuum erfährt einen Zustand des Einsseins mit dem Bewußtsein des ganzen Holoversums. Bestätigt wird diese These durch die Ergebnisse der* EEG-*Untersuchungen der Neurologen Banquet, Gellhorn und Kiely, die diese an Testgruppen von erfahrenen Meditierern durchführten. Das* EEG *ergab, daß tatsächlich in tiefer Meditation eine Synchronisierung des gesamten zerebralen Kortexes stattfindet.*« Die nach Ansicht der Psychologen erfolgreichste Meditationspraxis ist jene, die in der hinduistischen und buddhistischen Tradition als »Mantra-Japa« bekannt ist: Die ständige Wiederholung eines Gebetes, der Rosenkranz (den neben den Christen auch Hindus, Buddhisten und Moslems kennen, natürlich mit entsprechend anderen Gebeten oder »heiligen Namen«). Durch eine entsprechende Praxis kann eine Gehirnwellenfrequenz erreicht werden, die »Alpha-Zustand« genannt wird: Der Zustand größter Entspannung und Rezeptivität, der auch in den religiösen Ekstasen der Seherkinder von Medjugorje festgestellt wurde. Wird in diesem Zustand der Mensch »neu programmiert«, empfänglich für die »Blaupause der Schöpfung«?

Eine weitere Forderung bei den meisten Marienerscheinungen ist die nach der Errichtung einer Kapelle oder Kirche, in der die Menschen eingeladen werden, für den Frieden zu beten. Hat die Gottesmutter es nötig, ihre Anbetung zu erbitten? Nein. Wie wissenschaftliche Tests mit größeren Gruppen von Meditierern gezeigt haben, können Menschen im Alpha-Zustand kraftvolle kollektive Bewußtseinsfelder aufbauen – und »Bewußtsein bestimmt das Sein«, wie das holographische Weltbild postuliert. Es spricht von »morphogenetischen Feldern«, ein Begriff, den der Biochemiker Dr. Rupert Sheldrake, Professor an der Universität Cambridge, geprägt hat. Sheldrake ist überzeugt, daß ein »morphogenetisches Feld« (»formgebendes Feld«) in und um jeden Organismus existiert wie ein Magnetfeld in und um den Magneten: »Die morphogenetischen Felder aller Organismen«, so Sheldrake, »*sind durch die morphische Resonanz miteinander verbunden. Diese morphische Resonanz ist die lenkende Kraft jenseits der materiellen Welt. Sie verbindet alle Lebewesen miteinander, bestimmt die Evolution: Als die erste Verbindung eines Protons mit einem Elektron das Wasserstoffatom erzeugte, war es die morphische Resonanz, die bewirkte, daß dich dieser Vorgang wiederholte: Der Erfolg der ersten Verbindung schuf ein Feld, das die anderen Protonen und Elektronen veranlaßte, den Vorgang nachzuahmen*«.

Seitdem sind buchstäblich Hunderte von Experimenten in aller Welt durchgeführt worden, die Sheldrakes Hypothese zu bestätigen scheinen. Sie alle liefen auf einen Punkt hinaus: Je mehr Personen sich etwas aneignen, umso schneller lernen es die folgenden. Je mehr Menschen ein Konzept akzeptieren, je schneller setzt es sich durch – in einer exponentiellen Kurve.

Auf diesen Effekt war der Biologe Lyall Watson bereits 1952 gestoßen, als er auf der isoliert gelegenen japanischen Insel Koshima eine Affenkolonie beobachtete. Die Tiere lebten überwiegend von Süßkartoffeln, die ihnen von den an einem Forschungsprojekt beteiligten Wissenschaftler spendiert wurden. Irgendwann entdeckte eine Affendame, daß die Kartoffeln besser schmecken, wenn man in dem nahegelegenen Fluß den Sand und die Steinchen, die an ihnen klebten, abwäscht. »Das war der Beginn einer Kulturrevolution«, kommentierte Watson später. Andere Affen, nämlich die Jüngeren, und jene, die die Jungen nachahmten, schauten der Äffin diese Gewohnheit ab und wuschen ihr Futter ebenfalls. Kurz darauf entdeckte die Äffin, daß die Kartoffeln noch besser schmeckten, wenn man sie im Meer reinigt, und die ganze Affenhorde folgte ihr.

Zur Beweisführung seiner aus dieser Beobachtung gefolgerten Hypothese legte Watson die Zahl der Affen, die an einem Dienstagmorgen um 11.00 Uhr ihre Kartoffeln wuschen, mit 99 fest. Als sich ein weiterer Affe an dem Ritual beteiligte, war die Hundert voll. Aber mit diesem »hundertsten Affen« vollzog sich ein Quantensprung: Denn am Abend des gleichen Tages wusch ausnahmslos die gesamte Affenkolonie ihre Süßkartoffeln im Meerwasser; und nicht nur sie: Auch auf dem Festland und auf anderen Inseln imitierten die Affen diese Gepflogenheit, ohne daß es bei ihnen zu den entsprechenden Vorstufen (Entdeckung, Waschen im Süßwasser, Annahme durch die jungen »Avantgardisten«) gekommen ist. Das heißt: Eine genügend große Anzahl von Intelligenzen kann ein Bewußtseinsfeld programmieren, das sich schlagartig ausbreitet. Kann das auch bedeuten: Wenn genügend Menschen für den Frieden beten, wird sich die Idee des Friedens schlagartig ausbreiten? Es lohnt sich, dieses Experiment zu machen. Dienen Pilgerorte dem Ziel, »hundert Affen« zusammenzubringen, um ein solches Bewußtseinsfeld zu schaffen? Es ist möglich.

Ein klassisches Beispiel, wie diese Gesetze arbeiten, ist die von der Jungfrau von Fatima geforderte Weihe Rußlands an ihr Unbeflecktes Herz. Papst Pius XII. tat sein bestes, um den Wunsch der Gottesmutter zu erfüllen, doch er wußte nicht, daß sie auf seine Weise nicht »funktionierte« – die Wirkung blieb aus. Warum? Weil diese Weltweihe ausdrücklich »*mit allen Bischöfen der Welt und ihren Gläubigen*« vollzogen werden sollte: Als Aufbau eines weltweiten Bewußtseinsfeldes von Millionen von Betenden, die zeitgleich dasselbe Gedankenfeld manifestieren würden: Den Wunsch nach der Bekehrung Rußlands. Diese Weihe wäre keine sentimentale und antiquierte Zeremonie, sondern ein praktischer Akt, ein Ritual zur Reprogrammierung eines morphogenetischen Feldes, das den »Effekt des hundertsten Affen«, einen bewußtseinsmäßigen Quantensprung, ausgelöst hätte. Als Papst Johannes Paul II. endlich formgerecht die Weihe durchführte, folgte die Wirkung innerhalb eines Jahres. »*Doch die Weihe kam zu spät, viel zu spät*«, erklärte Lucia später, mehr noch, sie war zu allgemein gehalten: Die »Bekehrung« fand nur halbherzig statt, anstelle des »heiligen Rußlands« sehen wir heute ein Land, das von inneren Krisen und Problemen geschüttelt wird.

Die Maria der Erscheinungen weist uns den Weg: Wir können die Welt aus der Krise, der Sackgasse, in der wir heute, an der Schwelle zum Dritten Jahrtausend, stecken, herausmanövrieren. Wir müssen nur die Ursachen und die Auswege erkennen. Vielleicht dienen die Marienerscheinungen eben diesem Zweck: Genügend Menschen auf die Gefahren eines falschen Lebenswandels aufmerksam zu machen und die Werte einer neuen, »paradiesischen« Zivilisation, einer »Kultur des Lebens«, zu manifestieren. Wenn uns das nicht gelingt, dann droht uns wahrhaft die Apokalypse, der wir noch nie so nahe waren wie in den letzten 167 Jahren des »marianischen Zeitalters«. Wir haben nicht mehr viel Zeit. Die Lage ist so ernst wie nie zuvor. Und indem sie uns den Weg zeigt in ein neues

Zeitalter der Menschlichkeit und Liebe, der Harmonie mit den Gesetzen der Schöpfung, hat die Madonna wahrhaft einen Titel verdient, den ihr vielleicht schon im nächsten Jahr Papst Johannes Paul II. demütig zu Füßen legt: Den der Miterlöserin.

Denn das 20. Jahrhundert, das als marianisches Jahrhundert in die Kirchengeschichte eingehen wird, endet vielleicht mit einem ganz besonderen Akt der Verehrung der Gottesmutter. Für das Jahr 1998 plant Johannes Paul II., der »Fatima-Papst«, der das »M« Mariens auf sein Wappen schreiben ließ und dessen Wahlspruch das »TOTUS TUUS«, das »ganz Dein« an die Himmelskönigin war, die Verkündigung eines neuen, ja des endgültigen marianischen Dogmas: Die Gottesmutter soll zur MITERLÖSERIN, MITTLERIN und FÜRSPRECHERIN erklärt werden.

Dieser Marientitel hat eine Tradition in diversen Erscheinungen. In Eisenberg, Marpingen, und ganz besonders als »Frau aller Völker« in Amsterdam bezeichnete sich die Gottesmutter als »Miterlöserin, Mittlerin, Fürsprecherin« und versprach reichliche Gnaden für den Zeitpunkt, wenn die Kirche diesen Titel offiziell als neues Dogma verkündet. Mittlerweile haben 42 Kardinäle, über 500 Bischöfe und 4,5 Millionen Katholiken aus 155 Ländern der Erde eine von dem amerikanischen Theologen Prof. Mark Miravalle verfaßte Petition unterschrieben, die Papst Johannes Paul II. in seinem Vorhaben, das neue Dogma unter dem »Charisma seiner Unfehlbarkeit« zu verkünden, unterstützt. Miravalle erklärt das neue Dogma in seinem Buch »Maria – Miterlöserin, Mittlerin, Fürsprecherin«, dessen Vorwort Kardinal Edouard Gagnon verfaßte, einer der engsten Berater des Papstes. Dieser bezeichnete das neue Dogma als »fait accompli«, als etwas, das bereits erreicht wurde: *»Das Marianische Dogma, das kommen wird, ist wichtig. Vor Jahren haben zahlreiche Kardinäle und Bischöfe eine Petition mit derselben Definition verfaßt, und die Antwort, die ihnen damals gegeben wurde, war, daß es nicht notwendig sei, denn es sei bereits Lehre der Kirche. Doch wir denken, daß es nicht nur wichtig ist, daß es geglaubt wird, es muß auch verkündet werden... Und in diesem Zeitpunkt der Geschichte ist es sehr wichtig, daß unser Glauben an die Rolle Mariens klar definiert und verkündet wird.«*

Dabei stoßen die Befürworter des Dogmas auf heftigen Widerstand selbst aus den Reihen des Vatikans. Mit der Klärung der

Streitfragen beauftragte Johannes Paul II. eine Theologische Kommission der Päpstlichen Internationalen Marianischen Akademie, die aus fünfzehn katholischen Theologen sowie einem anglikanischen, einem lutheranischen und drei orthodoxen Theologen bestand. Am 4. Juni 1997 veröffentlichte diese Kommission ihre Ergebnisse in der Vatikanzeitung »L'Osservatore Romano«, und mahnte den Papst zur Vorsicht. Die Gegner der Verkündigung sind der Ansicht, die Berufung auf das Charisma der päpstlichen Unfehlbarkeit, die Teil der Verkündigung eines neuen Dogmas ist, sei unkollegial und könnte den ökumenischen Dialog mit den orthodoxen und protestantischen Kirchen erheblich stören, die das Primat Roms nicht anerkennen. Zudem könnte das neue Mariendogma selbst »ökumenische Probleme« in sich tragen. Speziell für die Protestanten wirke die Bezeichnung der Gottesmutter als »Miterlöserin« eher befremdlich: Nur Jesus Christus könne der einzige Erlöser sein.

»*Der Titel ist genauso mißverständlich wie die Bezeichnung ›Gottesmutter‹, nicht mehr und nicht weniger*«, argumentieren wiederum seine Befürworter. Das »Mit-« stellt Maria keineswegs ihrem Sohn gleich, aber an die Seite. Zudem entspräche es der schon bei den Kirchenvätern gängigen Definition Mariens als »neuer Eva«. Weiter, so Miravalle, »*lehrt das Beispiel der Maria Miterlöserin der Kirche und der Welt, daß ›Leiden zur Erlösung führen kann‹, was gerade im Zeitalter der Euthanasie und der Abtreibungen eine wichtige Botschaft wäre. Als solche könnte es die Theologie des Dritten Jahrtausends maßgeblich bestimmen.*«
Fest steht: Der Papst will das neue Dogma, hat selbst zu diversen Anlässen bereits Maria als »Miterlöserin« bezeichnet. Sollte er sich gegen den Widerstand im Vatikan durchsetzen, dann steht der Zeitpunkt für seine Verkündigung bereits fest: Es wird der 31. Mai 1998 sein.
Johannes Paul II. hat die letzten drei Jahre des 2. Jahrtausends unter den Schutz der Heiligen Dreifaltigkeit gestellt. 1997 war das Jahr Jesu Christi, das »Jahr der Wahrnehmung, des Austausches und der Vergewisserung im Glauben«, 1998 ist das Jahr des Heiligen Geistes, der »Entdeckung von Hoffnungszeichen«, 1999 das Jahr Gottvaters, das »Jahr der Erinnerung und Orientierung«. Das Heilige Jahr 2000 ist »dem dreifaltigen Gott« geweiht: Ein »Jahr der Feier der Gegenwart Gottes in der Welt«. Zu den Jubelfeiern

in Rom und Jerusalem werden Millionen Gläubige erwartet. *»Während das Heilige Jahr 2000 sich nähert, sollten wir uns in einem neuen missionarischen Advent engagieren, in dieser Welt, die den oft so tragischen Ereignissen der Geschichte ausgeliefert war«*, erklärte der Papst am Abend des 13. Mai 1991 in Lissabon, als er gerade aus Fatima zurückkam, *»Christus, der Erlöser der Welt, geht mit uns; laßt unsere Schritte in Harmonie mit Seinen erfolgen, um mit Ihm eine Welt mit menschlichem Antlitz aufzubauen, eine Gesellschaft, die auf der Achtung vor Gott und dem Nächsten basiert. Eben das habe ich für Portugal und die ganze Welt zu Füßen Unserer Lieben Frau von Fatima erbeten, auf meiner Reise zu ihrem Heiligtum, von dem aus ihre Gnade in die Kontinente strahlt, ihre Aufrufe und die prophetischen Warnungen der Mutter Gottes und der Menschen ... Wir glauben, daß es die machtvolle Fürsprache Marias ist, die uns erlaubt, an die Schwelle zum Dritten Jahrtausend zu treten, und daß es Teil Ihres Planes ist, daß Sie sich hier manifestiert hat.«* – *»Die Kirche des dritten Jahrtausends«*, so versicherte er den portugiesischen Bischöfen, müsse *»aus der Re-Evangelisierung geboren werden«*. Diese Forderung scheint ganz dem Inhalt der Dritten Botschaft von Fatima zu entsprechen, die, wie wir glauben, die Krise der Kirche und des Glaubens zu Ende des 20. Jahrhunderts voraussagte – ganz gewiß nicht, ohne ein »Gegenmittel« zu empfehlen.

Während sich sein Pontifikat dem Ende zuneigt, ist die Vision des »Heiligen Jahres 2000« für den von Alter und Krankheit gezeichneten Kirchenfürsten die Quelle, aus der er trotz aller Schmerzen und Leiden noch Kraft gewinnt. Er ist überzeugt, daß es seine Bestimmung ist, die Kirche in das Dritte Jahrtausend zu führen und ein Zeichen zu setzen für die Zukunft des Christentums. Das neue marianische Dogma wäre ein solches Zeichen, geboren aus dem Geist von Fatima, zum Lob und Preis der Gottesmutter, die ihm an jenem schicksalsträchtigen 13. Mai 1981 das Leben gerettet und die Fortführung seines Pontifikats ermöglicht hatte. Denn er weiß: Das Christentum des Dritten Jahrtausends wird ein Marianisches sein, oder es wird nicht sein. Denn entweder wir hören auf die Mahnungen unserer Miterlöserin, Mittlerin und Fürsprecherin – oder wir sind dem Untergang geweiht, den wir selbst verursacht haben.

In seiner Enzyklika »Dives in Misericordia« (Reich an Gnade) aus dem Jahre 1980 betonte Johannes Paul II. die wichtige Rolle der

Gottesmutter an der Schwelle zum Dritten Jahrtausend, als er sich auf das »Magnifikat« Mariens bezog: »*Wir haben jedes Recht zu glauben, daß unsere Generation auch eingeschlossen war in die Worte der Gottesmutter, als sie dieses Erbarmen rühmte, das ›von Geschlecht zu Geschlecht‹ gilt für jene, die es zulassen, von Gottesfurcht gelenkt zu werden. Die Worte von Mariens Magnifikat hatten ihren prophetischen Inhalt, der nicht nur die Vergangenheit Israels, sondern auch die gesamte Zukunft des Gottesvolkes auf Erden betraf. Tatsächlich sind wir, die wir heute auf Erden leben, die Generation, die sich dem Herannahen des Dritten Milleniums bewußt sind und tiefgreifend die Veränderung spüren, die sich in der Menschheitsgeschichte vollzieht.*« Der Zusammenhang mit Fatima wird noch offensichtlicher, wenn man sich die Rede vor Augen hält, die der Wojtyla-Papst am 12. Mai 1991 vor der Capelinha von Fatima hielt und in der er vor dem Gnadenbild die Gottesmutter anflehte: »*Maria, hilf Deinen Söhnen und Töchtern während dieser Jahre des Advents des Dritten Milleniums, daß sie in Christus den Weg finden, zum Heim ihres himmlischen Vaters zurückzukehren... liebste Mutter, hilf uns aus der gottlosen Wüste, in der unsere Generation und unsere Kinder verloren zu sein scheinen. Mögen sie endlich die göttlichen Quellen ihres eigenen Lebens wiederentdecken und dort Rast finden.*« All dies hat die Gottesmutter von Fatima im »Dritten Geheimnis« vorausgesagt, nicht ohne einen Ausweg anzubieten. Der Fatima-Papst glaubt, von der Vorsehung dazu bestimmt zu sein, das Kirchenvolk mit Maria, der Miterlöserin, und der Botschaft von Fatima in das Dritte Jahrtausend zu führen, in eine Zeit des Friedens und der Erlösung, der Wiedervereinigung mit dem Göttlichen. Schon deshalb will und wird er noch vor der Jahrtausendwende das neue Dogma verkündigen.

Maria empfing vom Heiligen Geist, und darum kann das »Jahr des Heiligen Geistes« auch das Jahr ihres Triumphes werden. Ist es Zufall, daß in diesem Jahr das Pfingstfest, das Fest des Heiligen Geistes, ausgerechnet auf den 31. Mai fällt, den bisherigen Termin für das liturgische Fest der »Mittlerin aller Gnaden«, das Papst Benedikt xv. einführte? Oder hat, wie der Papst glaubt, die Vorsehung dieses Zusammentreffen gewählt als Zeichen, als Bekräftigung für die Verkündigung des neuen Dogmas, mit dem ein »neues Pfingsten«, ein marianisches Pfingsten, eine Zeit der Gnade für die Menschheit erwartet wird. Wird es die von der Gottesmutter angekündigten Katastrophen aufhalten, gar verhindern können? Vielleicht würde sich dann das Versprechen von Fatima erfüllen, daß schließlich, nach einem Jahrhundert der Wirren, »*der Welt... eine Zeit des Friedens geschenkt*« wird. Es liegt an uns.

Die Häufigkeit ihrer Warnungen in unserer Zeit ist jedenfalls ein klares Indiz dafür, wie groß die Gefahr ist, die uns droht. Doch sie lassen uns auch wissen, daß wir nicht alleine sind.

Michaelangelos »Erschaffung Adams« in der Sixtinischen Kapelle: Gottvater umarmt mit dem linken Arm die »Weisheit«, seinen weiblichen Aspekt.

*Eine der Aufnahmen, die der junge Soldat im September 1957
in Ft. Belvoir, Va. machte: Um den schwarzen Ring hat sich bereits eine
massive Wolke gebildet.*

Anges, Frere Francois de Marie des: Fatima – Prophecies of Tragedy and Triumph, Buffalo/NY 1994

Altgott, Christel: Heroldsbach – Eine mütterliche Mahnung Mariens, Mönchengladbach 1979

Ashe, Geoffrey: The Virgin, London 1976

Ashton, Joan: Mother of all Nations, San Francisco 1989

Auclair, Raoul: Kerizinen, Hauteville 1983

Barthas, Carl: Fatima – ein Wunder des zwanzigsten Jahrhunderts, Freiburg 1955

Baumgartlinger, Karl: Das geheimnisvolle Kreuz von Eisenberg, Ried o. J.

Beckley, Timothy G. & Crockett, Art: Secret Prophecy of Fatima Revealed, New Brunswick/NJ 1991

Begg, Ean: The Cult of the Black Virgin, London 1985

Bekh, Wolfgang J.: Therese von Konnersreuth, München 1994

Bender, Hans: Zukunftsvisionen, Kriegsprophezeihungen, Sterbeerlebnisse, München 1983

Benitez, Juan J.: El misterio de la Virgen de Guadalupe, Barcelona 1982

Bernstein, Carl & Politi, Marco: Seine Heiligkeit, München 1996

Blunck, Jürgen: Geheimnisvolle Lichtkreuze, St. Andrä-Wördern 1993

Borelli, Antonio A. & Spann, John R.: Our Lady at Fatima: Prophecies of Tragedy or Hope?, York/PA 1996

Buttlar, Johannes von: Adams Planet, München 1991

ders.: Gottes Würfel, München 1992

Calvagno, Maria: Il Cielo Sulla Roccia, Belpasso 1988

Carpi, Pier: Die Prophezeihungen von Papst Johannes XXIII., Muggensturm 1982

Carrol, Warren H.: 1917 – Red Banners, White Mantles, Front Royal/VA, 1981

Castelbranco, J.: Maria erscheint und spricht in Fatima, Konstanz 1949

Castella, Andre: San Damiano, Hauteville 1992

Cataneo, Pasquale: I Fioretti di Padre Pio, Roma 1988

Connell, Janice: The Visions of the Children, New York 1992

dies.: Meetings with Mary, New York 1995

Däniken, Erich v.: Erscheinungen – Phänomene, die die Welt erregen, Düsseldorf 1974

Derobert, Pater: Pater Pio – durchsichtig auf Gott hin, Marquain 1990

Dibitonto, Giorgio: Engel in Sternenschiffen, Wiesbaden 1984

Drosnin, Michael: The Bible-Code, New York 1997

Durham, Michael: Miracles of Mary, San Francisco 1995

Durrer, Werner: Siegeszug der Wunderbaren Medaille, Jestetten 1994

Ernst, Robert: Die Papstweissagung des Hl. Bischofs Malachias, Bietigheim 1988

Es, Marinus M. van: fatima – Erscheinungen und Botschaft Unserer lieben Frau, Jestetten 1982

Estrade, Jean B.: Bernadette, die Begnadete von Lourdes, Leutesdorf 1980

Frank, Isnard W.: Franz von Assisi, Mainz 1992

Franzen, August: Kleine Kirchengeschichte, Freiburg 1965

Freixedo, Salvador: Las Apariciones Marianes, Madrid 1985

Freze, Michael: Voices, Visions and Apparitions, Huntington/Ind., 1993

Fuhs, Andreas Johannes: Fatima und der Friede, Steyl 1983

Gallagher, Jim: Padre Pio – The Pierced Priest, London 1995

Gaube, Karin & v.Pechmann, Alexander: Magie, Matriarchat uund Marienkult, Reinbek 1986

Girard, Guy & Armand & Bubalo, Janko: Mary – Queen of Piece, Maison St. Pascal, 1988

Gonzaga da Fonseca, L.: Maria spricht zur Welt, Freiburg 1973

Gordon, Stuart: The Book of Miracles, London 1996

Grufik, Franz: Turzovka, das slowakische Lourdes, Stein am Rhein 1970

Grillo, Mons. Girolamo: Ha pianto tra le mie mani, Casae Monferrato 1997

Grochtmann, Harald: Unerklärliche Ereignisse, überprüfte Wunder und juristische Tatsachenfeststellung, Langen 1989

Hamm, Emma T.: Eingriffe – Lourdes und Fatima im Zeitgeschehen, Leutesdorf 1980

Heresch, Elisabeth: Rasputin, München 1995

Hesemann, Michael: Findet der Weltuntergang statt?, Göttingen 1983

ders.: UFOS: Die Kontakte, München 1990

ders.: Botschaft aus dem Kosmos, Neuwied 1993

ders.: Geheimsache UFO, Neuwied 1995

ders.: »Marienerscheinung erstmals fotografiert«, in: Magazin 2000, Luxembourg 1982

ders.: »Die großen Marienerscheinungen« (Serie), in: Das Neue Zeitalter, München 1983

ders.: »Der Stigmatisierte von Fatima«; in: Magazin 2000 Nr. 101, Neuss 1994

ders.: »Zeichen am Himmel und auf der Erde«, in: Magazin 2000 Nr. 102, Neuss 1995

ders.: »Therese Neumann: Die Frau, die die Sprache Christi sprach«, in: Magazin 2000 Nr. 104, Neuss 1995

Hierzenberger, Gottfried & Nedomansky, Otto: Erscheinungen und Botschaften der Gottesmutter Maria, Augsburg 1993

Höcht, Johannes M.: Träger der Wundmale Christi, Stein am Rhein 1986

ders.: Die Große Botschaft von La Salette, Stein am Rhein 1977/96

Hoffmann, Hellmuth: Die Wahrheit über die Botschaft von Fatima, Bietigheim 1983

Hurtak. James J.: Die Schlüssel des Enoch, Brienz 1990

Jäger, M.: Eisenberg 1956-1983, München 1983

Johannes XXIII.: Geistliches Tagebuch, Freiburg 1964

Johannes Paul II.: Die Schwelle der Hoffnung überschreiten, Hamburg 1994

Johnston, Francis: So hat Er keinem Volk getan, Stein am Rhein 1991

Katechismus der Katholischen Kirche, München 1993

Kondor, Luis (Hrsg.): Schwester Lucia spricht über Fatima, Fatima 1996

Klosa, Dr. Josef: Das Wunder von Konnersreuth, Augsburg 1994

Klüppel, Heinrich: Meine Erlebnisse bei Therese Neumann in Konnersreuth und den Muttergottes-Erscheinungen in Heroldsbach, Obermarsberg 1977

Künzli, J. F.: Die Botschaft der Frau aller Völker, Jestetten 1977

ders.: Die Erscheinung in Marienfried, Jestetten 1982

Laurentin, Rene: The Apparitions of the Blessed Virgin Mary Today, Dublin 1990

ders. und Joyeux, Henri: Scientific & Medical Studies on the Apparitions at Medjugorje,Dublin 1987

Leonie van den Dijck – Seherin und Sühneseele, Eschenz 1982

Ljubic, M.: Erscheinungen der Gottesmutter in Medjugorje, Jestetten 1982
Malatesta, Enrico: L'ultimo segreto di Padre Pio, Casale Monferrato 1997
Malaty, Tadros: Die Gottesmutter bei den Vätern, Regensburg 1989
Manteri, Piero: Pino Casagrande, Udine 1993
Marchi, J. de: Fatima von Anfang an, Fatima 1993
Mbukanma, Jude O.: Göttlicher Appell, Milano 1995
Mehring, Horst: Maria, Rosa Mystica, Altötting 1988
Menger, Howard: The High Bridge Incident, Vero Beach/FL 1991
Meyer, Anton: Malachias – Die Päpste-Weissagung, Lathen 1995
Meyer, Bonaventur: Die Kirche in Gefahr, Trimbach 1982
Naber, Joseph: Tagebücher, München 1987
Odell, Catherine M.: Those Who Saw Her, Huntington, Ind. 1995
Pandiscia, Antonio: Padre Pio, Torino 1993
Philbert, Bernhard: Christliche Prophetie und Nuklearenergie, Stein am Rhein 1982
Pinotti, Roberto & Malanga, Corrado: B.V.M. – Beata Virgine Maria, Cles 1995
Pixner, Bargil: Mit Jesus in Jerusalem, Jerusalem 1996
Pryse, James M.: Reinkarnation im Neuen Testament, Interlaken 1980
Rahner, Karl: Visionen und Prophezeihungen, Freiburg 1958
Redzioch, Wlodzimierz: Our Lady of Fatima, Narni o. J.
Reju, Daniel: Das dritte Geheimnis von Fatima, Bergisch-Gladbach 1984
Sainte Trinite, Michel de la: The whole Truth About Fatima,
   – Vol. 1: Science and the Facts, Buffalo/NY 1989
   – Vol. 2: The Secret and the Church, Buffalo/NY 1989
   – Vol. 3: The Third Secret, Buffalo/NY 1990
Salmen, Hans: Jetzt erfüllt sich das Dritte Geheimnis von Fatima, Gaming 1996
Schmerting, Georg: Geheimnis Maria, Dorfen 1996
Schnyder, Henri: Wie überlebt man den dritten Weltkrieg?, Göttingen 1984
Schwarz, Hünther: Die Zeichen von Konnersreuth, Regensburg 1994
Siena, Giovanni: Pater Pio: Das ist die Stunde der Engel, S. Giovanni Rotondo
   1976
Sofia, Franco: Belpasso, Udine 1995
Spada, Tino La: La Roccia della Speranza, Catania 1988
Speckbacher, Franz: Rosa Mystica, Andrä-Wördern 1986
ders.: Erscheinungen in Heroldsbach, Andrä-Wördern 1989
ders.: Garabandal, Donnerstag 20.30 Uhr, Wien 1979/92
Spiegl, Anni: Leben und Sterben der Therese Neumann von Konnersreuth, Kon-
   nersreuth 1976
Stanford, Ray: Fatima Prophecy, New York 1987
Steiner, Johannes: Theres Neumann, München 1988
ders.: Visionen der Therese Neumann, München 1977
Stevens, Wendelle C.: UFO Photographs, Tucson 1986
Terelja, Josip & Brown, Michael: Zeugnis, Andrä-Wördern 1995
Tindal-Robertson, Timothy: Fatima, Russia & Pope John Paul II., Chulmleigh,
   Devon 1992
Tornielli, Andrea: Il Mistero delle Lacrime, Udine 1995
Vallee, Jacques: Passport to Magonia, New York
ders.: The Invisible College, New York 1975
Wagner, Karl: Erscheinung der weinenden Mutter Gottes in La Salette, Altötting
   o. J.

ders.: Pater Pio, Altötting o. J.
Wassermann, Adi: Bernadette Soubirous, Garning 1996
ders.: Pater Pio – Der Kapuziner mit den Wundmalen Christi, St. Andrä-Wördern 1995
Weber, Albrecht: Garabandal – Der Zeigefinger Gottes, Meersburg 1993
Winowska, Maria: Das wahre Gesicht des Pater Pio, Aschaffenburg 1982
Yasuda. P. Teiji: Die Gottesmutter von Akita, Akita 1986
Ziegenaus, Anton (Hrsg.): Marienerscheinungen -. Ihre Echtheit und Bedeutung im Leben der Kirche, Regensburg 1995
Zinsstag, Lou & Good, Timothy: George Adamski – The Untold Story, Kent 1983

MAGAZINE

Magazin 2000, Luxembourg/Neuss
30 Tage, Rom/Aachen
Nonsiamosoli, Porto San Elpidio/Italien
Inside the Vatican, Rom
Das Neue Zeitalter, München
Il Segno del Soprannaturale, Udine/Italien
Der Spiegel, Hamburg

BILDQUELLENNACHWEIS

Abb. Nr. Michael Hesemann: 24–27, 73–74
Archiv Michael Hesemann/Magazin 2000:
8, 14, 15, 17, 28–33, 35–38, 39–40, 42, 52, 54–55, 67–68, 70, 75–76, 83
Nonsiamosoli, Porto San Elpidio/Italien:
16, 41, 43, 44–51, 56–66, 69, 71–72, 77–82
Archivo Postulacao Fatima 1–7, 9, 10–13, 18–23,
Convento Frati Capuccini »S. Maria delle Grazie«, San Giovanni Rotondo: 34, 53

WEITERE INFORMATIONEN

Regelmäßige Berichterstattung über die jüngsten Erscheinungen und Marienwunder findet der interessierte Leser im MAGAZIN 2000 – Internationales Forum für Grenzwissenschaften.
Probeheft gegen DM 2,– in Briefmarken bei: Argo – Internationale Publikationen, Frau I. Schlotterbeck, Lupinenstr. 103, D-41466 Neuss
Ein Video über Giorgio Bongiovanni, den Stigmatisierten von Fatima, ist in Vorbereitung.
Es ist erhältlich für DM 79,– plus Porto & Verp. bei: 2000 Film Productions, Verlag M. Hesemann, Worringerstr. 1, D-40211 Düsseldorf

INDEX

Adamski, George 329ff., 343
Affe, hundertster 400
Agca, Ali 164f.
Agnes, Schwester 161, 262ff.
Akita 161, 262ff., 395, 410
Alacoque, Margarethe Maria 102, 352
Alfonso I., 31
Alfonso XIII. 101
Ali, Schwester Anna 373, 446
Aljustrel 17, 25f., 30ff, 47ff, 52, 54ff, 61ff, 79
Alonso, Pater Joaquin Maria 150ff.
Amsterdam 237, 401
Anba Kyrillos VI. 261
Antichrist 94, 210f., 233, 354
Apokalypse 141, 146, 148, 156f., 190, 192, 205, 329, 364, 383f., 400
Aramäisch 313ff.
»Archipel Gulag« 46, 99
Armageddon 387f.
Armstrong, Neil 336
»Atombombentest-Stop« 136ff.
Atomkrieg 137, 146, 150, 152, 155, 170, 171, 245, 330
Atompilz 243
Augustinus, hl. 192, 327
Aurora borealis 104, 392
Außerirdische 327ff., 344ff., 358, 392
Autosuggestion 289, 319ff.
Balducci, Msgr. Corrado 8, 147f., 160, 335f., 345, 357
Banneux 235
Beauraing 235
Belpasso 278ff., 341
Bender, Hans 141, 148, 391, 407
Bernadino, Juan 195ff.
Bernhard von Clairvaux, hl. 254
Bernstein, Carl 173, 179
»Bewußtseinsfeld« 113, 398ff.
Bibel-Code 384ff.
Bilokation 282, 291, 312
Bohm, David 397
Bonaventura, hl. 302
Bongiovanni, Filippo 353ff., 362
–, Giorgio 8, 160, 325ff., 333, 350ff., 383
Borello 277ff., 345, 350, 434
Brejo 348ff.
Brentano, Clemens von 301
Bruno, Giordano 332
Bürgerkrieg,
– Jugoslawischer 265ff., 366, 393
– Spanischer 46, 76, 87, 90, 240
– in Ruanda 276f., 393

Buttlar, Johannes von 8, 397
Capovilla, Msgr. Luis 133, 143, 148, 333, 357
Carpi, Pier 331
Carreira, Maria dos Santos (Maria da Capelha) 38, 50, 64, 73
Casagrande, Pino 374f.
Castelgandolfo 126, 133, 166
Charismen 312
Chruschtschow, Nikita 123, 136
Churchill, Winston 142
Civitavecchia 378ff.
Coatlaxopeuh 199
Coelho, Pater Messias Dias 148
Coimbra 63, 68, 119, 125, 133ff., 145, 151ff., 170f., 354
Conchita (Gonzales) 248ff., 299
Conquista 194, 393
Corbally, Christopher 333
Cornacchiola, Bruno 240
Cova da Iria 32, 36ff., 47ff., 54ff., 70, 72, 81, 86ff., 109, 119, 135, 145f, 167ff., 179, 185f
David, König 190
Deutsche Bischofskonferenz 332
Diaz, Carlos 361
Dibitonto, Giorgio 343ff.
Diego, Juan 195ff.
Dijck, Leonie van den 235 f.
»diplomatische Version« 136, 140ff., 159
Dogma 15, 20, 45, 121, 124, 127, 140, 150f, 192, 205, 214, 216, 237, 254, 401ff.
Dreifaltigkeit, Heilige 28, 34, 100, 173, 226, 402
»30 Tage« 166, 232
Drosnin, Michael 384ff.
Dziwisz, Stanislaw 164, 169
Eden, Wächter von 344
Eisenberg 242ff., 341, 350, 401
»Eisenbergwasser« 246
Eisenhower, Dwight D. 300, 329
Ekstase 28, 230, 235, 250, 266, 270f, 279f, 283, 301ff., 311, 317ff., 323, 351ff., 392, 398, 430, 443
El Alamein 112
Elektro-Enzephalogramm (EEG) 270
Elias 193, 326, 330
Emmerick, Anna Katharina 301
Emmitsburg 367
Emrich, Louis 137ff., 146, 159f., 355
Endzeit 46, 132, 155, 364.382, 387

Engel 17ff., 60ff., 99, 117, 189ff., 214ff.,
249, 263, 275, 280, 297, 324ff., 343,
358, 367, 374, 396
Ernani, Jose 348ff.
Falangisten 101
Faschismus 86, 112, 118, 317
Fatima (Lieblingstochter Moham-
meds) 30
Fatima (Tochter des Fürsten von Al-
Kasar) 30
»Fatima-Effekt« 80
»Fatima 2000« 134, 151
Faustina, Schwester 232
Ferdinand, Erbprinz Franz 21
Ferreira, Pfarrer Manuel Marques
37, 41, 49, 51f.
Fontanelle 238, 350
Formigao, Manuel 58, 75
Francisco (Marto) 17, 36, 42, 63ff.
Franco, Francisco 91
Franco, Joao Fernando Pinto 20
Franziskus von Assisi, hl.
289, 300f., 439
»Frau aller Völker« 237, 263, 393, 401
Freimaurer 19ff., 47, 72, 80, 87f., 118,
292
Freire, Jose Geraldes 134
Fuentes, Pater Augustine 131ff.
Gagarin, Yuri 336
Galilei, Galileo 16
Garabandal, S. Sebastian de 248ff.
Garibaldi, Giuseppe 214
Garrett, Dr. Ameida 63
Geheimnis, 14, 41ff., 109
– Erstes 43
– Zweites 44, 100ff., 114.126ff.
– Drittes 14, 45, 126ff., 149, 167, 249f.,
328ff., 352
Gerlich, Dr. Fritz 316
Gilli, Pierina 238
Glasnost 172, 178
Glaubenskrise 150
Glenn, John 336
Gnosis 87
Godinho, Mario 45
–, Maria 75ff.
Gorbatschow, Michail 172ff., 278, 325,
356, 391
Gospa 266ff., 434
Graber, Bischof Rudolf 231
Gregor von Nyssa 327
Gregori, Fabio 378
Grillo, Msgr. Girolamo 379
Guadalupe 131, 199ff., 345, 377
Halluzinationen 233, 271
Handkommunion 159, 234, 250
»Heiliges Jahr« 253, 402

»Heiliges Offizium« 126ff., 167, 211,
232, 289
Heiligsprechung 79, 83, 291, 295
Held, Bischof 223
Heroldsbach 121, 222ff., 347, 350, 430
Hermingues, Goncales 30
Hildegard von Bingen, hl. 318
Hiroshima 386
Hitler, Adolf 106ff., 114, 236, 254, 317,
386, 393
Hitler-Stalin-Pakt 92, 107, 114
Hnilica, Bischof Pavol 166, 267
Hölle 44ff., 74ff., 105, 214, 226, 238,
274
Holocaust 151, 384ff.
Hologramm 328, 397
»Holographisches Weltbild« 397
Honecker, Erich 178ff.
Hostienwunder 250, 430
Hruschiw 173ff., 259, 341, 367
Huitzilopochtli 199
Hurtak, Dr. James J. 346
Hysterie 28, 71, 289, 319ff., 348, 361,
382
Inchigeela 369
Intelligenz, außerirdische 28, 342, 390
Isis 395
Islam 32
Ito, Bischof John Shojiro 263ff.
Ivanka (Ivankovic) 265ff.
Jacinta (Marto) 12, 18, 25ff., 41ff., 54ff.,
131, 137, 144, 155, 248, 323, 392, 418
Jakobusevangelium 190
Jalta, Konferenz von 114ff.
Jaruzelski 179
Jelzin, Boris 185
Jerusalem 92, 190, 221, 308, 313, 385ff.,
403
Johannes (der Täufer) 265, 326
Johannes (der Evangelist) 146, 189,
324, 326
Jonas 389
Joyeux, Henri 270f.
Juan Carlos II. 325, 355
Jung, Carl Gustav 330
Justin der Märtyrer 395
Kapuziner 250, 281ff.
Karascond 371
Kardinal
– Beas 134, 151
– Casaroli 168, 178, 181
– Cerejeira 88, 109, 136, 150
– Gagnon, Edouard 401
– Kaspar, Karl 320
– König, Franz 153
– Lefevre 169
– Massella, Benedetto 117

- Meisner, Joachim 183
- Mindszenty 244, 291
- Oddi, Silvio 160, 357
- Ottaviani 129, 134, 143, 232, 255, 294, 299
- Poupard, Paul 232
- Ratzinger, Joseph 152ff., 167, 177, 232, 382
- Ribero 167
- Ruini, Camillo 382
- Wyszynski 291
Karl I. 20
Karl v. 194f.
Karma 312
Karmel 56, 71, 83, 119, 145, 151, 193, 249, 261, 340, 392
Katechismus 231, 325
Katharina von Siena 301
Keithley, June 275
Kennedy, John F. 136, 336
Kerizinen 236
Kibeho 273
Knock 367
Kommunismus 91, 108, 115, 122, 127, 163, 169, 172, 178ff., 235, 386, 391
Kondor, Pater Luis 133
»Kongregation für die Glaubenslehre«: siehe »Heiliges Offizium«
»Kongregation für die Evangelisierung der Völker« 147, 335, 345
Konzil,
- von Ephesus 190
- von Konstantinopel 327
- Drittes von Konstantinopel 192
- Zweites Vatikanisches 78, 133, 150, 160, 169, 212, 249, 255, 293, 331, 367, 393
Koran 32
Kornkreise 342
»Kubakrise« 136
Küng, Herbert 233
Kugel, leuchtende etc. (»Fahrzeug« der Gottesmutter) 33ff., 57, 229, 236ff., 278ff., 323ff.
La Salette 138, 141, 151, 204, 210ff., 329, 341
Laschuz, Matousch 247
Laurentin, Pater Rene 270
Leiria 56, 79ff., 85, 100, 107, 126ff., 150, 425
Lenin, Vladimir Iljitsch 23, 29, 97ff., 182ff.
Lex, Aloisia 242ff.
-, Annemarie 242f.
Ligeti, Karoly 371
Litanei, Lauretanische 40, 192, 394
Loreto 335

»L'Osservatore della Domenica« 147, 160
»L'Osservatore Romano« 147, 232, 402
Louis Philippe 205
Lourdes 121, 143, 176, 205, 208, 216ff., 237, 259, 315, 340, 348, 367, 380
Lucia (Santos) 12, 17ff., 24ff., 30ff., 54ff., 73ff., 98ff., 104ff., 126ff., 167ff., 193, 323ff., 354, 392, 400
Luther, Martin 87
Luzifer 214, 324
Mack, John E. 361
Magalhaes, Maria das Dores 82
Magnificat 117, 445
Malachias 107, 254
Malanga, Corrado 337
Manila 259, 371
»Marianisches Jahr« 124, 176
Maria Maggiore, S. 177, 194
Marienfried 240
Marpingen 220, 401
Mars-Meteorit 332
Martin, Malachi 134, 151
Marto, Manuel Pedro Ti 17, 36, 42ff., 54, 63, 66
-, Olimpia 17, 19, 36, 42, 63ff.
Marx, Karl 113, 181
Maussan, Jaime 360
Maximin (Giraud) 138, 204ff.
Medjugorje 265ff., 366, 378, 398
Melanie (Calvat) 138, 204ff.
Menger, Howard 343
Merkabah 346
Messori, Vittorio 152, 156, 187
Mezuzah 384
Michael, Erzengel 113, 189, 249, 251, 263, 302
Milingo, Emanuel 373
Miriam 190ff., 315
Mirjana (Dragicevic) 265ff.
»Miterlöserin« 192, 237, 401ff.
Mohammed 30, 32
Montichiari 238, 347
Moody, Dr. Raymond 312
»Morphische Resonanz« 399
Morphogenetische Felder 398
Moses 329, 384
Motecuhzoma Xokoyotzin (»Montezuma«) 200
Mystik 28, 223, 293, 312, 346, 356, 393
Naber, Pfarrer 305ff.
Nahtoderfahrungen 312
Nahuatl 196ff.
Napoleon I. Bonaparte 205
Napoleon III. 205, 213
NASA (US-Raumfahrtbehörde) 332, 397
Nationalsozialismus 304, 317

Nazi-Terror 46, 91
Nazoräer 191
Neith 394
Netanjahu, Benjamin 386ff.
»Neue Eva« 395
»Neues Europa« 136ff.
Neumann, Therese 304ff.
»Nican Mopohua« 200, 202
Nikolaus II. 23, 93ff.
Niniveh 389
Oktoberrevolution 46, 101, 182, 186, 336
Oliveta Citra 276, 345
Onkerzele 235,350
Ordnung, Implizite 397
Origenes von Alexandria 327, 396
Ostpolitik 106
Päpsteweissagung 107, 254
Pais, Sidonio 24, 88ff.
Papst
– Benedikt XV. 211, 254, 286, 289, 404
– Bonifaz IX. 32
– Cölestin II. 254
– Gregor IX. 303
– Gregor XI. 303
– Gregor XVI. 213
– Innozenz III. 301
– Johannes XXIII. 126, 131ff., 148, 150ff., 249, 253ff., 293, 329ff., 357ff., 424
– Johannes Paul I. 147, 178, 254ff.
– Johannes Paul II. 14, 79, 147, 150, 154ff., 162ff., 178ff., 192, 200, 215, 232, 254ff., 267, 295, 332, 400ff.
– Leo XIII. 201, 334
– Paul VI. 77, 125, 136, 143ff., 167, 254ff., 299, 336, 351
– Pius V. 282
– Pius IX. 205, 210ff.
– Pius X. 21
– Pius XI. 44, 100, 106, 110, 149, 192, 254, 289
– Pius XII. 14, 77, 106ff., 129ff., 151, 167, 192, 206, 241, 254, 291, 300, 336, 400, 423
– Urban VIII. 232
Papstattentat 164ff.
Paradies 313, 328, 332ff., 395ff.
Patmos 189
Paulus 231, 241, 330, 396
Peerdeman, Ida 237
Perego, Alberto 336
Perestroika 172ff., 391
Petersen, Hans C. 246
Philippinen 259, 275
Pietrelcina 281ff.
Pilgermadonna 118ff., 239, 298
Pinotti, Roberto 337

Pio, Pater 232, 251, 256, 282ff., 334, 375, 380
Planck, Max 397
Politi, Marci 173, 179, 187
Poltawska, Wanda 294
Pontevedra 83, 101, 123
Pontmain 218
Präexistenz 327
Privatoffenbarungen 119, 223, 229ff.
Projektionen, holographische 340, 351, 392
Protoevangelium 190
Quantenphysik 397
Quattrini, Rosa (»Mamma Rosa«) 256
Rabin, Jitzhak 385ff.
Rahner, Karl 15, 232, 293
Ramonet, Jeanne Louise 236
Raphael, Erzengel 344
Rasenkreuz 243
Rasputin, Grigorij 92ff.
Raumzeit 271
Reagan, Ronald 173
Reinkarnation 325f.
Reliquien 99, 312
Revolution, amerikanische 87
– französische 87, 102, 205
Ribera, Antonio 337, 350
Robespierre 205
»Rosa Mystica« 238ff.
Rosenkranz 12ff., 24ff., 33ff., 41ff., 52ff., 72, 84, 88, 106, 121, 132, 159, 164, 168, 176, 194, 217, 222ff., 240ff., 264, 275, 277ff., 282ff., 298, 348ff., 392, 398
»Rosenkranzkreuzzug« 242
Rote Armee 108, 115, 244
Ruanda 273ff., 393
Rueß, Bärbel 240
Rußland 21ff., 44, 88, 92ff., 105ff., 126, 148, 166ff., 228, 253, 268, 278, 336, 355ff., 386, 391ff., 400
Sainte Trinite, Michel de la 88
Salazar, Antonio de Oliveira 90ff.
»Salus Populi Romani« 177
Samadhi 312
San Damiano 256ff., 299ff., 341, 345, 350
San Giovanni Rotondo 256ff., 281ff., 290ff., 334
Santos, Artur 47, 81
Santos, Maria Rosa 17, 36ff., 54, 64, 80
Sarajevo 21, 265
Satan 77, 138ff., 149ff., 176, 233, 266, 269, 317, 352, 373, 381, 388
Scheidemann, Philipp 23
»Schönstattbewegung« 240
»Schwarze Madonna« 336

»Seculo« 61, 66, 72
Serra de Aire 17, 40, 48, 57, 62, 86, 145
Sheldrake, Rupert 397
Shenouda III. 262
Shoubra 259, 262
Siddhis 312
Silva, Bischof Jose Alves Correira da 79ff., 86f., 126ff.
Siragusa, Eugenio 327ff., 353ff.
»Solidarnosc« 163, 179
Sonnenwunder 54, 66ff., 121, 138, 140, 183, 225ff., 236, 242, 245, 254, 258, 272, 278ff., 337, 340, 347, 350, 368, 391ff.
»Spanische Grippe« 74, 254
Stalin, Joseph 99, 114, 116, 123
Stalingrad 108ff.
Stigmata 211, 286ff., 324, 351, 356, 361, 368, 370
Strafgericht 44, 76, 104ff., 150, 161, 213, 235, 249ff., 297, 389
Sophia 393
Subirous, Bernadette 205
Sühnekommunion 44, 105
Sündenfall 92, 328, 333, 396
Syrakus 123, 375
»Taubenwunder« 118
Televisa 360
Tenochtitlan 196
Tepeyac 194ff., 345, 395
Terelja, Josip 174ff.
Teufel 41ff., 132, 155, 161, 166, 187, 212ff., 264, 281ff., 351
Thant U 137
Theotokos 192
Therese von Konnersreuth, siehe: Neumann, Therese
»Therese von Avila« 193, 301, 352
»Theresia vom Kinde Jesu« (von Lisieux) 83, 304, 306, 315
Thora 384
Tilma 196ff.
Tlacote 370
»Tochter Zions« 394
Tonantzin 195, 200
Toscano, Rosario 277
»Tränenmirakel« 123
Tre Fontane 240
Tschernobyl 173, 359, 367
Tschestochau 367, 381
Turiner Grabtuch 321, 370, 373
Turzovka 247f.
Tuy 79, 83, 105, 111, 123, 155
UFO (Unidentifiziertes Flugobjekt) 16, 276, 328, 331, 335ff., 360, 392
– Kontaktperson (Kontaktler) 228ff.
– Phänomene 14ff., 336, 340

– Piloten 328, 335
»Unbefleckte Empfängnis« 112, 205, 216, 240, 277
»Unbeflecktes Herz« (Mariens) 39, 43ff., 74ff., 102ff., 132, 167ff., 184, 391, 400
Unbewußtes, Kollektives 233
Universität
– Akita 264
– Coimbra 68, 134
– Columbia 203
– Erlangen 309
– Florida 204
– Halle 314
– Harvard 361
– Jerusalem 385
– Montpellier 270
– Pisa 203, 337
– Rom 150, 286
Valinhos 52, 54, 60
Vallee, Jacques 134, 337ff., 350
Vatikan 14, 78, 89, 114, 119ff., 126ff., 211ff., 232, 255, 267, 286, 295, 325, 330ff., 363, 377, 380ff., 401ff.
Vatikanisches Observatorium 122, 333ff.
Verdun-Offensive 22
Vereinte Nationen 178, 300, 362
Viktor Emanuel II. 214
Walesa, Lech 179f.
»Warnung« 256
Watson, Lyall 399
Wehrmacht 108, 318
Weltkrieg, Erster 23ff., 74, 94, 106, 110, 127, 221, 254, 281ff., 304
–, Zweiter 14, 46, 74ff., 91ff., 106, 108, 111ff., 127, 140ff., 179, 221, 235ff., 350, 391ff.
–, Dritter 136, 148, 156, 174ff., 226, 252, 387
Wiederverkörperungslehre 327
Wilhelm II. 21ff.
Wilson, W. 23
Wojtyla, Karol: siehe Papst Johannes Paul II.
»Wolke« 24ff., 39ff., 50ff., 65ff., 84, 94, 104, 122, 169, 183, 195, 217, 246, 257ff., 277, 297, 338, 340ff.
Woods, Heather 373
»Wunder« 43, 58ff., 86ff., 218, 223, 256
Wundmale (s. Stigmata)
Yoga 312
»Zeichen der Zeit« 169, 181, 188
Zeitoun 258ff.
Zinsstag, Lou 330
Zumarraga, Bischof Juan 194ff.